Neuemissionsresearch zum Börsengang: Ursache informationsbedingter Fehlentwicklungen oder Lösungsansatz zu deren Überwindung?

Europäische Hochschulschriften
Publications Universitaires Européennes
European University Studies

Reihe V
Volks- und Betriebswirtschaft

Série V Series V
Sciences économiques, gestion d'entreprise
Economics and Management

Bd./Vol. 3115

PETER LANG
Frankfurt am Main · Berlin · Bern · Bruxelles · New York · Oxford · Wien

Stefan Steib

Neuemissionsresearch zum Börsengang: Ursache informationsbedingter Fehlentwicklungen oder Lösungsansatz zu deren Überwindung?

Eine empirische Untersuchung von Börsengängen an den Neuen Markt

PETER LANG
Europäischer Verlag der Wissenschaften

Bibliografische Information Der Deutschen Bibliothek
Die Deutsche Bibliothek verzeichnet diese Publikation in der Deutschen Nationalbibliografie; detaillierte bibliografische Daten sind im Internet über <http://dnb.ddb.de> abrufbar.

Zugl.: Aachen, Techn. Hochsch., Diss., 2004

D 82
ISSN 0531-7339
ISBN 3-631-53519-8

www.peterlang.de

Geleitwort

Mit der Entwicklung des Neuen Marktes und vergleichbarer Einrichtungen in anderen Ländern wurden an den Wertpapierbörsen viele Aktien neu eingeführt. Kennzeichen der meisten dieser Börsengänge waren sehr hohe Zeichnungsrenditen und anschließend ein gemessen an der Börsenentwicklung negativer Kursverlauf. Fachleute sprechen von »underpricing« und »underperformance«. Beide Phänomene wurden festgestellt, ohne dass deren Ursachen bislang zufriedenstellend identifiziert und erklärt werden konnten. Insbesondere stand bis zu der Arbeit des Autors der Verdacht im Raum, die Finanzanalysten seien mit ihrem Neuemissionsresearch wesentlich für die Beobachtungen verantwortlich. Dank der sehr sorgfältigen Analysen der Dissertation kann dieser Verdacht nicht aufrecht erhalten werden.

Finanzanalysten sind in jeden Börsengang eingebunden. In ausführlichen Bewertungsstudien analysieren sie die Wirkung vergangener Sachverhalte und zukünftiger Aussichten von Unternehmen. Die Studien enthalten i. d. R. auch Empfehlungen für den ersten Preis eines Papiers. Es ist aufgrund der Publikation der Studien zu vermuten, dass ihre Ergebnisse den tatsächlichen oder potenziellen Aktionären bekannt sind. Dennoch hat es bis zur vorliegenden Arbeit keinen Versuch gegeben, die Bedeutung dieses Neuemissionsresearchs für die Preisfindung, Preisbildung und Preisentwicklung von neuemittierten Aktien aufzudecken.

Der Autor nähert sich seinem Thema von zwei Seiten. Er analysiert zunächst die Fachliteratur zum Primärmarkt und zum Sekundärmarkt auf die Rolle von Finanzanalysten hin. Die äußerst sorgfältige Literaturzusammenstellung ergibt aber keine Hinweise darauf, dass Finanzanalysten aufgrund von Interessenkonflikten bzw. opportunistischem Informationsverhalten zwangsläufig für das »underpricing« und die »underperformance« verantwortlich sein müssten. Der theoretischen Darstellung schließt sich eine sehr umfangreiche und vielseitige empirische Analyse an. Der Autor wertet die selbst gesammelten Neuemissionsstudien von nahezu 50 % aller Börsengänge an den deutschen Neuen Markt zwischen 1996 und 2002 hinsichtlich der Relevanz der darin enthaltenen Informationen für die Preisbildung und Preisentwicklung der neuemittierten Aktien aus. Informationsnutzen und Problemlösungspotenzial von Neuemissionsresearch können auf Basis der Resultate nicht generell verneint werden. Die Ergebnisse des Autors, der selbst Finanzanalyst ist, zeigen insbesondere auch, dass die Unternehmenswertempfehlungen der Analysten weit unter den Preisen lagen, welche die Anleger im frühen

Sekundärmarkthandel zu zahlen bereit waren. Die Arbeit von Steib stellt insgesamt eine bemerkenswerte Leistung und eine lesenswerte Lektüre dar, da sie zu brennenden Fragen der Theorie und der Praxis gleichermaßen Stellung bezieht.

Aachen, im November 2004 Prof. Dr. Hans Peter Möller

Vorwort

Das Platzen der *New Economy*-Spekulationsblase und die anschließende Talfahrt der Aktienkurse haben in eindrucksvoller Weise Missstände, Funktions- und Leistungsschwächen an den internationalen Börsen aufgezeigt und auch die Märkte für Aktien-Neuemissionen in eine tiefe Vertrauenskrise gestürzt. Im Prozess der öffentlichen Ursachenforschung waren die Hauptschuldigen schnell identifiziert: Finanzanalysten seien nur Erfüllungsgehilfen der Banken und berechneten den Börsenwert nicht nach der Ertragskraft eines Unternehmens, sondern anhand „der Morgenröte des Planungshorizonts". Die Finanzanalyse wurde zunehmend als Scheinwissenschaft wahrgenommen die lediglich erklären sollte, warum das, was die Analysten vorhergesagt hatten, nicht hat eintreten können. Der öffentlichen, häufig sehr emotional geführten Debatte war jedoch keine systematische und fundierte Problemanalyse vorausgegangen. An dieser Lücke schließt die vorliegende Arbeit an. Mit ihr soll nicht zuletzt auch ein Beitrag zur Klärung der Frage geleistet werden, welche Erwartungen realistischer Weise an die Zunft der Finanzanalysten und die Finanzanalyse gestellt werden können.

Die vorliegende Arbeit wurde im Juni 2004 von der Fakultät für Wirtschaftswissenschaften der RWTH Aachen als Dissertation angenommen. Meinem Doktorvater, Herrn Prof. Dr. Hans Peter Möller, bin ich für die wissenschaftliche Betreuung und fachliche Unterstützung zu Dank verpflichtet. Für die Übernahme des Zweitgutachtens danke ich Herrn Prof. Dr. Wolfgang Breuer. Desgleichen gilt mein Dank Herrn Prof. Dr. Hans-Horst Schröder für den Vorsitz sowie Herrn Prof. Dr. Hartwig Steffenhagen als weiterem Mitglied der Prüfungskommission.

Maßgeblichen Anteil an der Entstehung der Arbeit hatte Herr Dr. Franz Schmidt von HSBC Trinkaus, der meine ersten beruflichen Schritte in die Aktienanalyse begleitete und mir seitdem freundschaftlich verbunden geblieben ist. Ihm danke ich für sein Interesse und seine wertvollen Hinweise als Fachmann und als Mentor. Zum Gelingen der Arbeit hat nicht zuletzt auch der „schöpferische Wettstreit" mit Frau Dr. Brigitte Eierle beigetragen. Ihre Begeisterung für Wissenschaft und Lehre einerseits sowie ihre Lebensfreude und ihr Engagement andererseits waren Vorbild und Motivation zugleich. Ihr gilt mein besonderer Dank für ihre unendliche Geduld im gemeinsamen Kampf gegen den „Promovirus" und für zahlreiche „Farbtupfer" am häufig „grauen Dissertationshimmel".

Mainz, im November 2004 Stefan Steib

Inhaltsverzeichnis

Abbildungsverzeichnis

Tabellenverzeichnis

Abkürzungsverzeichnis

Abb.	Abbildung
Abschn.	Abschnitt
AG	Aktiengesellschaft
AIM	Alternative Investment Market
AIMR	Association for Investment Management and Research
AktG	Aktiengesetz
Amex	American Stock Exchange
Art.	Artikel
Aufl.	Auflage
BAFin	Bundesanstalt für Finanzdienstleistungsaufsicht
BAWe	Bundesaufsichtsamt für den Wertpapierhandel
BIP	Bruttoinlandsprodukt
BörsG	Börsengesetz
BörsO	Börsenordnung
BörsZulG	Börsenzulassungsgesetz
BörsZulVO	Börsenzulassungsverordnung
bzw.	beziehungsweise
ca.	circa
CAPM	Capital Asset Pricing Model
CCA	Comparable Company Analysis
CDAX	Composite-Aktienindex
CFRoI	Cash-flow Return on Investment
DAI	Deutsches Aktieninstitut
DAX	Deutscher Aktienindex
DCF	Discounted Cash-flow
d. h.	das heißt
DM	Deutsche Mark
DVFA	Deutsche Vereinigung für Finanzanalyse und Asset Management
EBIT	Earnings Before Interest and Tax
EBITDA	Earnings Before Interest, Tax and Depreciation
EFFAS	European Federation of Financial Analysts Association
EG	Europäische Gemeinschaft

EStG	Einkommensteuergesetz
et al.	et altera
etc.	et cetera
EU	Europäische Union
e. V.	eingetragener Verein
EV	Enterprise Value
EVA	Economic Value Added
evtl.	eventuell
f.	folgende
FASB	Financial Accounting Standards Board
ff.	fortfolgende
Fn.	Fußnote(n)
FTSE 100	Financial Times-Stock Exchange 100 Share Index
GAAP	Generally Accepted Accounting Principles
ggf.	gegebenenfalls
GmbH	Gesellschaft mit beschränkter Haftung
GmbHG	Gesetz betreffend die GmbH
gMP	gleichgewichtetes Marktindexportfolio
GoB	Grundsätze ordnungsmäßiger Buchführung
gSaP	gleichgewichtetes style-adjusted Portfolio
GuV	Gewinn- und Verlustrechnung
HGB	Handelsgesetzbuch
HFA	Hauptfachausschuss des Instituts der Wirtschaftsprüfer in Deutschland e.V.
Hrsg.	Herausgeber
hrsg.	herausgegeben
IAS	International Accounting Standard(s)
IASB	International Accounting Standards Board
i. d. R.	in der Regel
i. d. F.	in der Fassung
i. e. S.	im engeren Sinne
IDW	Institut der Wirtschaftsprüfer in Deutschland e. V.
IFRS	International Financial Reporting Standard(s)
IPO	Initial Public Offering
i. V. m.	in Verbindung mit
i. w. S.	im weiteren Sinne

i. S. v.	im Sinne von
IT	Informationstechnologie
KCV	Kurs-Cash-flow-Verhältnis
KG	Kommanditgesellschaft
KGaA	Kommanditgesellschaft auf Aktien
KGV	Kurs-Gewinn-Verhältnis
kMP	kapitalisierungsgewichtetes Marktindexportfolio
kSaP	kapitalisierungsgewichtetes style-adjusted Portfolio
KUV	Kurs-Umsatz-Verhältnis
KWG	Kreditwesengesetz
MDAX	Performance-Index für Aktien des Mid-Cap-Segments
m. a. W.	mit anderen Worten
MK	Marktkapitalisierung
mlia	market-line-index-adjusted
mlsa	market-line-style-adjusted
m. w. N.	mit weiteren Nachweisen
Mio.	Millionen
Mrd.	Milliarden
n/a	ohne Angaben
NASDAQ	National Association of Securities Dealers Automated Quotation
NEMAX	Neuer Markt Aktienindex
NM	Neuer Markt
No.	Number
NOPAT	Net Operating Profit After Tax
Nr.	Nummer
NYSE	New York Stock Exchange
OECD	Organisation for Economic Cooperation and Development
o. V.	ohne Verfasser
p. a.	per annum
PEG-Ratio	Price-Earnings-Growth-Ratio
PublG	Publizitätsgesetz
Rn.	Randnummer

RwNM	Regelwerk Neuer Markt
S.	Seite
SEC	Securities and Exchange Commission
SMAX	Small-Caps-Aktienindex
SO/SEO	Seasoned Equity Offering
sog.	sogenannte
Sp.	Spalte
STABW	Standardabweichung
Tab.	Tabelle
TransPuG	Transparenz- und Publizitätsgesetz
Tz.	Textziffer
u. a.	unter anderem; und andere
US	United States
US-GAAP	US-Generally Accepted Accounting Principles
USA/U.S.A.	United States of America
usw.	und so weiter
u. U.	unter Umständen
VerkProspG	Verkaufsprospektgesetz
VerkProspVO	Verkaufsprospekt-Verordnung
vgl.	vergleiche
Vol.	Volume
vorm.	vormals
vs.	versus
WpHG	Wertpapierhandelsgesetz
z. B.	zum Beispiel

Verzeichnis der Symbole, Kennzahlen und Variablen

$AR_{i,t}$	Überrendite des Wertpapiers i in Periode t
AUI_t	Anlage-Umlaufintensität
$BaHCAR_T$	buy-and-hold kumulierte, durchschnittliche Überrendite der Haltefrist T
β	Beta-Faktor
$BP_{j,t}$	Kurs der Benchmarkaktie j zum Zeitpunkt t
BR_t	Benchmarkportfoliorendite zum Zeitpunkt t
$BR_{j,t}$	Rendite der Benchmarkaktie j zum Zeitpunkt t
$BUCW_t$	Wachstum des Buchwerts in Periode t
$BLZW_t$	Wachstum der Bilanzsumme in Periode t
C_i	Kosten einer Emissionsbank im Rahmen des Börsengangs des Emittenten i
CR_T	kumulierte, durchschnittliche Rendite der Haltefrist T
CAR_T	kumulierte, durchschnittliche Überrendite der Haltefrist T
$CIAR_{i,T}$	buy-and-hold kumulierte, Marktindex-adjustierte Überrendite des Wertpapiers i der Haltefrist T
CF_t	Cash-flow in Periode t
CFM_t	operative Cash-flow-Marge in Periode t
CFR_t	eigenkapitalbezogene Cash-flow-Rate in Periode t
CFW_t	Wachstum des operativen Cash-flow in Periode t
$CMAR_{i,T}$	buy-and-hold kumulierte, Matching-firm-adjustierte Überrendite des Wertpapiers i der Haltefrist T
DGA_t	Deckungsgrad A in Periode t
DVG_t	dynamischer Verschuldungsgrad in Periode t
E_t	erwarteter Zukunftserfolg der Periode t
$EBITDAM_t$	EBITDA-Marge in Periode t
$ETDAMVR_t$	Veränderungsrate der EBITDA-Marge in Periode t
$EBITDAW_t$	EBITDA-Wachstum in Periode t
$EBITM_t$	EBIT-Marge in Periode t
$EBITMVR_t$	Veränderungsrate der EBIT-Marge in Periode t
$EBITW_t$	EBIT-Wachstum in Periode t

$EBTW_t$	Wachstum des Vorsteuerergebnisses in Periode t
EK	Marktwert des Eigenkapitals
$EKBW_t$	Kurs-Buchwert-Verhältnis auf Emissionspreisbasis in Periode t
$EKGV_t$	Kurs-Gewinn-Verhältnis auf Emissionspreisbasis in Periode t
EKQ_t	Eigenkapitalquote in Periode t
$EMKEBIT_t$	Marktkapitalisierung-EBIT-Verhältnis auf Emissionspreisbasis in Periode t
$EMKETDA_t$	Marktkapitalisierung-EBITDA-Verhältnis auf Emissionspreisbasis in Periode t
$EMKUMS_t$	Marktkapitalisierung-Umsatz-Verhältnis auf Emissionspreisbasis in Periode t
$E(AR_{i,t})$	Erwartungswert der Überrendite des Wertpapiers i in Periode t
$E(\tilde{R}_{i,t})$	am Beginn der Periode t erwartete Rendite des Wertpapiers i
$ER_{ex\ ante,i}$	Ex-ante-Underpricing
$ER_{ex\ post,i}$	Ex-post-Overpricing
ER_i	Emissionsrendite der Aktie i
ε	Unbekannte, die Renditehöhe determinierende Störgröße
FCF_t	free Cash-flow in Periode t
$FCFR_t$	eigenkapitalbezogene Free-Cash-flow-Rate in Periode t
$FCFW_t$	Wachstum des free Cash-flow in Periode t
FK	Marktwert des Fremdkapitals
G_i	Gewinn einer Emissionsbank aus dem Börsengang eines Emittenten i
GK	Marktwert des Gesamtkapitals
i	Wertpapier/Emittent i
I_0	Indexstand am ersten Handelstag der betrachteten Periode
I_t	Indexstand zum Zeitpunkt t
$INVD_t$	Investitionsdeckung in Periode t
IR_t	Indexrendite in Periode t

$JÜW_t$	Wachstum des Jahresüberschusses in Periode t
K	Reputationskapital der Emissionsbank
$KAPU_t$	Kapitalumschlag in Periode t
L_i	Intermediationsleistung der Emissionsbank beim Börsengang des Emittenten i
λ_i	Wahrscheinlichkeit des Scheiterns des Börsengangs des Emittenten i
$MW\ EKBW_{1-3}$	arithmetischer Mittelwert der $EKBW_t$-Prognosen für $t=1$ bis 3
$MW\ EMKUMS_{1-3}$	arithmetischer Mittelwert der $EMKUMS_t$-Prognosen für $t=1$ bis 3
$MW\ KAPU_{1-3}$	arithmetischer Mittelwert der $KAPU_t$-Prognosen für $t=1$ bis 3
$MW\ KGV_{1-3}$	arithmetischer Mittelwert der $EKGV_t$-Prognosen für $t=1$ bis 3
$MW\ ROE_{1-3}$	arithmetischer Mittelwert der ROE_t-Prognosen für $t=1$ bis 3
$MW\ UMSR_{1-3}$	arithmetischer Mittelwert der $UMSR_t$-Prognosen für $t=1$ bis 3
$MW\ USH_{1-3}$	arithmetischer Mittelwert der USH_t-Prognosen für $t=1$ bis 3
M_i	Zeitperiode bis zur Entdeckung der Qualität des Emittenten i
n, N	Anzahl der Beobachtungs-/Stichprobenwerte; Anzahl der in ein Portfolio einbezogenen Titel
n_{alt}	Anzahl der alten Aktien vor der Kapitalerhöhung
n_{neu}	Anzahl der neuen, mittels Kapitalerhöhung ausgegebenen Aktien
$P_{i,0}$	Emissionskurs der Aktien-Neuemission i
$P_{i,1}$	Eröffnungskurs der Aktie i am ersten Börsentag
$P_{i,fair}$	als „fair“ erachteter Wert einer Aktien-Neuemission
$P_{i,rech}$	rechnerischer Wert einer Aktie nach Kapitalerhöhung
$P_{i,t}$	Preis eines Wertpapiers i zum Zeitpunkt t
Q_i	Qualitätsindex des Emittenten i
r	Diskontierungsfaktor; Kalkulationszinsfuß

R^2	Bestimmtheitsmaß
r_{EK}	Renditeforderung der Eigenkapitalgeber
$r_{EK,unv}$	Renditeforderung der Eigenkapitalgeber des unverschuldeten Unternehmens
r_{FK}	Renditeforderung der Fremdkapitalgeber
$R_{i,t}$	Rendite des Wertpapiers i in der Periode t
R_{rf}	risikolose Rendite
ROE_t	Eigenkapitalrendite in Periode t
$ROEVR_t$	Veränderungsrate der Eigenkapitalrendite in Periode t
ROI_t	Gesamtkapitalrendite in Periode t
RW	Restwert
$S_{i,t}$	Angebotsmenge des Wertpapiers i in der Periode t
s_U	Steuersatz für Ertragsteuern auf Unternehmensebene
t	Periode t; Zeitindex
T	Anzahl der Gesamtperioden; Haltefrist
θ	Zufallsvariable, welche die Renditehöhe determiniert und durch die Aufwendung von Informationskosten bestimmt werden kann
$UMSR_t$	Umsatzrendite in Periode t
$UMSRVR_t$	Veränderungsrate der Umsatzrendite in Periode t
$UMSW_t$	Umsatzwachstum in Periode t
USH_t	Umschlaghäufigkeit in Periode t
UW_0	Unternehmenswert
V_i	Vergütung der Emissionsbank im Rahmen des Börsengangs des Emittenten i
v_i	Emissionsvolumen beim Börsengang des Emittenten i
$V_{i,t}$	künftige Vergütungen der Emissionsbank im Rahmen von Börsengängen in Periode t
$WACC$	gewogener durchschnittlicher Kapitalkostensatz (mit Steuervorteil)
$WACC_{OS}$	gewogener durchschnittlicher Kapitalkostensatz (ohne Steuervorteil)
WR_T	Wealth Relative der Haltefrist T

z_i	Reputationszuwachsrate einer Emissionsbank im Rahmen des Börsengangs des Emittenten i
ZID_t	zahlungsorientierte Investitionsdeckung in Periode t
*	signifikant mit einer Fehlerwahrscheinlichkeit von < 5 %
**	signifikant mit einer Fehlerwahrscheinlichkeit von < 1 %

1 Problemstellung

1.1 Ausgangssituation

Zum Beginn des 21. Jahrhunderts befinden sich die entwickelten Volkswirtschaften weltweit in einem Prozess des Strukturwandels, angetrieben von immer weiter steigenden Anforderungen der Märkte und der Kräfte des globalen Wettbewerbs. Eine stetig wachsende Kapitalintensität, zunehmende wirtschaftliche Risiken und – als Konsequenz daraus – ein permanent steigender Eigenmittelbedarf der Unternehmen sind die Folgen auf einzelwirtschaftlicher Ebene.[1] Insbesondere die Entwicklung von wachstumsstarken und innovativen jungen Unternehmen, die „... als Antriebskräfte für einen permanenten Wandel und für die Sicherung des Wachstums einer Volkswirtschaft ..."[2] zunehmend an Bedeutung gewinnen, erfordern regelmäßig Kapitalbeträge, die erheblich über die finanziellen Möglichkeiten der Gründer hinausgehen. Der verstärkten Mobilisierung von Risikokapital sowie dessen Allokation in innovative Bereiche der Realwirtschaft kommt somit sowohl aus einzel- als auch gesamtwirtschaftlicher Perspektive hohe Bedeutung zu: „Ohne Eigenkapital kein Fortschritt, kein Wachstum, keine Widerstandskraft, kein Weltmarkt-Standing."[3]

Die Funktions- und Leistungsfähigkeit von Kapitalmärkten wird vor diesem Hintergrund zu einem zentralen Erfolgsfaktor für das ökonomische Potenzial hochentwickelter Volkswirtschaften. Organisierten Aktien-Emissionsmärkten kommt hierbei die primäre Aufgabe zu, unter hoher Rechtssicherheit und bei geringen Transaktionskosten Anbieter und Nachfrager von Eigenkapital unter größtmöglicher Wahrung bilateraler Interessen zusammenzuführen.[4] Angetrieben von der Erkenntnis, dass effiziente Wertpapiermärkte einen wesentlichen Beitrag zur Realisation wirtschaftspolitischer Ziele leisten können, wurde deshalb seit den achtziger Jahren mit einer Vielzahl von Liberalisierungs- und Deregulierungsmaßnahmen weltweit versucht, jungen Unternehmen den Zugang zum organisierten Kapitalmarkt zu erleichtern. Mit dem „Nouveau Marché" in Frankreich wurde 1996 die erste Wachstumsbörse in Europa ins Leben gerufen; in Deutschland waren u. a. die Errichtung des „Geregelten Marktes" 1987 sowie der

---

[1] Vgl. **Zacharias** (2000), Börseneinführung, S. 47, **Oettingen, von** (1990), Planung, S. 9 f., oder **Hahn** (1990), Eigenkapitalmangel, S. 90.

[2] **Deutsche Börse AG** (2001), Neuer-Markt-Report, S. 98.

[3] **Padberg/Schirmacher** (1987), Eigenkapital, S. 9.

[4] Vgl. **Gerke/Rapp** (1993), Eigenkapitalbeschaffung, S. 288 f.

Segmente „Neuer Markt“ 1997 und „SMAX“ im Frühjahr 1999 sichtbare Ergebnisse dieser Entwicklung. Die Möglichkeiten zur Eigenkapitalbeschaffung haben sich für junge und dynamisch wachsende Unternehmen in den 90er Jahren entsprechend deutlich verbessert. Die traditionellen Strukturen der Unternehmensfinanzierung gerieten in Bewegung, weg von der Bankenfinanzierung und hin zu einer verstärkten Kapitalmarktfinanzierung, wie sich u. a. aus der in Abbildung 1.1 dargestellten rasanten Entwicklung der Anzahl der Börsengänge und der Emissionsvolumina an Europas Wachstumsbörsen bis zum vorläufigen Höhepunkt im Jahr 2000 ablesen lässt.[5]

Abb. 1.1: Börsengänge und Emissionsvolumen an europäischen Wachstumsbörsen

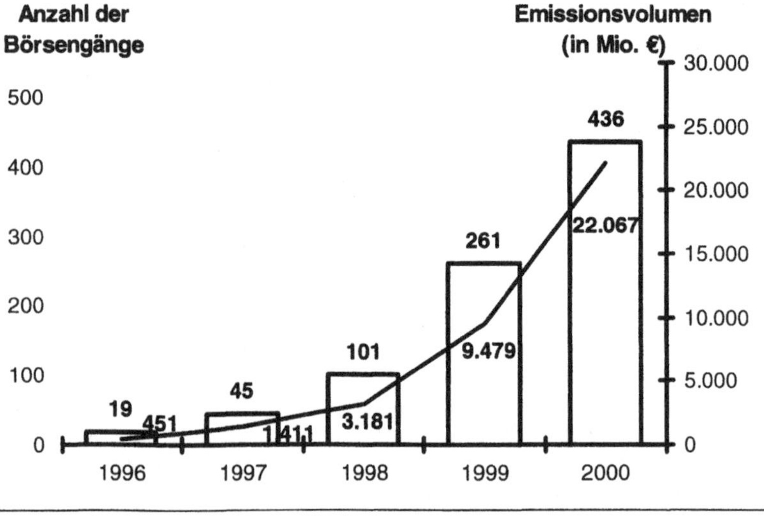

Quelle: Deutsche Börse AG, Neuer-Markt-Report, S. 18.

Die Privatisierung von Staatsvermögen, die Notwendigkeit privater Altersvorsorge und die langfristig überlegene Rentabilität von Aktienanlagen

[5] Hierzu zählen nach Marktkapitalisierung sortiert: Neuer Markt (Deutschland), Alternative Investment Market London (AIM, Großbritannien), Easdaq/Nasdaq Europe (Brüssel; europäische Wachstumswerte), Nouveau Marché (Frankreich), Nuovo Mercato (Italien), Nuevo Mercado (Spanien), SWX New Market (Schweiz), NMAX (Niederlande) und Euro.NM Belgium (Belgien). Insgesamt wuchs die Zahl der an den Börsen der Euro-Zone notierten Unternehmen im Zeitraum von Ende 1998 bis Ende 2000 kontinuierlich mit einer Rate von mehr als 10 % pro Jahr auf 4.914 Firmen an. (Quelle: **European Central Bank** (2001), Equity, S. 11).

gelten als die entscheidenden Triebfedern, die den Prozess dieser sog. „*equitisation*“ in Europa förderten.[6] Ein etwa zwei Jahrzehnte anhaltender „Bullenmarkt“ und die Beobachtung, dass bei Aktien-Neuemissionen hohe Zeichnungsgewinne scheinbar garantiert waren, sorgten in der zweiten Hälfte der neunziger Jahre zudem weltweit für ein enormes Interesse unter den Anlegern an Börsenneulingen v. a. aus den Bereichen der sog. „*New Economy*“[7]. Die Gründung von Wachstumsbörsen gab hierbei den europäischen Kapitalmärkten entscheidende Impulse bei ihrem Bestreben, zum US-amerikanischen Vorbild aufzuschließen.[8] Die neunziger Jahre waren zweifellos ein Jahrzehnt der Aktie, und die zweite Hälfte dieser Dekade stand im Zeichen zahlreicher, teilweise spektakulärer Börsengänge. Kurseinbrüche an den internationalen Aktienmärkten ab dem Frühjahr 2000 (siehe Abbildung 1.2) haben diesem Prozess jedoch vorläufig ein jähes Ende gesetzt. Besonders schmerzhafte Verluste mussten seit dem Frühjahr 2000 jene Anleger hinnehmen, deren Portfolios auf Telekommunikations-, Medien- und Technologiewerte bzw. auf die jungen *New Economy*-Unternehmen der Wachstumsbörsen ausgerichtet waren. Der dramatische Kursverfall der Aktien zahlreicher Börsenneulinge, finanzielle Schieflagen und Betrugsfälle rückten die multip-

---

6 Vgl. **European Central Bank** (2001), Equity, S. 17 f., oder **Deutsche Börse AG** (2001), Neuer-Markt-Report, S. 103.

7 Bislang hat sich in der wissenschaftlichen Literatur keine eindeutige Definition der *New Economy* mit einer klaren Abgrenzung der „alten“ von der „neuen Ökonomie“ herausgebildet. Aus der makroökonomischen Perspektive wird unter einer Neuen Ökonomie allgemein eine Volkswirtschaft verstanden der es gelingt, einen steileren Wachstumspfad einzuschlagen, ohne dabei von steigenden Inflationsraten begleitet zu werden. Wichtigstes Indiz hierfür ist ein überdurchschnittliches Wachstum der Arbeitsproduktivität, das insbesondere durch den intensiven Einsatz der Informationstechnologie erreicht werden soll. Gebräuchlicher ist jedoch die Annahme, wonach es sich bei der *New Economy* ganz allgemein um „... junge innovative Wachstumsunternehmen [handelt], die auf zukunftsträchtigen Märkten tätig sind.“ (**Peemöller/Beckmann** (2001), Bewertung, S. 5). Hierunter fallen insbesondere die sog. „dot.coms“, d. h. Unternehmen der Internetbranche sowie allgemein Unternehmen der sog. „TMT-Sektoren“, d. h. aus den Bereichen Telekommunikation, Medien und Technologie. (Vgl. z. B. **Behr** (2000), Rechnungslegung, S. 1115 f.). Für eine Gegenüberstellung charakteristischer Merkmale von Unternehmen der *New* und der *Old Economy* vgl. z. B. **Küting** (2001), Bilanzierung, S. 12 ff.

8 Ein gebräuchlicher Indikator für die Bedeutung und Größe eines Aktienmarktes ist das Verhältnis aus Marktkapitalisierung zu Bruttosozialprodukt. 1990 betrug die Marktkapitalisierung des Aktienmarktes der heutigen Euro-Zone 21 % des Bruttosozialprodukts. Der entsprechende Wert für den US-Markt belief sich auf 54 % und für Japan auf 99 %. Bis Ende 2000 stieg der Wert für die Euro-Zone auf 89 % und für die USA auf 152 % an. In Japan sank der Indikator hingegen auf 68 %. Mit einem Emissionsvolumen von 157 Mrd. € übertraf der Markt für Aktien-Neuemissionen in der Eurozone sogar den amerikanischen Markt, der nur 138 Mrd. € erreichte. (Quelle: **European Central Bank** (2001), Equity, S. 10 und 18).

len Funktionsschwächen typischer Märkte für Aktien-Neuemissionen in das Zentrum der öffentlichen Diskussion. Der Markt für Aktien-Neuemissionen brach in der Folge nahezu komplett weg[9] und zeigte bis heute nur moderate Erholungstendenzen.[10]

Abb. 1.2: Kursentwicklung der Dow Jones STOXX-Branchenindizes Telekommunikation, Medien und Technologie sowie der Technologieindizes NASDAQ 100 und Nemax 50 (indexiert)

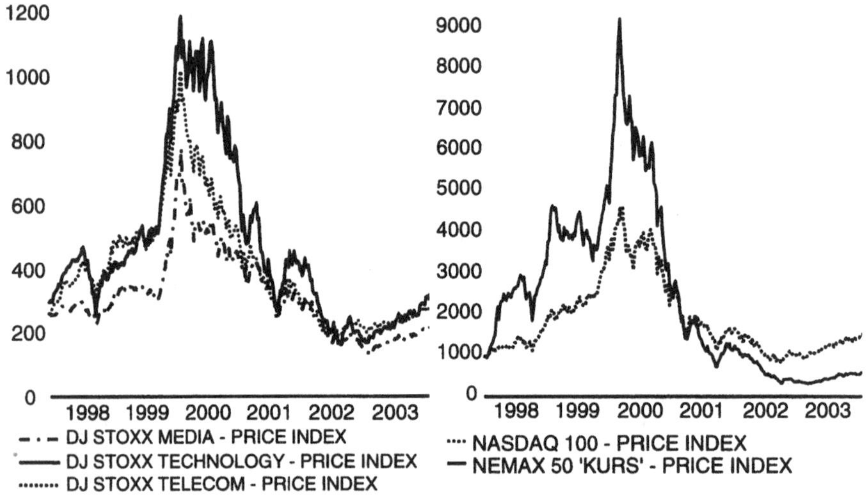

Quelle: Thomson Financial Datastream, Stand 01.06.2004.

Im Rahmen der Ursachenforschung folgte auch in Deutschland eine kontroverse und noch immer andauernde öffentliche Debatte über Gründe und Konsequenzen des *New Economy-Crashs* sowie der Fehlentwicklun-

[9] Besonders hart traf es auch den Neuen Markt. Während im Jahr 2000 noch 137 Börsengänge verzeichnet wurden, wagten ein Jahr später gerade mal 11 Unternehmen den Sprung an die Börse. Die Wall Street erlebte in 2001 ebenfalls das schlechteste Jahr für Börsengänge seit Anfang der achtziger Jahre. Nach 351 Börsengängen in 2000 wurden im darauffolgenden Jahr nur noch 87 verzeichnet. (Quelle: **Walter** (2002), Optimismus, S. 1). Auf dem europäischen Markt für Aktien-Neuemissionen verschärfte sich diese Entwicklung im Jahr 2002 sogar noch weiter. (Vgl. **o. V.** (2002), Flaute, und **Maisch** (2002), Markt für Börsengänge).

[10] In Deutschland beendeten schließlich die Börsengänge des Fahrradherstellers Mifa am 17.05.2004, des Herstellers von Bankautomaten und elektronischen Kassensystemen Wincor Nixdorf am 19.05.2004 sowie der Postbank am 23.06.2004 die seit Sommer 2002 andauernde Durststrecke.

gen am Markt für Aktien-Neuemissionen.[11] Die öffentliche Diskussion, die massive Kritik und die Forderungen nach adäquaten Maßnahmen gipfelten schließlich in der Ankündigung der Deutschen Börse AG, eine Neusegmentierung des Gesamtmarktes in nur noch zwei Segmente mit unterschiedlichen Transparenzstandards vorzunehmen.[12] Die Handelssegmente für junge Wachstumsunternehmen Neuer Markt und SMAX wurden hingegen zum 31.12.2003 eingestellt. Ziel der radikalen Neusegmentierung in die beiden Börsensegmente *„Domestic Standard"* und *„Prime Standard"* sind eine „... höhere Integrität und Attraktivität des Kapitalmarktes für Investoren und Emittenten ..."[13]

Unabhängig von strukturellen Veränderungen des Gesamtmarktes, die zwangsläufig auch Anpassungen am Markt für Aktien-Neuemissionen beinhalten, bleiben jedoch zentrale Punkte weiter ungeklärt. Insbesondere die Frage, ob der „... Kapitalmarkt in der Lage ist, Börsenneueinführungen effizient zu bewerten ..."[14], stand und steht angesichts des zu beobachtenden Phänomens exorbitant hoher Zeichnungsrenditen beim Börsengang und einer häufig katastrophalen fundamentalen Unternehmens- und Aktienkursentwicklung nach dem Börsengang, im Zentrum der Diskussion. Als Zeichnungsrendite wird die prozentuale Differenz zwischen Emissionskurs und erster Börsennotiz verstanden.[15] Zahlreiche empirische Untersuchungen konnten weltweit auf Märkten für Aktienneuemissionen das sog. *„Underpricing-Phänomen"* nachweisen, d. h. das Auftreten signifikant positiver Zeichnungsrenditen.[16] Auch das zyklische Auftreten von Phasen mit ungewöhnlich zahlreichen Börsengängen sowie einer häufig enttäuschenden Kursentwicklung im anschließenden Sekundärmarkthandel sind unter den Begriffen *„Hot Issue Markets"* und *„Underperformance*-Phänomen" längst fester Bestandteil der Literatur zur

---

[11] Vgl. beispielhaft Handelsblatt, Serie: Anleger-Akademie: Börsengänge, Teil 1 erschienen am 16.04.2004, Nr. 74, S. 31, **Börsenzeitung**, Serie: 5 Jahre Neuer Markt, Teil 1 erschienen am 01.03.2002, Nr. 43, S. 3, **Süddeutsche Zeitung**, Ende des Neuen Marktes, Nr. 224 vom 27.09.2002, S. 2, oder **Frankfurter Allgemeine Zeitung**, Serie: Wege aus der Krise des Neuen Marktes, Teil 1 erschienen am 11.07.2001, Nr. 158, S. 25.

[12] Vgl. **Börsenordnung für die Frankfurter Wertpapierbörse**.

[13] Vgl. **Deutsche Börse AG** (2002), Aktienmarktsegmentierung.

[14] **Mager** (2001), Performance, S. 149.

[15] Als alternative Begriffe sind auch die Ausdrücke „Zeichnungsgewinn" oder „Emissionsrendite" gebräuchlich.

[16] Für einen einführenden Überblick vgl. z. B. **Ritter/Welch** (2002), Review, **Hunger** (2001), IPO-Underpricing, sowie Kapitel 5 der vorliegenden Arbeit.

Kapitalmarkttheorie geworden.[17] Insofern stellen die Entwicklungen am Neuen Markt bzw. an den internationalen Wachstumsbörsen während des *New Economy*-Booms auf den ersten Blick keine Besonderheit dar. „In recent years, however, a new phenomenon has arisen – extreme underpricing."[18] Untersuchungen zum deutschen Markt für Aktien-Neuemissionen mit Zeiträumen vor 1997, also vor der Einführung des Neuen Marktes, ermittelten durchschnittliche Zeichnungsrenditen zwischen 9 und etwa 20 %.[19] Studien für Zeiträume nach dem 10.03.1997 hingegen berechneten durchschnittliche Zeichnungsrenditen zwischen 43,7 %[20] und 73 %[21]. Das Phänomen exorbitanter Zeichnungsrenditen war zwar nicht allein auf den deutschen Markt beschränkt[22], dennoch entwickelte das *Underpricing* am Neuen Markt eine außergewöhnliche Dynamik.[23] Mit einem Zeichnungsgewinn von 433 % erzielte das IT-Unternehmen Biodata bei seinem Börsengang am 22.02.2000 den vorläufigen Rekordwert. Aus der Perspektive der Alteigentümer bzw. Emittenten ist dieses *Underpricing* gleichzusetzen mit einer drastischen Erhöhung der Kosten der Finanzierungsalternative „Börsengang", da die Unternehmensanteile offensichtlich zu einem deutlich höheren Preis hätten verkauft werden können. Bei einem ersten Kurs von 240 €, einem Emissionskurs von 45 € und einer Anzahl emittierter Aktien in Höhe von 1,38 Mio. Stück, haben die Biodata-Altaktionäre beispielsweise rund 269,1 Mio. € „verschenkt".[24]

---

[17] Für einen ausführlichen Überblick über den wissenschaftlichen Stand der Untersuchungen zu den *Going Public*-Phänomenen vgl. **Jenkinson/Ljungqvist** (2001), Going Public.

[18] **Aggarwal/Krigman/Womack** (2002), Strategic, S. 1.

[19] Einen Überblick über Untersuchungsergebnisse zum deutschen Markt für Aktien-Neuemissionen gibt z. B. **Hunger** (2001), IPO-Underpricing, S. 42 ff.

[20] Vgl. **Hunger** (2001), IPO-Underpricing, der 262 Börsengänge an den Neuen Markt im Zeitraum 10.03.1997 bis 31.12.1999 untersucht.

[21] Vgl. **Wallmeier/Rösl** (1999), Underpricing, die sich auf die 51 Neuemissionen seit Gründung des Neuen Marktes bis zum 30.12.1998 stützen. **Gerke/Fleischer** (2001), Performance, die sämtliche 319 Börsengänge von der Einführung des Neuen Marktes bis zum 31.12.2000 mit einbeziehen, ermitteln eine durchschnittliche Emissionsrendite von 49,98 %.

[22] So stellen z. B. **Loughran/Ritter** (2002) für den amerikanischen Markt fest: „In the 1980s, the average first-day return was slightly over 7 %. In the 1990s, the average first-day return increased to almost 15 %, and then jumped to 65 % in the internet bubble period." (**Loughran/Ritter** (2002), IPO Underpricing, S. 12).

[23] Darüber hinaus zeichnete sich der Neue Markt durch weitere Besonderheiten wie die hohe Anzahl an Börsengängen, strengere Zulassungsbedingungen oder ein ungewöhnlich hohes Anlegerinteresse aus.

[24] Zur Ergänzung: Am 09.06.2004 betrug die gesamte Marktkapitalisierung des Unternehmens noch 2,27 Mio. €.

Auf informationseffizienten Kapitalmärkten[25] sind in den Kursen sämtliche bewertungsrelevanten Informationen bereits verarbeitet, demnach ist eine „... *ständig wiederkehrende, systematische ‚Free Lunch'-Situation* mit der Theorie effizienter Kapitalmärkte nicht vereinbar ...“[26] Ob das weltweit zu beobachtende *Underpricing* tatsächlich auf Ineffizienzen an den Kapitalmärkten zurückzuführen oder vielmehr als Risikokompensation an Investoren im Rahmen einer neoklassischen Modellwelt zu betrachten ist, wird in der wissenschaftlichen Literatur seit etwa Anfang der 70er Jahre kontrovers und bislang ohne eindeutiges Ergebnis diskutiert.[27] Im Zentrum der zahlreichen Erklärungsversuche stehen dabei v. a. informationsökonomische Überlegungen: In der Modellwelt effizienter Kapitalmärkte wird die systematische Unterbewertung von Neuemissionen vielfach als rationale Konsequenz existierender Informationsasymmetrien zwischen Unternehmen, Emissionshäusern und Anlegern gedeutet. Demgegenüber unterstellen Befürworter der These ineffizienter Kapitalmärkte eine fehlerhafte, häufig irrationale Verarbeitung von Informationen. Als gemeinsames Argument kann aus dem Spannungsfeld beider Argumentationsrichtungen die Überzeugung abgeleitet werden, dass eine Aktie umso näher an ihrem Emissionspreis notiert, je höher der Informationsstand der Anleger, je höher die Qualität der verfügbaren Informationen und je effizienter die Informationsverarbeitung auf einem Markt für Aktien-Neuemissionen ist. Eine Analyse der Informationsprozesse im Rahmen der Preisbildung von Aktien-Neuemissionen erscheint vor diesem Hintergrund als sinnvoller Ausgangspunkt für die Suche nach Erklärungsansätzen der jüngsten Turbulenzen an den Märkten für Aktien-Neuemissionen geeignet.

An der Börse gilt die Binsenweisheit, dass eine Aktie immer nur den Wert hat, zu dem man sie verkaufen kann.[28] Die Ermittlung des Emissionspreises ist eine der wichtigsten und zugleich schwierigsten Aufgaben im Rahmen eines *Going Public*. Sowohl die Platzierbarkeit als auch das platzierte Emissionsvolumen hängen von dieser entscheidenden Ausgangsgröße ab, der Verkaufsvorgang im Rahmen eines *Going Public* erzwingt die vorherige Lösung dieses Bewertungsproblems. Die besondere

---

[25] Zum informationstheoretischen Effizienzkonzept vgl. die grundlegenden Arbeiten von **Fama** (1970), Efficient, und **Fama/Fisher/Jensen/Roll** (1969), Adjustment.

[26] **Mettler** (1990), Going Public, S. 236.

[27] Vgl. hierzu die Ausführungen in Kapitel 5 der vorliegenden Arbeit.

[28] Während im allgemeinen Sprachgebrauch die Begriffe „Wert“ und „Preis“ meist synonym verwendet werden, wird in der wissenschaftlichen Literatur differenziert. Vgl. hierzu z. B. **Hayn** (2000), Bewertung, S. 34 ff., oder **Alvano** (1988), Unternehmensbewertung, S. 11 ff.

Schwierigkeit der Ermittlung eines angemessenen Unternehmenswerts im Rahmen von Börsengängen resultiert u. a. aus der Tatsache, dass Orientierungspunkte in Form von Marktpreisen noch nicht existieren. Da potenzielle Anleger aufgrund von Informationsasymmetrien die qualitativen und quantitativen Bestimmungsfaktoren des Unternehmenswerts nur schwer einschätzen können, „... kommt der als Intermediär zwischen Emittent und Erstzeichnern tätigen Emissionsbank eine hohe Bedeutung zu."[29] Die emissionsbegleitenden Finanzinstitute beschäftigen Finanzanalysten als Spezialisten für die komplexe Aufgabe. Diese haben durch den engen Kontakt zum Emittenten regelmäßig einen besseren Zugang zu den (bewertungs-) relevanten Informationen und sind durch die gezielte Produktion und Bereitstellung authentischer Informationen zugleich elementarer Bestandteil des Informationsaggregationsprozesses im Rahmen von Börsengängen.[30] In der öffentlichen, zum Teil sehr emotional geführten Debatte wurden deshalb regelmäßig „die Analysten" als (Mit-) Verursacher der Fehlentwicklungen an den Wachstumsbörsen und den Märkten für Aktien-Neuemissionen identifiziert. Diese seien „nur Erfüllungsgehilfen der Banken"[31] und berechneten den Börsenwert nicht nach der Ertragskraft des Unternehmens, sondern „anhand der Morgenröte des Planungshorizonts"[32]. Die Schlussfolgerung lautete deshalb häufig: „Durch falsche Informationen von Analysten haben Millionen Anleger viel Geld verloren."[33]

Michaely und Womack (1999) fassen das beschriebene Meinungsbild in zwei sich widersprechenden Hypothesen zusammen: (1) die *„conflict of interest hypothesis"* und (2) die *„superior information hypothesis"*.[34] Die erste steht für die Behauptung, dass Finanzanalysten aufgrund von Interessenkonflikten Anreize haben, Unternehmen und deren Gewinnperspektiven optimistischer darzustellen als dies ökonomisch angemessen wäre. Die *superior information hypothesis* hält dem entgegen, dass die Finanzanalysten der emissionsbegleitenden Finanzinstitute im Rahmen der Vorbereitungen zum Börsengang in der Regel einen besseren Zugang zum Unternehmen und damit zu bewertungsrelevanten Informationen erhalten: „Underwriter analysts will have an informational advantage gained during the marketing and due diligence processes; they may thus be more knowledgeable than their competitors and produce more

---

[29] **Serfling/Pape/Kressin** (1999), Emissionspreisfindung, S. 295.
[30] Vgl. in diesem Sinne z. B. **Schwetzler** (2001), Bewertung, S. 62.
[31] **O. V.** (2001), Analysten.
[32] **Hakelmacher** (2001), Nee, Max!
[33] **Jackson** (2002), Spezies.
[34] Vgl. **Michaely/Womack** (1999), Conflict.

accurate forecasts ..."[35] Die von Finanzanalysten im Rahmen von Börsengängen erstellten Analysen enthalten Prognosen und Unternehmensbewertungen, welche die Grundlage der anschließenden Emissionspreisfindung – dem sog. *„pricing"* – und damit letztlich auch für die Investitionsentscheidung der Anleger darstellen. „Damit kommt den Finanzanalysten eine potentiell große ökonomische Bedeutung zu, und es erscheint sinnvoll, den von ihnen geleisteten Beitrag zur Informationsverarbeitung zu bewerten."[36]

Für die Untersuchung der Intermediationsqualität von Finanzanalysten im Rahmen von Börsengängen bietet der deutsche Markt für Aktien-Neuemissionen ein interessantes Differenzierungsmerkmal: Weil an internationalen Kapitalmärkten, insbesondere in den USA, die Emittenten und deren Begleiter regelmäßig zu einer mehrmonatigen Veröffentlichungssperre (*„quiet period"*) verpflichtet werden, haben die beteiligten Finanzanalysten im Rahmen von Börsengängen kaum oder nur sehr begrenzte Möglichkeiten, Analyseergebnisse nach außen an die Öffentlichkeit zu geben. Deutsche Finanzanalysten hatten in der Vergangenheit hingegen den Freiraum, mit Hilfe von Neuemissionsstudien sowie anderen Research-Produkten bzw. -Dienstleistungen, aktiv auf den Informations- und Preisbildungsprozess einzuwirken. Die im Rahmen von Börsengängen auf dem deutschen Markt für Aktien-Neuemissionen erstellten Neuemissionsstudien können als transparente Zusammenfassung des Informationsbeitrags von Finanzanalysten interpretiert werden, die sich als Ausgangsbasis für eine weitergehende Untersuchung anbieten.

Welches Einflusspotenzial den Neuemissionsstudien beigemessen wird, lässt sich z. B. indirekt aus den „*Going Public*-Grundsätzen" ablesen, die von der Deutsche Börse AG mit Wirkung zum 01.09.2002 als Verhaltenskodex für Unternehmen und emissionsbegleitende Banken eingeführt wurden. Die darin formulierten Regeln zielen insbesondere auf „... die Erhöhung der Transparenz der für die Anlageentscheidung relevanten Informationen sowie die Schaffung eines einheitlichen Informationsniveaus für alle Anleger."[37] Dies soll insbesondere dadurch erreicht werden, dass der vom Börsenkandidaten zu erstellende Emissionsprospekt als „... zentrales Informationsmedium und zentrale Entscheidungsgrundlage ..."[38] in den Mittelpunkt gerückt wird. Nach US-amerikanischem Vorbild dürfen

---

[35] Ebenda, S. 656.
[36] **Löffler** (1998), Finanzanalysten, S. 2.
[37] **Deutsche Börse AG** (2002), Going Public-Grundsätze, Präambel.
[38] Ebenda.

die Emittenten, die Konsortialbanken und damit auch die Finanzanalysten hingegen für die Dauer von fast zwei Monaten keine Unternehmensstudien über das Geschäft oder die Finanz- und Ertragslage eines Emittenten veröffentlichen.[39] Implizit lässt sich somit aus dem Regelwerk der Deutsche Börse AG die Vermutung ablesen, dass die von Finanzanalysten erstellten Neuemissionsstudien nicht zum Abbau bestehender Informationsasymmetrien und zur Verbesserung des Informationsniveaus der Anleger geeignet sind. Kritiker des neuen Regelwerkes hingegen befürchten einen „Blindflug bei Börsengängen“ und fordern deshalb, „... dass Studien und Analysen der Emissionsbanken weiterhin allen Anlegern zugänglich sein sollten.“[40] Würde die Erstellung von Neuemissions-Studien in der Zukunft entfallen, so wären „... nachteilige Folgen auf den Preisbildungsprozess und damit auf den Emissionspreis nicht auszuschließen, da die Informationssperre ... zu einer Reduzierung der Transparenz und zu einem eingeschränkten Informationsfluss zwischen dem Emittenten, der Konsortialbank und den potentiellen Investoren führt.“[41]

Eine befriedigende Antwort auf die im Rahmen einer informationsökonomischen Betrachtung formulierte Frage, ob die aus Interessenkonflikten und anderen Problembereichen resultierenden Nachteile einer Zwischenschaltung von Finanzanalysten als Informationsintermediäre die Vorteile einer markteffizienzsteigernden Informationsproduktion kompensieren oder nicht, erfordert eine fundierte Analyse der jüngeren Entwicklungen am deutschen Markt für Aktien-Neuemissionen. Vor dem Hintergrund dieser kontroversen Auseinandersetzung erscheint es sinnvoll und notwendig, den Informationsbeitrag von Finanzanalysten im Rahmen von Börsengängen sowohl aus einer theoretischen wie auch aus einer empirischen Perspektive zu beleuchten. Dies soll inhaltlicher Schwerpunkt und eigentliches Ziel der vorliegenden Arbeit sein.

[39] Die Stillhalteperiode wird in Abschnitt 6.1 der *Going Public*-Grundsätze behandelt: „Die an einer Aktienemission beteiligten Konsortialbanken sowie deren verbundene Unternehmen dürfen spätestens zwei Wochen vor dem öffentlichen Angebot bis zum Ablauf der Stabilisierungsfrist, spätestens jedoch 30 Kalendertage nach Notierungsaufnahme der Aktien oder der aktienvertretenden Zertifikate keine emissionsbezogenen Unternehmensstudien über den Emittenten verteilen (Blackout-Periode).“ (**Deutsche Börse AG** (2002), Going Public-Grundsätze, Abschnitt 6.1).

[40] **O. V.** (2002), IPO-Kodex.

[41] **Kusterer** (2003), Unternehmensbewertungsverfahren, S. 43.

1.2 Inhaltliche und terminologische Abgrenzung

In der wissenschaftlichen Literatur fanden die Themen Preisbildung und -entwicklung am Markt für Aktien-Neuemissionen in der Vergangenheit v. a. in der Diskussion um „Kapitalmarktanomalien" bereits breite Berücksichtigung. Im Zentrum dieser Untersuchungen standen die im Rahmen unterschiedlicher Modellansätze meist als Renditeanomalien klassifizierten *Underpricing*- und *Underperformance*-Phänomene. Die überwiegend US-amerikanisch geprägten, zahlreichen Erklärungsansätze basieren größtenteils auf informationstheoretisch fundierten Modellen. Im Vordergrund der vorliegenden Arbeit steht nicht, diese Erklärungsmodelle zu verifizieren oder um neue Varianten zu erweitern. Aus dem Theoriegebäude der *Underpricing*-Forschung sollen lediglich jene Argumentationsketten näher betrachtet werden, die Rückschlüsse auf die spezifischen Informationsprozesse im Rahmen der Preisfindung – und hier insbesondere mit Blick auf den Beitrag von Finanzanalysten – zulassen.

In der empirischen Kapitalmarktforschung fanden mögliche Interdependenzen zwischen den Researchaktivitäten der Finanzanalysten im Rahmen von Börsengängen und der anschließenden Preisbildung bzw. Preisentwicklung am Primär- und Sekundärmarkt bislang kaum Beachtung.[42] Untersuchungen zur Arbeitsweise von Finanzanalysten, zu ihren Methoden und zum (Informations-) Nutzen der im Rahmen von Börsengängen erstellten Researchleistungen sind ebenfalls kaum vorhanden.[43]

---

[42] Dies dürfte insbesondere darauf zurückzuführen sein, dass sich Untersuchungen zu Aktien-Neuemissionsmärkten meist an US-amerikanischen Verhältnissen orientieren. Emissionsprozesse in den USA sind jedoch insbesondere durch hohe Anforderungen an Form und Inhalt des zum Börsengang erstellten Emissionsprospektes und die bereits erwähnte *quiet period* gekennzeichnet.

[43] So stellt **Ritter** (2003) z. B. fest: „To the best of my knowledge, there is relatively little research using European data examining the role of analysts in the IPO process. Most importantly, quiet period restrictions do not exist in Europe, so that both affiliated and unaffiliated analysts can and do issue research reports while an IPO is being sold, as well as immediately after going public." (**Ritter** (2003), Differences, S. 7). **Rajan/Servaes** (1997) untersuchen die Qualität der von Finanzanalysten nach erfolgtem Börsengang erstellten Prognosen zu US-Unternehmen und kommen zu dem Ergebnis: „While there is a substantial literature on both initial public offerings and analyst forecasts, this article, we believe, is the first to study both". (**Rajan/Servaes** (1997), Analyst Following, S. 528). Nur in ausgewählten Aktien-Neuemissionsmärkten, in denen Emissionsprospekte auch Gewinn- und andere Prognosen beinhalten, wurden erste Untersuchungen zur Qualität dieser Prognosen vorgenommen und mögliche Zusammenhänge mit anderen Faktoren, insbesondere der Unternehmensbewertung diskutiert. Diese Prognosen gehen aber meist v. a. auf das Management des emittierenden Unternehmens und nicht auf die Finanzanalysten der Emissionsbegleiter zurück. Als Beispiel mit einem

Bisherige Forschungsarbeiten zu diesen Themenbereichen legten ihre Schwerpunkte v. a. auf die Phase nach dem erfolgreichen Börsengang[44], und hier insbesondere auf die Qualität und die Kursauswirkungen von Analystenprognosen und Prognoserevisionen am Sekundärmarkt.[45] An dieser Lücke versucht die vorliegende Arbeit anzuknüpfen, um am Beispiel des deutschen Marktes für Aktien-Neuemissionen neue Erkenntnisse zur Bedeutung der von Finanzanalysten im Vorfeld der Erstnotiz erbrachten (Informations-) Leistungen herzuleiten.

Ansätze zur Lösung des Preisfindungsproblems im Rahmen von Börsengängen wurden bislang v. a. in zwei Bereichen gesucht: Zum einen in der

---

Überblick über weitere Untersuchungen vgl. **Chen/Firth** (1999), Accuracy, sowie **Berkman/Bradbury/Ferguson** (2000), Accuracy.

44 Auch das Ende der Stillhaltefrist ist vereinzelt Gegenstand empirischer Untersuchungen. So ermitteln z. B. **Bradley/Jordan/Ritter** (2002) aus 1.611 Börsengängen in den USA im Zeitraum 1996 bis 2000 eine durchschnittliche Überrendite von 4,1 % und stellen fest: „Analyst coverage is initiated immediately for 76 percent of these firms, with this frequency having increased to over 90 percent in 1999 to 2000. The recommendations are almost always favorable, with a ‚buy' or ‚strong buy' rating occuring 96 percent of the time." (**Bradley/Jordan/Ritter** (2002), Quiet Period, S. 18).

45 Für einen Überblick über relevante Untersuchungen zum Thema „Analystenprognosen" vgl. **Lim** (2001), Rationality, **Butler/Saraoglu** (1999), Improving, **Brown** (1996), Forecasting Errors, sowie **Brown** (1993), Earnings Forecasting. **Löffler** (1998) diskutiert ausführlich den Beitrag von Finanzanalysten zur Informationsverarbeitung am deutschen Kapitalmarkt. Im Mittelpunkt seiner empirischen Untersuchung steht die Überprüfung der Rationalität von Gewinnprognosen. Der Autor kommt dabei zu dem Ergebnis: „Verschiedene Tests belegen Ineffizienzen in den untersuchten Prognosen der Gewinne deutscher Unternehmen in den Jahren 1988-1993; das heißt, verfügbare Informationen sind in den veröffentlichten Schätzungen nicht adäquat berücksichtigt. Da das selbstgesteckte Ziel von Finanzanalysten in der Aufbereitung und Weitergabe bewertungsrelevanter Informationen besteht, erfüllt die Intermediation durch Analysten daher eine wichtige Zielvorgabe, die man sinnvollerweise an sie stellen kann, nicht im vollen Umfang." (**Löffler** (1998), Finanzanalysten, S. 114). In Bezug auf Aktien-Neuemissionen finden **Rajan/Servaes** (1997) bei ihrer Untersuchung zu US-Börsenneulingen u. a. Hinweise darauf, dass Finanzanalysten nach erfolgtem Börsengang zu optimistische Prognosen aufstellen. (Vgl. **Rajan/Servaes** (1997), Analyst Following). Auch **Michaely/Womack** (1999), dokumentieren, dass Finanzanalysten der emissionsbegleitenden Finanzinstitute, den Aktienkurs nach erfolgtem Börsengang – und nach Ablauf der *quiet period* – durch positive Empfehlungen stützen: „We conclude that the recommendations by underwriter analysts show significant evidence of bias". (**Michaely/Womack** (1999), Conflict, S. 653). Die Ergebnisse dieser Untersuchungen bestätigen Studien in denen der Frage nachgegangen wird, ob Investmentbanking-Beziehungen zwischen Analyseinstituten und Unternehmen Einfluss auf die Analystenprognosen haben. (Vgl. hierzu z. B. **Dugar/Nathan** (1995), Investment Banking).

Auseinandersetzung mit der Frage nach dem geeignetsten Platzierungsverfahren für eine effizientere Ermittlung des ökonomisch sinnvollsten Emissionspreises.[46] Zum anderen wurde v. a. die methodische Diskussion in den Bereichen „Unternehmensbewertung"[47] und „externe Rechnungslegung"[48] für Unternehmen der *New Economy* weiter vorangetrieben. Diese Themenkomplexe werden angeschnitten, stehen aber nicht im Vordergrund der vorliegenden Arbeit. Bei dem Versuch, nach Ursachen und Problemlösungen für die jüngsten Fehlentwicklungen an den Märkten für Aktien-Neuemissionen zu forschen, wurden in den bisherigen Beiträgen auch verstärkt operationale und institutionelle bzw. rechtliche Fragestellungen erörtert und meist mit der politischen Forderung nach mehr Transparenz und schärferen Regelungen abgeschlossen.[49] Die Frage, ob und durch welche politischen Maßnahmen das Vertrauen der Anleger zurückgewonnen und der Markt für Aktien-Neuemissionen wiederbelebt werden kann, berührt verschiedenste wirtschafts- und gesellschaftspolitische Aspekte. Dies bedarf einer ausführlicheren Diskussion, die im Rahmen dieser Arbeit nicht geleistet werden kann. Gleichwohl sollen die Ergebnisse und Schlussfolgerungen der vorliegenden Arbeit Anhaltspunkte für eine Weiterentwicklung des deutschen Marktes für Aktien-Neuemissionen liefern. Aus der Gegenüberstellung der tatsächlichen und der potenziellen Intermediationsqualität von Finanzanalysten im Rahmen von Börsengängen soll ein Beitrag zur aktuellen Diskussion um die Entwicklung allgemein akzeptierter Standards und Konventionen geleistet werden, mit denen versucht wird, ein professionelles, transparentes, umfassendes und objektives Informationsverhalten der besser informierten Marktparteien beim Emissionsprozess zu gewährleisten.[50]

Untersuchungsgegenstand der vorliegenden Arbeit ist der von Finanzanalysten im Rahmen von Börsengängen geleistete Informationsbeitrag. Es erscheint deshalb zunächst notwendig, den Begriff der „Information"

---

[46] Vgl. ausführlich hierzu z. B. **Ahrens** (2000), Preisbildung.

[47] Vgl. hierzu z. B. **Kranebitter/Lang/Frankemölle** (2001), Unternehmensbewertung, oder **Wullenkord** (2000), Valuation.

[48] Vgl. hierzu z. B. ausführlich **Küting** (2001), Bilanzierung, oder **Behr/Gusinde** (1999), Anforderungen.

[49] In Deutschland wurden vorläufige Ergebnisse dieser Debatte in erste konkrete Vorschläge und Maßnahmen übersetzt. Es sei hier beispielhaft und stichpunktartig an das Vierte Finanzmarktförderungsgesetz, den Vorschlag eines „Kodex für anlegergerechte Kapitalmarktkommunikation", die Änderungen der Börsenzulassungskriterien am Neuen Markt (Stichwort „Quartalsberichterstattung", „Meldepflichtige Wertpapiergeschäfte", „*Penny-Stock*-Regelung", etc.) sowie die Schließung des Neuen Marktes bzw. die Neusegmentierung des Gesamtmarktes (siehe Fn. 13) erinnert.

[50] Vgl. hierzu auch den von **Rosen, von/Gerke** (2001) vorgeschlagenen „Kodex für anlegergerechte Kapitalmarktkommunikation". (Vgl. **Rosen, von/Gerke** (2001), Kodex).

im kapitalmarkttheoretischen Kontext zu erschließen. Wittmann (1959) definiert Information allgemein als zweckorientiertes Wissen, d. h. Wissen, das als Handlungsgrundlage zur Erreichung eines bestimmten Zwecks dient.[51] Rapp (1996) bezeichnet in Anlehnung an Hirshleifer (1973) alle Nachrichten, Daten und Ereignisse, die aus Sicht eines Entscheidungssubjekts eine Revision der Eintrittswahrscheinlichkeiten entscheidungsrelevanter Umweltzustände erlauben, als Information.[52] Informationen sind nach diesem Verständnis aus entscheidungstheoretischer Sicht von zentraler Bedeutung für die Erwartungsbildung der Marktteilnehmer.

Im Rahmen der vorliegenden Arbeit werden darüber hinaus zahlreiche Begriffe und Bezeichnungen verwendet, denen am Kapitalmarkt spezifische Bedeutung zukommt. Der Ausdruck „Emission" steht ganz allgemein für den Prozess eines öffentlichen Angebotes und nachfolgender Platzierung von Wertpapieren beim Anlegerpublikum.[53] Analog wird mit den Begriffen „Aktien-Neuemission" bzw. „Aktien-Erstemission" der Vorgang eines erstmaligen öffentlichen Angebotes von Aktien zum Erwerb durch private oder institutionelle Anleger bezeichnet. Alternativ wird der im allgemeinen Sprachgebrauch mittlerweile feststehende englische Begriff „*Initial Public Offering*" (IPO) verwendet. Obwohl terminologisch nicht äquivalent, hat sich in Deutschland für diesen Vorgang auch der aus dem angelsächsischen Sprachraum stammende Begriff „*Going Public*" etabliert. Nach Brigham (1985) gilt: „... whenever stock in a closely held corporation is offered to the public for the first time, the company is said to be going public."[54] Während die Erstemission streng genommen lediglich die erstmalige Unterbringung von Wertpapieren beim Publikum meint, schließt ein *Going Public* regelmäßig auch die anschließende Börseneinführung der emittierten Titel ein. Da es in Deutschland herrschende Emissionspraxis ist, beide Vorgänge zu kombinieren, wird im Rahmen dieser Arbeit – trotz der unscharfen Begriffsbildung – der herrschenden Praxis gefolgt und der Begriff „*Going Public*" synonym zu „Aktien-Neuemission" verwendet. In diesem Sinne werden auch die Ausdrücke „Pri-

---

[51] Vgl. **Wittmann** (1959), Information, S. 14.

[52] **Rapp** (1996), Markt, S. 25, unter Anlehnung an **Hirshleifer** (1973), Information, S. 31.

[53] Vgl. **Delorme/Hoessrich** (1971), Emissionsgeschäft, S. 46 f. Inhaltlich äquivalent sind die Begriffe „Begebung" bzw. „Ausgabe" von Wertpapieren.

[54] **Brigham** (1985), Financial Management, S. 584. *Going Public* kann somit als die Umgestaltung einer privaten Gesellschaft in eine Publikumsgesellschaft mittels der erstmaligen Emission von Eigenkapitalteilen auf dem organisierten Kapitalmarkt definiert werden. Zu den Definitionsschwierigkeiten bei der Übersetzung und Übertragung des *Going Public*-Begriffs auf den deutschen Kapitalmarkt vgl. auch **Schlick** (1997), Going Public, S. 6 f.

märmarkt" und „Markt für Aktien-Neuemissionen" gleichgesetzt und darunter alle marktmäßigen Transaktionen, durch die neugeschaffene Wertpapiere vom Emittenten auf eine breite Anlegerschaft übergehen, verstanden.[55] Im Gegensatz hierzu umfasst der „Sekundärmarkt" den anschließenden Handel dieser Wertpapiere an einer organisierten Wertpapierbörse.[56] Der Prozess der „Preisfindung" hat die konkrete Festlegung des Emissionspreises für den Primärmarkt zum Ergebnis. „Preisbildung" bezeichnet den Übergang vom Emissionspreis zum ersten bzw. zu einem der ersten Preise am Sekundärmarkt, „Preisentwicklung" schließlich umschreibt den anschließenden Aktienkursverlauf am Sekundärmarkt. Da die maßgebliche Literatur zum Markt für Aktien-Neuemissionen vorwiegend dem angelsächsischen Sprachraum entstammt, werden im Rahmen der vorliegenden Arbeit zahlreiche Anglizismen eingeführt, die meist bereits Eingang in die einschlägige deutschsprachige Literatur gefunden haben und deshalb im Original beibehalten werden. Zur inhaltlichen und terminologischen Abgrenzung weiterer Fach- und Spezialausdrücke sei grundsätzlich auf den relevanten Kontext verwiesen.

1.3 Aufbau und Gang der Untersuchung

Das zweite Kapital der vorliegenden Arbeit widmet sich den Märkten für Aktien-Neuemissionen und geht zunächst allgemein auf deren ökonomische Bedeutung aus gesamt- und einzelwirtschaftlicher Perspektive ein. Anschließend werden die wesentlichen Strukturen und Rahmenbedingungen des deutschen Marktes dargestellt und der (ehemalige) Neue Markt als das Segment für junge Wachstumsunternehmen hervorgehoben. Die Struktur- und Status-quo-Analyse wird mit einer Auswertung der Preisbildung und Preisentwicklung neuemittierter Aktien am Neuen Markt abgeschlossen. Die Ergebnisse dieser empirischen Untersuchung deuten auf erhebliche Struktur- und Informationsprobleme hin. Als Ausgangspunkt für die Suche nach potenziellen Determinanten der Funktions- und Leistungsstörungen an typischen Märkten für Aktien-Neuemissionen werden im dritten Kapital Informationsprozesse auf informationseffizienten Kapitalmärkten betrachtet. Durch die Konfrontation mit den Unvollkommenheiten realer Kapitalmärkte sollen die Grenzen dieses Paradigmas aufgezeigt und Ansätze für eine realitätsnähere Sichtweise abgeleitet werden. Ziel ist es, Existenz und Funktion(en) von Finanzanalys(t)en im

---

[55] Hierdurch wird der Markt für Aktien-Neuemissionen von Marktsegmenten mit geringerem Organisationsgrad, wie etwa dem „Markt für Unternehmensbeteiligungen" oder dem „*Venture Capital*-Markt", abgegrenzt.

[56] Der Sekundärmarkt wird regelmäßig auch als „Zirkulationsmarkt" bezeichnet. Vgl. hierzu ausführlich **Schmidt** (1988), Wertpapierbörsen.

Kontext eines informationsökonomischen Theoriegebäudes darzustellen und zu begründen sowie gleichzeitig deren potenziellen Beitrag als Informationsintermediäre zur Informationsverarbeitung an Kapitalmärkten zu skizzieren.

Die Ursachenanalyse wird im vierten Kapitel mit der Diskussion des Preisfindungsprozesses am Markt für Aktien-Neuemissionen vor dem im dritten Kapitel eingeführten informationsökonomischen Hintergrund fortgeführt. Aus der Analyse der Informationsstrukturen sowie der Zielsysteme der beteiligten Marktparteien sollen Anhaltspunkte für informationsbedingte Unvollkommenheiten hergeleitet sowie Lösungsansätze diskutiert werden. Im Fokus steht hierbei die Betrachtung des theoretischen Problemlösungspotenzials der von Finanzanalysten im Rahmen von Aktien-Neuemissionen erbrachten Informationsleistungen. Mangels authentischer Informationen findet aber nicht nur die Preisfindung am Primärmarkt, sondern auch die Preisbildung und zumindest die frühe Preisentwicklung am Sekundärmarkt auf der Grundlage einer unvollkommenen Informationsstruktur statt. Zentrale Informationsmedien, wie die von Finanzanalysten erstellten Researchprodukte, könnten somit über den reinen Preisfindungsprozess hinaus Wirkung entfalten. Eine weiterführende Analyse unter Einbeziehung der Preisbildung und Preisentwicklung von Aktien-Neuemissionen im Kontext des aktuellen Stands der *Underpricing-* und *Underperformance*-Forschung erscheint deshalb sinnvoll und ist Thema des fünften Kapitels.

Das sechste Kapitel hat zum Ziel, Hinweise auf den tatsächlichen (Informations-) Nutzen des von Finanzanalysten im Rahmen von Börsengängen an den Neuen Markt erbrachten Informationsbeitrags zu gewinnen. Hierfür wird eine umfangreiche Stichprobe an Neuemissionsstudien bzw. die darin enthaltenen fundamentalen (Prognose-) Informationen ausgewertet und auf statistische Zusammenhänge mit der Preisbildung und Preisentwicklung der neuemittierten Anteilsscheine am Sekundärmarkt überprüft. Dieser Vorgehensweise liegt die These zugrunde, dass die in Neuemissionsstudien enthaltenen Informationen für Anleger nur dann Relevanz besitzen, wenn zwischen den in diesen Analysen enthaltenen Informationen und der Börsenkursentwicklung des jeweiligen Börsenneulings Zusammenhänge bestehen. Das siebte Kapitel schließt die Arbeit mit einer Zusammenfassung ab.

2 *Going Public* in der Krise: Beobachtungen am deutschen Markt für Aktien-Neuemissionen

Zu Beginn des 21. Jahrhunderts sehen sich die entwickelten Volkswirtschaften insbesondere mit den Herausforderungen der von technischen Fortschritten getriebenen Globalisierung und Internationalisierung konfrontiert. Das ökonomische Umfeld, an das sich die Unternehmen anpassen müssen, befindet sich erneut mitten in einem Prozess des Strukturwandels. In den folgenden Abschnitten wird zunächst aufgezeigt, welche Bedeutung den Börsen – und hierbei insbesondere den Märkten für Aktien-Neuemissionen – aus gesamt- und betriebswirtschaftlicher Sicht zur Bewältigung der aus diesen Veränderungen resultierenden Probleme beigemessen wird. Durch die Diskussion der Strukturen und Rahmenbedingungen in Deutschland wird dabei der deutsche Markt für Aktien-Neuemissionen in den Mittelpunkt gestellt und dessen Leistungs- und Funktionsfähigkeit beurteilt.

2.1 Ökonomische Funktionen des Marktes für Aktien-Neuemissionen

2.1.1 Gesamtwirtschaftliche Bedeutung

Bei der Bewältigung der mit dem ökonomischen Strukturwandel verbundenen gesamtwirtschaftlichen Probleme rückt die Eigendynamik der privaten Wirtschaft als entscheidende Antriebskraft in den Mittelpunkt, während der (unmittelbare) Einfluss staatlicher Aktivitäten zunehmend abgebaut wird und sich auf die Gestaltung der Rahmenbedingungen beschränkt. Der z. B. in den Ländern der Europäischen Union während der vergangenen Jahre zu beobachtende Abbau von Subventionen oder die Privatisierung von ehemals staatlichen Unternehmen sind Beispiele, die diesen Trend belegen. Die strukturellen Veränderungen und die rasante Entwicklung ganzer Volkswirtschaften eröffnen neue Chancen für (wachstumsorientierte) Unternehmen, führen gleichzeitig aber auch zu einer Erhöhung der Wettbewerbsintensität, die zu ständiger Innovation und Investition, zu Restrukturierung und Akquisition sowie zu einem damit einhergehenden, ständig steigenden Kapitalbedarf zwingen.[57] Den erhöhten Chancen stehen in diesem Umfeld somit regelmäßig auch deutlich höhere Risiken gegenüber; dem effizienten Zugang zu ergiebigen Quellen

---

[57] Vgl. in diesem Sinne z. B. **Zacharias** (2000), Börseneinführung, S. 47, oder **Hahn** (1990), Eigenkapitalmangel, S. 90.

für Risikokapital[58] kommt deshalb eine entscheidende Bedeutung für Unternehmen bei der Bewältigung dieser Herausforderungen zu.[59] Um die anstehenden Investitions- und Wachstumschancen unter verschärften Wettbewerbsbedingungen wahrnehmen zu können, wird insbesondere für die traditionell fremdkapitalgeprägten Unternehmen aus Deutschland die Notwendigkeit prognostiziert, externes Eigenkapital in erheblichem Umfang mobilisieren zu müssen.[60] Entsprechend groß ist die Bedeutung, die der Ausstattung von Unternehmen mit Eigenkapital sowohl aus einzel- als auch aus gesamtwirtschaftlicher Sicht beigemessen wird.[61]

---

58 Mit „Risikokapital" wird im Allgemeinen Eigenkapital bezeichnet, das langfristig bereitgestellt wird und deshalb zur Finanzierung riskanter Innovations- und Investitionsprojekte eingesetzt werden kann. Vgl. **Rapp** (1996), Markt, S. 48.

59 Dies gilt in besonderem Maße für die Wachstumsunternehmen der *New Economy*, und so behauptet z. B. **Hohla** (2001), dass „... der Zugang zum Kapitalmarkt eine geradezu notwendige Voraussetzung für die Entwicklung von jungen Technologieunternehmen ist und somit auch ein Maß für die Wettbewerbsfähigkeit einer Volkswirtschaft darstellt." (**Hohla** (2001), Going Public, S. 1). Dies schlägt sich auch in entsprechenden Meinungsumfragen nieder. **Bösl** (1996) hat 220 deutsche potenzielle Börsenkandidaten nach ihren Motiven für das angestrebte *Going Public* befragt. Von rund 76 % der Befragten wurde hierbei die finanzielle Absicherung des Unternehmenswachstums und der Wettbewerbsposition als wichtiges bzw. sehr wichtiges Motiv genannt; die Finanzierung hoher Zukunftsinvestitionen folgte mit 71 %. (Vgl. **Bösl** (1996), Börsenreife, S. 189 ff.). In einer Umfrage des Deutschen Aktieninstituts (DAI) unter rund 100 Börsenneulingen Anfang 1999 wurde die Finanzierung des weiteren Wachstums von 86 % der Unternehmen, die zwischen 1994 und 1997 an die Börse gingen, als häufigstes Motiv für einen Börsengang genannt; bei den Börsenneulingen des Jahres 1998 belief sich der Anteil sogar auf 88 %. (Vgl. **Deutsches Aktieninstitut** (1999), Erfahrungen, S. 11 ff.).

60 Vgl. in diesem Sinne z. B. **Titzrath** (1995), Going Public, S. 136, und **Karsch** (1992), Börsenneulinge, S. 20. In diesem Zusammenhang wird regelmäßig auf eine im internationalen Vergleich unzureichende Eigenkapitalausstattung deutscher Unternehmen verwiesen. Nach **Zacharias** (2000) weist insbesondere der deutsche Mittelstand bereits seit den siebziger Jahren folgenschwere Mängel in der Eigenkapitalausstattung auf: „Bedingt durch die geringen eigenen Mittel stoßen die Unternehmen relativ schnell an ihre Wachstumsgrenzen, da die zur Unterstützung der Finanzierung des Unternehmenswachstums erforderlichen Banken nicht in der Lage sind, finanzielle Mittel ohne ausreichende Risikoabsicherung zur Verfügung zu stellen. Ohne diese Mittel sind weder weitere Investitionen noch die Akquisition von Kunden möglich, und das Unternehmenswachstum stagniert. Bei wachsendem Wettbewerbsdruck bleiben Wachstumschancen und Risikopotentiale ungenutzt und gefährden damit die Wettbewerbsfähigkeit des betroffenen Unternehmens." (**Zacharias** (2000), Börseneinführung, S. 50).

61 Dies lässt sich z. B. an den zahlreichen wissenschaftlichen Beiträgen ablesen, die seit Ende der sechziger Jahre zu diesem Thema publiziert wurden. Vgl. hierzu u. a. **Stehle** (1994), Eigenkapitalquoten, **Francfort/Rudolph** (1992), Kapitalstrukturen, **Albach/Mori** (1987), Finanzierungsverhalten, **Bartlewski** (1986), Eigenkapitalausstattung, **Sieger** (1984), Finanzierung, und **Albach** (1975), Kapitalstruktur.

In den bisherigen Beiträgen der wissenschaftlichen Literatur wird immer wieder hervorgehoben, dass sich ein Eigenkapitalmangel negativ auf die Investitions- und Innovationstätigkeit der Unternehmen auswirkt.[62] Außerdem ist allgemein anerkannt, dass mit sinkender Eigenkapitalquote das Konkursrisiko eines Unternehmens steigt.[63] Nicht zuletzt wird an eine verstärkte Investitionstätigkeit auch die Hoffnung geknüpft, entscheidende Beschäftigungsimpulse für eine Verbesserung der Lage auf dem Arbeitsmarkt auslösen zu können[64], sowie „... auf längere Sicht die sogenannte ‚Technologielücke' schließen und die am Weltmarkt beobachteten Marktanteilsverluste bei Gütern der Spitzentechnologie rückgängig machen zu können."[65] Unter Konjunktur- und Wachstumsgesichtspunkten bedeutet dies mit anderen Worten: „Ausreichende Eigenkapitalversorgung ist also Voraussetzung für ein dynamisches Wirtschaftswachstum."[66] Als adäquate Finanzierungsquelle wird in diesem Zusammenhang fast ausschließlich auf den organisierten Kapitalmarkt verwiesen, denn der „... nicht organisierte Kapitalmarkt, und dies haben die letzten 20 Jahre nur zu deutlich gezeigt, ist nicht in der Lage, die dringend erforderliche Eigenkapitalaufstockung entscheidend mitzutragen."[67] Dieses Urteil ist v. a. auf die entscheidenden Vorteile zurückzuführen, die der Börse als Risikokapitalquelle gegenüber anderen Formen der Beteiligungsfinanzierung zugesprochen werden:[68]

- Die Börse kann fast unbegrenzte Kapitalbeträge bereitstellen, wobei durch die Standardisierung, die Aufteilung in kleinste Beträge und durch

---

[62] Vgl. z. B. **Deutsche Bundesbank** (1992), Finanzierungsstrukturen, und **Deutsche Bundesbank** (1988), Ertragsverhältnisse. **Keim** (1994) stellt insbesondere bei Wachstumsunternehmen fest, dass diese den Börsengang zu einer Ausweitung der Investitionstätigkeit nutzen. (Vgl. **Keim** (1994), Investitions- und Finanzierungsverhalten, S. 679).

[63] Vgl. z. B. **Oettingen, von** (1990), Planung, S. 55 f., und **Ackermann** (1989), Aktienanlage, S. 13 ff.

[64] Vgl. hierzu ausführlich die Untersuchung von **Gleisberg** (2000), Börsengang, der die positive Beschäftigungsentwicklung von deutschen Unternehmen, die zwischen 1987 und 1997 an die Börse gingen, aufzeigt. Vgl. auch **Rosen, von** (2000), Aktienkultur, S. 52, **Oettingen, von** (1990), Planung, S. 10, und **Gröschel** (1986), Venture Capital, S. 198.

[65] **Gröschel** (1986), Venture Capital, S. 196.

[66] **Wolff** (1994), Going Public, S. 1.

[67] **Ackermann** (1989), Aktienanlage, S. 22. **Blättchen/Jacquillat** (1999) berechnen hingegen für deutsche Unternehmen, die im Zeitraum 1985 bis 1998 an die Börse gingen, eine Verbesserung der durchschnittlichen Eigenkapitalquote von 27 % auf 43 %. (Vgl. **Blättchen/Jacquillat** (1999), Börseneinführung, S. 30).

[68] In Anlehnung an **Perridon/Steiner** (2002), Finanzwirtschaft, S. 368, und **Oettingen, von** (1990), Planung, S. 57 ff.

die Haftungsbegrenzung breite Anlegerkreise mobilisiert werden können.

- Die hohe Verkehrsfähigkeit der Anteile erfüllt das Liquiditätsbedürfnis der Anleger und garantiert auch, dass das aufgenommene Kapital dem Unternehmen zeitlich unbefristet zur Verfügung steht.
- Die Beteiligungsfinanzierung über die Börse ermöglicht eine breite Streuung der Anteile beim Anlegerpublikum welches in erster Linie Rendite-Interessen hat, die Machtposition der Alteigentümer also weitgehend unangetastet lässt.
- Der Gang an die Börse eröffnet dem Unternehmen die kostengünstige Nutzung weiterer Finanzierungsinstrumente.
- Die detaillierte rechtliche Ausgestaltung des Börsenhandels garantiert die „Seriosität" der börsennotierten Aktie und stellt somit eine gewisse Sicherheit für die Kapitalanlage dar.

In zahlreichen wissenschaftlichen Beiträgen wird die adäquate Versorgung mit Risikokapital als eine entscheidende Determinante für die Wettbewerbsfähigkeit einer Volkswirtschaft angesehen.[69] „If going public is relatively easy and inexpensive, this will increase the availability and lower the cost of equity finance. Similarly, a liquid and transparent secondary market will encourage investors to participate in the stock market and should again increase the availability of equity capital and lower investors' required returns ... Even if new equity capital is not required, and the original investors simply want to sell part, or all, of their stake in a company, the ability to do this efficiently will encourage entrepreneurship and, ultimately, economic growth."[70]

2.1.2 Einzelwirtschaftliche Bedeutung

Aus mikroökonomischer Sicht stellt die Börseneinführung eine entscheidende Etappe in der Entwicklung eines Unternehmens dar. Im Mittelpunkt der strategischen Überlegungen stehen meist Wachstums- oder Expansionsziele sowie letztlich die Verbesserung der Wettbewerbsposition.[71] Aus der Perspektive einer Lebenszyklus-Betrachtung[72] kann das

---

[69] Vgl. u. a. **Gerke** (1985), Wettbewerbsfähigkeit.

[70] **Jenkinson/Ljungqvist** (2001), Going Public, S. 3.

[71] Vgl. **Börgmann** (2001), Unternehmensentwicklung, S. 29, und **Zacharias** (2000), Börseneinführung, S. 49.

[72] Lebenszyklus-Modelle der Unternehmensentwicklung basieren auf der Annahme, dass Unternehmen im Zeitablauf typische Phasen mit charakteristischen Merkmalen durchlaufen. Typischerweise werden mindestens die vier Phasen Geburt, Wachstum, Reife und Niedergang unterschieden. **Börgmann** (2001) differen-

Going Public aber in verschiedenen Phasen der Entwicklung eines Unternehmens erfolgen und zur Überwindung jeweils phasenspezifischer Probleme beitragen.[73] Im internationalen Vergleich konnte in der Vergangenheit beobachtet werden, dass z. B. in den USA v. a. junge Unternehmen, die am Anfang einer Phase mit sehr hohem Wachstum standen, den Börsengang anstrebten. In den meisten europäischen Ländern waren es bis Ende der neunziger Jahre hingegen v. a. eher reifere Unternehmen, die in einer späteren Lebensphase den Schritt an die Börse wagten.[74] Erst mit der Einführung der Wachstumssegmente an den europäischen Börsen konnte eine Annäherung an US-amerikanische Verhältnisse beobachtet werden.[75] In Abhängigkeit von den typischen Problemen, mit denen ein Unternehmen in einer bestimmten Entwicklungsphase konfrontiert wird, können die Motive für ein *Going Public* entsprechend variieren. Allgemein lassen sich aber folgende Vorteile eines Börsengangs anführen:

- Auf Gesellschafterebene:
  (1) Desinvestment bisheriger Eigentümer: Die Unternehmenseigner können ihre Titel im Rahmen der Emission verkaufen und haben so die Möglichkeit, ihr Engagement zu reduzieren oder völlig aufzugeben, ihr Privatvermögen zu diversifizieren und einen reibungslosen Generationswechsel sicherzustellen.[76] Die erhöhte Fungibilität börsennotierter Aktien steigert die Flexibilität der Alteigentümer; die Börsennotierung bietet insbesondere die Möglichkeit, Anteile zu einem „objektiven Marktpreis" am Primär- oder Sekundärmarkt zu veräußern.[77]

---

ziert zwischen Metamorphose-, Krisen-, Marktentwicklungs-, Strukturänderungs- und Verhaltensänderungsmodellen. Vgl. hierzu ausführlich m. w. N. **Börgmann** (2001), Unternehmensentwicklung, S. 9 ff.

[73] Ebenda, S. 9.

[74] Vgl. ebenda, S. 92, sowie **Francioni** (2000), Finanzierungsquellen, S. 47.

[75] So ermittelte z. B. die **Deutsche Morgan Grenfell** (1998) für die 56 deutschen Börsengänge des Jahres 1998 (Januar bis Oktober) ein durchschnittliches Firmenalter von nur noch 22 Jahren bei einem Median von 14 Jahren. 57 % der IPOs (32 Unternehmen) erfolgten am Neuen Markt. Ein typisches IPO-Unternehmen des Jahres 1998 hatte rund 650 Mitarbeiter, erzielte einen Umsatz von 107 Mio. € und hatte eine Marktkapitalisierung von 230 Mio. €. „Damit ist ein typisches IPO-Unternehmen mehr als hundertmal kleiner als ein Dax-Unternehmen." (**Deutsche Morgan Grenfell** (1998), Iphoria, S. 7).

[76] Vgl. **Börgmann** (2001), Unternehmensentwicklung, S. 114 f., **Blättchen/Jacquillat** (1999), Börseneinführung, S. 28, **Rosen, von** (1995), Going Public, S. 376, **Wolff** (1994), Going Public, S. 43, **Mettler** (1990), Going Public, S. 300, **Oettingen, von** (1990), Planung, S. 50 f., und **Küffer** (1989), Börse, S. 40.

[77] Vgl. **Gleisberg** (2000), Börsengang, S. 24.

(2) Klare Führungsorganisation und Verminderung der Abhängigkeit zwischen Unternehmen und Eigentümer: Wegen der klaren Gewaltenteilung, d. h. der Trennung von Eigentum und Führung börsennotierter Unternehmen, kann das Management unbürokratisch und eigenverantwortlich handeln. Dies ist eine wichtige Voraussetzung für die Akquisition qualifizierter Führungskräfte und für die Durchführung notwendiger Umstrukturierungen im Bereich des Managements.[78]

(3) Senkung der Belastung des Privatvermögens: Die Eigenkapitalerhöhung durch das *Going Public* vermindert das Risiko der Eigner, im Falle eines akuten Kapitalmangels im Unternehmen ihr Privatvermögen zu belasten, und verteilt das wirtschaftliche Risiko auf die Gesamtheit der Aktionäre.[79]

- Auf Unternehmensebene:

  (1) Deckung des Kapitalbedarfs: Aus Veröffentlichungen neu börsennotierter Unternehmen[80] und aus Umfragen[81] kann geschlossen werden, dass das wichtigste finanzwirtschaftliche Motiv für ein *Going Public* in der Verbesserung der Eigenkapitalbasis und damit der Kreditwürdigkeit besteht. Damit soll die Voraussetzung für Wachstum, Umstrukturierung und Diversifikation geschaffen sowie Flexibilität und Dynamik der Unternehmung erhöht werden, ohne Gefahr zu laufen, sich von einem dominanten Kapitalgeber abhängig zu machen.[82] Außerdem werden für die Zukunft weitere kostengünstige Transaktionen infolge der erreichten Kapitalmarktfähigkeit ermöglicht („*secondary offering*"), die Nutzung spezieller Finanzierungsinstrumente (z. B. Wandel- und Optionsanleihen, Genussscheine) steht nun offen und die Liquidität der Ge-

---

[78] Vgl. **Zacharias** (2000), Börseneinführung, S. 53., **Rosen, von** (1995), Going Public, S. 376, **Wolff** (1994), Going Public, S. 43 f., und **Oettingen, von** (1990), Planung, S. 166.

[79] Vgl. **Zacharias** (2000), Börseneinführung, S. 54, und **Rudolph** (1984), Familienunternehmen, S. 284.

[80] Vgl. z. B. **Fritsch** (1987), Börseneinführung, S. 43.

[81] Vgl. z. B. **Bösl** (1996), Börsenreife, S. 189 ff., oder **Deutsches Aktieninstitut** (1999), Erfahrungen, S. 11 ff. Vgl. hierzu auch **Röell** (1996), Decision, S. 1073, **Wolff** (1994), Going Public, S. 34 f., **Oettingen, von** (1990), Planung, S. 54, und **Küffer** (1989), Börse S. 37.

[82] Vgl. **Börgmann** (2001), Unternehmensentwicklung, S. 94, und **Wolff** (1994), Going Public, S. 34 und S. 36.

sellschaft wird positiv beeinflusst.[83] Die verbesserte Kreditwürdigkeit erlaubt zudem eine Ausweitung der Fremdfinanzierung.[84]

(2) *Public Relations*-Effekte: Imagepflege und Werbeeffekt können auslösendes Motiv sein, da das *Going Public* eine erhöhte Publizität und großes Interesse der Öffentlichkeit nach sich zieht, die zwangsläufig zu einer Steigerung des Bekanntheitsgrades des Unternehmens führen.[85] Diese Außenwirkung kann sich positiv auf den Erfolg fast sämtlicher Unternehmensaktivitäten niederschlagen, allen voran die Bereiche Marketing, Beschaffung, Finanzierung und Personal.[86]

(3) Unternehmensführungs- und Organisationsaspekt: Als organisatorisches Motiv für ein *Going Public* kann die Ausnutzung der aktienrechtlichen Regelung der Gewaltentrennung im Sinne einer klaren Kompetenz- und Interessenabgrenzung zwischen Management, Aufsichtsorgan und Eigentümern gelten.[87] Dies ist ein Beitrag zur Sicherung der Kontinuität und wird häufig als bedeutender Schritt weg vom Familienbetrieb und hin zum „offen" geführten Unternehmen empfunden.[88] Die erhöhte Transparenz aufgrund der Publizitätsanforderungen und die damit einhergehende Öffentlichkeitskontrolle, erhöht auch den Leistungsdruck auf das Management und zwingt zur Beseitigung von Schwachstellen. Dies kann sich positiv auf die künftige Unternehmensentwicklung auswirken.[89]

(4) Integration weiterer Kapitalgeber: Durch das *Going Public* wird der Kreis der Kapitalgeber erweitert, was die Möglichkeit bietet, Mitarbeiter, Kunden oder Geschäftspartner zu beteiligen. Damit können psychologische Ziele wie eine verbesserte Motivation, Integration und eine stärkere Bindung an das Unternehmen erreicht werden.[90] Die Ausgabe von Belegschaftsaktien kann zudem das Unternehmensbild in der Öffentlichkeit positiv beeinflussen und stellt einen

---

[83] Vgl. **Börgmann** (2001), Unternehmensentwicklung, S. 95, **Wolff** (1994), Going Public, S. 35, **Mettler** (1990), Going Public, S. 300, und **Walter** (1984), Börse, S. 402.

[84] Vgl. **Hohla** (2001), Going Public, S. 17 f., **Gleisberg** (2000), Börsengang, S. 25, und **Kunz** (1991), Going Public, S. 249.

[85] Vgl. **Zacharias** (2000), Börseneinführung, S. 56, **Blättchen/Jacquillat** (1999), Börseneinführung, S. 33, und **Oettingen, von** (1990), Planung, S. 67 f.

[86] Vgl. **Knips** (2000), Risikokapital, S. 106 f., **Kunz** (1991), Going Public, S. 19, **Oettingen, von** (1990), Planung, S. 74 und 70 ff., **Mettler** (1990), Going Public, S. 300, und **Küffer** (1989), Börse, S. 43.

[87] Vgl. **Walter** (1984), Börse, S. 402.

[88] Vgl. **Mettler** (1990), Going Public, S. 300.

[89] Vgl. **Wolff** (1994), Going Public, S. 36.

[90] Vgl. **Mettler** (1990), Going Public, S. 300, und **Oettingen, von** (1990), Planung, S. 59 ff.

zusätzlichen Anreiz für potenzielle Mitarbeiter dar.[91] Gleichzeitig erhöht die als Konsequenz des Börsengangs realisierte Streuung der Aktionärsbasis die Marktliquidität der Aktie. Aufgrund der daraus resultierenden geringeren Transaktionskosten steigt die Attraktivität für potenzielle Investoren.[92]

(5) Marktgerechte Unternehmensbewertung: Die täglichen Sekundärmarktkurse bewirken eine marktgerechte Bewertung der Firma, die z. B. Verhandlungen mit Banken oder im Bereich von Unternehmenszusammenschlüssen oder Akquisitionen erleichtert.[93]

Aus obiger Darstellung lässt sich schlussfolgern, dass das *Going Public* nicht nur ein attraktives Finanzierungsinstrument für eine langfristige Finanzierungsbasis, sondern gleichzeitig auch ein Lösungskonzept für viele strukturelle Probleme sein kann. Die Eigenkapitalbeschaffung durch Emission von Aktien ist ein Element der Unternehmensstrategie von dem sämtliche Bereiche, nicht nur der für Finanzierungsfragen betroffen werden.[94] Trotz der überzeugenden Vorteile eines Börsengangs ist in vielen europäischen Ländern aber trotzdem noch immer eine Art von „Schwellenangst"[95] zu beobachten, die mit den Nachteilen einer Börsennotierung in Verbindung stehen. So ist der Börsengang regelmäßig mit einer Verschiebung der Machtverhältnisse verbunden: Nach einem *Going Public* werden die Titel öffentlich gehandelt, die Alt-Gesellschafter sind nicht mehr alleinige Eigentümer und es besteht die Möglichkeit, dass fremde Investoren große Aktienpakete kaufen und versuchen, Einfluss auf die Unternehmung auszuüben.[96] Zwar lässt sich der Einfluss der bisherigen Eigentümer durch entsprechende kapitalmarkttechnische Schutzmaßnahmen sicherstellen[97], doch wenn zukünftigen Aktionären ein Mitspracherecht völlig vorenthalten wird, ist zu erwarten, dass diese mit Zurückhaltung reagieren und am eigentlichen Willen der Unternehmung zur Öffnung zweifeln.[98] Gerade bei Unternehmen, bei denen Eigentum und Geschäftsführung in einer Hand liegen, wird die Furcht vor dem Machtver-

---

[91] Vgl. **Blättchen/Jacquillat** (1999), Börseneinführung, S. 29, und **Oettingen, von** (1990), Planung, S. 60.

[92] Vgl. **Gleisberg** (2000), Börsengang, S. 24.

[93] Vgl. **Mettler** (1990), Going Public, S. 301.

[94] Zum strategischen Aspekt des *Going Public* vgl. z. B. **Wolff** (1994), Going Public, S. 31 ff., und **Oettingen, von** (1990), Planung, S. 7 ff.

[95] **Walter** (1984), Börse, S. 401.

[96] Vgl. **Börgmann** (2001), Unternehmensentwicklung, S. 115, **Wolff** (1994), Going Public, S. 44, und **Oettingen, von** (1990), Planung, S. 17 f.

[97] Vgl. **Börgmann** (2001), Unternehmensentwicklung, S. 115 ff., **Wolff** (1994), Going Public, S. 197 ff., und **Oettingen, von** (1990), Planung, S. 149 ff.

[98] Vgl. **Wolff** (1994), Going Public, S. 185.

lust und der Gefahr der Fremdbestimmung als wesentliches Hemmnis für ein *Going Public* angesehen.[99] Als nachteilig werden auch der aktienrechtliche Formalismus und die schwerfällige Organisationsstruktur[100], der daraus resultierende Finanz- und Verwaltungsaufwand sowie die beachtlichen Publizitätsanforderungen börsennotierter Unternehmen empfunden.[101] Dies verursacht nicht nur erhebliche Kosten, sondern birgt auch die Gefahr von Wettbewerbsnachteilen, wenn Dritte aus dieser Transparenz Vorteile ziehen können.[102] In Abhängigkeit vom relevanten Steuersystem können auch steuerliche Nachteile aus der für eine Börsennotierung erforderlichen Rechtsform resultieren.[103]

Als weiteres Hemmnis für einen Börsengang werden schließlich häufig auch die hohen Kosten angeführt.[104] Hierzu ergänzt von Oettingen (1990), dass ein *Going Public* strategische Konsequenzen für den Emittenten habe, die weit über jene einer reinen Eigenmittelzuführung hinausgingen.[105] Eine Interpretation der Kosten als reine Kapitalkosten sei daher nicht sinnvoll, vielmehr würde gelten: „Die erzielbaren Vorteile werden die hohen Kosten in vielen Fällen rechtfertigen ...“[106] Die Realität zeigt aber, dass von allen angeführten Hemmnissen, die hohen Kosten eines *Going Public* für die Mehrheit der Unternehmen mit die größte Barriere auf dem Weg zur Publikumsgesellschaft darstellen.[107] Nach Ritter (1987) bestehen die Kosten eines Börsengangs aus zwei Komponenten:[108] (1) direkte Kosten von den ersten Beratungen über die Vorberei-

---

99 Vgl. **Ehlers/Jurcher** (1999), Börsengang, S. 23, **Oettingen, von** (1990), Planung, S. 17, und **Fritsch** (1987), Börseneinführung, S. 52 ff.

100 Vgl. **Börgmann** (2001), Unternehmensentwicklung, S. 101, und **Röell** (1996), Decision, S. 1077.

101 Vgl. z. B. **Zacharias** (2000), Börseneinführung, S. 56, **Wolff** (1994), Going Public, S. 41, **Mettler** (1990), Going Public, S. 301 f., und **Oettingen, von** (1990), Planung, S. 19 und S. 25 ff.

102 Vgl. **Schlick** (1997), Going Public, S. 48, und **Oettingen, von** (1990), Planung, S. 28.

103 Dies gilt sowohl bei einer zum Börsengang eventuell notwendigen Umwandlung der Rechtsform als auch bei der laufenden Steuerbelastung nach dem Börsengang. Vgl. zur Situation in Deutschland z. B. **Börgmann** (2001), Unternehmensentwicklung, S. 101 ff.

104 Vgl. **Börgmann** (2001), Unternehmensentwicklung, S. 97, und **Deutsche Bundesbank** (1991), Bedeutung, S. 26. Für eine übersichtliche Darstellung der einzelnen Kostenkomponenten eines *Going Public* vgl. z. B. **Hohla** (2001), Going Public, S. 144 ff.

105 **Oettingen, von** (1990), Planung, S. 48.

106 Ebenda, S. 49.

107 Vgl. z. B. die Ergebnisse einer Befragung der „Forschungsgruppe mittelständische Unternehmen“, abgedruckt in **Oettingen, von** (1990), Planung, S. 16.

108 Vgl. **Ritter** (1987), Costs, S. 269. Die Höhe der laufenden Kosten, die z. B. mit

tung und Durchführung bis hin zur Platzierung der Titel auf dem Sekundärmarkt, und (2) indirekte Kosten bzw. Opportunitätskosten in Form der Differenz zwischen dem potenziell möglichen und dem tatsächlich erzielten Emissionserlös. Da sich die direkten Kosten in ihrer Gesamtheit nur sehr schwer erfassen lassen, konzentrieren sich empirische Untersuchungen v. a. auf die Ermittlung der von den begleitenden Emissionsbanken veranschlagten Provisionen.[109] Zudem ist ein *Going Public* ein sehr komplexer und individueller Vorgang, entsprechend stark können die anfallenden Kosten in Abhängigkeit vom Unternehmen, vom Kapitalmarkt, vom Emissionsvolumen, vom Emissionsverfahren, etc. variieren. Am US-amerikanischen Markt für Aktien-Neuemissionen, auf dem fast ausschließlich das sog. „*Bookbuilding*-Verfahren"[110] als Emissionsverfahren zum Einsatz kommt, geben Jenkinson/Ljungqvist (2001) eine Größenordnung von 7 % des Emissionserlöses als Kosten an; in 65 Ländern außerhalb der USA wurde eine Bandbreite von durchschnittlich 2,2 % – bei Anwendung des sog. „Festpreisverfahrens" – bis 4,6 % – bei Anwendung des *Bookbuilding*-Verfahrens – ermittelt.[111] Aufgrund der zahlreichen

---

den besonderen Publizitätsvorschriften börsennotierter Unternehmen zusammenhängen, werden hierbei allerdings nicht berücksichtigt.

109 Vgl. **Jenkinson/Ljungqvist** (2001), Going Public, S. 26.

110 Die gängigen Emissionsverfahren sind das „Festpreisverfahren" und das „*Bookbuilding*-Verfahren". Kennzeichnend für das Festpreisverfahren ist ein fester Emissionspreis, der vom Emittenten und den begleitenden Konsortialbanken ausgehandelt wird. Der Emittent überträgt dem Emissionsbegleiter alle im Rahmen der Aktienemission anfallenden Aufgaben. Die Emissionsbank verpflichtet sich ihrerseits zur Abnahme aller zur Platzierung anstehenden Aktien zu einem festgelegten Preis. Diese Garantiefunktion der Banken sichert dem Unternehmen einen im Vorfeld garantierten Mittelzufluss, d. h. beim Festpreisverfahren steht der Emissionserlös bereits vor der Emission fest. Beim *Bookbuilding*-Verfahren hingegen verpflichtet sich das mit der Emission beauftragte Kreditinstitut primär zur Übernahme der Platzierungsleistung und erst sekundär zur eventuellen Übernahme der Aktien zu einem festgelegten (Mindest-) Preis, der zudem erheblich niedriger angesetzt wird als beim Festpreisverfahren. Die Konsortialbanken sollen nicht in erster Linie den Zufluss an liquiden Mitteln für das Unternehmen sicherstellen, sondern vielmehr die Aktien am Markt platzieren. Für eine übersichtliche Darstellung vgl. z. B. **Zacharias** (2000), Börseneinführung, S. 281 ff., oder **Schanz** (2000), Börseneinführung, S. 308 ff., sowie **Jakob** (1998), Initial, S. 52 ff. und S. 104 ff.

111 Vgl. **Jenkinson/Ljungqvist** (2001), Going Public, S. 26. In der Literatur werden für Deutschland sehr unterschiedliche Angaben gemacht. **Oettingen, von** (1990) ermittelte aus den veröffentlichten Daten für die Gruppe der direkten Gesamtkosten eine Bandbreite von 5 bis 13 % des Emissionsvolumens. (Vgl. **Oettingen, von** (1990), Planung, S. 45). **Carls** (1996) schätzt die Gesamtkosten auf 6 bis 9 % des Emissionserlöses. (Vgl. **Carls** (1996), Going-public-Geschäft, S. 38). Die **Deutsche Börse AG** (2001) beziffert die Kosten eines Börsengangs auf 5 bis 10 % des Emissionsvolumens. Davon müssen die Gebühren und Honorare sämtlicher

Einflussfaktoren seien die individuellen Größen zwar nur eingeschränkt vergleichbar, insgesamt sei aber der Trend erkennbar, „... that the ‚Anglo' capital markets – including the UK, Singapore, Malaysia, and South Africa – have significantly lower costs than average, while the costs of IPO in Germany, Sweden, Italy, Japan, Canada, and Israel are significantly higher than average. These differences are likely driven by the state of competition among the various financial intermediaries, which will itself in part be a function of the regulatory and legal environment."[112]

Indirekte Kosten bzw. Opportunitätskosten entstehen durch das *Underpricing.*[113] Aufgrund eines zu tief angesetzten Ausgabepreises wird ein Teil des erzielbaren Emissionserlöses „verschenkt", da die Aktien zu einem höheren, näher am Sekundärmarktkurs liegenden Kurs, hätten platziert werden können: „When shares are sold at a price below that at which they subsequently trade, the initial owners essentially ‚leave money on the table' for the investors who purchase the shares at the IPO."[114] In Deutschland stellte der Sachverständigenrat bereits in seinem Jahresgutachten 1982/83 die Vermutung auf, dass dieses *Underpricing* und die damit verbundene Erhöhung der Kapitalkosten, ein entscheidendes Hindernis sei, das Unternehmen vom *Going Public* in Deutschland abhalte.[115] Trotz dieser Liste möglicher negativer Auswirkungen eines Börsengangs überwiegen in der wissenschaftlichen Literatur aber dennoch die Befürworter einer Börsennotierung: „Bei aller gerechtfertigten Kritik können die Vorteile ... nicht negiert werden. Wiegt man das Pro und Kontra gegeneinander auf, so werden zumeist die Vorteile überwiegen, insbesondere der Zugang zu fast unbegrenzten Finanzierungsmöglichkeiten über den Kapitalmarkt."[116] Abbildung 2.1 enthält eine Übersicht der skizzierten Argumente.

---

beteiligter Dienstleister bezahlt werden. Die Kosten für die Leistungen der Konsortialbanken betragen dabei etwa 4 bis 7 % des Emissionserlöses. Nicht mit eingerechnet sind einmalige Vorbereitungs- und Umwandlungskosten sowie die laufenden Kosten nach der Börseneinführung. (Vgl. **Deutsche Börse AG** (2001), Leitfaden, S. 27 und 35). Zu den Kosten eines Börsengangs vgl. auch **Hohla** (2001), Going Public, S. 157 ff., und **Küting** (2001), Bilanzierung, S. 72 ff.

112 Vgl. **Jenkinson/Ljungqvist** (2001), Going Public, S. 27.

113 Vgl. hierzu die Ausführungen im Abschnitt 2.3.2.2.1 sowie ausführlich m. w. N. Kapitel 5 der vorliegenden Arbeit.

114 **Jenkinson/Ljungqvist** (2001), Going Public, S. 4 f.

115 Vgl. **Sachverständigenrat** (1982), Jahresgutachten, Tz. 344 ff. Diese These wurde in der Folgezeit von weiteren Autoren immer wieder aufgegriffen und diskutiert. Vgl. z. B. **Zacharias** (2000), Börseneinführung, S. 293 f., **Wolff** (1994), Going Public, S. 333, **Döhrmann** (1990), Underpricing, S. 20 f., **Schmidt u. a.** (1988), Underpricing, S. 1201, und **Dawson/Reiner** (1988), Raising Capital, S. 71.

116 **Zacharias** (2000), Börseneinführung, S. 56 f.

Abb. 2.1: Vor- und Nachteile eines Börsengangs

Vorteile

Gesellschafterebene

- Exitmöglichkeit: Desinvestment
- Flexibilität: Trennung von Eigentum und Führung
- Risikoreduzierung durch Risikoteilung

Unternehmensebene

- Finanzierungsquelle: Deckung des Kapitalbedarfs
- *Public Relations*-Effekte
- Gewaltentrennung: klare Kompetenz- und Interessenabgrenzung
- Erweiterung des Kreises der Kapitalgeber
- Marktgerechte, zeitnahe Unternehmensbewertung

Nachteile

- Verschiebung der Machtverhältnisse
- Abhängigkeit von Kapitalmarktentwicklungen
- Aktienrechtliche Zwänge/Formalismus
- Publizitätsanforderungen
- Evtl. steuerliche Nachteile

- Kosten des *Going Public:* direkte Kosten und indirekte Kosten/ Opportunitätskosten

2.1.3 Kriterien der Leistungs- und Funktionsfähigkeit eines Marktes für Aktien-Neuemissionen

Die vorangegangenen Abschnitte dieser Arbeit haben die hohe Bedeutung aufgezeigt, die einer ausreichenden Risikokapitalversorgung der Unternehmen über die Börse sowohl aus einzel- wie auch gesamtwirtschaftlicher Perspektive zugesprochen werden muss. Die „Tür zur Börse" wird über ein *Going Public* bzw. den Markt für Aktien-Neuemissionen aufgestoßen, der damit zu einer wichtigen Determinante nicht nur für die Entwicklung individueller Unternehmen, sondern auch für die Leistungs- und Wettbewerbsfähigkeit einer gesamten Volkswirtschaft wird. Der typische Markt für Aktien-Neuemissionen lässt sich – wie in Abbildung 2.2 dargestellt – als Subsystem eines organisierten Kapitalmarktes interpretieren, für dessen Prozesse die Struktur und Funktionsweise des Marktes für Informationen, des Marktes für Finanz- und Informationsintermediäre sowie die Interdependenzen mit dem Aktien-Zirkulationsmarkt von entscheidender Bedeutung sind.[117] Nach Rapp (1996) wird deshalb als Markt für Aktien-Neuemissionen „... ein Subsystem der organisierten Kapitalmärkte bezeichnet, das dem direkten Abschluss langfristiger Finanzierungsverträge zwischen Kapitalnehmern und Kapitalgebern dient. Die

[117] Vgl. hierzu **Rapp** (1996), Markt, S. 46 f.

Funktionsfähigkeit dieses Subsystems wird von Interdependenzen mit dem Markt für Informationen, dem Markt für Finanzintermediation sowie dem Aktien-Zirkulationsmarkt determiniert."[118]

Abb. 2.2: Markt für Aktien-Neuemissionen als Subsystem

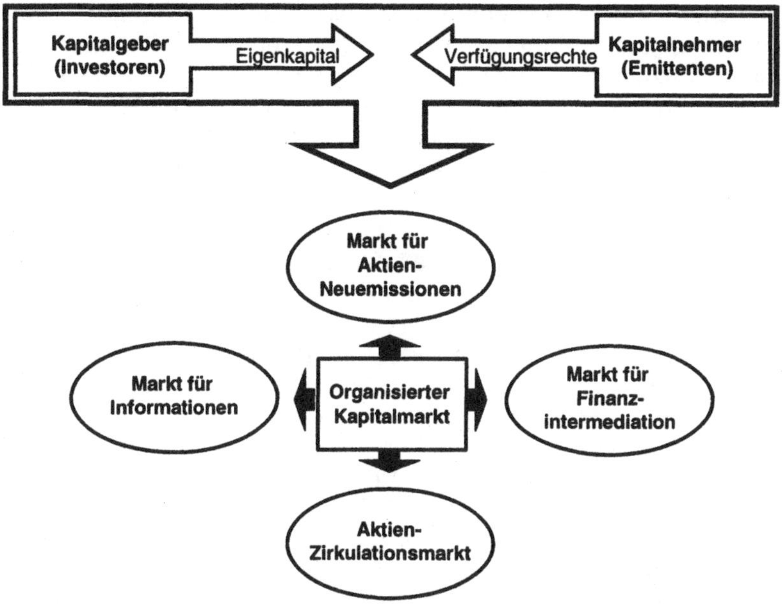

Quelle: in Anlehnung an Rapp (1996), Markt, S. 46.

Aus der vorangegangenen Beschreibung der Bedeutung des Marktes für Aktien-Neuemissionen aus betriebs- und gesamtwirtschaftlicher Perspektive lässt sich ein Funktionen- und Leistungsprofil mit folgenden vier Komponenten ableiten, das als Beurteilungskriterium für die Funktions- und Leistungsfähigkeit dieses Subsystems herangezogen werden kann:[119]

(1) Marktfunktion und Finanzierungsfunktion:
Die elementare Grundfunktion eines Marktes für Aktien-Neuemissionen besteht in der Zusammenführung von Angebot und Nachfrage nach Eigenkapital.[120] Diese Marktfunktion erweitert zunächst die Hand-

[118] Ebenda, S. 47.
[119] Vgl. zu den folgenden Ausführungen ebenda, S. 48 ff., sowie **Knips** (2000), Risikokapital, S. 219 ff.
[120] Vgl. **Gerke/Rapp** (1993), Eigenkapitalbeschaffung, S. 288 f.

lungsmöglichkeiten der Anleger durch die Erhöhung des Diversifikationspotenzials eines Kapitalmarktes: Ein leistungsfähiger Markt für Aktien-Neuemissionen ermöglicht einer Vielzahl von Unternehmen mit heterogenen Rendite-Risiko-Profilen den Zugang zum Kapitalmarkt und führt so zu einer Ausweitung (Kapitalstreuung) und Differenzierung der Investitionsmöglichkeiten (Kapitaldifferenzierung).[121] Erst durch den Marktzutritt neuer Emittenten erhält ein organisierter Kapitalmarkt so die nötige „Breite", um die Realwirtschaft repräsentativ abzubilden.[122] Mit der Anzahl neuer Anleger erhöht sich zudem die Liquidität[123] und damit auch die generelle Attraktivität eines Aktienmarktes. In der umfassenden Mobilisierung (Kapitalmobilisierung) und Versorgung (Kapitalbereitstellung) von Unternehmen mit Risiko- bzw. Eigenkapital ist schließlich die wichtigste Funktion eines Marktes für Aktien-Neuemissionen zu sehen. Hierdurch wird die Grundlage für Wachstum, Flexibilität, Dynamik und Innovationskraft der Unternehmen geschaffen sowie die Abhängigkeit von Kreditgebern reduziert. Gleichzeitig wird damit die Wettbewerbsfähigkeit und das ökonomische Potenzial der gesamten Volkswirtschaft entscheidend geprägt. Je effizienter hierbei die organisatorische, institutionelle und regulatorische Ausgestaltung des Marktes für Aktien-Neuemissionen ist, desto eher kann durch eine flexible und kostengünstige Aufbringung (niedrige Kapitalkosten) von Risikokapital zur Entwicklung der Realwirtschaft beigetragen werden.[124]

(2) Selektions- und Allokationsfunktion:
Märkte für Aktien-Neuemissionen bzw. die an diesem Markt agierenden Teilnehmer treffen auf Basis qualitativer und quantitativer Kriterien die Entscheidung darüber, welche Unternehmen an der Börse notiert werden und welche nicht. Es findet ein aufwendiger Sondierungsprozess statt, durch den sichergestellt werden soll, dass das Risikokapital effizient verteilt wird, d. h. in jene investiven Bereiche gelenkt wird, die den höchsten ökonomischen Nutzen versprechen (Kapitallenkung).[125] Durch diesen zielgerichteten Einsatz finanzieller Ressourcen werden unproduktive Verwendungen verhindert. Durch ihre Fungibilisierungs-

---

121 **Pagano** (1993) beispielsweise modelliert die mit einem Börsengang einhergehenden positiven Externalitäten und berücksichtigt dabei insbesondere, dass ein IPO die Diversifikationsmöglichkeiten von Anlegern erweitert und dadurch letztlich allen Unternehmen zugute kommt. (Vgl. **Pagano** (1993), Flotation).

122 Vgl. **Rapp** (1996), Markt, S. 53.

123 Ein Markt wird als liquide angesehen, wenn Handelsaufträge jederzeit ausgeführt werden können ohne dabei große Kursausschläge auszulösen. Vgl. in diesem Sinne z. B. **Hohla** (2001), Going Public, S. 147 ff.

124 Vgl. **Rapp** (1996), Markt, S. 48.

125 Vgl. **Knips** (2000), Risikokapital, S. 221.

funktion, die v. a. über die Standardisierung von Aktien als Gegenstand des Börsenhandels erreicht wird, unterstützen Märkte für Aktien-Neuemissionen letztlich auch die effiziente Allokation der Eigentums- und Verfügungsrechte sowie die Zirkulationsfunktion des Sekundärmarktes. So können sich (Alt-) Aktionäre durch den Verkauf ihrer Anteile problemlos aus Investitionsprojekten lösen, vorausgesetzt, es steht ein friktionsfreier und leistungsfähiger Primär- und Sekundärmarkt zur Verfügung.[126]

(3) Bewertungsfunktion:
Durch die Bepreisung neuemittierter Titel übernimmt der Markt für Aktien-Neuemissionen die möglichst marktgerechte Preisfindung und schafft dabei u. a. eine zentrale Voraussetzung für die Erfüllung der Markt- und Finanzierungsfunktion sowie den anschließenden Handel am Aktienzirkulationsmarkt.[127] Gleichzeitig stellt eine möglichst optimale Bewertung mit einer unverzerrten Preisbildung die kritische Voraussetzung für die Erfüllung der Allokationsfunktion dar.

(4) Informations- und Kontrollfunktion:
Zur Zusammenführung von Anbietern und Nachfragern von Eigenkapital mit unterschiedlichen Interessen – und damit auch zur Erfüllung der bislang beschriebenen Teilfunktionen – sind von den am Markt für Aktien-Neuemissionen agierenden Akteuren erhebliche Kommunikationsleistungen zur Übermittlung entscheidungsrelevanter Informationen zu erbringen.[128] Erhöhte Publizitätsanforderungen, die Abhaltung von Pressekonferenzen oder Unternehmenspräsentationen („*road shows*") sind nur einige Beispiele der geforderten Maßnahmenpalette, die für mehr Transparenz, für bessere Überwachungsmöglichkeiten und damit auch für das nötige Vertrauen unter den Investoren sorgen sollen. Der Emittent profitiert gleichzeitig von Marketingvorteilen und positiven Imageeffekten auf Personal-, Absatz- und Beschaffungsmärkten durch die direkte Kommunikation mit Investoren und anderen Marktteilnehmern. Die Summe der Informationstransferleistungen am Markt für Informationen schlägt sich in aggregierter Form letztlich im Emissionspreis bzw. den anschließenden Sekundärmarktpreisen nieder. Über seine Preisfindungs- und Bewertungsfunktion dient der Markt für Aktien-Neuemissionen als Plattform der Informationsaggregation und somit auch als Kontrollinstanz.

---

126 Vgl. **Blättchen/Jacquillat** (1999), Börseneinführung, S. 27, und **Rapp** (1996), Markt, S. 49.

127 Vgl. **Knips** (2000), Risikokapital, S. 221.

128 Vgl. **Blättchen/Jacquillat** (1999), Börseneinführung, S. 218 ff.

Abbildung 2.3 stellt die skizzierten Funktionen und Teilfunktionen eines typischen Marktes für Aktien-Neuemissionen graphisch dar.

Abb. 2.3: Funktionen des Marktes für Aktien-Neuemissionen

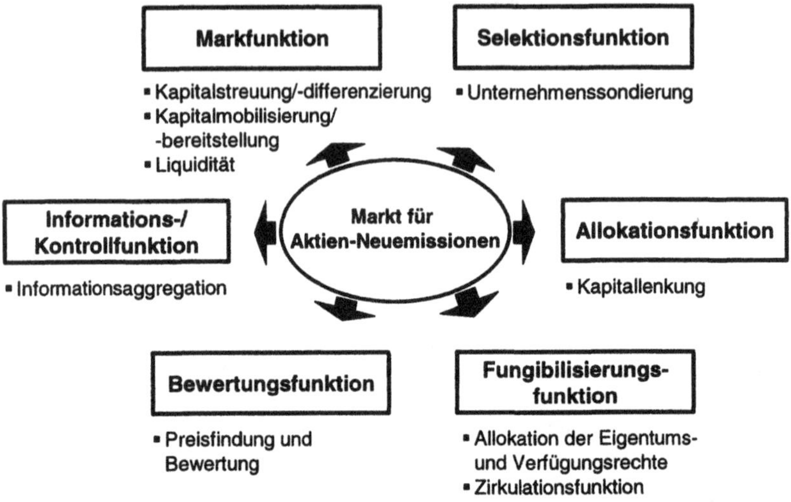

2.2 Rahmenbedingungen am deutschen Markt für Aktien-Neuemissionen

2.2.1 Institutioneller Rahmen

In der deutschen Börsenlandschaft kann grundsätzlich zwischen börslichem und außerbörslichem Handel unterschieden werden. Beim börslichen Wertpapierhandel wird zwischen Kassa- und Terminhandel differenziert. Beim Kassageschäft müssen Leistung und Gegenleistung unmittelbar nach Abschluss erfüllt werden. Börsentermingeschäfte sind hingegen dadurch gekennzeichnet, dass Vertragsabschluss und Erfüllung des Geschäfts zu unterschiedlichen Zeitpunkten erfolgen. Wie in Abbildung 2.4 dargestellt, vollzog sich der Börsenhandel bis zur Aktienmarkt-Neusegmentierung mit Wirkung zum 01.01.2003 in drei gesetzlichen Marktsegmenten: Amtlicher Handel, Geregelter Markt und Freiverkehr. Darüber hinaus gab es noch den außerbörslichen Telefonhandel, der im Bereich der Aktien-Neuemissionen aber ohne praktische Relevanz war.[129]

[129] **Blättchen/Jacquillat** (1999) kommen beispielsweise zu dem Ergebnis: „Der Telefonhandel stellt keine geeignete Alternative für ein Going Public dar." (**Blättchen/ Jacquillat** (1999), Börseneinführung, S. 50).

Abb. 2.4: Einteilung des deutschen Kapitalmarktes bis zum 31.12.2002

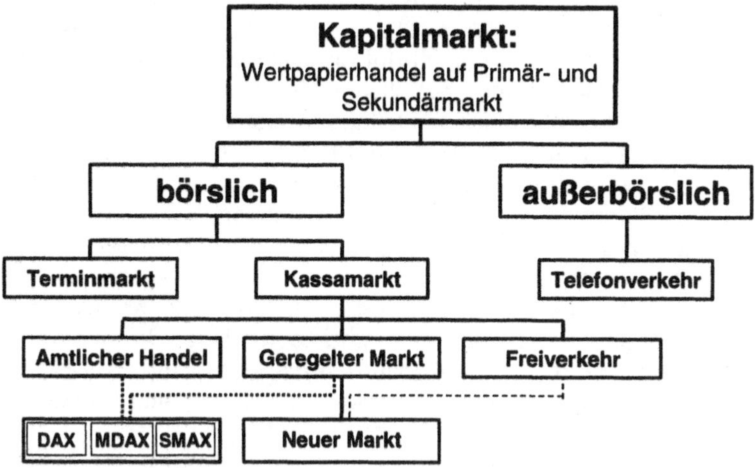

Zudem hat die Deutsche Börse AG, u. a. Trägerin der Frankfurter Wertpapierbörse, weitere eigenständige, privatrechtlich organisierte Segmente geschaffen. Im Deutschen Aktienindex, dem DAX, der 1988 gemeinsam von der Frankfurter Wertpapierbörse, der Arbeitsgemeinschaft Deutsche Wertpapierbörsen und der Börsen-Zeitung entwickelt und eingeführt wurde, werden die 30 größten und umsatzstärksten deutschen *Bluechips* zusammengefasst, die im Amtlichen Handel oder im Geregelten Markt notiert sind.[130] Der MDAX ist der Index für *Mid-Caps* und umfasste bis zur Aktienmarkt-Neusegmentierung die 70 an der Frankfurter Wertpapierbörse im Amtlichen Handel oder Geregelten Markt gehandelten Aktien, die in Bezug auf Kapitalisierung und Umsatz unmittelbar auf die 30 DAX-Werte folgten.[131] Als drittes *Value*-Segment[132] wurde schließlich im April 1999 die *Small-Caps Exchange*, kurz SMAX, als Segment für kleinere Titel ins Leben gerufen, das sich aber nicht an junge Wachstumsunternehmen, sondern v. a. an etablierte Unternehmen aus traditionellen mittelständischen Branchen richtete. Als reines Wachstumssegment für junge Unternehmen war bereits im März 1997 der Neue Markt gegründet worden.

---

130 Für weitere Informationen zu den Aufnahmekriterien und zur Berechnungsweise des DAX vgl. **Deutsche Börse** (2003), Aktienindizes, und **Deutsche Börse** (2001), Indizes, S. 5.

131 Für weitere Informationen zu den Aufnahmekriterien und zur Berechnungsweise des MDAX vgl. **Deutsche Börse** (2003), Aktienindizes, und **Deutsche Börse** (2001), Indizes, S. 6.

132 Vgl. **Deutsche Börse** (2001), Indizes, S. 3.

Die im Zuge des *New Economy-Crashs* transparent gewordenen Missstände und Fehlentwicklungen am deutschen Aktienmarkt, die hierdurch hervorgerufene massive Kritik und der Vertrauensverlust der Anleger haben den Handlungsdruck auch auf die Deutsche Börse AG ansteigen lassen. Vor dem Hintergrund des Vierten Finanzmarktförderungsgesetzes, das am 01.07.2002 mit einer begleitenden Reform des Börsenrechts in Kraft trat, hat die Deutsche Börse AG die in Abbildung 2.5 dargestellte Neusegmentierung des Gesamtmarktes beschlossen:[133] Am 19.11.2002 stimmte der Börsenrat der Frankfurter Wertpapierbörse einer neuen Börsenordnung zu, die zum 01.01.2003 in Kraft trat. Für Aktien und aktienvertretende Zertifikate sind seitdem zwei Segmente – *General Standard* und *Prime Standard* – mit unterschiedlich hohen Transparenzanforderungen, vorgesehen.[134] Die Handelssegmente für junge Wachstumsunternehmen Neuer Markt und SMAX wurden hingegen zum 31.12.2003 eingestellt.[135] Die Segmente Amtlicher Markt und Geregelter Markt sind nur noch für das Zulassungsverfahren von Bedeutung.

Abb. 2.5: Einteilung des deutschen Kapitalmarktes seit dem 01.01.2003

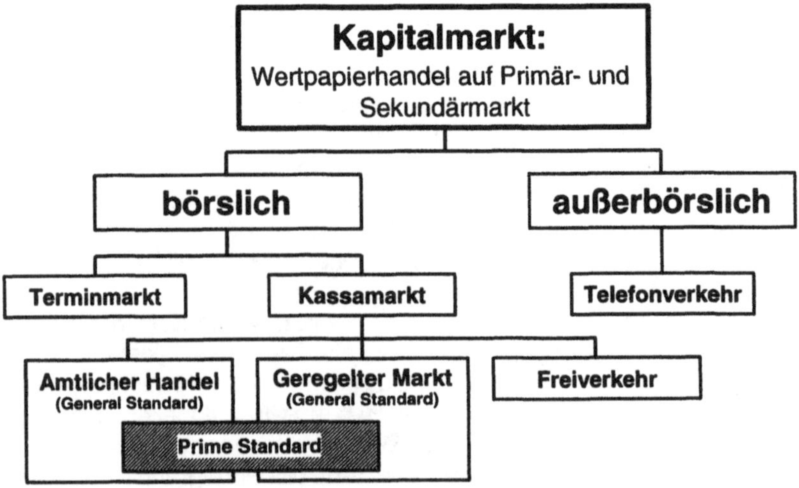

[133] Vgl. hierzu z. B. **Zielke/Kronner** (2003), Umstrukturierung.

[134] Vgl. **Börsenordnung für die Frankfurter Wertpapierbörse** sowie **Deutsche Börse AG** (2002), Stocks. Am 30.12.2003 waren 372 Unternehmen im *Prime Standard* und 494 im *General Standard* gelistet. (Quelle: Deutsche Börse AG, http://www.deutsche-boerse.com/dbag/dispatch/de/kir/gdb_navigation/listing, Zugriff am 10.06.2004).

[135] Vgl. hierzu **Deutsche Börse AG** (2002), Stocks, S. 3.

In Deutschland existiert kein einheitliches Kapitalmarktrecht.[136] Bestimmungen mit kapitalmarktrechtlichem Bezug finden sich im Aktiengesetz (AktG) und im Handelsgesetzbuch (HGB); das gesamte Börsenrecht einschließlich des Verfahrens der Börsenzulassung und der daraus resultierenden Rechte und Pflichten ist in einer Vielzahl weiterer Gesetze und Verordnungen geregelt. Den Kern bildet das Börsengesetz (BörsG), das zuletzt im Rahmen des Vierten Finanzmarktförderungsgesetzes mit Wirkung zum 01.07.2002 geändert wurde.[137] Das Börsengesetz regelt zusammen mit der Börsenzulassungsverordnung (BörsZulVO), dem Börsenzulassungsgesetz (BörsZulG) und den Börsenordnungen (BörsO) der einzelnen Regionalbörsen das Zulassungsverfahren für sämtliche Handelssegmente mit Ausnahme des Neuen Marktes und des Freiverkehrs, für die privatrechtliche Regelungen gelten bzw. galten. Allen Börsensegmenten gemeinsam ist die Veröffentlichung des Verkaufsprospektes, dessen Anforderungen im Verkaufsprospektgesetz (VerkProspG) geregelt sind und das zusammen mit der Verkaufsprospekt-Verordnung (VerkProspVO) die Offenlegungspflichten für Aktienemissionen festlegt.

Die Aktiengesellschaft (AG) und die Kommanditgesellschaft auf Aktien (KGaA) sind die einzigen Rechtsformen, die an der Börse in Deutschland zugelassen sind.[138] Die grundlegenden Vorschriften hierzu sind im Aktiengesetz (AktG) und im HGB verankert. Das deutsche Aktienrecht ist in Bezug auf die Ausgestaltung der Aktiengesellschaften durch einen strikten gesetzlichen Regelungsrahmen gekennzeichnet, um das Grundprinzip des Schutzes der Kapitalgeber, der Mitarbeiter und der Öffentlichkeit zu verwirklichen.[139] Dieser Schutzgedanke kommt z. B. in den umfassenden aktienrechtlichen Publizitätsvorschriften zum Ausdruck. Charakterisierend für das dualistische System der deutschen AG ist die Aufteilung der unternehmerischen Macht auf die Organe Vorstand und Aufsichtsrat.[140] Als drittes Organ kommt schließlich die jährlich einzuberufende Hauptversammlung der Aktionäre hinzu. Der Eigentümer einer

---

[136] Vgl. **Wolff** (1994), Going Public, S. 10.

[137] Zu den wesentlichen Merkmalen des Entwurfs gehören die neue Rechtsgrundlage für Schadenersatzansprüche, das Verbot von Kursmanipulationen und mehr Zuständigkeiten für das Bundesaufsichtsamt für den Wertpapierhandel (BAWe).

[138] Vgl. **Schanz** (2000), Börseneinführung, S. 27, und **Zacharias** (2000), Börseneinführung, S. 83. Die Zulässigkeit der Konstruktion einer GmbH&Co. KGaA ist hingegen umstritten. Vgl. hierzu **Jakob** (1998), Initial, S. 58.

[139] Vgl. **Spremann** (1991), Investition, S. 136.

[140] Zur Aufteilung der Sachkompetenzen und der Gewaltenteilung bei der AG vgl. z. B. **Zacharias** (2000), Börseneinführung, S. 62 ff., und **Roth** (1990), Handels- und Gesellschaftsrecht, S. 193 ff.

Aktie ist als Gesellschafter wirtschaftlich, nicht jedoch juristisch Miteigentümer der AG und hat Vermögens-, Stimm- und Kontrollrechte.

Zu erwähnen bleibt schließlich noch das „Gesetz für kleine Aktiengesellschaften und zur Deregulierung des Aktienrechts", das im August 1994 in Kraft trat. Anlass für die Einführung dieses Gesetzes war die Beobachtung, dass viele mittelständische Unternehmen die Rechtsform einer AG aufgrund der hohen formalen Anforderungen scheuten, obwohl sie die Voraussetzungen dafür erfüllten.[141] Unter dem Begriff der „kleinen AG" wurden deshalb zahlreiche Deregulierungsmaßnahmen und Erleichterungen im Aktiengesetz eingeführt, die insbesondere mittelständischen Firmen den Zugang zur Börse erleichtern und die Rechtsform der AG attraktiver machen sollten.[142] Ebenfalls seit August 1994 gilt das Wertpapierhandelsgesetz (WpHG), mit dem die Wettbewerbsfähigkeit des Finanzplatzes Deutschland durch eine Anpassung an internationale Entwicklungen gefördert werden sollte.[143] Mit dem Gesetz wurden zahlreiche Publizitätsvorschriften erweitert, Strafbestimmungen verschärft und insbesondere im Rahmen des Dritten Finanzmarktförderungsgesetzes vom April 1998 weiterentwickelt. Es regelt heute u. a. die Pflicht börsennotierter Unternehmen zur Ad-hoc-Berichterstattung[144], das Verbot von Insidergeschäften[145] und die Mitteilungspflicht bei Veränderungen der Stimmrechtsanteile[146].

2.2.2 Neuer Markt als Segment für Aktien-Neuemissionen

Märkte und Marktsegmente in Deutschlands Börsenlandschaft sind auf unterschiedliche Unternehmensprofile ausgerichtet und verfolgen unterschiedliche Zielsetzungen. Entsprechend verschieden sind auch die Voraussetzungen und die Folgepflichten, die bei einer Notierungsaufnahme jeweils zu berücksichtigen sind. Die deutsche Börsenlandschaft war in den vergangenen Jahren in vielfältiger Hinsicht massiven Veränderungen unterworfen. Von besonderer Bedeutung war in diesem Zusammenhang zweifellos die Etablierung des Neuen Marktes in Frankfurt und die damit verbundene Öffnung der deutschen Börse für junge Wachstumsunternehmen. Nach dem Vorbild der US-amerikanischen Computerbörse

---

141 Vgl. **Zacharias** (2000), Börseneinführung, S. 83. Für einen Überblick zum Thema „Rechtsformwechsel/Umwandlung in eine AG" vgl. S. 133 ff.
142 Vgl. hierzu ebenda, S. 83 ff., und **Claussen** (1995), Änderungsgesetze, S. 165 ff.
143 Vgl. **Zacharias** (2000), Börseneinführung, S. 351 ff.
144 Vgl. hierzu ebenda, S. 364 ff.
145 Zum Begriff des „*Insiders*" und den Regelungen des WpHG vgl. ebenda, S. 83 ff.
146 Vgl. hierzu ebenda, S. 379 ff.

NASDAQ (*National Association of Securities Dealers Automated Quotation*) wurde am 10.03.1997 dieses Marktsegment eröffnet, um jungen, stark wachsenden Innovationsunternehmen eine geeignete Grundlage der Eigenkapitalbeschaffung zur Verfügung zu stellen.[147] Dazu zählten v. a. die *Hightech*-Branchen der *New Economy*, insbesondere die Bereiche Informationstechnologie und Software, Internet, Telekommunikation, Biotechnologie sowie Medien und Entertainment. Als Anleger-Zielgruppe wurden risikobereite private und institutionelle Investoren angesprochen, die „... Anlagealternativen mit höherer Rendite bei diversifizierbarem systematischem Risiko suchen."[148] Der Neue Markt war zwar als eigenständiges Handelssegment im Freiverkehr der Frankfurter Wertpapierbörse organisiert, die Zulassung zum Geregelten Markt war aber eine Grundvoraussetzung.

Der Geregelte Markt wurde im Mai 1987 ebenfalls als ein organisierter Markt im Sinne von § 2 Abs. 5 des WpHG ins Leben gerufen. Wie der Amtliche Markt[149] hat auch dieses Segment seinen Ursprung im Börsengesetz (§§ 71 ff. BörsG), hinsichtlich näherer Bestimmungen wird jedoch auf die Börsenordnungen der einzelnen Börsen verwiesen. Vor der Aufnahme des Handels muss ein Emittent ein öffentlich-rechtliches Zulassungsverfahren durchlaufen; der Antrag muss zusammen mit einem Kreditinstitut, Finanzdienstleistungsinstitut oder einem nach § 53 Abs. 1 Satz 1 oder § 53b Abs. 1 Satz 1 KWG tätigen Unternehmen eingereicht werden. Über die Zulassung entscheidet der Zulassungsausschuss (§ 71 Abs. 2 Satz 2 BörsG). Die Zulassungsvoraussetzungen und Folgepflichten waren bis zur Neusegmentierung des deutschen Aktienmarktes ins-

---

[147] Vgl. ebenda, S. 198.

[148] **Blättchen/Jacquillat** (1999), Börseneinführung, S. 54.

[149] Der Amtliche Handel ist ein organisierter Markt im Sinne von § 2 Abs. 5 des WpHG; die amtliche Kursfeststellung, die nach § 29 BörsG als öffentlich-rechtliche Tätigkeit der Kursmakler zu erfolgen hat, ist kennzeichnend für den Amtlichen Handel. Bis zur Neusegmentierung des deutschen Aktienmarktes war dieses Marktsegment mit Abstand das handelsstärkste, die 30 bedeutendsten Werte dieses Segments wurden im DAX zusammengefasst. Im Jahr 2002 betrug das Umsatzvolumen („*orderbook turnover*") der DAX-Werte an sämtlichen deutschen Börsen 795.487 Mio. €; somit entfielen rund 31 % aller Aktienumsätze allein auf die Werte dieses Bluechip-Indexes. (Vgl. **Deutsche Börse AG** (2003), Factbook 2002, S. 10 und S. 13). An die Emittenten stellt dieses Segment die höchsten Zulassungsanforderungen unter den traditionellen Marktsegmenten. Der Amtliche Handel spricht aufgrund seiner Anforderungen v. a. Unternehmen an, die auf etablierten Märkten bereits seit längerer Zeit tätig sind und über eine gewisse Größe verfügen. An der Frankfurter Wertpapierbörse waren Ende 2002 487 Unternehmen in diesem Marktsegment gelistet. (Quelle: **Deutsche Börse AG** (2003), Factbook 2002, S. 2).

gesamt weniger streng als im Amtlichen Handel, weil dieses Segment ursprünglich insbesondere jungen und mittelständischen Unternehmen den Börsengang erleichtern sollte.[150] So musste z. B. dem Zulassungsantrag statt eines Zulassungs- bzw. Emissionsprospektes wie im Falle der Aufnahme in den Amtlichen Handel lediglich ein Unternehmensbericht (§ 73 BörsG) beigefügt werden. Es bestanden auch keine Vorschriften hinsichtlich des Mindestalters des Emittenten oder der Streuung der Aktien im Publikum. Die geringeren Zulassungsvorschriften und Folgepflichten „... charakterisieren den Geregelten Markt als Segment für junge, mittlere und kleinere Unternehmen aus den traditionellen Branchen."[151] Er stand aber Großunternehmen offen, vorrangig solchen, „... die für den Amtlichen Handel geeignet wären, diesen aber wegen der dort gültigen Publizitätsvorschriften oder aus Kostengründen meiden."[152] Im Zuge der Neustrukturierung des deutschen Aktienmarktes wurden die Zulassungsanforderungen des Geregelten Marktes ab dem 01.01.2003 jedoch weitgehend denen des Amtlichen Marktes angepasst.[153]

Die Zulassung zum Geregelten Markt war zwar Voraussetzung für ein *„Listing"*[154], trotzdem handelte es sich beim Neuen Markt aber um ein privatrechtliches Marktsegment. Da der Neue Markt privatrechtlich organisiert war, hatten Unternehmen keinen Anspruch auf die Aufnahme ihrer Aktien zum Handel. Vielmehr konnte der Vorstand der Deutschen Börse AG, der über die Zulassung zu entscheiden hatte, jedes Unternehmen ablehnen, wenn es nicht der gewünschten Zielgruppe entsprach.[155] Die Aufnahme in den Neuen Markt stellte eine ganze Reihe von Zusatzanforderungen an die Emittenten, die deutlich über die Kriterien des Geregelten Marktes hinausgingen. Grund hierfür war zum einen, dass sich die in dem deutschen Wachstumssegment gehandelten Werte durch ein im Vergleich zu Unternehmen der traditionellen Segmente wesentlich höheres Risikoprofil auszeichneten. Zum anderen konnten die zum Gründungszeitpunkt „... gültigen Rechtsvorschriften ... den gewollt höheren

---

[150] Vgl. **Zacharias** (2000), Börseneinführung, S. 192.
[151] Ebenda, S. 194.
[152] Ebenda, S. 194.
[153] Zu den verbliebenen Unterschieden vgl. § 69 BörsO.
[154] Eine Doppelnotierung war jedoch nicht möglich; mit der Beantragung der Zulassung zum Neuen Markt verzichtete der Emittent auf die Notierung im Geregelten Markt.
[155] Vgl. **Blättchen/Jacquillat** (1999), Börseneinführung, S. 53. Darüber hinaus wurden ab dem 01.10.2001 neue, verschärfte Ausschlusskriterien in Kraft gesetzt, welche die Marktkapitalisierung und den Börsenkurs als quantitative Kriterien heranzogen, um einen Aktientitel wieder vom Neuen Markt zu streichen (sog. *„Penny-Stock-*Regelung"). Vgl. hierzu Abschnitt 2 Tz. 2.1.5 II RwNM.

Transparenzansprüchen an den Neuen Markt und der gewünschten internationalen Ausrichtung des Marktsegmentes nicht genügen ...“[156] Liquidität, Transparenz und Publizität waren deshalb die zentralen Leitlinien im Anforderungskatalog des Neuen Marktes, der die Einhaltung besonders hoher Standards verbindlich festlegte.[157] Darüber hinaus hatte sich die Deutsche Börse AG dazu verpflichtet, durch umfangreiche Öffentlichkeitsarbeit aktives Marketing für den Neuen Markt zu betreiben.[158]

Das „Regelwerk Neuer Markt“ (RwNM)[159] sah deshalb zahlreiche Besonderheiten vor, die zum einen im Vergleich zu den traditionellen Marktsegmenten wesentlich höhere Anforderungen an Emittenten stellten und die den Neuen Markt zum anderen insbesondere für internationale Investoren attraktiv machen sollten (vgl. die Übersicht in Tabelle 2.1). Eine zentrale Zulassungsvoraussetzung zum Neuen Markt war zunächst die Erstellung eines Emissionsprospektes in deutscher und englischer Sprache, der zusätzlich Angaben forderte, die im Unternehmensbericht für den Geregelten Markt nicht erforderlich waren.[160] Um sicher zu stellen, dass der Emissionserlös in erster Linie in das Unternehmen floss, war die Zulassung von Aktien mit einer Kapitalerhöhung gegen Bareinlagen verbunden.[161] Das zu platzierende Emissionsvolumen sollte mindestens zu 50 % aus dieser Kapitalerhöhung bestehen.[162] Eine möglichst hohe Marktliquidität wurde durch die Forderungen eines Mindestemissionsvolumens von 5 Mio. €, eines *free float* von mindestens 20 % und die Verpflichtung von mindestens zwei sog. *Designated Sponsors* (Betreuer) angestrebt.

---

156 **Küting** (2001), Bilanzierung, S. 6.

157 Nach **Schanz** (2000) waren die „... Qualitätsstandards und Informationsanforderungen ... im Neuen Markt höher als in jedem anderen deutschen Marktsegment, was als eine Art Gütesiegel angesehen wird.“ (**Schanz** (2000), Börseneinführung, S. 353).

158 Vgl. **Zacharias** (2000), Börseneinführung, S. 204.

159 Vgl. Regelwerk Neuer Markt (RwNM) der Deutschen Börse AG (Hrsg.) in der Fassung vom 10.10.2001. Das Regelwerk des Neuen Marktes wurde seit seiner Gründung 1997 mehrfach geändert. Für einen Überblick vgl. hierzu u. a. **Förschle/Helmschrott** (2001), Veränderungen, **Förschle/Helmschrott** (1999), Update 1999, und **Förschle/Helmschrott** (1997), Zwischenberichterstattung.

160 Vgl. Abschnitt 2 Tz. 4 RwNM.

161 Dadurch sollte insbesondere vermieden werden, dass die Altaktionäre den Börsengang benutzen, um ihre Aktien zu verkaufen und „Kasse zu machen“. Vgl. in diesem Sinne z. B. **Schanz** (2000), Börseneinführung, S. 359.

162 Allerdings konnte die Deutsche Börse AG in begründeten Fällen Ausnahmen zulassen. **Blättchen/Jacquillat** (1999) nennen hier insbesondere den Fall von *Venture Capital*-Unternehmen, die sich im Rahmen eines Börsengangs von den von ihnen mitgeschaffenen Werten durch den Verkauf ihrer Anteile trennen wollen („*Exit*-Finanzierung“). (Vgl. **Blättchen/Jacquillat** (1999), Börseneinführung, S. 56).

Diese verpflichteten sich, jederzeit den Handel sicherzustellen, indem sie auf Anfrage Preise für Ankauf und Verkauf der Aktien stellten.[163] „Der Designated Sponsor ist somit ein Finanzintermediär, der die Funktion eines Market Maker übernimmt. Dadurch wird auf dem Sekundärmarkt eine gewisse Mindestliquidität garantiert, die dem Aktionär zugute kommt."[164] Großaktionäre brauchten im Neuen Markt nach § 21 WpHG zwar ihre jeweilige Beteiligungshöhe nicht zu melden. Vorstände und Aufsichtsräte hingegen mussten aber ihren Aktienbesitz nach Abschn. 2 Tz. 7.3.2 I RwNM mindestens einmal im Jahr offen legen. Ab dem 01.03.2001 wurden die Unternehmen weiter verpflichtet, die Transaktionen der einzelnen Organmitglieder, die im Zusammenhang mit Aktien des eigenen Unternehmens standen, spätestens drei Tage nach dem Geschäftsabschluss zu melden. Als weitere Maßnahme zur Erhöhung des Anlegerschutzes schrieb das Regelwerk des Neuen Marktes für die ersten sechs Monate nach dem *Going Public* ein Veräußerungsverbot („*Lock-up*-Periode") vor.[165]

Die Transparenz- und Publizitätskriterien orientierten sich an den internationalen Standards. Deshalb mussten die Emittenten ihre Jahresabschlüsse grundsätzlich nach den „*International Accounting Standards*" (IAS) oder den „*US-Generally Accepted Accounting Principles*" (US-GAAP) aufstellen.[166] „Dies gilt sowohl für die anzuwendenden Bilanzierungs- und Bewertungsvorschriften als auch für die mit den einzelnen Vorschriften zusammenhängenden weitreichenden Anhangangaben."[167] Auch die unterjährige Quartalsberichterstattung musste IAS- bzw. US-GAAP-konform sein, ab dem dritten Quartal 2001 wurden strukturierte Quartalsberichte vorgeschrieben. „Hierbei sollen standardisierte Informationen die Transparenz für Anleger weiter verbessern, indem einzelne Mindestanforderungen für die Berichterstattung über die Finanzsituation respektive einzelne Berichtspositionen definiert werden. Neben der verpflichtenden Erstellung von Quartalsberichten nach IAS oder US-GAAP

---

163 Die Funktion eines *Designated Sponsor* konnte nur von einem an der Frankfurter Wertpapierbörse zugelassenen Unternehmen übernommen werden. In den meisten Fällen übernahmen dies Banken aus dem Konsortium, das den Börsengang begleitete. Vgl. hierzu **Schanz** (2000), Börseneinführung, S. 363 ff., die Bestimmungen im Abschnitt 3 Tz. 4 RwNM, sowie **Kersting** (1997), Markt, S. 225 f.

164 **Blättchen/Jacquillat** (1999), Börseneinführung, S. 56.

165 Nach Abschn. 2 Tz. 7.3.2 I RwNM konnte die Deutsche Börse AG hiervon jedoch Ausnahmen zulassen.

166 Für einen Vergleich der Rechnungslegungsvorschriften nach HGB, IAS und US-GAAP und ihre Bedeutung für Unternehmen des Neuen Marktes vgl. **Küting** (2001), Bilanzierung, S. 126 ff.

167 Ebenda, S. 7.

fordert die DBAG [Deutsche Börse AG] zusätzliche Angaben zur Auftragslage, Erlösaufgliederung, Forschungs- und Entwicklungsaktivitäten, Mitarbeitern, Investitionen usw."[168] Die Quartalsberichte, Jahresabschlüsse und Lageberichte sowie der sog. „Unternehmenskalender"[169] waren in deutscher und englischer Sprache zu verfassen.[170]

Durch die hohen Anforderungen hinsichtlich der Informationspflicht der Emittenten sollte „... für die Anleger das am Neuen Markt vorhandene Risiko eingedämmt werden. Die zeitnahe Information der Investoren ist in diesem Segment besonders wichtig, weil kurzfristige Änderungen der wirtschaftlichen Faktoren stärkere Kursbewegungen auslösen können als bei etablierten Unternehmen in den traditionellen Börsensegmenten."[171] Nach Meinung von Schanz (2000) sollten die höheren Informationsanforderungen von den Emittenten „... als Chance zur Kommunikation mit seinen Aktionären und der Financial Community verstanden werden, da es firmeneigene Informationen ohne größeren zusätzlichen personellen und finanziellen Aufwand vermarkten und seinen Bekanntheitsgrad auf den nationalen und internationalen Absatz-, Beschaffungs- und Finanzmärkten erhöhen kann. Für diese stellt sich der hohe Informationsgrad bei gleichzeitig niedrigen Informationskosten als besonders attraktiv dar. Sie können dadurch die Risiken und Chancen im Neuen Markt zeitnah genauer als in anderen Marktsegmenten und auch besonders zielgerichtet analysieren, ohne ihren Anlageerfolg mit hohen Informationskosten zu belasten."[172] Im Rahmen der Neusegmentierung des deutschen Aktienmarktes und als Folge der bereits erwähnten, im Abschnitt 2.3.2 konkreter ausgeführten Fehlentwicklungen wurde der Neue Markt nach einer Übergangsfrist zum 31.12.2003 zwar eingestellt, seine hohen Transparenz- und Publizitätsanforderungen stellten aber die Leitlinien für die Neustrukturierung des deutschen Aktienmarktes dar: „Der Neue Markt hat für den deutschen Kapitalmarkt die Funktion eines regulatorischen Rollenmodells erfüllt. Die Neustrukturierung des Aktienmarktes ist ein konsequenter Schritt auf dem Weg in Richtung mehr Transparenz, wie ihn die Deutsche Börse mit dem Neuen Markt von Beginn an beschritten hat. Die regulatorischen Standards des Neuen Marktes und des

---

168 Ebenda, S. 8.

169 Der Unternehmenskalender enthielt Angaben über Veranstaltungen, die für Investoren und Analysten von Bedeutung sind, wie Hauptversammlungen, Bilanzpressekonferenzen oder Analystenveranstaltungen. Vgl. hierzu Abschnitt 2 Tz. 7.3.4 RwNM.

170 Vgl. Abschnitt 2 Tz. 7.1.1 und Tz. 7.3.2 RwNM.

171 **Zacharias** (2000), Börseneinführung, S. 204.

172 **Schanz** (2000), Börseneinführung, S. 352.

Qualitätssegments SMAX gehen im Prime Standard auf."[173] Tabelle 2.1 zeigt eine Übersicht der wichtigsten Zulassungskriterien und Folgepflichten einer Notierung am ehemaligen Neuen Markt.

Tab. 2.1: Zulassungskriterien und Folgepflichten für den Neuen Markt

Voraussetzung:	Zulassung zum Geregelten Markt
Zusätzliche Zulassungskriterien:	
Mindestalter des Unternehmens:	Soll: 3 Jahre, Muss: 1 Jahr
Emissionsvolumen:	voraussichtlicher Kurswert der zu platzierenden Aktien mindestens 5 Mio. €; mindestens 50 % des zu platzierenden Emissionsvolumens sollen aus einer Kapitalerhöhung stammen (Abschn. 2 Tz. 3.7 und 3.8 RwNM)
Aktiengattungen:	Stammaktien (Abschn. 2 Tz. 3.4 RwNM)
Streuung der Aktien (*free float*):	Soll: 25 %, Muss: 20 %; 10 % bei Emissionsvolumen > 100 Mio. € (Abschn. 2 Tz. 3.10 RwNM)
Eigenkapital:	mindestens 1,5 Mio. € (Abschn. 2 Tz. 3.1 II RwNM)
Zulassungsdokument:	Emissionsprospekt: nach internationalen Standards mit allen Angaben, die für die Beurteilung des Emittenten und des Wertpapiers notwendig sind, inklusive der Bilanzen und Gewinn- und Verlustrechnungen der letzten 3 Geschäftsjahre und des Anhangs sowie des Lageberichts des letzten Geschäftsjahres bzw. seit Bestehen des Unternehmens; Rechnungslegung nach IAS oder US-GAAP (Abschn. 2 Tz. 4 RwNM).
Haltepflicht für Altaktionäre:	sechs Monate (Abschn. 2 Tz. 7.3.9 RwNM)
Entscheidendes Gremium:	Vorstand Deutsche Börse AG (Abschn. 2 Tz. 2.1.1 RwNM)
Rechtliche Basis:	Regelwerk Neuer Markt der Deutsche Börse AG (RwNM), BörsO
Akzeptanz des Übernahmekodex:	obligatorisch (Abschn. 2 Tz. 7.3.10 RwNM)
Zusätzliche Folgepflichten:	
Jahresabschlüsse:	obligatorisch (Rechnungslegung nach IAS oder US-GAAP; § 325 HGB, Abschn. 2 Tz. 7.3.2 RwNM)
Zwischenberichte:	Quartalsberichte (Berichterstattung nach IAS oder US-GAAP; (Abschn. 2 Tz. 7.1 RwNM)
Ad-hoc-Publizität:	obligatorisch gemäß § 15 WpHG (Abschn. 2 Tz. 7.3.12 RwNM)
Meldepflichtige Wertpapiergeschäfte:	obligatorisch (Geschäfte von Emittent und Organmitgliedern; (Abschn. 2 Tz. 7.2 RwNM)
Betreuer:	mindestens zwei Designated Sponsors (Abschn. 3 Tz. 4 RwNM)
Analystenveranstaltungen:	mindestens einmal jährlich (Abschn. 2 Tz. 7.3.11 RwNM)

Quellen: Deutsche Börse AG (http://www.deutsche-boerse.com; Zugriff am 24.02.2003) und Regelwerk Neuer Markt (RwNM).

[173] **Deutsche Börse AG** (2002), Stocks, S. 3.

2.3 Anhaltspunkte zur Messung der Leistungs- und Funktionsfähigkeit des Marktes für Aktien-Neuemissionen in Deutschland

2.3.1 Historische Entwicklung und Status quo

Entgegen der dokumentierten Bedeutung einer soliden Eigenkapitalbasis, hat sich die Eigenkapitalquote deutscher Unternehmen seit den fünfziger Jahren kontinuierlich reduziert. 1950 belief sich der Anteil des Eigenkapitals an der Bilanzsumme noch auf etwa 40 %[174], danach setzte der „... lange Zeit zu beobachtende Trend einer kontinuierlichen Auszehrung der Risikokapitalausstattung deutscher Unternehmen ..."[175] ein, der in den achtziger Jahren bei einer Eigenmittelquote von durchschnittlich etwa 20 % zunächst zum Stillstand kam. Auch an internationalen Maßstäben gemessen lag der Eigenkapitalanteil deutscher Unternehmen deutlich unter den Werten aus anderen entwickelten Volkswirtschaften.[176] Diese Entwicklung wurde von nur geringen Aktivitäten am Markt für Aktien-Neuemissionen begleitet: Wie Abbildung 2.6 zeigt, fanden in den 30 Jahren von 1950 bis 1979 in Deutschland lediglich 98 Aktien-Neuemissionen statt. Danach erlebte die Aktie aber eine für deutsche Verhältnisse bemerkenswerte Renaissance, denn bis Ende 1990 folgten im Zuge des wirtschaftlichen Aufschwungs 181 *Going Publics*. Die beginnende Hausse der Börsen und die Errichtung von Zweitmärkten in Europa – u. a. wurde am 04.05.1987 in Deutschland der Geregelte Markt eröffnet – belebten die Aktie als Finanzierungsalternative zusätzlich.[177] Diesen Aufschwung nahm die Deutsche Bundesbank zum Anlass, in ihrem Monatsbericht vom Oktober 1991 optimistisch in die Zukunft zu blicken: „Insgesamt lassen diese Entwicklungstendenzen die Chance er-

---

174 Vgl. **Hahn** (1990), Eigenkapitalmangel, S. 250.

175 **Deutsche Bundesbank** (1991), Bedeutung, S. 25. Zur Eigenkapitalauszehrung der deutschen Wirtschaft vgl. auch **Sauer** (1993), Eigenkapitalbeschaffung, S. 2 ff.

176 **Ackermann** (1989) gibt für das Jahr 1985 eine durchschnittliche Eigenkapitalquote US-amerikanischer Unternehmen von 59,4 % und für britische von 45,7 % an; demgegenüber lag der Wert für deutsche Unternehmen bei etwa 18 %. Diese Diskrepanz hat sich in den Folgejahren weiter verschärft. (Vgl. **Ackermann** (1989), Aktienanlage, S. 16). Vgl. hierzu auch **Deutsche Bundesbank** (1991), Bedeutung, S. 23, und **Küffer** (1989), Börse, S. 28. Einige Autoren machen jedoch auch Unterschiede in der Messmethodik für diesen Befund (teilweise) verantwortlich, so gibt beispielsweise **Jakob** (1998) zu bedenken: „Die durchschnittliche Eigenkapitalquote deutscher Unternehmen ist i. d. R. nicht so niedrig, wie in manchen länderübergreifenden Studien behauptet wird. Unterschiedliche Erhebungsmethoden führen hier zu einer Diskrepanz, die ein mitunter falsches Bild zeichnen." (**Jakob** (1998), Initial, S. 22).

177 Vgl. **Blättchen/Jacquillat** (1999), Börseneinführung, S. 21.

Abb. 2.6: Aktien-Neuemissionen in Deutschland nach Marktsegmenten

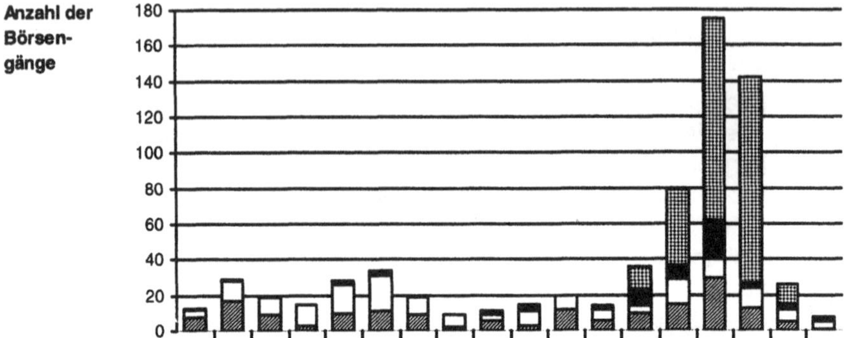

	'85	'86	'87	'88	'89	'90	'91	'92	'93	'94	'95	'96	'97	'98	'99	'00	'01	'02
Neuer Markt													13	42	113	115	11	1
Freiverkehr	1	1	0	0	2	3	0	0	2	4	0	2	9	8	22	3	3	2
Geregelter Markt	4	11	10	12	16	20	10	7	3	8	8	6	4	14	10	11	7	4
Amtlicher Handel	8	17	9	3	10	11	9	2	6	3	12	6	10	15	30	13	5	1

Quelle: Deutsches Aktieninstitut (2002), Factbook, Blatt 03-8.

kennen, daß der deutsche Aktienmarkt wieder in seine ehemals bedeutsame Rolle als Quelle haftenden Eigenkapitals hineinwachsen könnte."[178]

Entgegen dieser Prognose hat sich die rückläufige Entwicklung der Risikokapitalausstattung der deutschen Wirtschaft Anfang der neunziger Jahre dann aber weiter fortgesetzt, wie z. B. eine Untersuchung der Deutschen Bundesbank 1994 ergab.[179] Die Ergebnisse dieser Studie zeigten, dass der Finanzbedarf Anfang der neunziger Jahre in großem Umfang durch

178 Vgl. **Deutsche Bundesbank** (1991), Bedeutung, S. 22.

179 Vgl. **Deutsche Bundesbank** (1994), Eigenmittelausstattung. In dieser Untersuchung wurden u. a. die Eigenkapitalquoten der Unternehmen in Deutschland, Frankreich, Italien und Spanien verglichen. Dabei wurde für deutsche Unternehmen für 1991 eine durchschnittliche Eigenkapitalquote von 17,7 % ermittelt, während die übrigen untersuchten EU-Länder auf einen Mittelwert von 29,9 % kamen. Die Bundesbank weist zwar darauf hin, dass die deutschen Unternehmen des verarbeitenden Gewerbes, nachdem das Datenmaterial aus Gründen der Vergleichbarkeit modifiziert worden sei, etwa auf dem Niveau der anderen europäischen Vergleichsländer lägen. Sie gibt aber zu bedenken: „Wie die letzte Insolvenzwelle in Deutschland ... gezeigt hat, bedeutet dieses recht günstige Gesamturteil freilich nicht, daß die deutschen Unternehmen damit auch durchweg über ausreichende Reserven verfügen, um größere konjunkturelle und strukturelle Krisen zu überstehen." (**Deutsche Bundesbank** (1994), Eigenmittelausstattung, S. 88).

die Kreditgewährung von Banken gedeckt wurde.[180] Im Zeitraum 1991 bis Ende 1994 folgten zudem lediglich 54 weitere Aktien-Neuemissionen. Nach der statistischen Übersicht des Jahresberichts der deutschen Börsen waren 1994 insgesamt 26.146 Wertpapiere zum Handel zugelassen, wovon lediglich 6,4 % auf Aktien entfielen.[181] Die Börsenkapitalisierung der 666 notierten Gesellschaften erreichte, bei einem Nennwert der inländischen Aktien von 80,9 Mrd. DM, einen Kurswert von 773,9 Mrd. DM.[182] Die Breite des Amtlichen und des Geregelten Marktes mit nur 523 börsennotierten Gesellschaften im Dezember 1994 wirkte ebenfalls sehr bescheiden in Anbetracht einer Gesamtzahl von mehr als 3.600 Aktiengesellschaften bzw. mehr als 600.000 Kapitalgesellschaften in Deutschland. Die Deutsche Bundesbank resümierte entsprechend: „Die weitere Förderung der Eigenkapitalbildung ... wird deshalb auch künftig eine wichtige wirtschaftspolitische Aufgabe bleiben."[183]

Ein entscheidender Impuls zur Weiterentwicklung des deutschen Aktienmarktes und des Marktes für Aktien-Neuemissionen resultierte aus der Börseneinführung der Deutsche Telekom AG im Herbst 1996. Mit 14 Börsengängen war das Jahr 1996 zwar gerade mal ein durchschnittliches Börsenjahr, durch den Börsengang des ehemaligen Monopolisten wurde das effektive Emissionsvolumen allerdings auf 21,04 Mrd. DM katapultiert nach 8,28 Mrd. DM im Vorjahr. Doch der Börsengang des Telekomkonzerns setzte nicht nur in punkto Emissionsvolumen neue Akzente. Durch umfangreiche Werbe- und Aufklärungskampagnen konnten etwa zwei Millionen Privatinvestoren zur Zeichnung von Telekom-Aktien im Wert von ca. 8,5 Mrd. DM gewonnen und damit „... neues Interesse für die Anlageform Aktie geweckt [werden]."[184] Der Börsengang der Deutschen Telekom wird deshalb häufig als Ausgangspunkt für die Entstehung einer eigenen Aktienkultur in Deutschland interpretiert.[185] Die Folgejahre waren bis zur Jahresmitte 2000 durch einen beispiellosen *Going Public*-Boom

---

[180] Die **Deutsche Bundesbank** (1991) ermittelte folgende Größen für die langfristigen Mittelaufnahmen der deutschen Produktionsunternehmen für 1990: 61,9 Mrd. DM wurden über Kreditmarktmittel und nur 21,9 Mrd. DM über Aktienemissionen aufgenommen. (Vgl. **Deutsche Bundesbank** (1991), Bedeutung, S. 25). Vgl. hierzu auch **Hansen** (1994), Eigenkapitalbasis, S. R440.

[181] Vgl. **Deutsche Börse** (1995), Jahresbericht, S. 103.

[182] Davon entfielen 95,5 % auf Werte des Amtlichen Handels, 2,7 % auf den Geregelten Markt und 1,8 % auf den Freiverkehr. Vgl. **Deutsche Börse** (1995), Jahresbericht, S. 112.

[183] **Deutsche Bundesbank** (1994), Eigenmittelausstattung, S. 88.

[184] Vgl. **Deutsches Aktieninstitut** (1997), Aktienbesitz, S. 2.

[185] Vgl. in diesem Sinne z. B. **Deutsche Börse AG** (2001), Neuer-Markt-Report, S. 103, oder **Deutsche Bank** (1999), Iphoria, S. 11.

mit zahlreichen spektakulären Börsengängen geprägt, was u. a. zu der in Abbildung 2.7 dargestellten Entwicklung der Emissionsvolumina führte.

Abb. 2.7: Entwicklung der Emissionsvolumina am deutschen Aktienmarkt (Kurswert in Mio. €)

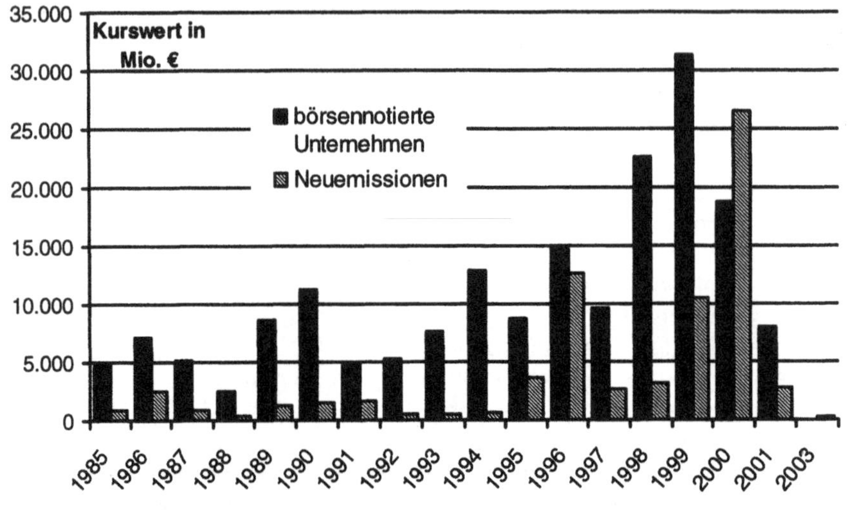

Quelle: Deutsches Aktieninstitut (2002), Factbook, Blatt 03-2.

Neben weiteren großen „Jumbo-Emissionen" von *Big-Caps* wie z. B. ProSieben, BHW Holding, Jenoptik, Agfa, Infineon oder T-Online wurde der Kapitalmarkt gleichzeitig von einer zunehmenden Flut kleiner Unternehmen betreten, die v. a. aus Wachstumsbranchen stammten und am Neuen Markt gelistet wurden. Für den gesamten Zeitraum von 1997 bis Ende 2001 ermittelt das Deutsche Aktieninstitut (DAI) den Rekordwert von 458 Neuemissionen in Deutschland.[186] Hiervon entfielen fast zwei Drittel auf den im März 1997 eingeführten Neuen Markt, der sich als attraktive Plattform für kapitalsuchende, schnell wachsende Unternehmen und für risikobereite Anleger gleichermaßen darstellte. Zu den traditionellen Branchen wie Automobil oder Chemie gesellten sich im Zuge der Börsengänge an den Neuen Markt zahlreiche neue Zukunftssektoren. Den Anlegern eröffneten sich hierdurch völlig neue Branchen und damit zusätzliches Diversifikationspotenzial.

[186] Vgl. **Deutsches Aktieninstitut** (2002), Factbook, Blatt 03-8.

Zudem lockte der Markt für Aktien-Neuemissionen mit hohen Zeichnungsgewinnen. So lagen nach Angaben der Deutsche Morgan Grenfell die durchschnittlichen Zeichnungsgewinne der Emissionen aus 1997 bei 27 % und 1998 bei 60 %, die Autoren stellen deshalb fest: „Kein Wunder, daß das Interesse der Privatanleger nach dem berühmten ‚Deutsche Telekom- und ProSieben-Effekt' schier grenzenlos war. Jede Zuteilung bei einer Emission kam einem kleinen Lottogewinn nahe."[187] Haussierende Börsen, die weltweite *Hightech*-Euphorie und der boomende IPO-Markt sorgten noch bis zur Mitte des Jahres 2000 für die in Abb. 2.8 dargestellte Ausweitung der Börsenkapitalisierung, welche die gestiegene Bedeutung der Finanzierungsalternative „Aktie" in Deutschland widerspiegelt.

Abb. 2.8: Börsenkapitalisierung in Deutschland (in Mio. USD und in Prozent vom BIP)

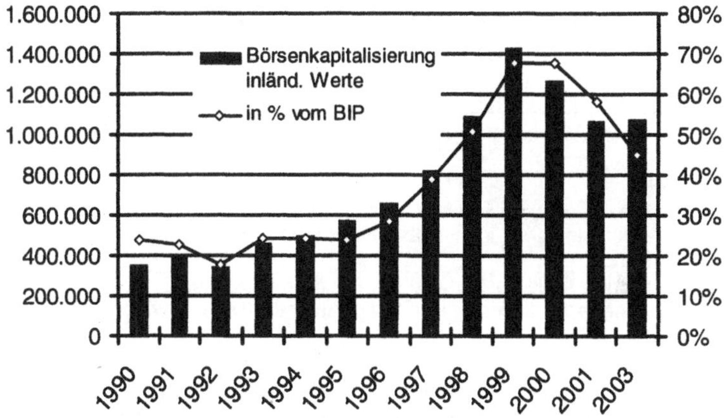

Quellen: OECD Statistics (http://www.oecd.org/EN/statistics; Zugriff am 05.11.2002); F.I.B.V. statistics/ annual reports (http://www.world-exchanges.org; Zugriff am 02.11.2002); Deutsches Aktieninstitut (2002), Factbook, Blatt 05-2 und 05-1; eigene Berechnungen.

Diese auf den ersten Blick erfreuliche Entwicklung am deutschen Kapitalmarkt relativiert sich allerdings bei einem internationalen Vergleich. Abbildung 2.9 zeigt, dass der deutsche Markt für Aktien-Neuemissionen in der Vergangenheit eine deutlich geringere Anzahl an Börsengängen aufzuweisen hatte, also im Vergleich zu den Märkten anderer entwickelter Volkswirtschaften über ein niedrigeres Maß an *Going Public*-Aktivitäten

[187] **Deutsche Morgan Grenfell** (1998), Iphoria, S. 31.

verfügte. Zudem verdeutlicht die Graphik die weltweit zu beobachtende sprunghafte Zunahme der Börsengänge in der zweiten Hälfte der neunziger Jahre.

Abb. 2.9: Anzahl der Börsengänge inländischer Unternehmen

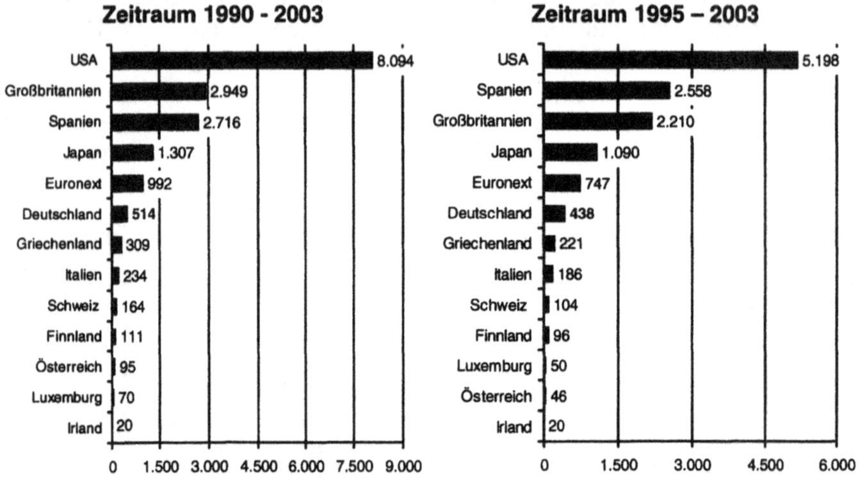

Erläuterungen:
Japan (Osaka und Tokio); USA (Amex, NASDAQ, NYSE); Spanien (Barcelona, Bilbao, Madrid); Irland ist bis 1995 in Großbritannien enthalten; Schweiz umfasst bis 1993 Basel, Genf, Zürich.

Quellen: Deutsches Aktieninstitut (2002), Factbook, Blatt 03-3-1; World Federation of Exchanges Statistics/Annual Reports (http://www.fibv.com/WFE; Zugriff am 05.06.2004).

Mitte 2000 setzte eine ausgeprägte Korrekturphase an den internationalen Aktienmärkten ein, die insbesondere die Börsenkurse von Telekommunikations-, Medien- und Technologiewerten belastete und auch der Euphorie am deutschen Markt für Aktien-Neuemissionen ein vorläufiges Ende bereitete. Die weltweite Abkühlung der Konjunktur traf v. a. Wachstumsunternehmen, deren Gewinn- und Umsatzerwartungen sich im schwieriger werdenden Marktumfeld als viel zu optimistisch erwiesen. Dies galt in besonderem Maße für die Unternehmen des Wachstumssegments Neuer Markt, deren Aktienkurse von vielversprechenden Wachstumsprognosen in den vorangegangenen Monaten auf immer neue Höchststände getrieben worden waren. Das Platzen der daraus entstandenen „*Hightech*-Blase" hatte dramatische Kursverluste und einen erheblichen Vertrauensschaden zur Folge und trug entscheidend zum neuerlichen „Austrocknen" des gesamten *Going Public*-Marktes bei.

Während sich die Möglichkeiten zur Eigenkapitalbeschaffung insbesondere für junge und dynamische Unternehmen in den neunziger Jahren in Deutschland sukzessive verbessert hatten, war dieser Prozess nach den skizzierten Entwicklungen wieder ins Stocken geraten.[188] Die Analyse der ökonomischen Bedeutung des deutschen Aktienmarktes im internationalen Vergleich verdeutlicht entsprechend den unverändert geringen Durchdringungsgrad und das große ungenutzte Potenzial der Eigenkapitalfinanzierung über die Alternative „Aktie". Um charakteristische Börsen-Kennzahlen von Volkswirtschaften unterschiedlicher Größe miteinander vergleichbar zu machen, werden die relevanten Größen üblicherweise ins Verhältnis zur ökonomischen Leistung eines Landes, also z. B. zum Bruttoinlandsprodukt (BIP) gesetzt.[189] Abbildung 2.10 verdeutlicht das geringe Gewicht des deutschen Aktienmarktes als Finanzierungsalternative über das Verhältnis Börsenkapitalisierung/BIP. Die resultierende Rang-

Abb. 2.10: Börsenkapitalisierung in Prozent vom BIP (Stand: Ende 2003)

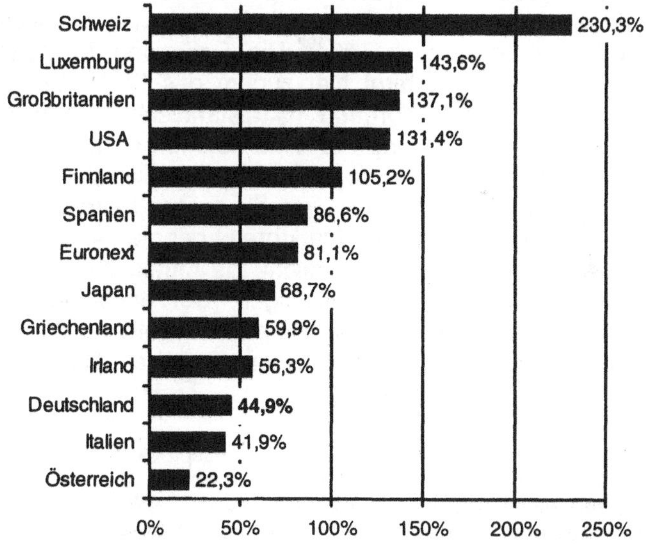

Quellen: World Federation of Exchanges (http://www.fibv.com; Zugriff am 27.05.2004); OECD (http://www.oecd.org/statistics); eigene Berechnungen.

188 Die IPOs des Fahrradherstellers Mifa am 17.05.2004, des Herstellers von Bankautomaten und elektronischen Kassensystemen Wincor Nixdorf am 19.05.2004 sowie der Postbank am 23.06.2004 waren die ersten erfolgreichen Börsengänge am deutschen IPO-Markt seit Sommer 2002.

189 Vgl. z. B. **Knips** (2000), Risikokapital, S. 91.

folge ist Ausdruck der unterschiedlichen Finanzanlagetraditionen der betrachteten Volkswirtschaften. Die Verhältniszahl des von Fremdfinanzierungsalternativen geprägten deutschen Kapitalmarktes erreicht mit rund 44,9 % gerade mal einen Bruchteil der Werte der angelsächsischen Leitmärkte Großbritannien (137,1 %) und USA (131,4 %). Gemessen am ökonomischen Potenzial Deutschlands entspricht die Aktie in ihrer heutigen Form also noch immer eher einem Spezialpapier für die Kapitalbeschaffung weniger großer Konzerne als einem effizienten, marktwirtschaftlichen Instrument zur Finanzierung breiter Unternehmenskreise.

Trotz des Neuemissions-Booms der Neunziger bis etwa zum Jahre 2001 bleibt die Eigenkapitalausstattung als Konsequenz der mangelhaften *Going Public*-Aktivitäten deshalb weiterhin ein Manko deutscher Unternehmen.[190] So schätzte das DAI die durchschnittliche Eigenkapitalquote deutscher Unternehmen Ende 2002 auf nur etwa 19,5 %; börsennotierte Gesellschaften sollen dabei über eine höhere Quote von 38,6 % verfügen.[191] Nach Angaben des Deutschen Sparkassen- und Giroverbandes erreichte die durchschnittliche Eigenkapitalquote mittelständischer Unternehmen im Jahr 2000 lediglich 7 %.[192] Die Einführung der neuen Eigenkapitalrichtlinie (Basel II)[193] birgt hier zudem das Risiko einer weiteren Verschärfung der Kreditversorgung mittelständischer Unternehmen.[194] Die adäquate Kapitalversorgung der Unternehmen dürfte deshalb zu einem der Schlüsselfaktoren der kommenden Jahre werden. Ein geringeres Diversifikationspotenzial für Anleger, die mangelhafte Liquidität vieler kleiner Werte[195] oder die fehlende Marktbreite der deutschen Aktienbörse sind weitere strukturelle Probleme, welche die Attraktivität des deutschen Aktienmarktes maßgeblich beeinträchtigen. Der deutsche Aktienmarkt nimmt somit insgesamt noch immer einen der hinteren Ränge im Vergleich mit anderen führenden Industrie- und Handelsnationen ein. Dieses

---

[190] Einschränkend sei hier noch einmal auf die Messproblematik hingewiesen, die nach Meinung einiger Autoren das Eigenkapitalproblem deutscher Unternehmen zumindest teilweise überzeichnet. Vgl. hierzu auch Fn. 176.

[191] Vgl. **Deutsches Aktieninstitut** (2002), Factbook, Blatt 04-2.

[192] Angabe aus Sonderbeilage **Handelsblatt** (2003), Partner, S. B4.

[193] Auf Basis der Baseler Eigenkapitalvereinbarung von 1988 werden in der Neufassung Basel II, die Ende 2006 in Kraft treten soll, die Kapitalanforderungen an Banken stärker als in der Vergangenheit vom ökonomischen Risiko abhängig gemacht und gleichzeitig neuere Entwicklungen an den Finanzmärkten sowie im Risikomanagement der Institute berücksichtigt. Hierzu sind unter der Internetadresse http://www.bundesbank.de/bankenaufsicht/bankenaufsicht_basel.php (Zugriff am 18.05.2004) ausführliche Informationen erhältlich.

[194] Vgl. hierzu z. B. die Beiträge in der Sonderbeilage **Handelsblatt** (2003), Partner.

[195] Vgl. hierzu z. B. **Deutsche Börse AG** (2001), Neuer-Markt-Report, S. 31 f.

Ergebnis steht in deutlichem Kontrast zur betriebswirtschaftlichen Vorteilhaftigkeit und der volkswirtschaftlichen Notwendigkeit von Aktienemissionen: „Unter anderem liegen in einer stärkeren Kapitalmarktorientierung auch Chancen und Möglichkeiten zur Stabilisierung des Wirtschaftswachstums und damit zur Verbesserung des Arbeitsmarktniveaus. Bei weiterhin bestehender Nachfrage nach Eigenkapital von Unternehmensseite erschwert die aktuelle Börsensituation jedoch den Zugang zu Kapital und damit die Realisierung von Wachstumsstrategien mit ihren positiven volkswirtschaftlichen Effekten."[196]

2.3.2 Erfahrungsbericht Neuer Markt: stilisierte Fakten

2.3.2.1 Struktur und Entwicklung

Der Neue Markt startete am 10.03.1997 an der Frankfurter Wertpapierbörse als eigenständiges Handelssegment mit der Notierungsaufnahme von MobilCom und Bertrandt. Der anschließende Aufstieg und Fall des Neuen Marktes ist in der deutschen Börsengeschichte ohne Beispiel. Nach anfänglichen Startschwierigkeiten entwickelte sich das deutsche Wachstumssegment schnell zu einer beeindruckenden *Going Public*-Plattform die sämtliche übrigen Handelssegmente deutlich übertraf. Innerhalb der ersten beiden Jahre wurden bereits über 70 Unternehmen aus den Sektoren IT/Software, Internet, Telekommunikation, Medien/ Entertainment, Industrie und Biotechnologie gelistet und erreichten eine Marktkapitalisierung von rund 40 Mrd. €. Angetrieben von den Kursexplosionen der Technologie- und Wachstumswerte an den Weltmärkten[197] erzielte der Neue-Markt-Index in dieser kurzen Zeitspanne eine *Performance* von 541 %. Die fünf Schwergewichte des frühen Neuen Marktes – MobilCom, LHS Group, EM.TV & Merchandising, TelDaFax sowie Qiagen – hatten bereits Ende 1998 sowohl aufgrund ihrer Marktkapitalisierung als auch der monatlichen Handelsumsätze eine Größenordnung erreicht, die diese Unternehmen sogar für die Aufnahme in den deutschen *Bluechip*-Index DAX 100 qualifiziert hätten.[198] Auch die Kooperation mit den drei europäischen Wachstumsbörsen in Amsterdam, Paris und Brüssel innerhalb des paneuropäischen Netzwerkes Euro.NM wurde klar vom Neuen Markt dominiert, der über 80 % der Marktkapitalisierung

---

[196] Ebenda, S. 107.

[197] Der technologielastige NASDAQ 100 beispielsweise konnte seinen Wert im Zeitraum 1990 bis 2000 etwa verzehnfachen, wobei allein 374 % auf die Jahre 1997 bis 1999 entfielen.

[198] Vgl. **Knips** (2000), Risikokapital, S. 379.

stellte.[199] Das Urteil über den Neuen Markt fiel entsprechend positiv aus: „Der Neue Markt feiert seinen zweiten Geburtstag. Seine Gründer können sich freuen ... Es gibt zahlreiche Wachstumsunternehmen in Deutschland, die nun den Weg an die Börse finden: Die Eigenkapitallücke kann geschlossen werden. Deutschland positioniert sich mit Zukunftstechnologien an der Spitze in der Welt. Die Börse wiederum sorgt für die Multiplikation. Der Neue Markt ist ein hochwertiges Marktsegment, das Maßstäbe setzt und seit der Etablierung am 10.03.1997 einen regelrechten Boom ausgelöst hat ... Das Spektrum ist breiter geworden, die Vielfalt bietet dem Investor mehr Auswahl- und Vergleichsmöglichkeiten. Damit hat sich der Neue Markt von einem Nischenmarkt zu einem etablierten Segment entwickelt. Dafür sorgen bessere Bewertungen und faire Kurse."[200]

Der globale Wachstumsboom in der Mitte der neunziger Jahre und die damit einhergehende ausgezeichnete Gewinnentwicklung der Unternehmen sorgten für eine Fortsetzung des Aktienbooms im Allgemeinen und für die Expansion des Neuen Marktes im Besonderen. Der NEMAX 50, in dem die wichtigsten 50 Werte des deutschen Wachstumssegments abgebildet wurden, stieg von 1.003 Punkten zu Beginn des Jahres 1998 um 841,7 % auf den Rekordwert von 9.632 Punkten am 10.03.2000, dem dritten Jahrestag des Segments; damit konnte der Neue Markt sogar das große Vorbild NASDAQ deutlich übertreffen. Angebot und Nachfrage nach Neuemissionen erreichten in diesem euphorischen Umfeld neue Höchststände[201], die Risikobereitschaft der Anleger nahm kontinuierlich zu und das Risikoprofil der Neuemissionen veränderte sich entsprechend.[202] Die Zahl der notierten Titel war bis März 2000 als direkte Folge

[199] Vgl. **Hohla** (2001), Going Public, S. 100.

[200] **Falke** (1999), Nischenmarkt, S. B1.

[201] So verzeichnete der Neue Markt allein im Februar 2000 insgesamt 16 Neuzugänge, bei denen eine durchschnittliche Zeichnungsrendite von 151 % erzielt wurde. Spitzenreiter war die Aktie der Biodata Information Technology, die am 21.02.2000 an die Börse ging mit einem Emissionskurs von 45,00 €; auf dem Sekundärmarkt wurde anschließend ein Kurs von 240,00 € bezahlt.

[202] Bei der Analyse der Börsengänge in Deutschland des Jahres 1999, die zu 75 % am Neuen Markt stattfanden, konnte die **Deutsche Bank** (1999) u. a. feststellen, dass Unternehmen zunehmend in einem früheren Stadium ihres Lebenszyklus an die Börse gingen und dass für diese Börsenneulinge gleichzeitig ein deutlich höheres Umsatz- und Gewinnwachstum prognostiziert wurde: Für das durchschnittliche Unternehmen wurde für die drei Jahre nach dem Börsengang mit einem Umsatzwachstum von 60 % p. a. gerechnet, das operative Ergebnis vor Zinsen und Steuern (EBIT) sollte sich sogar jedes Jahr mehr als verdoppeln. Des weiteren nahm der Anteil der Unternehmen zu, bei denen (hohe) Anlaufverluste erwartet wurden. Vgl. **Deutsche Bank** (1999), Iphoria, S. 23 ff.

auf 222 Unternehmen hochgeschnellt, die insgesamt eine Börsenkapitalisierung von 223,4 Mrd. € repräsentierten. Eine deutliche Eintrübung der globalen makroökonomischen Rahmenbedingungen leitete im Frühjahr 2000 dann aber eine ausgeprägte Korrekturphase an den weltweiten Aktienmärkten ein. Der einsetzende Rückgang der Gewinne führte in der Folge insbesondere bei den extrem hoch bewerteten Unternehmen der *New Economy* zu drastischen Kurseinbrüchen, wie aus Abbildung 2.11 ersichtlich wird.

Abb. 2.11: Indexentwicklung NEMAX 50 und NASDAQ 100 (in lokalen Währungen)[203]

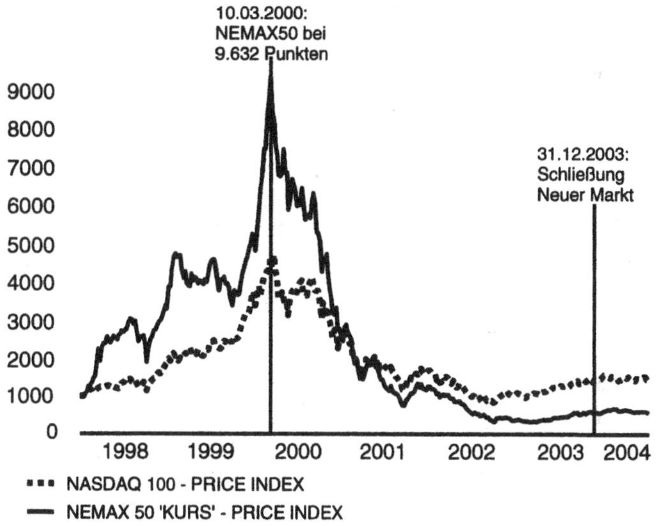

Quelle: Thomson Financial Datastream, Stand 01.06.2004.

Im allgemein schwieriger werdenden Marktumfeld wurde sehr schnell transparent, dass die Gewinn- und Umsatzerwartungen der jungen Unternehmen des Neuen Marktes beim Börsengang viel zu optimistisch und die darauf basierenden Emissionspreise entsprechend zu hoch ausgefallen waren.[204] Am 25.03.2000 eröffnete das Softwareunternehmen

203 Die Berechnung des NEMAX 50 wurde auch nach der Schließung des Neuen Marktes fortgesetzt (bis Ende 2004), um die Kontinuität der auf den Index begebenen Finanzprodukte zu sichern.

204 Nach Berechnungen von Dresdner Kleinwort Wasserstein lag die Bewertungskennzahl „Emissions-KGV", d. h. das Verhältnis von Emissionskurs zu erwartetem

Infomatec als erstes Unternehmen die lange Serie an Gewinnwarnungen, welche die weitere Entwicklung des Neuen Marktes fortan begleiten und prägen sollte. Am 15.09.2000 beantragte der Internet- und Telefondienstleister Gigabell als erstes Unternehmen die Eröffnung eines Insolvenzverfahrens wegen drohender Zahlungsunfähigkeit, und mit dem Internet-Dienstleister Kabel New Media wurde im November 2001 dann schließlich das erste Unternehmen wegen Insolvenz und Verstößen gegen die Börsenregeln aus dem deutschen Wachstumssegment ausgeschlossen. Nach dem Höhepunkt der Hightech-Euphorie im März 2000 benötigte der NEMAX 50 angesichts dieser Negativentwicklungen nur weitere 17 Monate, um die 1.000-Punkte-Marke wieder nach unten zu durchstoßen. Am 12.03.2003 erreichte das Börsenbarometer mit 309 Zählern seinen vorläufigen Tiefststand. Die weltweite Verunsicherung unter den Anlegern über die Zukunft der *New Economy* wurde am deutschen Wachstumssegment dabei durch hauseigene Probleme noch zusätzlich verschärft: „Die negative Entwicklung wurde begleitet und verstärkt durch unprofessionelles, z. T. auch kriminelles Verhalten einzelner Marktteilnehmer.“[205] Gemeint sind falsche Ad-hoc-Mitteilungen, gefälschte Bilanzen, Insiderhandel und ähnliche Verdachtsmomente, die zwar nur in wenigen Fällen nachgewiesen und juristisch belangt werden konnten[206], die das deutsche Wachstumssegment aber dennoch in eine tiefe Vertrau-

---

Gewinn (bezogen auf das zweite Jahr nach dem Börsengang), in der Frühphase des Neuen Marktes 1997 und 1998 noch durchschnittlich unter dem 19fachen (negative KGVs wurden nicht berücksichtigt). Das durchschnittliche KGV erhöhte sich dann aber auf ca. 25 im Jahr 1999 und 30 im Jahr 2000. **Blättchen/Nespethal** (2002) beziffern das durchschnittliche Emissions-KGV des Jahres 2000 sogar auf 42,2 (vgl. **Blättchen/Nespethal** (2002), Jahresrückblick, S. 121). Die Autoren von Dresdner Kleinwort Wasserstein schlussfolgern: „Per Saldo zeigt die Analyse, dass sich die Höhe der Bewertungen – gemessen am KGV – der Emissionen am Neuen Markt in den Jahren 1999 und 2000 deutlich erhöhte. Dies ist unseres Erachtens darauf zurückzuführen, dass die Erwartungen bezogen auf das Wachstum von Unternehmen sehr optimistisch waren und das Risiko, das mit einem Engagement in diesen Werten verbunden ist, aufgrund von erwartetem strukturellen und nichtzyklischen Wachstum als gering eingeschätzt wurde.“ (**Deutsche Börse AG** (2001), Neuer-Markt-Report, S. 50 f.).

205 **Deutsches Aktieninstitut** (2001), Stellungnahme, S. 1 f.

206 Eine der spektakulären Ausnahmen stellt der Fall der Comroad AG dar: Das Landgericht München hatte den Comroad-Gründer Bodo Schnabel im November 2002 wegen schweren Betrugs und Insiderhandels zu einer Haftstrafe von sieben Jahren verurteilt. Damit musste zum ersten Mal ein Top-Manager des Neuen Marktes hinter Gitter. Er hatte nach Ansicht des Gerichts die Umsätze seines Telematik-Unternehmens in den Jahren 1999 bis 2001 zu etwa 98 % erfunden und dadurch den Kurs der Aktie in die Höhe getrieben.

enskrise stürzten.[207] Bis März 2002, dem fünften Jahrestag der Gründung des Neuen Marktes, wurden drei Unternehmen wegen Regelverstößen und zehn wegen Insolvenz vom Neuen Markt ausgeschlossen, 17 Emittenten wechselten in den Geregelten Markt, und neun Titel wurden infolge von Fusionen und Übernahmen gestrichen.

Zum fünften Jahrestag der Gründung des Neuen Marktes resümierte die Börsenzeitung entsprechend: „Der lange Zeit als ‚Wachstumssegment' bezeichnete Markt steckt in Depression und Krise. Die Marktkapitalisierung ist von 240 Mrd. Euro bei 226 Gesellschaften zum Höhepunkt am bewussten 10.03.2000 auf jetzt gerade noch 46 Mrd. Euro von 319 Emittenten eingebrochen – eine rechnerisch gewaltige Kapitalvernichtung. Von den 46 Mrd. Euro entfallen allein 26 Mrd. auf die 50 im Auswahlindex enthaltenen Gesellschaften. Derzeit bringt das gesamte Segment exakt so viel auf die Waage wie die DaimlerChrysler AG solo. Gesellschaften, die sich einst mit einer Kapitalisierung in zweistelliger Milliardenhöhe schmückten, sind teils pleite, fristen als Nonvaleurs eine Randexistenz, wenige sind tatsächlich noch über 1 Mrd. Euro schwer ... Die Rolle der Wachstumsbörse als Treibriemen dafür, mit Anlage suchendem Kapital volkswirtschaftlichen Nutzen über die Expansion findiger Gründerunternehmen zu stiften, wird längst überdeckt von Gaunereien, den Aktivitäten hoffnungslos überforderter Gründer, dem Rückzug von Institutionellen und Banken, die die Gesellschaften, an denen sie einst gut verdienten, im Regen stehen lassen."[208]

Dem Abwärtstrend des deutschen Aktienmarktes konnte sich auch der Markt für Aktien-Neuemissionen nicht entziehen. Mit nur 26 Neuemissionen, davon elf am Neuen Markt, unterbrach das Börsenjahr 2001 die Neuemissionswelle der vorangegangenen vier Jahre auf abrupte Weise.

---

[207] Vgl. beispielhaft einen Kommentar im Handelsblatt vom 18.04.2002: „Vorstände in Untersuchungshaft, gefälschte Bilanzen, Forderungsbetrug. Die Meldungen der letzten Tage belegen: Der Neue Markt steckt wieder einmal in einer tiefen Vertrauenskrise, vielleicht sogar der tiefsten in seiner fünfjährigen Geschichte. Denn die jüngsten Vorgänge um Comroad, Ceyoniq oder Phenomedia übertreffen selbst die Befürchtungen derer, die dem deutschen Wachstumssegment bisher schon skeptisch gegenüberstanden. Verstärkt wird dieser Eindruck durch die ungezählten Meldungen und Gerüchte über Unternehmen, die auf der Kippe stehen ... Die Konsequenz: Großinvestoren werden künftig den Neuen Markt als Ganzes noch zurückhaltender betrachten als sie es bislang schon tun ... Auch Emissionskandidaten werden sich künftig zweimal überlegen, ob sie die Kosten des Neuen Marktes zahlen wollen, um sich schließlich dem Negativimage des Segments auszuliefern." (**Schnell** (2002), Befürchtungen, S. 9).

[208] **Becker** (2002), Neustart, S. 3.

Zahlreiche geplante Börsengänge wurden abgesagt, über weite Strecken kam der Neuemissionsmarkt sogar gänzlich zum Erliegen.[209] Auch im Börsenjahr 2002 fiel die Wiederbelebung des *Going Public* in Deutschland mit nur acht Börsengängen aus, der Neue Markt war mit gerade mal einem Börsengang von den ehemaligen Höchstständen weit entfernt. Gleichzeitig beschleunigte sich der strukturelle Bereinigungsprozess, Maßnahmen wie die seit Oktober 2001 geltende „*Penny-Stock*-Regel"[210] erzeugten zusätzlichen Druck: Allein im Börsenjahr 2002 verließen 75 Unternehmen den Neuen Markt, davon wechselten 59 das Segment, 13 wurden vom Neuen Markt ausgeschlossen und 3 Unternehmen entfielen aufgrund von Fusionen und Übernahmen. Am 19.11.2002 stimmte der Börsenrat der Frankfurter Wertpapierbörse schließlich der neuen Börsenordnung zu und besiegelte damit das Ende des Wachstumssegments. Tabelle 2.2 enthält eine Übersicht mit *Performance*- und weiteren Eckdaten der Sektorindizes des Neuen Marktes bis zu seiner Schließung am 31.12.2003.

Tab. 2.2: Sektoren des Neuen Marktes

	Jahresperformance 1)						Anzahl 2)	Marktkap. 2)
	1998	**1999**	**2000**	**2001**	**2002**	**2003 ***		(in Mio. €)
Technology	126,2%	126,5%	7,1%	-55,8%	-64,1%	-	55	7.568,3
Internet	-	108,5%	-69,1%	-61,1%	-52,3%	19,7%	37	15.615,2
Software	124,2%	14,4%	-55,1%	-63,9%	-49,1%	-6,6%	31	1.221,7
Media & Entertainment	-	124,5%	-71,1%	-66,4%	-72,7%	-17,5%	25	1.375,9
IT Services	-	25,3%	-51,1%	-47,7%	-56,6%	2,0%	29	2.281,2
Telecommunications	223,3%	-11,9%	-53,0%	-71,6%	-71,5%	9,4%	12	1.909,3
Biotechnology	25,0%	157,4%	70,7%	-51,4%	-66,4%	-0,8%	18	3.688,6
Industrials & Industrial Services	29,3%	72,9%	46,9%	-47,2%	-66,5%	-	14	2.001,3
Medtech & Healthcare	-	-10,0%	0,1%	-44,2%	-38,9%	-	10	976,6
Financial Services	-	-	14,5%	-71,5%	-74,0%	-8,7%	2	1.477,6

Erläuterungen:
1) Prozentuale Differenz zwischen dem Indexstand zu Beginn des Basisjahres und dem Jahresanfangsstand des Folgejahres; 2) Stand 31.12.2003.

Quelle: Thomson Financial Datastream.

209 Vgl. **Bättchen/Nespethal** (2002), Jahresrückblick, S. 119 ff.

210 Diese Regel der Deutsche Börse AG sah vor, dass ein Emittent vom Neuen Markt ausgeschlossen werden konnte („*delisting*"), wenn der börsentägliche Durchschnittspreis an 30 aufeinanderfolgenden Börsentagen weniger als 1 € pro Aktie betrug und die Marktkapitalisierung 20 Mio. € unterschritt, es sei denn, dass der Durchschnittspreis innerhalb der folgenden 90 Tage an mindestens 15 Börsentagen 1 € oder mehr betrug oder eine Marktkapitalisierung von 20 Mio. € erreichte. (Vgl. RwNM, Abschnitt 2 Tz. 2.1.5).

2.3.2.2 *Performance* von Aktien-Neuemissionen

Die Ursachenanalyse für die Entwicklungen des Neuen Marktes und die multiplen Funktionsschwächen des deutschen Marktes für Aktien-Neuemissionen nimmt einen unverändert großen Raum in der öffentlichen Diskussion ein. Ausgangspunkt der kontroversen Debatte sind hierbei die teils exzessiven Kursausschläge der neuemittierten Aktien, d. h. insbesondere die objektive Beobachtung der gleichzeitigen Existenz von außergewöhnlich hohen Zeichnungsgewinnen beim Börsengang und ausgeprägten Kursverlusten im anschließenden Sekundärmarkthandel bei der überwiegenden Mehrheit der Börsenneulinge des deutschen Wachstumssegments. Diese charakteristischen Merkmale ließen das Bild einer „Zockerspielwiese für Spekulanten“[211] entstehen, welches das Vertrauen in den Neuen Markt als effizientes Segment für Aktien-Neuemissionen sowohl auf der Nachfrage- als auch der Angebotsseite nachhaltig beschädigte. Es erscheint daher zunächst sinnvoll, Ausmaß und Entwicklung dieser Phänomene näher zu betrachten.

2.3.2.2.1 Emissionsrenditen am Neuen Markt

Bei einem Börsengang kann ganz allgemein dann von einer korrekten und „fairen“ Bewertung des Börsenneulings ausgegangen werden, wenn die Preisfestsetzung der neuen Aktie zu einem Ausgleich von Angebot und Nachfrage führt.[212] Ohne neue, kursrelevante Informationen sollte der Kurs der Neuemission am ersten Handelstag nicht wesentlich vom Ausgabepreis abweichen. Andernfalls liegt ein „*Mispricing*“ vor: „Wird der Preis niedriger angesetzt, entsteht beim festgesetzten Ausgabepreis ein Nachfrageüberhang. Dies kann einen starken Kursanstieg am ersten Handelstag zur Folge haben, auch wenn gegenüber dem Tag der Preisfestsetzung keine neuen Unternehmens- oder sonstigen kursrelevanten Marktinformationen bekannt werden ... Wird der Preis zu hoch angesetzt, entsteht ein Angebotsüberhang und damit ein Abgabedruck am Sekundärmarkt.“[213] Der erste und mit Abstand häufigste Fall, bei dem Investoren positive Emissionsrenditen (bzw. Zeichnungsrenditen) erzielen – d. h. der erste Kurs am Sekundärmarkt liegt über dem Ausgabepreis, zu dem die Aktie gezeichnet wurde – wird in der wissenschaftlichen Literatur als

---

[211] **O.V.** (2001), Sackgasse, S. 27.
[212] Vgl. in diesem Sinne **Brühl/Oei** (2001), Underpricing, S. 680.
[213] Ebenda, S. 680.

„*Underpricing*“ bezeichnet.[214] Abbildung 2.12 stellt diese Zusammenhänge graphisch dar.

Abb. 2.12: Gleichgewichtspreis bei Erstnotiz am Markt für Aktien-Neuemissionen

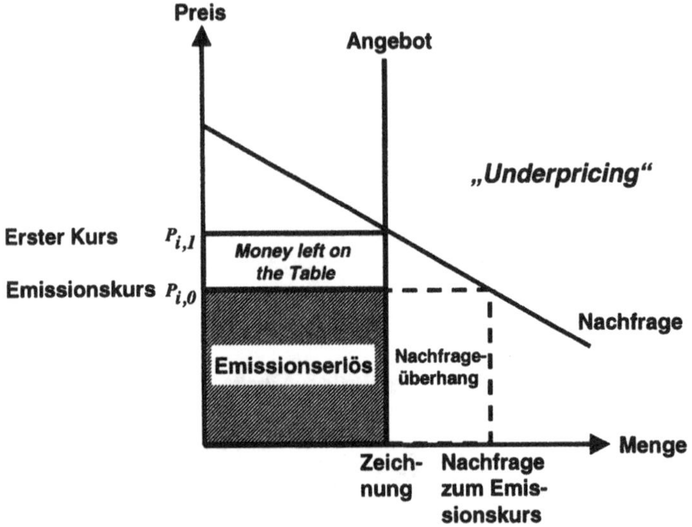

Quelle: in Anlehnung an Brühl/Oei (2001), Underpricing, S. 680.

„Ex-post-*Underpricing*“ bezeichnet die Differenz zwischen dem Emissionserlös je Aktie und dem Sekundärmarktpreis, der sich am ersten oder einem späteren Handelstag einstellt. In den empirischen Untersuchungen wird meist der erste Sekundärmarktkurs (Eröffnungskurs) für die Berechnung herangezogen.[215] Alternativ wird in den relevanten Studien aber auch z. B. auf den Schlusskurs des ersten Handelstages[216] oder auf ei-

[214] Tritt *Underpricing* auf, so hätten die Emittenten höhere Emissionspreise durchsetzen können. Für den auf diese Weise „verschenkten“ Emissionserlös hat sich in der wissenschaftlichen Literatur der Ausdruck „*money left on the table*“ etabliert. Vgl. hierzu z. B. **Jenkinson/Ljungqvist** (2001), Going Public, S. 4 f. Zum aktuellen Stand der *Underpricing*-Forschung vgl. Kapitel 5 der vorliegenden Arbeit m. w. N.

[215] Vgl. in diesem Sinne z. B. **Kaserer/Kempf** (1995), Underpricing-Phänomen, S. 46. Das so berechnete *Underpricing* wird auch als „*initial return*“ oder „*raw return*“ bezeichnet.

[216] **Wallmeier/Rösl** (1999) führen in ihrer Untersuchung zum *Underpricing* am Neuen Markt Kontrollrechnungen durch und finden heraus, dass Zeichnungsrenditen auf

nen Schlusskurs einiger Tage/Wochen nach Handelsaufnahme[217] zurückgegriffen. Auf eine Bereinigung der Emissionsrenditen um die allgemeine Marktentwicklung wird meist verzichtet, da auf Basis bisheriger Untersuchungen keine signifikanten Unterschiede zwischen unbereinigten und bereinigten Renditen zu erwarten sind.[218] „Ex-ante-*Underpricing*" bezeichnet demgegenüber die Differenz zwischen dem rational zu erwartenden Sekundärmarktpreis und dem Emissionspreis.[219] Seine Existenz kann nur im Rahmen kapitalmarkttheoretischer Analysen diskutiert werden und berücksichtigt v. a. Informationsstrukturen und -prozesse zwischen Emittent, Emissionsbegleiter(n) und den übrigen beteiligten Marktteilnehmern.

Zur begrifflichen Differenzierung bzw. Konkretisierung soll im Folgenden die Emissionsrendite, d. h. die prozentuale Differenz zwischen dem ersten Sekundärmarktkurs am ersten Handelstag und dem Emissionspreis, zur Quantifizierung des Ex-post-*Underpricing* herangezogen und folgendermaßen ermittelt werden:

$$ER_i = \frac{P_{i,1} - P_{i,0}}{P_{i,0}}$$

mit: ER_i = Emissionsrendite der Aktie i
$P_{i,1}$ = Eröffnungskurs der Aktie i am ersten Börsentag
$P_{i,0}$ = Emissionskurs der Aktie i

Untersuchungsgegenstand sind die 330 Aktien-Neuemissionen, die seit Einführung des Neuen Marktes am 10.03.1997 bis zu seiner Auflösung in diesem Marktsegment stattgefunden haben. Es werden nur jene Unternehmen berücksichtigt, die den organisierten Kapitalmarkt erstmalig durch

---

der Basis von Kassa- oder Schlusskursen des ersten Börsentages im Vergleich zu Eröffnungskursen nahezu identische Ergebnisse erbringen. (Vgl. **Wallmeier/Rösl** (1999), Underpricing, S. 138).

217 Vgl. beispielhaft **Carter/Manaster** (1990), Initial Public Offerings.

218 Vgl. in diesem Sinne z. B. **Gerke/Fleischer** (2001), Performance, **Ljungqvist** (1997), Pricing, oder **Louhgran/Ritter** (1995), Puzzle. **Hunger** (2001) weist hingegen daraufhin, dass ein positiver *initial return* alleine noch kein Beleg dafür sei, dass tatsächlich *Underpricing* vorläge. „Denn ein Kapitalgeber hat vor der Zeichnung der Erstemission die Alternative, z. B. eine andere, bereits am Sekundärmarkt gehandelte Aktie zu erwerben. Nur wenn diese Alternativanlage in der gleichen Zeit einen geringeren Kurssprung aufweist als die neu emittierte Aktie, kann von einem Underpricing gesprochen werden. Somit muß der initial return bereinigt werden um die Differenz einer vergleichbaren Alternativanlage, um von einem Underpricing zu sprechen." (**Hunger** (2001), IPO-Underpricing, S. 26).

219 Vgl. hierzu auch **Uhlir** (1989), Gang, S. 3.

den öffentlichen Verkauf von Aktien in Anspruch genommen haben. Aus der Untersuchungsstichprobe wurden demnach Titel jener Aktiengesellschaften ausgeschlossen, die bereits an einem anderen deutschen Börsensegment notiert waren (Segmentwechsel). Aktien, die parallel zum Neuen Markt an einer ausländischen Börse eingeführt worden waren („*dual listing*"), wurden ebenfalls nicht mit einbezogen, sofern die erste Kursnotiz im Ausland erfolgte.[220] Es soll die Hypothese getestet werden, dass die Eröffnungskurse $P_{i,1}$ von Neuemissionen am Neuen Markt im Durchschnitt signifikant über den Emissionskursen $P_{i,0}$ liegen.[221] Abbildung 2.13 zeigt die zeitliche Verteilung der betrachteten Aktien-Neuemissionen sowie die durchschnittlich erzielten Emissionsrenditen ER_i in Sechsmonats-Zeitfenstern. In Abbildung 2.14 wird zudem die Häufigkeitsverteilung der Emissionsrenditen abgebildet.

Für die gesamte Stichprobe ergibt sich eine signifikant positive durchschnittliche Emissionsrendite von rund 49 %. Die Nullhypothese einer erwarteten Emissionsrendite von Null kann auf dem 1 %-Signifikanzni-

Abb. 2.13: Aktien-Neuemissionen und Emissionsrenditen am Neuen Markt

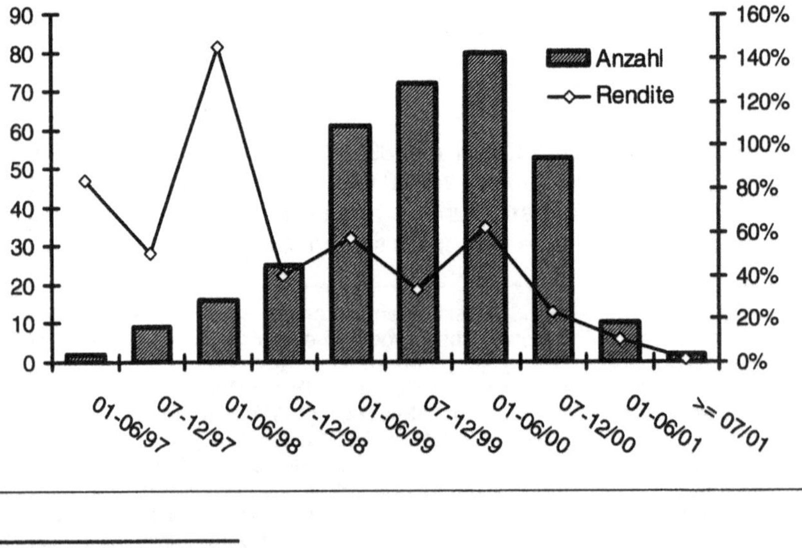

[220] Als Datenquellen wurde auf **Deutsche Börse AG** (2003), Primärmarktstatistik, auf Emissionsprospekte und Internetseiten der Unternehmen sowie auf den Finanzdatenanbieter Thomson Financial Datastream zurückgegriffen.

[221] Die im statistischen Sinne zugehörige Nullhypothese besagt, dass kein *Underpricing* existiert.

Abb. 2.14: Histogramm der Emissionsrenditen

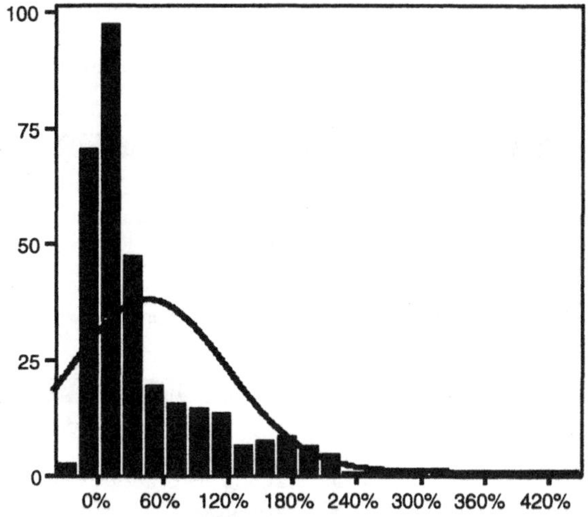

veau verworfen werden.[222] Das beobachtete *Underpricing* ist zudem so hoch, dass auch aus einer zusätzlichen Marktbereinigung der Emissionsrenditen keine wesentliche Änderung des Ergebnisses zu erwarten ist. Eine Untersuchung auf jährlicher Basis bestätigt die Existenz des *Underpricing*. Lediglich die durchschnittliche Emissionsrendite von 9 % der 12 IPOs der Jahre 2001 und später erfüllt die Signifikanzbedingung nicht. Mit einem durchschnittlichen *Underpricing* von fast 81 % weisen die Neuemissionen des Börsenjahres 1998 den höchsten Wert aus. Tabelle 2.3 fasst die Ergebnisse zusammen.

Das Ausmaß des *Underpricing* am Neuen Markt hatte insbesondere in den ersten Jahren, als die euphorische Grundstimmung unter den Anlegern zu einer entsprechend hohen Nachfrage nach Aktien-Neuemissionen führte, zum Teil exzessive Größenordnungen angenommen.[223] Dies geschah zur Freude der Anleger, die hohe Zeichnungsgewinne erzielen

---

[222] In den empirischen Studien zum *Underpricing* wird meist auf den Einstichproben-t-Test zurückgegriffen. Dieser setzt zwar eine normalverteilte Grundgesamtheit voraus, die bei Emissionsrenditen regelmäßig angezweifelt wird, verhält sich aber robust gegenüber Abweichungen von dieser Verteilung. Vgl. z. B. **Bamberg/Baur** (2002), Statistik, S. 187 ff.

[223] Vergleichsgrößen werden in Kapitel 5 der vorliegenden Arbeit ausführlich vorgestellt.

konnten[224], und zum Verdruss der Emittenten, die offensichtlich höhere Emissionserlöse hätten erzielen können.[225]

Tab. 2.3: Statistische Charakteristika der Emissionsrenditen am Neuen Markt

Gesamte Stichprobe		1997	
Stichprobenumfang	330	**Stichprobenumfang**	11
Arithmetisches Mittel	48,8%	**Arithmetisches Mittel**	56,1%
Median	18,3%	**Median**	42,0%
Minimum	-25,0%	**Minimum**	0,6%
Maximum	433,3%	**Maximum**	142,6%
Stichprobenstandardabweichung	0,72	**Stichprobenstandardabweichung**	0,46
t-Wert	12,30 *	**t-Wert**	4,00 *
1998		**1999**	
Stichprobenumfang	41	**Stichprobenumfang**	133
Arithmetisches Mittel	80,6%	**Arithmetisches Mittel**	44,1%
Median	51,1%	**Median**	10,5%
Minimum	1,1%	**Minimum**	-14,5%
Maximum	308,1%	**Maximum**	360,9%
Stichprobenstandardabweichung	0,80	**Stichprobenstandardabweichung**	0,69
t-Wert	6,47 *	**t-Wert**	7,35 *
2000		**2001 und später**	
Stichprobenumfang	133	**Stichprobenumfang**	12
Arithmetisches Mittel	46,7%	**Arithmetisches Mittel**	9,0%
Median	17,5%	**Median**	0,0%
Minimum	-25,0%	**Minimum**	-21,2%
Maximum	433,3%	**Maximum**	85,7%
Stichprobenstandardabweichung	0,74	**Stichprobenstandardabweichung**	0,27
t-Wert	7,25 *	**t-Wert**	1,14

[224] Dem kann allerdings entgegengehalten werden, dass ein derart übermäßiges *Underpricing* diejenigen Investoren verärgert, die eine höhere Zahlungsbereitschaft signalisierten, aber bei der Zuteilung nicht zum Zuge kamen. Vgl. in diesem Sinne **Wallmeier/Rösl** (1999), Underpricing, S. 142.

[225] So war am 10.03.1999 in der Börsenzeitung zu lesen: „Aufgrund dieser Statistiken wird in letzter Zeit, vor allem bei Neue-Markt-Emissionen, verstärkt Kritik an den derzeitigen Verfahren der Unternehmensbewertung und der Preisfindung geübt. Zu den wesentlichen Kritikpunkten zählt, daß die Ermittlung des ‚fair value' eines jungen Wachstumsunternehmens unter zu konservativen Annahmen stattfindet. Ferner wird bezweifelt, daß die verwendeten traditionellen Bewertungsmethoden in der Lage sind, die Besonderheiten dieser Unternehmenskategorie objektiv zu erfassen. Das Bookbuilding-Verfahren berücksichtigt darüber hinaus zu wenig die Nachfragesituation am Kapitalmarkt, da nur eine enge Preisspanne zur Verfügung steht. Die Informationsasymmetrie zwischen institutionellen und privaten Anlegern bleibt ebenfalls bestehen. Die Markteffizienz wird somit nicht ausreichend sichergestellt." (**Blättchen/Gutschlag** (1999), Kritik, S. B7).

Das *Underpricing* „... bedeutet für die bisherigen Eigentümer des Unternehmens einen Vermögensverlust. Sie veräußerten Ansprüche auf zukünftige Dividendenzahlungen zu einem geringeren als dem marktgerechten Preis."[226] Ein zu niedrigerer Emissionspreis ist für die Altaktionäre mit ökonomischen Nachteilen insbesondere in Form einer Verwässerung ihrer ursprünglichen Wertposition verbunden. Wenn z. B. n_{alt} und n_{neu} die Anzahl der alten bzw. die im Wege einer Kapitalerhöhung ausgegebenen neuen Aktien bezeichnen und die neuen Aktien zum Emissionspreis $P_{i,0}$ verkauft werden, der unter dem „korrekten" fundamentalen Wert $P_{i,fair}$[227] liegt, dann lautet der rechnerische Preis je Aktie am ersten Handelstag nach der Kapitalerhöhung:

$$P_{i,rech} = \frac{n_{alt} \cdot P_{i,fair} + n_{neu} \cdot P_{i,0}}{n_{alt} + n_{neu}} \quad \text{mit:} \quad P_{i,0} < P_{i,rech} < P_{i,fair}$$

Die Vermögensposition der Altaktionäre verschlechtert sich also um $(P_{i,rech} - P_{i,0}) \cdot n_{neu}$, es findet ein Transfer hin zu den neuen Aktionären statt, die zum Emissionspreis Aktien mit einem höheren fundamentalen Wert erwerben.[228] Aus der Perspektive der Alteigentümer bzw. Emitten-

---

226 **Wallmeier/Rösl** (1999), Underpricing, S. 142.

227 Der „wahre", korrekte Wert eines Unternehmens, der sog. „*fair value*", ist an realen Kapitalmärkten nicht direkt beobachtbar, und auch in der Theorie der Unternehmensbewertung herrscht keine Einigkeit darüber, wie der faire Wert eines Unternehmens bzw. seiner Anteilsscheine eindeutig bestimmt werden kann. (Vgl. hierzu beispielsweise **Hayn** (2000), Bewertung, S. 34 ff. m. w. N., sowie die Ausführungen im Abschnitt 4.2.3.2.2 der vorliegenden Arbeit). Insofern ist $P_{i,fair}$ zunächst als abstrakte Rechengröße zu interpretieren. Kapitalmarktteilnehmer sind gezwungen, auf mehr oder weniger subjektive Schätzgrößen zurückzugreifen, die mittels diverser Bewertungsverfahren bestimmt werden können. Im Rahmen der Aktienanalyse kommen hierbei insbesondere die im Abschnitt 4.2.3.2.2.3 beschriebenen Unternehmensbewertungsverfahren zum Einsatz. Als Ergebnis leiten die Finanzanalysten den *fair value*, d. h. den von ihnen als fair erachteten Wert ab. Der hierbei ermittelte Wert $P_{i,fair}$ kann jedoch in Abhängigkeit vom verwendeten Bewertungsmodell bzw. den darin vom Finanzanalysten unterstellten Annahmen sehr unterschiedliche Größen annehmen. Die Bezeichnung „fair" ist insofern als rein subjektive Wertung zu interpretieren.

228 Als wichtige Feststellung muss an dieser Stelle hervorgehoben werden, dass nur jene Altaktionäre, die ihren kompletten Anteil am Unternehmen im Zuge des Börsengangs veräußern, auch den kompletten Verlust aus den *Underpricing*-Opportunitätskosten zu tragen haben. **Jenkinson/Ljungqvist** (2001) beispielsweise schätzen für den deutschen Markt für Aktien-Neuemissionen: „... IPOs are underpriced by 10 percent on average, but the old owners lose a much lower 4 percent of the pre-flotation value of the company ..." (**Jenkinson/Ljungqvist** (2001), Going Public, S. 42).

ten ist dieses *Underpricing* gleichzusetzen mit einer drastischen Erhöhung der indirekten Kosten der Finanzierungsalternative „Börsengang".

Um das *Mispricing*-Problem bei Aktien-Neuemissionen zu lösen und zu einer „gerechteren" Preisfindung zu gelangen, wurde v. a. in der Boom-Phase des Neuen Marktes nach alternativen Platzierungsverfahren[229] und neuen Bewertungsansätzen für die Unternehmen der *New Economy*[230] gesucht. Diese Bewegung war Ausdruck der Überzeugung, dass die Emissionspreise (von den Emissionsbanken) systematisch zu niedrig gewählt worden waren, d. h. absichtliches Ex-ante-*Underpricing* betrieben wurde.[231] Die Frage, ob die systematische Unterbewertung von Neuemissionen tatsächlich gewollt ist und z. B. als rationale Konsequenz existierender Informationsasymmetrien zwischen Unternehmen, Emissionshäusern und Anlegern gedeutet werden muss, oder ob das *Underpricing* lediglich Konsequenz einer fehlerhaften, häufig irrationalen Verarbeitung von Informationen auf ineffizienten Kapitalmärkten ist, konnte bislang aber noch nicht befriedigend beantwortet werden.[232] Positive Emissionsrenditen können nämlich nicht nur entstehen, weil die Emissionspreise bewusst oder unbewusst zu niedrig gesetzt wurden, ebenso könnten auch die ersten Sekundärmarktkurse zu hoch sein. Hinweise darauf, ob der Emissionspreis tatsächlich angemessen, aber die ersten Börsen-

---

229 Hierbei stand insbesondere das Auktionsmodell zur Diskussion, das nach dem Prinzip der Versteigerung funktioniert. Vgl. hierzu **Blättchen/Gutschlag** (1999), Kritik, S. B7, sowie ausführlich zum Zusammenhang von Platzierungsverfahren und *Underpricing* **Ahrens** (2000), Preisbildung.

230 So stellen **Peemöller/Beckmann** (2001) beispielsweise fest: „Junge dynamische Wachstumsunternehmen haben durch den Gang an die Börse immense Marktkapitalisierungen erzielt, die mit den traditionellen Bewertungsverfahren schwer nachzuzeichnen sind. Erhebliche Verluste in den Anfangsjahren, negative Cashflows, niedrige Umsätze und wenig Substanz haben dennoch zu hohen Marktwerten geführt. Dadurch werden erhebliche Zweifel an der Eignung traditioneller Bewertungsverfahren geäußert." (**Peemöller/Beckmann** (2001), Bewertung, S. 5). Traditionelle Bewertungskennzahlen wie z. B. das Kurs-Gewinn-Verhältnis (KGV) oder das Kurs-Umsatz-Verhältnis (KUV) wurden deshalb um innovative Multiplikatoren ergänzt oder sogar von diesen abgelöst. Beispielhaft sei hier an die *price-earnings-growth-ratio* (PEG-Ratio) oder an die sog. „Kundenwert-Multiples" erinnert, die sich z. B. bei der Bewertung von Internet-Unternehmen großer Beliebtheit erfreuten. Vgl. hierzu z. B. **Kusterer** (2003), Unternehmensbewertungsverfahren, S. 121 ff., oder **Wullenkord** (2000), Valuation, S. 525 ff. Zur Bewertung junger Unternehmen vgl. ausführlich **Hayn** (2000), Bewertung.

231 Im Kern war hierbei aber zunächst unerheblich, ob das *Underpricing* ungewollt auftrat oder ob es beabsichtigt wurde, weil z. B. die beauftragte Emissionsbank ihr Platzierungsrisiko durch eine derartige Strategie minimieren wollte.

232 Zum Stand der *Underpricing*-Forschung m. w. N. siehe die Ausführungen im Kapitel 5 der vorliegenden Arbeit.

kurse übertrieben waren, lassen sich aus der langfristigen Entwicklung von neuemittierten Aktien am Sekundärmarkt ablesen.

2.3.2.2.2 Sekundärmarktperformance am Neuen Markt

In den bisherigen Untersuchungen der mittel- und langfristigen Durchschnittsrenditen im IPO-Kontext kommen unterschiedliche Untersuchungsmethoden und Verfahren zur Anwendung[233] mit entsprechend negativen Auswirkungen auf die Eindeutigkeit der Untersuchungsergebnisse: „Major differences between these studies relate to the way in which the abnormal returns on individual IPOs are aggregated over firms and over time ...“[234] Untersuchungsgegenstand ist die „Überrendite“ („*abnormal return*“) einer Aktie, d. h. die Differenz zwischen der tatsächlich (ex post) beobachteten und der (ex ante) erwarteten Rendite eines Wertpapiers:[235]

$$AR_{i,t} = R_{i,t} - E(\tilde{R}_{i,t})$$

mit: $AR_{i,t}$ = Überrendite des Wertpapiers i in Periode t
$R_{i,t}$ = Rendite des Wertpapiers i in der Periode t
$E(\tilde{R}_{i,t})$ = am Beginn der Periode t erwartete Rendite des Wertpapiers i

Wenn der Kapitalmarkt informationseffizient und das der Bestimmung der erwarteten Rendite zugrundegelegte Modell adäquat sind, dann sollten keine Überrenditen feststellbar sein. Die zu überprüfende Nullhypothese lautet folglich:

$$E(AR_{i,t}) = 0$$

In der empirischen Literatur haben sich drei Verfahren zur Messung von Überrenditen etabliert:[236] (1) Bei der Berechnung „mittelwertbereinigter Renditen“ wird unterstellt, dass das systematische Risiko und der Mittel-

233 So stellen z. B. **Gompers/Lerner** (2001) fest: „Several recent papers inform our choice of tests of long-horizon abnormal performance ... These papers do not find that one method is always preferred." (**Gompers/Lerner** (2001), Long-Run, S. 5).
234 **Stehle/Ehrhardt/Przyborowsky** (2000), Long-Run, S. 184.
235 Als „Überrendite“ wird ganz allgemein eine oberhalb der risikoadäquaten Gleichgewichtsrendite liegende Kapitalverzinsung bezeichnet: „Abnormal returns are returns in excess of what can be earned for a given level of risk.“ (**Copeland/Weston** (1992), Financial Theory, S. 344).
236 Vgl. hierzu **Ehrhardt** (1997), Börseneinführungen, S. 49 ff.

wert der einzelnen Wertpapiere im Zeitablauf konstant sind. (2) Dem Verfahren „marktbereinigter Renditen“ liegt die Annahme zugrunde, dass sich das systematische Risiko der untersuchten Wertpapiere von dem eines Vergleichsportfolios nicht unterscheiden. (3) Bei der Berechnung „markt- und risikobereinigter Renditen“ werden zusätzlich noch Unterschiede im systematischen Risiko berücksichtigt.

Da bei der Performancemessung von Aktien-Neuemissionen keine Vergangenheitsdaten vorliegen, können weder ein Mittelwert ermittelt noch das systematische (ex post) Risiko direkt bestimmt werden.[237] Die Betrachtung der mittel- und langfristigen *Performance* von Aktien erfolgt in empirischen Untersuchungen deshalb überwiegend auf Basis marktbereinigter (Über-) Renditen, regelmäßig wird auch eine Risikoadjustierung vorgenommen. Hierfür haben sich verschiedene Untersuchungsansätze etabliert: Während die frühen Untersuchungen die IPO-Renditen vorrangig mit den Renditen von Gesamtmarktindizes vergleichen[238], werden in späteren Arbeiten „maßgeschneiderte“ Portfolios mit Vergleichsunternehmen auf Basis spezifischer (Risiko-) Charakteristika[239] und unterschiedlicher Gewichtungsmethoden[240] gebildet. Ritter/Welch (2002) sprechen im ersten Fall von *„market-adjusted returns“* und im zweiten Fall von *„style-*

---

237 **Döhrmann** (1990), Underpricing, **Balvers/McDonald/Miller** (1988), Underpricing, und **Ibbotson** (1975), Price, entwickeln Modelle, um die Beta-Koeffizienten zu schätzen – mit sehr unterschiedlichen Ergebnissen: Die beiden letzten Arbeiten ermitteln für die US-amerikanischen IPOs ihrer Stichprobe ein ß>1; **Ibbotson** (1975) findet sogar Werte in der Höhe von ß=2,17 und ß=2,04 für den ersten und zweiten Monat im Sekundärmarkthandel. **Döhrmann** (1990) hingegen kommt zu dem Ergebnis, dass das systematische Risiko der deutschen IPOs seiner Stichprobe während der ersten 102 Wochen im Durchschnitt nur etwa halb so groß ist wie das des Marktportfolios. Gemeinsam ist diesen Arbeiten die Erkenntnis, dass eine Risikoadjustierung kaum Einfluss auf die Ergebnisse der Untersuchung des Kursverhaltens von Erstemissionen hat. Vgl. hierzu auch **Dawson/Reiner** (1988), Raising Capital, S. 67, oder **Schuster** (2003), IPOs, S. 15 f. m. w. N.

238 Hierdurch wird implizit die zweifelhafte Annahme getroffen, dass die Börsenneulinge wie der Gesamtmarkt nur über ein Beta gleich eins verfügen, das im Zeitablauf zudem konstant ist. „This implicit assumption is not valid because the systematic risk of IPOs is generally higher than that of the market index.“ (**Aggarwal/ Rivoli** (1990), Fads, S. 46 f.).

239 **Ritter** (1991), Long-Run, zieht beispielsweise die Kriterien Unternehmensgröße und Branchenzugehörigkeit als Auswahlkriterien heran. **Loughran/Ritter** (1995), Puzzle, verwenden die Unternehmensgröße und das Marktwert-Buchwert-Verhältnis als Kriterien für die Zusammensetzung des *Benchmark*-Portfolios.

240 Hier werden insbesondere gleichgewichtete oder kapitalisierungsgewichtete Portfolios gebildet.

adjusted returns".[241] Als weitere Methoden zur Berechnung von Überrenditen kommen in seltenen Fällen auch die Methoden CAPM-adjustierter („*Capital Asset Pricing Model*") [242] und Marktmodell-adjustierter Renditen[243] zum Einsatz.

Aber selbst nachdem das Bereinigungsverfahren zur Schätzung der Überrenditen festgelegt worden ist, müssen weitere methodische Entscheidungen getroffen werden, die erheblichen Einfluss auf die Untersuchungsergebnisse haben: Zunächst muss das Zeitintervall für die Berechnung der Renditen festgelegt werden. Schließlich muss zum einen die Frage beantwortet werden, wie die Überrenditen der betrachteten Einzelwerte der Stichprobe aggregiert werden sollen (Querschnittsaggrega-

---

241 Vgl. **Ritter/Welch** (2002), Review, S. 1796. Alternativ zu *style-adjusted* wird regelmäßig auch die Bezeichnung „*matching-firm-adjusted*" verwendet. Vgl. z. B. **Stehle/ Ehrhardt/Przyborowsky** (2000), Long-Run, **Sapusek** (2000), Benchmark-Sensitivity, oder **Ritter** (1991), Long-Run. Ein zentraler Vorteil der *matching-firm*-Adjustierung wird darin gesehen, dass hierbei auch Risikoaspekte Berücksichtigung finden. Die Vergleichsunternehmen weisen ein ähnliches Risikoprofil auf und gehören deshalb der gleichen Risikokategorie an wie die Aktien der Börsenneulinge. Vgl. in diesem Sinne z. B. **Sapusek** (2000), Benchmark-Sensitivity, S. 395 f.

242 Vgl. hierzu z. B. **Hansson/Ljungqvist** (1993), Mispricing, S. 5, und **Uhlir** (1989), Gang, S. 372. Das CAPM gilt als klassischer Modellansatz der Kapitalmarkttheorie und geht in seiner Originalversion auf Sharpe, Lintner und Mossin zurück. (Vgl. **Sharpe** (1964), Capital Asset Prices, **Lintner** (1965), Valuation, und **Mossin** (1966), Equilibrium). Danach wird die gleichgewichtige Rendite eines Wertpapiers in Abhängigkeit des ihm als Bestandteil des Marktportfolios zukommenden systematischen Risikos (ß-Faktor) berechnet. Da das Marktportfolio aufgrund seiner Komplexität empirisch nicht bestimmt werden kann, wird die Auswahl eines geeigneten Vergleichsportfolios hierbei zentraler Bestandteil der Untersuchungsmethodik. Hilfsweise wird regelmäßig ein Marktindex als Vergleichsmaßstab herangezogen, der für den gesamten Untersuchungszeitraum vorliegt und die *Performance* des „wahren" Marktportfolios möglichst repräsentativ abbildet. Wenn marktadjustierte Renditen berechnet werden und hierfür ein Vergleichsportfolio herangezogen wird, das gleichzeitig eine Approximation des Marktportfolios darstellt, dann wird ein systematisches Risiko von eins unterstellt und damit eine Übereinstimmung mit dem CAPM hergestellt.

243 Das Marktmodell ist ein rein statistisches Modell, welches das CAPM in seiner Ex-ante-Form in ein empirisch überprüfbares Ex-post-Modell transformiert. In diesem „*empirical market line*"-Modell wird unterstellt, dass die Rendite eines Wertpapiers als lineare Funktion eines das Marktportfolio repräsentierenden Vergleichsportfolios dargestellt werden kann. Aus dem beobachteten Zusammenhang zwischen der Rendite eines Wertpapiers und der Rendite des Vergleichsportfolios wird mittels einer linearen Einfachregression eine Schätzfunktion für Einzelwertrenditen ermittelt. Zum Marktmodell vgl. z. B. **Steiner/Bruns** (2002), Wertpapiermanagement, S. 37 ff., oder **Copeland/Weston** (1992), Financial Theory, S. 212 ff. Für eine Anwendung im IPO-Kontext vgl. z. B. **Sapusek** (2000), Benchmark-Sensitivity.

tion).[244] Zum anderen werden die Überrenditen über ein bestimmtes Zeitintervall erhoben und müssen folglich nach einer festzulegenden Methode über diesen Zeitraum kumuliert werden (Zeitreihenaggregation). Die dabei unterstellten Wiederanlageprämissen haben ebenfalls Rückwirkungen auf die Untersuchungsergebnisse.[245]

In der wissenschaftlichen Literatur kommen insbesondere zwei konzeptionelle Vorgehensweisen zur Kumulation von Überrenditen zum Einsatz.[246] Bei der *„buy-and-hold*-Strategie" werden die Überrenditen jedes einzelnen Wertpapiers im Zeitablauf kumuliert und dann die Durchschnittswerte für die einzelnen Betrachtungszeitpunkte bestimmt, um Aussagen zum Gesamtportfolio zu erhalten.[247]

$$BaHCAR_T = \frac{1}{N}\sum_{i=1}^{N}\left(\prod_{t=1}^{T}[1+R_{i,t}] - \prod_{t=1}^{T}\left[1+E(\tilde{R}_{i,t})\right]\right)$$

mit: $R_{i,t}$ = Rendite des Wertpapiers i in der Periode t
$E(\tilde{R}_{i,t})$ = am Beginn der Periode t erwartete Rendite des Wertpapiers i
N = Anzahl der Wertpapiere im Portfolio
T = Anzahl der Perioden

Bei der *„rebalance*-Strategie" hingegen werden für jeden Zeitpunkt im Zeitablauf die Überrenditen des Portfolios betrachtet. Hierfür werden die durchschnittlichen Überrenditen ermittelt und anschließend kumuliert, um den Portfoliowert zum Betrachtungszeitpunkt zu bestimmen. In der wissenschaftlichen Literatur hat sich zur Bezeichnung der kumulierten Überrendite der Begriff *„cumulative average return*" (CAR) etabliert.[248] Das *rebalancing* unterstellt, dass die Aktien des Portfolios in jeder Periode ge-

---

[244] Um den Einfluss firmenspezifischer Faktoren zu reduzieren, werden Wertpapiere mit den zu betrachtenden Charakteristika zu Portfolios zusammengefasst. Die Ausprägungen des Portfolios stellen anschließend die Grundlage für Interpretationen dar, nicht die von ausgewählten Einzelwerten.

[245] Vgl. hierzu ausführlich **Ehrhardt** (1997), Börseneinführungen, S. 161 ff. Zusätzliche methodische Differenzen können sich aus der Verwendung logarithmischer anstatt diskreter Renditen sowie geometrischer anstatt arithmetischer Mittelwerte ergeben. Bei der Mittelwertermittlung kommen regelmäßig auch kapitalisierungsgewichtete Berechnungsmethoden zum Einsatz.

[246] Vgl. hierzu ausführlich **Ehrhardt** (1997), Börseneinführungen, S. 154 ff.

[247] Innerhalb der *buy-and-hold*-Verfahren lassen sich absolute und relative Berechnungsweisen unterscheiden sowie die Methode von **Dimson/Marsh** (1986), Event Study. Vgl. hierzu m. w. N. **Sapusek** (2000), Benchmark-Sensitivity, S. 380 ff.

[248] Vgl. z. B. **Copeland/Weston** (1992), Financial Theory, S. 364.

und verkauft werden; als Konsequenz ergeben sich zu jedem Zeitpunkt implizit Veränderungen der Portfoliogewichtungen.[249]

$$CAR_T = \sum_{t=1}^{T} AR_t \quad \text{mit:} \quad AR_t = \frac{1}{N} \sum_{i=1}^{N} AR_{i,t}$$

mit: $AR_{i,t}$ = Überrendite des Wertpapiers i in Periode t
N = Anzahl der Wertpapiere im Portfolio
T = Anzahl der Perioden

Im Rahmen der vorliegenden Arbeit wurden folgende Vorgehensweisen zur Untersuchung der Sekundärmarktperformance der im vorangegangenen Abschnitt beschriebenen 330 Aktien-Neuemissionen am Neuen Markt gewählt. Als Einstieg wurde zunächst für jeden Titel der Stichprobe im Rahmen einer *buy-and*-hold-Strategie die Kursentwicklung seit dem 1. Handelstag bis zum Stichtag 01.06.2004 betrachtet. Die Kursinformationen (Schlusskurse) wurden hierzu aus der Datenbank des Finanzinformationsanbieters Thomson Financial Datastream gewonnen.[250] Da für Unternehmen, deren Börsennotierung eingestellt worden ist, keine aktuellen Kursdaten gewonnen werden können, reduziert sich die ursprüngliche Stichprobe, und die Ergebnisse dieser Betrachtung unterliegen tendenziell einem „*survivorship bias*".[251] Die marktbereinigte Rendite, die seit dem ersten Handelstag bis zum Stichtag erzielt worden ist, wurde wie folgt berechnet:[252]

---

[249] Hierin wird ein zentraler Nachteil gegenüber der *buy-and-hold*-Methode gesehen, da periodische Portfolioumschichtungen bei realen Börsengeschäften Transaktionskosten verursachen würden. Vgl. hierzu z. B. **Mager** (2001), Performance, S. 161. Demgegenüber stellen **Gompers/Lerner** (2001) fest: „First, the buy-and-hold method can magnify underperformance – even if it occurs in only a single period – as a consequence of compounding single-period returns. Second, distributional properties and test statistics for cumulative abnormal returns are better understood." (**Gompers/Lerner** (2001), Long-Run, S. 5 f.). Für eine weiterführende Darstellung der Vor- und Nachteile beider Methoden vgl. z. B. **Brav/ Gompers** (1997), Myth.

[250] Für die Aktie von United Visions waren in der Kursdatenbank von Thomson Financial Datastream keine historischen Zeitreihen verfügbar. Dieser Titel wurde in den weiteren Analysen zur Sekundärmarktperformance entsprechend nicht berücksichtigt.

[251] Ein eventueller Segmentwechsel im Laufe der Haltedauer führte jedoch nicht zum Ausschluss, die Aktie wurde weiterhin in die Untersuchung miteinbezogen.

[252] Die Emissionsrendite wurde bei der Ermittlung der Überrendite des ersten Monats am Sekundärmarkt entsprechend nicht miteinbezogen.

$$AR_{i,T} = \frac{P_{i,T} - P_{i,0}}{P_{i,0}} - \frac{I_T - I_0}{I_0}$$

mit: $AR_{i,T}$ = Überrendite des Wertpapiers i im Zeitraum erster Handelstag bis Stichtag
$P_{i,T}$ = Kurs der Aktie i zum Stichtag
$P_{i,0}$ = Schlusskurs der Aktie i am ersten Handelstag
I_T = Indexstand zum Stichtag
I_0 = Indexstand am ersten Handelstag der Aktie i

Als *Benchmark* I_t wurde der CDAX-Index der Deutschen Börse herangezogen, der sich aus sämtlichen deutschen Werten des *Prime* und des *General Standard* zusammensetzt und deshalb als repräsentativer Marktindikator geeignet erscheint.[253] Die Indizes der Deutschen Börse sind kapitalgewichtet, d. h. das Gewicht einer Aktie bemisst sich nach dem Anteil an der gesamten Kapitalisierung der im Index enthaltenen Werte. Zur Gewichtung wird nur der Teil des Grundkapitals einer jeden Aktiengattung herangezogen, der als *free float* gilt. Die *Performance*-Indizes der Deutschen Börse werden mittels Korrekturfaktoren um exogene Einflüsse wie kursrelevante Kapitalveränderungen bereinigt. Der CDAX-Performanceindex wird deshalb um Dividenden und andere Ausschüttungen korrigiert, die Einzelwertrenditen der betrachteten IPOs jedoch nicht. Da Dividendenausschüttungen bei den jungen Wachstumsunternehmen des Neuen Marktes aber praktisch ohne Bedeutung sind, dürften hieraus kaum Verzerrungen resultieren. Weiterhin wird der CDAX um Kapitalerhöhungen (und -herabsetzungen) bereinigt, die Kurswerte der betrachteten IPOs aber nicht. Die marktbereinigten Renditen werden die wahren Werte deshalb tendenziell unterschätzen. Fusionen und Übernahmen finden bei der Indexberechnung Berücksichtigung über die Anpassung der Aktienanzahl und des *free float*-Faktors. Bei den Einzelwertzeitreihen werden nur die Kursveränderungen registriert, die Aktie des ausscheidenden Unternehmens wird aus der Stichprobe gestrichen. Nennwertumstellungen/Aktiensplitts werden sowohl bei der Indexberechnung als auch bei den Einzelwertzeitreihen berücksichtigt. Zur Überprüfung der Ergebnisse auf statistische Signifikanz wurde ein t-Test sowie der Wilcoxon-Vorzeichen-Rangtest verwendet.[254] Tabelle 2.4 fasst die Ergebnisse dieser Vorgehensweise zusammen.

---

253 Zur Berechnung siehe **Deutsche Börse AG** (2003), Leitfaden. Bis zur Neusegmentierung des Gesamtmarktes am 01.01.2003 bestand der CDAX aus allen deutschen Werten des Amtlichen Handels, des Geregelten Marktes und des Neuen Marktes.

254 Zum Wilcoxon-Vorzeichen-Rangtest vgl. z. B. **Poddig** (1999), Kursprognose,

Tab. 2.4: Sekundärmarktperformance am Neuen Markt

Absolute (unbereinigte) Rendite seit dem 1. Handelstag [1]		Überrendite $AR_{i,T}$ seit dem 1. Handelstag [1]	
Stichprobenumfang	328	Stichprobenumfang	328
Arithmetisches Mittel	**-75,5%**	**Arithmetisches Mittel**	**-29,3%**
Median	-88,0%	Median	-39,8%
Maximum	328,9%	Maximum	343,0%
Minimum	-100,0%	Minimum	-72,7%
Stichprobenstandardabweichung	0,41	Stichprobenstandardabweichung	0,40
Anteil Gewinner	5,1%	Anteil Gewinner	10,4%
Anteil Verlierer	94,9%	Anteil Verlierer	89,6%
		t-Wert	-13,40 **
		Wilcoxon-Test	-12,22 **

Erläuterungen:

[1] Stichtag 01.06.2004

Die Aktien der 328 Unternehmen der Stichprobe werden am Stichtag durchschnittlich rund 75,5 % unter ihrem Schlusskurs des ersten Handelstags notiert. Lediglich 5,1 % der betrachteten Aktien weisen Kursgewinne auf. Mit einem durchschnittlichen Minus von rund 29,3 % zeigt auch die Berechnung der marktadjustierten Renditen ein düsteres Bild. Der Median fällt mit knapp -40 % noch schlechter aus. Lediglich 10,4 % der betrachteten Aktien weisen eine bessere Kursentwicklung als der Vergleichsindex auf. Sowohl der t-Test als auch der Wilcoxon-Test deuten auf die Signifikanz dieser *Underperformance* hin.

Zur weiteren Vertiefung und differenzierteren Betrachtung werden in einem zweiten Verfahren die monatlichen Überrenditen seit dem ersten Handelstag für jede Aktie der Stichprobe ermittelt. Als Startpunkt wird der erste Handelstag der Aktien-Neuemission gewählt.[255] Als Monat werden jeweils 21- (Handels-) Tage-Perioden verstanden, d. h. der Monat 1 besteht aus den Ereignistagen 1 (= erster Handelstag) bis 21, der Monat 2 aus den Ereignistagen 22 bis 42, usw. Die monatliche Überrendite wird entsprechend nach folgender Formel ermittelt:

S. 469 ff. Der Vorteil dieses Testverfahrens besteht darin, dass hinsichtlich der zu testenden Überrenditen keine Verteilungsannahmen getroffen werden müssen. Die Teststatistik folgt der Wilcoxon-Verteilung. Für hinreichend große Stichproben (N>15) folgt die Teststatistik jedoch der Standardnormalverteilung.

255 Erneut wurde die Emissionsrendite bei der Ermittlung der Überrendite des ersten Monats am Sekundärmarkt entsprechend nicht miteinbezogen.

$$AR_{i,t} = R_{i,t} - IR_t \quad \text{mit: } IR_t = \frac{I_t - I_{t-1}}{I_{t-1}}$$

Aus den Monatsrenditen der betrachteten Neuemissionen wurden Überrenditen für unterschiedliche Haltedauern nach folgendem Berechnungsschema ermittelt:

$$CIAR_{i,T} = R_{i,T} - IR_T$$

$$\text{mit:} \quad R_{i,T} = \left[\prod_{t=1}^{T} (R_{i,t} + 1) \right] - 1; \; IR_T = \left[\prod_{t=1}^{T} (IR_t + 1) \right] - 1$$

Die kumulierte, Marktindex-adjustierte Rendite des untersuchten Portfolios $CIAR_T$ für die Haltedauer T wurde anschließend aus dem arithmetischen Mittelwert der Einzeltitelergebnisse bestimmt. Die Anzahl N der Wertpapiere der Stichprobe variiert in Abhängigkeit von der Länge der untersuchten Haltedauer, weil die Notierung einer Aktie eingestellt (z. B. wegen Konkurs, Übernahme, Fusion) oder das Wertpapier einfach noch nicht lange genug notiert war. Der Mittelwert der Performancewerte $CIAR_{i,T}$ gibt an, um wie viel Prozentpunkte die durchschnittliche Rendite einer Investition in das untersuchte Portfolio der Neuemissionen höher bzw. niedriger ausfiel als eine alternative Investition in das Vergleichsportfolio CDAX. Als weitere Kennziffer wurde das relative Performancemaß WR_T („*Wealth Relative*“) berechnet, das nach Ritter (1991) wie folgt definiert werden kann:[256]

$$WR_T = \frac{\frac{1}{N} \sum_{i=1}^{N} R_{i,T} + 1}{\frac{1}{N} \sum_{i=1}^{N} IR_T + 1}$$

Ein $WR_T > 1$ zeigt an, dass sich das Portfolio der einbezogenen Neuemissionen besser entwickelt hat als das Vergleichsportfolio, repräsentiert durch den CDAX. Werte kleiner eins deuten entsprechend das gegenteilige Ergebnis an. Tabelle 2.5 fasst die Untersuchungsergebnisse auf Jahrgangsbasis zusammen.

---

[256] Vgl. **Ritter** (1991), Long-Run, S. 8.

Tab. 2.5: Sekundärmarktperformance der IPO-Jahrgänge

1997

Monat	N	$CIAR_T$	STABW	t-Wert	WR_T
6	11	**228,8%**	4,92	1,54	2,99
12	11	**349,3%**	7,84	1,48	3,83
18	11	**1168,4%**	27,22	1,42	10,47
24	11	**1609,6%**	39,74	1,34	13,66
30	11	**2503,9%**	70,24	1,18	16,72
36	11	**1787,3%**	44,16	1,34	11,85
42	11	**501,7%**	10,76	1,55	4,49
48	11	**120,2%**	3,23	1,23	1,95
54	11	**71,6%**	2,26	1,05	1,60
60	11	**34,7%**	1,99	0,58	1,35

1998

Monat	N	$CIAR_T$	STABW	t-Wert	WR_T
6	41	**86,5%**	1,63	3,39 **	1,91
12	41	**62,0%**	1,34	2,97 **	1,60
18	41	**104,6%**	2,58	2,60 *	1,84
24	41	**89,4%**	2,70	2,12 *	1,67
30	41	**12,5%**	1,33	0,60	1,11
36	41	**-44,3%**	0,63	-4,48 **	0,56
42	40	**-54,1%**	0,42	-8,20 *	0,42
48	40	**-57,3%**	0,26	-13,69 *	0,28
54	40	**-43,7%**	0,19	-14,30 *	0,27
60	40	**-44,1%**	0,22	-12,56 *	0,28

1999

Monat	N	$CIAR_T$	STABW	t-Wert	WR_T
6	133	**74,2%**	1,64	5,21 **	1,62
12	133	**77,5%**	2,37	3,78 **	1,59
18	133	**0,4%**	2,19	0,02	1,00
24	132	**-42,2%**	0,89	-5,48 **	0,58
30	129	**-60,1%**	0,39	-17,33 **	0,33
36	128	**-56,8%**	0,43	-14,93 **	0,30
42	126	**-45,7%**	0,24	-21,21 *	0,23
48	124	**-43,6%**	0,24	-20,26 *	0,26
54	61	**-50,1%**	0,32	-12,33 *	0,27
60	-	**-**	-	-	-

2000

Monat	N	$CIAR_T$	STABW	t-Wert	WR_T
6	131	**-17,3%**	0,53	-3,70 **	0,81
12	131	**-36,4%**	0,41	-10,05 **	0,53
18	131	**-44,3%**	0,28	-18,20 **	0,36
24	130	**-44,2%**	0,24	-20,90 **	0,30
30	129	**-34,8%**	0,15	-25,49 **	0,26
36	125	**-31,3%**	0,17	-20,93 **	0,29
42	70	**-36,2%**	0,16	-19,21	0,25
48	-	**-**	-	-	-
54	-	**-**	-	-	-
60	-	**-**	-	-	-

>2001

Monat	N	$CIAR_T$	STABW	t-Wert	WR_T
6	12	**-13,2%**	0,31	-1,48	0,84
12	12	**-25,8%**	0,37	-2,44 *	0,69
18	12	**-35,2%**	0,14	-8,69 **	0,44
24	11	**-27,0%**	0,21	-4,26 **	0,47
30	9	**-39,7%**	0,20	-5,94	0,36
36	-	**-**	-	-	-
42	-	**-**	-	-	-
48	-	**-**	-	-	-
54	-	**-**	-	-	-
60	-	**-**	-	-	-

Erläuterungen:
STABW: Stichprobenstandardabweichung

Die Ergebnisse der Tabelle 2.5 zeigen deutliche Unterschiede in der Sekundärmarktentwicklung der Aktien-Neuemissionen in Abhängigkeit vom Jahr des Börsengangs. Die Aktien von Mobilcom und EM.TV, die als Neuer-Markt-Werte der ersten Stunde mit exorbitanten Kursgewinnen für Aufsehen sorgten, überlagern den Datenbestand der Gruppe der Neuemissionen aus dem Gründungsjahr 1997. Bis zum Monat 30 kumulieren sich die Überrenditen im Durchschnitt bis auf mehr als 2.500 %, um dann bis zum Monat 60 wieder auf knapp 35 % abzusinken. Die folgenden IPO-Jahrgänge liefern ein deutlich negativeres und statistisch signifikanteres Ergebnis. Die Aktien-Neuemissionen der Jahrgänge 1998 und 1999 erzielen während des ersten Handelsjahres noch positive Überrenditen, die in den Folgemonaten dann jedoch in eine signifikante *Underperformance* umschlagen. Die Kursentwicklung der Jahrgänge 2000 und später war hingegen bereits ab den ersten Handelsmonaten im Durchschnitt durch signifikant negative Überrenditen charakterisiert. Aggregiert man die Ergebnisse der einzelnen Jahrgänge so ergibt sich – bereinigt um die Ausreißer Mobilcom und EM.TV – das in Tabelle 2.6 dargestellte Performancemuster.

Tab. 2.6: Sekundärmarktperformance – Stichprobe ohne Ausreißer

Monat	*N*	$CIAR_T$	Median	STABW	t-Wert	WR_T
3	326	**18,5%**	-6,9%	0,83	4,05 **	1,18
6	326	**35,9%**	-11,6%	1,34	4,83 **	1,35
9	326	**30,6%**	-19,5%	1,30	4,25 **	1,29
12	326	**26,4%**	-28,8%	1,71	2,80 **	1,25
15	326	**6,7%**	-42,3%	1,47	0,83	1,07
18	326	**-1,8%**	-50,6%	1,77	-0,19	0,98
21	324	**-12,7%**	-53,6%	1,47	-1,56	0,86
24	323	**-20,4%**	-53,7%	1,32	-2,79 **	0,77
27	322	**-27,0%**	-50,9%	1,13	-4,31 **	0,67
30	317	**-31,1%**	-44,3%	1,11	-4,99 **	0,60
33	309	**-32,1%**	-41,9%	1,40	-4,02 **	0,57
36	303	**-34,9%**	-42,4%	1,24	-4,87 **	0,51
39	277	**-38,3%**	-45,4%	1,05	-6,09 *	0,44
42	245	**-39,8%**	-45,5%	0,74	-8,40 *	0,38
45	210	**-40,4%**	-47,4%	0,85	-6,90 *	0,38
48	173	**-44,0%**	-51,4%	0,54	-10,74 *	0,34
51	145	**-42,9%**	-55,3%	0,73	-7,10 *	0,38
54	110	**-41,0%**	-56,5%	0,71	-6,02 *	0,41
57	65	**-39,4%**	-53,6%	0,70	-4,53 *	0,43
60	49	**-43,5%**	-47,4%	0,40	-7,56 *	0,36
63	39	**-38,4%**	-50,8%	0,45	-5,32 *	0,42
66	28	**-36,3%**	-53,9%	0,43	-4,44 *	0,46
69	13	**-25,7%**	-56,7%	0,66	-1,40	0,63
72	9	**-21,7%**	-59,8%	0,89	-0,73	0,72

Erläuterungen:
STABW: Stichprobenstandardabweichung

Anfänglich signifikant positive kumulierte Überrenditen werden im Durchschnitt bereits nach wenigen Monaten wieder sukzessive abgebaut und erreichen ab etwa Monat 18 die Verlustzone. Innerhalb der ersten drei Handelsjahre werden so bis zum Monat 36 durchschnittlich kumulierte Überrenditen von rund -35 % aufgebaut. Die Ergebnisse der Folgemonate zeigen eine Fortsetzung dieses Trends, leiden aber unter der abnehmenden Anzahl der in die Berechnung einbezogenen Titel. Der durchschnittliche *Wealth Relative* vollzieht diese Entwicklung nach und erreicht bereits ab Monat 18 im Durchschnitt einen Wert kleiner 1. Abbildung 2.15 veranschaulicht diesen Prozess im zeitlichen Verlauf.

Abb. 2.15: Performanceverlauf am Sekundärmarkt

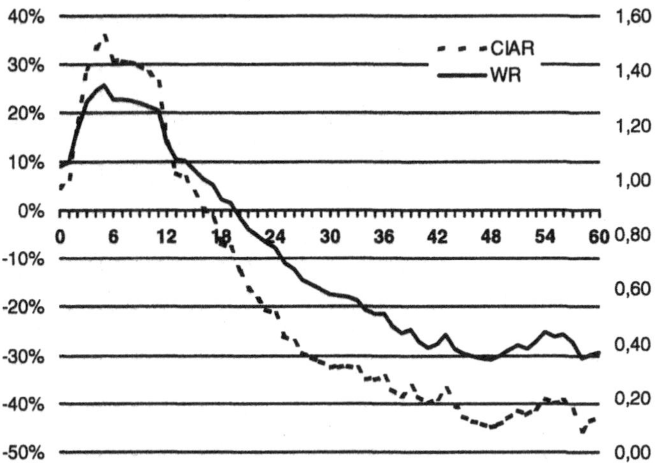

Der Zusammenbruch der Kurse der jungen Wachstumsunternehmen am Neuen Markt und die daraus resultierenden negativen Überrenditen im Sekundärmarkthandel sind in engem Zusammenhang mit dem Platzen der weltweiten „*Hightech*-Blase" zu sehen. Die optimistischen Erwartungen der Anleger, die für die hohe Nachfrage nach Aktien-Neuemissionen verantwortlich waren und damit auch die Höhe der Zeichnungsgewinne maßgeblich beeinflussten, wurden in den Folgemonaten drastisch korrigiert. Als weiterer Belastungsfaktor kamen die beschriebenen spezifischen Probleme wie Betrugsfälle oder Bilanzfälschungen hinzu. Diese Entwicklung kann als Indiz dafür interpretiert werden, dass der erste Sekundärmarktkurs bei Aktien-Neuemissionen am Neuen Markt im Durchschnitt viel zu hoch ausfiel. Nach den enormen Zeichnungsgewinnen zum

Börsengang setzte deshalb anschließend eine Kurskorrektur ein, die in der überwiegenden Mehrheit der Fälle derart umfangreich war, dass nahezu sämtliche Unternehmen des Neuen Marktes mittlerweile unter ihren Emissionspreisen notieren. „Diese extremen Schwankungen haben zu teilweise hysterischen Erscheinungen bei Teilen der Privatanlegerschaft geführt. Dies schadet nicht nur den Anlegern selbst, sondern über den daraus resultierenden Vertrauensverlust dem organisierten Kapitalmarkt und damit letztlich der gesamten Volkswirtschaft."[257]

2.4 Zwischenfazit

Die Ergebnisse der vorangegangenen Überlegungen lassen sich in folgenden Kernaussagen zusammenfassen:

[1] Die Funktions- und Leistungsfähigkeit von Kapitalmärkten gilt vor dem Hintergrund des globalen Wettbewerbs und des damit einhergehenden Strukturwandels als zentraler Erfolgsfaktor für das ökonomische Potenzial hochentwickelter Volkswirtschaften. Der Markt für Aktien-Neuemissionen wird vor diesem Hintergrund zu einer bedeutenden Erfolgsdeterminante.

Der effiziente Zugang zu ergiebigen Eigenkapitalquellen stellt sowohl aus volkswirtschaftlicher als auch aus einzelwirtschaftlicher Perspektive einen bedeutenden strategischen Wettbewerbsfaktor dar. Insbesondere die adäquate Versorgung junger Wachstumsunternehmen mit Risikokapital wird als Voraussetzung für Innovation, Flexibilität und Wachstum gesehen. Der Börse als Finanzierungsquelle kommt vor diesem Hintergrund zentrale Bedeutung zu, und der Markt für Aktien-Neuemissionen wird zu einer wichtigen Determinante nicht nur für die Entwicklung individueller Unternehmen, sondern auch für die Leistungs- und Wettbewerbsfähigkeit einer gesamten Volkswirtschaft.

[2] Der Markt für Aktien-Neuemissionen lässt sich als Subsystem des organisierten Kapitalmarktes interpretieren, dessen Funktionsfähigkeit von den Interdependenzen mit dem Markt für Informationen, dem Markt für Finanzintermediation sowie dem Aktien-Zirkulationsmarkt determiniert wird. Zentrale Funktionen dieses Subsystems sind:

- Marktfunktion
- Selektionsfunktion

[257] **Rosen, von/Gerke** (2001), Kodex, S. 7.

- Allokationsfunktion
- Fungibilisierungsfunktion
- Bewertungsfunktion
- Informations-/Kontrollfunktion

Am deutschen Kapitalmarkt, mit seinem durch Finanzinstitute geprägten System, wird der Finanzbedarf der Unternehmen traditionell in großem Umfang durch die Kreditgewährung von Banken gedeckt. Die Aktie als Finanzierungsalternative führte lange Zeit nur ein Schattendasein; eine unterentwickelte Aktienkultur, eine geringe Anzahl börsennotierter Unternehmen und nur geringe Aktivitäten am Markt für Aktien-Neuemissionen prägten die deutsche Börsenlandschaft. Die Förderung der Eigenkapitalbildung, die Versorgung junger Wachstumsunternehmen mit Risikokapital und die Entwicklung einer Aktienkultur wurden deshalb in der Vergangenheit als wirtschaftspolitische Aufgaben verstanden und mit vielfältigen Maßnahmen und Programmen gefördert.

[3] **Vor dem Hintergrund der mit dem ökonomischen Strukturwandel einhergehenden Herausforderungen wurde am 10.03.1997 der Neue Markt ins Leben gerufen, um jungen, stark wachsenden Innovationsunternehmen eine geeignete Basis zur Eigenkapitalbeschaffung zur Verfügung zu stellen. Kennzeichen des deutschen Wachstumssegments waren die strengen Transparenz- und Publizitätskriterien mit hohen Anforderungen an die Emittenten.**

Mit der Etablierung des Neuen Marktes im März 1997 als eigenständiges Marktsegment für junge Wachstumsunternehmen schien es, als wäre ein entscheidender Durchbruch gelungen. Angesichts der Vielzahl erfolgreicher Aktien-Neuemissionen innerhalb weniger Monate, der hohen Aufnahmebereitschaft unter den Anlegern und der Anzahl potenzieller Börsenkandidaten hatte es den Anschein, als wäre die aus gesamt- und einzelwirtschaftlicher Sicht notwendige Plattform zur Gewinnung haftenden Eigenkapitals geschaffen worden.

[4] **Der deutsche Markt für Aktien-Neuemissionen – insbesondere der Neue Markt – offenbarte in der Vergangenheit gravierende multiple Funktions- und Leistungsschwächen.**

Die deutliche Eintrübung der globalen makroökonomischen Rahmenbedingungen ab dem Frühjahr 2000 offenbarte auf dramatische Art und Weise die multiplen Funktions- und Leistungsschwächen des deutschen

Marktes für Aktien-Neuemissionen – insbesondere am Neuen Markt – und setzte dem skizzierten Prozess ein vorläufiges, abruptes Ende. Die Markt- und Finanzierungsfunktion des deutschen Marktes für Aktien-Neuemissionen wird nach der Emissionsflut der neunziger Jahre derzeit kaum noch wahrgenommen. Weder auf der Angebots- noch auf der Nachfrageseite besteht aktuell Interesse an einem *Going Public*, Börsengänge finden entsprechend nur noch in wenigen Ausnahmefällen statt. Die angestrebte Versorgung junger Wachstumsunternehmen mit Risikokapital ist somit ebenso wenig gegeben wie die dringend benötigte Ausweitung und Differenzierung der Investitionsmöglichkeiten für Anleger. Die Attraktivität des deutschen Kapitalmarktes leidet deshalb weiterhin u. a. an der fehlenden „Breite" und an geringer Liquidität. Von den im Zuge der Neustrukturierung des deutschen Aktienmarktes durchgeführten Reformen gingen bislang kaum Impulse aus.

Die Selektions- und Allokationsfunktion, die sicherstellen soll, dass das Risikokapital effizient in die Sektoren und an jene Unternehmen verteilt wird, die den höchsten ökonomischen Nutzen versprechen, wurde am deutschen Markt für Aktien-Neuemissionen – und hier v. a. am Neuen Markt – nahezu komplett ausgeblendet, wie die enttäuschende fundamentale *Performance* der Börsenneulinge zeigte, die in Extremfällen sogar bis zur Insolvenz reichte. Vielmehr wurde einer erheblichen Anzahl an Unternehmen der Zugang zur Börse ermöglicht, welche die Kriterien der Börsenreife – ex post betrachtet – längst noch nicht erfüllten. Auch hinsichtlich seiner Informations- und Kontrollfunktion offenbarte der deutsche Markt für Aktien-Neuemissionen eklatante Schwächen. Insbesondere der Neue Markt verfügte hinsichtlich Transparenz- und Offenlegungspflichten zwar über eines der strengsten Regelwerke der internationalen Börsen, trotzdem haben die zahlreichen Fehlentwicklungen der vergangenen Jahre aber zumindest in Teilbereichen das komplette Versagen dieser Einrichtungen angedeutet. Da sich die Summe der Informationstransferleistungen letztlich im Emissionspreis bzw. den Sekundärmarktpreisen niederschlägt, können die extremen Ausschläge als Indizien für gravierende Schwachstellen bei der Produktion und der Verarbeitung von kursrelevanten Informationen interpretiert werden.

[5] Neuemissionen am Neuen Markt weisen im Durchschnitt ein außergewöhnlich hohes *Underpricing* auf.[258] Die größtenteils katastrophale Kursentwicklung am Sekundärmarkt liefert Hinweise auf eine signifikante *Underperformance*. Das Ausmaß dieser Phänomene deutet auf gravierende Preisfindungs- und Preisbildungsprobleme hin, die im Widerspruch zu den umfangreichen Informationspflichten stehen. Dieses Informationsparadoxon zeigt sich insbesondere in den markanten Mängeln der Bewertungs- und Preisfindungsfunktion des Neuen Marktes als Markt für Aktien-Neuemissionen.

Die mangelhafte Erfüllung der Informations- und Kontrollfunktion hatte auch direkten Einfluss auf die übrigen Teilfunktionen, insbesondere auf die Bewertungs- und Preisfindungsfunktion des deutschen Marktes für Aktien-Neuemissionen. Je effizienter ein Markt diese Funktionen erfüllt, desto geringer sind tendenziell die Abweichungen der ersten Sekundärmarktkurse vom Ausgabepreis einer Aktie, weil bereits sämtliche Informationen und Erwartungen der Marktteilnehmer im Ausgabekurs (korrekt) berücksichtigt worden sind: „If the market is immediately efficient in valuing new issues, as commonly assumed, then returns to investors purchasing the securities at the close on the first day of trading will approximate the returns to the market index."[259] Jedoch offenbarte die Realität v. a. am Neuen Markt im Durchschnitt ungewöhnlich hohe Diskrepanzen zwischen dem Ausgabekurs und der ersten Kursnotierung. Nicht nur Zweifel darüber, ob der Markt für Aktien-Neuemissionen eine möglichst marktgerechte Preisfindung ermöglicht und damit die Voraussetzung für die Erfüllung der Markt- und Finanzierungsfunktion, den anschließenden Handel am Aktienzirkulationsmarkt sowie der Allokationsfunktion schafft, erscheinen berechtigt. Auch die These, dass Informationsasymmetrien durch die Bereitstellung von mehr und qualitativ hochwertigeren Informationen reduziert werden können, scheint von den Erfahrungen am Neuen Markt widerlegt. Die Frage nach der Effizienz der

---

[258] Für den deutschen Aktienmarkt kommt z. B. auch **Hunger** (2001) bei der Untersuchung von 262 IPOs zwischen 1997 und 1999 zu dem Ergebnis: „Insofern kann aus der Analyse des Underpricing der letzten drei Jahre das empirisch manifestierte Ergebnis gezogen werden, dass es in Deutschland ein marktspezifisches Underpricing gibt, die durchschnittliche Höhe des Underpricing im Zeitablauf zugenommen hat, und das Underpricing im amtlichen Handel am niedrigsten ist, im geregelten Markt der Höhe nach zwischen dem Freiverkehr und dem amtlichen Handel liegt, und im Neuen Markt am höchsten ist." (**Hunger** (2001), IPO-Underpricing, S. 148).

[259] **Aggarwal/Rivoli** (1990), Fads, S. 49. Vgl. in diesem Sinne auch z. B. **Blättchen/ Gutschlag** (1999), Kritik, S. B7.

Bewertungs- und Preisfindungsfunktion des deutschen Marktes für Aktien-Neuemissionen ist aber von zentraler Bedeutung, da mehr denn je gilt: „Um einerseits das breite Anlegerpublikum für die Finanzierung dieser volkswirtschaftlich überaus wichtigen Unternehmen zu motivieren und andererseits die Bereitschaft junger Wachstumsunternehmen zum Börsengang zu erhöhen, ist es von entscheidender Bedeutung, Neuemissionen zu einem angemessenen Preis an die Börse zu bringen."[260]

„Die Entwicklung traf in Deutschland auf ein relativ unvorbereitetes Umfeld und kann äußerst negative Auswirkungen auf den Prozess der Equitisation haben."[261] Dies ist v. a. auch deshalb bedenklich, weil sich der deutsche Aktienmarkt noch immer in einer Verfassung präsentiert, die im Vergleich mit anderen führenden Wirtschaftsnationen Defizite aufweist. Die Sicherstellung eines leistungsfähigen Marktes für Aktien-Neuemissionen muss als eine elementare Voraussetzung für die Beseitigung dieses strategischen Nachteils betrachtet werden. Eine kritische Analyse der Informations(verarbeitungs)prozesse im Rahmen von Aktien-Neuemissionen und der Rolle der daran beteiligten Marktteilnehmer sollte hilfreiche Hinweise auf die Kernprobleme des deutschen *Going Public*-Dilemmas liefern. In den folgenden Kapiteln der vorliegenden Arbeit werden deshalb die Informationsprozesse im Rahmen der Preisfindung, Preisbildung und Preisentwicklung von Aktien-Neuemissionen thematisiert, um Anknüpfungspunkte zur Beurteilung der Besonderheiten des Neuen Marktes herzuleiten. Ausgangspunkt ist der beobachtete Widerspruch, dass Aktien-Neuemissionen am ehemaligen Neuen Markt trotz der Verpflichtungen und Bemühungen der am Börsengang beteiligten Parteien, den Investoren weitaus mehr relevante Informationen zur Verfügung zu stellen als in anderen Marktsegmenten oder Märkten, die weitaus größten informationsbedingten Mängel offenbarte.

---

260 **Serfling/Pape/Kressin** (1999), Emissionspreisfindung, S. 298.
261 **Deutsche Börse AG** (2001), Neuer-Markt-Report, S. 105.

3 Informationsprozesse und Aktienanalyse im Kontext effizienter Kapitalmärkte versus „realer" Kapitalmärkte

Die grundlegende Aufgabe von Kapitalmärkten wird ganz allgemein darin gesehen, einen effizienten Transfer zwischen jenen Marktteilnehmern, die Kapital verleihen wollen (Kapitalgeber) und jenen Marktteilnehmern, die Kapital aufnehmen wollen (Kapitalnehmer), sicherzustellen.[262] Ausgangspunkt der (neoklassischen) Kapitalmarkttheorie und ihrer normativen Ansätze zur Erklärung von Marktaktivitäten, von Preisen und Preisbildungsprozessen an organisierten Kapitalmärkten ist dabei regelmäßig die Modellwelt des „vollkommenen Kapitalmarktes" bzw. des „informationseffizienten Kapitalmarktes".[263]

3.1 Aktienanalyse im Kontext vollkommener und informationseffizienter Kapitalmärkte

Ein vollkommener Kapitalmarkt wird durch folgende Merkmale charakterisiert:[264]

- Es existieren keinerlei Friktionen wie z. B. Transaktionskosten, Steuern oder gesetzliche Beschränkungen.
- Es herrscht vollkommener Wettbewerb auf den Gütermärkten (d. h. alle Produzenten produzieren mit ihren minimalen Durchschnittskosten) und Wertpapiermärkten (d. h. alle Marktteilnehmer sind „Preisnehmer").
- Die Märkte sind informationseffizient; Informationen stehen kostenlos und simultan für sämtliche Marktteilnehmer zur Verfügung.
- Alle Marktteilnehmer sind rational handelnde Nutzenmaximierer.

Ein vollkommener Kapitalmarkt ist verteilungseffizient, d. h. er stellt eine Pareto-optimale Ressourcenallokation sicher.[265] Preise bilden sich unter

---

[262] Vgl. **Copeland/Weston** (1992), Financial Theory, S. 330.

[263] Vgl. **Perridon/Steiner** (2002), Finanzwirtschaft, S. 21.

[264] In Anlehnung an **Copeland/Weston** (1992), Financial Theory, S. 331.

[265] Der Begriff der „Pareto-Optimalität" entstammt der Wohlfahrtsökonomie. Grundgedanke ist, dass die Wohlfahrt einer Gesellschaft im weitesten Sinne vom Nutzenniveau aller ihrer Konsumenten abhängt. Das Bestreben der Wohlfahrtsökonomie ist, alternative Allokationen der Ressourcen unter gesamtwirtschaftlichen Gesichtspunkten zu bewerten. Pareto-Optimalität definiert, was eine ökonomisch effiziente Anordnung der Produktivkräfte ist. Eine Situation gilt als Pareto-optimal, wenn Produktion und Einkommensverteilung nicht geändert werden können, um den Nutzen einer oder mehrerer Individuen zu erhöhen, ohne den Nutzen anderer zu verringern. Vgl. hierzu ausführlich **Henderson/Quandt** (1983), Mikroökonomische Theorie, S. 299 ff.

diesen Bedingungen derart, dass die Grenzrenditen für Kapitalgeber und -nehmer identisch sind. Gleichzeitig erfüllt ein vollkommener Kapitalmarkt auch das Kriterium der operationalen Effizienz, da die Transaktionskosten gleich Null sind. Nach diesem wohlfahrtstheoretischen Effizienzkonzept haben Kapitalgeber und Kapitalnehmer auf einem vollkommenen Kapitalmarkt uneingeschränkten Zugang und schließen zu Gleichgewichtskonditionen bilaterale Finanzierungskontrakte. Die restriktiven Prämissen des vollkommenen Kapitalmarktes im Rahmen der neoklassischen Theoriebildung waren die Leitlinien bei der Entwicklung bedeutender Modelle und Konzepte, die noch heute zu den Kernbereichen der modernen Kapitalmarkttheorie gehören. Hierzu zählen u. a. das *„Portfolio-Selection-Model"* von Markowitz[266], das mittels der Größen „erwartete Rendite" und „Risiko" effiziente Anlageportfolios bestimmt, das *„Capital Asset Pricing Model"* (CAPM)[267], das die gleichgewichtige Rendite einer Aktie in Abhängigkeit des ihm als Bestandteil des Marktportfolios zukommenden Risikos – gemessen durch den ß-Faktor – berechnet, oder das *„Random Walk Model"*[268], wonach die Kursentwicklung einer Aktie einem Zufallspfad folgt.

Im Rahmen einer empirischen Untersuchung des US-amerikanischen Aktienmarktes führten Fama/Fisher/Jensen/Roll (1969) ein neues Konzept in die Effizienz-Debatte ein – das informationstheoretische Effizienzkonzept – das von Fama in den folgenden Jahren noch weiter konkretisiert und verfeinert wurde.[269] Danach ist ein effizienter Kapitalmarkt dadurch gekennzeichnet, dass die Marktpreise stets alle verfügbaren Informationen vollständig reflektieren: „An efficient capital market is a market that is efficient in processing information."[270] Das informationstheoretische Effizienzkonzept ist deutlich weniger restriktiv als das Effizienzkonzept eines vollkommenen Marktes.[271] Obwohl die effiziente Verarbeitung von Informationen eigentlich nur einen Aspekt der Funktionsfähigkeit von Kapitalmärkten erfasst, ist es in der wissenschaftlichen Diskussion dennoch „... üblich geworden, aus der Annahme der Informationseffizienz

---

266 Vgl. **Markowitz** (1952), Portfolio Selection.

267 Vgl. Fn. 242.

268 Vgl. **Copeland/Weston** (1992), Financial Theory, S. 346 ff.

269 Vgl. **Fama/Fisher/Jensen/Roll** (1969), Adjustment. Für eine Übersicht über weitere Effizienzkonzepte mit Quellenangaben vgl. **Rapp** (1996), Markt, S. 19.

270 **Fama** (1976), Foundations, S. 133.

271 Ein Kapitalmarkt kann z. B. informationseffizient sein, obwohl Friktionen in Form von *Brokerage*-Gebühren (Transaktionskosten) existieren oder Informationen nicht allen Marktteilnehmern kostenlos zur Verfügung stehen. Solange alle verfügbaren Informationen zu jeder Zeit und vollständig in den Preisen reflektiert werden, ist der Markt informationseffizient, obwohl er nicht mehr vollkommen ist.

wesentlich weitgehendere Folgerungen, wie etwa eine Pareto-optimale Ressourcenallokation, und damit die These einer generellen Markteffizienz abzuleiten."[272] Diese Generalisierung ist zwar nicht unumstritten, dennoch hat sich das Konzept der Informationseffizienz in der wissenschaftlichen Diskussion zur modernen Kapitalmarkttheorie aber weitgehend durchgesetzt.[273]

Fama (1970) unterscheidet drei Abstufungen hinsichtlich des Grades der Informationseffizienz:[274]

- „*Weak-form efficiency*": Alle Informationen über vergangene Kursentwicklungen sind vollständig in den aktuellen Wertpapierkursen berücksichtigt.
- „*Semistrong-form efficiency*": Alle öffentlich verfügbaren Informationen sind ohne Informationsverlust in den aktuellen Kursen enthalten.
- „*Strong-form efficiency*": Sämtliche Informationen, also auch nicht-öffentliche (Insiderwissen), haben sich in den Marktpreisen bereits vollständig niedergeschlagen.

Diese Dreiteilung stellt in der empirischen Kapitalmarktforschung regelmäßig die Grundlage für die Operationalisierung und Überprüfung der Effizienz von Kapitalmärkten dar. Aus den unterschiedlichen Abstufungen der Informationseffizienz ergeben sich unterschiedliche Konsequenzen. Sind Kapitalmärkte schwach (informations-) effizient, dann lassen sich mit Hilfe von Informationen aus der Vergangenheit keine Überrenditen[275] erzielen. Der Einsatz von entsprechenden Analysemethoden, wie z. B. der Technischen Analyse[276], wäre in diesem Fall nicht mehr erfolgver-

---

272 Vgl. m. w. N. **Rapp** (1996), Markt, S. 20.
273 Vgl. ebenda, S. 20 f.
274 Vgl. hierzu die Ausführungen bei **Fama** (1970), Efficient, S. 388 ff.
275 Zum Begriff der „Überrendite" vgl. auch Fn. 235.
276 Die Technische Analyse geht insbesondere von folgenden Annahmen aus: (1) Preise werden ausschließlich durch das Zusammenspiel von Angebot und Nachfrage determiniert, (2) Angebot und Nachfrage werden von verschiedensten, rationalen und irrationalen Faktoren beeinflusst, (3) Wertpapierkurse entwickeln sich in Trends, die über einen gewissen Zeitraum anhalten und (4) Trendwechsel werden durch Veränderungen der Angebots- und Nachfragesituation ausgelöst. Ziel der Technischen Analyse ist es, mit Hilfe der Chartanalyse diese Wertpapierkursverlaufsmuster rechtzeitig zu erkennen und in profitable Anlagestrategien umzusetzen. Für eine ausführliche Darstellung der Technischen Analyse vgl. **Welcker** (1991), Technische Aktienanalyse, oder **Pring** (1985), Technical Analysis. In der Wissenschaft ist die Technische Analyse erheblicher Kritik ausgesetzt. Kritisiert wird v. a. die angebliche Willkür der angewendeten Chartregeln. (Vgl. **Stöttner** (1989), Finanzanalyse, S. 13). **Ross/Westerfield/Jaffe** (1990) sprechen

sprechend und würde keinen gewinnbringenden Nutzen stiften. Wertpapierkurse folgten dann vielmehr einem *Random Walk*, d. h. es bestünde keine serielle Korrelation zwischen den Kursen.[277]

Die größte Bedeutung für die weitere Entwicklung der Kapitalmarkttheorie hatte bislang die zweite Stufe der halb-strengen Informationseffizienz.[278] Die *semistrong-form efficiency*, welche die *weak-form efficiency* mit einschließt, geht von der unverzüglichen Berücksichtigung sämtlicher öffentlich verfügbaren Informationen in den Wertpapierkursen aus. Eine fundamentale Auswertung von Informationen[279], wie z. B. Jahresabschlüssen oder Verkaufsprospekten von Unternehmen, wäre in diesem Fall nutzlos, da diese öffentlichen Informationen längst in den Preisen bzw. Kursen berücksichtigt wären. Lediglich die Kenntnis von nicht-öffentlichen Insiderinformationen könnte auf einem *semistrong-efficient* Markt zu einer oberhalb der risikoadäquaten Gleichgewichtsrendite liegenden Verzinsung führen. Ist ein Markt *strong-efficient* können schließlich selbst geheime Insiderinformationen nicht mehr gewinnbringend genutzt werden. Die Preise für Wertpapiere reflektieren zu jeder Zeit sämtliche öffentlichen und nicht-öffentlichen Informationen. In diesem Fall wird eine Investition exakt die risikoadäquate Gleichgewichtsrendite erbringen.

---

gar von „optischen Illusionen". (Vgl. **Ross/Westerfield/Jaffe** (1990), Corporate Finance, S. 348).

277 Daraus darf aber nicht auf eine Identität zwischen *Random Walk* und *weak-form efficiency* geschlossen werden. Vgl. hierzu **Fama** (1970), Efficient, S. 395.

278 Dies lässt sich nach **Steiner/Bruns** (2002) u. a. damit begründen, dass die *semistrong-form efficiency* zur Bildung homogener Erwartungen bei Anlegern beiträgt. Homogene Erwartungen wiederum gehören zu den Basisprämissen der zentralen Modelle der Kapitalmarkttheorie. (Vgl. **Steiner/Bruns** (2002), Wertpapiermanagement, S. 43).

279 Die Fundamentalanalyse ist das am weitesten verbreitete Konzept der Wertpapieranalyse. Sie geht davon aus, dass der Wert eines Wertpapiers um seinen „inneren Wert" schwankt. Zur Ermittlung dieses Wertes greift die Fundamentalanalyse auf das aus der Investitions- und Finanzierungstheorie bekannte Barwertkonzept zurück. Der Barwert stellt die Summe aller auf den Betrachtungszeitpunkt abgezinsten zukünftigen Zahlungen dar, die mit einer Wertpapieranlage verbunden sind. Zur Errechnung des inneren Wertes bedarf es folglich der Kenntnis der zukünftigen Zahlungen (Gewinne, Dividenden, etc.). Fundamentalanalysten versuchen diese zu prognostizieren, indem sie sämtliche als relevant angesehenen fundamentalen Daten auswerten. Auf Basis dieser Prognosen wird anschließend der als fair erachtete, innere Wert eines Wertpapiers (*fair value*) hergeleitet und mit dem aktuellen Kurs verglichen, um daraus Handlungsempfehlungen abzuleiten. Für eine Einführung in die Fundamentalanalyse vgl. **Reilly/Brown** (1997), Investment Analysis. Zur Problematik des *fair value* vgl. auch Fn. 227 sowie die Ausführungen im Abschnitt 4.2.3.2.2 der vorliegenden Arbeit.

Ist ein Kapitalmarkt in Fama's Sinne (informations-) effizient, „... then no one can earn abnormal returns, but without abnormal returns there is no strong incentive to acquire information. Random selection of securities is just as effective. How, then, can prices reflect information if there is no incentive to search it out and use it for arbitrage?"[280] Wenn niemand eine fundamentale Informationsauswertung betreibt, so können die Informationen m. a. W. auch nicht in den Wertpapierkursen berücksichtigt sein.[281] Vor diesem Hintergrund stellen Copeland/Weston (1992) die provokante Frage: „How can a securities analysis industry exist?"[282] Die Autoren lenken aber gleich wieder ein: „However, it is probably premature to predict the demise of the security analysis industry or to argue that prices are uninformative."[283] Denn u. a. Cornell/Roll (1981) haben gezeigt, dass die Finanzanalyse und andere Informationsgewinnungsaktivitäten durchaus in das gleichgewichtige Modell effizienter Märkte integriert werden können, wenn die unrealistische Annahme kostenloser Informationsgewinnung aufgegeben wird.[284] Dies veranschaulichen die Autoren an einem einfachen Beispiel eines Kapitalmarktes mit zwei Anlegergruppen:[285] (1) „Naive Anleger" treffen ihre Anlageentscheidungen uninformiert, z. B. per Zufallsprinzip; sie vermeiden Informationskosten und bezahlen lediglich eine minimale Transaktionsgebühr. (2) „Informierte Anleger" erwerben oder produzieren Informationen, um Entscheidungen auf einer analytischen Basis treffen zu können; hierfür fallen jedoch zusätzliche Kosten an, so dass sich die Transaktionskosten insgesamt erhöhen.

Wenn ein informierter Anleger einen Handel mit einem naiven, uninformierten Anleger abschließt, so besitzt dieser aufgrund seiner besseren Informationsbasis einen Wettbewerbsvorteil. Es lässt sich analytisch eine Marginalbedingung herleiten, nach der im Gleichgewicht die Grenzkosten der Produktion bzw. des Erwerbs von Informationen gleich dem daraus zu erwartenden Grenznutzen sein müssen. In dieser Gleichgewichtssituation wird kein Marktteilnehmer etwas an seiner Strategie ändern:

---

[280] **Copeland/Weston** (1992), Financial Theory, S. 343 f.

[281] Vgl. hierzu auch **Cornell/Roll** (1981), Strategies, S. 209: „... if *every* investor abandoned any attempt to forecast future events and instead relied entirely on the current market price to contain all relevant information, then the price would cease to contain *any* information. It could not be a reliable measure of the present worth of the asset." Dieser Zusammenhang wird auch als „Informationsparadoxon" bezeichnet. (Vgl. **Möller** (1985), Informationseffizienz, S. 500).

[282] **Copeland/Weston** (1992), Financial Theory, S. 344.

[283] Ebenda, S. 344.

[284] Vgl. **Cornell/Roll** (1981), Strategies.

[285] Vgl. hierzu die Ausführungen bei **Copeland/Weston** (1992), Financial Theory, S. 344 ff., und **Cornell/Roll** (1981), Strategies.

„... no individual has an incentive to alter his current behavior, be it trade or not trade, and be it do security analysis or not, if he is trading."[286] Die Bruttorendite des informierten Anlegers wird zwar höher sein als die des naiven Anlegers. Nach Abzug der (höheren) Transaktionskosten ist die Nettorendite aber in beiden Fällen gleich. Das Beispiel von Cornell/Roll (1981) veranschaulicht, „... that there is nothing inconsistent about having efficient markets and security analysis at the same time."[287] Anleger, die sich teure Informationen für ihre Anlageentscheidungen zunutze machen, werden im Durchschnitt höhere (Brutto-) Renditen erzielen als naive, uninformierte Anleger. Auf Nettobasis führen beide Strategien jedoch zum selben Ergebnis. Trotz der Simplifizierungen erscheint das beschriebene Beispiel zunächst geeignet, Anhaltspunkte für die Informationsprozesse an realen Kapitalmärkten zu liefern, und so schlussfolgern die Autoren: „In principle, if multilevel securities analysis were permitted, instead of just two levels used in the illustration here, a fairly realistic depiction of actual asset market operations should be obtained ..."[288] Wenn die Existenz der Aktienanalyse und anderer Informationsgewinnungsaktivitäten mit dem Modell effizienter Kapitalmärkte also vereinbar ist, bleibt die sich anschließende Frage zu klären, ob die Annahme effizienter Kapitalmärkte einem Realitätstest standhält.

Die These der Kapitalmarkteffizienz ist aufgrund ihrer hohen Bedeutung für Wissenschaft und Praxis einer Vielzahl empirischer Tests mit äußerst unterschiedlichen Ergebnissen unterzogen worden. Während die frühen empirischen Untersuchungen der sechziger Jahre, die sich praktisch ausnahmslos mit dem amerikanischen Kapitalmarkt auseinander setzten, dem US-Markt Effizienz bescheinigten[289], kamen in den Folgejahren erhebliche Zweifel an der Gültigkeit der Markteffizienz-Hypothese auf.[290] Trotz der hohen Bedeutung, die Fama's informationstheoretischem Effizienzkonzept im Bereich der modernen Kapitalmarkttheorie beigemessen wird, bleibt zudem ein zentraler Kritikpunkt anzumerken. Die Frage,

---

286 **Cornell/Roll** (1981), Strategies, S. 212.

287 **Copeland/Weston** (1992), Financial Theory, S. 346.

288 **Cornell/Roll** (1981), Strategies, S. 212.

289 So stellt **Jensen** (1978) fest: „I believe there is no other proposition in economics which has more solid empirical evidence supporting it than the Efficient Market Hypothesis". (**Jensen** (1978), Anomalous, S. 95).

290 **Merton** (1987) spricht von einer „... substantial accumulation of empirical anomalies, discoveries of theoretical inconsistencies, and a well-founded concern about the statistical power of many of the test methodologies." (**Merton** (1987), Simple, S. 483). Übersichtsartige Zusammenfassungen der Tests zur Kapitalmarkteffizienz finden sich z. B. bei **Elton/Gruber** (1995), Portfolio Theory, S. 410 ff., oder **Reilly/Brown** (1997), Investment Analysis, S. 212 ff.

ob Preisreaktionen z. B. an Aktienmärkten als Reaktion auf neue Informationen „... stets auch ‚effizient' (im Sinne ökonomischer Korrektheit) und Aktien demnach immer ‚effizient' (im Sinne ‚fairer' Preise) bewertet sind, [kann] auf Grundlage der vorherrschenden Testmethoden nicht hinreichend beantwortet werden."[291] Die Ursache dieses Problems ist darin zu sehen, dass in diesem Konzept nicht nur „Informationseffizienz" mit genereller „Markteffizienz" gleichgesetzt, sondern dem auch noch die „Bewertungseffizienz" hinzugefügt wird. „So geht Fama (1976) implizit davon aus, daß schnelle und ‚vollständige' Informationsverarbeitung stets auch ökonomisch ‚richtige' Informationsinterpretation sowie unmittelbare Umsetzung dieser Informationen in ‚korrekte', (‚faire') Marktpreise impliziert."[292] Es wäre durchaus denkbar, dass Märkte zwar auf neue Informationen ohne Zeitverzögerung reagieren aber trotzdem nicht effizient sind, weil sich diese Informationen nicht korrekt in den Preisen niederschlagen. Zur empirischen Überprüfung des Konzepts informationstheoretischer Effizienz müsste demnach zusätzlich das Kriterium der Bewertungseffizienz Berücksichtigung finden.

Insgesamt kann somit festgehalten werden, dass die Annahme informationseffizienter Kapitalmärkte heftig umstritten ist und angesichts zahlreicher empirischer Belege fragwürdig erscheint. Märkte sind in der Realität von zahlreichen Unvollkommenheiten, Friktionen und v. a. auch von unvollständigen und ungleich verteilten Informationen geprägt, die im Konzept informationseffizienter Kapitalmärkte keine Existenzberechtigung haben. Diese mangelhafte Realitätsnähe veranlasst z. B. Neumann/Klein (1982) zu der Feststellung, dass „... Famas Konzept keine direkte empirische Relevanz [hat]."[293]

3.2 Eingeschränkt effiziente Kapitalmärkte und Informationsökonomie

Angesichts der erheblichen Diskrepanzen zwischen dem idealistischen Paradigma informationseffizienter Kapitalmärkte einerseits und den Unvollkommenheiten realer Kapitalmärkte andererseits, erscheint eine pragmatischere Sicht der Marktmechanismen auf der Grundlage nur eingeschränkt effizienter Kapitalmärkte sinnvoll. Auf Basis der Beobachtungen an realen Kapitalmärkten können Preise bzw. Kurse von Wertpapieren interpretiert werden als „... to be equal to a consensus opinion of inves-

---

291 **Rapp** (1996), Markt, S. 21.
292 Ebenda, S. 24. Vgl. auch **Fama** (1976), Reply, S. 144.
293 **Neumann/Klein** (1982), Theorie, S. 169.

tors concerning marginal value. For it to be seriously in error as an estimate of that value, many investors must be poorly informed or poor analysts. Moreover, there must be either (1) a preponderance of such investors with overly optimistic forecasts or (2) a preponderance of such investors with overly pessimistic forecasts. Otherwise, the actions of such investors will offset each other, making price a good estimate of the present value of security's future prospects."[294]

3.2.1 Information und Informationsnutzen

In Anlehnung an Hirshleifer (1973) verbindet Rapp (1996) mit dem Begriff „Information" alle Nachrichten, Daten und Ereignisse, die aus Sicht eines Entscheidungssubjekts eine Revision der Eintrittswahrscheinlichkeiten entscheidungsrelevanter Umweltzustände erlauben.[295] Informationen sind nach diesem Verständnis von zentraler Bedeutung für die Erwartungsbildung der Marktteilnehmer, und damit letztlich für sämtliche (Preis-) Mechanismen und Prozesse an Kapitalmärkten. Rapp (1996) definiert einen eigenständigen Markt für Informationen als einen „... Aktionsraum für alle Prozesse der Beschaffung, Verarbeitung, Interpretation und Verbreitung von Informationssignalen, als deren Ergebnis Informationen in ein System von Marktpreisen einfließen."[296] Teilnehmer sind nach diesem Verständnis alle Anbieter und Nachfrager von bewertungsrelevanten Informationen. Die Informationsstruktur eines Marktes kann entsprechend als „... das Aggregat aller marktrelevanten Informationssignale und -anreize ... [definiert werden], einschließlich deren Perzeption, Reflexion und Interpretation durch die Marktteilnehmer."[297] Aus diesen Begrifflichkeiten lässt sich intuitiv ablesen, dass „... Funktionsstörungen am Markt für Informationen zwangsläufig auch zu fehlerhaften Preissignalen [und] somit zu **Effizienzverlusten** am Kapitalmarkt führen."[298]

Aus Anlegersicht bemisst sich der Wert einer Information ganz allgemein an dessen Eigenschaft, Entscheidungen zu verbessern: „An information

---

294 **Sharpe/Alexander** (1990), Investments, S. 77.

295 **Rapp** (1996), Markt, S. 25, unter Anlehnung an **Hirshleifer** (1973), Information, S. 31. Zur Rolle von Informationen im Grundmodell der Entscheidungstheorie vgl. z. B. **Wagenhofer/Ewert** (2003), Unternehmensrechnung, S. 56 ff., oder **Bamberg/Coenenberg** (2002), Entscheidungslehre, S. 14 ff.

296 **Rapp** (1996), Markt, S. 25. Vgl. in diesem Sinne auch **Hax** (1998), Informationsintermediation, S. 30 ff., und **Stubenrath** (2001), Kommunikation, S. 15.

297 **Rapp** (1996), Markt, S. 97.

298 Ebenda, S. 25. Daneben existieren an realen Kapitalmärkten weitere Marktunvollkommenheiten, deren Berücksichtigung jedoch den Rahmen dieser Arbeit sprengen würde.

has value for a shareholder if it improves the result of his decision to buy or sell shares."[299] Die Entscheidungsnützlichkeit von Informationen im Kapitalmarktkontext hängt somit v. a. von folgenden Merkmalen ab:[300]

- Die Information muss relevant sein: Das Relevanz-Kriterium („*relevance*") bezieht sich auf das Potenzial einer Information, Erwartungsänderungen bei den Nutzern zu bewirken. Hierfür muss die Information zum einen rechtzeitig vorliegen (zeitlicher Aspekt) und zum anderen dazu geeignet sein, Rückschlüsse auf künftige Entwicklungen zuzulassen, d. h. prognosetauglich sein (inhaltlicher Aspekt).

- Die Information muss zuverlässig sein: Nur wenn Informationen über ein hinreichendes Maß an Präzision verfügen („*reliability*"), werden die Nutzer das notwendige Vertrauen aufbringen, um diese im Prozess ihrer Erwartungsbildung zu berücksichtigen.

Informationen determinieren die Erwartungen der Marktteilnehmer, und diese Erwartungen schlagen sich letztlich in Marktpreisen nieder. Nach Ansicht von Wagenhofer/Ewert (2003) ist im Anschluss an die Arbeit von Lev (1989) die Höhe der Korrelation zwischen aus Marktpreisen abzuleitenden Kapitalmarktrenditen und Unternehmensgewinnen als maßgebliches Beurteilungskriterium für die Güte der Rechnungslegung propagiert worden.[301] Die wissenschaftliche Literatur zur später entstandenen sog. „*value relevance*"-Richtung versucht im Rahmen empirischer Analysen die Aspekte *relevance* und *reliability* durch die Untersuchung der Assoziation zwischen weiteren ausgewählten Rechnungslegungsgrößen und Marktpreisen zu operationalisieren:[302] „They infer the value relevance of accounting variables from measures of the linear association between stock prices or stock returns and accounting numbers."[303] Grundidee dieses Ansatzes ist, aus dem Zusammenhang zwischen Preisentwicklung

---

[299] **Hüfner/Möller** (2002), Superiority, S. 142.

[300] Vgl. **Wagenhofer/Ewert** (2003), Unternehmensrechnung, S. 120 ff.

[301] Vgl. ebenda, S. 121, und **Lev** (1989), Earnings.

[302] Beispielhaft sei hier die Studie von **Harris/Lang/Möller** (1995) angeführt, in der für vergleichbare deutsche und US-amerikanische Unternehmen der statistische Zusammenhang zwischen ein- und mehrjährigen Aktienrenditen, dem ausgewiesenen Unternehmenserfolg sowie den Buchwerten des Eigenkapitals mittels einfachen und multiplen linearen Regressionsanalysen untersucht wird. Die Autoren kommen dabei zu dem Ergebnis, dass ein signifikanter Zusammenhang zwischen den betrachteten Variablen und den Aktienkursen besteht und dass deutsche Jahresabschlüsse nicht notwendigerweise weniger informativ sind als amerikanische. (Vgl. **Harris/Lang/Möller** (1995), Relevanz).

[303] **Hüfner/Möller** (2002), Superiority, S. 143.

und Informationssignal den Nutzen dieser Information abzuleiten und zu beurteilen. „Evaluating the relevance of accounting data for valuation by using this value relevance approach builds on the condition that stock prices reflect value."[304]

3.2.2 Informationsprozesse und -strukturen an „realen" Kapitalmärkten

Quantität aber auch Qualität von Informationen sind sowohl für die individuelle Entscheidungssituation der Marktteilnehmer als auch für die Effizienz des Gesamtmarktes von großer Relevanz, stehen auf realen Märkten aber nicht kostenlos zur Verfügung. Situationen mit unvollständiger Information, die durch die Aufwendung von Informationskosten verbessert werden können, wurden erstmals durch Stigler (1961) in die mikroökonomische Markttheorie eingeführt.[305] Ausgangspunkt dieser neuen Denkrichtung war die Überlegung, „... daß in der realen Welt die Nichtübereinstimmung von Angebots- und Nachfragemenge zu einem herrschenden Preis eine normale Erscheinung ist ... Die *Neue Mikroökonomik* erklärt den Fortbestand solcher *nicht-markträumenden Preise*, indem sie, anstelle des in der traditionellen Theorie unterstellten hohen Informationsstandes, von unvollständigen Informationen ausgeht, die es sich durch Aufwendung von Informationskosten nur zu reduzieren, aber nicht zu beseitigen lohnt."[306] Die Grundüberlegungen des neuen Ansatzes einer Informationsökonomie orientieren sich stark an den Informationsstrukturen und -prozessen realer Kapitalmärkte.[307] Vor diesem Hintergrund lassen sich reale Rahmenbedingungen durch folgende drei Merkmale beschreiben:

(1) Die Beschaffung und Verarbeitung von Informationen verursacht Kosten:

"Information that will help us make better choices is valuable. Like other resources, however, it is also scarce and therefore costly to acquire. As a result, individuals will economize on their search for information just as they economize on the use of other scarce re-

---

304 Ebenda, S. 144.
305 Vgl. **Stigler** (1961), Economics.
306 **Schumann** (1987), Grundzüge, S. 378.
307 Vgl. hierzu auch **Rapp** (1996), Markt, S. 26: „Diese Annahmen zeichnen ein realistischeres Bild des Marktes für Informationen. Sie erscheinen deshalb als Ausgangshypothesen für eine eingehendere Untersuchung von Informationsstrukturen und -prozessen an realen Kapitalmärkten geeignet."

sources."[308] Die Entscheidung, knappe Ressourcen in die Informationsproduktion zu investieren, erfolgt unter erheblicher Unsicherheit. Informationsproduktion durch Informationsagenten wird nur stattfinden, wenn den Kosten entsprechend hohe erwartete Erlöse gegenüberstehen. Individuelle Marktteilnehmer werden Informationen deshalb nur solange produzieren wie „... der Grenzerlös zusätzlicher Information deren Grenzkosten übersteigt."[309] Eine Folge hiervon ist regelmäßig die Entstehung von spezialisierten Informationsproduzenten, die positive Skaleneffekte realisieren können. Die erzielten Informationsvorteile können entweder durch Verkauf der Informationen und/oder durch Transaktionen am Kapitalmarkt gewinnbringend umgesetzt werden. Diese Gewinnaussicht ist letztlich Anreiz zur Informationsproduktion. Selbst erhebliche Kosten der Informationsproduktion können durch entsprechende Gewinnpotenziale mehr als kompensiert werden. Dies wird in attraktiven Teilbereichen dazu führen, dass viele Informationsagenten Informationen produzieren und diese Marktsegmente erwartungsgemäß entsprechend effizient sein werden.[310] Im Grenzfall können aber auch Anreize für eine Monopolisierung und Eigenverwertung produzierter Informationen existieren. In diesem Fall würde eine erhebliche Einschränkung der Informationseffizienz resultieren, denn es wäre bestenfalls mit einem Prozess gradueller Informationsdiffusion, d. h. mit einer zeitverzögerten Ausbreitung bewertungsrelevanter Informationen zu rechnen.[311] In anderen Teilbereichen mit geringen Gewinnerwartungen besteht schließlich die Gefahr, dass Informationen systematisch nicht produziert werden. Die Konsequenz würde zwangsläufig in erheblichen Effizienzverlusten bestehen.

(2) Die Marktteilnehmer verfügen nicht alle über gleichzeitigen, homogenen Zugang zu bewertungsrelevanten Informationen:

Diese sind vielmehr asymmetrisch verteilt, die Grundannahme lautet: „... seller of the good know more about its quality than do buyers."[312]

---

308 **Gwartney/Stroup** (1997), Economics, S. 14.

309 **Schumann** (1987), Grundzüge, S. 379.

310 Dabei ist jedoch folgender Zusammenhang zu berücksichtigen: Je mehr Informationen produziert werden, desto besser sind die einzelnen Marktteilnehmer informiert und desto informativer sind die Marktpreise. Der Zusatznutzen aus der Informationsproduktion nimmt in der Folge deshalb tendenziell ab.

311 Vgl. hierzu auch **Holden/Subrahmanyam** (1992), Private Information, und **Kyle** (1985), Continuous.

312 **Browning/Browning** (1992), Microeconomic Theory, S. 446. Als Musterfall für einen Markt mit asymmetrischer Informationsverteilung bezieht sich **Akerlof** (1970) auf den Markt für gebrauchte Kraftfahrzeuge. Auf diesem gibt es nur zwei Katego-

Auf den Aktienmarkt übertragen bedeutet dies z. B., dass Unternehmensinsider regelmäßig über einen besseren Informationsstand zur Bewertung ihres Unternehmens bzw. ihrer Aktien verfügen als die übrigen Marktteilnehmer. Auch spezialisierte Informationsagenten (z. B. Kreditbanken, Broker, *Rating*-Agenturen, Investmentgesellschaften, etc.) verfügen im Vergleich zum „normalen" Anleger regelmäßig über eine superiore Informationsausstattung. Zusätzlich treten Informa-

---

rien – gute Wagen und schlechte Wagen (die sog. „*lemons*" oder „Zitronen"). Die Anbieter von schlechten Wagen haben kein Interesse, dieses Qualitätsmerkmal erkennbar zu machen. Die Nachfrager wiederum haben keine Möglichkeit, den Qualitätsunterschied zu erkennen. Somit bildet sich auf dem Gebrauchtwagenmarkt ein einheitlicher Preis für gute und schlechte Wagen. Da die Nachfrager zwar nicht über die Qualität eines einzelnen Wagens informiert sind, aber einen hohen Anteil an Zitronen vermuten können, ist ihre Zahlungsbereitschaft für Gebrauchtwagen eher gering. Der sich daraus ergebende relativ geringe Preis wiederum hält die Eigentümer guter Gebrauchtwagen davon ab, ihre Fahrzeuge zu verkaufen. Im Ergebnis wird der Anteil verkaufter guter Wagen niedriger sein als er es auf einem informationseffizienten Markt wäre, auf dem auch die Käufer über die Qualität vollständig informiert sind. (Vgl. **Akerlof** (1970), Lemons). **Spremann** (1990) definiert neben der Qualitätsunsicherheit zwei weitere Grundtypen asymmetrischer Information: „*holdup*" bezeichnet ganz allgemein die Möglichkeit eines Vertragspartners, (juristische) Freiräume für die tatsächliche Ausgestaltung seiner im Rahmen der Vereinbarung zu erbringenden Leistung, nach eigenem Ermessen auszunutzen. Eine derartige Situation entsteht regelmäßig aus dem Umstand, dass es unmöglich ist, alle denkbaren Entwicklungen im Rahmen eines Vertrages vorweg präzise zu regeln. Das „*moral hazard*"-Phänomen wurde ursprünglich am Beispiel von Versicherungsmärkten problematisiert. Es bezeichnet die Gefahr, dass einige Versicherungsnehmer nach Abschluss einer Versicherungspolice dazu neigen könnten, den Versicherungsfall vorsätzlich herbeizuführen oder zumindest eine geringere Sorgfalt bei der Vermeidung des Versicherungsrisikos walten lassen. Da die Versicherer nicht über die nötigen Informationen verfügen, um zwischen den verschiedenen Versicherungsnehmern zu differenzieren, muss die Versicherungsprämie relativ hoch angesetzt werden, um diese Gefahr zu kompensieren. Dies wiederum wird aber gerade diejenigen Versicherungsnehmer davon abhalten eine Police abzuschließen, die ein unverändert geringes Risikoprofil haben. Die Versicherungsunternehmen sehen sich im Ergebnis mit dem Problem einer „negativen Auslese" („*adverse selection*") konfrontiert, denn ein großer Teil ihrer Kunden wird aus der Gruppe mit hohem Risiko stammen. (Vgl. **Spremann** (1990), Asymmetrische Information). Für eine überblickartige Darstellung vgl. hierzu auch **Browning/Browning** (1992), Microeconomic Theory, S. 450 ff. Als zweite Variante des *moral hazard*-Problems führt **Spremann** (1990) die *Agency Theory* an. Danach delegiert der sog. Prinzipal eine Aufgabe an seinen Agenten, den er für seine Arbeit und seinen Einsatz entlohnt. Das *moral hazard*-Problem resultiert nun aus der Tatsache, dass der Prinzipal zwar das Gesamtergebnis ex post genau kennt, dass er davon aber nicht auf die tatsächliche Anstrengung und Sorgfalt seines Agenten schließen kann. Aus diesem mangelhaften Einblick des Prinzipals kann dem Agenten ein erheblicher diskretionärer Spielraum erwachsen. Für eine Einführung in die *Agency Theory* vgl. z. B. **Perridon/Steiner** (2002), Finanzwirtschaft, S. 527 ff., oder **Arrow** (1985), Agency.

tionsasymmetrien meist nicht nur zwischen verschiedenen Gruppen von Marktteilnehmern, sondern auch auf mehreren Transaktionsebenen auf. Hier ist insbesondere zwischen der Stufe der originären Informationsentstehung (Zugang zu neuen, bewertungsrelevanten Informationen) sowie der nachgelagerten Informationsproduktion und -kommunikation (Aufbereitung und Auswertung der Primärinformation) zu unterscheiden. Je teurer und bedeutender eine Transaktion, desto wichtiger wird es für einen Marktteilnehmer, nicht auf eine *lemon* hereinzufallen. Schlecht informierte Marktteilnehmer, die kaum Zugang zu den relevanten Informationen haben, werden deshalb nach dem Motto „... opinions of people you know and trust can ... provide useful information ...“[313] verstärkt auf die Meinung von Spezialisten und anderen Personen ihres Vertrauens zurückgreifen. Gleichzeitig werden die besser informierten Verkäufer regelmäßig aktiv nach Möglichkeiten suchen, um die „wahre“ Qualität ihres Produktes zu kommunizieren bzw. zu signalisieren. Die Kernfrage hierbei ist allerdings die der Glaubwürdigkeit derartiger Qualitätssignale. Denn Beispielen von Märkten mit asymmetrischer Informationsverteilung ist auch das grundsätzliche Risiko opportunistischen Verhaltens der besser informierten Vertragspartei (*moral hazard)* gemeinsam.

(3) Die Marktteilnehmer verfügen über heterogene Fähigkeiten zur Beschaffung und Verarbeitung von Informationen und unterliegen insbesondere bei der Verarbeitung komplexer Informationen mentalen Beschränkungen („*bounded rationality*“):

In Abhängigkeit vom individuellen Grad der antizipativen Fähigkeiten wird eine Information für den einen Anleger „neu“ sein und für einen anderen nicht. Die Informationsausstattungen von Agenten an beschränkt effizienten Kapitalmärkten werden demnach divergieren.[314] Zudem ist davon auszugehen, dass Anleger dazu tendieren, gleiche Fakten unterschiedlich zu interpretieren (Ambiguitätsproblem), so dass bewertungsrelevante Informationen in divergierende Erwartungen und daran anknüpfende Entscheidungen transformiert werden.[315] Die beste Ausgangsposition werden erneut jene spezialisierten Informationsagenten haben, die bereit sind, ein hohes Maß an Ressourcen einzusetzen sowie entsprechende Erfahrungen und analytisches Know-how aufzubauen. Dies erhöht die Fähigkeit zur Erstellung quali-

---

[313] **Browning/Browning** (1992), Microeconomic Theory, S. 448.
[314] Vgl. hierzu auch **Rapp** (1996), Markt, S. 322 ff., oder **Grossman** (1976), Efficiency.
[315] Vgl. hierzu auch **Rapp** (1996), Markt, S. 322 ff., oder **Miller** (1977), Risk.

fizierter Prognosen. Schließlich muss die Existenz von nur begrenzt rationalen Marktteilnehmern angesichts zahlreicher Untersuchungen zum Entscheidungsverhalten von Individuen als zunehmend gesichert angesehen werden.[316] Eine effiziente Informationsverarbeitung und vollständig rationale Entscheidungsprozesse sind danach nicht realistisch. Kognitive Unzulänglichkeiten können sowohl zu einer Überreaktion als auch zu einer Unterreaktion auf neue Informationen führen.[317] Der Einfluss verschiedener psychodynamischer und behavioristischer Faktoren lässt somit verzerrte sowie auf unscharfen und unvollständigen Informationen beruhende Marktpreise erwarten: „Aufgrund der hohen Informationsdichte und des hohen Zeitdrucks findet eine sehr selektive Informationsaufnahme und -verarbeitung statt, Urteilsheuristiken kommen zur Anwendung, und besonders auffällige Informationen werden selektiert, die für eine mittelfristige Entwicklung eher unbedeutend sein können."[318]

Wie in Abbildung 3.1 dargestellt, lässt sich zusammenfassend festhalten, dass die Informationsausstattung, die Informationsstruktur und die Infor-

Abb. 3.1: Markt für Informationen an eingeschränkt effizienten Kapitalmärkten

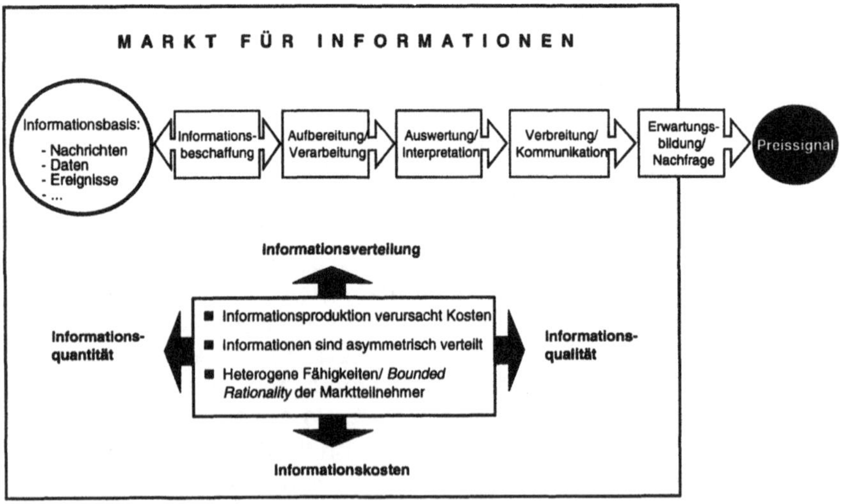

[316] Für einen Überblick vgl. **Oehler** (1991), Anomalien.
[317] Vgl. hierzu z. B. **Schiereck/Weber** (1995), Handelsstrategien.
[318] **Oehler** (1991), Anomalien, S. 607.

mationseffizienz eines Marktes von vier Variablen determiniert werden:[319] (1) der Informationsverteilung, (2) der Informationsqualität, (3) der Informationsquantität und (4) den Informationskosten. Ihre Ausprägungen bestimmen allgemein Marktprozesse und damit die Leistungsfähigkeit eines Kapitalmarktes; die Ergebnisbandbreite reicht von (nahezu) vollkommener Effizienz bis hin zum (temporären) Zusammenbruch von Informationsstrukturen und Marktprozessen.

3.2.3 Zur Existenz von Finanz- und Informationsintermediären

Die vorangegangenen Überlegungen unterstellen, dass an realen Kapitalmärkten mit erheblichen informationsbedingten Unvollkommenheiten zu rechnen ist, die es zu überwinden gilt. Die Beschaffung und Verarbeitung von Informationen wird zum größten Teil von spezialisierten Finanzintermediären[320] wie Brokern, Kreditbanken, *Rating*-Agenturen oder Investmentgesellschaften geleistet, die dabei erhebliche Informationsvorteile gegenüber anderen Marktteilnehmern realisieren können. Einen theoretischen Rahmen für die Existenz und Funktion von spezialisierten Finanzintermediären liefert die von Williamson (1985) geprägte Entwick-

---

[319] Vgl. **Rapp** (1996), Markt, S. 97.

[320] Als Finanzintermediäre werden ganz allgemein Agenten bezeichnet, die an dem Austausch finanzieller Mittel zwischen Kapitalgebern und Kapitalnehmern beteiligt sind. **Breuer** (1993) unterscheidet vier Grundtypen von Finanzintermediären. „Finanz-Produzenten" bezeichnet jene Gruppe, die im üblichen Sprachgebrauch mit dem Begriff „Finanzintermediär" in Verbindung gebracht wird. Gemeint sind Institutionen, die sich in den physischen Austausch von Finanzierungstiteln als Tauschpartner einschalten und dabei die getauschten Titel nach dem Erwerb bzw. vor der Weiterveräußerung einer Transformation unterziehen. Ein Beispiel hierfür sind Kreditbanken, die Spareinlagen von Investoren annehmen und diese dann mit neuen Vertragsmerkmalen als Kredit an Unternehmen weitergeben. Als „Finanz-Market-Maker" bezeichnet **Breuer** (1993) jene Finanzintermediäre, die sich ebenfalls in den Austausch von Finanzierungstiteln einschalten, aber ohne die Titel zu verändern. Ein Beispiel sind Wertpapierhändler, die jederzeit Kurse für den An- und Verkauf von Wertpapieren stellen. „Finanz-Auktionatoren" fungieren zum einen als Vermittler zwischen Vertragspartnern. Zum anderen übernehmen sie hierbei aber insbesondere die Aufgabe, den Preis für die zu tauschenden Finanzierungstitel zu ermitteln. Dieser Kategorie wären deshalb z. B. auch die einen Börsengang begleitenden Emissionsbanken zuzuordnen. Die vierte Gruppe der „Finanz-Gutachter" schließlich konzentriert sich auf die Produktion von Informationen zu Finanzierungstiteln, um dadurch die Anbahnung und Abwicklung von Transaktionen zwischen Marktteilnehmern zu erleichtern. Dieser Gruppe wären auch Finanzanalysten zuzuordnen. (Vgl. **Breuer** (1993), Finanzintermediation, S. 9 ff.). Vgl. hierzu auch die Ausführungen von **Hax** (1998), Informationsintermediation, S. 41 ff. Für einen Überblick m. w. N. zur Theorie der Finanzintermediation vgl. auch **Scholtens** (1993), Financial Intermediation.

lungsrichtung der „Neuen Institutionenökonomik".[321] Den an Transaktionen beteiligten Marktteilnehmern wird darin kein Rationalverhalten bei vollständiger Information im Sinne des neoklassischen Konzeptes effizienter Märkte unterstellt, sondern nur eingeschränkte Rationalität die berücksichtigt, dass die Aufnahme- und Verarbeitungsfähigkeiten von Marktteilnehmern für Informationen begrenzt sind. Zudem unterstellt Williamson (1985) opportunistisches Verhalten der Marktteilnehmer, d. h. das Verfolgen von Eigeninteressen z. B. durch bewusstes Zurückhalten oder Verzerren von Informationen. Die Neue Institutionenökonomik erklärt die Entstehung von Institutionen und Intermediären deshalb ganz allgemein aus ihrer volkswirtschaftlichen Koordinationsfunktion heraus mit der trotz der eingeschränkten Effizienz realer Märkte eine Optimierung von Marktprozess und Marktergebnis möglich wird.[322]

Spezialisierte Finanzintermediäre an Kapitalmärkten lassen sich somit als Kompensatoren für informationsbedingte Unvollkommenheiten realer Märkte interpretieren, denn: „Economic institutions may compensate by introducing nonmarket informational devices."[323] Finanzintermediäre können nach diesem Verständnis als Informationsproduzenten betrachtet werden, die aufgrund ihrer hohen fachlichen Expertise und hoher Speziali-

---

321 Vgl. **Williamson** (1985), Economic Institutions. Für eine ausführliche Abhandlung zur theoretischen Fundierung der Institutionenökonomie vgl. z. B. **Rau-Bredow** (1992), Institutionenökonomie. Für einen Überblick über die Entwicklung und Inhalte der „Neuen Institutionenökonomik" vgl. **Schumann** (1987), Grundzüge, S. 391 ff. **Schumann** (1987) bezeichnet den von **Williamson** (1985) geprägten Ansatz als die „*Governance*-Richtung" der Neuen Institutionenökonomik und grenzt diese von der „*Measurement*-Richtung" ab, in der die Messbarkeit von Produktivität und Entlohnung der an einer Institution Beteiligten eine zentrale Rolle spielen. Dabei wird unterstellt, dass die Schwierigkeit der Messung von Beiträgen eines Einzelnen zum Gesamtergebnis eines Teams die Möglichkeit der Drückebergerei („*shirking*") schafft. Der Nutzengewinn des Einzelnen aus geringerer Anstrengung ist hierbei größer als sein Nutzenverlust aufgrund seines Anteils am verringerten Produktionsergebnis, da seine Drückebergerei nicht ausschließlich auf ihn, sondern auf das gesamte Team zurückfällt. Weil die Aufdeckung des *shirking* durch zusätzliche Überwachung bzw. Messung mit Kosten verbunden ist und sich deshalb nur solange lohnt, wie das dadurch gewonnene Grenzprodukt über den zusätzlichen Kosten liegt, bleibt die Drückebergerei lohnend. Diese lässt sich nur durch die Einrichtung eines „Monitors" eindämmen der sich darauf spezialisiert, die Arbeitsweise der Team-Mitglieder zu überwachen. Nach der *Measurement*-Richtung sind Unternehmen deshalb nicht als Entscheidungseinheiten unter einheitlicher Zielsetzung, sondern als Institutionen zu interpretieren, in denen Individuen mittels *shirking* ihre eigennützigen Ziele verfolgen. Vgl. hierzu auch die grundlegenden Arbeiten von **Alchian/Woodward** (1987), Reflections, und **Alchian/Demsetz** (1972), Production.

322 Vgl. **Williamson** (1987), Institutional, S. 586.

323 **Arrow** (1984), Economics, S. 148.

sierungsvorteile zu einer Effizienzsteigerung der Informationsstrukturen beitragen und dadurch Marktprozesse und -ergebnisse verbessern.[324] Die Existenz von Finanzintermediären lässt sich danach mit ihrer Unterstützungsfunktion zur Überwindung von Informationsbarrieren zwischen Kapitalnehmern und Kapitalgebern begründen, die v. a. aufgrund asymmetrischer Informationsverteilung entstanden sind.[325] Zur begrifflichen Klarstellung schlägt Hax (1998) die treffendere Bezeichnung „Informationsintermediäre" vor: „Informationsintermediäre auf Finanzmärkten lassen sich somit definieren als Intermediäre, die bei einem Austausch von Finanzierungstiteln eingeschaltet werden, um die aus einer asymmetrischen Informationsverteilung resultierenden Informationsbarrieren zwischen Kapitalnehmern und Kapitalgebern zu überwinden oder abzumildern."[326] Die Institutionenökonomie liefert somit auch einen theoretischen Bezugsrahmen für die Analyse des Emissionsprozesses an typischen Märkten für Aktien-Neuemissionen und insbesondere für die Rolle der am Emissionsprozess beteiligten Institutionen und Finanzintermediäre. Die Informationsökonomie stellt gleichzeitig die theoretische Grundlage zur Fokussierung auf Funktionen und Beiträge von Finanzanalysten zur Verfügung, „... da die Überwindung von Informationsbarrieren zwischen Unternehmen und Investoren als charakteristische Aufgabe der Finanzanalysten anzusehen ist."[327]

3.2.4 Aktienanalyse im Kontext eingeschränkt effizienter Kapitalmärkte

In einem effizienten Kapitalmarkt mit informativen Preisen kann über den Wertpapierpreis auf die aggregierte Information aller Informationsproduzenten geschlossen werden. Die Tätigkeit von Finanzanalysten ließe sich in einer Welt mit vollständig informativen Preisen nicht erklären, da hier das Preissystem die Informationsübermittlungsfunktion vollständig leisten würde, die Aktienanalyse somit keine neuen Erkenntnisse liefern könn-

---

324 Vgl. in diesem Sinne z. B. **Allen** (1990), Market. Für einen Überblick über die Ansätze zur Erklärung der Existenz von Finanzintermediären vgl. **Breuer** (1993), Finanzintermediation, S. 75 ff.

325 **Scholtens** (1993) unterteilt die gängigen Erklärungsansätze daneben in zwei weitere Gruppen. Die eine erklärt die Existenz von Finanzintermediären als Reaktion auf staatliche Regulierung, die andere mit Kostenvorteilen für Transaktionspartner im Vergleich zu einer direkten Finanzierung. (Vgl. **Scholtens** (1993), Financial Intermediation, S. 121 ff.).

326 **Hax** (1998), Informationsintermediation, S. 46.

327 Ebenda, S. 46.

te.[328] „When this happens, each informed trader, because he is in a competitive market, feels that he could stop paying for information and do as well as a trader who pays nothing for information."[329] Anreize für die mit Kosten verbundene Produktion von Informationen wären im Gleichgewicht eines derartigen Systems somit nicht mehr vorhanden. Wenn jedoch kein Marktteilnehmer mehr Informationen produziert oder erwirbt, dann können durch das Preissystem auch keine Informationen übermittelt oder aggregiert werden. Dieses theoretische, als „Informationsparadoxon" bezeichnete Problem wird zudem durch die geschilderten empirischen Befunde ergänzt, welche die Annahme informationseffizienter Märkte an realen Kapitalmärkten ohnehin fragwürdig erscheinen lassen.

3.2.4.1 Das Modell von Grossman/Stiglitz (1980)

Einen Ausweg aus den beschriebenen Widersprüchen zeigt das Modell von Grossman/Stiglitz (1980) auf, das die kostenverursachende Informationsproduktion im Kontext eines Gleichgewichts rationaler Erwartungen erklärt. Darin wird u. a. das Grossman-Stiglitz-Paradoxon dargelegt, das entsteht, wenn der Erwerb von Informationen auf einem vollständig informationseffizienten Markt endogenisiert wird: „If competitive equilibrium is defined as a situation in which prices are such that all arbitrage profits are eliminated, is it possible that a competitive economy always be in equilibrium? Clearly not, for then those who arbitrage make no (private) return from their (privately) costly activity. Hence the assumptions that all markets, including that for information, are always in equilibrium and always perfectly arbitraged are inconsistent when arbitrage is costly."[330] Die Autoren schlagen deshalb ein Modell mit einem „*equilibrium degree of disequilibrium*" vor: „... prices reflect the information of informed individuals (arbitrageurs) but only partially, so that those who expend resources to obtain information do receive compensation."[331] Um eine Gleichgewichtssituation zu erreichen, müssen Informationsprozesse durch verschiedene Zufallseinflüsse demnach derart gestört sein, dass Anleger, die Informationen kaufen, auch immer einen Informationsvorsprung gegenüber den übrigen (nicht vollständig informierten) Marktteilnehmern haben; eine vollständige Offenbarung von privaten Informationen wird also verhindert.

---

[328] Ihre Existenz steht zunächst aber auch nicht im Widerspruch zur Annahme effizienter Märkte, wie die Diskussion des Modells von **Cornell/Roll** (1981) im Abschnitt 3.1.2 der vorliegenden Arbeit gezeigt hat.

[329] **Grossman/Stiglitz** (1980), Informationally Efficient, S. 404.

[330] Ebenda, S. 393.

[331] Ebenda, S. 393.

In der Modellwelt von Grossman/Stiglitz (1980) gibt es zwei Anlagealternativen: Ein risikoloses Investment mit einer sicheren Rendite R_{rf} und ein riskantes Investment mit einer Rendite $R_{i,t}$, die zufällig schwankt und sich aus $R_{i,t} = \theta + \varepsilon$ zusammensetzt. Beide Variablen θ und ε sind Zufallsvariablen; θ kann von Anlegern durch die Aufbringung von Informationskosten genau bestimmt werden, ε hingegen bleibt eine unbekannte Störgröße („*noise*"). Es werden zwei Anlegergruppen unterstellt: Die „informierten Anleger" („*informed traders*") sind jene Anleger, die θ ermitteln, und die „uninformierten Anleger" („*uninformed traders*") sind jene, die ausschließlich den Preis $P_{i,t}$ eines Wertpapiers beobachten können. Wenn $S_{i,t}$ die Angebotsmenge eines riskanten Wertpapiers bezeichnet, dann wird der Gleichgewichtszustand bei gegebenem Anteil der *informed traders* durch die Preisfunktion $P_{i,t}(\theta, S_{i,t})$ derart bestimmt, dass die Nachfrage dem Angebot entspricht.

Diese Preisfunktion übermittelt einen Teil der privaten Informationen der *informed traders* an die *uninformed traders*, aber nicht die gesamte Information. Die Störgröße ε bewirkt, dass die Wertpapierpreise zufällig vom korrekten Wert abweichen, der sich allein auf Basis der aggregierten privaten Informationen einstellen müsste. Als mögliche Ursache hierfür untersuchen die Autoren stochastische Schwankungen im Wertpapierangebot (stochastische Angebotsschocks), die z. B. durch den nicht vorhersehbaren Handel der *noise trader* entstehen können. Informierte Anleger erkennen Über- und Unterbewertungen und erzielen Gewinne durch entsprechende Transaktionen („... buy securities when they are ‚underpriced' and sell them when they are ‚overpriced' ..." [332]). Uninformierte können aus der Beobachtung von $P_{i,t}(\theta, S_{i,t})$ aber nicht auf θ schließen, da sie nicht in der Lage sind, Preisveränderungen aufgrund von Veränderungen der Informationsbasis der informierten Anleger von Preisveränderungen aufgrund von Angebotsveränderungen zu unterscheiden. Uninformierte Anleger können also nicht über den Wertpapierpreis auf sämtliche vorhandenen privaten Informationen schließen, der Wert der Information wird somit nur teilweise verwässert. Sämtliche Marktteilnehmer handeln aber rational, der erwartete Nutzen sowohl für informierte als auch für uninformierte Anleger lässt sich genau bestimmen. „An overall equilibrium requires the two to have the same expected utility ..."[333], ansonsten werden die Anleger sukzessive in das Lager mit der höheren Nutzenerwartung wechseln. Grossman/Stiglitz (1980) vermuten folgende grundlegende Zusammenhänge:[334]

---

[332] Ebenda, S. 394.
[333] Ebenda, S. 394.
[334] Vgl. ebenda, S. 394.

- Je mehr individuelle Marktteilnehmer informiert sind, d. h. je größer die Anzahl bzw. der Anteil der informierten Anleger am gesamten Handelsvolumen, desto informativer ist das Preissystem.

- Je mehr individuelle Marktteilnehmer informiert sind, desto geringer ist das Verhältnis der Nutzenerwartung informierter Marktteilnehmer zur Nutzenerwartung uninformierter Marktteilnehmer.

- Je höher die Kosten für den Erwerb bzw. die Produktion von Informationen, desto geringer wird im Gleichgewicht der Anteil informierter Marktteilnehmer sein. Ein Rückgang der generellen Risikoaversion hingegen veranlasst informierte Anleger dazu, größere Positionen einzugehen.[335] Dies führt im Ergebnis zu einem informativeren Preissystem.

- Je höher die Qualität der Information der informierten Anleger, desto informativer ist das Preissystem. Die höhere Qualität der Informationen steigert deshalb zwar einerseits den Nutzen, der aus der Information gezogen werden kann, gleichzeitig steigt aber auch die Nutzenerwartung der nicht informierten Marktteilnehmer, weil das Preissystem informativer wird. Von daher ist sowohl eine Erhöhung als auch eine Verminderung des Verhältnisses von informierten zu uninformierten Marktteilnehmern denkbar.

- Je größer der Einfluss von *noise*, desto weniger informativ ist das Preissystem (auf einem gegebenen Niveau informierter Anleger), und desto geringer ist folglich der erwartete Nutzen für uninformierte Anleger. Dies bedeutet im Umkehrschluss, dass die Nutzenerwartung und damit der Anteil informierter Anleger mit der Bedeutung von *noise* steigt: Je mehr *noise* auftritt, desto höher ist der Anreiz zur Informationsproduktion und -beschaffung. Gleichzeitig steigert dies wiederum den Informationsgehalt des Preissystems, so dass den negativen Auswirkungen von *noise* auf den Informationsgehalt des Preissystems entgegengewirkt wird.[336]

---

335 **Verrecchia** (1982), Information, präsentiert ein Gleichgewichtsmodell mit eingeschränkt informativen Preisen, in dem sich die Anleger in Abhängigkeit von ihrer individuellen Risikoneigung in unterschiedlichem Ausmaß informieren. Danach steigt der Bedarf an präzisen Informationen mit der Risikobereitschaft eines Anlegers.

336 **Grossman/Stiglitz** (1980) zeigen in ihrem Modell sogar, „... that *the two effects exactly offset each other* so that the equilibrium informativeness of the price system is unchanged." (**Grossman/Stiglitz** (1980), Informationally Efficient, S. 400).

- Im Grenzfall eines Marktes ohne *noise* wäre das Preissystem vollständig informativ, d. h. es existierten keinerlei Anreize mehr zur Produktion von Informationen. Der einzig denkbare Gleichgewichtszustand wäre dann der ohne Informationen. Wenn aber sämtliche Marktteilnehmer uninformiert sind, dann kann auch das Preissystem nicht (vollständig) informativ sein und es wäre für einige Anleger profitabel, sich einen Wettbewerbsvorteil durch Informationen zu beschaffen. Dies bedeutet im Ergebnis: „Thus, there does not exist a competitive equilibrium."[337]

- In dem Grenzfall, in dem nahezu alle Marktteilnehmer informiert sind (z. B. weil die Kosten für Information gegen Null gehen), wird kaum Handel stattfinden, d. h. der Markt sehr dünn sein.[338] Gleiches gilt für den Fall, dass der Anteil informierter Marktteilnehmer gegen Null geht bzw. nahezu alle Marktteilnehmer uninformiert sind (z. B. weil die Existenz von *noise* gegen Null geht).[339]

Grossman/Stiglitz (1980) zeigen, dass es bei einem bestimmten (Gleichgewichts-) Preis und gegebener Angebotsvarianz des riskanten Wertpapiers einen bestimmbaren Anteil an Anlegern gibt, welche die Kosten für den Informationserwerb aufwenden. Bei einem höheren Anteil informierter Anleger wäre das Preissystem informativer, so dass der Informationsvorsprung der informierten Anleger nicht mehr ausreichen würde, die Kosten der Informationsgewinnung zu kompensieren. Umgekehrt wäre der Informationsvorsprung der informierten Anleger im Falle mit einem geringeren Anteil so groß, dass für uninformierte Anleger Anreize bestehen würden, gegen Inkaufnahme der Informationskosten in das andere Lager zu wechseln.

Durch die explizite Berücksichtigung von *noise* nähern sich Grossman/ Stiglitz (1980) mit ihrem Modell rationaler Erwartungsgleichgewichte an die Verhältnisse realer Kapitalmärkten insofern an, als sie nur eingeschränkt informationseffiziente Preise unterstellen:[340] „... in general the price system does not reveal all the information about ‚the true value' of

---

[337] Ebenda, S. 395.

[338] **Grossman/Stiglitz** (1980) bemerken hierzu: „Thus, the result that competitive equilibrium is incompatible with informationally efficient markets should be interpreted as meaning that speculative markets where prices reveal a lot of information will be very thin because it will be composed of individuals with very similar beliefs." (**Grossman/Stiglitz** (1980), Informationally Efficient, S. 403).

[339] **Grossman/Stiglitz** (1980) demonstrieren, „... that the nonexistence of competitive equilibrium can be thought of as the breakdown of competitive markets due to lack of trade." (**Grossman/Stiglitz** (1980), Informationally Efficient, S. 402).

[340] Vgl. hierzu auch die Ausführungen im Abschnitt 3.1 der vorliegenden Arbeit.

the risky asset."[341] *Noise* verhindert die vollständige Aggregation der gesamten verfügbaren Informationen, so dass informierte Marktteilnehmer über eine superiore Informationsausstattung verfügen, während uninformierte Akteure nur den Preis beobachten können.[342] Unter diesen Bedingungen entstehen regelmäßig Situationen, in denen die kostenverursachende Produktion von Information bzw. der Erwerb von Informationen sinnvoll ist, da informierte Anleger eine Rendite auf ihre Informationsaktivitäten erzielen können, denn „... they can use their information to take positions in the market which are ‚better' than the positions of uninformed traders."[343]

Im Hinblick auf die Charakterisierung der Informationsprozesse an realen Kapitalmärkten weist der Modellansatz von Grossman/Stiglitz (1980) den Nachteil auf, dass er nur eine Handelsperiode umfasst. Prozesse wie beispielsweise eine sequentielle Informationsverbreitung werden entsprechend nicht thematisiert. Hirshleifer/Subrahmanyam/Titman (1994) diskutieren deshalb ein Mehrperioden-Modell mit zwei Handelszeitpunkten, in dem ein Teil der informierten Investoren ein Informationssignal bereits in der ersten Periode, der Rest der informierten Investoren erst in der zweiten Periode empfängt.[344] Den übrigen Marktteilnehmern bleibt die Information bis zum Schluss verborgen. Eine zentrale Aussage des Modells ist, dass die Preisreaktion in der zweiten Periode nicht nur vom Informationssignal und der aktuellen Störung (Angebotsschock) abhängt, sondern auch vom Preis der Vorperiode. Ursache hierfür ist, dass die später informierten Anleger zunächst zwar nur die Preisentwicklung beobachten, dann aber auf Grundlage des Informationssignals entscheiden, ob diese gerechtfertigt ist oder nicht. Der Preis bzw. die Handelsaktivitäten der Vorperiode wiederum werden wesentlich von der Anzahl der früher informierten Investoren und deren Erwartungen bezüglich der Kursentwicklung in Periode zwei determiniert. Dem Nachteil eines höheren Wettbewerbs unter den informierten Investoren steht hierbei der Vorteil gegenüber, dass sich ein Informationssignal tendenziell früher und vollständiger in einem Wertpapierpreis niederschlagen wird, je mehr Anleger Kenntnis erlangen. Dies eröffnet die Chance einer raschen Auflösung

---

[341] **Grossman/Stiglitz** (1980), Informationally Efficient, S. 404.

[342] Ein Anreiz zur Produktion von Informationen könnte deshalb schon allein daraus entstehen, dass die informierten Anleger ihre Informationen direkt durch Transaktionen verwerten können während die uninformierten Anleger erst nach entsprechender Reaktion der Preise, also mit einer zeitlichen Verzögerung reagieren können. Vgl. in diesem Sinne **Hellwig** (1982), Informationseffizienz, S. 8.

[343] **Grossman/Stiglitz** (1980), Informationally Efficient, S. 404.

[344] Vgl. **Hirshleifer/Subrahmanyam/Titman** (1994), Trading Patterns.

spekulativer Positionen bzw. die sichere Realisierung des Gewinns aus dem Informationsvorsprung.

Auch Hellwig (1982) kritisiert den statischen Charakter des Modells von Grossman/Stiglitz (1980), weil darin unterstellt wird, dass Anleger ihre Informationen aus dem beobachteten Preis ziehen, noch ehe überhaupt eine Transaktion zu diesem Preis stattgefunden hat: „In ihrem Modell verhält es sich ja nicht so, daß die nicht informierten Anleger den Gleichgewichtspreis beobachten, daraus ihre Informationen ziehen und *dann* ihre Nachfrage bestimmen. Vielmehr müssen sie überlegen, was es bedeuten würde, wenn der gerade angebotene Preis ein Gleichgewichtspreis wäre, noch ehe sie wissen, ob er dies überhaupt ist. Der Gleichgewichtspreis im Modell von *Grossman* und *Stiglitz* räumt den Markt, *nachdem* die nicht informierten Anleger bereits ihre Information aus ihm gezogen haben."[345] Hellwig (1982) schlägt deshalb ein dynamisches Modell mit einem Kommunikationsprozess vor, in dem uninformierte Anleger jeweils aus den Preisen tatsächlich beobachteter Transaktionen, d. h. aus vergangenen Marktdaten Informationen beziehen. Die Verzögerung, mit der uninformierte Anleger Informationen aus realisierten Preisen ablesen können, sichert dabei den Informationsvorsprung der informierten Marktteilnehmer. Entgegen der These von Grossman/Stiglitz (1980) zeigt Hellwig (1982) in seinem Modell mit einer Mehrperioden-Analyse, „... *daß der Kapitalmarkt der vollkommenen Informationseffizienz beliebig nahekommen kann, ohne daß dadurch der Anreiz zur Beschaffung von Information beeinträchtigt wird.*"[346]

3.2.4.2 Finanzanalysten als Informationsproduzenten

Die Ausführungen des vorangegangenen Abschnitts haben aufgezeigt, dass die Produktion und/oder der Erwerb von entscheidungsrelevanten Informationen aus theoretischer Perspektive trotz der hierbei entstehenden Kosten ökonomisch sinnvoll ist und adäquat kompensiert wird. An realen Kapitalmärkten kann zudem beobachtet werden, dass individuelle Anleger auch von der Hoffnung auf Erzielung einer überdurchschnittlichen Rendite mittels Informationsproduktion angetrieben werden. Der Erfolg hängt dabei u. a. von der herrschenden Wettbewerbssituation ab: Je informationseffizienter ein Kapitalmarkt insgesamt oder der relevante Teilmarkt ist, desto größer ist i. d. R. auch der Wettbewerb zwischen den Anlegern. Damit entsprechende Handelsstrategien in einem derartigen

---

[345] **Hellwig** (1982), Informationseffizienz, S. 8.
[346] Ebenda, S. 8.

Umfeld erfolgreich umgesetzt werden können, muss ein Anleger im Vergleich zu seinen Wettbewerbern über präzisere Informationen und/oder schneller als seine Wettbewerber über bewertungsrelevante Informationen verfügen, mit denen unterbewertete oder überbewertete Finanzierungstitel identifiziert werden können.

Diese Voraussetzung erfüllen auf den entwickelten und an Wettbewerbsintensität gewinnenden Kapitalmärkten zunehmend nur noch jene Anleger, die über entsprechende Fachkenntnisse und Ressourcen verfügen, um kontinuierlich und zeitnah entscheidungsrelevante Informationen zu produzieren.[347] Anleger, die diese Voraussetzungen nicht erfüllen oder die hiermit verbundenen Kosten scheuen, können entweder eine „passive Anlagestrategie" verfolgen oder die für eine „aktive Anlagestrategie" benötigten Informationen von adäquaten Quellen – z. B. direkt von den betreffenden Unternehmen oder alternativ von Informationsintermediären, insbesondere von Finanzanalysten oder auch von Medien/Journalisten – beziehen, die sie für besonders geeignet halten.[348] Abbildung 3.2 zeigt eine Übersicht potenzieller Informationsströme am Kapitalmarkt.

---

[347] Vgl. in diesem Sinne auch **Hax** (1998), Informationsintermediation, S. 62.

[348] Zur Unterscheidung von „aktiver" und „passiver Anlagestrategie" vgl. z. B. **Bruns/ Meyer-Bullerdiek** (1996), Portfoliomanagement, S. 80 ff. Die formale Rechtfertigung für die Verfolgung einer passiven Anlagestrategie entstammt der Annahme hinreichend effizienter Kapitalmärkte, auf denen lediglich die risikoadjustierte Gleichgewichtsrendite erzielt werden kann. Die aus regelmäßigen Portfolioumschichtungen resultierenden Transaktionskosten oder die Kosten für die Produktion bzw. den Erwerb von Informationen stellen vor diesem Hintergrund reine Geldverschwendung dar. Ziel des passiven Investmentansatzes ist es, das vom Markt nicht vergütete unsystematische Risiko durch Diversifikation weitgehend auszuschließen und gleichzeitig ein kostenminimales Management zu betreiben. In der Praxis wird dies i. d. R. dadurch umgesetzt, dass ein vorgegebener Vergleichsmaßstab („*Benchmark*") kostengünstig und möglichst genau hinsichtlich seines Rendite-Risikoprofils nachgebildet wird. Im Mittelpunkt einer aktiven Anlagestrategie steht hingegen die Überzeugung, dass Kapitalmärkte nicht vollständig effizient sind. Es werden deshalb Überrenditen angestrebt, d. h. die risikoadjustierte Rendite des aktiv gemanagten Portfolios soll die risikoadjustierte Rendite einer adäquaten *Benchmark* übertreffen. Hierfür werden verschiedene Managementtechniken eingesetzt, wie z. B. die Aktienselektion („*stock picking*"), bei der einzelne Aktien ausgewählt werden, für die eine überdurchschnittliche Entwicklung erwartet wird. Eine überdurchschnittliche Prognosefähigkeit ist somit das entscheidende Erfolgskriterium einer aktiven Anlagestrategie: „Im Kern besteht aktives Management in der Abgabe von Prognosen." (**Bruns/Meyer-Bullerdiek** (1996), Portfoliomanagement, S. 80).

Abb. 3.2: Bewertungsrelevante Informationsströme am Kapitalmarkt

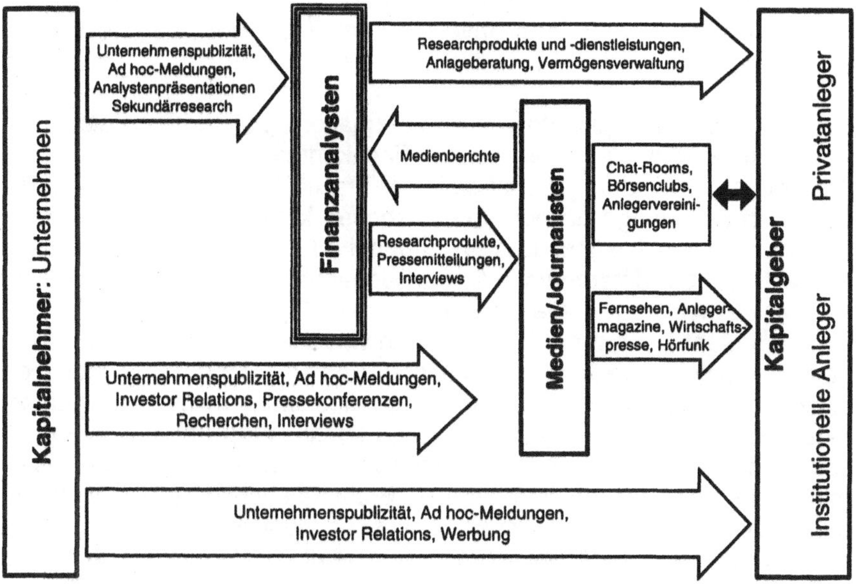

Quelle: in Anlehnung an Rosen, von/Gerke (2001), Kodex, S. 11.

Gründe, warum es für Anleger von Vorteil sein kann, die Produktion von Informationen an Finanzanalysten zu delegieren, anstatt sie selbst zu produzieren, sind v. a. in den Kosten- und den Spezialisierungsvorteilen dieser Informationsproduzenten zu suchen. Der Vorteil, Informationen zu geringeren Kosten zu produzieren, wird in der wissenschaftlichen Literatur regelmäßig mit der „Wiederverwertbarkeit" (*„reusability"*) bestimmter Informationen begründet: „Zum einen kann die gleiche Information an mehrere Investoren weitergeleitet werden (cross-sectional reusability), zum anderen kann sie über mehrere Perioden genutzt werden (temporal reusability)."[349] Zwar sind dieser Wiederverwertbarkeit von Informationen der Finanzanalysten in Abhängigkeit von der Effizienz eines Kapitalmarktes Grenzen gesetzt, tendenziell resultiert aber aus dem Umstand, dass nicht jeder Anleger die Informationen für sich selbst produzieren muss, eine Reduktion der individuellen Informationskosten.[350] Den Kos-

[349] **Hax** (1998), Informationsintermediation, S. 62.

[350] Insbesondere die Nutzung der Informationen über mehrere Perioden wird i. d. R. sehr stark eingeschränkt sein. Private Informationen können in der Folgeperiode

tenvorteilen, die durch die Bündelung der Informationssuche entstehen, steht insbesondere der Nachteil gegenüber, dass der Gewinn, der durch einen gegebenen Informationsvorsprung erzielt werden kann, um so geringer ausfallen wird, je mehr Investoren im Besitz der betreffenden Information sind.

Auch „Spezialisierungsvorteile" von Informationsintermediären schlagen sich letztlich nicht nur in besonderen Fachkenntnissen, sondern v. a. in Kostenvorteilen nieder.[351] So ist es in der Praxis üblich, dass sich Finanzanalysten auf wenige ausgewählte Branchen konzentrieren, hierfür entsprechende Spezialkenntnisse aufbauen und zudem einen intensiven Kontakt zu den Unternehmen ihres Beobachtungsuniversums pflegen. Die Spezialisierungsvorteile umfassen regelmäßig persönliche Beziehungen zum Management der beobachteten Unternehmen mit entsprechenden Informationsvorteilen und geringeren Kosten bei der Informationsbeschaffung.[352] Darüber hinaus wird in den Researchbereichen relevantes methodisches Know-how aufgebaut und kontinuierlich erweitert. Hierzu stehen den Finanzanalysten umfangreiche Datenbanken und spezielle Informationssysteme zu Unternehmen, Branchen und Märkten zur Verfügung. Es ist intuitiv einleuchtend, dass es dem individuellen „durchschnittlichen" Anleger kaum möglich sein wird, dieses Niveau der Infor-

---

nur dann wiederverwertet werden, wenn das Preissystem bis dahin die in der Vorperiode veröffentlichten Informationen nur unvollständig übermittelt hat. So konnte in verschiedenen Modellen gezeigt werden, dass das Preissystem erst nach einigen Perioden nach dem Verkauf einer exklusiven Information durch einen Informationsintermediär die gesamte Information widerspiegelt. Vgl. hierzu **O'Hara** (1995), Market, S. 110 f. Je effizienter ein Kapitalmarkt, desto schneller werden diese Informationen jedoch in den Preisen enthalten sein und desto kürzer ist die Lebenserwartung von exklusiven Informationen von Informationsproduzenten. Die Preisentwicklung lässt sich demnach als eine Art Konvergenzprozess hin zu informativen Preisen interpretieren, der sich über einen bestimmten Zeitraum erstreckt, während dem exklusive Informationen mehrfach verwertet werden können. Die empirische Beobachtung, dass Aktienkurse bereits einige Tage vor und auch noch nach Bekanntgabe wichtiger Unternehmensdaten signifikante Kursausschläge aufweisen, bis sich ein neues Kursniveau eingestellt hat, könnte als Beispiel für die sukzessive „Verarbeitung" von Insiderinformationen herangezogen werden. Vgl. in diesem Sinne auch **Hax** (1998), Informationsintermediation, S. 82 f.

351 Zu den Kostenvorteilen von Finanzintermediären durch Spezialisierung (*„economies of specialization"*) vgl. auch **Benston/Smith** (1976), Transaction Cost.

352 **Hax** (1998) führt in diesem Zusammenhang eine Verringerung der Kommunikationskosten an, die daraus resultiert, dass bei Zwischenschaltung eines Intermediärs nicht mehr jeder individuelle Anleger mit jedem der Unternehmen, in das er investiert hat, zum Zwecke eines Datenaustauschs in Kontakt treten muss. (Vgl. **Hax** (1998), Informationsintermediation, S. 67 f.).

mationsproduktion und -qualität zu akzeptablen Kosten in Eigenregie zu erreichen.[353]

Brennan (1990) nennt schließlich auch „Koordinationsvorteile" der Delegierung der Informationsproduktion an Finanzanalysten als weiteren Aspekt:[354] Auf einem Kapitalmarkt mit atomistischer Marktstruktur kann ein einzelner Investor u. U. eine bewertungsrelevante Information zwar als Einziger erwerben, einen Gewinn kann er damit aber erst realisieren, wenn sich die neue Information im Kurs des Wertpapiers niedergeschlagen hat. Entscheidende Voraussetzung hierfür ist aber, dass auch andere Marktteilnehmer entsprechend der neuen Information agieren. Brennan (1990) sieht deshalb neben der Kostenreduzierung v. a. auch die Koordination der Informationssuche von Investoren als zentrale Funktion von Finanzanalysten an. Vor diesem Hintergrund können Finanzanalysten als spezialisierte Informationsproduzenten der Investoren verstanden werden, die aufgrund ihrer hohen fachlichen Expertise und hoher Kostenvorteile im Vergleich zu den meisten anderen Marktteilnehmern zu einer Verbesserung der Informationsstrukturen beitragen, die Basis für Anlageentscheidungen schaffen und damit insgesamt Marktprozesse und -ergebnisse fördern. „Finanzanalysten übersetzen die Komplexität von Unternehmen in eine für den Kapitalmarkt verwertbare Qualität. Sie sind damit klassische Intermediäre in der Reduzierung von Komplexität zugunsten des Investors."[355] Dieses von Finanzanalysten und Analystenorganisationen regelmäßig postulierte Idealbild[356] ist in öffentlichen Debat-

---

[353] So ist z. B. auch davon auszugehen, dass Anleger die aus der Anstellung eigener Analysen gewonnenen exklusiven Informationen aufgrund ihres begrenzten Vermögens nicht vollständig ausnutzen können. Vgl. in diesem Sinne z. B. **Löffler** (1998), Finanzanalysten, S. 11.

[354] Vgl. **Brennan** (1990), Latent.

[355] **Frank** (2004), Unternehmen.

[356] Nach Meinung der Deutschen Vereinigung für Finanzanalyse und Asset Management (DVFA) ist der Finanzanalyst ein „... unverzichtbarer Mittler zwischen dem Kapitalgeber und dem Kapitalnehmer ... [der] zu einer schnellen, vollständigen und zugleich wenig kostenintensiven Informationsversorgung des Marktes ..." beiträgt und schließlich v. a. deshalb unverzichtbar ist, weil der „... Privatinvestor ... mit der Aufgabe einer sachgerechten Bewertung von Anlagen überfordert [ist] ..." Zudem wird festgestellt: „Die Tätigkeit der Analysten erhöht darüber hinaus die Informationseffizienz des Kapitalmarktes. Finanzanalysten sind aufgrund ihrer Funktion dazu prädestiniert und aufgrund ihres Wissens und ihrer Erfahrung auch dazu in der Lage, die Kursrelevanz von Unternehmensinformationen schnell und verläßlich einzuschätzen und diese Bewertung den interessierten Marktteilnehmern zu übermitteln. Gerade in einem effizienten Kapitalmarkt sind die Analysten nicht überflüssig, sondern unverzichtbar. Ihre Funktion führt erst zur Informationseffizienz und Transparenz auf dem Kapitalmarkt." (**Diehl** (1993), Investor Relations, S. 177).

ten aber jüngst massiv in Frage gestellt worden. Vor einer kritischen Auseinandersetzung mit der skizzierten Funktion von Finanzanalysten muss aber zunächst auch noch die Frage geklärt werden, warum diese Intermediäre ihre exklusiven Informationen nicht selbst gewinnbringend verwerten anstatt sie am Markt für Informationen zu verkaufen: „Die Logik gebietet, dass sie solch unbezahlbare Informationen nicht weitergeben würden, selbst wenn sie darüber verfügten."[357]

3.2.4.3 Finanzanalysten als Informationsverkäufer

An realen Kapitalmärkten erzielen Finanzanalysten bzw. deren Arbeitgeber ökonomische Vorteile aus der Produktion von Finanzanalysen meist nicht über den direkten Verkauf dieser Informationen gegen Entgelt. Vielmehr erfolgt die Kompensation im Regelfall durch volumenabhängige Provisionen für Wertpapiertransaktionen, die von Anlegern als Gegenleistung für die Informationsweitergabe über diese Institute abgewickelt werden.[358] Weitere (interne) Verwertungsmöglichkeiten der Analyseproduktion entstehen regelmäßig durch die Verwendung der exklusiven Informationen im Eigenhandel oder in anderen Geschäftsbereichen des Instituts, dem das Aktienresearch angehört. Abbildung 3.3 zeigt eine Übersicht der potenziellen Verwertungsmöglichkeiten von Informationen, die in den Analyseabteilungen erstellt werden.

Abb. 3.3: Ertragsmöglichkeiten für Researchinformationen

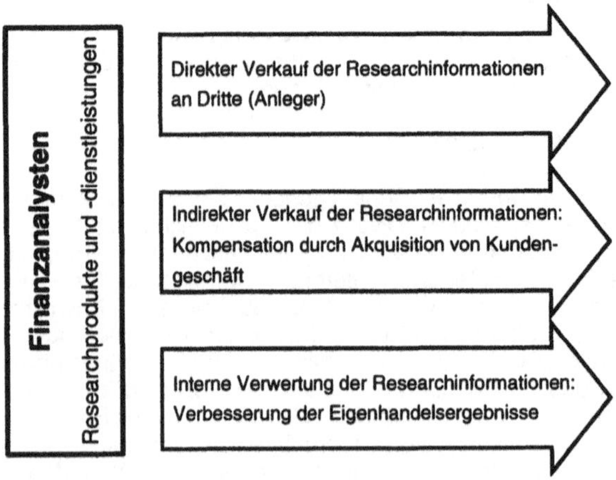

[357] **Jackson** (2002), Spezies.
[358] Vgl. **Löffler** (1998), Finanzanalysten, S. 35.

Bei der Suche nach theoretischen Erklärungen für den Verkauf von Informationen wird v. a. das mit der Informationsproduktion verbundene Risiko angeführt, dass ex ante nicht absehbar ist, ob hierdurch tatsächlich über- und/oder unterbewertete Wertpapiere korrekt identifiziert werden können. Der Erfolg einer entsprechenden Handelsstrategie ist also nicht sicher, so dass der Verkauf der Information eine attraktive Alternative darstellen kann, bei der unsichere Handelsgewinne gegen sichere Verkaufserlöse eingetauscht werden. Die gängigen Erklärungsansätze zur Frage der Ausgestaltung des Informationsverkaufs gehen zunächst von dem Basisfall aus, in dem ein monopolistischer Informationsproduzent seine Informationen möglichst gewinnbringend an Investoren verkaufen möchte.[359] Admati/Pfleiderer (1988) zeigen in einem Modellansatz, dass aufgrund des Risikoteilungseffektes der Verkauf von Informationen, trotz der hierdurch hervorgerufenen Minderung des Gesamtwertes der Informationen – die Informationen stehen mehreren Marktteilnehmern zur Verfügung und werden deshalb auch durch das Preissystem übermittelt – vorteilhaft sein kann.[360] Mit steigender Anzahl der *informed traders* nimmt die positive Wirkung des Risikoteilungseffektes allerdings ab. Auf der anderen Seite ist dieser Effekt umso größer, je weniger risikofreudig der Informationsproduzent ist und je unpräziser seine Informationen sind. Für Finanzanalysten, die regelmäßig Informationen von unterschiedlicher Prognosequalität produzieren, lässt sich daraus folgende vereinfachte Gewinnmaximierungsregel ableiten: „Präzise Signale, die beispielsweise aus einer konkreten privaten Information über eine Unternehmensübernahme resultieren, werden bei einer solchen Strategie an wenige ausgewählte Kunden verkauft. Eher unpräzise Signale werden dagegen an einen breiteren Kundenkreis verkauft.“[361]

Neben der Möglichkeit des direkten Informationsverkaufs[362] bietet sich z. B. großen Finanzinstituten die Alternative an, die von ihren Finanzana-

---

359 Für einen ausführlichen Überblick m. w. N. vgl. **Hax** (1998), Informationsintermediation, S. 83 ff.

360 Vgl. **Admati/Pfleiderer** (1988), Information.

361 **Hax** (1998), Informationsintermediation, S. 106.

362 Im Ansatz von **Brennan/Chordia** (1993) steht beispielsweise das Bestreben des monopolistischen Informationsverkäufers, sein Risiko der Informationsproduktion zu teilen bzw. komplett weiterzugeben, als Motiv für einen direkten Informationsverkauf im Vordergrund. In diesem Modell werden verschiedene direkte Verkaufsstrategien verglichen, mit denen ein Informationsproduzent sein Risiko der Informationsproduktion auf einen Käufer teilweise oder vollständig überträgt. Die Autoren schlagen insbesondere eine vom Handelsvolumen des Käufers abhängige Provision vor. Dabei wird unterstellt, dass die Informationskäufer in Abhängigkeit von der Eindeutigkeit der Information größere Transaktionen tätigen und damit

lysten gewonnenen Informationen indirekt zu verwerten bzw. zu verkaufen wie etwa über die Zwischenschaltung von Investmentfonds. Durch den Erwerb von Fondsanteilen kaufen Anleger indirekt auch die produzierten Informationen, ohne diese für eine eigene Handelsstrategie verwerten zu können. Das Problem der Wertverwässerung über das Preissystem kann damit weitgehend umgangen werden. Admati/Pfleiderer (1990) zeigen z. B. mit ihrem Modell, dass ein derartiger indirekter Informationsverkauf – bei Annahme eines variablen Preisschemas – insbesondere bei einem vergleichsweise informativen Preissystem vorteilhaft ist, weil dann das Problem der Wertverwässerung besonders schwerwiegend ist.[363] Je größer die Bedeutung von *noise* und je geringer die Präzision der produzierten Informationen, desto vorteilhafter ist dagegen der direkte Informationsverkauf.[364] Als einen möglichen weiteren Grund für die Vorteilhaftigkeit des direkten Informationsverkaufs durch Finanzanalysten führt Hax (1998) die heterogene Informationsausstattung der Anleger an.[365] Durch individuell verschiedene Datenbeschaffungsaktivitäten, unterschiedliche Erfahrungen und Kenntnisse, etc., verfügen die Anleger über eine unterschiedliche Informationsausstattung. Ein direkter Kauf von Informationen hätte für einige Anleger deshalb den Vorteil, dass sie die erworbenen mit ihren eigenen Informationen kombinieren und den hier-

---

höhere Provisionen an den Informationsproduzenten zahlen. Im Vergleich zur einfachsten Kompensationsform – ein fester Preis für jedes Informationssignal – wird durch diese Alternative eine Verknüpfung zwischen Informationswert und Vergütung geschaffen, die bei Vorliegen asymmetrischer Information kaum direkt herzustellen wäre. Diese Strategie erweist sich v. a. dann als vorteilhaft für den Informationsproduzenten, wenn das Risiko der Informationsproduktion sehr hoch ist und deshalb der mit einer volumenabhängigen Provision verbundene Risikoteilungseffekt besonders hoch ausfällt. (Vgl. **Brennan/Chordia** (1993), Brokerage). **Admati/ Pfleiderer** (1986) gehen in ihrem Modell mit direktem Informationsverkauf insbesondere der Frage nach, wie Informationsverkäufer das Problem der Wertverwässerung aufgrund informativer Preise sowie der kostenlosen Nutzung der Informationen durch Trittbrettfahrer („*free-rider*") lösen können. Es wird gezeigt, dass es für Informationsproduzenten regelmäßig sinnvoll sein kann, die Präzision der verkauften Informationen durch das Hinzufügen von *noise* zu verringern, bzw. von Anfang an nur weniger genaue und damit kostengünstigere Informationen zu produzieren. Dadurch spiegelt sich die verkaufte Information weniger genau im Preissystem wider, Trittbrettfahrer haben somit geringere Möglichkeiten, kostenlos an die Informationen zu kommen. (Vgl. **Admati/Pfleiderer** (1986), Market).

363 Vgl. **Admati/Pfleiderer** (1990), Sale.

364 Lediglich auf Basis eines zweiteiligen Preisschemas mit fixer und variabler Komponente ist der indirekte dem direkten Informationsverkauf immer überlegen. Vgl. ebenda, S. 918 f.

365 Vgl. **Hax** (1998), Informationsintermediation, S. 100 f.

aus resultierenden, individuell höheren Informationsgewinn abschöpfen könnten.

Unberücksichtigt geblieben ist in den bislang skizzierten Erklärungsansätzen das mit dem Informationsverkauf einhergehende Glaubwürdigkeitsproblem bzw. das Problem der Verifizierbarkeit des Informationsnutzens der von Finanzanalysten produzierten Informationen. Benabou/ Laroque (1992) schlagen ein Modell vor, in dem Informationsproduzenten bzw. -besitzer drei Handelsalternativen haben:[366] Auf Basis der Informationen können eigene Handelspositionen aufgebaut werden, die Informationen können wahrheitsgemäß oder verfälscht – d. h. absichtlich manipuliert – weitergegeben werden. Während bei einer eigenen Handelsstrategie direkter Nutzen aus den quasi-monopolistischen Informationen gezogen werden soll, besteht das strategische Kalkül der Verbreitung manipulierter Informationen darüber hinaus darin, die übrigen Marktteilnehmer zunächst in eine falsche Richtung zu locken und gleichzeitig entgegengesetzte Positionen zu günstigen Konditionen aufzubauen. Die Abnehmer bzw. Käufer der Information können jedoch aus der Preisentwicklung des Wertpapiers, die sich im Anschluss an den Informationserwerb einstellt, auf dessen Qualität schließen. Bei der Betrachtung mehrerer Perioden sind die Informationsbesitzer deshalb gezwungen, zwischen den kurzfristigen Gewinnvorteilen, die sich aus der bewussten Informationsverzerrung ergeben, und dem daraus resultierenden Reputationsverlust abzuwägen. Im Aufbau von Reputation wird in der wissenschaftlichen Literatur deshalb regelmäßig ein geeigneter Mechanismus zur Verhinderung opportunistischen Informationsverhaltens vermutet.[367] Dieser erfolgt „... jedoch nicht uneigennützig, sondern soll den Abschluß zukünftiger Geschäfte zwischen Analysten und Investoren ermöglichen oder erleichtern."[368] Nach Benabou/Laroque (1992) kann der Lernprozess der Informationskäufer jedoch einen nicht unerheblich langen Zeitraum in Anspruch nehmen, so dass Reputationserwägungen allein eine unverzerrte Informationsübermittlung durch Finanzanalysten vermutlich nicht garantieren können.

Abbildung 3.4 stellt die skizzierten Zusammenhänge zur ökonomischen Begründung der Informationsproduktion und der Informationsverwertung durch Finanzanalysten graphisch dar.

---

366 Vgl. **Benabou/Laroque** (1992), Privileged Information.
367 Vgl. hierzu ausführlich **Hax** (1998), Informationsintermediation, S. 129 ff.
368 Ebenda, S. 188.

Abb. 3.4: Produktion und Verkauf von Informationen durch Finanzanalysten

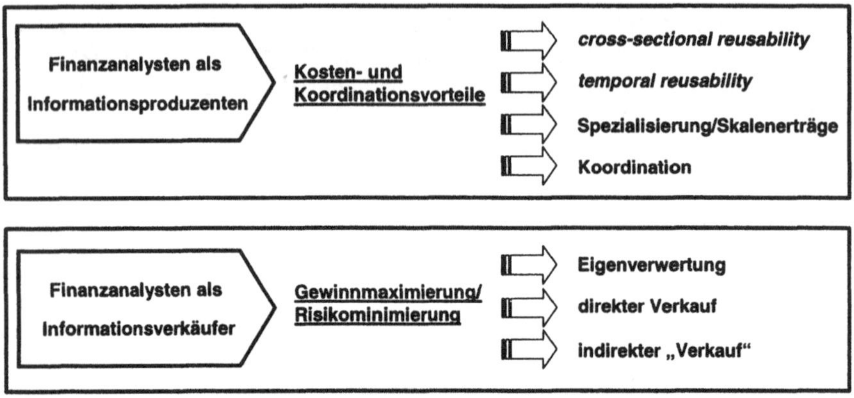

Die Einschaltung von Finanzanalysten als Informationsagenten der Investoren scheint insgesamt sowohl aus Sicht der Kapitalgeber und Kapitalnehmer[369] als auch aus Gesamtmarktsicht zweckmäßig zu sein. Auch die Vorteilhaftigkeit des direkten und/oder indirekten Verkaufs der Informationen durch diese Informationsproduzenten lässt sich theoretisch erklären und dürfte auch auf realen Kapitalmärkten regelmäßig gegeben sein.

3.2.4.4 Grundprobleme der zweistufigen *Principal-Agent*-Beziehung

Informationsproduktion verursacht erhebliche Kosten; Wertpapierhäuser und Finanzinstitute investieren weltweit enorme Ressourcen in die Erhebung und Analyse von Finanzinformationen sowie in die Verbreitung der daraus abgeleiteten Researchprodukte und Handlungsempfehlungen. „In

[369] Die Vorteilhaftigkeit der Zwischenschaltung von Finanzanalysten aus Sicht der Unternehmen wird in der wissenschaftlichen Literatur z. B. mit deren Informationsübermittlungsfunktion begründet. Ausgangspunkt ist die Überlegung, dass die wahre Qualität eines Unternehmens nur dem Management bekannt ist. Die Schwierigkeit für das Management besteht nun darin, diesen wahren Wert glaubwürdig an Anleger und andere Marktteilnehmer zu übermitteln. Eine mögliche und zugleich kostengünstige Alternative besteht in der Zwischenschaltung von „unabhängigen" und deshalb glaubwürdigen Informationsproduzenten, zu denen v. a. auch Finanzanalysten zählen. **Hax** (1998) bezeichnet Finanzanalysten in diesem Sinne als „Informationsübermittlungsagenten der Unternehmen" und verweist auf das Modell von **Ramakrishnan/Thakor** (1984), Financial Intermediation. (Vgl. **Hax** (1998), Informationsintermediation, S. 55 ff.).

a competitive and rational world, this costly activity must be compensated by commensurate expected profits in the form of underwriting fees, trading profits, and commissions from securities trading, the latter an indirect product of the investment research examined here. Similarly, investors should be willing to pay for brokerage investment advice only if the expected benefit is at least as great as the cost of the advice."[370] Es drängt sich daher die Frage auf, inwieweit die tatsächliche Leistung von Finanzanalysten als Informationsintermediäre dem oben skizzierten, theoretischen Idealbild entspricht bzw. ob der realisierte (Informations-) Nutzen die Kosten dieser Informationsproduktion kompensiert.

Das Grundproblem asymmetrisch verteilter Informationen erhält durch die Einschaltung von Finanzanalysten als Informationsintermediäre zwei zusätzliche Ebenen: die Informationsebene zwischen Intermediär und Investor sowie die zwischen Intermediär und Kapitalnehmer. Hax (1998) charakterisiert das in Abbildung 3.5 graphisch dargestellte Verhältnis zwischen Investor, Intermediär und Kapitalnehmer entsprechend als „zweistufige *Principal-Agent*-Beziehung."[371]

- Finanzanalyst als *Principal* der Kapitalnehmer:

International gebräuchliche Insiderregelungen haben vereinfacht formuliert zum Ziel, für Chancengleichheit unter sämtlichen Marktteilnehmern bzw. dafür zu sorgen, dass sich „Insider nicht an Outsidern bereichern". Dies hat auch zur Konsequenz, dass Finanzanalysten seitens der Unternehmen nur mit den öffentlichen Informationen versorgt werden dürfen, die auch allen anderen Marktteilnehmern potenziell zur Verfügung ste-

---

370 **Womack** (1996), Brokerage, S. 138.

371 Vgl. **Hax** (1998), Informationsintermediation, S. 48. Vgl. in diesem Sinne auch **Breuer** (1993), Finanzintermediation, S. 151. Für eine Einführung in die *Agency Theory* vgl. **Arrow** (1985), Agency. Danach können zwei Grundtypen unterschieden werden: das „*hidden-action*"-Modell (bzw. „*moral hazard*"-Modell) und das „*hidden-knowledge*"-Modell (bzw. „*hidden-information*"-Modell). *Hidden-action*-Probleme resultieren aus den Freiräumen eines Agenten die von seinem *Principal* nicht eingesehen werden können und deshalb die Möglichkeit für opportunistisches Handeln eröffnen. *Hidden-knowledge*-Probleme resultieren daraus, dass der Agent über superiore Informationen bezüglich einer bestimmten exogenen Variable verfügt. Diese Informationsasymmetrie wird regelmäßig mit Qualitätsunsicherheit („*hidden-quality*") gleichgesetzt, die zu dem in Fn. 312 beschriebenen *adverse selection*-Problem führen kann. Nach **Vincenti** (2002) besteht der „... wesentliche Unterschied zwischen ‚Adverse Selection' einerseits und ‚Moral Hazard' andererseits gerade in der zeitlichen Beziehung zum Vertragsabschluß. Während die Qualitätsunsicherheit bereits ‚ex ante' gegeben ist, tritt das Problem der Verhaltensunsicherheit indessen stets ‚ex post' auf." (**Vincenti** (2002), Wirkungen, S. 57).

Abb. 3.5: Zwischenschaltung von Finanzanalysten im *Principal-Agent*-Kontext

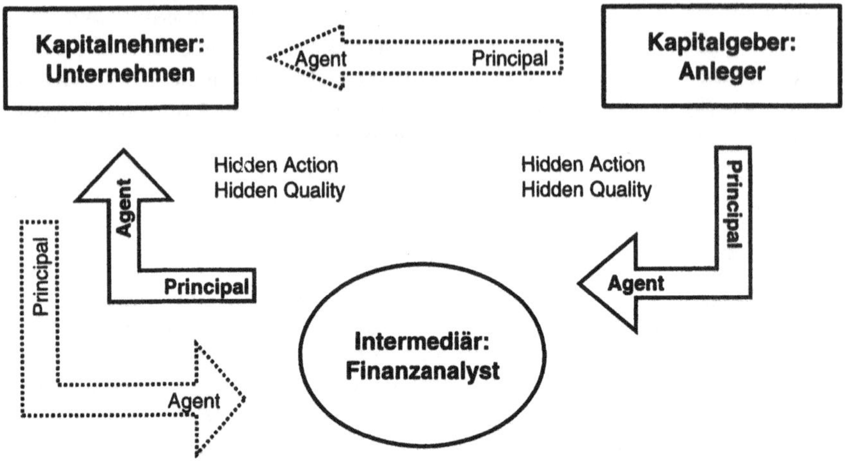

hen.[372] Finanzanalysten werden deshalb zunächst mit Problemen konfrontiert, die denen eines Investors im direkten Verhältnis zum Kapitalnehmer vergleichbar sind. Die realistische Annahme, dass Unternehmensinsider – insbesondere das Management – über eine bessere Informationsgrundlage verfügen, um auf den „wahren" Wert ihres Unternehmens zu schließen, birgt ein „Zitronen"-Problem:[373] Da dem Management „schlechter" Unternehmen nicht daran gelegen sein kann, Qualitätsdefizite (freiwillig) erkennbar zu machen und Finanzanalysten bzw. Investoren gleichzeitig nur begrenzte Einblicke in die Unternehmen haben, um Qualitätsunterschiede zu identifizieren, besteht Spielraum für opportunistisches Informationsverhalten.

Im Interesse eines dauerhaften Zugangs zum Kapitalmarkt und um mögliche juristische Konsequenzen zu verhindern, sind diesem Freiraum

[372] Am deutschen Kapitalmarkt untersagt § 14 WpHG (Verbot von Insidergeschäften) die Weitergabe von Insidertatsachen, also auch z. B. die Informationsweitergabe an einen begrenzten Kreis von Finanzanalysten, sofern die Insidertatsache nicht spätestens zeitgleich auch öffentlich bekannt gemacht wird („Ad-hoc-Publizität"). Die Einhaltung dieser „Spielregel" kann jedoch kaum überprüft werden und so liegt der Verdacht nahe, dass Analysten aus Finanzhäusern mit entsprechender Marktmacht oder mit vielfältigen und engen Geschäftsbeziehungen zum Unternehmen regelmäßig auch bevorzugt mit Informationen versorgt werden.

[373] Vgl. hierzu Fn. 312.

jedoch Grenzen gesetzt. Im Verhältnis zu Finanzanalysten wird dieser Freiraum des Kapitalnehmers darüber hinaus regelmäßig durch folgende zwei Faktoren begrenzt:

(1) „Gute“ Unternehmen werden aktiv nach Möglichkeiten suchen, um die „wahre“ Qualität ihrer Aktie zu kommunizieren bzw. zu signalisieren. Die Kernfrage hierbei ist die der Glaubwürdigkeit derartiger Qualitätssignale. Die Analyse und Bewertung durch Finanzanalysten als objektive Gutachter stellt eine effektive Möglichkeit dar, entsprechende Informationen über einen Multiplikator an den Kapitalmarkt zu leiten. In diesem Sinne können Finanzanalysten auch als Agenten der Unternehmen agieren.[374] Je größer das Wirkungspotenzial eines Finanzanalysten als Informationsproduzent ist und je länger die Planungsperspektive des Kapitalnehmers, desto höher wird tendenziell das Interesse des Unternehmens sein, eine stabile Vertrauensbasis aufzubauen. Die (regelmäßige) Weitergabe von verzerrten oder gar falschen Informationen würde die Grundlage dieser Zielsetzung nachhaltig und dauerhaft gefährden.

(2) Aufgrund der bereits diskutierten Spezialisierungsvorteile von Finanzanalysten besteht die Gefahr, dass diese opportunistisches Informationsverhalten seitens der Unternehmen früher und häufiger entlarven als dies „normalen“ Investoren – trotz identischem Informationszugang – gelingt.

- Finanzanalyst als *Agent* der Investoren:

  Finanzanalysten als Informationsintermediäre handeln auch als Agenten der Investoren.[375] Aufgrund asymmetrischer Informationsverteilung

---

[374] Für **Ramakrishnan/Thakor** (1984) ist dieses *hidden quality*-Problem die Basis ihres Modells, in dem Finanzanalysten als Agenten der Unternehmen dargestellt werden. Die Unsicherheit über die wahre Qualität der Aktien der Unternehmen führt zu einer Durchschnittspreisbildung. Unterbewertete Unternehmen werden deshalb nach Wegen suchen, den wahren Wert ihrer Aktien glaubwürdig zu übermitteln. Die Autoren sehen hierfür in der Zwischenschaltung von Finanzanalysten einen geeigneten Ansatz. In dem vorgeschlagenen Modell haben diese Informationsintermediäre jedoch nur dann einen Anreiz zur Informationsproduktion, wenn sie direkt von den Unternehmen entlohnt werden. Entsprechende Entlohnungsverträge sollen sicherstellen, dass die von den Finanzanalysten produzierten Informationen von den Marktteilnehmern (trotzdem) als glaubwürdig anerkannt werden. (Vgl. **Ramakrishnan/Thakor** (1984), Financial Intermediation).

[375] Der Argumentation von **Diamond** (1984) folgend, lässt sich die Existenz von Finanzanalysten auch mit ihrer Funktion als (Überwachungs-) Agenten der Investoren begründen: Angesichts des *hidden action*-Problems zwischen Unternehmen und Investoren werden Finanzanalysten als Agenten der Kapitalgeber eingesetzt,

wird der Investor hierbei aber mit dem Problem konfrontiert, dass er die Qualität des Informationsintermediärs, – d. h. die Fähigkeit, relevante Informationen zu produzieren – nicht (sofort) erkennen kann; Hax (1998) sieht darin das zentrale *hidden quality*-Problem. Dieses Problem wird zum einen zusätzlich dadurch erschwert, dass sich sowohl sorgfältig erarbeitete als auch schlechte Finanzanalysen durch unvorhersehbare Zufallseinflüsse ex post als falsch oder zutreffend erweisen können.[376] Zum anderen lassen Ergebnisse der psychologischen Forschung auch auf kognitive Unzulänglichkeiten bei Finanzanalysten schließen.[377] So finden z. B. De Bondt/Thaler (1990) Hinweise auf die Gültigkeit der „Überreaktionshypothese" bei Finanzanalysten, d. h. einer unbegründet starken Reaktion (Prognoserevisionen) auf neue Informationen.[378] Easterwood/Nutt (1999) kommen zu dem Ergebnis, dass Finanzanalysten nur auf positive Neuigkeiten über-, auf negative Nachrichten hingegen zu wenig reagieren.[379] Auch das empirisch nachgewiesene „Herdenverhalten" („*herding*") von Finanzanalysten, d. h. die Orientierung an den Vorgaben der Kollegen, gehört in diese Kategorie.[380] Falls sich Finanzanalysten mit Informationen hoher Qualität von jenen mit schlechter Qualität durch eine systematische Fehlerkomponente unterscheiden, besteht ein Anreiz, eigene Prognosen ge-

---

welche die Unternehmen überwachen und eine glaubwürdige Übermittlung von Unternehmensinformationen sicherstellen. Ein entscheidender Vorteil der Zwischenschaltung eines Informationsintermediärs besteht dabei darin, dass die Kosten der Überwachung nur einmal aufgewendet werden müssen, weil die Überwachungsaktivitäten von vielen Investoren durch jene eines einzigen (bzw. weniger) Analysten ersetzt werden. (Vgl. **Diamond** (1984), Intermediation).

376 Eine schlechte Prognosequalität kann sich darüber hinaus aber z. B. auch dadurch einstellen, dass die Informationsprobleme im Verhältnis Intermediär zu Kapitalnehmer auf die Beziehungsebene von Intermediär zu Investor durchschlagen. So kann der Finanzanalyst trotz aller Sorgfalt keine guten Prognosen ermitteln, wenn ihn das beobachtete Unternehmen z. B. mit falschen oder verzerrten Informationen versorgt.

377 Die (Fehl-) Entwicklungen an den internationalen Aktienmärkten während der vergangenen Jahre haben der Theorie der „*Behavioral Finance*", die davon ausgeht, dass sich Vorgänge an den Finanzmärkten nicht alleine durch ökonomische Fundamentalfaktoren erklären lassen, sondern von psychologisch geprägten Verhaltensmustern der Anleger abhängen, entscheidende Impulse verliehen. Dies kann auch daran abgelesen werden, dass mit Daniel Kahneman und Vernon L. Smith zwei prominente Vertreter dieser Forschungsrichtung im Jahre 2002 mit dem Nobelpreis für Ökonomie ausgezeichnet wurden. Daraus lässt sich auch die Tendenz eines Paradigmenwechsels weg von der Vorstellung des Homo Oeconomicus ablesen. Vgl. hierzu z. B. **Dullien/Schieritz** (2002), Herde.

378 **De Bondt/Thaler** (1990), Security Analysts.

379 Vgl. **Easterwood/Nutt** (1999), Inefficiency.

380 Vgl. hierzu m. w. N. **Welch** (2000), Herding, **Hax** (1998), Informationsintermediation, S. 32 f., oder **Devenow/Welch** (1996), Rational Herding.

ringer zu gewichten und sich stattdessen an die Informationen der Konkurrenten anzulehnen, um so das Risiko einer Fehlprognose zu teilen.[381] Schließlich könnten auch einfach nur die Anreize zu einer effizienten Informationsverarbeitung angesichts deren Kosten zu gering sein.[382] Beispielsweise dürften die Finanzanalysten bei Wertpapieren, für die hohe Handelsumsätze zu erwarten sind, vergleichsweise hohe Anreize besitzen, Prognosen mit hoher Informationsqualität zu produzieren, weil die damit induzierten Provisionseinnahmen entsprechend hoch ausfallen sollten.

Daneben bestehen aber insbesondere aufgrund von *hidden action*-Problemen zahlreiche Anreize für Finanzanalysten opportunistisch zu handeln. Diese resultieren aus der Unbeobachtbarkeit ihres Arbeitseinsatzes sowie der zahlreichen potenziellen Interessenkonflikte typischer Informationsintermediäre: „One proposed cause of bias is that analysts do not strive for earnings forecast accuracy in all circumstances because, among other tasks, they must generate commissions ... and maintain good relations with company managers ..."[383] Interessenkonflikte können z. B. daraus resultieren, dass das Aktienresearch häufig nur eine organisatorische Einheit innerhalb eines Finanzinstituts ist. Der Verdacht ist deshalb naheliegend, dass Finanzanalysten bei ihren Empfehlungen regelmäßig die Ziele anderer Abteilungen und Geschäftsbereiche berücksichtigen werden: „Conflicts can arise when analysts work for firms that have other business relationships with the company being analyzed, like investment banking services. For example, conflicts can arise when an analyst's compensation is tied to specific IPO deals; when a research report is subject to the approval of the firm's investment banking department and the subject company; when an analyst makes personal trades in the stock of the companies covered; and when an analyst or the firm has a financial interest in the issuing company."[384] Finanzanalysten besitzen angesichts der Unbeobachtbarkeit ihres Arbeitseinsatzes auch Anreize, ihren Analyseaufwand zu Lasten der Prognosequalität zu minimieren und ihre Kunden hierüber gleichzeitig zu täuschen. Dem daraus resultierenden Vorteil einer Reduzierung der individuellen Kosten der Informationsproduktion steht allerdings das Risiko gegenüber, dass die Informationsempfänger die Geschäftsbeziehung zu dem Finanzanalysten abbrechen werden, so-

---

381 Vgl. in diesem Sinne **Löffler** (1998), Finanzanalysten, S. 50.

382 Vgl. in diesem Sinne ebenda, S. 38.

383 **Butler/Saraoglu** (1999) Improving, S. 48. Vgl. in diesem Sinne auch **Michaely/Womack** (1999), Conflict.

384 **NASD** (2002), News.

bald sie erkennen, dass dessen Informationsqualität ein Niveau unterschritten hat, das den zu entrichtenden Informationskosten nicht mehr angemessen ist. Die Zuverlässigkeit, mit der Anleger und andere Informationsempfänger die Präzision der produzierten Informationen beobachten können, dürfte somit eine entscheidende Variable im Kalkül des Finanzanalysten darstellen.[385]

Löffler (1998) weist schließlich daraufhin, dass selbst in einem Markt, dessen Funktionsfähigkeit nicht durch Informationsasymmetrien beeinträchtigt ist, die Erzielung einer sozial effizienten Informationsallokation nicht gewährleistet sei.[386] Vielmehr könne auch die Existenz externer Effekte Marktunvollkommenheiten in Form unterbliebenen Erwerbs bzw. unterbliebener Verarbeitung von Informationen hervorrufen: „Falls ein Markt durch sequentiellen Informationserwerb unterschiedlicher Akteure charakterisiert ist, profitiert jeder Akteur von der Tätigkeit seiner Vorgänger. Denn bereits erworbene Informationen spiegeln sich – wenn auch unter Umständen nur gestört – im Marktpreis und in direkten Aktionen wider, etwa den beobachtbaren Prognosen anderer Analysten. Da die Vorgänger diesen externen Effekt in ihrem Entscheidungskalkül nicht berücksichtigen, investieren sie aus gesellschaftlicher Sicht zu wenig in den Erwerb von Informationen ... In besonderen Fällen können auch bereits verfügbare Daten durch die Imitation anderer ungenutzt bleiben."[387] Auf die Ebene der Investoren lässt sich dieses Problem übertragen wenn z. B. unterstellt wird, dass Anleger die Informationen mehrerer Analysten heranziehen, die nicht unabhängig voneinander arbeiten, sondern ihre Prognosen wechselseitig beobachten: „Selbst wenn die einzelnen Analysten ihre Meinungen wahrheitsgemäß berichten, muß das Gesamtergebnis nicht dem entsprechen, das sich bei einer optimalen Verteilung von Informationserwerb und -verarbeitung auf die einzelnen Analysten ergäbe ... Mißachtung eigener Informationen durch Analysten, aber auch ineffizienter Erwerb von Informationen können dazu führen, daß ein einzelner Analyst einen relativ geringen Beitrag zur Informiertheit des Marktes leistet."[388]

---

[385] Vgl. in diesem Sinne **Löffler** (1998), Finanzanalysten, S. 45. Der Autor weist in diesem Zusammenhang zurecht auf die Schwierigkeit hin, einen adäquaten Maßstab für die Qualitätsbestimmung der von Finanzanalysten produzierten Informationen zu definieren.

[386] Vgl. ebenda, S. 57 ff.

[387] Ebenda, S. 58.

[388] Ebenda, S. 59.

3.2.4.5 Empirische Befunde und Marktbeobachtungen

In verschiedenen empirischen Studien sind die Prognosefähigkeiten von Analysten im Kontext rationaler Erwartungen[389] untersucht worden. Als Datenbasis wurden meist die in den Datenbanken der u. a. auf Analystenprognosen spezialisierten Dienstleistungsunternehmen wie I/B/E/S, Zacks, Standard and Poor's oder First Call enthaltenen Gewinnschätzungen herangezogen. Die Mehrheit dieser vornehmlich auf den US-amerikanischen Kapitalmarkt bezogenen Untersuchungen kommt zu dem Ergebnis, dass Analystenprognosen nicht mit der These rationaler Erwartungen vereinbar sind; insbesondere das Phänomen zu optimistischer (Gewinn-) Prognosen („*positive bias*") wird in den Studien fast ausnahmslos belegt.[390] Diese Erkenntnis ist ein zentrales Hauptargument der Kritiker, die Analysten für die *New Economy*-Spekulationsblase an den Börsen, den anschließenden *Crash* und die damit verbundene Vertrauenskrise (mit-) verantwortlich machen.[391]

Ergebnisse von empirischen Untersuchungen wie die von Dugar/Nathan (1995) bestätigen zudem die Vermutung, dass Investmentbanking-Beziehungen zwischen Analyseinstituten und Unternehmen Einfluss auf die Analystenprognosen haben.[392] Zwar versuchen Gesetzgeber weltweit

---

389 Das auf **Muth** (1961), Rational, zurückgehende Konzept der rationalen Erwartungen setzt ganz allgemein voraus, dass die zur Verfügung stehenden Informationen bei der Erwartungsbildung angemessen berücksichtigt worden sind. Formal gesprochen sind Erwartungen für eine Zufallsvariable dann rational, wenn die subjektive Wahrscheinlichkeitsverteilung für die Realisation der Variablen gleich der auf die verfügbare Information bedingten tatsächlichen Verteilung dieser Variablen ist. Ergebnisprognosen von Finanzanalysten waren regelmäßig Gegenstand von Rationalitätstests; für einen Literaturüberblick vgl. **Löffler** (1998), Finanzanalysten, oder **Brown** (1993), Earnings Forecasting.

390 Vgl. beispielsweise **Butler/Saraoglu** (1999), Improving, **Brown** (1996), Forecasting Errors, **Dreman/Berry** (1995), Forecasting Errors, und **Ali/Klein/Rosenfeld** (1992), Information, m. w. N. Für den deutschen Kapitalmarkt untersucht **Löffler** (1998) Analystenprognosen für die Gewinnerwartungen von über 500 Unternehmen im Zeitraum 1988 bis 1993. Die Ergebnisse dieser Untersuchung deuten auf eine Verletzung der Prognoserationalität hin, da u. a. Informationen, die in Preisveränderungen enthalten sind, nur unzureichend berücksichtigt werden. Die Relevanz von *Principal-Agent*-Konflikten stuft der Autor aufgrund seiner Untersuchungsergebnisse als gering ein. (Vgl. **Löffler** (1998), Finanzanalysten). Vgl. hierzu auch **Hüfner/Möller** (1997), Erfolge.

391 Vgl. beispielhaft **o.V.** (2002), Sündenböcke.

392 Vgl. **Dugar/Nathan** (1995), Investment Banking. Kritisiert wird in diesem Zusammenhang v. a. auch die krasse Ungleichverteilung von Kauf- und Verkaufsempfehlungen. Am US-amerikanischen Kapitalmarkt wurden z. B. im Börsenjahr 2000 von den mehr als 1.000 Analysten gerade einmal für 83 von insgesamt

durch verpflichtende und die Finanzinstitute durch freiwillige Maßnahmen, den aus einer Verflechtung von Aktienresearch und anderen Einheiten resultierenden Interessenkonflikten entgegenzuwirken. Angesichts wachsender Zweifel an der Effektivität dieser Maßnahmen hat aber z. B. die amerikanische Börsenaufsicht SEC im April 2002 eine formelle Untersuchung wegen des Verdachts auf irreführende Aktien-Empfehlungen durch Banken und Wertpapierhäuser eingeleitet und damit für weltweites Aufsehen gesorgt. In der Folge war zunächst insbesondere das US-Finanzhaus Merrill Lynch unter Druck geraten, nachdem im Zuge der Untersuchungen bekannt geworden war, dass die Analysten des Hauses während des Internet-Booms Aktien zum Kauf empfohlen hatten, die sie intern als „Ramsch" bezeichneten. Wegen offensichtlicher Interessenkonflikte gerieten in der Folge mit der zur Citigroup gehörenden Investmentbank Salomon Smith Barney und der Credit Suisse First Boston weitere prominente Finanzhäuser in die Kritik, da deren Analysten mehrfach Aktien nur deshalb empfohlen hatten, um dadurch ihren Arbeitgebern lukrative Investmentbanking-Aufträge der entsprechenden Firmen zu verschaffen. Bis Ende 2002 waren 42 US-Bundesstaaten einer von dem Staatsanwalt Elliot Spitzer gegründeten *Task Force* beigetreten, welche die Ermittlungen auf weitere Banken ausdehnte und Reformvorschläge entwickelte: „The securities industry is facing the biggest shake-up since the 1930s as a result of the determination of US regulators to force through a fundamental restructuring of research."[393] Das Thema „Interes-

---

8.002 US-Aktien Verkaufsempfehlungen ausgesprochen. (Quelle: **Baumann** (2001), Nichts gelernt). **Baden** (1995) ermittelt für inländische Aktienempfehlungen deutscher Finanzanalysten im Zeitraum Juli 1991 bis Juni 1994 einen Anteil der Kaufempfehlungen von 88 %. Als Ursache wird hierfür regelmäßig verantwortlich gemacht, dass Finanzanalysten zur Informationsproduktion auf eine enge Kommunikation und eine gute Beziehung zu den Managern der von ihnen beobachteten Unternehmen angewiesen sind. Um einen Abbruch dieser Beziehungen zu vermeiden, könnten Finanzanalysten tendenziell die Verbreitung negativer Empfehlungen scheuen, so die These. (Vgl. **Baden** (1995), Fehlspekulation, S. 273). Vgl. hierzu auch **Schipper** (1991), Analysts' Forecasts. **Ljungqvist/ Marston/Wilhelm** (2003) hingegen können entgegen der gängigen Meinung nicht bestätigen, dass positive Analystenaussagen die Chancen von Emissionsbanken erhöhen, Mandate zu gewinnen. Die Autoren untersuchen hierfür eine Stichprobe von 16.456 Fremdkapital- oder Eigenkapitalemissionen am US-amerikanischen Kapitalmarkt zwischen 1993 und 2002. „In general, the state of bank-issuer relationships and the bank's and analyst's reputations had far more influence over the outcome of competition for equity mandates. This is consistent with the notion that equity transactions are subject to significant information frictions that are best resolved by a credible intermediary." (**Ljungqvist/Marston/Wilhelm** (2003), Competing, S. 31).

393 **Adams/Wilson-Smith** (2002), Separation, S. 1. Am 20.12.2002 einigten sich zehn namhafte Wallstreet-Banken mit den Aufsichtsbehörden – beteiligt waren

senkonflikte zwischen Aktienresearch und Investmentbanking" blieb aber nicht auf Wall-Street-Adressen beschränkt, sondern ist seitdem fester Bestandteil einer weltweiten Debatte, die häufig von der folgenden Feststellung motiviert ist: „Dass Finanzanalysten tatsächlich aus opportunistischen Motiven Überbewertungen von Unternehmen bewusst in Kauf nehmen, hat die in den USA vorangetriebene juristische Aufarbeitung der Börsenblase Ende der 90-er Jahre hinlänglich gezeigt."[394]

Auch in Bezug auf Aktien-Neuemissionen finden z. B. Rajan/Servaes (1997) bei ihrer Untersuchung zu US-Börsenneulingen u. a. Hinweise darauf, dass Finanzanalysten nach erfolgtem Börsengang im Durchschnitt zu optimistische Prognosen aufstellen.[395] Michaely/Womack (1999) dokumentieren, dass Finanzanalysten der emissionsbegleitenden Finanzinstitute, den Aktienkurs nach dem Börsengang – und nach Ablauf der *quiet period* – durch positive Empfehlungen stützen: „We conclude

---

Staatsanwalt Spitzer, die SEC und die NYSE – auf die Zahlung einer Summe von 1,4 Mrd. USD. Mehr als 900 Mio. USD wurden als Strafgebühren für den Missbrauch des Aktien-Research festgelegt. Weitere 450 Mio. USD werden die betroffenen Banken (Citigroup, Morgan Stanley, Merrill Lynch, JP Morgan Chase, Salomon Smith Barney, Credit Suisse First Boston, Goldman Sachs, Lehman Brothers, Deutsche Bank, UBS, Bear Stearns) über fünf Jahre zahlen, um ein von den Instituten unabhängiges Aktienresearch für Anleger zu finanzieren. Weitere 85 Mio. USD wurden für ein landesweites Weiterbildungsprogramm für Investoren bereitgestellt. Die Institute dürfen ihren Kunden künftig nicht mehr nur die hauseigenen Researchprodukte, sondern müssen zudem die Research-Ergebnisse von mindestens drei unabhängigen Research-Firmen zur Verfügung stellen. Zudem wird die Qualität und *Performance* der Analysten künftig stärker überwacht und transparent gemacht. Vgl. hierzu **Boni/Womack** (2003), Wall Street, oder **Kort** (2002), Milliardenstrafe. Am 28.04.2003 wurde die offizielle Untersuchung gegen die Investmentbanken abgeschlossen, gegen einzelne Personen wurde aber unverändert ermittelt. Hier standen mit Henry Blodget, ehemaliger Internet-Analyst bei Merrill Lynch, und Jack Grubman, ehemaliger Telekom-Analyst bei Salomon Smith Barney, zwei prominente Vertreter der Analysten-Zunft im Fokus, die während der *New Economy*-Euphorie mit ihren Empfehlungen für Furore gesorgt hatten. Blodget wurde im April 2003 zur Zahlung einer Geldstrafe in Höhe von 4 Mio. USD und Grubman zu 15 Mio. USD verpflichtet. Beide Analysten erhielten zudem ein lebenslanges Berufsverbot an der Wall Street. Ohne Erfolg blieben hingegen (bislang) Klagen von Investoren, welche die US-Investmentbanken für ihre Verluste bei Aktiengeschäften u. a. wegen zu optimistischer Analystenempfehlungen zur Verantwortung ziehen wollten. Am 01.07.2003 wiesen zwei US-Bundesgerichte Klagen gegen das Brokerhaus Merrill Lynch und die Investmentbanken Goldman Sachs, Morgan Stanley und Credit Suisse First Boston ab.

394 **Kaserer/Adamek** (2003), Defizite, S. 508. Zur aktuellen Debatte vgl. beispielhaft folgende Pressebeiträge: **Drescher** (2003), Analysten, **Henschel** (2003), Analysten, **Ruhkamp** (2002), Interessenkonflikte, **Frühauf** (2002), Causa, **o.V.** (2002), Citigroup, **Riecke** (2002), Unabhängigkeit.

395 Vgl. **Rajan/Servaes** (1997), Analyst Following.

that the recommendations by underwriter analysts show significant evidence of bias."[396] In einer der wenigen Untersuchungen zum deutschen Kapitalmarkt stellt Löffler (1998) resümierend fest: „Verschiedene Tests belegen Ineffizienzen in den untersuchten Prognosen der Gewinne deutscher Unternehmen in den Jahren 1988-1993; das heißt, verfügbare Informationen sind in den veröffentlichten Schätzungen nicht adäquat berücksichtigt. Da das selbstgesteckte Ziel von Finanzanalysten in der Aufbereitung und Weitergabe bewertungsrelevanter Informationen besteht, erfüllt die Intermediation durch Analysten daher eine wichtige Zielvorgabe, die man sinnvollerweise an sie stellen kann, nicht im vollen Umfang."[397]

3.2.5 Schlussfolgerungen und aktuelle Entwicklungen

3.2.5.1 Bewertung der Befunde

Die Diskussion der Intermediationsfunktion von Finanzanalysten hat eine Vielzahl möglicher Motive und Ursachen für beabsichtigte und nicht beabsichtigte Verzerrungen der von Finanzanalysten produzierten Informationen aufgezeigt. Auf Basis der theoretisch abgeleiteten Konfliktpotenziale und der skizzierten empirischen Hinweise bzw. Marktbeobachtungen lassen sich im Kern folgende vier potenzielle Fehlerquellen identifizieren:

(1) Eine fehlerhafte (Ausgangs-) Informationsbasis z. B. wegen Übertragungsfehlern, insbesondere aber aufgrund von opportunistischem Informationsverhalten der Kapitalnehmer.[398]
(2) Eine fehlerhafte Informationsverarbeitung durch Analysten z. B. aufgrund unzureichender Anreize für eine effiziente Informationsverarbeitung, methodischer Mängel, sozialer Ineffizienzen und/oder kognitiver Unzulänglichkeiten bzw. psychologischer Einflussfaktoren.
(3) Opportunistisches Informationsverhalten der Finanzanalysten aufgrund von Interessenkonflikten.
(4) Das Auftreten von Zufallsfaktoren.

Die Ursachen (1) und (4) liegen außerhalb des Einfluss- und damit des direkten Verantwortungsbereiches von Finanzanalysten. Die beiden übri-

---

[396] **Michaely/Womack** (1999), Conflict, S. 653.
[397] **Löffler** (1998), Finanzanalysten, S. 114.
[398] **Rosen, von/Gerke** (2001) bemerken hierzu: „Die sorgfältigste und methodisch sauberste Analyse kann keine qualitativ besseren Ergebnisse erbringen als die Daten, auf denen sie aufbaut." (**Rosen, von/Gerke** (2001), Kodex, S. 28).

gen potenziellen Fehlerquellen hingegen werden maßgeblich von den Analysten determiniert. Während bei Ursache (2) keine absichtliche Verzerrung von Informationen unterstellt werden kann, liegt dem opportunistischen Informationsverhalten eine strategische, bewusste Intention zugrunde. Für eine abschließende Beurteilung und/oder Weiterentwicklung der Informationsleistung von Finanzanalysten wäre eine eindeutige Identifizierung und Quantifizierung der skizzierten Fehlerquellen notwendig. Aufgrund der Unbeobachtbarkeit zugrunde liegender Prozesse lassen bisherige Untersuchungsergebnisse aber keine eindeutige Bewertung der individuellen Bedeutung dieser Quellen zu. Jede Abweichung der Ex-ante-Informationen von Analysten von den tatsächlich realisierten Ex-post-Ergebnissen ist vermutlich auf eine Aggregation der in Abbildung 3.6 aufgeführten Einflussfaktoren zurückzuführen, deren Gewichtung sich in Abhängigkeit von den Rahmenbedingungen von Fall zu Fall markant unterscheiden wird.

Abb. 3.6: Ursachen verzerrter Informationsproduktion durch Finanzanalysten

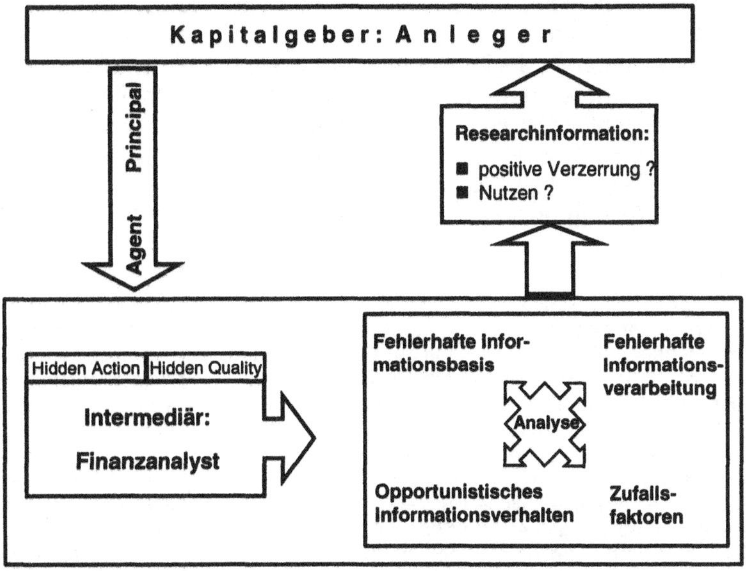

Insbesondere die Erkenntnisse, die im Rahmen der jüngsten Untersuchungen der Geschäftspraktiken von US-amerikanischen Investmenthäusern gewonnen wurden, haben den Schwerpunkt – zumindest in der

öffentlichen Diskussion – auf den Aspekt der Interessenkonflikte verlagert. Diese Marktbeobachtungen lassen insgesamt Zweifel an dem beschriebenen Idealbild von Finanzanalysten als Informationsintermediäre und der von ihnen geleisteten, kostenverursachenden Informationsproduktion aufkommen. Finanzanalysten und deren Arbeitgebern wird im Gegenteil opportunistisches Informationsverhalten mit dem Ziel der individuellen Gewinnmaximierung unterstellt. Die Objektivität und damit die Qualität bzw. der (Informations-) Nutzen von Researchprodukten der Finanzanalysten werden dabei grundsätzlich in Frage gestellt. Der voreiligen Schlussfolgerung, Analysten seien deshalb eine „überflüssige Spezies“[399], müssen jedoch mindestens folgende fünf Überlegungen bzw. Thesen entgegen gehalten werden:

(1) Die Informationsproduktion von Finanzanalysten umfasst nicht nur die Erstellung von Gewinnprognosen:

Zunächst erscheint es generell fragwürdig, ob die Genauigkeit von Gewinnprognosen als alleiniges Beurteilungskriterium für die Leistungsfähigkeit von Finanzanalysten und den Nutzen der von ihnen erbrachten Informationsleistung geeignet ist.[400] Denn das Spektrum der Informationen, die im Rahmen der Research-Aktivitäten produziert und verbreitet werden, ist deutlich breiter und beinhaltet neben Analystenempfehlungen nicht nur quantitative, sondern auch qualitative Aussagen zu Unternehmen, Branchen und zum Gesamtmarkt. Researchstudien gelten insbesondere unter institutionellen Anlegern deshalb als „unentbehrliche Fundgrube für Firmendaten“.[401]

---

399 **Jackson** (2002), Spezies, S. 31.

400 Um von einer ex post beobachteten Fehlprognose auf opportunistisches Informationsverhalten eines Finanzanalysten schließen zu können, müsste zunächst einmal gezeigt werden, dass die tatsächliche Entwicklung bei entsprechender Sorgfalt bereits ex ante hätte erkannt werden müssen. Vgl. in diesem Sinne **Schwetzler** (2001), Bewertung, S. 63.

401 **Gimbel/Earle** (2002), Aktienanalysen. Eine Umfrage des Magazins Global Investor unter 137 Fondsmanagern erbrachte u. a. folgendes Ergebnis: „Für die Anlage-Experten ist die tatsächliche Empfehlung die unwichtigste Information der ganzen Analyse. Was sie suchen, sind spezielle Einblicke in das Unternehmen und seine Branche. Dann beurteilen sie selbst, ob sie das Argument des Analysten für überzeugend halten.“ (**Ascarelli** (2002), Profis). Problematisch ist in diesem Zusammenhang jedoch die Feststellung, dass Anleger – insbesondere Privatanleger – Researchstudien häufig nicht vollständig, sondern nur in komprimierten, mediengerechten Zusammenfassungen erhalten. Dadurch geht der Einblick in die Komplexität der Analyse, die zugrunde gelegten Annahmen und die daraus abgeleiteten Schlussfolgerungen verloren. Vgl. in diesem Sinne z. B. **Diehl** (2001), Investmentanalysten, S. 403.

(2) Informationsnutzen kann trotz eines *positive bias* bzw. einer positiven Verzerrung entstehen:

Fragwürdig ist auch, ob die Existenz eines *positive bias* den Nutzen von Gewinnprognosen und/oder die Informationsleistung von Finanzanalysten grundsätzlich eliminiert. So geht z. B. Womack (1996) der Frage nach dem Wert von Analystenempfehlungen („*ratings*") für Anleger nach. Hierfür untersucht er die Auswirkungen von Aktienempfehlungen auf die Kursentwicklung der jeweiligen Titel und kommt zu dem Ergebnis: „The results are consistent with the expanded view of market efficiency suggested by Grossman and Stiglitz (1980): that there must be returns to information search costs."[402] Womack (1996) dokumentiert einen Renditedrift nach Kaufempfehlungen durch Finanzanalysten in Höhe von durchschnittlich 2,4 %; bei Verkaufsempfehlungen beträgt die Kursreaktion -9,1 %. Stickel (1991) berechnet in einer älteren Untersuchung sogar eine mittlere Überrendite durch Ausnutzung von Prognoserevisionen von bis zu 13 % über einen Sechsmonatszeitraum.[403]

Barber/Lehavy/McNichols/Trueman (2001) ermitteln für ein Portfolio US-amerikanischer Aktien mit den positivsten (Kauf-) Empfehlungen im Zeitraum 1986 bis 1996 eine durchschnittliche, marktadjustierte Rendite von fast 4 % p. a.[404] Ein Portfolio mit Aktien mit negativen Empfehlungen erreichte hingegen eine Rendite von -9,06 %. In einer späteren Wiederholung dieser Untersuchung zum Zeitraum 1996 bis 2001 kommen die Autoren für die Börsenjahre 00/01 jedoch zu folgendem Ergebnis: „After a string of years in which security analysts' top stock picks significantly outperformed their pans, the years 2000 and 2001 were disasters. During those two years, the stocks least favored by analysts earned an average annualised market-adjusted return of 13,44 percent whereas the stocks most highly recommended underperformed the market by 7,06 percent, a return difference of more than 20 percentage points.[405] Bei einer langfristigen Betrachtung (1986 bis 2001) erzielte das Favoriten-Portfolio mit den positiven Empfehlungen eine Rendite von 2,44 % und lag damit deutlich über dem Negativ-Portfolio, das eine Performance von -9,94 % aufwies. „These relative returns reflect favorably on the long-term value of analyst recommendations, as long as the 2000-01 results are simply

[402] **Womack** (1996), Brokerage, S. 165.
[403] Vgl. **Stickel** (1991), Stock Returns.
[404] Vgl. **Barber/Lehavy/McNichols/Trueman** (2001), Prophets.
[405] **Barber/Lehavy/McNichols/Trueman** (2003), Recommendations, S. 88.

an aberration that is unlikely to be repeated. If, however, this recent performance reflects an inability or reluctance on the part of analysts to adapt to changing market conditions (such as might be the case if analysts continue to favor small-cap growth firms over small-cap value firms because of their potentially greater investment banking business), then analyst performance for the whole period will not be a reliable predictor of future returns to analyst picks."[406]

Andere empirische Untersuchungen vergleichen alternative Prognosemethoden und stellen u. a. fest „... that analysts' earnings forecasts are significantly more accurate than forecasts of econometric models."[407] Auch Löffler (1998) beschäftigt sich im Rahmen seiner Untersuchung zum deutschen Kapitalmarkt mit dem Informationsgehalt von Analystenprognosen bzw. mit der Frage, ob Finanzanalysten neue, kursrelevante Informationen auf den Markt bringen. Er untersucht hierfür die Assoziation kurzfristiger Renditen mit zeitgleich verbreiteten Prognoseänderungen durch Finanzanalysten und kommt zu dem Ergebnis: „Auf die Frage, ob Analysten Informationen auf den Markt bringen, kann daher eine positive Antwort gegeben werden."[408]

(3) Informationsnutzen kann u. U. erst aufgrund eines *positive bias* bzw. einer positiven Verzerrung entstehen:

Schließlich zeigen jüngere Ansätze aber auch alternative Erklärungsmodelle auf, mit denen positiv verzerrte Gewinnprognosen rational erklärbar werden. Lim (2001) argumentiert z. B., dass unverzerrte Prognosen nicht zwangsläufig die exakteren Vorhersagen sind und begründet diesen scheinbaren Widerspruch damit, dass Analysten regelmäßig auf den Zugang zu Informationen des Managements eines Unternehmens angewiesen seien, um adäquate Prognosen erstellen zu können: „The company's management is a key source of nonpublic company information, and managers prefer favorable forecasts because these support higher capital market valuations and, hence, their compensation levels. They may limit or eliminate an analyst's flow of information if the analyst issues unfavourable forecasts, even if these are justified. In this environment, analysts optimally report biased estimates. Positive bias in their estimates acts to decrease mean squared error – which can be decomposed into squared bias and a variance term – by reducing forecast variance through

[406] Ebenda, S. 94.
[407] **Brown** (1996), Forecasting Errors, S. 41 m. w. N.
[408] **Löffler** (1998), Finanzanalysten, S. 149.

improved access to managers' information."[409] Lim (2002) sieht den Finanzanalysten also mit einer *Trade-off*-Situation konfrontiert: Je stärker ein Analyst auf die Informationen des Managements angewiesen ist, desto höher wird die positive Verzerrung sein, die der Analyst akzeptiert, um sich den Zugang zu diesen Informationen zu sichern. Dieser Zugang ermöglicht eine Prognose, die trotz der positiven Verzerrung im Ergebnis exakter ist als eine Prognose, die zwar ohne Verzerrung, aber nur auf einer Basis ohne Informationen des Managements erfolgt wäre. „The model implies that analysts' forecasts are optimistically and rationally biased."[410]

Die absichtliche Verzerrung von Informationen kann also der Verbesserung der Intermediationsfunktion dienen. Da Analysten nicht sicherstellen können, dass ihre Informationen auch in ihrem Sinne verwendet und interpretiert werden, entwickelt Löffler (1998) eine weitere Hypothese: Ziel der Finanzanalysten könnte es sein, ihre Prognosen derart zu verzerren, dass diesen im Erwartungsbildungsprozess der Anleger das richtige Gewicht verliehen wird. „Angesichts der komplexen Beziehung zwischen Analysten und Investoren ist nicht auszuschließen, dass Fehler in den Prognosen die Informationsübermittlung verbessern können."[411] Beispielsweise könnten Verzerrungen der Prognosen gerade dazu dienen, Informationsasymmetrien entgegenzuwirken. Aufgrund dieser ungleichen Informationsverteilung wird der Investor den besten Zustand, in dem er sowohl die rationale Prognose eines Finanzanalysten als auch dessen Präzision kennt, nicht erreichen. „Um jedoch den zweitbesten Zustand zu erreichen, bei dem der Investor die neue Prognose im Durchschnitt korrekt verwendet, kann es notwendig sein, von der rationalen Prognose abzuweichen."[412]

(4) Verzerrungen werden von den Marktteilnehmern antizipiert:

Die Existenz eines *positive bias* lässt sich auch pragmatisch mit dem von McNichols/O'Brien (1997) dokumentierten Trend begründen, dass Finanzanalysten die Beobachtung von Aktien bevorzugen, an die positive Erwartungen geknüpft werden und hingegen die Beobachtung jener Titel einstellen, die uninteressant werden.[413] Die optimisti-

[409] **Lim** (2001), Rationality, S. 370.
[410] Ebenda, S. 372.
[411] **Löffler** (1998), Finanzanalysten, S. 198.
[412] Ebenda, S. 44.
[413] Vgl. **McNichols/O'Brien** (1997), Self-Selection. **Rosen, von/Gerke** (2001) erklären diese Selektion mit der Notwendigkeit, Research über gesteigerte Provisions-

sche Verzerrung von Prognosen wäre demnach eine nachvollziehbare Konsequenz dieses Selektionsprozesses. Das Phänomen des *positive bias* stellt u. a. deshalb keine neue Erkenntnis dar, sondern ist den Marktteilnehmern ebenso hinlänglich bekannt wie die Existenz von potenziellen Interessenkonflikten. Deshalb kann intuitiv unterstellt werden, dass Investoren die Möglichkeit von Verzerrungen in ihren Überlegungen und Investment-Entscheidungen berücksichtigen.[414] Da Investoren m. a. W. einen *positive bias* in den Vorhersagen der Finanzanalysten korrigieren können, wäre es voreilig, deren Informationsbeitrag in Frage zu stellen, weil die gelieferten Informationen bestimmten Kriterien – z. B. denen des Rationalitätskonzeptes – scheinbar nicht genügen.

---

einnahmen zu finanzieren. Da die Adressaten einer Kaufempfehlung prinzipiell sämtliche Anleger, Adressaten einer Verkaufsempfehlung hingegen nur diejenigen Anleger seien, welche die Aktie bereits besäßen, sei das akquisitorische Potenzial einer Kaufempfehlung um ein Vielfaches höher als dasjenige einer Verkaufsempfehlung. „Es liegt nahe, dass eine Studie zu einer Aktie eines kleineren oder auch mittleren Unternehmens bereits in einem sehr frühen Stadium abgebrochen wird, wenn sich herausstellt, dass keine klare Kaufempfehlung ausgesprochen werden kann. Die knappen Ressourcen im Research werden dann schnellstmöglich in der Analyse eines anderen, u. U. umsatzrelevanteren Wertpapiers eingesetzt. Es ist aus diesem Grund nur natürlich, dass die Zahl der Kaufempfehlungen die Zahl der Verkaufsempfehlungen bei weitem übersteigt." (**Rosen, von/Gerke** (2001), Kodex, S. 58).

414 So schrieb z. B. die Tageszeitung Die Welt: „Professionelle Investoren sind sich offenbar sehr wohl bewusst, dass Investmentbanken wie Merrill Lynch Geschäfte mit Unternehmen tätigen, die sie auch analysieren. Sie sind zumeist nicht der Ansicht, dass ein möglicher Interessenkonflikt die Glaubwürdigkeit von Merrill Lynch beeinträchtigt." Insbesondere der Einblick der Analysten in die Unternehmen wäre von Interesse. Hingegen wäre es naiv, alles „... für bare Münze zu nehmen, was die Wall-Street-Firmen von sich geben ..." (**O.V.** (2002), Börsianer). Zu einem ähnlichen Ergebnis kommt auch z. B. eine Umfrage der Financial Times Deutschland unter Fondsmanagern, welche die Studien von Finanzanalysten insbesondere als wertvolle „Datenfundgrube" schätzen. (**Gimbel/Earle** (2002), Aktienanalysen). **Boni/Womack** (2003) vermuten, dass „... many retail investors clearly did not fully understand the various conflicts of interest that can positively bias the level of an analyst's recommendation. Institutional investors, however, have long known that analysts may feel pressure, for a variety of reasons, to make their recommendations a buy. Yet, institutional investors also have known that the use of upgrades and downgrades enables analysts to signal their forecasts of relatively over- and undervalued stocks. Therefore, whereas naive retail investors may be influenced to purchase by the average level of a recommendation – buy or strong buy – institutional investors (if influenced by recommendations at all) are more likely to monitor the direction of change in recommendations." (**Boni/Womack** (2003), Wall Street, S. 26).

(5) Verzerrungen werden begrenzt:

Darüber hinaus stößt der Freiraum zu opportunistischem Informationsverhalten dort an seine Grenzen, wo der daraus resultierende Vertrauensschaden künftige Geschäftsmöglichkeiten zerstören oder auch zu juristischen Konsequenzen[415] führen würde. Das zentrale Problem von Finanzanalysten als Informationsverkäufer besteht darin, die Glaubwürdigkeit ihrer Informationen sicherzustellen. Insbesondere der Aufbau von Reputation wird in der wissenschaftlichen Literatur als geeigneter Weg zur Erreichung dieses Ziels theoretisch und empirisch untersucht.[416] Durch den Aufbau von Reputation soll Glaubwürdigkeit signalisiert, Qualitätsunsicherheit beseitigt und damit der Abschluss weiterer Geschäfte zwischen Finanzanalyst und Anleger in der Zukunft sichergestellt werden. Daraus lässt sich ableiten, dass „... die Reputation, die eine Analyseabteilung besitzt, positiv auf das Provisionsaufkommen des Hauses wirken kann. Denn die Konkurrenz zwischen Analyseinstituten ist groß – für manche Aktien liegen über dreißig Prognosen verschiedener Analysten vor –, so daß ein Wechsel zu einem als besser empfundenen Institut nicht schwerfallen dürfte ... Darüber hinaus kann die Reputation des Analyseteams eines Instituts auch für den Erfolg anderer Geschäftsfelder relevant sein..."[417]

Insbesondere das fünfte Argument begründet intuitiv nachvollziehbare Zweifel an der These der generellen Nutzlosigkeit der Informationsleistung durch Finanzanalysten: Gibt ein Analyst über einen längeren Zeitraum – absichtlich oder unabsichtlich – falsche Informationen an Kunden und andere Zielgruppen weiter, so wird er nicht nur seine eigene Glaubwürdigkeit und die Reputation seines Arbeitgebers nachhaltig beschädigen, sondern auch seinen Arbeitsplatz verlieren, weil den durch ihn verursachten (Informations-) Kosten dann keine adäquaten Erträge mehr gegenüberstehen werden. Sind die kurzfristigen Vorteile opportunisti-

---

[415] Vgl. hierzu auch die Ausführungen im Abschnitt 4.2 der vorliegenden Arbeit.

[416] Vgl. hierzu ausführlich **Hax** (1998), Informationsintermediation, S. 129 ff. **Ljungqvist/Marston/Wilhelm** (2003) untersuchen den Einfluss von Analystenaussagen auf die Gewinnung von Mandaten anhand einer Stichprobe von 16.456 Fremdkapital- und Eigenkapitalemissionen am US-amerikanischen Kapitalmarkt zwischen 1993 und 2002. Die Autoren finden dabei Hinweise, dass „... banks and individual analysts have incentives to build and preserve reputations for accuracy and honesty in their research. We find evidence of this moderating force at work in the data. Building and preserving reputation capital served banks well in competition for equity mandates, in particular." (**Ljungqvist/Marston/Wilhelm** (2003), Competing, S. 31).

[417] **Löffler** (1998), Finanzanalysten, S. 36 f.

schen Informationsverhaltens allerdings groß genug, könnten die Anreize dennoch überwiegen. So stellen beispielsweise Kaserer/Adamek (2003) vor dem Hintergrund der im Zuge des *New Economy*-Booms angestiegenen Gehälter im Investmentbanking fest: „Angesichts solcher enormen Verdienstmöglichkeiten mag es nicht verwundern, dass die berufsständische Sorgfaltspflicht zugunsten eines winkenden Bonusses gelegentlich etwas großzügiger ausgelegt wurde. Ebenso wenig verwundert es, dass offensichtlich einige Analysten bereit waren, das Risiko dauerhafter Reputationsverluste einzugehen."[418]

3.2.5.2 Reformbestrebungen

An die Stelle der auf Basis informationsökonomischer Überlegungen bereits beantworteten grundsätzlichen Frage nach der Existenzberechtigung von Finanzanalysten, tritt auch in der öffentlichen Debatte zunehmend jene nach den Ursachen und den Möglichkeiten der Reduzierung von Informationsdefiziten auf Kapitalmärkten. Der *Crash* der internationalen Aktienmärkte, die begleitenden Wirtschaftsskandale und die dadurch transparent gewordenen Funktionsmängel und Missstände an den Finanzmärkten haben Gesetzgeber, Wissenschaftler und Organisationen in diesem Zusammenhang bereits zu einer ganzen Reihe neuer Initiativen und Reformprojekte auf den verschiedensten Transaktionsebenen veranlasst. Die Belange des Anlegerschutzes an den Kapitalmärkten werden im Wesentlichen auf den in Abbildung 3.7 dargestellten zwei Ebenen gewahrt: Zum einen werden seitens der Gesetzgeber konkrete Normen und Verhaltensregeln erlassen, zum anderen setzen Verbände und Berufsstände durch verabschiedete Ehrenkodizes (freiwillige) Verhaltensstandards für Finanzanalysten. Die Finanzinstitute versuchen schließlich diese gesetzlichen und berufsständischen Bestimmungen in interne Anweisungen (Organisationsanweisungen, Mitarbeiterleitsätze, etc.) umzusetzen.

Im Rahmen der durch den *New Economy-Crash* ausgelösten öffentlichen Diskussion zu den Ursachen der beobachteten Fehlentwicklungen nahmen die Geschäftspraktiken der Finanzinstitute und ihrer Researchabteilungen einen breiten Raum ein. Auch in den daran anknüpfenden Reformansätzen stellen diese Themenkomplexe entsprechend Schwerpunktbereiche dar. Aufgrund seiner internationalen Leit- und Vorbildfunktion kommt den Entwicklungen am US-Kapitalmarkt hierbei einmal mehr besondere Bedeutung zu. Auf der Ebene der Gesetzgeber haben sowohl

---

[418] **Kaserer/Adamek** (2003), Defizite, S. 509.

Abb. 3.7: Regelungsebenen der Informationsproduktion und -kommunikation durch Finanzanalysten

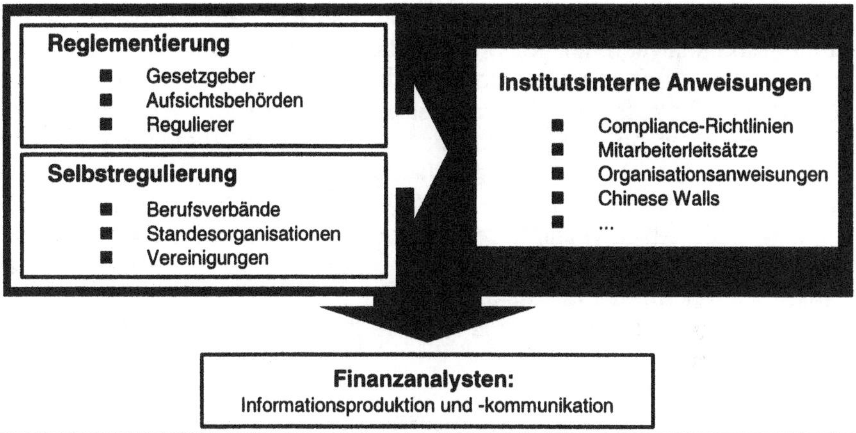

die amerikanische Börsenaufsicht *Securities and Exchange Comission* (SEC) als auch das Bundesfinanzministerium mit Gesetzesinitiativen auf die beobachteten Fehlentwicklungen an den Kapitalmärkten reagiert, die im Kern v. a. aus einer Verschärfung bestehender Regelungen bestanden.

Die SEC begann intern bereits 1999 damit, die Geschäftspraktiken von Finanzinstituten im Zusammenhang mit möglichen Interessenkonflikten zwischen Research und Investmentbanking zu untersuchen. Im Juli 2001 veröffentlichte die Behörde eine erste Studie, in der die Problembereiche und Ursachen aufgeführt wurden, die Analystenurteile beeinflussen können.[419] Am 25. April des gleichen Jahres wurde eine formelle Untersuchung wegen des Verdachts auf irreführende Aktien-Empfehlungen eingeleitet. Am 10.05.2002 schließlich genehmigte die SEC einen von der *National Association of Securities Dealers* (NASD) und der *New York Stock Exchange* (NYSE) unterbreiteten Maßnahmenkatalog zur Überwindung dieser Interessenkonflikte zwischen Research und Investmentbanking.[420] Die darin vorgeschlagenen Standards verfolgen v. a. das Ziel der Offenlegung von potenziellen Interessenkonflikten und die Sicherstellung der Objektivität von Analysten. Am 06.02.2003 beschloss die SEC zudem die sog. „*Regulation Analyst Certification*", d. h. eine Art

[419] Vgl. **SEC** (2002), Analyzing.
[420] Vgl. **NASD** (2002), Rule, und **SEC** (2002), Release.

schriftliche Beglaubigung der Finanzanalysten. Diese soll sicherstellen, „... that any research report disseminated by a broker or dealer include certifications by the research analyst that the views expressed in the research report accurately reflect the analyst's personal views, and whether the analyst received compensation or other payments in connection with his or her specific recommendations or views."[421] Darüber hinaus ist der Prozess der Reformbestrebungen in den USA aber noch nicht abgeschlossen und könnte noch gravierendere Veränderungen erwirken: „According to investment banking sources, there are three broad models being considered for the industry. One is to enforce much tougher Chinese walls, which would further restrict or prevent any involvement by analysts in investment banking deals. Another is to make investment banks ring-fence research inside separate entities within the banks. The third, and most radical, option is to force the banks to hive off research into separate businesses."[422]

Das Vierte Finanzmarktförderungsgesetz, das als Gesetz zur weiteren Fortentwicklung des Finanzplatzes Deutschland am 14.11.2001 vom Bundeskabinett beschlossen wurde und am 01.07.2002 in Kraft getreten ist, enthält auch Regeln, die als konkrete Reaktionen auf die im Zuge des *New Economy-Crash* transparent gewordenen Missstände und Fehlentwicklungen am deutschen Kapitalmarkt zu interpretieren sind.[423] Es hatte deshalb nicht nur die grundlegende Reform des Börsenrechts zur Erhöhung der Flexibilität des Börsenhandels und eine Stärkung des Abwehrsystems gegen die Geldwäsche zum Ziel, sondern insbesondere auch die Stärkung des Anlegerschutzes durch eine Erhöhung der Marktintegrität und der Markttransparenz. Insiderhandel, Kursmanipulationen und falsche Informationen werden danach als Straftatbestände behandelt, darüber hinaus steigen die Anforderungen an die Informationspflicht börsennotierter Unternehmen. Aus Sicht der Finanzanalysten ist insbesondere § 34b WpHG von Bedeutung, der im Rahmen des Vierten Finanzmarktförderungsgesetzes in das Wertpapierhandelsgesetz eingefügt wurde und als maßgebliche Ergänzung der Wohlverhaltensregeln der § 31, 32 WpHG zu

[421] **SEC** (2002), Regulation.

[422] **Adams/Wilson-Smith** (2002), Separation, S. 1.

[423] Im Vierten Finanzmarktförderungsgesetz fand auch der im Auftrag des Bundeswirtschaftsministeriums von Rüdiger von Rosen, geschäftsführender Vorstand des Deutschen Aktieninstituts, und Wolfgang Gerke, Professor für Bank- und Börsenwesen an der Universität Erlangen-Nürnberg, entwickelte sog. „Analystenkodex" seinen Niederschlag. Dieses Regelwerk stellte einen umfassenden (deutschen) Versuch dar, Spielregeln zu definieren, die sich auf die Rolle der wichtigsten Informationsintermediäre am Kapitalmarkt, d. h. insbesondere der Analysten und Journalisten, konzentrieren. (Vgl. **Rosen, von/Gerke** (2001), Kodex).

interpretieren ist. Darin wird festgelegt, dass Wertpapierdienstleistungsunternehmen die in einem eigenen oder einem verbundenen Unternehmen begründeten möglichen Interessenkonflikte offen zu legen haben. Das Wertpapierdienstleistungsunternehmen muss demnach die Tatsachen nennen, aus denen sich Interessenkonflikte ergeben können. Bezüglich der weiteren Konkretisierung von Sorgfaltspflichten und Offenlegung von Interessenkonflikten über die Regelfälle hinaus besteht derzeit jedoch noch weitgehende Unklarheit und damit Rechtsunsicherheit.[424] Die Bundesanstalt für Finanzdienstleistungsaufsicht (BAFin) hat am 11.03.2003 eine erste Stellungnahme zur Konkretisierung der in § 34b WpHG festgelegten Sorgfaltspflichten der Banken im Rahmen der Wertpapieranalyse veröffentlicht. Zahlreiche Fragen bleiben zwar vorerst unklar und setzen die Branche vor erhebliche Umsetzungsprobleme. Insgesamt ist mit dem Vierten Finanzmarktförderungsgesetz dennoch ein verschärftes Regelwerk entstanden, das höhere Anforderungen an Kapitalmarktinformationen und damit auch an Finanzanalysten stellt.

Am 25.02.2003 stellte die Bundesregierung ein 10-Punkte-Programm zur Verbesserung der Unternehmensintegrität und des Anlegerschutzes vor, das gleichzeitig Bestandteil des Finanzmarktförderplans 2006 ist.[425] Durch ein Bündel von Maßnahmen aus den verschiedensten Bereichen des Marktspektrums soll insbesondere der Anlegerschutz verbessert und der deutsche Kapitalmarkt gestärkt werden. Die Sicherstellung der Verlässlichkeit von Unternehmensbewertungen durch Finanzanalysten und *Rating*-Agenturen ist einer der Bausteine, mit denen dieses Ziel erreicht werden soll: „Besonderes Vertrauen bedarf es bei Finanzanalysten und Rating-Agenturen, da sie durch ihr Urteil das Verhalten von Millionen von Anlegern beeinflussen. Ziel ist es, Interessenkonflikte zu vermeiden und die Unabhängigkeit der Analysten bzw. Bonitätsurteile zu erhöhen."[426] Die Wohlverhaltensregeln des § 34b WpHG sollen hierfür weiterentwickelt werden, um die Unabhängigkeit der Analysten weiter zu stärken. Die strikte Trennung von Analyse- und Investmentbanking-Bereichen nach US-amerikanischem Vorbild wird dabei ebenso diskutiert wie die Frage, ob eine Verknüpfung der Einkommen von Analysten mit dem wirtschaftlichen Erfolg der Eigenhandelsaktivitäten oder Provisionsergebnisse ihrer Arbeitgeber noch zugelassen werden soll.

---

424 Vgl. hierzu beispielhaft **Bauer** (2002), Handelsbücher.
425 Vgl. **Bundesfinanzministerium** (2003), Stärkung.
426 Ebenda, S. 3.

Neben diesen verpflichtenden Reformansätzen seitens der Gesetzgeber und Regulierer wurden insbesondere von Berufsverbänden und Organisationen begleitende Maßnahmen ergriffen und Projekte ins Leben gerufen, die den Charakter freiwilliger Verhaltens- und Handlungsempfehlungen haben.[427] Im Kontext des Marktes für Aktien-Neuemissionen sind insbesondere die sog. „*Going Public*-Grundsätze" der Deutsche Börse AG von Bedeutung, die am 01.09.2002 in Kraft traten. Bei diesen Grundsätzen handelt es sich um eine weitere freiwillige Selbstregulierungsmaßnahme der Kapitalmarktteilnehmer, deren übergeordnetes Ziel „... die Erhöhung der Transparenz der für die Anlageentscheidung relevanten Informationen sowie die Schaffung eines einheitlichen Informationsniveaus für alle Anle-

[427] Hier sind insbesondere die Initiativen der Association for Investment Management and Research (AIMR; im Mai 2004 erfolgte eine Namensänderung in „CFA-Institute") sowie der Deutschen Vereinigung für Finanzanalyse und Asset Management (DVFA) hervorzuheben. Das CFA-Institute, mit Sitz in Charlottesville (USA), ist der weltweit größte Verband von Finanzanalysten mit mehr als 100.000 Mitgliedern. Ein detailliertes Regelwerk verpflichtet jedes Mitglied dieser Organisation zu Unabhängigkeit und Objektivität, zur Offenlegung von Interessenkonflikten und zur Wahrung der Kundeninteressen, die vor eigene Interessen zu stellen sind. (Vgl. **AIMR** (2002), Code). In Anbetracht der insbesondere in den USA aufgedeckten Skandale um die Geschäftspraktiken von Investmentbanken war das CFA-Institute aufgefordert, seine Standesregeln um adäquate Maßnahmen zu erweitern. Die „AIMR Research Objectivity Standards (AIMR-ROS)" sind das (vorläufige) Ergebnis dieser Reformbemühungen. „Based on the ethical principles of placing the interests of investing clients before one's own, or the firm's, and of full and fair disclosure of conflicts of interest, the AIMR-ROS provide ethical standards and accompanying specific recommended practices to guide investment firms worldwide, and their respective employees, in achieving objectivity and independence of research reports."(**AIMR** (2002), Standards, S. 3). Die DVFA ist die größte deutsche Standesvereinigung der Finanzanalysten und zählt rund 1.300 persönliche Mitglieder. Als Mitglied der EFFAS (European Federation of Financial Analysts Associations), dem europäischen Dachverband nationaler Analystenvereinigungen, ist die DVFA Teil eines großen Netzwerkes. Die DVFA hatte bereits 1995 Standesrichtlinien für ihre Mitglieder beschlossen, und darin „... die ethischen, rechtlichen und berufsständischen Anforderungen an die Berufsausübung [formuliert]." (**DVFA** (2002), Standesrichtlinien). Danach sind Finanzanalysten dazu verpflichtet, ihren Beruf unabhängig, eigenverantwortlich, gewissenhaft, verschwiegen und vornehmlich an der Interessenlage des Anlegers/Kunden oder eines anderen Auftraggebers orientiert auszuüben. Angesichts der massiven Kritik an den ethischen Standards der Finanzanalysten hat die Standesvereinigung ihr Regelwerk erweitert. Am 30.10.2002 wurde der neue DVFA-Kodex für Finanzanalyse vorgestellt und am 25.02.2003 verabschiedet. Insgesamt sollen die verschärften Berufsgrundsätze die gesetzlichen Regelungen für den einzelnen Analysten konkretisieren. Zudem ist der Kodex „... Teil eines Maßnahmenpaketes, mit dem die DVFA das ‚Geschäftsmodell Glaubwürdigkeit' umsetzen möchte. Ziel des Modells ist es, die Integrität des Marktes und das Vertrauen der Anleger in die Finanzanalyse wiederherzustellen." (**DVFA** (2002), Kodex).

ger [ist].“[428] Insbesondere durch detaillierte formelle und materielle Gestaltungsvorgaben soll dieses Regelwerk die Funktion des Emissionsprospektes als zentrales Informationsmedium eines Börsengangs und zentrale Entscheidungsgrundlage für Anleger stärken. Dies wird auch über eine Reglementierung sonstiger emissionsbegleitender Unterlagen unterstützt. Durch die Einführung einer sog. „*Blackout*-Periode“ wird den Emittenten nach US-amerikanischem Beispiel empfohlen, „... ab dem Zeitpunkt des Zulassungsantrags, spätestens jedoch vier Wochen vor dem öffentlichen Angebot bis zum Ablauf der Stabilisierungsfrist, spätestens jedoch 30 Kalendertage nach Notierungsaufnahme der Aktien oder der aktienvertretenden Zertifikate weder öffentlich noch nicht-öffentlich, weder direkt noch indirekt Informationen über sein Geschäft sowie seine Finanz- und Ertragslage zur Verfügung [zu] stellen, die für die Beurteilung des Emittenten oder der Aktien oder der aktienvertretenden Zertifikate wesentlich und nicht im Prospekt enthalten sind.“[429]

In diesem Zusammenhang wird auch eine *Blackout*-Periode für Researchstudien der emissionsbegleitenden Finanzinstitute gefordert: Ziffer 6 der *Going Public*-Grundsätze führt hierfür zum einen ein Zeitfenster von bis zu 44 Kalendertagen um den Zeitpunkt der Erstnotiz ein, während dem keine emissionsbezogenen Unternehmensstudien verteilt werden dürfen. Hiervon ausgenommen sind lediglich Aktien (oder aktienvertretende Zertifikate) von Unternehmen, die bereits börsennotiert sind, wenn bestimmte Voraussetzungen erfüllt sind. Zum anderen wird den Emittenten vorgeschrieben, den Analysten nur solche Informationen zukommen zu lassen, die auch im Emissionsprospekt enthalten sind. Hierdurch soll verhindert werden, dass den Finanzanalysten exklusive Informationen zur Verfügung gestellt werden. Zukunftsaussagen im Rahmen der Researchstudien sollen ausschließlich auf Basis der öffentlich verfügbaren Informationen sowie den eigenen, unabhängigen Einschätzungen der Finanzanalysten getroffen werden. Da die Grundsätze eine freiwillige Selbstregulierung der am Börsengang beteiligten Parteien darstellen, bestehen seitens der Börse aber keine Sanktionsmöglichkeiten. Bei Erfüllung der gesetzlichen Zulassungsvoraussetzungen muss die Zulassung zur Börse unabhängig von der Einhaltung der *Going Public*-Grundsätze erteilt werden.

---

428 **Deutsche Börse AG** (2002), Going Public-Grundsätze, Präambel.
429 Ebenda, Ziffer 5.

3.2.5.3 Würdigung

Die Ergebnisse der jüngsten Untersuchungen zu den Geschäftspraktiken von (US-) Finanzinstituten haben auf zum Teil spektakuläre Art und Weise das von Interessenkonflikten geprägte Spannungsfeld zwischen objektiver Finanzanalyse und interessengesteuertem Investmentbanking aufgedeckt, in dem sich Finanzanalysten bewegen. Gesetzgeber, Aufsichtsbehörden, Berufsverbände und andere Organisationen waren zum Handeln gezwungen, um die Funktionsfähigkeit der Kapitalmärkte zu gewährleisten. Das erklärte und gemeinsame Hauptziel der skizzierten Reformprojekte ist die effiziente Bekämpfung von Interessenkonflikten und soll v. a. durch Maßnahmen auf zwei Ebenen durchgesetzt werden:

(1) Vermeidung von Interessenkonflikten: Durch eine möglichst weitgehende Trennung bis hin zur Isolierung der Researcheinheiten von anderen Geschäftsbereichen – insbesondere vom Investmentbanking – soll die Voraussetzung für ein unabhängiges Research geschaffen werden.
(2) Offenlegung von Interessenkonflikten: Finanzanalysten und deren Arbeitgeber sollen durch einen breiten Regelkatalog dazu gezwungen werden, potenzielle Interessenkonflikte offen zu legen und dadurch für Transparenz zu sorgen.

Die erste Maßnahmenebene zielt v. a. auf organisatorische Richtlinien im Rahmen einer Verschärfung der internen *Compliance*-Bestimmungen eines Finanzinstituts, der Errichtung von „*Chinese Walls*" oder gar der vollständigen Abspaltung und Verselbständigung einer Researchabteilung von der Investmentbanking-Sparte.[430] Diesen Maßnahmen liegt die Überzeugung zugrunde, dass Unabhängigkeit mit Objektivität gleichzusetzen ist und dass Objektivität in jedem Fall die Research-Qualität steigert. Neben grundlegenden Zweifeln, ob mit den vorgeschlagenen (organisatorischen) Maßnahmen auch tatsächlich die Unabhängigkeit von Researcheinheiten gewährleistet werden kann, muss gegen diese These auch angeführt werden, dass bereits heute „unabhängige" Researchfirmen existieren, die ihre Finanzanalyseprodukte zum Kauf anbieten. Wenn die mit deren Unabhängigkeit einhergehende Objektivität tatsäch-

[430] Als erste große *Wall Street*-Bank kündigte Ende Oktober 2002 der Finanzdienstleister Citigroup die Abspaltung seiner Aktienresearch-Abteilung von der Investmentbanking-Sparte an. Mit dieser Umstrukturierung reagierte die US-Bank auf die von der US-Börsenaufsicht SEC und von dem Staatsanwalt Elliot Spitzer geforderten Trennung der Analysten von den Investmentbankern, um deren Unabhängigkeit zu gewährleisten. (Vgl. hierzu **Liebert** (2002), Citigroup).

lich zu besseren und verlässlicheren Prognosen und Empfehlungen führten, dann sollte die Nachfrage der Anleger nach deren Produkten entsprechend groß und eine Verdrängung der „abhängigen" Researchadressen zu beobachten sein. Diese Entwicklung zeichnet sich bislang aber nicht ab. In den regelmäßigen Umfragen unter Marktteilnehmern zum Informationswert von Researchprodukten schneiden vielmehr regelmäßig die „abhängigen" Researcheinheiten gerade der großen Finanzinstitute und Investmentbanken am besten ab. Wer also „... gedacht hatte, aus dem Aufruhr gingen die Anbieter unabhängiger Aktienanalysen als Sieger hervor, sieht sich getäuscht."[431]

Dort wo die vollständige Unabhängigkeit der Finanzanalysten nicht gewährleistet werden kann, sollen umfangreiche Verhaltensregeln für eine Offenlegung der Interessenkonflikte und die Begrenzung der daraus resultierenden Nachteile für Anleger und andere Informationsempfänger sorgen. Dieses notwendig und sinnvoll erscheinende Ziel hat im Ergebnis zu einer Verschärfung bestehender Gesetze und Standesregeln sowie zur Entwicklung neuer – freiwilliger und verpflichtender – Verhaltensvorschriften geführt. Die entscheidende Bedeutung von Initiativen seitens der Gesetzgeber und Regulierer liegt hierbei im Gesetzescharakter und damit der Durchsetzbarkeit der von ihnen erlassenen Maßnahmen: „Damit ergeben sich in Hinblick auf Verbindlichkeit und Sanktionierung von Verstößen naturgemäß effektivere Möglichkeiten als bei einem freiwilligen Regelwerk."[432] Der hohe Abstraktionsgrad insbesondere der gesetzlichen Vorschriften sorgt aber für große Interpretationsschwierigkeiten. Der Umfang und die Fülle der neuen, zusätzlichen Verhaltensvorschriften haben zudem eine kaum noch zu überschauende Vielzahl an

---

431 **Ascarelli** (2002), Profis. **Boni/Womack** (2003) machen zudem auf nachteilige Effekte einer strikten Trennung zwischen Research und Investmentbanking aufmerksam: „... the ‚flexibility' of the fire wall between investment banking and research in the past has permitted good analysts to keep bad deals from happening. The elimination of sell-side analysts from the IPO process could result in a higher percentage of unprofitable deals reaching the market and greater uncertainty in expected returns from IPOs in general. Investors in IPOs should expect to be compensated for taking greater risk, but in a classic ‚lemons' problem result, the prices obtained by *all* IPOs may be reduced and the costs of raising capital through IPOs may be increased for all companies on average." (**Boni/Womack** (2003), Wall Street, S. 29).

432 **Deutsches Aktieninstitut** (2002), Stellungnahme, S. 21. Die Option, die freiwilligen, rein privatrechtlich geschaffenen Berufsordnungen und Verbandsrichtlinien durch eine gesetzliche Regelung mit näherer Ausgestaltung durch eine Berufsordnung zu ersetzen, scheitert bereits daran, dass es der Berufsgruppe der Finanzanalysten an einem verfestigten Berufsbild mit klaren Berufszugangsbedingungen fehlt. Vgl. in diesem Sinne **Rosen, von/Gerke** (2001), Kodex, S. 46.

Normen entstehen lassen, deren Umsetzung und Durchsetzung den Finanzinstituten und ihren Finanzanalysten erhebliche Probleme bereiten dürften. Die Vorgabe, „... einen effektiven Anlegerschutz bei einer möglichst geringen Reglementierung der Funktionsweise des Kapitalmarktes zu erzielen ...“[433], scheint zugunsten des Ziels, verloren gegangenes Anlegervertrauen zurückzugewinnen, mit geringerer Priorität versehen worden zu sein. Die Möglichkeit einer Überreglementierung birgt aber die Gefahr, die ursprünglich verfolgten Ziele „Unabhängigkeit und Transparenz“ zu konterkarieren: „Am Ende werden riesige Papierberge mit Risiken und Nebenwirkungen produziert, die kein Mensch liest ...“[434] Boni/Womack (2003) prognostizieren als Konsequenz eine weitere Kürzung der Research-Budgets und befürchten: „Three features of the future seem likely: fewer analysts, less research output, and (probably) lower-quality research. Less and lower-quality research may be the overall unintended consequence."[435] Der aus den offensichtlichen Interessenkonflikten bzw. den transparent gewordenen Missständen resultierende Handlungsbedarf hinsichtlich der Geschäftspraktiken von Finanzinstituten und deren Researcheinheiten ist unbestreitbar. Daraus die generelle Wert- und Nutzlosigkeit der von Finanzanalysten produzierten Informationen abzuleiten wäre jedoch voreilig und „... natürlich mehr als gefährlich. Wenn die Anleger den Analysten nicht mehr vertrauen, wird ein wichtiges Glied in der Informationskette zwischen den Unternehmen und den Investoren entscheidend geschwächt.“[436] Weder der Nutzen der von Finanzanalysten produzierten Informationen noch potenzielle Fehlerquellen, die diesen beeinträchtigen könnten, waren Gegenstand einer systematischen Untersuchung im Rahmen der jüngsten Diskussionen und Reformbestrebungen. Zudem steht die Anlageentscheidung eines Anlegers am Ende eines komplexen Prozesses der Informationsgewinnung und -verarbeitung. Es wäre deshalb unrealistisch anzunehmen, mit den skizzierten Reformvorhaben – selbst bei einer vollständigen Durchsetzung und damit Eliminierung der Interessenkonflikte auf Seiten der Finanzanalysten – könnten die Fehlentwicklungen der jüngeren Börsengeschichte künftig ausgeschlossen werden.[437]

---

433 **Rosen, von/Gerke** (2001), Kodex, S. 45.

434 **Moerschen** (2002), Analystenverband.

435 **Boni/Womack** (2003), Wall Street, S. 29.

436 **Rosen, von** (2004), Vertrauen.

437 So bemerken z. B. **Rosen, von/Gerke** (2001): „Gegen spekulative Exzesse seitens der Anleger – aus welchen Gründen auch immer – helfen letztlich keine weiteren Standards oder zusätzliche Regulierung der Tätigkeit der Informationsintermediäre. Hierfür ist vielmehr eine wesentliche Verbesserung der Informationsbereitschaft und des Willens zur Transparenz bei einer Reihe von Unternehmen sowie – wahrscheinlich noch wichtiger – eine drastische Verbesserung der öko-

3.3 Zwischenfazit

Die Ergebnisse der vorangegangenen Überlegungen lassen sich in folgenden vier Kernaussagen zusammenfassen:

[1] Das Paradigma informationseffizienter Kapitalmärkte wird von den Strukturen, Prozessen und Ergebnissen an realen Kapitalmärkten in Frage gestellt.

Die Annahme effizienter Märkte stellt eine der Basisannahmen der Kapitalmarkttheorie dar.[438] Sie hat einen zentralen Stellenwert für die Modelle der Portfolio- und Kapitalmarkttheorie und damit auch für die Bepreisung von börsennotierten Unternehmen bzw. deren Wertpapieren. Ziel dieses Kapitels war es zunächst, die wesentlichen Aussagen und Inhalte der Hypothese (informations-) effizienter Märkte zu skizzieren und ihre Grenzen durch die Konfrontation mit den Unvollkommenheiten realer Kapitalmärkte aufzuzeigen. Angesichts der zahlreichen empirischen Befunde, die Zweifel an der Gültigkeit des Effizienz-Paradigmas entstehen lassen, kann festgehalten werden: „Modell und Aussagen der Modernen Kapitalmarkttheorie beruhen auf Annahmen über die Struktur der Finanzmärkte und das Verhalten der Marktteilnehmer, die von der Realität zunehmend herausgefordert werden, und in Teilbereichen bereits als widerlegt gelten müssen."[439] Mit dem „... fortschreitenden Plausibilitätsverfall des bisherigen Kapitalmarkt-Paradigmas ..."[440] steigt die Notwendigkeit einer Weiterentwicklung wissenschaftlicher Theorien mit einem flexibleren Verständnis der Vorgänge auf spekulativen Märkten und einer realitätsnäheren Sichtweise der Informationsprozesse.

---

nomischen Bildung der Anleger erforderlich." (**Rosen, von/Gerke** (2001), Kodex, S. 8).

438 Allerdings ist der Begriff der Kapitalmarkteffizienz heute vielschichtiger und wird regelmäßig breiter definiert als im informationstheoretischen Konzept. Vgl. hierzu z. B. die Ausführungen bei **Loistl** (1990), Finanzierungstheorie, S. 63 ff.

439 **Rapp** (1996), Markt, S. 8.

440 Ebenda, S. 11. **Rapp** (1996) sieht in diesem Plausibilitätsverfall auch einen der Hauptgründe für die Entwicklung einer Vielzahl alternativer Theorien wie der „Informationsökonomie", der „Institutionenökonomie", der „Marktmikrostrukturtheorie", der „Chaostheorie", der „psychologischen Verhaltensforschung" oder der „*bounded rationality*-Forschung".

[2] Die Existenz von Finanzanalysten als Informationsintermediäre lässt sich im Kontext eingeschränkt effizienter Kapitalmärkte erklären.

Auf Basis der neueren Theoriegebäude positivistischer Erklärungsansätze für Informationsprozesse und Mechanismen an realen Kapitalmärkten wurde im vorangegangenen Teil dieser Arbeit deshalb ein theoretischer Rahmen zur Beurteilung der Existenz, Funktion und Bedeutung von Finanz- bzw. Informationsintermediären auf eingeschränkt effizienten Kapitalmärkten skizziert. Finanzanalysten agieren auf diesen Kapitalmärkten als Informationsintermediäre zwischen Unternehmen und Investoren, und hierbei insbesondere als Informationsagenten der Anleger bei der Beschaffung von entscheidungsrelevanten Informationen. „Der Finanzanalyse kommt dabei eine Brückenfunktion in der Rolle des ‚*fairen Informationsmaklers*' zu."[441] Die Zweckmäßigkeit der Einschaltung von Finanzanalysten lässt sich insbesondere mit Kostenvorteilen bei der Informationsproduktion erklären. Auch das Interesse der Finanzanalysten am direkten oder indirekten Verkauf ihrer Informationen lässt sich theoretisch begründen. Neben dem Veräußerungserlös ist hier insbesondere die Teilung des Risikos der Informationsproduktion zwischen Käufer und Verkäufer anzuführen.

[3] Die Intermediationsfunktion von Finanzanalysten kann durch vielfältige Faktoren beeinträchtigt werden. Durch die Zwischenschaltung von Finanzanalysten in das Verhältnis von Kapitalnehmer zu Kapitalgeber entstehen auf eingeschränkt effizienten Kapitalmärkten insbesondere Probleme einer zweistufigen *Principal-Agent*-Beziehung.

Die informationstheoretischen Ausführungen zu den Prozessen an realen Kapitalmärkten haben gezeigt, dass bei „... Aktientransaktionen – sowohl bei Neuemissionen als auch bei einem Handel zwischen den Investoren – ... Informationen über die Qualität der gehandelten Titel (bzw. über die Unternehmen) eine Voraussetzung für das Funktionieren des Kapitalmarktes [sind]."[442] Deshalb erscheint es sinnvoll und notwendig, bei der Suche nach den Ursachen für die jüngsten Fehlentwicklungen an den internationalen Kapitalmärkten im Allgemeinen und den Märkten für Aktien-Neuemissionen im Besonderen, (auch) am Markt für Informationen anzusetzen. Aus informationstheoretischer Sicht muss hier zunächst

---

[441] **Wolff/Wolff** (2000), Aktienbewertung, S. 150.
[442] **Stubenrath** (2001), Kommunikation, S. 14 f.

die Feststellung getroffen werden, dass Informationsasymmetrien an realen Kapitalmärkten den Finanzanalysten Spielräume bei ihrem Handeln zur eigenen Nutzenmaximierung, zur Wahrung ihrer eigenen Interessen oder den Interessen ihrer Arbeitgeber und damit zu opportunistischem Informationsverhalten eröffnen. Die jüngsten Entwicklungen an den Kapitalmärkten liefern Hinweise auf die Existenz und das Ausmaß dieses Spannungsverhältnisses. Darüber hinaus bestehen aber weitere Ursachen und Fehlerquellen, die den Markt für wertpapierbezogene Informationen beeinträchtigen können.

[4] Die Frage nach dem von Finanzanalysten tatsächlich geleisteten Informationsbeitrag bleibt unbeantwortet.

Die auf den verschiedensten Transaktionsebenen eingeleiteten Reformprojekte zur Bekämpfung der Informationsdefizite legen den zentralen Schwerpunkt auf die Reglementierung von Interessenkonflikten bei Finanzanalysten bzw. deren Arbeitgebern. Damit scheint die oder zumindest eine Hauptursache der skizzierten Marktineffizienzen und Fehlentwicklungen der vergangenen Jahre bereits identifiziert. Angesichts der offenkundigen Interessenkonflikte und der Beobachtung signifikant positiv verzerrter Prognosen (*positive bias*) wird der Nutzen der von Finanzanalysten produzierten Informationen sowie die Zweckmäßigkeit der Zwischenschaltung von Analysten generell in Frage gestellt. Gegen eine vorschnelle Bestätigung dieser These können jedoch stichhaltige Argumente angeführt werden.[443] Das Potenzial der Analyse- bzw. Informationsverzerrungen trifft u. a. spätestens dort an seine Grenzen, wo der zu erwartende Vertrauens- und Reputationsschaden die Existenzberechtigung des individuellen Finanzanalysten bzw. die Geschäftsgrundlage seines Arbeitgebers nachhaltig gefährdet. Kein Anleger ist gezwungen, das Research von Finanzanalysten zu beziehen und in seinen Entscheidungsprozess zu integrieren. Er wird dies deshalb nur solange tun, wie der daraus resultierende Informationsnutzen dies sinnvoll erscheinen lässt. Und nur solange ist auch die kostenverursachende Informationsproduktion durch Finanzanalysten zu rechtfertigen.

Es existieren bislang nur wenige systematische Versuche, den tatsächlichen Informationsbeitrag von Finanzanalysten bzw. den daraus ableitba-

---

[443] **Rosen, von/Gerke** (2001) sprechen von einem „... Zeichen **mangelnder ökonomischer Bildung**, wenn die Ursache der aktuellen misslichen Entwicklung ausschließlich bei den Analysten gesucht wird." (**Rosen, von/Gerke** (2001), Kodex, S. 13).

ren Nutzen zu untersuchen. Diese Untersuchungen haben meist nur einen Teilaspekt der von Analysten produzierten Informationen – die Gewinnprognosen und die Empfehlung (*rating*) – zum Gegenstand[444], und deren Ergebnisse liefern zudem kein einheitliches Bild. Die Frage, ob die aus Interessenkonflikten und anderen Problembereichen resultierenden Nachteile einer Zwischenschaltung von Finanzanalysten als Informationsintermediäre durch die Vorteile einer die Markteffizienz steigernden Informationsproduktion (über-) kompensiert werden oder nicht, kann deshalb nicht eindeutig beantwortet werden. Vor dem Hintergrund der skizzierten Reformprojekte lässt sich daraus die Gefahr ableiten, dass sich die (Informations-) Situation derjenigen Marktteilnehmer, die durch eine strengere Regulierung geschützt werden sollen, sogar eher verschlechtern als verbessern könnte.

In einer Diskussion informationsbasierter Erklärungsansätze für die jüngsten Fehlentwicklungen an den internationalen Kapitalmärkten muss zudem auch Berücksichtigung finden, dass der von Finanzanalysten mitbestimmte Informationsprozess durch die bloße Wahrnehmung ihrer Informationen noch längst nicht abgeschlossen ist. Vielmehr müssen die Investoren den Informationsgehalt dieser Informationen abschätzen, anschließend abwägen, welchen Teil der insgesamt verfügbaren Informationen sie in ihrer Erwartungsbildung berücksichtigen wollen und schließlich entscheiden, welche Handelsstrategie sie auf Basis dieser Informationen verfolgen wollen. Auch dieser (Teil-) Prozess verursacht Kosten und wird mit zahlreichen Problembereichen konfrontiert, die im Ergebnis zu einer ineffizienten Verarbeitung der von Finanzanalysten produzierten Informationen führen können.[445] „Die besten Analysemethoden und Arbeitsverfahren müssen wirkungslos bleiben, wenn die von den Emittenten gegebenen Informationen von schlechter Qualität sind oder die Anleger die Analysen und Research-Berichte nicht richtig zu lesen verstehen."[446] So könnten beispielsweise die zwischen Analysten und Investoren herrschenden Informationsasymmetrien dazu führen, dass die Aussagekraft der von Finanzanalysten produzierten Informationen systematisch falsch eingeschätzt werden. Selbst korrekte (verzerrte) Prognosen der Finanzanalysten könnten vor diesem Hintergrund von Anlegern als „schlechte" („gute") Informationen interpretiert werden und entsprechende

---

444 Gewinnprognosen kommt allerdings eine zentrale Rolle im Rahmen der Wertpapieranalyse zu, da sie als Zusammenfassung sämtlicher bewertungsrelevanter Informationen interpretiert werden können. Vgl. hierzu z. B. die Ausführungen von **Löffler** (1998), Finanzanalysten, S. 23 ff.

445 Vgl. ebenda, S. 136 ff.

446 **Rosen, von** (2004), Vertrauen.

Fehlentwicklungen nach sich ziehen. Insgesamt lässt sich also festhalten, dass beim gegenwärtigen Stand weder die theoretischen noch die empirischen Ansätze eindeutige Antworten auf die schwierige Frage der Beurteilung der Intermediationsfunktion bzw. des Informationsbeitrags von Finanzanalysten liefern.

Neumann/Klein (1982) kritisieren generell, dass „Hypothesen über die Informationseffizienz von Märkten ... ausschließlich Aussagen über die Marktergebnisse, aber nicht über den Prozeß, der zu diesen Ergebnissen führt [treffen].“[447] Im Rahmen der vorliegenden Arbeit soll in diesem Sinne letztlich nicht die Frage nach der Effizienz der Kapitalmärkte im Vordergrund stehen, sondern die Betrachtung der Informationsprozesse an spekulativen Teilmärkten am Beispiel des Marktes für Aktien-Neuemissionen, die wesentlich von Finanzanalysten mitgestaltet werden. Diese Prozesse lassen sich als dynamische Interaktionen auf der Grundlage unvollkommener Informationen interpretieren und es gilt allgemein: „Die Grundmechanismen der Informationsproduktion determinieren das Informationsangebot, das den Marktteilnehmern zum Zeitpunkt einer Aktien-Erstemission zur Verfügung steht. Die Effizienz des Marktes für Informationen entscheidet folglich darüber, auf welcher Informationsgrundlage die Platzierung sowie der erstmalige Börsenhandel erstemittierter Titel stattfindet.“[448] Im nächsten Kapitel dieser Arbeit soll deshalb der Prozess der Preisfindung im Rahmen von Aktien-Neuemissionen näher betrachtet werden.

[447] **Neumann/Klein** (1982), Theorie, S. 173.
[448] **Rapp** (1996), Markt, S. 88.

4 Preisfindung und Aktienanalyse am Markt für Aktien-Neuemissionen

Die Suche nach dem Wert, zu dem die Anteilsscheine eines Börsenneulings an Investoren abgegeben werden, stellt die schwierigste und zugleich wichtigste Erfolgsdeterminante eines Börsengangs dar.[449] Auf einem vollkommenen Kapitalmarkt, d. h. bei Existenz homogener Erwartungen bezüglich der Rendite einer Aktien-Neuemission und einer risikolosen Anlagealternative zum Marktzins sowie bei gegebener Informationseffizienz würde ein eindeutiges Ergebnis aus dem Preisfindungsprozess resultieren: Der Gleichgewichtspreis, bei dem der Grenzpreis der Käufer gleich dem Grenzpreis der Verkäufer ist, entspricht dem *fair value*[450] und wird deshalb als Emissionskurs festgelegt.[451] In der Realität kann dieser exakte Unternehmenswert aufgrund von Marktunvollkommenheiten jedoch nicht eindeutig bestimmt werden. Vielmehr werden komplexe Preisfindungsmechanismen eingesetzt, um einen Wert zu ermitteln, bei dem die subjektiven Grenzpreisvorstellungen einer ausreichenden Anzahl an Käufern mit denen der Verkäufer zur Deckung gebracht werden. Im folgenden Abschnitt wird dieser Prozess der Preisfindung aus informationstheoretischer Sicht betrachtet. Hierbei werden insbesondere die Rahmenbedingungen des Neuen Marktes berücksichtigt sowie Rolle und Funktionen des von Finanzanalysten zum Börsengang erstellten Neuemissionsresearch diskutiert.

4.1 Emissionsprozess bei Börsengängen

Trotz der standardisierten formalen Anforderungen lässt sich kein allgemein gültiges Ablaufschema für Börsengänge am deutschen Kapitalmarkt bestimmen, vielmehr gilt: „... ein einheitliches, standardisiertes Vorgehen und Konzept zur Vorbereitung und Durchführung einer Börseneinführung gibt es nicht.“[452] Die zentralen Etappen eines „typischen“ *Going Public*, wie sie auch am Neuen Markt übliche Praxis waren, können schematisch in dem in Abb. 4.1 dargestellten Prozessplan zusammengefasst werden.[453] Daraus wird ersichtlich, dass ein Börsengang ein vielschichtiges Vorhaben ist, an dessen Beginn die Überprüfung bzw. notwendige Herstellung der Börsenreife steht. Hierunter ist ganz allgemein „... die Fähig-

---

449 Vgl. in diesem Sinne z. B. **Wegmann/Koch** (1999), Emissionspreisfindung, S. 516, **Rapp** (1996), Markt, S. 170, oder **Bill** (1991), Emissionspreisfestsetzung, S. 1.

450 Vgl. hierzu auch Fn. 227 und 279.

451 Vgl. **Schweinitz** (1997), Renditeentwicklungen, S. 101 ff.

452 **Blättchen/Jacquillat** (1999), Börseneinführung, S. 84.

453 In Abbildung 4.1 wird die Anwendung des *Bookbuilding*-Verfahrens unterstellt.

Abb. 4.1: Ablaufplan eines typischen Börsengangs

Realisierung der Börsenreife	Emissionsvorbereitung	Börsenzulassung und *Pre-Marketing*	Preisfindung und Platzierung	Notierungsaufnahme und *Settlement*
Unternehmensstrategie/ Business-Plan	Mandatierung emissionsbegleitender Institutionen (v. a. Rechtsberater und Wirtschaftsprüfer)	Analysten-Meeting der Konsortialbanken/ Erstellung der Neuemissionsstudien	Festlegung der *Bookbuilding*-Preisspanne	Notierungsaufnahme
Auf-/Ausbau Rechnungswesen	*Beauty Contest*: Auswahl der Emissionsbank(en) (*Lead Manager*)	Durchführung Kapitalmaßnahmen	IPO-Pressekonferenz/ Beginn der *Roadshow*	*Greenshoe*
Controlling, Auf- und Ablauforganisation	*Letter of Intent* und *Kick-off*	Erstellung der Börsenzulassungsunterlagen/ Beginn des Börsenzulassungsverfahrens	Bietungsphase (*Order Taking*), Auswertung der Nachfrage	Kurspflegemaßnahmen
Steuer- und Rechtsprüfung	Erarbeitung des *Investment Case*	Veröffentlichung des unvollständigen Verkaufsprospekts	Festlegung des Platzierungspreises (*Pricing*)	*Designated Sponsors*
Anpassung gesellschaftsrechtlicher Strukturen	Ausarbeitung des Emissionskonzeptes	*Pre-Marketing*	Zulassungsbeschluss	
	Due Diligence (insbesondere *Legal & Financial*)		Veröffentlichung Verkaufsprospekt	
	Indikative Unternehmensbewertung		Zuteilung	
	Erstellung Verkaufsprospekt			
	Festlegung des Emissionskonsortiums/ Konsortialvertrag			

keit und die Bereitschaft des Unternehmens zu verstehen, sämtliche gesetzlichen, wirtschaftlichen und organisatorischen Anforderungen, die mit einem Börsengang verbunden sind, zu erfüllen."[454] Während die gesetzlichen Vorschriften hinsichtlich Rechtsform, Publizität oder Anforderungen des Börsensegments eindeutig festgeschrieben sind, bestehen die ergänzenden wirtschaftlichen und organisatorischen Anforderungen lediglich aus Erfahrungswerten, die zudem unternehmensindividuell zu interpretieren und einer dynamischen Entwicklung unterworfen sind.[455] Ein börsengerechtes Rechnungswesen und Controlling, eine transparente Unternehmensstruktur sowie eine aussagefähige Unternehmensplanung zählen zu den relevanten Voraussetzungen der „internen Börsenreife".[456] Die aus der Markt- und Wettbewerbssituation, dem Geschäftsmodell, dem betriebswirtschaftlichen Zahlenwerk sowie aus weiteren, das Unternehmenspotenzial charakterisierenden Kriterien abzuleitenden Wachstums- und Ertragsaussichten stellen weitere quantitative und qualitative Bausteine zur Überprüfung der Börsenreife dar.

---

[454] **Blättchen/Jacquillat** (1999), Börseneinführung, S. 82.
[455] Vgl. **Zacharias** (2000), Börseneinführung, S. 248.
[456] Vgl. **Schanz** (2000), Börseneinführung, S. 191 f.

Unter zeitlichen Gesichtpunkten kann die Herstellung der Börsenreife eines Unternehmens je nach Ausgangslage bis zu mehreren Jahren in Anspruch nehmen. Interne Reorganisationsmaßnahmen, die Umwandlung der Rechtsform, die Umstellung der Rechnungslegung z. B. auf US-GAAP oder IAS/IFRS, die Optimierung des Geschäftsmodells oder die Ausrichtung auf Kerngeschäftsfelder sind Beispiele potenzieller Anpassungen, die meist nur mit erheblichem zeitlichen und häufig finanziellen Aufwand realisiert werden können. Der Zeitaufwand für den eigentlichen *Going Public*-Prozess, der mit den Maßnahmen zur Emissionsvorbereitung beginnt, wird auf durchschnittlich etwa 12 Monate geschätzt.[457] Der hohe Komplexitätsgrad des Börsengangs resultiert u. a. aus der Einbeziehung und Koordination einer Vielzahl emissionsbegleitender Spezialisten aus externen Institutionen.[458] In einem ersten Schritt werden entsprechende Mandate an Steuerberater, Wirtschaftsprüfer, Rechtsberater, *Public Relations*-Agenturen und regelmäßig auch IPO-Berater vergeben. Eine herausragende Bedeutung kommt jedoch insbesondere der Auswahl der Emissionsbank zu, da sie nicht nur für die Übernahme und Platzierung der Aktien, sondern auch für die Koordinierung und Steuerung des *Going Public*-Prozesses sowie der daran mitwirkenden Parteien verantwortlich ist. Im Rahmen eines Wettbewerbs um die Mandatsgewinnung („*beauty contest*") präsentieren sich potenzielle Emissionsbanken („*pitch*") und der Börsenkandidat legt fest, welches Institut Konsortialführer („*lead manager*" bzw. „*lead managing underwriter*") werden soll. Auf Basis der vom Unternehmen zur Verfügung gestellten Informationen und Planungen („Bankenexposé") stellen die Banken hierbei bereits ein erstes Emissionskonzept vor und geben erste Indikationen der Unternehmensbewertung ab. Neben diesen emissionsbezogenen Inhalten ziehen die Börsenkandidaten weitere Auswahlkriterien wie Expertise, Reputation und Emissionsstanding, Platzierungskraft, Kosten, Qualität des Research oder die Zusammensetzung des IPO-Teams zur Bestimmung der Emissionsbank heran.[459] Die geplante gemeinsame Realisierung des Börsengangs findet ihren vertraglichen Niederschlag meist in der Unterzeichnung des sog. „*letter of intent*" bzw. „*letter of engagement*", der nach US-

---

[457] Vgl. z. B. **Blättchen/Jacquillat** (1999), Börseneinführung, S. 84. **Schanz** (2000) ergänzt: „Auch wenn Börseneinführungen grundsätzlich innerhalb von drei bis vier Monaten ‚durchgezogen' werden können, sollten die ersten Schritte durch Aufnahme konkreter Gespräche und Planungen in Abhängigkeit von dem bestehenden Restrukturierungs- und Umwandlungsbedarf nach Möglichkeit mindestens ein bis anderthalb Jahre vor dem ins Auge gefaßten Emissionstermin initiiert werden." (**Schanz** (2000), Börseneinführung, S. 263).

[458] Vgl. ebenda, S. 185 ff.

[459] Vgl. hierzu z. B. **Hohla** (2001), Going Public, S. 62 ff., **Scherer/Bassen** (2001), Bedeutung, S. 725, oder **Schanz** (2000), Börseneinführung, S. 260 ff.

amerikanischem Vorbild den Charakter einer Absichtserklärung hat und wesentliche Eckpunkte der Emission regelt wie Provisionsvereinbarung, voraussichtliches Platzierungsvolumen, Angaben über die Art und die Herkunft der Aktien, etc.[460] In einem „*Kick-off-Meeting*" treffen sich dann üblicherweise alle am *Going Public* beteiligten Parteien, um das weitere Vorgehen und die Projektdetails abzustimmen bzw. mit deren Umsetzung zu beginnen. Für die Emissionsbank steht hier zunächst die Erarbeitung des „*investment case*" bzw. der „*equity story*"[461] sowie die Konkretisierung des Emissionskonzepts, d. h. die Entwicklung einer Börseneinführungsstrategie auf der Agenda.

Üblicherweise folgt anschließend im Rahmen einer „*Due Diligence*" die Überprüfung der Plausibilität des angestrebten Börsengangs und damit die Schaffung einer ersten zentralen Entscheidungsgrundlage für die Beurteilung der Börsenfähigkeit. Ganz allgemein verbirgt sich hinter einer *Due Diligence* „... die detaillierte und systematische Analyse von Daten einer Gesellschaft mit dem Ziel, ein Gesamtbild des Unternehmens zu erhalten."[462] Entsprechend umfasst dieser Prozess die Sammlung, Strukturierung, Überprüfung und Auswertung von Informationen zu sämtlichen Bereichen des Unternehmens: betriebswirtschaftliche Analyse des Unternehmens („*Financial Due Diligence*"), rechtliche Analyse („*Legal Due Diligence*"), steuerliche Risikoanalyse („*Tax Due Diligence*"), Überprüfung der Technik und der Produktion sowie Forschung und Entwicklung („*Technical Due Diligence*"), Bewertung der Aufbau- und Ablauforganisation („*Organisations Due Diligence*"), Ermittlung von Umweltrisiken („*Environmental Due Diligence*"), Immobilienbewertung („*Real Estate Due Diligence*"), Analyse der Unternehmenskultur („*Cultural Due Diligence*") und Bewertung der Strategie sowie der Wettbewerbssituation („*Commercial Due Diligence*").[463] Im Gegensatz zur Jahrsabschlussprüfung dient die *Due Diligence* auch der Aufdeckung künftiger Risiken und Chancen.[464] Von zentraler Bedeutung ist zudem die umfassende Analyse der Planungen bzw. Planrechnungen des Unternehmens, die letztlich Ausgangsbasis für die fundamentale Unternehmensbewertung sind und üblicherweise

---

[460] Vgl. ausführlicher **Schanz** (2000), Börseneinführung, S. 266 ff.

[461] Hierunter wird ganz allgemein die systematische und prägnante Zusammenfassung sämtlicher wirtschaftlicher Faktoren verstanden, welche die Investition in Aktien des Börsenneulings attraktiv machen. Vgl. z. B. **Brühl** (2001), Erfolgsfaktoren, S. 193, oder **Hohla** (2001), Going Public, S. 80.

[462] **Koch/Wegmann** (1998), Due Diligence, S. 3. Vgl. ausführlich zu Ablauf und Bestandteilen der *Due Diligence* z. B. **Schanz** (2000), Börseneinführung, S. 238 ff.

[463] Vgl. hierzu **Zacharias** (2000), Börseneinführung, S. 253.

[464] Vgl. **Schanz** (2000), Börseneinführung, S. 239.

einer Plausibilitätsprüfung durch externe Wirtschaftsprüfer unterzogen werden. „Die Due Diligence ist insoweit als Vorstufe zur Ermittlung des Emissionspreises heranzuziehen.“[465] Aufgrund der Komplexität einer *Due Diligence* erfolgt die Durchführung durch eine Vielzahl im Regelfall von der konsortialführenden Bank beauftragten Spezialisten wie Steuerberater, Wirtschaftsprüfer, Rechtsanwälte, Investmentbanker, Analysten, Fachgutachter, etc.[466]

Die eruierten Vergangenheitsdaten stellen die Basis des zum Börsengang zu erstellenden Emissionsprospektes dar. Dieser soll den Investoren ein zutreffendes Bild vom Emittenten und der Emission vermitteln, d. h. eine adäquate Entscheidungsbasis zur Verfügung stellen. In Abhängigkeit vom Börsensegment, in dem die Aktien emittiert werden sollen, haben Gesetzgeber und Aufsichtsorgane Auskunftspflichten definiert. Der Emissionsprospekt war bei Börsengängen an den Neuen Markt durch seine umfangreichen, inhaltlichen Anforderungen im „Regelwerk Neuer Markt“ (RwNM)[467] charakterisiert und stellte ein zentrales Instrument des Informationstransfers vom Emittenten zu Anlegern dar.[468] Die Zulassung zum Neuen Markt setzte die Zulassung zum Geregelten Markt voraus. Gemäß § 73 Abs.1 BörsG umfasste der Emissionsprospekt für den Neuen Markt deshalb zugleich den Unternehmensbericht; die §§ 77, 45 ff. BörsG regelten die Prospekthaftung.[469] Nach Abschn. 2 Tz. 6.3 (1) RwNM musste der Emissionsprospekt mindestens einen Werktag vor der Zulassung der Aktien zum Neuen Markt veröffentlicht werden.

Bestätigt die *Due Diligence* die Börsenfähigkeit eines Unternehmens, beginnt das konsortialführende Institut üblicherweise mit der Bildung eines Emissionskonsortiums. Die Anzahl der beteiligten Banken hängt hierbei insbesondere von der Höhe des Emissionsvolumens ab. Die Zusammensetzung, Struktur und Aufgabenverteilung innerhalb des Syndikats wird zudem von verschiedensten Faktoren bestimmt wie der Kundenstruktur, der Marktpositionierung oder der geographischen Aufstellung eines potenziellen Emissionsbegleiters.[470] Um den Platzierungser-

---

465 Vgl. hierzu **Zacharias** (2000), Börseneinführung, S. 253. Vgl. in diesem Sinne auch **Schanz** (2000), Börseneinführung, S. 238.

466 Vgl. **Schanz** (2000), Börseneinführung, S. 251.

467 Vgl. Abschn. 4 RwNM.

468 Vgl. hierzu auch die Ausführungen im Abschnitt 2.2.2 der vorliegenden Arbeit.

469 Nach **Zacharias** (2000) kommen als weitere Anspruchsgrundlagen auch § 264 a StGB und §§ 47 Nr. 3 und 399 Abs. 1 Nr. 4 AktG in Betracht. Vgl. **Zacharias** (2000), Börseneinführung, S. 239 ff.

470 Vgl. hierzu ausführlicher **Schanz** (2000), Börseneinführung, S. 268 ff.

folg sicherzustellen wird eine Emissionsbankenkombination sich möglichst optimal ergänzender Institute angestrebt. Im Konsortialvertrag wird u. a. der Anteil der Emission fixiert, den jede beteiligte Bank mindestens platzieren soll,[471] sowie die Vergütungsregelung. Ob bei der Zusammenstellung des Konsortiums bereits konkrete *Pricing*-Vorstellungen ein Rolle spielen, hängt vom angestrebten Platzierungsverfahren und dem damit verknüpften Preisfindungsmechanismus ab. In Deutschland werden traditionell das „Festpreisverfahren" und das „*Bookbuilding*-Verfahren" eingesetzt.[472] Erstgenanntes war bis Mitte der neunziger Jahre die gängige Methode.[473] Dabei garantiert eine Emissionsbank bzw. ein Bankenkonsortium dem Emittenten nicht nur die Übernahme aller zur Platzierung anstehenden Aktien, sondern auch einen festen Preis. Der Preis, zu dem die Aktien den potenziellen Anlegern verkauft werden sollen, wird zwar erst kurz vor Beginn der Verkaufsfrist von der konsortialführenden Bank und dem Emittenten gemeinsam festgelegt. Der Prozess der Unternehmensbewertung sowie der aktiven Beteiligung der Emittenten am Preisfindungsprozess ist aber schon in einer sehr frühen Phase des Börsengangs abgeschlossen und der Emissionserlös festgeschrieben.[474] Mittlerweile stellt jedoch das aus den USA stammende *Bookbuilding*-Verfahren die dominierende Methode dar, bei der die Nachfragesituation der Anleger und die aktuellen Kapitalmarktverhältnisse im Zuge eines aktiven Dialogs in den Preisfindungsprozess miteinbezogen werden. Die folgenden Ausführungen zu den weiteren Phasen typischer Börsengänge

---

[471] In Deutschland ist ein „*firm commitment*" üblich, d. h. die zu emittierenden Aktien – und damit das Platzierungsrisiko – werden vom Bankenkonsortium fest übernommen. In den USA beispielsweise werden auch „*best-efforts*"-Emissionen durchgeführt, bei denen die emissionsbegleitenden Finanzinstitute lediglich als Kommissionäre auftreten und versuchen, die Aktien zum bestmöglichen Preis zu verkaufen. Zu den Formen der Übernahme und zum Übernahmevertrag vgl. **Schanz** (2000), Börseneinführung, S. 276 ff.

[472] Das „Auktionsverfahren" als weitere Variante kam bislang z. B. in Frankreich oder Großbritannien regelmäßig zum Einsatz, nicht aber in Deutschland. Für weitere Details vgl. z. B. **Schanz** (2000), Börseneinführung, S. 308 ff., **Ahrens** (2000), Preisbildung, S. 43 ff., **Blättchen/Jacquillat** (1999), Börseneinführung, S. 178 f., oder **Wallmeier/Rösl** (1999), Underpricing, S. 134 f.

[473] Vgl. **Zacharias** (2000), Börseneinführung, S. 280.

[474] Hierin wird regelmäßig einer der zentralen Kritikpunkte des Festpreisverfahrens gesehen. Die nur bedingt marktorientierte Preisgestaltung birgt für die übernehmenden Konsortialbanken das Risiko eines *Mispricing* und damit u. a. die Gefahr, nicht alle Aktien platzieren zu können. Für die Alteigentümer gilt: „Aufgrund des hohen Risikos, nicht den ‚richtigen' Emissionspreis festzusetzen, ist bei diesem Preisfindungsmechanismus für die Emittenten bzw. die Altaktionäre eine Maximierung des Emissionserlöses kaum möglich." (**Schanz** (2000), Börseneinführung, S. 309).

unterstellen und beschreiben deshalb ausschließlich die Anwendung dieser Methode.[475]

Der Startschuss zur Erstellung der Neuemissionsstudien – in deren Mittelpunkt die Unternehmensbewertung steht – fällt mit dem Analysten-Meeting, auf dem die Finanzanalysten der beteiligten Emissionsbanken mit umfangreichen Informationen vom Management des Börsenaspiranten versorgt werden. Etwa parallel hierzu werden eventuell notwendige Kapitalmaßnahmen durchgeführt,[476] die Börsenzulassungsunterlagen fertiggestellt und das Börsenzulassungsverfahren eingeleitet. Die Absolvierung des Zulassungsverfahrens ist ein formalisierter und zeitaufwendiger Prozess. In Abhängigkeit von Unternehmen und Börse, der *Going Public*-Erfahrung des Konsortialführers oder der Anzahl anstehender IPOs wird die Dauer des Zulassungsverfahrens auf ein bis drei Monate geschätzt.[477] Die *Pre-Marketing*-Phase ist der erste Abschnitt des *Bookbuilding*-Verfahrens und wird von den Emissionsbanken dazu genutzt, das Interesse der Anleger für die neuen Aktien zu sondieren und eine Indikation für deren Preissensitivität zu erhalten. Als Ausgangsbasis zur Diskussion der Preiseinschätzungen setzen die Konsortialbanken insbesondere ihre Analysten bzw. deren Neuemissionsstudien ein.[478] Zudem wird meist auch ein unvollständiger Verkaufsprospekt zur Verfügung gestellt, der die wichtigsten Aspekte der Platzierung beinhaltet. Die auf diese Weise gewonnenen Informationen sowie die Bewertungseinschätzungen von Emittent und Emissionshaus stellen die Grundlage für die Festlegung der *Bookbuilding*-Preisspanne dar, innerhalb derer sich der Ausgabepreis bewegen soll. Diese vom Emittenten gemeinsam mit dem Konsortialführer bestimmte Bandbreite wird üblicherweise im Rahmen einer IPO-Pressekonferenz bekannt gegeben, die den zweiten Abschnitt – die Marketing- oder *Bookbuilding*-Phase – einleitet.

Die IPO-Pressekonferenz und eine sich meist unmittelbar anschließende Analystenveranstaltung stellen die Auftaktveranstaltungen für die etwa zweiwöchige *roadshow* dar. Während dieser führt der Vorstand des Börsenaspiranten zusammen mit Vertretern des Konsortialführers Einzel-

---

475 Für eine ausführliche Darstellung der Platzierungsverfahren vgl. **Ahrens** (2000), Preisbildung, S. 35 ff.

476 Werden z. B. bei einer Aktien-Neuemission nicht ausschließlich bereits existierende Aktien aus den Beständen der Altaktionäre (um-) platziert, so müssen diese vor der Platzierung im Zuge einer Kapitalerhöhung erst geschaffen werden. Vgl. hierzu z. B. **Schanz** (2000), Börseneinführung, S. 284 ff.

477 Vgl. **Hohla** (2001), Going Public, S. 79.

478 Vgl. **Schanz** (2000), Börseneinführung, S. 312.

und Gruppengespräche mit potenziellen (institutionellen) Investoren, um sie von der Attraktivität eines Engagements zu überzeugen. Im gegenseitigen Gedankenaustausch werden das Potenzial des Unternehmens – die „*equity story*" – und Bewertungsvorstellungen erörtert. Nachdem die potenziellen Investoren Gelegenheit hatten, sich auf Basis der übermittelten Informationen mit dem Börsenaspiranten vertraut zu machen, werden sie aufgefordert, ihre Zeichnungswünsche mitzuteilen. Die Zeichnungswünsche – Preis und Menge – werden zentral vom Konsortialführer („*book runner*") in einem Orderbuch gesammelt. Solange das *Bookbuilding* noch nicht abgeschlossen ist, können die Anleger ihre Zeichnungswünsche jederzeit wieder zurückziehen. Nach Ablauf der *Bookbuilding*-Phase[479] – bei entsprechend hoher Nachfrage kann dies vorzeitig erfolgen – gelten die eingereichten Gebote jedoch als verbindliche Zeichnungsaufträge.[480]

Am Ende des *Bookbuilding* wird die Qualität und Preissensitivität der Nachfrage analysiert und bei gegebenem Platzierungsvolumen der endgültige Platzierungspreis festgelegt sowie die Zuteilung vorgenommen. Der Ausgabepreis wird von Emittent und Konsortialführer dabei derart bestimmt, dass sämtliche Aktien platziert werden können. Aufgrund platzierungsstrategischer Überlegungen liegt der festgelegte Preis regelmäßig unter dem maximal möglichen, um z. B. eine bessere Streuung erreichen oder strategische Investoren berücksichtigen zu können, so dass als Ergebnis üblicherweise mehr Kaufgesuche zum festgesetzten Kurs vorliegen als Aktien zur Verfügung stehen. Bei Überzeichnungen wird die Zuteilung durch den Konsortialführer bei Privatanlegern häufig per Los bestimmt, bei institutionellen Investoren hingegen auf Basis subjektiver, als wichtig erachteter Kriterien vorgenommen.[481] „In emissionstaktischer Hinsicht werden sich die Banken aber immer um eine Plazierung bei stabilen Investoren bemühen. Hierzu gehört nicht nur die bevorzugte Plazierung bei institutionellen Anlegern, sondern auch die Vermeidung der Zuteilung von Mini-Positionen an Privatanleger ..."[482] Ein

---

479 Die Dauer der *Bookbuilding*-Phase beträgt üblicherweise zwischen zwei und zehn Arbeitstagen. Vgl. ebenda, S. 312.

480 In den USA beispielsweise geben Anleger lediglich „*indications of interest*", d. h. unverbindliche Zeichnungsangebote ab. Verbindliche Zeichnungsaufträge werden von den Anlegern erst nach der Bekanntgabe des endgültigen Ausgabepreises erteilt. Es erfolgt also eine weitere Kontaktaufnahme mit den Investoren. Vgl. hierzu **Hohla** (2001), Going Public, S. 74 ff.

481 Für einen Überblick über die Zuteilungsmethoden vgl. ebenda, S. 76 ff., oder **Blättchen/Jacquillat** (1999), Börseneinführung, S. 177.

482 **Schanz** (2000), Börseneinführung, S. 320.

Grundproblem dieser Verfahren liegt in ihrer Intransparenz, die den Emissionsbanken Freiräume für bevorzugte Zuteilungen eröffnet.[483]

Mit der erfolgreichen Erstnotiz beginnt der dritte Abschnitt des *Bookbuilding*-Verfahrens[484], die Stabilisierungsphase. In den ersten Handelstagen nach Notierungsaufnahme betreiben die Konsortialführer meist aktive Marktpflege, d. h. sie ergreifen Kursstabilisierungsmaßnahmen. Hierfür wird zunächst v. a. die üblicherweise vereinbarte Mehrzuteilungsoption („*Greenshoe*") eingesetzt, die den Emissionsbanken das Wahlrecht einräumt, innerhalb einer kurzen Frist eine bestimmte Anzahl an zusätzlichen Aktien – i. d. R. aus dem Besitz der Altaktionäre (Umplatzierung) – zum Emissionspreis zu erwerben und am Markt zu platzieren.[485] Hintergrund ist, dass beim *Bookbuilding*-Verfahren – eine entsprechend hohe Nachfrage vorausgesetzt – eine über dem Emissionsvolumen liegende Zuteilung der Aktien („*overallotment*") erfolgt. Die daraus resultierende Unterdeckung schließen die Banken dann entweder dadurch, dass sie junge Aktien von jenen Investoren zurückkaufen, die sofort ihre Zeichnungsgewinne realisieren. Hiervon werden die Finanzinstitute jedoch nur Gebrauch machen, wenn der aktuelle Kurs der Aktie unter dem Emissionskurs liegt. Im umgekehrten Fall werden die Banken ihre *Greenshoe*-Option ausüben und weitere Aktien von den Altaktionären beziehen und anschließend am Markt platzieren. In beiden Fällen trägt die *Greenshoe*-Option zu einer Stabilisierung des Börsenkurses bei. Weiterhin fungieren Institute des Bankenkonsortiums üblicherweise am Sekundärmarkt als Betreuer (*Designated Sponsors*) und unterstützen hierdurch den reibungslosen Handel in den neuen Dividendenpapieren. Ein *Designated Sponsor* stellt jederzeit Geld- und Briefkurse, um die Liquidität einer Aktie sicherzustellen. Durch die Vereinbarung von sog. „*Lock-up*-Perioden" werden auch die Altaktionäre indirekt in die kurzfristige Marktpflege miteinbezogen: Für eine vereinbarte Frist von meist sechs bis zwölf Monaten nach dem Börsengang dürfen Altaktionäre keine Aktien aus ihren Beständen veräußern.

---

483 Vgl. in diesem Sinne z. B. **Rapp** (1996), Markt, S. 159.

484 **Zacharias** (2000) unterscheidet fünf *Bookbuilding*-Phasen: *Pre-Marketing*-Phase, Marketing-Phase, *Order-Taking*-Phase, *Pricing*- und Zuteilungsphase sowie die *Greenshoe*-Phase. Vgl. **Zacharias** (2000), Börseneinführung, S. 283 ff.

485 Die übliche Laufzeit beträgt normalerweise vier bis sechs Wochen. Der Begriff „*Greenshoe*" geht auf das US-Unternehmen Greenshoe Manufacturing Company zurück, das dieses Verfahren, bei dem der Emissionsbank die Möglichkeit eingeräumt wird, über das ursprüngliche Emissionsvolumen hinausgehende Aktien zuzuteilen, erstmals angewendet hat.

4.2 Informationsprozesse und -strukturen

Der Markt für Informationen determiniert die Informationsgrundlage, auf der die Prozesse der Preisfindung und der anschließenden Preisbildung im Rahmen von Börsengängen stattfinden. Es kann deshalb unterstellt werden, „... dass die am Markt für Aktien-Neuemissionen auftretenden **Preise und Qualitäten** als Realisationen der zugrundeliegenden **Informationsstruktur** sowie der davon ausgehenden Anreiz- und Selektionseffekte zu interpretieren sind.“[486] Ein für Aktien-Neuemissionen charakteristisches Problem resultiert dabei aus dem Umstand, dass bei den meist jungen, wenig bekannten Unternehmen eine systematische Informationsproduktion erstmals im Rahmen des Börsengangs erfolgt. Im Prozess der Informationsbeschaffung, -verarbeitung, -auswertung und -verbreitung verfolgen die beteiligten Marktparteien zudem unterschiedliche Interessen und Ziele. Der Erfolg einer Aktien-Neuemission besteht im Kern deshalb v. a. darin, einen Emissionspreis im Sinne des „kleinsten gemeinsamen Nenners“ zu finden, bei dem eine größtmögliche Übereinstimmung der Ziele der beteiligten Parteien erreicht wird.[487]

4.2.1 Zielsysteme der beteiligten Marktparteien

Die Komplexität eines Börsengangs spiegelt sich u. a. in der Vielfalt der unterschiedlichen Zielsetzungen der beteiligten Marktparteien – Emittenten, Investoren, Emissionsbanken und Aufsichtsorgane – sowie der daraus resultierenden Zielkonflikte wider. In letzter Konsequenz determiniert dieses in Abbildung 4.2 überblicksweise skizzierte, multidimensionale Zielsystem den Ablauf und das Ergebnis des Emissionsprozesses.[488]

4.2.1.1 Emittenten, Investoren und Aufsichtsorgane

Aus Unternehmenssicht kann als finanzielles Hauptziel eines Börsengangs die dauerhafte Beschaffung von Eigenkapital als Haftungskapital zur Risikofinanzierung betrachtet werden.[489] Die erfolgreiche, d. h. insbesondere vollständige Platzierung der emittierten Unternehmensanteile bei

---

[486] **Rapp** (1996), Markt, S. 108.
[487] Einige Autoren vertreten deshalb die Auffassung, dass ein Emissionspreis letztlich immer einen „Kompromisspreis“ darstellt, der im Verlauf des Preisfindungsprozesses zwischen den an der Emission beteiligten Parteien verhandelt wird. Vgl. **Kusterer** (2003), Unternehmensbewertungsverfahren, S. 20, oder **Wegmann/ Koch** (1999), Emissionspreisfindung, S. 516.
[488] Vgl. in diesem Sinne **Rapp** (1996), Markt, S. 65.
[489] Vgl. hierzu auch die Ausführungen im Abschnitt 2.1.2 der vorliegenden Arbeit.

Abb. 4.2: Zielsysteme der Marktparteien am Markt für Aktien-Neuemissionen

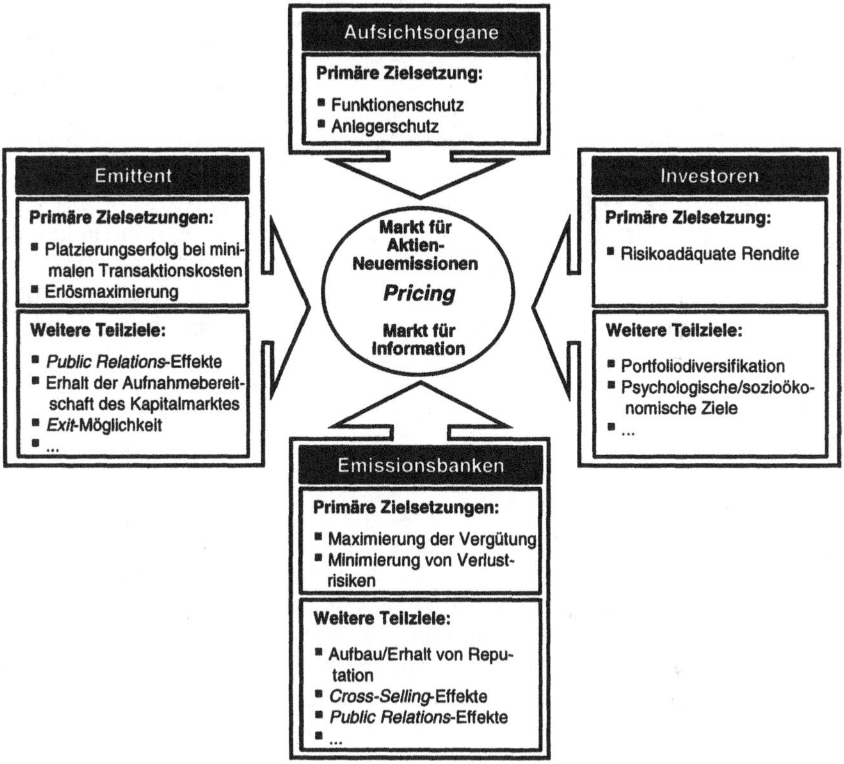

gleichzeitig möglichst geringen Transaktionskosten stellt somit eine der zentralen Zielgrößen dar.[490] Emittenten bzw. Alteigentümer haben hierbei zunächst Anreize, die Minimierung des aus einer Kapitalerhöhung entstehenden Verwässerungseffektes bzw. die Maximierung der aus einer Umplatzierung resultierenden Erlöse anzustreben. Hieraus lässt sich das Interesse der Emittenten an einer Maximierung des Emissionspreises ableiten die allerdings dort an ihre Grenze stößt, wo die abnehmende Zahlungsbereitschaft der Investoren eine vollständige Platzierung der Titel gefährdet.

[490] Vgl. in diesem Sinne **Schweinitz** (1997), Renditeentwicklungen, S. 107, oder **Mettler** (1990), Going Public, S. 201.

Das Optimierungsproblem der Emittenten gewinnt zusätzlich an Komplexität, wenn weitere finanzielle und nicht-finanzielle Teilziele Berücksichtigung finden sollen. Beispiele sind die Erhaltung der Aufnahmebereitschaft des Kapitalmarkts für künftige Transaktionen, die Realisierung von *Public Relations*-Effekten, die Nutzung von *Exit*-Möglichkeiten für Altgesellschafter, die Sicherung der unternehmerischen Nachfolge, weitgehende Konservierung der Machtverhältnisse, etc. Diese Ziele sollen nicht nur mit möglichst geringen Transaktionskosten, sondern aufgrund wettbewerbsstrategischer Überlegungen auch mit möglichst geringem Zwang zur Publizierung unternehmensinterner Informationen erreicht werden. Das Zielsystem der Emittenten wird somit maßgeblich von individuellen Faktoren bestimmt, allgemein kann jedoch folgender Zusammenhang festgehalten werden: „Während die Realisation des finanziellen Hauptziels grundsätzlich eine Maximierung des Emissionspreises impliziert, erfordern die subsidiären Ziele eine stärker am potentiellen Grenzpreis der Investoren orientierte Gestaltung des Emissionspreises."[491]

Investoren streben mit der Zeichnung von Aktien-Neuemissionen als finanzielles Hauptziel die Realisation einer möglichst hohen Rendite an, die im Kontext der Kapitalmarkttheorie wenigstens der Rendite alternativer Anlagetitel mit identischem Risikoprofil entsprechen muss. Aufgrund heterogener Erwartungen[492] entwickeln potenzielle Investoren jedoch subjektive, voneinander abweichende Vorstellungen vom Grenzpreis bzw. *fair value* neuemittierter Aktien. Dennoch kann aber der mikroökonomische Grundzusammenhang einer mit steigenden Emissionspreisen fallenden Nachfragefunktion unterstellt werden. Aufgrund der meist geringen Größe und der damit einhergehenden Konzentration auf bestimmte Produkte oder Tätigkeitsbereiche, zeichnen sich Börsenneulinge vielfach durch unternehmensspezifische Besonderheiten und ein spezielles Risikoprofil aus. Unter Portfoliogesichtspunkten bieten Aktien-Neuemissionen den Anlegern somit zusätzliches Diversifikationspotenzial oder auch die Möglichkeit, Positionen in Titeln einzugehen, deren Entwicklung von spezifischen Umweltzuständen und Einflussfaktoren ab-

---

491 **Rapp** (1996), Markt, S. 67. **Rödl/Zinser** (2000) warnen: „Wer von den Aktionären nimmt, was der Kapitalmarkt eben gerade hergibt, wird über kurz oder lang in Erklärungsnot geraten. Denn gerade bei Wachstumsunternehmen sind neue Kapitalerhöhungen vorprogrammiert, die eine erneute Inanspruchnahme des Kapitalmarkts erforderlich machen. Eine solche wird aber schwierig oder gar undurchführbar, wenn bereits bei der Erstemission der Aktienpreis »ausgereizt« wurde, so daß sich nicht die von den Investoren erhoffte positive Kursentwicklung einstellte." (**Rödl/Zinser** (2000), Going Public, S. 268).

492 Zum Aspekt heterogener Erwartungen vgl. Abschnitt 3.3.2 der vorliegenden Arbeit.

hängt.[493] Daneben können Investoren weitere finanzielle und nicht-finanzielle, von den individuellen Rahmenbedingungen abhängige Teilziele verfolgen. Insbesondere psychologische oder sozioökonomische Faktoren können in Ausnahmefällen sogar das Renditeziel als Hauptmotivation verdrängen.[494]

Die Ziele der Aufsichtsorgane des Marktes für Aktien-Neuemissionen determinieren den institutionellen Aktionsrahmen der an einem Börsengang beteiligten Parteien. Im Vordergrund stehen hierbei zum einen die Sicherstellung der dauerhaften Funktionsfähigkeit des Marktes für Aktien-Neuemissionen (Funktionenschutz) und zum anderen der Schutz der Interessen der Anleger (Anlegerschutz). Beide Ziele sind eng miteinander verknüpft, zu restriktive Anlegerschutzmaßnahmen haben z. B. fast zwangsläufig negative Effekte auf die Funktionsfähigkeit des Marktes für Aktien-Neuemissionen. Rapp (1996) identifiziert vier übergeordnete Ziele eines angemessenen Anlegerschutzes am Markt für Aktien-Neuemissionen:[495]

(1) Sicherstellung einer hohen Qualität der im Zuge des Börsengangs produzierten Informationen.

(2) Gewährleistung eines ausreichenden zeitlichen Vorlaufs der emissionsbegleitenden Publizität, damit die Marktteilnehmer die Möglichkeit zur Überprüfung und Validierung der produzierten Informationen haben.

(3) Durchsetzung der größtmöglichen Transparenz des Platzierungs- und Allokationsverfahrens.

(4) Sicherstellung der weitgehenden Kompatibilität der Emissionspreise mit dem aggregierten Grenzpreis der Investoren.

---

[493] **Rapp** (1996) spricht in diesem Zusammenhang von faktorspezifischen „*spanning*-Profilen". Damit ist die unternehmensabhängige Sensitivität der Zahlungsstromverteilung hinsichtlich spezifischer Umweltzustände gemeint. Vielfach würden „... erst im Zuge einer Aktien-Erstemission Finanztitel mit neuartigen, bisher am Kapitalmarkt nicht verfügbaren *spanning*-Profilen und Faktorsensitivitäten verfügbar." (**Rapp** (1996), Markt, S. 69).

[494] Als Beispiel sei hier an den Börsengang des Fußballunternehmens Borussia Dortmund im Jahre 2000 erinnert, bei dem Aktien von vielen Anhängern eher als „Fanartikel" denn als Anlagealternative betrachtet wurden.

[495] Vgl. **Rapp** (1996), Markt, S. 78.

4.2.1.2 Emissionsbanken

Das Zielsystem emissionsbegleitender Finanzinstitute ist zunächst insbesondere durch zwei Hauptzielsetzungen charakterisiert, aus denen sich letztlich ein grundlegender Zielkonflikt ableiten lässt: Da die Entlohnung der beratenden und betreuenden Emissionsbanken üblicherweise an das effektive Platzierungsvolumen gekoppelt sind[496], haben diese zum einen Anreize, den Emissionspreis und damit das Emissionsvolumen zu maximieren. Zum anderen werden die Emissionsbegleiter aber auch bestrebt sein, die mit ihrer Tätigkeit übernommenen Risiken – v. a. Platzierungs- und Prospekthaftungsrisiken – durch entsprechende Maßnahmen zu minimieren.[497] Diese können insbesondere durch einen bewusst niedrigen Emissionspreis erreicht werden, da hieraus nicht nur eine höhere Nachfrage seitens der Anleger, sondern tendenziell auch eine geringere Wahrscheinlichkeit einer späteren Inanspruchnahme aus der Prospekthaftung resultieren.[498] Alternativ oder ergänzend hierzu können Emissionsbanken jedoch ihre Verlustrisiken auch durch den Einsatz bzw. die Intensivierung ihrer Intermediationsleistungen beeinflussen.[499] Durch den zielgerichteten Einsatz entsprechender Maßnahmen können insbesondere folgende fünf Ziele verfolgt werden:[500]

(1) Beschaffung, Auswertung und Validierung von Informationen die von Investoren als entscheidungs- bzw. als bewertungsrelevant erachtet werden und gleichzeitig ausreichen, das Risiko der Prospekthaftung zu minimieren.

(2) Glaubwürdige Verbreitung bewertungsrelevanter Informationen am Markt für Informationen.

(3) Hinreichend exakte Evaluation der aggregierten Nachfragefunktion der Investoren.

(4) Schaffung der zur vollständigen Platzierung der Titel erforderlichen Akzeptanz am Markt für Aktien-Neuemissionen.

(5) Durchsetzung eines angemessenen Emissionspreises.

---

[496] Vgl. hierzu z. B. **Rödl/Zinser** (2000), Going Public, S. 269, **Mettler** (1990), Going Public, S. 205, oder **Küffer** (1989), Börse, S. 92 ff.

[497] Vgl. in diesem Sinne auch **Schweinitz** (1997), Renditeentwicklungen, S. 108 f.

[498] Zum Zusammenhang zwischen Emissionspreis und Prospekthaftungsrisiko vgl. auch Abschnitt 5.1.2.2.2 der vorliegenden Arbeit.

[499] Vgl. hierzu **Rapp** (1996), Markt, S. 72 f.

[500] Vgl. ebenda, S. 72.

Emissionsbanken können durch ein Bündel an Maßnahmen die Gestaltungsparameter des Marktes für Informationen – Informationsverteilung, Informationsqualität, Informationsquantität und Informationskosten – aktiv gestalten und damit nicht nur Informations-, sondern auch Marktprozesse beeinflussen.[501] Je intensiver eine Emissionsbank von ihren Intermediationsmöglichkeiten Gebrauch macht bzw. je höher die Qualität, desto geringer werden tendenziell die mit dem Emissionsvorgang verbundenen Risiken sein, desto höher werden gleichzeitig aber auch die hierdurch verursachten Kosten sein. Somit sind Emissionsbanken insgesamt mit einem Zielkonflikt zwischen der Maximierung ihrer Vergütung und der Minimierung der übernommenen Risiken konfrontiert. Eine gewinnmaximierende Emissionsbank wird deshalb diejenige Kombination aus Maßnahme und Qualitätsniveau wählen, die sowohl das Preis- und Platzierungsrisiko als auch das Risiko einer Inanspruchnahme aus Prospekthaftung bei gleichzeitig optimalem Ressourceneinsatz minimiert oder zumindest auf ein als unbedenklich eingeschätztes Risikoniveau begrenzt.[502] Als Ergebnis wird das emissionsbegleitende Institut einen Emissionspreis anstreben, der möglichst nahe an den Grenzpreis der Investoren heranreicht, diesen jedoch nicht überschreitet.

Neben diesen Hauptzielen werden Emissionsbanken aber regelmäßig weitere finanzielle und nicht-finanzielle Teilziele verfolgen. Hierzu zählt insbesondere der Aufbau von Reputation[503], und zwar sowohl auf der Seite der Investoren wie auch auf der Seite der Emittenten.[504] Finanzinstitute mit einem guten Ruf als Emissionsbegleiter werden sowohl leichter an neue IPO-Mandate gelangen als auch über ein höheres Platzierungspotenzial verfügen und hierdurch zukünftige Ertragsmöglichkeiten erschließen. Langfristig orientierte Finanzintermediäre werden deshalb bestrebt sein, einen Interessenausgleich zwischen Emittenten und Investoren herbeizuführen, den Platzierungserfolg einer Emission dadurch sicherzustellen und dabei positive Reputationseffekte zu erzielen. Gleichzeitig werden die Emissionsbanken qualitative Mindestanforderungen an emissionswillige Unternehmen stellen und damit eine Selektionsfunktion

---

[501] Vgl. hierzu auch die Ausführungen in den Abschnitten 3.2.2 und 3.2.3 der vorliegenden Arbeit.

[502] Vgl. **Rapp** (1996), Markt, S. 73.

[503] Zum Begriff der „Reputation" bzw. des „Reputationskapitals" von Emissionsbanken – alternativ wird in der deutschsprachigen Literatur auch die Bezeichnung „Emissionskredit" benutzt – siehe ausführlich **Neus** (1993), Emissionskredit, oder **Spremann** (1988), Reputation. Zum Aspekt der Reputation im IPO-Kontext vgl. auch Abschnitt 5.1.2.1.3.2 der vorliegenden Arbeit.

[504] Vgl. in diesem Sinne auch **Schweinitz** (1997), Renditeentwicklungen, S. 109.

übernehmen. Der Handlungsspielraum der emissionsbegleitenden Finanzinstitute wird hierbei aber wesentlich von den Wettbewerbsbedingungen unter den Emissionsbanken determiniert.[505]

Als Intermediäre zur Überwindung von Informationsbarrieren zwischen Kapitalnehmern (Emittenten) und Kapitalgebern (Investoren) kommt den Emissionsbanken eine Schlüsselfunktion für die Sicherstellung der Funktions- und Leistungsfähigkeit des Marktes für Aktien-Neuemissionen zu.[506] Gleichzeitig verfolgen die Finanzinstitute eigene, divergierende Interessen: „Folglich besteht aus Sicht des Emissionsbegleiters eine Substitutionsbeziehung zwischen den Handlungsalternativen ‚Risikominderung durch Intermediation' sowie ‚Risikovermeidung durch Preisreduktion'."[507] Die Interdependenzen und Gewichtungen der einzelnen Zielkomponenten hängen von den individuellen Rahmenbedingungen eines Börsengangs ab, determinieren letztendlich aber das (Informations-) Verhalten einer Emissionsbank und haben somit direkten Einfluss auf deren Intermediationsqualität, den Informationsverarbeitungsprozess sowie das resultierende (*Pricing*-) Ergebnis am Markt für Aktien-Neuemissionen. Das Zusammenspiel der Einzelziele im Zielsystem einer Emissionsbank soll deshalb abschließend aus einer formalanalytischen Perspektive diskutiert werden, um Anhaltspunkte für Bedingungen zu finden, unter denen Anreize für opportunistisches Informationsverhalten entstehen können.

Mit einem potenziellen Emittenten i sei ein primär von dessen Qualität Q_i, dem Emissionspreisniveau P_i aber auch von der Intermediationsleistung L_i des Emissionsbegleiters abhängiges Risiko λ_i assoziiert, das der Wahrscheinlichkeit eines Misserfolgs beim Börsengang – insbesondere einer unvollständigen Platzierung, aber auch negativer Sekundärmarktrenditen – entspricht. Je niedriger die Emittentenqualität, je höher der Emissionspreis und je geringer die Intermediationsleistung, desto höher ist das mit dem Börsengang verbundene Risiko, somit gilt:

$$\lambda_i = f(Q_i; P_i; L_i) \qquad \text{mit: } \frac{\delta(\lambda_i)}{\delta(Q_i)} < 0; \ \frac{\delta(\lambda_i)}{\delta(P_i)} > 0; \ \frac{\delta(\lambda_i)}{\delta(L_i)} < 0;$$

---

505 Zum Aspekt des Wettbewerbs unter Emissionsbanken vgl. auch Abschnitt 5.1.2.2.1 der vorliegenden Arbeit.

506 Vgl. hierzu auch die Ausführungen im Abschnitt 3.2.3 der vorliegenden Arbeit.

507 **Schweinitz** (1997), Renditeentwicklungen, S. 74.

Die Vergütung V_i der Emissionsbank ist primär an das effektive Emissionsvolumen v_i gekoppelt, wobei sich die letzte Größe aus der Multiplikation der Anzahl der emittierten Aktien mit dem Emissionspreis errechnet. Die Vergütung ist somit auch eine implizite Funktion des Emissionspreisniveaus. Je höher das zu platzierende Volumen bzw. je höher der Emissionspreis bei gegebener Aktienanzahl, desto höher fällt die Vergütung der Emissionsbank aus:

$$V_i = f(v_i) \text{ mit: } \frac{\delta(V_i)}{\delta(v_i)} > 0; \frac{\delta(V_i)}{\delta(P_i)} > 0;$$

Die Kostensituation C_i der Emissionsbank wird gleichzeitig insbesondere durch die variablen Intermediationsanstrengungen L_i determiniert. Da diese die Erfolgswahrscheinlichkeit einer Emission mitbestimmen, ist die Kostenfunktion implizit auch eine inverse Funktion des Misserfolgsrisikos:

$$C_i = f(L_i) = f(\lambda_i) \quad \text{mit: } \frac{\delta(C_i)}{\delta(L_i)} > 0; \frac{\delta(C_i)}{\delta(\lambda_i)} < 0;$$

Schließlich wird die Emissionsbank auch Reputationsüberlegungen ins Kalkül ziehen. Die Reputation eines Emissionsbegleiters determiniert seine Marktposition, seinen Marktzugang und damit die Wahrscheinlichkeit künftiger Geschäftsabschlüsse. Die Reputation bezieht sich hierbei nicht nur auf den Platzierungserfolg einer Neuemission, sondern regelmäßig auch auf die frühe Entwicklung der Aktien am Sekundärmarkt. In diesem Sinne kann der ökonomische Wert des Reputationskapitals K als Barwert der zukünftig realisierbaren Vergütungen interpretiert werden:[508]

$$K = \sum_{t=1}^{T} \frac{V_{i,t}}{(1+r)^t}$$

mit: $V_{i,t}$ = künftige Vergütungen
r = Diskontierungsfaktor
t = Zeitindex

Je höher der Diskontierungsfaktor oder der Zeitindex, desto geringer ist der Wert künftiger Vergütungen und damit auch der Gesamtwert des Reputationskapitals. Ein Zugewinn an Reputation verbessert die Vergütungsperspektiven, ein Reputationsverlust kann im Extremfall zum völli-

508 Zur Formalisierung der Reputationsüberlegungen siehe auch die Ausführungen bei **Rapp** (1996), Markt, S. 166.

gen Zusammenbruch der Geschäftsmöglichkeiten führen. Die beiden Wirkungsrichtungen werden jedoch von unterschiedlichen Einflussfaktoren determiniert. Reputationsgewinne Δ^+K mit einer „Bonusrate“ z_i werden insbesondere von der Qualität des Emittenten – damit implizit vom Misserfolgsrisiko – und tendenziell auch vom Emissionsvolumen abhängen. Misserfolge bei Börsengängen werden hingegen unabhängig von diesen Größen immer Reputationsverluste Δ^-K mit einer „Strafrate“ w zulasten der Emissionsbegleiter auslösen. Das gewählte Emissionspreisniveau wirkt in zwei Richtungen. Ein niedriger Emissionspreis führt zu hohen Zeichnungsrenditen. Dies verbessert zwar auf der einen Seite die Reputation der Emissionsbank in Richtung der Investoren, belastet aber das Verhältnis zu potenziellen Emittenten. Der umgekehrte Fall tritt bei (zu) hohen Emissionspreisen ein. Somit gilt:

$$\Delta^+K = K \cdot z_i \quad \text{mit:} \quad z_i = f(Q_i; v_i)$$

und

$$\Delta^-K = K \cdot (1-w) \quad \text{mit:} \quad [w = const.; 0 < w < 1]$$

Während beispielsweise das Scheitern eines Börsengangs unmittelbar transparent wird und deshalb sofort zu entsprechenden Reputationsverlusten führt, werden Qualitätsmängel des Emittenten regelmäßig erst mit einer u. U. erheblichen Zeitverzögerung entdeckt und im Marktpreis korrigiert. Je länger diese Phase bis zur Entdeckung des Qualitätsdefizits ist, desto geringer wird tendenziell der Reputationsschaden für die Emissionsbank ausfallen. Als weitere Verfeinerung der Funktionsweise von Δ^-K bzw. von w könnte deshalb als zusätzliche Variable die Zeitperiode M_i bis zur Entdeckung der Qualitätsmängel berücksichtigt werden:

$$\Delta^-K = K \cdot w_i \quad \text{mit:} \quad w_i = f(M_i)$$

Der Erwartungswert einer Veränderung des Reputationskapitals beträgt folglich:

$$E(\Delta K) = [(1-\lambda_i) \cdot (K \cdot z_i) - \lambda_i \cdot (K \cdot w_i)]$$

Unter diesen Rahmenbedingungen – und unter der Annahme, dass die Emissionsbank das Misserfolgsrisiko λ_i eines Emittenten bereits ex ante hinreichend exakt abschätzen kann – wird ein Emissionsbegleiter einen konkreten Börsengang nur dann begleiten, wenn die daraus resultierende Vergütung V_i die potenzielle Minderung des Reputationskapitals Δ^-K

sowie die Kosten C_i mindestens kompensiert. Die Gewinnfunktion der Emissionsbank lautet entsprechend:

$$
\begin{aligned}
G_i &= V_i + E(\Delta K) - C_i \\
&= V_i + [(1-\lambda_i)\cdot(K\cdot z_i) - \lambda_i\cdot(K\cdot w_i)] - C_i
\end{aligned}
$$

Die aus Sicht des Emittenten zentralen Determinanten sind hierbei die Qualität des Emittenten (Selektionsfunktion), der Emissionspreis (*Pricing*-Funktion) sowie Umfang und Qualität der Intermediationsleistungen (Intermediationsfunktion). Die individuellen Gegebenheiten eines Börsengangs werden letztlich über die Ausprägungen und Gewichtungen dieser Größen entscheiden. In euphorischen Börsenphasen beispielsweise, während denen das Platzierungsrisiko λ_i von Aktien-Neuemissionen generell eher gering ist und/oder Qualitätsmängel eines Emittenten erst mit erheblicher zeitlicher Verzögerung transparent werden, könnten eine Emissionsbank dazu verleiten, ihre Qualitätsansprüche an potenzielle Emittenten zu reduzieren, vergleichsweise höhere Emissionspreise durchzusetzen und gleichzeitig ihre Intermediationsanstrengungen auf ein Minimum zu reduzieren. Das umgekehrte Verhaltensmuster wäre in schwierigen Börsenphasen vorstellbar.

4.2.1.3 Zielkonflikte

Während der Fokus der Aufsichtsorgane darauf gerichtet ist, Rahmenbedingungen zu schaffen, welche die Funktionsfähigkeit des Marktes für Aktien-Neuemissionen sicherstellen, lassen sich die skizzierten Hauptziele der beteiligten Akteure in zwei maßgebliche Zielkategorien untergliedern: „Einerseits **informationsbasierte Ziele**, die primär von der Informationsbereitschaft des Emittenten bzw. von Umfang und Qualität möglicher Informationsmaßnahmen des Emissionsbegleiters abhängen; andererseits **finanzielle Ziele**, die direkt von der Höhe des Emissionspreises determiniert sind.“[509] Abbildung 4.3 stellt das resultierende multipolare Zielsystem und die damit einhergehenden grundlegenden Zielkonflikte graphisch dar.

Durch die Berücksichtigung weiterer finanzieller und nicht-finanzieller Teilziele wird der Komplexitätsgrad dieses vereinfacht dargestellten Grundzusammenhangs jedoch drastisch erhöht. In Abhängigkeit von der individuellen Ausgangssituation der beteiligten Markt-Parteien und den spezifischen Rahmenbedingungen einer Aktien-Neuemission entstehen des-

---

[509] **Rapp** (1996), Markt, S. 78.

Abb. 4.3: Zielsysteme und Zielkonflikte am Markt für Aktien-Neuemissionen

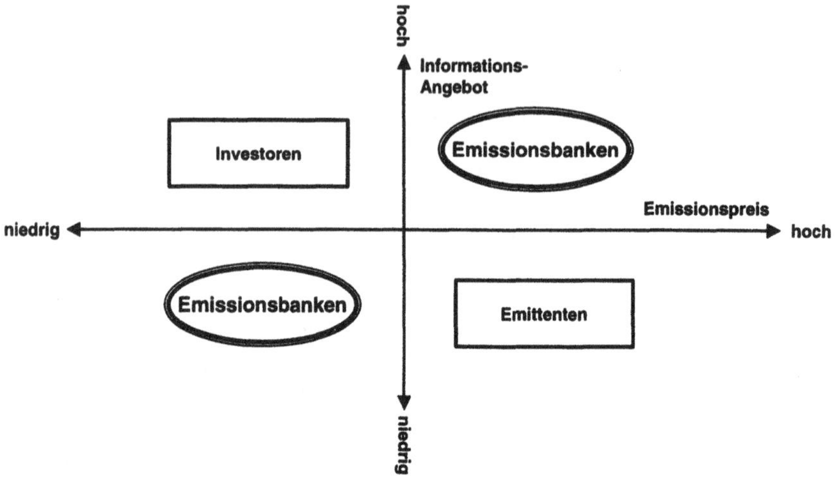

Quelle: in Anlehnung an Rapp (1996), Markt, S. 79.

halb individuelle, projektbezogene Zielsysteme, deren Ausprägungen und damit die daraus resultierenden potenziellen Zielkonflikte nicht a priori festzustellen sind. Vielmehr können die in Abbildung 4.3 dargestellten Basis-Zielsysteme von anderen Zielebenen überlagert und dominiert werden. Die hieraus resultierende, individuelle Ziel-Kombination kann dann auch zu vom Basisfall deutlich abweichenden Zielkonflikten zwischen den Marktparteien führen. Entscheidenden gestalterischen Einfluss haben hierbei die begleitenden Emissionsbanken, deren Hauptziele sich im Spannungsfeld zwischen „Entlohnungsmaximierung durch Emissionspreismaximierung“, „Risikominderung durch Intermediation und Aufbau von Reputation“ sowie „Risikovermeidung durch Emissionspreisreduktion“ bewegen. Ein grundsätzliches Interesse der Emissionsbegleiter an möglichst hohen Emissionspreisen lässt sich demnach ebenso wenig begründen wie die Tendenz zu möglichst hohen Preisabschlägen.

4.2.2 Ausgangssituation am Markt für (IPO-) Informationen

4.2.2.1 Informationsbedürfnisse der Investoren

Investoren sind am Primärmarkt zunächst mit der Aufgabe konfrontiert, eine subjektive Vorstellung über den fairen Wert der Anteilsscheine eines Börsenaspiranten zu entwickeln.[510] Es gilt, diese Größe mit dem vom Emittenten und seiner Emissionsbank festgelegten Emissionspreis zu vergleichen und dabei eine Entscheidung zu treffen, ob die neuen Aktien gezeichnet werden sollen oder nicht. Da zu diesem Zeitpunkt das Bewertungsniveau am Sekundärmarkt nicht bekannt ist, fehlen Orientierungspunkte in Form von Marktpreisen. Die Bewertungsfunktion organisierter Kapitalmärkte, die Wertpapiere in Form intersubjektiver Aggregatsgrößen objektiv bepreist, muss deshalb durch individuelle, subjektive Evaluierungsmechanismen ersetzt werden, die üblicherweise an den fundamentalen Rahmendaten des Börsenaspiranten ansetzen.

Ein potenzieller Anleger wird neu emittierte Anteilsscheine nur dann erwerben, wenn die damit verbundenen Zahlungen ihm mindestens das gleiche Nutzenniveau ermöglichen wie jenes, das sich im Falle ohne Erwerb oder alternativer Geldverwendungsmöglichkeiten einstellen würde: „In fact, the decision of whether or not to invest requires weighing the expected benefits of investing against the pleasures of consuming."[511] Aus Sicht des Anlegers stehen hierbei primär finanzielle Größen im Vordergrund, d. h. der Bewertungsgegenstand der Unternehmensbewertung kann auf das monetäre Einkommen begrenzt werden, das er zu seiner Bedürfnisbefriedigung aus dem Unternehmen erhält.[512] „Für die Nutzenbewertung der Emissionspreise sind für die Verhandlungsparteien allein künftige Zahlungsgrößen, die zwischen dem Unternehmen und dem Investor fließen entscheidungsrelevant."[513] Die Attraktivität einer Investi-

---

510 Diese Sichtweise entspricht der „subjektiven Werttheorie", die im Gegensatz zur objektiven Unternehmensbewertung nicht von individuellen Gegebenheiten abstrahiert. Vielmehr wird unterstellt, dass das Kalkül eines Investors auf den zukünftig durch den Erwerb zu erzielenden individuellen Nutzen basiert. Als Ergebnis resultiert nicht nur ein einziger Wert für ein Unternehmen wie im Falle der objektiven Werttheorie, sondern eine Bandbreite subjektiver Wertvorstellungen. Vgl. hierzu **Hayn** (2000), Bewertung, S. 34 ff.

511 **Diermeier** (1990), Capital, S. 5 ff.

512 Vgl. **Schultze** (2001), Unternehmensbewertung, S. 41. In der jüngeren Literatur wird diese monovariable Zielsetzung des Strebens nach Gewinnen kritisiert und die zusätzliche Berücksichtigung von nicht-finanziellen Zielsetzungen gefordert. Vgl. hierzu m. w. N. **Hayn** (2000), Bewertung, S. 114 ff.

513 **Kusterer** (2003), Unternehmensbewertungsverfahren, S. 52.

tionsalternative hängt somit ganz allgemein vom Erwartungswert der Rendite und dem Risiko der Anlage ab. Als zentrale Parameter für die Investitionsentscheidung werden in der betriebswirtschaftlichen Literatur entsprechend die Höhe der Zahlungsrückflüsse an den Investor, ihr Risiko sowie ihre zeitliche Verteilung angesehen.[514]

Der Erfolg der Investition lässt sich als Kapitalwert der an den Investor fließenden Zahlungsströme abbilden. Die Kapitalwertmethode ermittelt den Barwert einer Investition durch Diskontierung der zu unterschiedlichen Zeitpunkten anfallenden Zahlungen – den Zukunftserfolgen – auf den Zeitpunkt der Investitionsentscheidung. Der Zahlungsstrom umfasst Dividendenausschüttungen im weitesten Sinne, wobei „... dividends should be interpreted very broadly. In addition to what we ordinarily think of as dividends the general definition includes capital gains, spinoffs to shareholders, payments in liquidation or bankruptcy, repurchase of shares, awards in shareholders' lawsuits, and payoffs resulting from merger or acquisition."[515] Der Diskontierungszinssatz kann interpretiert werden als „... Repräsentant der Zeitpräferenz auf dem Kapitalmarkt. Er resultiert aus der Ungeduld der Wirtschaftssubjekte, ihr Einkommen zu konsumieren und den sich bietenden Gelegenheiten, es zu investieren."[516] Durch den Kalkulationszinsfuß werden die mit dem Emittenten zu

---

514 Vgl. **Schultze** (2001), Unternehmensbewertung, S. 65, **Hayn** (2000), Bewertung, S. 124, **Reilly/Brown** (1997), Investment Analysis, S. 434 f., oder **Rams** (1999), Unternehmensbewertung, S. 350.

515 **Copeland/Weston** (1992), Financial Theory, S. 22. Vgl. hierzu auch z. B. **Reilly/ Brown** (1997), Investment Analysis, S. 434 f.

516 **Schultze** (2001), Unternehmensbewertung, S. 42. Diese Interpretation geht auf das „Fisher-Separationstheorem" zurück, das darlegt, wie Wirtschaftssubjekte bei Existenz eines Kapitalmarktes präferierte Kombinationen aus heutigem und künftigem Konsum realisieren können, selbst wenn die aktuell zur Verfügung stehenden Geldmittel den heutigen Bedarf übersteigen oder unterschreiten. Der Kapitalmarkt stellt durch die Möglichkeit zur Anlage von überschüssigen Mitteln und die Finanzierung zusätzlichen Konsums durch Kredite entsprechende Lösungsmöglichkeiten zur Verfügung. Auf einem vollkommenen Kapitalmarkt können die Marktakteure uneingeschränkt Geld zu einem einheitlichen Zinssatz anlegen und aufnehmen und hierdurch zukünftige Zahlungen gegen heutigen Konsum oder heutige Zahlungen gegen zukünftigen Konsum tauschen. Dabei wird grundsätzlich jede Investition getätigt, deren Rendite mindestens dem Marktzinssatz entspricht. Auf einem unvollkommenen Kapitalmarkt mit abweichenden Zinsen für Anlagen und Kredite hingegen führen unterschiedliche Konsumpräferenzen zu unterschiedlichen Investitionsentscheidungen in Abhängigkeit davon, ob mehr heutiger oder mehr zukünftiger Konsum gewünscht wird. Die Bestimmung der optimalen Investitionsentscheidung setzt in diesem Falle eine simultane Optimierung des Investitions- und Finanzierungsprogramms voraus. Aufgrund der Komplexität zukünftiger Handlungsalternativen ist die exakte Formulierung eines vollständigen Vorteils-

erzielenden Zukunftserfolgswerte auf die Gegenwart bezogen und – bei gleichzeitiger Berücksichtigung des Risikos – mit der Vorteilhaftigkeit alternativer Anlagemöglichkeiten vergleichbar gemacht.[517] Hierfür wäre die interne Rendite des optimalen Alternativprogramms als Kalkulationszinsfuß anzusetzen, dessen exakte Bestimmung jedoch an der Komplexität seiner Ermittlung unter realen Marktgegebenheiten scheitert.[518] In der Praxis müssen die Bewertenden deshalb Näherungswerte heranziehen, die aus alternativen Investitionsobjekten mit ähnlichen Eigenschaften abgeleitet werden. Ein derart typisierter Kalkulationszinsfuß erleichtert zwar „... die praktische Handhabung des Bewertungskalküls, macht aber gegebenenfalls erforderlich, in einem zweiten Schritt divergierende individuelle Verhältnisse des Investors zu berücksichtigen."[519] Der für die Investitionsentscheidung eines potenziellen Anlegers relevante Unternehmenswert UW_0 lässt sich demnach wie folgt darstellen:

$$UW_0 = \sum_{t=1}^{T} \frac{E_t}{(1+r)^t} + \frac{E_T + RW}{(1+r)^T}$$

mit: E_t = erwarteter Zukunftserfolg der Periode t
r = Kalkulationszinsfuß
RW = Restwert des Unternehmens am Ende des Planungshorizonts

Bei Unterstellung einer unendlichen Haltedauer gilt:

$$UW_0 = \sum_{t=1}^{\infty} \frac{E_t}{(1+r)^t}$$

vergleichs aber praktisch unmöglich und die Anwendung pragmatischerer Ansätze notwendig. „Die Abzinsung zukünftiger Rückflüsse mit einem bestimmten Diskontierungssatz stellt eine solche vereinfachende Annahme über das Investitions-/Finanzierungsverhalten von Käufer und Verkäufer dar, welche die tatsächlichen Finanzierungskosten nur beschränkt wiedergibt, andererseits aber wesentlich anwenderfreundlicher ist." (**Schultze** (2001), Unternehmensbewertung, S. 63). Für eine Darstellung des Fisher-Separationstheorems vgl. **Copeland/Weston** (1992), Financial Theory, S. 3 ff.

517 Der Kalkulationszinsfuß bzw. die „*required rate of return*" setzt sich zusammen aus „... (1) the economy's real risk-free rate of return, plus (2) the expected rate of inflation during the holding period, plus (3) a risk premium that is determined by the uncertainty of returns." (**Reilly/Brown** (1997), Investment Analysis, S. 435).

518 Vgl. **Schultze** (2001), Unternehmensbewertung, S. 65 f.

519 Ebenda, S. 66.

Zur Bestimmung einer individuellen Preisvorstellung muss ein potenzieller Investor demnach zwei elementare Aufgaben lösen:

(1) Prognose der mit dem Unternehmen erzielbaren Zukunftserfolge E_t: Grundlage hierfür ist die Erwartung der zukünftigen Geschäftsentwicklung, darauf aufbauend müssen anschließend jene Zahlungen approximiert werden, die dem Anleger in den jeweiligen Perioden zufließen.

(2) Bestimmung des Kalkulationszinsfusses r: Es müssen die Renditen von geeigneten Alternativinvestitionen ermittelt werden, um den Kalkulationszinsfuß zu bestimmen. Im Idealfall weist die Alternativanlage ein identisches Profil hinsichtlich Zahlungsstruktur, dem damit verbundenen Risiko, der zeitlichen Verteilung, etc. auf.

Die zentrale Herausforderung für den Investoren liegt somit v. a. in der Ableitung möglichst treffgenauer Prognosen:[520] „Die Kunst der Bewertung besteht in erster Linie in der gelungenen Abschätzung der zukünftigen Entwicklungsmöglichkeiten."[521] Ausgangspunkt der Prognose der Zukunftserfolge eines Unternehmens sind regelmäßig die Erkenntnisse, die aus einer Analyse der Daten der Vergangenheit gewonnen werden.[522] Die Sammlung und Auswertung von Informationen, die sich auf das Unternehmen und sein gesamtwirtschaftliches Umfeld beziehen, wird allgemein als Fundamentalanalyse bezeichnet.[523] Ziel dieses Verfahrens ist, die Einflussfaktoren zu identifizieren, von denen das Erfolgspotenzial des Unternehmens und damit letztlich auch die den Anteilseignern zufließenden Zahlungen abhängen. Die Ergebnisse einer strategischen und operativen Analyse, eingebettet in die Erwartungen hinsichtlich der Branchen und allgemeinen Gesamtmarktentwicklungen, bilden die Grundlage für die Ableitung konkreter Schätzungen hinsichtlich zukünftiger Erfolge. Wichtig hierbei ist, „... daß der Blick auf die Zukunft nicht von vornherein durch das Prognoseverfahren auf quasi-sichere Erwartungen verengt

---

520 So stellt **Münstermann** (1970) fest: „Für das Gewesene gibt der Kaufmann nichts." (**Münstermann** (1970), Wert, S. 1).

521 **Schultze** (2001), Unternehmensbewertung, S. 105.

522 Sowohl für die operative und strategische Analyse der Vergangenheitsdaten als auch für die Herleitung von Prognosen ist eine Vielzahl an möglichen Instrumenten entwickelt worden. Siehe hierzu auch die Ausführungen im Abschnitt 4.2.3.2.2.2 der vorliegenden Arbeit. Nach **Franke/Hax** (1999) beruhen sämtliche Prognosemethoden grundsätzlich darauf, „... daß man Erfahrungen und Beobachtungen der Vergangenheit auswertet und daraus Schlüsse für die Zukunft zu ziehen versucht." (**Franke/Hax** (1999), Finanzwirtschaft, S. 242).

523 Vgl. ebenda, S. 395.

wird."[524] Vielmehr sollte die Möglichkeit alternativer Zukunftsszenarien in Betracht gezogen werden, um der generellen Prognoseunsicherheit Rechnung zu tragen. Diese Unsicherheit hat zur Konsequenz, dass jeder Periode eigentlich nicht eine eindeutige Erfolgsgröße zugeordnet werden kann, sondern eine Wahrscheinlichkeitsverteilung von Zahlungen.

Prospektive Informationen stellen also zentrale Faktoren für das generelle Funktionieren eines Marktes für Aktien-Neuemissionen dar. Bei jungen Wachstumsunternehmen erlangen Prognosedaten zudem eine außerordentliche Bedeutung, da das Wachstum mit erheblichen Verschiebungen und Veränderungen im bewertungsrelevanten, fundamentalen Datenkranz eines Unternehmens verbunden ist.[525] Entsprechend stellt Zacharias (2000) für das deutsche Wachstumssegment fest: „Das Wachstumspotential in den Ertragsaussichten bestimmt nicht nur das Vorliegen der Börsenfähigkeit für den Neuen Markt, sondern in einem hohen Maße auch die quantitative Emissionspreisfindung."[526] Im Zuge der Etablierung des Neuen Marktes waren markante Verschiebungen im Vergleich zu den bis dahin üblichen Maßstäben zu beobachten: „Während in der weiter zurückliegenden Vergangenheit die Ertragslage aus der ex post-Betrachtung ein entscheidender Beleg für die Börsenfähigkeit eines Unternehmens war, sind es heute vielmehr die plausibel erläuterten Steigerungspotentiale in den Ertragsaussichten (ex ante-Betrachtung), die eine Börseneinführung ‚spannend machen', d. h. vielversprechend erscheinen lassen."[527] Schanz (2000) spricht in diesem Zusammenhang von einem „Kulturwandel" nach US-amerikanischem Vorbild.[528]

Im Prozess der Prognoseerstellung sind Investoren üblicherweise aber mit erheblichen Informationslücken konfrontiert, die aus der Tendenz resultieren, dass es sich bei den typischen Börsenaspiranten um junge, wenig bekannte Unternehmen handelt, bei denen eine systematische Informationsproduktion und -verteilung bislang unterlassen worden ist. Der Markt für Aktien-Neuemissionen lässt sich deshalb auch „... als **Markt mit unvollständiger Nachfragerinformation** charakterisieren."[529]

---

524 Ebenda, S. 243.
525 Vgl. **Hayn** (2000), Bewertung, S. 17 ff. und S. 22 ff., oder **Kusterer** (2003), Unternehmensbewertungsverfahren, S. 29 ff.
526 **Zacharias** (2000), Börseneinführung, S. 244.
527 Ebenda, S. 244 f.
528 Vgl. **Schanz** (2000), Börseneinführung, S. 192. Vgl. in diesem Sinne auch **Blättchen/Jacquillat** (1999), Börseneinführung, S. 53 f., oder **Wegmann/Koch** (1999), Emissionspreisfindung, S. 515.
529 **Rapp** (1996), Markt, S. 448.

Diese Unvollständigkeit manifestiert sich entlang der in Abbildung 4.4 dargestellten Dimensionen Quantität und Qualität von Informationen. Es kann zunächst ganz allgemein ein Mangel hinsichtlich der Quantität an Informationen zu Börsenkandidaten unterstellt werden. Anleger haben aber nicht nur einen Bedarf an umfangreichen Daten zum Emittenten, sondern gleichzeitig auch an einer möglichst kostengünstigen Verfügbarkeit dieser Informationen. Neben diesem Bedarf der quantitativen Verfügbarkeit von Informationen zu adäquaten Informationskosten haben Anleger schließlich auch Informationsansprüche qualitativer Natur, die sich in Anlehnung an die Ausführungen zur Entscheidungsnützlichkeit von Informationen im Abschnitt 3.3.1 entlang der Dimensionen *„relevance"* und *„reliability"* erklären lassen.

Abb. 4.4: Informationsansprüche der Anleger

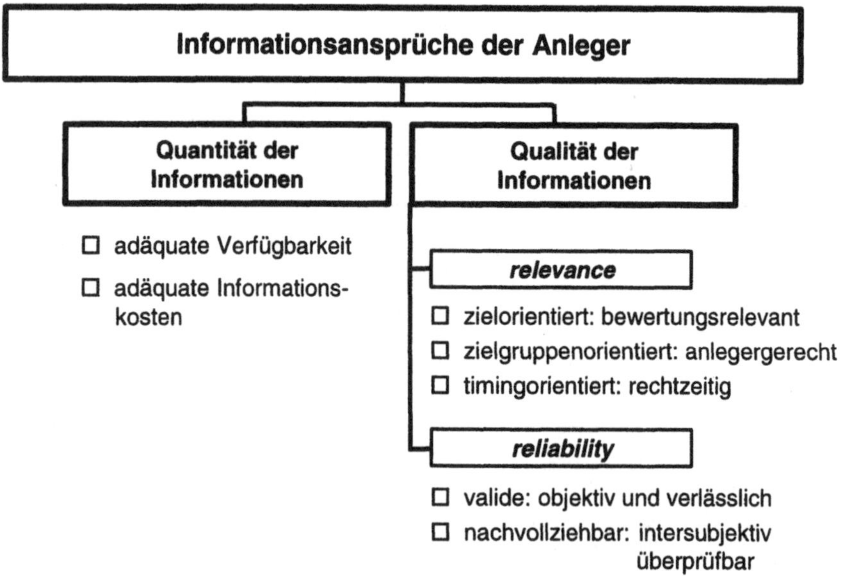

Hinsichtlich des Anlegerverhaltens dürfte zwar insgesamt zutreffen, „... daß ein Anleger am Markt für Aktien-Neuemissionen aus Gründen der individuellen Renditeoptimierung stets versuchen wird, die Angemessenheit des fixierten Emissionspreises selbständig zu beurteilen, bevor er sich zur Zeichnung entschließt."[530] Infolge mangelnder Spezialisierung und begrenzter Informationsausstattung werden potenzielle – insbesondere private – Investoren aber regelmäßig nicht in der Lage sein, eigene Prognosen der Zukunftserfolge des Unternehmens herzuleiten. Wenn auch in unterschiedlichen Ausprägungen, so haben doch praktisch alle Anleger zunächst einen akuten Bedarf an prospektiven Informationen, deren Zweckmäßigkeit von mehreren Variablen abhängt:[531] Zunächst ist von Bedeutung, was prognostiziert wird, d. h. ob die tatsächlich (bewertungs-) relevanten Daten vorhergesagt werden (Prognosegegenstand) und ob diese als Einzelgrößen oder im Rahmen eines Berichtssystems (z. B. Plan-Gewinn- und Verlustrechnung) präsentiert werden (Prognoseinstrument). Des Weiteren ist der Präzisions- bzw. der Bestimmtheitsgrad einer Vorhersage von Bedeutung (Prognosegenauigkeit), eine rein qualitativ-verbale Prognose ist beispielsweise weniger konkret als eine quantitative Punktprognose. Auch der Bezugszeitraum (Prognosehorizont) determiniert die Nützlichkeit einer Vorhersage: Zwar sinkt die Aussagekraft einer Prognose mit ihrem Prognosehorizont, grundsätzlich haben Anleger jedoch ein hohes Interesse an längerfristigen Vorhersagen. Schließlich sorgt die Kenntnis der einer Vorhersage zugrunde liegenden Annahmen (Prognoseprämissen) sowie der Prognosetechnik (Prognoseverfahren) für Transparenz und versetzt den Empfänger der Prognosen in die Lage, den Prognoseprozess und die Prognosegüte zu hinterfragen.

Die Heterogenität der potenziellen Investoren zeigt sich aber nicht nur in den von den individuellen Ausgangsbedingungen abhängigen, unterschiedlichen Informationsbedürfnissen und den variierenden Informationsansprüchen, sondern auch in den unterschiedlichen Fähigkeiten, diese Informationen zu einer Preisvorstellung zu verdichten. Die Herleitung eines zwar subjektiven, aber dennoch fundierten Unternehmenswertes z. B. durch Anwendung eines der üblicherweise praktizierten Unternehmensbewertungsverfahren[532], erfordert methodisches Know-how, über das ebenfalls nur eine Minderheit der Investoren – vornehmlich aus dem Lager der institutionellen Anleger – verfügt.[533] Anleger, welche die skizzierten Informations- und Know-how-Lücken nicht durch eigene

---

[530] Ebenda, S. 194.

[531] Vgl. hierzu **Quick/Kayadelen** (2002), Aussagefähigkeit, S. 950 ff.

[532] Vgl. hierzu die Ausführungen unter 4.2.3.2.2.3 der vorliegenden Arbeit.

[533] **Rapp** (1996) bezeichnet letztgenannte als „α-Investoren", die im Gegensatz zu den „naiven" Privatanlegern („γ-Investoren") in der Lage sind, „... auch unvollständige und unscharfe Informationssignale am Markt in relativ zuverlässige Prognosen zukünftiger Informationsereignisse zu transformieren." (**Rapp** (1996), Markt, S. 324).

Anstrengungen schließen können oder wollen, werden dem Markt für Aktien-Neuemissionen fernbleiben, greifen auf individuelle Verfahren zur Komplexitätsreduktion[534] zurück oder sind darauf angewiesen, adäquate Hilfestellung bzw. glaubhafte und entscheidungsrelevante Informationen – inklusive realistischer Preisbandbreiten – von anderen Marktteilnehmern zu erhalten.[535] Entsprechend stellt Schwetzler (2001) fest: „Zu den bewertungsrelevanten Informationen für die Kapitalmärkte zählen nicht nur Prognosen und Einschätzungen über die künftige Auftragslage, die Gewinnaussichten, Marktanteile etc. des betrachteten Unternehmens, sondern auch deren *Bewertung* durch unabhängige Analysten."[536] Insofern können Finanzanalysten durch die Analyse und fundierte Bewertung von Aktien-Neuemissionen einen entscheidenden Beitrag zur Überbrückung der Informationslücken auf Seiten der Anleger leisten. Diesem theoretischen Problemlösungspotenzial steht jedoch die Frage der Glaubwürdigkeit entgegen, denn Anleger sind mit der Qualitätsunsicherheit dieser Informationen konfrontiert, die u. a. Konsequenz der im Folgenden diskutierten asymmetrischen Informationsverteilung zwischen den Marktparteien ist.

---

534 Derartige „naive" und grobe Entscheidungsmuster werden als „Heuristiken" bezeichnet. Vgl. hierzu z. B. **Tversky/Kahneman** (1974), Judgment. **Alvano** (1988) spricht von „Improvisation" und meint damit ein Problemlösungskonzept, das nicht auf einer systematischen Informationsauswertung beruht und deshalb nur einen minimalen Informationsverarbeitungsprozess bedingt. (Vgl. **Alvano** (1988), Unternehmensbewertung, S. 157).

535 Derartige Indikationen liefert z. B. der sog. „Graue Markt". Auf diesem werden Aktien-Neuemissionen bereits vor ihrer Erstnotiz, also per Termin, von professionellen Investoren gehandelt. Innerhalb eines relativ kurzen Zeitraums – üblicherweise zwischen der Bekanntgabe der effektiven Zeichnungskonditionen bis zur Erstnotiz – werden dort Kauf- und Verkaufsgebote eingereicht und damit bereits hypothetische bzw. indikative Sekundärmarktpreise entwickelt. Da der Emissionspreis bei Aufnahme des Graumarkthandels bereits fixiert ist, kann diese Information zwar nicht mehr im Rahmen der Preisfindung berücksichtigt werden. Soweit die Graumarktkurse veröffentlicht werden, erhalten zeichnungswillige Investoren aber erste Indikationen für die später zu erwartenden Sekundärmarktpreise und damit wesentliche, entscheidungsrelevante Informationen. Auf der anderen Seite eröffnet jedoch auch der Graue Markt erhebliche Spielräume für opportunistisches Handeln, da er von institutionellen Investoren und insbesondere von den Mitgliedern des Emissionskonsortiums bestimmt wird.

536 **Schwetzler** (2001), Bewertung, S. 62. Ähnlich äußert sich **Löffler** (1998): „Die Einschätzung der Ertragslage eines Unternehmens ist allerdings nicht das Ziel der Wertpapieranalyse, sondern lediglich ein Inputfaktor. Das eigentliche Endprodukt besteht in Anlageempfehlungen." (**Löffler** (1998), Finanzanalysten, S. 27).

4.2.2.2 Grundproblem asymmetrischer Informationsverteilung

Ausgangssituationen an typischen Märkten für Aktien-Neuemissionen sind durch vielschichtige informationsbedingte Marktunvollkommenheiten gekennzeichnet, in deren Mittelpunkt der *Principal Agent*-Konflikt zwischen Emittenten und Investoren steht:[537] Aufgrund asymmetrisch verteilter Informationen und fehlender Kontrollmöglichkeiten können Investoren (*Principals*) die künftigen Aktionen der Emittenten (*Agents*) nur unvollkommen beurteilen. Sowohl Informationsquantität als auch -qualität werden regelmäßig v. a. dadurch beeinträchtigt, dass meist nur begrenzt (bewertungs-) relevante Informationen zum Emittenten existieren. Dies gilt in besonderem Maße für die an den Wachstumsbörsen typischen kleinen und jungen Unternehmen: „Unlike the securities of seasoned corporations, there is little or no publicly available information about firms that decide to raise equity capital in the securities markets. Even when historical information on operating and financial statistics of the firms are available, these data do not convey more than some rudimentary information about the quality of their management."[538] Wie im vorangegangenen Abschnitt dargestellt, erschwert die daraus resultierende Informationslücke potenziellen Investoren eine realistische Einschätzung der Rendite-Risiko-Relation und damit eine Evaluierung der angebotenen Titel. Die Heterogenität der emittierten Titel und die damit einhergehende Qualitätsunsicherheit verschärfen dieses Problem zusätzlich. Insgesamt wird die Informationsstruktur am Markt für Aktien-Neuemissionen deshalb insbesondere von der Bereitschaft der Emittenten zur Offenlegung bewertungsrelevanter Informationen determiniert, die zusammen mit den Emissionsbegleitern an die übrigen Marktteilnehmer übermittelt werden.[539] „Eine überzeugende Kommunikationsstrategie ist unerlässlich für einen erfolgreichen IPO. Nur wenn es gelingt, Strategie und Businessplanung glaubwürdig den Investoren zu kommunizieren, kann es gelingen, den fundamentalen Unternehmenswert in einen entsprechenden Börsenwert zu überführen."[540]

Interessierte Investoren sind in diesem Umfeld zum einen mit dem Grundproblem der Informationsverteilung bzw. einem *hidden information*-Problem[541] konfrontiert das daraus resultiert, dass der Emittent zum Zeit-

---

[537] Vgl. hierzu auch die Ausführungen im Abschnitt 3.2.4.4 der vorliegenden Arbeit.
[538] **Tiniç** (1988), Anatomy, S. 797.
[539] Vgl. in diesem Sinne **Rapp** (1996), Markt, S. 88.
[540] **Brühl** (2001), Erfolgsfaktoren, S. 196.
[541] Vgl. hierzu Fn. 371.

punkt der Emission über „quasi-monopolisiertes Wissen“[542] verfügt und ihm in dieser Situation asymmetrisch verteilter Information opportunistisches Informationsverhalten unterstellt werden muss. Zum anderen besteht aber auch ein Informationskostenproblem, das mit dem Versuch, die Informationslücke durch eigene Anstrengungen zu schließen, verbunden wäre: „Indeed, the amount of stock an investor can ordinarily expect to be allocated in a popular offering would be too small to compensate the costs of any meaningful investigation and analysis of the offering.“[543] Nur ausgewählte Investoren werden über Zugang zu superioren Informationen oder über die notwendigen Ressourcen für eine ökonomisch sinnvolle Informationsproduktion verfügen. Dies trifft regelmäßig auf institutionelle Investoren zu, während private Anleger Informationsnachteile zu verzeichnen haben.[544] An typischen Märkten für Aktien-Neuemissionen besteht deshalb die Tendenz zu einer „Zweiklassen-Gesellschaft“, die den Kreis der Investoren grob in „informierte“ und „nicht informierte“ Marktteilnehmer unterteilt. Letztgenannte laufen Gefahr, v. a. bei Aktien-Neuemissionen minderer Qualität zum Zuge zu kommen, da die Nachfrage der informierten Investoren bei diesen ausbleibt. Die schlechter informierten Investoren würden sich bei dauerhafter Benachteiligung deshalb sukzessive aus dem Markt zurückziehen. Mit dem daraus resultierenden Nachfragerückgang ginge ein Absinken des Platzierungspotenzials des Marktes für Aktien-Neuemissionen einher, was im Extremfall den völligen Zusammenbruch zur Konsequenz haben könnte.

Ähnlich drastische Konsequenzen sind auch in den Fällen vorstellbar, in denen die Informationskosten so hoch sind, dass eine Informationsproduktion auf Seiten der Investoren ausbleibt. Dominiert die Qualitätsunsicherheit als Folge dieser Unvollkommenheit der Informationsstruktur, kann der von Akerlof (1970) für Gütermärkte entwickelte Prozess einer adversen Selektion auch auf dem Markt für Aktien-Neuemissionen einsetzen:[545] Da die Qualität des einzelnen Emittenten nicht verifiziert und somit auch „*lemons*“ nicht identifiziert werden können, orientieren sich Investoren an der durchschnittlichen Qualität aller angebotenen Aktien-Neuemissionen. Diese Restriktion hat zur Folge, dass auch für Börsen-

---

542 **Rapp** (1996), Markt, S. 98.

543 **Tiniç** (1988), Anatomy, S. 798.

544 **Gennotte/Leland** (1990) gehen davon aus, dass aufgrund hoher Grenzkosten der Informationsproduktion die Mehrheit der Investoren zu dieser Gruppe der „schlecht Informierten“ gehört: „This leaves most investors in the class we term ‚uninformed‘.“ (**Gennotte/Leland** (1990), Market, S. 1003).

545 Vgl. **Akerlof** (1970), Lemons. Vgl. in diesem Sinne auch **Rapp** (1996), Markt, S. 107 f.

neulinge hoher Qualität nur ein der durchschnittlichen Qualität entsprechender Preis geboten wird. Für qualitativ überdurchschnittliche Emittenten wird der Markt für Aktien-Neuemissionen deshalb sukzessive unattraktiver. Die Folge ist eine ständige Qualitätsverschlechterung, die in ihrer letzten Konsequenz zum Zusammenbruch des Marktes für Aktien-Neuemissionen führen kann.

Wie die Ausführungen im Abschnitt 3.2.4.4 gezeigt haben, muss das skizzierte Grundproblem der asymmetrischen Informationsverteilung zudem auch auf das Verhältnis zwischen Emittent und Emissionsbank übertragen werden und wird hierdurch auf eine zusätzliche Ebene erweitert: Zwar erhält das emissionsbegleitende Finanzinstitut regelmäßig Zugriff auf interne Informationen und Plandaten des Emittenten und verfügt somit über eine superiore Informationsgrundlage. Dennoch verbleibt ein Rest an informationsbedingter Qualitätsunsicherheit, dessen Ausmaß von der Bereitschaft des emissionswilligen Unternehmens zur wahrheitsgemäßen Selbstauskunft abhängt. Eine asymmetrische Informationsverteilung muss jedoch auch in die umgekehrte Richtung unterstellt werden: Emissionsbanken agieren regelmäßig am Markt für Aktien-Neuemissionen und verfügen deshalb z. B. über bessere Kenntnisse der Marktverhältnisse. So können sie insbesondere die Nachfragesituation auf Investorenseite besser einschätzen. Darüber hinaus haben die Emittenten nur begrenzte Kontrollmöglichkeiten, um die tatsächlichen Platzierungsbemühungen der beauftragten Emissionsbegleiter beurteilen zu können. Die bei Börsengängen an den Neuen Markt üblichen Übernahmekontrakte (*firm commitment*)[546], bei denen wesentliche Kompetenzen vom Emittenten an den Emissionsbegleiter delegiert werden, verschärfen diesen Nachteil zusätzlich: „Under a firm-commitment contract, controlling interest in the issue belongs to the underwriter."[547] Zur Reduzierung des Platzierungsrisikos und zur Sicherung des Reputationskapitals könnten die Emissionsbanken bestrebt sein, einen möglichst niedrigen Emissionspreis zu realisieren. Die aufgrund eines niedrigen Emissionskurses resultierende hohe Nachfrage sowie die sich anschließenden frühen Kursgewinne eröffnen einer Emissionsbank zudem die Möglichkeit, auch von ihrer *overallotment*-Option Gebrauch zu machen und daraus zusätzliche Erlöse zu generieren.

Die bisherigen Überlegungen lassen schließlich auch auf die Existenz von Informationsasymmetrien im Verhältnis zwischen Emissionsbanken und Investoren schließen, die aus dem Informationsvorsprung der Fi-

---

[546] Vgl. Fn. 471 sowie die Ausführungen im Abschnitt 4.1 der vorliegenden Arbeit.
[547] **Benveniste/Spindt** (1989), Offer Price, S. 345.

nanzinstitute – hinsichtlich Emittent und Marktkenntnis – resultieren. Mit Hilfe „geschönter“ Informationen könnten Emissionsbanken z. B. versuchen, ihr Platzierungsrisiko zu verringern und den Marktpreis der Titel am Zirkulationsmarkt positiv zu beeinflussen. Bei Überzeichnungen eröffnet die Intransparenz der Zuteilungsverfahren den Emissionsbanken zudem Freiräume zu opportunistischen Zuteilungsprinzipien, um bestimmte Gruppen zu bevorzugen. Ein Problem der adversen Selektion kann dabei aus der Tendenz entstehen, dass Anleger ohne entsprechende Privilegien v. a. bei den Aktien-Neuemissionen mit geringem Zeichnungsinteresse zum Zuge kommen und deshalb einen höheren Anteil der *lemons* erhalten. Derart benachteiligte Anleger werden sich sukzessive aus dem Markt zurückziehen, sofern sie ihre Benachteiligung erkennen.

4.2.3 Lösungsansätze zur Überwindung der informationsbedingten Unvollkommenheiten

Die skizzierten Informationsasymmetrien, die unzureichenden Anreize zur Informationsproduktion sowie die aus diesen informationsbedingten Unvollkommenheiten resultierenden adversen Selektionseffekte bergen die Gefahr, in letzter Konsequenz zum vollständigen Marktversagen zu führen: Nur einzelne Investoren (-gruppen) können einen adäquaten Informationsstand realisieren, die benachteiligten Anleger werden sich sukzessive aus dem Markt zurückziehen, da sie keine Möglichkeit haben, die Qualität der Emittenten ausreichend einzuschätzen. Die Überwindung dieses informationsbedingten Krisenszenarios erfordert die Errichtung alternativer Mechanismen und Prozesse zum Informationstransfer. Prinzipiell lassen sich hierbei – wie in Abbildung 4.5 graphisch dargestellt – Maßnahmen zur Substitution und zur Produktion von Informationen unterscheiden.

Abb. 4.5: Ansätze zur Überwindung von Informationsproblemen

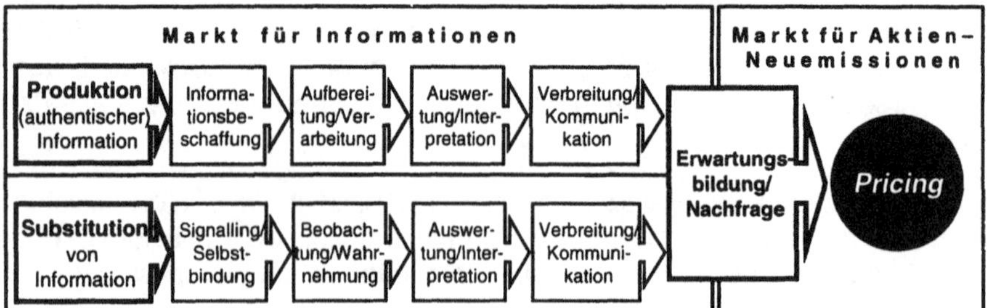

4.2.3.1 Substitution von Informationen

Der Einsatz von Informationssurrogaten und/oder die Errichtung von Selbstbindungsmechanismen stellen potenzielle Alternativen zur Verbesserung ineffizienter Informationsstrukturen dar. Der ersten Kategorie liegt die Idee zugrunde, dass Emittenten geeignete Maßnahmen ergreifen können, um den übrigen Marktparteien ihr wahres Qualitätsprofil glaubhaft zu signalisieren. Der erste Modellansatz zur Erklärung dieses „*signalling*" geht auf Spence (1973) zurück, der darlegt, wie Arbeitnehmer ihre „Qualität" an potenzielle Arbeitgeber durch die Investition in freiwillige, kostenverursachende Weiterbildungsmaßnahmen signalisieren können.[548] Die durch eigene Handlungen entstehenden, informationsähnlichen Signale zur indirekten Übermittlung von Informationsinhalten sind jedoch nur unter bestimmten Bedingungen sinnvoll: „... the moral of Spence's analysis is that a high-quality producer is able to use an instrument ... to signal his quality if his cost (his return from) using this instrument is lower (respectively, higher) than that of a low-quality producer."[549]

Notwendige Voraussetzung dieses ökonomischen Vorteils ist insbesondere, dass derartige Maßnahmen von Konkurrenten mit niedrigerer Qualität nicht einfach imitiert werden können („*mimicking*"), sondern eine adäquate Differenzierungsmöglichkeit von Qualitätsniveaus entsteht.[550] Dies ist regelmäßig v. a. dann der Fall, wenn der Einsatz eines Signals mit hohen Kosten verbunden ist, die von *low quality*-Anbietern nicht aufgebracht bzw. im Zeitablauf nicht „zurückverdient" werden können. Auch die Gefahr einer Aufdeckung und Sanktionierung der Täuschung schafft ähnliche Voraussetzungen. Die Relevanz des *signalling* am Markt für Aktien-Neuemissionen ist offensichtlich: Emittenten können z. B. durch die Wahl einer renommierten Emissionsbank, durch die Auferlegung besonders strenger Transparenz- und Informationspflichten, durch die Festlegung einer geringen Emissionsquote der Altaktionäre, etc. für die übrigen Marktteilnehmer beobachtbare Signale setzen.[551] Da derartige Maßnahmen mit entsprechenden Kosten verbunden sind, die nur von „guten" Unternehmen getragen werden können, ist als Ergebnis mit einer Reduzierung der Qualitätsunsicherheiten zu rechnen. Aufgrund der selten gegebenen,

---

[548] **Spence** (1973) definiert: „Market Signals are activities or attributes of individuals in a market which, by design or accident, alter the beliefs of, or convey information to, other individuals in the market." (**Spence** (1973), Signaling, S. 1).

[549] **Tirole** (1992), Industrial, S. 119.

[550] Vgl. in diesem Sinne z. B. **Allen/Faulhaber** (1989), Signaling, S. 313.

[551] Vgl. hierzu auch die Ausführungen im Abschnitt 5.1.2.1.3.1 der vorliegenden Arbeit.

strengen Voraussetzungen – Glaubwürdigkeit, Differenzierbarkeit und Transparenz – wird *signalling*-Maßnahmen aber überwiegend nur partielles Problemlösungspotenzial zugestanden.[552]

Selbstbindungsmechanismen wie z. B. Garantien, die insbesondere an Gütermärkten zu beobachten sind, können eine effiziente Lösung zur Überwindung von Qualitätsunsicherheiten darstellen: „It is not always necessary to observe quality before purchasing a good. If the producer offers to compensate the buyer in full should the quality of the good end up differing from the announced characteristics, quality is no longer an issue; the buyer does not worry whether the producer's announcement of quality is accurate ... Thus, the quality problem could be eliminated by a perfect warranty system."[553] Wesentliche Voraussetzung für ein perfektes Garantiesystem ist jedoch, dass die Qualität des verkauften Objekts ex post eindeutig bestimmt und seine *Performance* ausschließlich und eindeutig nur dem Verkäufer zuzuschreiben ist. Derartige Voraussetzungen sind am Markt für Aktien-Neuemissionen nicht gegeben. Dies dürfte einer der Hauptgründe dafür sein, dass Selbstbindungsmechanismen in diesem Marktsegment unterentwickelt sind.[554] „Denkbar wäre etwa eine Vereinbarung zustandsabhängiger Zahlungsversprechen beim Emissionsprozeß oder eine ‚Versicherung' gegen unterdurchschnittliche Wertentwicklung der Titel mit Hilfe anreizkonform ausgestalteter Optionskontrakte."[555] Wenn zum Börsengang in Aussicht gestellte Ziele verfehlt würden, hätte dies entsprechende Folgekosten für den Emittenten zur Konsequenz.

Vom Gesetzgeber vorgegebene Haftungsregelungen, wie beispielsweise die Prospekthaftung, stellen eine bereits praktizierte, restriktivere Form der Garantie dar. Durch die Möglichkeit von Schadenersatzforderungen oder anderer „Strafkosten" werden die Emittenten der Gefahr eines ökonomischen Verlustes ausgesetzt, woraus ein Anreiz zu kontraktkonformen Verhalten abgeleitet werden kann. „Die Definition von Haftungstatbeständen durch den Gesetzgeber ist Ausdruck des **öffentlichen Interesses** am Schutz der Teilnehmer sowie der Funktion von Märkten. Haftung kann somit als ‚*ultima ratio*' im Spektrum der Maßnahmen interpretiert werden, die in Märkten mit Qualitätsunsicherheit und *moral hazard*-

[552] Vgl. in diesem Sinne z. B. **Brennan** (1990), Latent, S. 709.
[553] **Tirole** (1992), Industrial, S. 106.
[554] Ansätze und Forderungen in diesem Bereich konzentrieren sich insbesondere auf die Selbstbindung von Emissionsbanken in ihrer Funktion als Finanzintermediäre. Vgl. in diesem Sinne z. B. **Rapp** (1996), Markt, S. 131.
[555] Ebenda, S. 131.

Risiken das Wohlverhalten der besser informierten Marktpartei gewährleisten sollen."[556] Aus informationsökonomischer Sicht wird Information somit durch die Haftung substituiert. Das Haftungsrisiko der Emissionsbanken garantiert den Anlegern ein Mindestmaß an Sorgfalt bei der Vorselektion potenzieller Emittenten. Erfolgsdeterminanten des Problemlösungspotenzials von Haftungsregelungen sind v. a. deren Wirkungsgrad und Durchsetzbarkeit. Haftungsregelungen als pauschale Generalregelungen können angesichts der Komplexität der vielschichtigen Sachverhalte z. B. an Märkten für Aktien-Neuemissionen keine vollständige Lösung der Informationsprobleme erwirken und dienen deshalb primär der Durchsetzung von Mindeststandards des Anlegerschutzes.

Auch das von Marktparteien im Zuge wiederholter Transaktionen erworbene „Reputationskapital", d. h. der sukzessive und erkennbare Erwerb von Glaubwürdigkeit und fachlicher Kompetenz, kann als eine weitere Form der Garantie für ein kontraktkonformes Verhalten bzw. als Substitution für nicht transparente Informationen interpretiert werden: „Je größer die Qualitätsunsicherheit ... desto ausgeprägter ist die positive Wirkung von Reputation."[557] Der ökonomische Anreiz zum Erwerb und zur Aufrechterhaltung von Reputation kann jedoch nur bestehen, „... if high quality implies a rent that the producer is afraid of losing if he cuts quality."[558] Reputationswidriges Verhalten („*cheating*") muss deshalb negative ökonomische Konsequenzen nach sich ziehen. Zudem erfordert der Aufbau von Reputation eine hinreichend hohe Frequenz an Transaktionen, bei einmaligen Transaktionen beispielsweise dominieren v. a. die Anreize zu opportunistischem Informationsverhalten.[559] Da ein Börsengang ein in der Regel einmaliges Ereignis in der Entwicklung eines Unternehmens ist, kann Opportunismus tendenziell auch bei Emittenten am Markt für Aktien-Neuemissionen unterstellt werden: „Each issuing firm, which will go public only once, has no incentive to leave money on the table."[560] Lediglich Unternehmen, die den Kapitalmarkt in späteren Phasen erneut zur externen Eigenkapitalbeschaffung zu akzeptablen Konditionen in Anspruch nehmen wollen, könnten ein Interesse haben, bei den Marktakteuren positiv besetzt zu sein. Da jedoch ex ante unklar ist, ob die hierdurch erhofften günstigeren Kapitalkosten den aufgrund opportunistischen Informationsverhaltens im Rahmen des Börsengangs erzielten

---

[556] Ebenda, S. 133.
[557] **Spremann** (1988), Reputation, S. 613.
[558] **Tirole** (1992), Industrial, S. 123.
[559] Vgl. hierzu z. B. ebenda, S. 122 ff., oder **Klein/Leffler** (1981), Role.
[560] **Beatty/Ritter** (1986), Investment Banking, S. 216.

Mehrerlös mindestens kompensieren können, dürften die Anreize zum Erwerb emittentenspezifischen Reputationskapitals eher gering sein.
Im IPO-Kontext ist die Reputationsfrage – wie im Abschnitt 4.2.1.2 bereits dargelegt – deshalb insbesondere für die Emissionsbanken von Relevanz: „Because of the repeat business with potential purchasers, an investment banker can develop a reputation and earn a return on this reputation.“[561] Um sich künftige Geschäftsmöglichkeiten zu erhalten, kann Emissionsbanken ein elementares Interesse daran unterstellt werden, individuelles Reputationskapital zu erwerben und zu erhalten. Bezogen auf den Markt für Aktien-Neuemissionen lassen sich hieraus insbesondere Anreize ableiten, bei der Auswahl der zu begleitenden Emittenten möglichst hohe Qualitätsstandards anzusetzen. Emittenten „guter Qualität“ hingegen können gleichzeitig durch die Wahl eines Emissionsbegleiters mit hoher Reputation ein indirektes Signal der Glaubwürdigkeit der zum Börsengang kommunizierten Informationen senden. Das Wirkungspotenzial des Reputationseffektes bei Emissionsbanken kann jedoch dadurch eingeschränkt werden, dass zum einen den Emittenten auch im Verhältnis zum Emissionsbegleiter opportunistisches Informationsverhalten unterstellt werden darf und zum anderen die Emissionsbanken auch mit dem Risiko einer Fehleinschätzung konfrontiert sind.

4.2.3.2 Produktion von Informationen

Wie die vorangegangenen Ausführungen gezeigt haben, resultiert die Informationsproblematik des Marktes für Aktien-Neuemissionen insbesondere daraus, dass Emittenten zum einen über ein „Quasi-Informationsmonopol“ verfügen und zum anderen Anreize zu opportunistischem Informationsverhalten haben. Die Produktion quantitativ und qualitativ adäquater Informationen durch die emittierenden Unternehmen kann hierdurch eingeschränkt oder im Extremfall sogar vollständig verhindert werden. Die von den Emittenten zur Verfügung gestellten Informationen sind grundsätzlich mit einem Glaubwürdigkeitsproblem behaftet. „Dieses Problem untergräbt die Akzeptanz verfügbarer Informationen auf der schlechter informierten Marktnachfrageseite (*Investoren*) und beschränkt gleichzeitig die Möglichkeiten der besser informierten Marktpartei (*Emittenten*) zu einem unverzerrten Informationstransfer.“[562] Das Problem ineffizienter Informationsstrukturen am Markt für Aktien-Neuemissionen wird zusätzlich dadurch verschärft, dass die individuelle Informationsproduktion der potenziellen Anleger üblicherweise aufgrund von Kosten-

[561] Ebenda, S. 216.
[562] **Rapp** (1996), Markt, S. 116.

Nutzen-Erwägungen keine sinnvolle Alternative darstellt.[563] Wie die Ausführungen in den Abschnitten 3.3.3 und 3.3.4 gezeigt haben, kann diesem Informationsproblem durch die Delegation der Informationsproduktion auf spezialisierte Informationsintermediäre entgegengewirkt werden. Aufgrund ihrer Spezialisierungsvorteile und ihrer Einblicke in die wirtschaftlichen Verhältnisse der Emittenten sind v. a. Emissionsbanken zum einen dafür prädestiniert, die bestehende Informationslücke durch die Produktion von entscheidungsrelevanten Informationen zu schließen.[564] Zum anderen sind die Finanzinstitute gleichzeitig aber auch in der Lage, Glaubwürdigkeit und damit Akzeptanz dieser Informationen zu erwirken, denn „... by serving as a certifier of the issue, the investment banker would be putting the value of his reputation at risk.“[565]

Der Bereitstellung umfangreicher, aussagekräftiger und qualitativ zuverlässiger Informationen zum Unternehmen kommt somit zentrale Bedeutung zu, um sämtlichen oder zumindest einer ausreichend großen Anzahl potenzieller Investoren die Möglichkeit zu eröffnen, eine realistische Preisvorstellung zu den angebotenen Titeln zu entwickeln. Diese Aufgabe der gebündelten Informationsbereitstellung haben Gesetzgeber und Börsenträger primär auf den Emissionsprospekt übertragen, der damit „das zentrale Dokument des Börsengangs“[566] darstellt. Daneben werden Börsengänge von zahlreichen weiteren Maßnahmen zur Informationserstellung und -verbreitung begleitet.[567] Bei Börsengängen an den Frankfurter Neuen Markt haben hierbei – im Gegensatz zu anderen internationalen Märkten für Aktien-Neuemissionen – die von den Finanzanalysten der Emissionsbanken erstellten Neuemissionsstudien eine zentrale Rolle als Informationsträger übernommen. Abbildung 4.6 zeigt das skizzierte Bezie-

---

563 **Rapp** (1996) führt „*Screening*“-Aktivitäten, d. h. die Anwendung vereinfachter Prüf- und Evaluierungsmechanismen durch Anleger als unter Kosten-Nutzen-Gesichtspunkten mögliche Alternative zur Verbesserung der Informationsstrukturen an. Der Autor skizziert aber auch anreizbedingte Informationsparadoxa, welche die Wirkungsweise dieser kostengünstigen Form der Informationsproduktion nachhaltig beeinträchtigen können. (Vgl. **Rapp** (1996), Markt, S. 119 ff.).

564 Neben den Emissionsbanken sind aber auch weitere spezialisierte Finanzintermediäre wie Wirtschaftsprüfer, Emissionsberater, etc. mit der Erzeugung und Verbreitung von Informationen betraut, denen aufgrund ihrer Funktion eine hohe Glaubwürdigkeit beigemessen wird.

565 **Tiniç** (1988), Anatomy, S. 798.

566 **Quick/Kayadelen** (2002), Aussagefähigkeit, S. 949.

567 Börsengänge werden üblicherweise von umfangreichen Marketingkampagnen begleitet, deren primäres Ziel die Kommunikation mit potenziellen Investoren ist. Anzeigen, Werbefilme oder Imagebroschüren sind Beispiele der gängigen Aktionen. Die Inhalte dieser Maßnahmen sind aber meist nicht analytischer Natur, sondern v. a. auf die Steigerung des Bekanntheitsgrades ausgerichtet.

hungsgeflecht der am Markt für Aktien-Neuemissionen beteiligten Marktparteien, deren Zielsysteme sowie die Interdependenzen mit dem Markt für Finanzintermediation und dem Markt für Informationen vor dem Hintergrund der Informationsproduktion bzw. dem der Preisfindung vorausgehenden Informationsprozess. Im folgenden Abschnitt werden der Emissionsprospekt und das Neuemissionsresearch als zentrale Bausteine im Prozess der Informationsproduktion durch Emissionsbanken und Emittenten auf ihr Problemlösungspotenzial zur Überwindung der skizzierten informationsbedingten Unvollkommenheiten hin untersucht.

Abb. 4.6: Informationsprozesse am Markt für Aktien-Neuemissionen

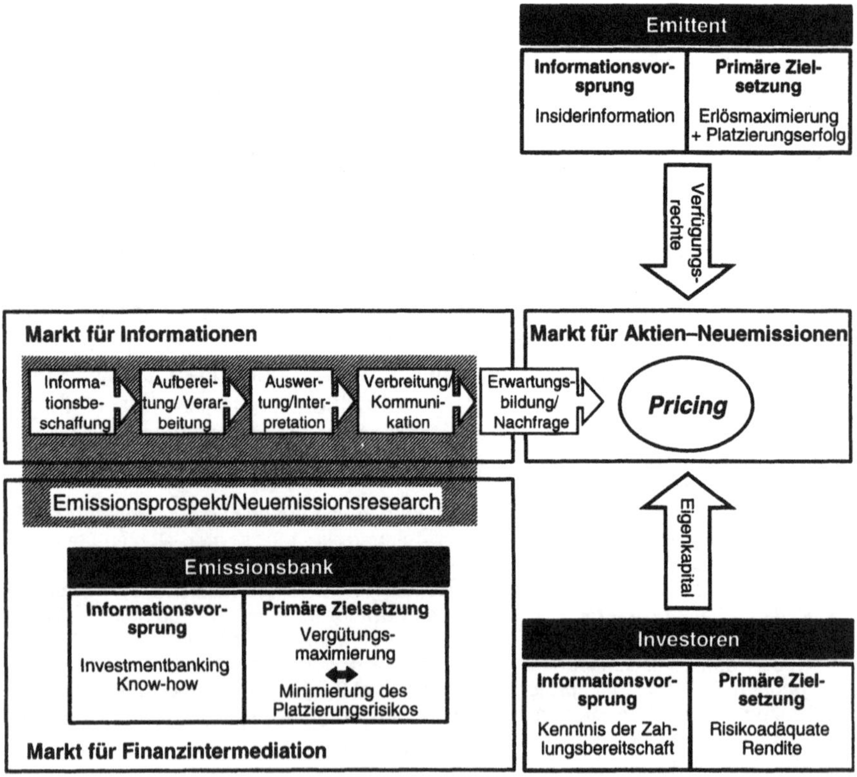

4.2.3.2.1 Emissionsprospekt als zentrale Informationsbasis

4.2.3.2.1.1 Ausgangssituation

Damit potenziellen Anlegern eine adäquate Informationsbasis bzw. Entscheidungsgrundlage zur Verfügung gestellt wird, fordern der Gesetzgeber bzw. die Aufsichtsorgane generell, dass der Emissionsprospekt[568] „... den Geboten der Richtigkeit, Vollständigkeit und Verständlichkeit entsprechen [muss], die sich aus der, dem *true and fair view* des § 264 Abs. 2 Satz 1 HGB ähnelnden, Generalklausel des § 13 Abs. 1 BörsZulVO ableiten lassen."[569] Entsprechend umfangreich waren der im Regelwerk des ehemaligen Neuen Marktes (RwNM) enthaltene Katalog der im Prospekt aufzuführenden Mindestangaben. Der Prospekt sollte demnach nicht nur in deutscher und englischer Sprache, sondern auch in einer Form verfasst werden, „... die sein Verständnis und seine Auswertung erleichtert."[570] Jene Personen oder Gesellschaften, die für den Inhalt verantwortlich zeichneten, mussten im Prospekt eine entsprechende Erklärung zur Richtigkeit und Vollständigkeit des Inhalts abgeben.[571]

Der Emissionsprospekt musste zunächst zahlreiche allgemeine Angaben zum Emittenten (Firma, Sitz, Gründungsdatum, etc.)[572], zu den Aktien (Art, Stückzahl, Wertpapierkennnummer, etc.)[573] und zum Kapital des Emittenten (gezeichnetes Kapital, ausstehende Einlagen, etc.)[574] enthalten. Zudem wurden detaillierte Angaben zur Geschäftstätigkeit des Emittenten verlangt.[575] Dies beinhaltete u. a. eine ausführliche Darlegung der wichtigsten Tätigkeitsbereiche, der Umsatzentwicklung der vergangenen drei Jahre aufgegliedert nach Tätigkeitsbereichen sowie nach geographischen Märkten, der Abhängigkeiten von wichtigen Patenten, Lizenzen, Verträgen oder neuen Herstellungsverfahren, der vergangenen, laufenden und beschlossenen Investitionen, etc. Der Prospekt musste weiterhin umfangreiche Angaben zur Vermögens-, Finanz- und Ertragslage des Emittenten der vergangenen drei Jahre – bzw. kürzer, sofern das Unternehmen weniger als drei Jahre bestanden hatte – enthalten.[576] Diese

568 Im Folgenden wird alternativ auch die Kurzform „Prospekt" verwendet.
569 **Zacharias** (2000), Börseneinführung, S. 213.
570 Abschn. 2, Tz. 4.1.1 (1), RwNM.
571 Vgl. Abschn. 2, Tz. 4.1.2, RwNM.
572 Vgl. Abschn. 2, Tz. 4.1.5, RwNM.
573 Vgl. Abschn. 2, Tz. 4.1.3 f., RwNM.
574 Vgl. Abschn. 2, Tz. 4.1.6, RwNM.
575 Vgl. Abschn. 2, Tz. 4.1.7, RwNM.
576 Vgl. Abschn. 2, Tz. 4.1.8, RwNM.

mussten den Rechnungslegungsvorschriften nach den *International Accounting Standards* (IAS) oder den US-amerikanischen *Generally Accepted Accounting Principles* (US-GAAP) entsprechen.[577] Eine Bewegungsbilanz oder eine Finanzflussrechnung mussten zudem Aufschluss über die Bilanzentwicklung geben.[578] Weiterhin wurden Auskünfte zu Beteiligungsunternehmen[579], zur historischen Entwicklung von Ergebnis und Dividende je Aktie[580], zu eventuell aufgenommenen Konzernabschlüssen[581], zu den Geschäftsführungs- und Aufsichtsorganen des Emittenten[582], zur Prüfung der Jahresabschlüsse und anderer Angaben im Emissionsprospekt[583] sowie – soweit zutreffend – Angaben über zuzulassende Zertifikate, die Aktien vertreten[584], eingefordert.[585] In einem gesonderten Abschnitt „Risikofaktoren" mussten schließlich solche Faktoren dargelegt werden, die erhebliche negative Auswirkungen auf die weitere Unternehmensentwicklung hätten entfalten können.[586]

Emittenten waren aber nicht nur dazu verpflichtet, in ihrem zum Börsengang an den ehemaligen Neuen Markt erstellten Emissionsprospekt umfangreiche Angaben zur Historie und zum Status quo des Unternehmens zu liefern. Während insbesondere die geforderten Auskünfte zu laufenden und beschlossenen Investitionen sowie zu den Risikofaktoren bereits prognostische Elemente enthielten, verlangte Abschn. 2 Tz. 4.1.15 RwNM explizit Angaben über den jüngsten Geschäftsgang und die Geschäftsaussichten des Emittenten. Hierfür wurden allgemeine Ausführungen zur Geschäftsentwicklung im laufenden Geschäftsjahr sowie über aktuelle Tendenzen bei der Erzeugung von Gütern, der Erbringung von Dienstleistungen, des Absatzes, der Lagerhaltung, der Auftragsbestände, der Kosten und der Erlöse verlangt.[587] Die Geschäftsaussichten mussten dabei mindestens das laufende Jahr umfassen. Darüber hinaus sollten Auskünfte zur strategischen Ausrichtung des Emittenten für die nächsten Geschäftsjahre sowie der Annahmen, auf denen diese basieren, zur

577 Vgl. Abschn. 2, Tz. 4.1.9 (3), RwNM.
578 Vgl. Abschn. 2, Tz. 4.1.10, RwNM.
579 Vgl. Abschn. 2, Tz. 4.1.11, RwNM.
580 Vgl. Abschn. 2, Tz. 4.1.12, RwNM.
581 Vgl. Abschn. 2, Tz. 4.1.13, RwNM.
582 Vgl. Abschn. 2, Tz. 4.1.14, RwNM.
583 Vgl. Abschn. 2, Tz. 4.1.17, RwNM.
584 Vgl. Abschn. 2, Tz. 4.1.18 f., RwNM.
585 Der Abschn. 2, Tz. 4.2 RwNM legt darüber hinaus Bestimmungen für Sonderfälle fest, wie z. B. Börsengänge von Banken oder Versicherungsunternehmen.
586 Vgl. Abschn. 2, Tz. 4.1.16, RwNM.
587 Vgl. Abschn. 2, Tz. 4.1.15 (1), RwNM.

Verfügung gestellt werden.[588] Intention dieser Anforderungen war: „Der externe Leser hat mit Hilfe dieser Informationen die Möglichkeit, sich ein Bild über die Realitätsnähe der Annahmen zu machen, auf denen das Geschäftsmodell des Unternehmens basiert. Insbesondere wird ihm auf diese Weise ein Vergleich mit der Konkurrenz erleichtert."[589]

4.2.3.2.1.2 Wertung

Gesetzgeber und Aufsichtsorgane sehen im Emissionsprospekt das zentrale Kommunikationsmedium, um einen adäquaten Informationstransfer vom Emittenten zu potenziellen Investoren zu gewährleisten. Die umfangreichen, vornehmlich auf die Vergangenheit und den Status quo bezogenen Auskunftspflichten werden zwar um die für Anlageentscheidungen wesentlich wichtigeren Prognoseinformationen erweitert. Das Regelwerk des Neuen Marktes stellte hierfür auch konkrete Anforderungen bezüglich Prognosegegenstand, Prognosehorizont, Prognoseprämissen und Prognosegenauigkeit auf. Diese wiesen im Vergleich zu den „... (theoretischen) Prognoseelementen allerdings erhebliche Regelungslücken auf."[590] Quick/Kayadelen (2002) stellen bei ihrer Untersuchung von Emissionsprospekten denn auch erhebliche Defizite fest[591] und bemängeln z. B. bei den Prognosen zu den Geschäftsaussichten, dass nicht alle relevanten Prognosegegenstände abgehandelt würden, die Aussagen überwiegend qualitativ-verbaler Natur seien, der Prognosehorizont selten mehr als ein Jahr umfasse und die Prognoseprämissen zwar häufig veröffentlicht würden, aber in der Regel unvollständig wären. Der Gesetzgeber und die Aufsichtsorgane definieren nur Mindestanforderungen; die aus den formalen Regelungslücken resultierenden Informationsdefizite werden aber nicht durch eine freiwillige Informationsproduktion und -verteilung der Emittenten im Rahmen des Emissionsprospektes kompensiert. Eine Einschränkung der zur Verfügung gestellten Informationen resultiert auch daraus, dass „... im Zuge der Berichterstattung ein Kompromiss zwischen einer die *financial community* umfassend informierenden Berichterstattung und der Offenlegung von geschäftsschädigenden Informationen gefunden werden [muss]."[592]

---

[588] Vgl. Abschn. 2, Tz. 4.1.15 (2), RwNM.
[589] **Küting** (2001), Bilanzierung, S. 65.
[590] **Quick/Kayadelen** (2002), Aussagefähigkeit, S. 954.
[591] Die Autoren machen jedoch darauf aufmerksam, dass die Repräsentativität ihrer Stichprobe im statistischen Sinne aufgrund der geringen Anzahl von 13 untersuchten Prospekten nicht gegeben sei.
[592] **Küting** (2001), Bilanzierung, S. 66.

Die mangelhafte Bereitschaft der Emittenten und Emissionsbanken, den Bedarf der Anleger an entscheidungsrelevanten prospektiven Informationen im Rahmen des Emissionsprospektes Rechnung zu tragen, dürfte insbesondere mit Haftungsrisiken zu erklären sein. Die Prospekthaftung[593] tritt dann ein, wenn unrichtige, d. h. objektiv falsch wiedergegebene Tatsachen enthalten sind oder wenn der Prospekt unvollständig ist, d. h. wesentliche, für die korrekte Beurteilung der Emission und des Emittenten notwendige Angaben fehlen. Von der Haftung betroffen sind gemäß § 45 Abs.1 Satz 1 BörsG die Parteien, die für den Prospekt die Verantwortung übernommen haben – die Unterzeichner, also üblicherweise Emittent und Emissionsbegleiter – und diejenigen, von denen der Erlass des Prospektes ausgeht. Letztgenannte Gruppe umfasst die Personen oder Unternehmen, die hinter dem Prospekt stehen, ohne dass dies nach außen deutlich wird. „Das können beispielsweise die Konzernmuttergesellschaft, der seine Beteiligung veräußernde Großaktionär oder die Prospekterstellung maßgeblich steuernden Beirats- und Aufsichtsratsmitglieder sein."[594] Von besonderer Brisanz ist hierbei, dass die Prospekthaftung auch Werturteile und v. a. auch Prognosen umfasst.[595] Zwar bestehen Spielräume bei der Auslegung, da eine korrekte Vorhersage von zukünftigen Entwicklungen nicht gefordert werden kann. „Wohl aber muss verlangt werden, dass Werturteile und Prognosen durch Tatsachen ausreichend gestützt werden, kaufmännisch vertretbar sind und mit Zurückhaltung vorgebracht werden. Hierbei ist empfehlenswert, auch die Fakten im Prospekt anzugeben, auf die sich die Prognosen, Schlussfolgerungen, Wertungen – nicht aber Mutmaßungen – stützen. Äußerungen zu rechtlichen Voraussetzungen oder zur rechtlichen Durchführbarkeit bestimmter Vorhaben müssen diesen Grundsätzen genügen und dürfen den Anleger nicht irreleiten."[596] Die Anwendung und Auslegung dieser Interpretationsspielräume ist jedoch mit erheblichen Unsicherheiten behaftet. Wohl deshalb wird in den Emissionsprospekten von Börsengängen – nicht nur am ehemaligen Neuen Markt – weitgehend auf

---

[593] Zur Prospekthaftung vgl. ausführlich z. B. **Zacharias** (2000), Börseneinführung, S. 228 ff., oder **Siebel/Gebauer** (2001), Prognosen, S. 185 ff. Im Falle der Prospekthaftung haben die Geschädigten Anspruch auf Ersatz des negativen Interesses, sie sind also so zu stellen, als hätten sie die wahren Fakten beim Erwerb der neuemittierten Aktien gekannt. Die zum Schadenersatz verpflichteten können gemäß § 45 Abs.1 BörsG ihrer Pflicht dadurch genügen, dass sie den Investoren den Erwerbspreis der Aktien zuzüglich Nebenkosten erstatten.

[594] **Zacharias** (2000), Börseneinführung, S. 234.

[595] Zur juristischen Problematik von Prognosen im Unternehmensbericht und Emissionsprospekt am Neuen Markt vgl. ausführlich **Siebel/Gebauer** (2001), Prognosen, S. 178 f.

[596] **Zacharias** (2000), Börseneinführung, S. 228.

aussagekräftige, auf die Zukunft gerichtete Unternehmensdaten wie Ertragsschätzungen, Wachstumsprognosen, etc. verzichtet.[597]

Investoren sehen sich somit zum einen mit der Herausforderung konfrontiert, die Fülle der in den umfangreichen Emissionsprospekten enthaltenen Informationen zu einer konkreten, subjektiven Preisvorstellung zu verdichten: „Zugegebenermaßen sind die Prospekte eher schwere Kost, und für Anleger bedarf es eines erheblichen Aufwands, sie tatsächlich zu durchdringen, zumal sie oft einen Umfang von über hundert Seiten haben."[598] Durch die umfangreichen Informationspflichten kann „... der Blick auf die wirklich wichtigen Angaben durch Überfrachtung der Prospekte mit Informationen verstellt werden."[599] Zum anderen wird diese ohnehin komplexe Aufgabe aber zusätzlich auch noch dadurch erschwert, dass für die Unternehmensbewertung elementare, auf die Zukunft gerichtete Prognosedaten vom Emittenten gar nicht oder nur in ungenügendem Maße zur Verfügung gestellt werden. Im Falle von Börsengängen an den Neuen Markt wurde dieser Mangel weiterhin durch die hohe Bedeutung verschärft, die Umsatzprognosen und Ertragsaussichten bei der Beurteilung von Wachstumsunternehmen beizumessen ist.[600] Während private Anleger unter Know-how- und Kosten-Nutzen-Gesichtspunkten deshalb kaum zur Bewältigung der Bewertungsaufgabe in der Lage sein werden, dürften angesichts der mangelhaften Datenlage selbst institutionelle Investoren auf erhebliche Schwierigkeiten stoßen.[601] Aufgrund seiner Ausführlichkeit und Verbindlichkeit stellt der Emissionsprospekt somit einerseits zwar eine solide Ausgangsbasis des Informationsprozesses auf dem Weg zur Preisfindung dar. Insbesondere aufgrund der aus seiner Datenfülle resultierenden Komplexität sowie dem Mangel an zukunftsorientierten Informationen kann dem Emissionsprospekt aber andererseits insgesamt nur begrenztes Potenzial bescheinigt werden, die beschriebene Informationslücke auf Seiten der Anleger zu schließen.

---

597 Vgl. in diesem Sinne z. B. **Kusterer** (2003), Unternehmensbewertungsverfahren, S. 42, **Hohla** (2001), Going Public, S. 67, **Siebel/Gebauer** (2001), Prognosen, S. 174, oder **Rapp** (1996), Markt, S. 81.

598 **Rosen, von** (2004), Vertrauen.

599 **Zacharias** (2000), Börseneinführung, S. 240.

600 Vgl. hierzu auch die Ausführungen im Abschnitt 4.2.2.1 der vorliegenden Arbeit.

601 Institutionelle Investoren können sich aufgrund ihrer Marktstellung eventuell durch einen direkten Zugriff auf den Emittenten zusätzliche (Prognose-) Informationen beschaffen. Die daraus resultierende superiore Informationsausstattung würde jedoch die privaten Anleger benachteiligen und auf Dauer zu einem Rückzug dieser Anlegergruppe aus dem Markt für Aktien-Neuemissionen führen.

In diesem Zusammenhang stellt sich die Frage, ob das Informationsangebot am Markt für Aktien-Neuemissionen durch eine Verschärfung prospektrechtlicher Informationspflichten verbessert werden könnte.[602] Emissionsprozesse in den USA beispielsweise sind durch zwei Elemente gekennzeichnet: strenge Anforderungen an Form und Inhalt des Emissionsprospektes sowie eine Veröffentlichungssperre („*quiet period*") für Emittenten und Emissionsbegleiter über einen dreimonatigen Zeitraum, um die Verbreitung nicht der Prospekthaftung unterliegender Informationen zu verhindern.[603] Der Emissionsprospekt ist bei der Wertpapieraufsichtsbehörde SEC einzureichen („*filing process*") wo er einer strengen Kontrolle hinsichtlich Vollständigkeit und sachlicher Korrektheit unterzogen wird („*review process*"). Der detaillierten Darstellung potenzieller Risikofaktoren, die das dem Emissionsprospekt zugrundegelegte Basisszenario der zukünftigen Unternehmensentwicklung gefährden könnten, wird dabei besondere Bedeutung beigemessen. „Derartige Prospektinformationen im Sinne **alternativer Zukunftsszenarien** ermöglichen einem Investor eine **differenzierte Risikoeinschätzung**."[604] Die am deutschen Markt für Aktien-Neuemissionen bestehenden Freiräume für opportunistisches Informationsverhalten der Emittenten und Emissionsbegleiter werden in den USA hierdurch erheblich begrenzt, der Emissionsprospekt zum zentralen Informationsbaustein erklärt und das Problem der Qualitätsunsicherheit der Investoren reduziert.

Trotz der aus informationstheoretischer Sicht offensichtlichen Vorzüge der strengeren US-amerikanischen Prospektregelungen im Vergleich zu den Rahmenbedingungen des deutschen Marktes für Aktien-Neuemissionen bzw. des ehemaligen Neuen Marktes bleiben dennoch mindestens zwei zentrale Probleme ungelöst:

---

[602] So schlägt z. B. **Küting** (2001) vor: „Hier sollte es zum einen zu einer Erweiterung der Berichterstattung, insbesondere im Emissionsprospekt, kommen, um die Divergenz zwischen der vielfach überzogenen Erwartungshaltung und der realistischen Abbildung der Unternehmenssituation wenigstens ansatzweise zu verringern ... Zum anderen muss es zum Einsatz zusätzlicher Berichtsinstrumente kommen, die bestrebt sind, die Informationsdefizite, insbesondere hinsichtlich des Geschäftsumfelds, zu reduzieren." (**Küting** (2001), Bilanzierung, S. 68).

[603] Zum Emissionsprozess, zum Emissionsprospekt und zur *quiet period* am US-amerikanischen Markt für Aktien-Neuemissionen vgl. beispielsweise **Bradley/ Jordan/Ritter** (2003), Quiet Period, **Wilhelm** (1997), Emission, oder **Lipman** (1994), Going Public.

[604] **Rapp** (1996), Markt, S. 442.

(1) Mangel an Prognoseinformationen:
Angesichts des mit dem Prospekt verbundenen Haftungsrisikos bestehen auch für Emittenten und Emissionsbegleiter am US-amerikanischen Markt für Aktien-Neuemissionen Anreize, die mit Unsicherheit behafteten prospektiven Informationen zu minimieren und so wenig konkret wie möglich zu fassen. Dies gilt in verstärktem Maße für junge Wachstumsunternehmen, deren Ertragsperspektiven mit einer erhöhten Prognoseunsicherheit einhergehen. Trotz des insgesamt strengeren Anforderungskatalogs sind die bewertungsrelevanten, auf die Zukunft gerichteten Informationen deshalb typischerweise unvollständig: „However, U.S. Securities and Exchange Comission (SEC) regulations generally prohibit firm and their underwriters from publishing opinions concerning valuation and from making forward-looking statements regarding earnings, revenues, and similar items."[605]

(2) Mangelhafte Zielgruppentauglichkeit:
Die Verdichtung der im Emissionsprospekt zur Verfügung gestellten Informationen zu einem konkreten Unternehmenswert bleibt unverändert dem Empfänger überlassen. Ob Umfang, Form und Präsentation der im Emissionsprospekt enthaltenen Informationen zielgruppengerecht den Bedürfnissen der Anleger – insbesondere der privaten Investoren – entsprechen, muss ebenso angezweifelt werden wie deren generelle Fähigkeit, aus den Informationen eine adäquate Schätzung des Unternehmenswerts herleiten zu können.[606]

Eine strengere Definition, Auslegung und Überprüfung der Prospektpublizität am deutschen Kapitalmarkt erscheint somit durchaus sinnvoll, die *Going Public*-Grundsätze der Deutsche Börse AG auf Basis einer freiwilligen Selbstregulierung stellen einen ersten Schritt in diese Richtung dar.[607] Dies wird aber wohl nicht ausreichen, um die skizzierten Informationsdefizite auf Investorenseite vollständig zu kompensieren.

---

[605] **Bradley/Jordan/Ritter** (2003), Quiet Period, S. 1.

[606] Im Gegensatz zu dem am Neuen Markt praktizierten *Bookbuilding*-Verfahren wurde in der Vergangenheit bei Börsengängen an den US-amerikanischen Markt für Aktien-Neuemissionen von den Emissionsbanken bereits zu Beginn des *Bookbuilding* eine Preis-Bandbreite bekannt und den Anlegern auf diesem Wege eine indikative Wertspanne an die Hand gegeben. Vgl. hierzu **Ritter** (2003), Differences, S. 4.

[607] Vgl. hierzu auch die Ausführungen im Abschnitt 3.2.5.2 der vorliegenden Arbeit.

4.2.3.2.2 Neuemissionsresearch als Informationsbasis

4.2.3.2.2.1 Ausgangssituation

Verkäufer und potenzielle Käufer neuemittierter Aktien müssen subjektive (Grenz-) Preisvorstellungen entwickeln und sich anschließend auf einen Preis einigen, der die individuellen Wertvorstellungen einer ausreichend großen Anzahl an Investoren und der Emittenten zum Ausgleich bringt. Denn nur Anleger, denen ein Emissionspreis angemessen und „fair" erscheint, werden eine Aktien-Neuemission zeichnen. Die zentrale Funktion einer Unternehmensbewertung besteht somit ganz allgemein in der Bestimmung von Grenzpreisen als maximalem Kaufpreis der Käufer bzw. minimalem Verkaufspreis der Verkäufer.[608] In diesem Sinne wäre der *fair value* einer neuemittierten Aktie „... ein Preis, der den Nutzen des Gutes für Käufer und Verkäufer paretooptimal zum Ausgleich bringt."[609] Unter der Annahme eines vollkommenen Kapitalmarktes würde sich dieser *fair value* aus den kongruenten Grenzpreisvorstellungen der Marktparteien einstellen und somit eindeutig bestimmen lassen. Auf nur eingeschränkt effizienten Kapitalmärkten hingegen definieren die divergierenden Grenzpreisvorstellungen der Marktparteien die Verhandlungsbandbreite, innerhalb derer der faire Wert zu suchen ist.[610]

Einen eindeutigen, objektiven Preis kann es angesichts von Marktunvollkommenheiten nicht geben, ein Emissionspreis kann auch nicht „... das Ergebnis eines streng deterministischen funktionalen Berechnungsverfahrens sein."[611] Zudem haben die Verhandlungspartner auch keine genaue Kenntnis über die Grenzpreisvorstellungen der übrigen Marktteilnehmer. Angesichts mangelhafter Informationsstrukturen werden Anleger darüber hinaus regelmäßig auch gar keine Möglichkeit haben, fundierte Grenzpreisvorstellungen entwickeln zu können. In dem Maße, in dem Emissionsbegleiter als Finanzintermediäre bereit und in der Lage sind, superiore Informationen zu generieren und z. B. in Form von Unternehmensstudien und anderen Research-Leistungen glaubhaft an interessierte Investoren zu übermitteln, können die skizzierten Informationsdefizite aus theoretischer Sicht trotz der Problempotenziale überwunden werden. Spezialisierungs- und Kostenvorteile ermöglichen zum einen die

---

608 Vgl. **Drukarczyk** (1998), Unternehmensbewertung, S. 114.

609 **Schweinitz** (1997), Renditeentwicklungen, S.101. Zum Begriff der Pareto-Optimalität vgl. auch Fn. 265 der vorliegenden Arbeit.

610 Vgl. in diesem Sinne **Schweinitz** (1997), Renditeentwicklungen, S. 104. Vgl. hierzu auch Fn. 227 und 279 der vorliegenden Arbeit.

611 **Schweinitz** (1997), Renditeentwicklungen, S. 106.

Lösung des Informationskostenproblems: „However, to the extent that there are economies from specialization, investment bankers can produce the information that is necessary for estimating the value of the shares at a lower cost than the investors."[612] Spezialisierungsvorteile und/oder der enge Kontakt zum Emittenten, der den Finanzanalysten der Emissionsbegleiter regelmäßig Zugang zu internen und zu Planungsdaten des IPO-Kandidaten und damit eine superiore Informationsausstattung verschafft, eröffnen darüber hinaus auch Potenzial für eine Qualitätssteigerung der produzierten Informationen.

Die Überwindung des Informationsverteilungsproblems wurde am Neuen Markt – im Vergleich zu anderen internationalen Märkten für Aktien-Neuemissionen – durch mehrere Faktoren begünstigt. Hier ist zunächst die grundsätzliche Möglichkeit am deutschen Markt für Aktien-Neuemissionen anzuführen, Informationen, die sich von den im Emissionsprospekt enthaltenen unterscheiden, verbreiten zu dürfen. Die bei Börsengängen erstellten Neuemissionsstudien zeichneten sich in der Vergangenheit insbesondere durch detaillierte und umfangreiche Finanzprognosedaten aus. „Der Grund für die ausführlichen Prognosen kann wohl nur auf der Ebene der Haftung gesucht werden. Im Vergleich zum Prospekt, bei dem sich Emittent und Emissionsbegleiter nur schwer einer Verantwortlichkeit für die gemachten Angaben entziehen können, wird bei einer Neuemissionsstudie regelmäßig versucht, das Haftungspotential zu verringern."[613] Aus dem Wortlaut des § 45 Abs.1 BörsG lässt sich ableiten, dass als Prospekte nur solche Darstellungen zu werten sind, aufgrund derer Wertpapiere zum Börsenhandel zugelassen wurden.[614] Nicht von der börsengesetzlichen Haftung betroffen sind deshalb u. a. die zum Börsengang erstellten Neuemissionsstudien. Insbesondere die häufig sehr umfangreichen Freizeichnungserklärungen („*Disclaimer*") zielen darauf ab, die Verantwortlichkeit für die in der Studie getroffenen Aussagen zu minimieren und eröffnen den Emissionsbanken damit Spielräume zur Verbreitung von Prognosen. Schließlich wurde die Informationsverbreitung durch Emittenten und deren Emissionsbegleiter in der Vergangenheit auch nicht durch eine z. B. am US-amerikanischen Markt übliche *quiet period* eingeschränkt.

---

612 **Tiniç** (1988), Anatomy, S. 797 f.
613 **Siebel/Gebauer** (2001), Prognosen, S. 184.
614 Vgl. in diesem Sinne **Zacharias** (2000), Börseneinführung, S. 232.

4.2.3.2.2.2 Finanzprognose

Das Endziel der von Finanzanalysten erstellten Researchleistungen und in den Neuemissionsstudien zusammengefassten Analysen besteht letztlich in der Verdichtung der fundamentalanalytischen Erkenntnisse in einer konkreten Unternehmenswertempfehlung, die Eckwert und Ausgangsbasis für den von den Emissionsbanken zu koordinierenden Preisfindungsprozess ist. Dabei kommen unterschiedliche Bewertungsverfahren zum Einsatz, die letztlich alle versuchen „... die Bewertung, die an einem effizienten, gleichgewichtigen Kapitalmarkt stattfinden würde, nachzubilden."[615] Zentrale Bestimmungsgrößen der Ergebnisse dieser Bewertungsansätze sind die auf spezifischen Annahmen fußenden Erwartungen hinsichtlich der zukünftigen Ertragsentwicklung einer Gesellschaft. Ausgangspunkt der von Finanzanalysten vorgenommenen Bewertungen sind deshalb Prognosen, die als der Versuch interpretiert werden können, „... aus der Analyse vergangener Ereignisse und Entwicklungen Gesetzmäßigkeiten zu erkennen, um darauf aufbauend Schlüsse auf zukünftige Zustände und Ereignisse zu ziehen und diese zu quantifizieren."[616]

Prognosen beruhen immer auf unvollständigen Informationen und sind mit dem Problem nicht vorhersehbarer Entwicklungen und Zustände konfrontiert, so dass jede Prognose mit einer nur ex post ermittelbaren Ungenauigkeit behaftet ist.[617] Dabei gilt generell, dass je weiter eine Prognose in die Zukunft reicht, desto höher das Risiko einer Fehleinschätzung ist. Wesentliche Voraussetzung für eine adäquate Prognosequalität ist, dass der Prognostizierende „... auf alle relevanten Fakten zugreifen kann und über ausreichende Kenntnisse des zu prognostizierenden Ereignisses, der Interdependenzen und Kausalitäten, vorhandenen Gesetzmäßigkeiten, sowie über fundiertes theoretisches Wissen und/oder empirische Erfahrungen verfügt, um Prognosen mit hoher Eintrittswahrscheinlichkeit treffen zu können."[618] Abbildung 4.7 stellt den typischen Prozessverlauf von der Informationsgewinnung bis hin zur abschließenden Unternehmensbewertung schematisch dar.

---

[615] **Schultze** (2001), Unternehmensbewertung, S. 43. Vgl. in diesem Sinne auch **Rödl/Zinser** (2000), Going Public, S. 267.
[616] **Schweinitz** (1997), Renditeentwicklungen, S. 137.
[617] Vgl. in diesem Sinne ebenda, S. 138.
[618] Ebenda, S. 139.

Abb. 4.7: Bausteine der Finanzprognose

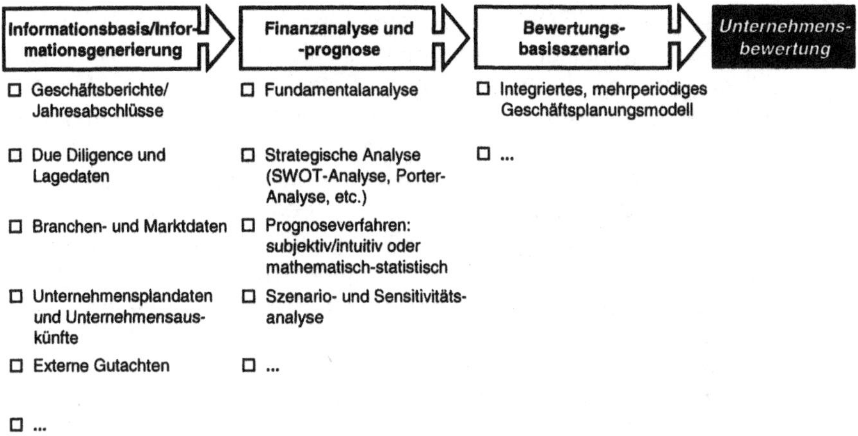

Die Finanzanalysten der im Konsortium vertretenen Emissionsbanken – insbesondere jene der Konsortialführer – verfügen aufgrund der engen Zusammenarbeit mit dem Emittenten über einen besseren Zugang zu Unternehmensinformationen. Darüber hinaus sollten sich die Spezialisierungsvorteile nicht nur in günstigeren Informationskosten, sondern auch in einer tendenziell besseren Prognosequalität niederschlagen. Ausgangspunkt der Prognoseerstellung ist dabei die Analyse der Retrospektive: „Das immer noch zentrale Informationsinstrument für externe Unternehmensbeteiligte ist der Jahresabschluss. Obwohl er konzeptionell auf die Abbildung vergangenen Geschehens ausgerichtet ist, wird er im Rahmen der Finanzanalyse als Ausgangsbasis – ex post auch als Kontrollinstrument – für Prognosemodelle benutzt."[619] Mittels der Methoden und Verfahren der Jahresabschlussanalyse werden die publizierten Abschlüsse der vergangenen Geschäftsjahre ausgewertet, um nicht nur die aktuelle wirtschaftliche Lage des Unternehmens (Lageanalyse) besser einschätzen zu können, sondern auch Trends für die weitere Entwicklung zu identifizieren.[620] Die Aufgabe der Jahresabschlussanalyse ist ganz allgemein, „... das verfügbare Datenmaterial möglichst weitgehend für die Beurteilung der Chancen und Risiken der künftigen Finanz- und erfolgswirtschaftlichen Unternehmensentwicklung auszuwerten."[621]

619 **Fülbier/Honold/Klar** (2000), Bilanzierung, S. 834.
620 Zu den Instrumenten der Jahresabschlussanalyse vgl. z. B. **Coenenberg** (2003), Jahresabschluß, S. 561 ff., oder **Küting/Weber** (1997), Bilanzanalyse.
621 **Schweinitz** (1997), Renditeentwicklungen, S. 145.

Bei jungen, an die Börse strebenden Wachstumsunternehmen lassen historische Finanzdaten jedoch regelmäßig kaum Rückschlüsse auf künftige Entwicklungen zu.[622] Die weitere Unternehmensentwicklung wird vielmehr von den allgemeinen Gesamtmarktentwicklungen, den Branchenperspektiven und von den strategischen Entscheidungen des Managements determiniert.[623] Neben einer konkreten Markt- und Branchenanalyse sind die Finanzanalysten bei der Prognoseerstellung deshalb insbesondere auf die Informationen des Emittenten hinsichtlich der geplanten Projekte und der strategischen Ausrichtung des Unternehmens angewiesen, um die voraussichtlichen Leistungspotenziale des Unternehmens abschätzen zu können. Ziel ist die Identifizierung der Werttreiber, die vorwiegend in Form spezieller Kennzahlen Verwendung finden.[624] Die Finanzanalysten des/der Konsortialführer/s pflegen deshalb schon in einem sehr frühen Stadium der Vorbereitungen auf den Börsengang einen engen Kontakt zum Emittenten und den übrigen beteiligten Gruppen wie Wirtschaftsprüfer oder IPO-Berater. Für die Analysten der übrigen am Konsortium beteiligten Emissionsbanken fällt der „Startschuss" hingegen in der Regel erst mit dem Analystenmeeting.[625] Auf diesem gibt das Management des Börsenkandidaten Auskunft über das Unternehmen und steht den Analysten Rede und Antwort. Hierbei sind neben dem Geschäftsmodell oder der strategischen Positionierung im Wettbewerb v. a. die Planungen und Plandaten des Emittenten von Interesse.[626] Der Umfang der vom Unternehmen zur Verfügung gestellten Plandaten ist individuell verschieden und reicht von groben, kurzfristigen Eckwerten bis

---

[622] Vgl. **Hayn** (2000), Bewertung, S. 22 ff., oder **Küting** (1997), Bilanzierung, S. 511.

[623] Zu den Aspekten der strategischen Analyse vgl. beispielsweise die Ausführungen von **Schweinitz** (1997), Renditeentwicklungen, S. 198 ff.

[624] Vgl. **Copeland/Koller/Murrin** (1993), Unternehmenswert, S. 142 f.

[625] Da die sich um ein Mandat bewerbenden Emissionsbanken im Rahmen des *beauty contest* üblicherweise erste Preisindikationen abgeben, wird bereits in einem sehr frühen Stadium eine rudimentäre Unternehmensbewertung vorgenommen, die nur auf pauschalen Annahmen bzw. geringem Informationsstand – insbesondere ohne die Kenntnisse aus der *Due Diligence* – beruhen kann. Dennoch wird dieser vorläufigen Preisindikation bereits hohe Bedeutung beigemessen, so stellt z. B. **Schanz** (2000) hierzu fest: „Bei der Entscheidung über den Zuschlag wird der in Aussicht gestellte Übernahme- oder Emissionspreis eine maßgebliche Rolle spielen ..." (**Schanz** (2000), Börseneinführung, S. 266).

[626] **Hayn** (2000) trifft die grundsätzliche Aussage: „Da die zukünftige Ausgestaltung des Unternehmens und die hieraus resultierenden monetären Auswirkungen bei einer zukunftsorientierten Wertermittlung zugrunde zu legen sind, bietet es sich generell an, die unternehmensinternen Planungsdaten, wenn diese dem Bewertenden zugänglich sind, als Grundlage für die Bewertung mit heranzuziehen." (**Hayn** (2000), Bewertung, S. 24 f.). Vgl. in diesem Sinne auch **Bamberger** (1999), Unternehmensbewertung, S. 655 f.

hin zu umfangreichen, mehrperiodigen und von Wirtschaftsprüfern plausibilisierten Detailplanungen.[627] Diese Planungen und Unternehmensauskünfte, die in den (unvollständigen) Emissionsprospekt einfließenden Erkenntnisse aus der *Due Diligence*, historische Jahresabschlüsse, Branchen- und Marktanalysen, externe Gutachten sowie Informationen über vergleichbare, bereits börsennotierte Wettbewerber („*peer group*") stellen regelmäßig die originäre Datenbasis bzw. das Ergebnis der Informationsgewinnung von Finanzanalysten dar, auf denen deren eigene Prognosen als Basis einer Unternehmensbewertung aufsetzen.

Zur Aufdeckung von Wertpotenzialen sowie zur Herleitung von Prognoseszenarien wird auf die verschiedenen Instrumente der strategischen Planung zurückgegriffen wie z. B. Portfoliomethoden, Wettbewerbsanalyse nach Porter, Stärken-Schwächen-Analysen (SWOT-Analysen), Produktlebenszykluskonzept, etc.[628] Ein Grundproblem bei der Anwendung dieser Instrumente besteht darin, dass die hierfür relevanten Informationen vorwiegend qualitativer Natur sind und entsprechend in zukunfts-

---

[627] **Bamberger** (1999) empfiehlt einen Detaillierungsgrad der ausreicht, „... um legitime Detailfragen (wie z. B. nach Absatzzahlen, Preisentwicklungen und Umsätzen mit wesentlichen Produktgruppen) schlüssig beantworten zu können." (**Bamberger** (1999), Unternehmensbewertung, S. 655). **Schweinitz** (1997) gibt allerdings zu bedenken: „Es stellt sich die Frage, ob der Emissionskandidat überhaupt daran interessiert sein kann, seine strategischen Optionen soweit offenzulegen, daß potentielle Konkurrenten einen die Erreichung der Unternehmensziele gefährdenden Einblick in die zukünftigen unternehmenspolitischen Absichten erhalten. Es bleibt daher zu vermuten, daß nur soviel Informationen über die strategische Ausrichtung des Unternehmens an die Öffentlichkeit gelangen werden, die eine Gefährdung des Erreichens der strategischen Ziele ausschließen. Inwieweit diese rudimentären Informationen dem externen Analysten bei der Beurteilung der strategischen Ausrichtung noch eine fundierte und ausreichende Hilfestellung für seine Analyse ermöglichen, ist fraglich." (**Schweinitz** (1997), Renditeentwicklungen, S. 203). **Hayn** (2000) ergänzt: „Eine *langfristige* Planung i. S. v. quantitativen Angaben bezüglich der *Art* und des *Umfangs* der auch in der *weiteren* Zukunft jeweils abzusetzenden Produkte sowie der hierzu notwendigen Potentiale wird u. a. aufgrund der Unsicherheit über die Zukunft bei jungen, dynamischen und überproportional wachsenden Unternehmen generell nicht existieren ... Folglich werden junge, dynamische und überproportional wachsende Unternehmen eine Detailplanung nur für den Nahbereich und für einen begrenzten weiteren Zeitraum nur eine Grobplanung vornehmen." **Hayn** (2000) kommt insgesamt zu dem Ergebnis, „... daß die vielfach mangelnde Repräsentativität der Vergangenheit und Gegenwart für die Zukunft nicht durch die Zugrundelegung von etwaigen Planungsunterlagen bei der Bewertung junger, dynamischer und überproportional wachsender Unternehmen überwunden werden kann." (**Hayn** (2000), Bewertung, S. 25 f.).

[628] Für einen Überblick m. w. N. vgl. **Hayn** (2000), Bewertung, S. 247 ff., oder **Nowak** (2000), Unternehmensbewertung, S. 51 ff.

bezogene, quantitative Daten transformiert werden müssen, um Zukunftserfolge ableiten zu können. Dieser Problemkomplex der Quantifizierung ist in der wissenschaftlichen Literatur bislang nur unzureichend erörtert worden, eine eindeutige Methodik existiert derzeit nicht.[629] Die aus dieser Analyse hergeleiteten Erkenntnisse über die mögliche zukünftige Unternehmensentwicklung unterliegen deshalb naturgemäß einer subjektiven Färbung des jeweiligen Analysten, so dass zwangsläufig „... verschiedene Analysten die Zukunftsaussichten desselben Unternehmens anders bewerten."[630]

Als Prognoseverfahren stehen den Finanzanalysten subjektive oder extrapolierende mathematisch-statistische Ansätze zur Verfügung.[631] Bei der subjektiven Prognose kommen Planungsheuristiken zur Anwendung, d. h. die prospektiven Daten beruhen überwiegend auf der Zukunftseinschätzung des Analysten. Die mathematisch-statistischen Prognosemethoden im Rahmen der prognoseorientierten Unternehmensbewertung setzen sich insbesondere aus den Verfahren der Zeitreihenanalyse und der Regressionsanalyse zusammen.[632] Heuristische Prognoseverfahren gelten dabei als den mathematisch-statistischen tendenziell dann überlegen, wenn die Datenbasis unvollständig ist, von einer erheblichen Änderung der Umweltbedingungen in der Zukunft auszugehen ist, das Unternehmen keine Kontinuität in seiner Entwicklung aufweist, bei jungen Unternehmen wenig Informationen über vergangene Entwicklungen vorliegen oder es sich um langfristige Prognosezeiträume handelt.[633] Allen auf Vergangenheitsdaten basierenden mathematisch-statistischen Verfahren ist gemeinsam, „... daß mit ihnen ohne ergänzende zukunftsorientierte intuitive Überlegungen grundsätzlich nur für einen relativ *beschränkten* Zeitraum brauchbare prognostische Größen geschätzt werden können."[634] Subjektive Prognoseverfahren setzen hingegen keine

---

629 Vgl. in diesem Sinne **Hayn** (2000), Bewertung, S. 268 f.

630 **Schweinitz** (1997), Renditeentwicklungen, S. 173.

631 Für eine Übersicht zu den Prognosemethoden im Rahmen der Finanzplanung vgl. z. B. **Perridon/Steiner** (2002), Finanzwirtschaft, S. 623 ff., oder **Hayn** (2000), Bewertung, S. 285 ff. Subjektive Verfahren werden regelmäßig auch als intuitive oder heuristische Verfahren bezeichnet. (Vgl. **Hayn** (2000), Bewertung, S. 285, oder **Alvano** (1988), Unternehmensbewertung, S. 146).

632 Vgl. hierzu **Alvano** (1988), Unternehmensbewertung, S.150ff. **Hayn** (2000) ordnet auch die Clusteranalyse und die Diskriminanzanalyse den mathematisch-statistischen Verfahren zu, äußert sich jedoch kritisch zu deren Eignung als Prognoseverfahren für junge, dynamische und überproportional wachsende Unternehmen. (Vgl. **Hayn** (2000), Bewertung, S. 285 ff.).

633 Vgl. hierzu **Alvano** (1988), Unternehmensbewertung, S. 154.

634 **Hayn** (2000), Bewertung, S. 321 f.

Strukturkonstanz voraus und ermöglichen die Einbeziehung von zusätzlichem Expertenwissen. Darüber hinaus können nicht nur quantitative, sondern auch qualitative Daten miteinbezogen werden. Dem aus der Subjektivität dieses Verfahrens resultierenden Vorwurf der Willkür kann entgegengehalten werden, dass die „... aus den spezifischen Charakteristika junger, dynamischer und überproportional wachsender Unternehmen resultierende Strukturinvarianz ... generell nur durch die Erweiterung des Informationsspektrums über die lediglich quantitativ erfassbaren, retrospektiven Daten sowie durch eine nicht nahezu vollständig formalisierte Vorgehensweise des Transformationsprozesses bei der Prognose berücksichtigt werden [kann]."[635]

Die Herleitung eines fundamentalanalytisch begründeten Unternehmenswertes basiert typischerweise auf einem integrierten Geschäftsplanungsmodell, das prospektive Gewinn- und Verlustrechnungen, Bilanzen, Kapitalflussrechnungen sowie eine Investitionsplanung umfasst.[636] Die Aufstellung der Finanzprognosen erfolgt meist nachfrageorientiert, d. h. auf Basis von Umsatzerwartungen.[637] Ziel ist die Herleitung eines logischen, in sich konsistenten Szenarios unter plausiblen Zukunftsannahmen.[638] Durch den Vergleich prospektiver und retrospektiver Finanzdaten sowie den Vergleich mit prospektiven Branchendaten unter Berücksichtigung der künftigen Wettbewerbssituation, soll die Plausibilität der prognostizierten Faktoren beurteilt werden.[639] Auf der strategischen Analyse fußende Szenarioanalysen und damit einhergehende Sensitivitätsanalysen runden die prognostischen Erkenntnisse ab.[640] Hierdurch können letztlich die Werttreiber mit dem größten Einfluss auf den Unternehmenswert aufgedeckt werden.[641] Der Prognosezeitraum von Finanzdaten orientiert sich an den Anforderungen des angewendeten Unternehmensbewertungsverfahrens. In der Praxis haben sich zwei- oder dreiperiodige

---

635 Ebenda, S. 323.

636 Vgl. **Bamberger** (1999), Unternehmensbewertung, S. 656. Der Vorteil eines integrierten Modells wird in seiner umfassenden Aussagefähigkeit gesehen. Hierdurch werden gleichzeitig die Wahrscheinlichkeit logischer Planungsfehler verringert und die Bewertungsannahmen und -überlegungen transparent gemacht. (Vgl. **Bamberger** (1999), Unternehmensbewertung, S. 657).

637 Vgl. hierzu z. B. **Copeland/Koller/Murrin** (1993), Unternehmenswert, S. 150 f. **Higgins** (1998) erläutert: „Pro forma financial statements are the most widely used vehicles for financial forecasting. A pro forma statement is simply a prediction of what the company's financial statements will look like at the end of the forecast period." (**Higgins** (1998), Analysis, S. 92).

638 Vgl. **Copeland/Koller/Murrin** (1993), Unternehmenswert, S. 151.

639 Vgl. **Hayn** (2000), Bewertung, S. 271 f.

640 Vgl. hierzu z. B. **Copeland/Koller/Murrin** (1993), Unternehmenswert, S. 151 ff.

641 Vgl. ebenda, S. 152.

Verfahren etabliert: Für die erste, meist zwischen 2 und 10 Geschäftsjahren umfassende Periode[642], werden detaillierte Prognosen erstellt. Die im folgenden Abschnitt vorgestellten, in der Praxis häufig eingesetzten Diskontierungsmodelle im Rahmen der Zukunftserfolgswertverfahren machen darüber hinaus auch konkrete Festlegungen bezüglich der weiteren Unternehmensentwicklung über den (kurzfristigen) Detailprognosezeitraum hinaus erforderlich. Bei der zweiperiodigen Betrachtung werden dabei pauschale Annahmen über die weitere, konstante Entwicklung zentraler Finanzgrößen getroffen („*steady state*“[643]). Im Falle eines dreiperiodigen Prognoseansatzes wird darüber hinaus eine mehrperiodige Übergangsphase zwischen Detailplanungsphase und *steady state* zwischengestellt.

Abschließend bleibt festzuhalten, dass die im Vergleich zu etablierten Unternehmen deutlich höhere Prognoseunsicherheit in der Bewertungspraxis als das gravierendste Problem bei der Bewertung innovativer Wachstumsunternehmen betrachtet wird.[644] So stellt Hayn (2000) fest: „Aufgrund der mangelnden Repräsentativität der Vergangenheit und Gegenwart für die Zukunft, aufgrund der zu erwartenden zukünftigen dynamischen Entwicklung des Unternehmens wie auch der Branchen und Märkte, in denen junge, dynamisch und überproportional wachsende Unternehmen agieren, ergibt sich jedoch generell ein sehr weiter Bereich, in dem die Unterscheidung in noch plausible und nicht mehr realistische Annahmen problematisch ist.“[645]

---

642 Vgl. **Hayn** (2000), Bewertung, S. 280. Der Autor bemerkt hierzu: „Die recht vage Begrenzung dokumentiert die maßgeblich durch die Unsicherheit über die Zukunft induzierte Problematik, einen Zeitraum anzugeben, für den noch hinreichend detaillierte, exakte, quantitative Informationen ermittelt werden können.“

643 Der Zustand des *steady state* kann nach **Hayn** (2000) durch eine gleichbleibende Rendite auf die Nettoinvestitionen und auf das bereits insgesamt investierte Kapital sowie durch eine im Zeitablauf gleichbleibende Reinvestitionstätigkeit charakterisiert werden. (Vgl. **Hayn** (2000), Bewertung, S. 274). **Copeland/Koller/Murrin** (1993) bezeichnen den *steady state* als einen stabilen Zustand, in dem das Unternehmen eine gleichbleibende Rendite auf neue Investitionen sowie eine gleichbleibende Rendite auf das insgesamt investierte Kapital erwirtschaftet und jedes Jahr einen gleichbleibenden Anteil seiner Erträge reinvestiert. (Vgl. **Copeland/Koller/Murrin** (1993), Unternehmenswert, S. 158).

644 Vgl. in diesem Sinne **Kusterer** (2003), Unternehmensbewertungsverfahren, S. 21, **Schwetzler** (2001), Bewertung, S. 62, oder **Hayn** (2000), Bewertung, S. 27 ff.

645 **Hayn** (2000), Bewertung, S. 273.

4.2.3.2.2.3 Unternehmensbewertung

Die wissenschaftliche Diskussion zur Unternehmensbewertung hat eine lange Tradition, der eine große Vielfalt an gut dokumentierten Methoden und Verfahren entsprungen ist.[646] Zur Bewertung einer Unternehmung steht eine entsprechend große Auswahl an Verfahren zur Verfügung.[647] Bislang hat sich aber keine einheitliche Auffassung über die korrekte Methode zur Ermittlung des Unternehmenswerts herausgebildet, vielmehr hängt diese im Sinne der „funktionalen Werttheorie" von der Zielsetzung der Bewertung ab.[648] Die Entwicklung der Theorie der Unternehmensbewertung ist aber nicht nur durch einen Wandel bezüglich der Art der Aufgabenstellung sowie der dabei zugrundegelegten Werttheorie, sondern „... vor allem durch eine im Zeitablauf zunehmende Zukunftsorientierung gekennzeichnet."[649] Nach Hayn (2000) existiert in der Bewertungstheorie „... heute generell die einheitliche Meinung, daß für den Entscheidungsträger der Unternehmenswert bei Verfolgung einer monetären Zielsetzung durch die zukünftigen Nettozahlungen determiniert wird, die ihm aufgrund des Eigentums am Unternehmen voraussichtlich zufließen werden."[650] Wie im Abschnitt 4.2.2.1 dargelegt, sind somit für potenzielle Zeichner einer Aktien-Neuemission – bei Unterstellung rein finanzieller Interessen – prinzipiell allein künftige Zahlungsgrößen, die zwischen dem Unternehmen und dem Investor fließen, entscheidungsrelevant. Der Unternehmenswert lässt sich als Gegenwartswert der geschätzten mit dem Unternehmen künftig erzielbaren Erfolge definieren, über „... den Grundsatz der Bewertung von Rückflüssen an die Eigner ist sich die Theorie einig (sog. Zuflussprinzip)."[651] Die diversen Methoden der Unternehmensbewertung unterscheiden sich nach Schultze (2001) deshalb v. a. in der Art und Weise, wie aus den Prognosen der zukünftigen Geschäftsentwicklung die möglichen Rückflüsse an die Eigner approximiert werden.[652] Hierfür werden in der Theorie und Praxis alternative

---

[646] Für einen Überblick m. w. N. vgl. ebenda, S. 1.

[647] Für einen Überblick vgl. z. B. **Kusterer** (2003), Unternehmensbewertungsverfahren, S. 59 ff., oder **Hayn** (2000), Bewertung, S. 74 ff.

[648] Nach der Konzeption der „funktionalen Werttheorie" ist der zu ermittelnde Unternehmenswert nicht als allgemein gültiger Wert anzusehen, sondern hat nur begrenzte Gültigkeit im Rahmen des mit der Bewertung verfolgten Zwecks. **Moxter** (1983) spricht auch von einem „Zweckadäquanzprinzip". (**Moxter** (1983), Grundsätze, S. 5). Vgl. hierzu und zur Abgrenzung zur „objektiven Werttheorie" sowie zur „subjektiven Werttheorie" z. B. die Ausführungen bei **Hayn** (2000), Bewertung, S. 34 ff.

[649] **Hayn** (2000), Bewertung, S. 98.

[650] Ebenda, S. 236 m. w. N.

[651] **Schultze** (2001), Unternehmensbewertung, S. 77 m. w. N.

[652] Ebenda, S. 77.

Ertrags-, Einnahme- oder Einzahlungsüberschussgrößen diskutiert, über deren Korrektheit jedoch keine Einigkeit besteht.[653] Im Vordergrund der Bewertungsmodelle stehen Gewinn- und *Cash-flow*-Größen, und es gilt: „Egal ob man Gewinne oder Cashflows diskontiert – es wird dabei immer unterstellt, dass diese dem Investor auch zufließen. Ob sie dem Investor unmittelbar oder nur mittelbar über eine Einbehaltung und spätere Ausschüttung und einem damit verbundenen Kursgewinn zufließen, ist dabei dann nicht von Bedeutung, wenn die Anlage der einbehaltenen Mittel kapitalwertneutral erfolgen kann, d. h. der Barwert der späteren Ausschüttungserhöhung dem Barwert der gegenwärtigen Ausschüttungsverringerung entspricht."[654]

Im Rahmen von Börsengängen verwenden Finanzanalysten aber üblicherweise nicht nur Zukunftserfolgswertverfahren, meist kommen mehrere Methoden parallel zum Einsatz[655], „... um die Kritikpunkte einzelner Ansätze zu relativieren und die Bewertungssicherheit der ermittelten Spannen durch qualitativ ähnliche Ergebnisse zu untermauern."[656] Der Methodenpluralismus dient in erster Linie der Plausibilisierung des Ergebnisses der Unternehmensbewertung. Die besonderen Charakteristika junger Wachstumsunternehmen – hier ist an erster Stelle der Mangel an repräsentativen Vergangenheitsdaten als Ausgangsbasis einer Zukunftserfolgsprognose zu nennen – haben bereits Mitte der neunziger Jahre Diskussionen über geeignete Bewertungsverfahren ausgelöst und zur Entwicklung „moderner" Bewertungsverfahren für die Unternehmen der *New Economy* geführt. „Insbesondere aufgrund der häufig fehlenden Gewinne und ausbleibenden *cash-inflows* rücken die klassischen Methoden der Bilanzanalyse und der Unternehmensbewertung bei den Unter-

---

[653] **Schultze** (2001) macht für diese Unklarheit zumindest teilweise die Tatsache verantwortlich, dass bei der Unternehmensbewertung „... ein Perspektivenwechsel von der Ebene Unternehmen - Umwelt hin zur Ebene Unternehmen - Investor erfolgen muss." (**Schultze** (2001), Unternehmensbewertung, S. 79). Unterstellt man die Gültigkeit des „Lücke-Theorems", muss sich unabhängig von der Differenzierung zwischen Einzahlungs-, Ertrags- und Entnahmeüberschüssen ohnehin ein identischer Unternehmenswert ergeben. Dies wird damit begründet, dass der Unterschied zwischen diesen Größen nur in der zeitlichen Verteilung besteht, die Summen über die Totalperiode aber identisch sind. (Vgl. **Lücke** (1955), Investitionsrechnung). Für eine Diskussion der Zusammenhänge unterschiedlicher Erfolgsgrößen im Kontext der Unternehmensbewertung vgl. **Schultze** (2001), Unternehmensbewertung, S. 80 ff.

[654] Ebenda, S. 78.

[655] Vgl. **Killat** (1998), Bewertung, S. 242, oder **Strauch/Lütke-Uhlenbrock** (2002), Unternehmensbewertungsverfahren, S. 371.

[656] **Nelles/Rojahn/Berner** (2001), Unternehmensbewertungsverfahren, S. 323.

nehmen der New Economy in den Hintergrund."[657] Ziel alternativer Ansätze ist u. a. die Berücksichtigung außer-bilanzieller, werttreibender Faktoren, welche die zukünftige Entwicklung eines Unternehmens maßgeblich beeinflussen.[658] Gleichzeitig finden nicht-monetäre Größen wie immaterielle Werte eines Unternehmens bzw. das sog. „*intellectual property*" Berücksichtigung. Die dominierenden Methoden sind Zukunftserfolgswertverfahren in Form des „*Discounted Cash-flow*-Modells" (DCF)[659] sowie sog. „Vergleichsverfahren" („*Comparable Company Analysis*", CCA)[660]. Die im IPO-Kontext praxisrelevanten Verfahren lassen sich wie in Abbildung 4.8 dargestellt systematisieren und sollen in den folgenden Abschnitten kurz vorgestellt werden.

Abb. 4.8: Praxisrelevante Unternehmensbewertungsverfahren

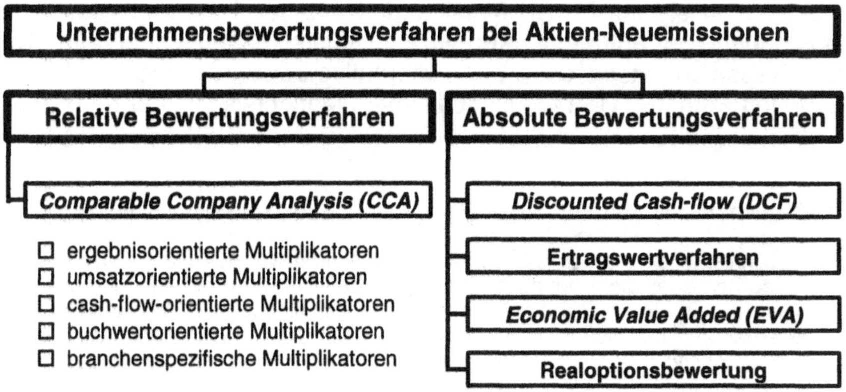

---

657 **Küting** (2001), Bilanzierung, S. 512. Vgl. in diesem Sinne auch **Wullenkord** (2000), Valuation, S. 524 f.

658 **Küting** (2001), Bilanzierung, S. 88.

659 Vgl. hierzu die Ergebnisse empirischer Untersuchungen der Unternehmensbewertungsverfahren im Rahmen von Börsengängen an den Neuen Markt von **Strauch/Lütke-Uhlenbrock** (2002) Unternehmensbewertungsverfahren, **Nelles/Rojahn/Berner** (2001), Unternehmensbewertungsverfahren, und **Deutsche Börse AG** (2001), Neuer-Markt-Report, S. 50 f. In der erstgenannten Studie wurden 363 Neuemissionsstudien aus dem Zeitraum 06.11.1997 bis 15.06.2001 untersucht und dabei festgestellt, dass das DCF-Verfahren in 71,9 % der Fälle zur Anwendung kam. Mit 60,6 % bzw. 37,7 % rangierten die Vergleichsverfahren auf Basis des KGV bzw. des Kurs-Umsatz-Verhältnisses auf den Plätzen zwei und drei.

660 Die Bezeichnungen „Multiplikatormethode", „*Comparative Company Analysis*", „markt(wert)orientierte Unternehmensbewertung" oder „*Direct Comparison Approach*" u. a. werden regelmäßig als Synonyme verwendet. Vgl. **Hayn** (2000), Bewertung, S. 82, oder **Nowak** (2000), Unternehmensbewertung, S. 159.

4.2.3.2.2.3.1 Relative Bewertungsverfahren

Die CCA baut auf am Markt zustande gekommenen Preisen und damit auf am Markt bereits verarbeiteten Informationen auf. Zunächst müssen hierfür Wettbewerber bestimmt werden, die hinsichtlich der wertbestimmenden Faktoren[661] als Vergleichsunternehmen (*peer group*) geeignet erscheinen. Die Bestimmung des Unternehmenswertes erfolgt dann durch die Herleitung spezifischer Multiplikatoren („*Multiples*"), die mittels ausgewählter *Performance*-Kennzahlen – traditionell wird hier auf Ergebnisgrößen zurückgegriffen – und deren Relation zu den erhobenen Marktpreisen[662] der Unternehmen aus der *peer group* berechnet werden. Hierbei werden üblicherweise nicht historische, sondern Prognosedaten zugrunde gelegt.[663] Während in konventionellen Bewertungen fast ausschließlich Ergebnisgrößen als *Performance*-Kennzahlen herangezogen wurden, musste am Neuen Markt angesichts der Tatsache, dass viele Börsenneulinge aufgrund ihrer Anlaufverluste zunächst nur negative Ergebnisse aufwiesen, auf „neue", alternative Bewertungsgrößen zurückgegriffen werden.[664] Der Quotient aus dem Marktpreis und der relevanten

---

661 Zu den Auswahlkriterien eines geeigneten Vergleichsunternehmens vgl. z. B. **Hayn** (2000), Bewertung, S. 84 f.

662 Neben dieser auch als „*similar public company method*" bezeichneten Vorgehensweise scheitern die Alternativen „*recent acquisition method*", bei der als Vergleichsbasis die im Rahmen zeitnaher Transaktionen wie z. B. Fusionen oder Übernahmen erzielten Unternehmenspreise herangezogen werden, und „*initial public offering method*", bei der die erzielten Emissionspreise vergleichbarer Börsengänge genutzt werden, meist daran, „... eine ausreichende Anzahl von Transaktionen für die Bewertung zu bekommen." (**Küting** (2001), Bilanzierung, S. 118). Vgl. hierzu auch die Ausführungen bei **Nowak** (2000), Unternehmensbewertung, S. 161 ff.

663 Als Reaktion auf die Besonderheiten – insbesondere das erhöhte Risiko – der jungen Unternehmen der *New Economy*, hatte die Deutsche Vereinigung für Finanzanalyse und Asset Management e. V. (DVFA) am 01.07.1999 Standards für Researchberichte am Neuen Markt eingeführt. Ziel dieses Regelwerks war es, den Lesern die den Prognosen und der Unternehmensbewertung zugrunde liegenden Prämissen transparent zu machen. Die Einhaltung dieser DVFA-Standards sollte die Funktion eines Qualitätssiegels für Researchberichte am Neuen Markt übernehmen. Hinsichtlich der Verwendung von Multiplikatoren empfahl die DVFA darin: „Für die Bewertung über Multiples sollten die Überschußgrößen bzw. Multiples von mindestens zwei aufeinanderfolgenden künftigen Geschäftsjahren herangezogen werden." (**DVFA** (1999), Researchberichte, S. 5).

664 Vgl. **Deutsche Börse AG** (2001), Neuer-Markt-Report, S. 47 ff. **Nelles/Rojahn/Berner** (2001) untersuchen 50 Neuemissionsstudien von im ersten Halbjahr 2000 durchgeführten Börsengängen an den Neuen Markt und stellen dabei fest, dass insbesondere die Kennzahlen Kurs-Gewinn-Verhältnis (KGV), Kurs-Umsatz-Verhältnis (KUV), die *price-earnings-growth-ratio* (PEG-Ratio), das Kurs-EBIT-Ver-

Performance-Kennzahl eines Vergleichsunternehmens bzw. einer Vergleichsgruppe wird mit der relevanten Größe des zu bewertenden Unternehmens multipliziert, um einen potenziellen Marktpreis für den Börsenaspiranten zu bestimmen.[665] Die Ableitung eines Unternehmenswerts erfolgt m. a. W. im Rahmen eines Analogieschlusses aus einem realisierten Marktpreis eines Vergleichsunternehmens.

Multiplikatorverfahren haben aufgrund ihrer Einperiodenorientierung einen zeitlich sehr engen Fokus, da nur eindimensionale *Performance*-Kriterien ausgewählter Perioden als Bewertungsbasis herangezogen und mit aktuellen Marktpreisen[666] ins Verhältnis gesetzt werden. Der daraus resultierende unzureichende Zukunftsbezug ist einer der Hauptkritikpunkte an den Vergleichsverfahren.[667] Andererseits spiegeln diese die aktuelle (Bewertungs-) Situation des Kapitalmarktes wider und stellen nach Ansicht der Befürworter „... daher schon eine notwendige und sinnvolle Ergänzung zu den anderen Bewertungsverfahren dar."[668] Ein weiterer Grund für die weite Verbreitung in der Bewertungspraxis wird in dem verhältnismäßig geringen Erhebungsaufwand, der leichten Durchführbarkeit sowie der einfachen Nachvollziehbarkeit gesehen.[669]

---

hältnis und das Kurs-EBITDA-Verhältnis erhöhte Relevanz besitzen. (Vgl. **Nelles/ Rojahn/Berner** (2001), Unternehmensbewertungsverfahren, S. 323).

665 Für eine ausführlichere Darstellung der Vergleichsverfahren vgl. z. B. **Küting** (2001), Bilanzierung, S. 118 ff., oder **Hayn** (2000), Bewertung, S. 82 ff.

666 Um Verzerrungen aufgrund volatiler Aktienkursentwicklungen zu vermeiden, werden regelmäßig keine reinen Stichtagskurse, sondern Durchschnittswerte über bestimmte Zeitintervalle herangezogen.

667 Vgl. hierzu **Hayn** (2000), Bewertung, S. 90 ff.

668 **Küting** (2001), Bilanzierung, S. 125. Vgl. in diesem Sinne auch **Strauch/Lütke-Uhlenbrock** (2002), Unternehmensbewertungsverfahren, S. 368.

669 Vgl. in diesem Sinne z. B. **Strauch/Lütke-Uhlenbrock** (2002), Unternehmensbewertungsverfahren, S. 368, **Deutsche Börse AG** (2001), Neuer-Markt-Report, S. 42, **Seppelfrikke** (1999), Multiplikatorverfahren, S. 301, oder **Rams** (1999), Unternehmensbewertung, S. 350. **Küting/Eidel** (1999) bestätigen zwar, dass das Zukunftserfolgswertverfahren das sachgerechtere Verfahren darstellt. Aufgrund der Prognoseschwierigkeiten würde dieses jedoch regelmäßig zu abwegigeren Bewertungsresultaten führen als die Vergleichsverfahren. (Vgl. **Küting/Eidel** (1999), Marktwertansatz, S. 231). Nach **Küting** (2001) ist insbesondere die Komplexität der Gesamtbewertungsverfahren bei der Bestimmung des Kapitalisierungszinssatzes und die Prognosegüte der Ergebnisgrößen dafür verantwortlich, dass die Vergleichsverfahren in der Bewertungspraxis stark verbreitet sind. (Vgl. **Küting** (2001), Bilanzierung, S. 125).

Bei genauerer Betrachtung sind diese vermeintlichen Vorteile jedoch zu revidieren:[670] Die Auswahl der Vergleichsunternehmen besitzt eine zentrale Bedeutung, Fehlurteile „... können eine erhebliche bis zu einer völligen Verzerrung des Unternehmenswerts bedingen."[671] Die zwingend erforderliche Vergleichbarkeit mindestens zweier Unternehmen wird in der Realität aber nur selten gegeben sein.[672] Faktoren wie unterschiedliche Rechnungslegungssysteme, mangelnde (Informations-) Effizienz der Kapitalmärkte oder die Vernachlässigung der jeweiligen Entwicklungs-/ Wachstumsphase beeinträchtigen darüber hinaus die Aussagekraft der Unternehmensdaten aus der *peer group*. Die Ableitung aussagefähiger *Performance*-Daten zur Bestimmung der Multiplikatoren erfordert regelmäßig Anpassungen der Finanzgrößen, um z. B. bilanzpolitisch bedingte Diskrepanzen zu korrigieren. Da die Multiplikatoren zudem üblicherweise auf prospektiven Daten basieren, muss auch die zukünftige Entwicklung jedes Vergleichsunternehmens prognostiziert werden. Hinsichtlich der Datenerfordernis bestehen im Vergleich zu den Zukunftserfolgswertverfahren somit nahezu identische Prognoseprobleme.[673] Trotz der zahlreichen Argumente gegen die Anwendung von Vergleichsverfahren bei der Bewertung von Aktien-Neuemissionen, entwickelten sich diese Verfahren zum *State of the Art* bei Börsengängen an den Neuen Markt.

4.2.3.2.2.3.2 Absolute Bewertungsverfahren

Der Zukunftserfolgswert entspricht nach herrschender Meinung der Summe der auf den Bewertungsstichtag diskontierten Zahlungsströme, die der Unternehmer aufgrund des Eigentums am Unternehmen erhält.[674] Als Kapitalisierungszinssatz ist der interne Zinssatz der bestmöglichen, verdrängten Investitionsalternative heranzuziehen.[675] Beim DCF-Verfahren werden zukünftige *Cash-flows*[676] mit einem risikoadäquaten Zinssatz auf

---

[670] Vgl. in diesem Sinne auch **Hayn** (2000), Bewertung, S.88.

[671] Ebenda, S.85.

[672] Vgl. in diesem Sinne **Deutsche Börse AG** (2001), Neuer-Markt-Report, S. 42, oder **Rams** (1999), Unternehmensbewertung, S. 350. Nach dem DVFA-Standard für Researchberichte am Neuen Markt sollte sich eine *peer group* aus mindestens fünf Unternehmen zusammensetzen. (Vgl. **DVFA** (1999), Researchberichte, S. 4 f.).

[673] Vgl. in diesem Sinne **Hayn** (2000), Bewertung, S. 104.

[674] Vgl. ebenda, S. 96 m. w. N.

[675] Vgl. **Ballwieser** (1995), Unternehmensbewertung, Sp. 1870.

[676] Die Popularität des *Cash-flow* im Rahmen der Unternehmensbewertung resultiert daraus, dass er sich als reine Zahlungsstromgröße bilanzpolitischen Gestaltungsmöglichkeiten entzieht. Die Funktion der *Cash-flow*-Größen im Rahmen der Unternehmensbewertungsverfahren unterscheidet sich hierbei von den Funktionen im Rahmen der Bilanzanalyse. Im ersten Fall steht nämlich die Ermittlung der perio-

den Bewertungsstichtag abdiskontiert, d. h. Ziel ist die Bestimmung des Barwerts zukünftiger finanzieller Überschüsse.[677] Allerdings gibt es keine einheitliche Vorgehensweise, vielmehr hängen die ermittelten *Cash-flows* und Diskontierungssätze davon ab, welcher Ansatz jeweils zum Einsatz kommt.[678] Die methodischen Varianten des DCF-Verfahrens[679] lassen sich prinzipiell in die in Abbildung 4.9 dargestellten Verfahren der „*Equity*-Methode“[680] und „*Entity*-Methode“[681] unterteilen. Die Differenzierung resultiert dabei aus der unterschiedlichen Berücksichtigung der Zahlungsströme an die Fremdkapitalgeber.[682] Während die verschiedenen *Entity*-Ansätze jene *Cash-flows* diskontieren, die sowohl Eigen- als auch Fremdkapitalgebern zustehen, ist der *Equity*-Ansatz direkt auf den an die Eigenkapitalgeber fließenden Zahlungsstrom fokussiert. Aus Sicht der Aktieninvestoren ist letztlich die Bestimmung des Eigenkapitalwertes, der auch als „*Shareholder Value*“[683] bezeichnet wird, die relevante Zielgröße.

---

denspezifischen Zahlungen zwischen dem Unternehmen und seiner Umwelt ohne die Kapitalgeber („*Entity*-Methode“) bzw. ohne die Eigenkapitalgeber („*Equity*-Methode“) im Fokus. (Vgl. **Hayn** (2000), Bewertung, S. 192, oder **Nowak** (2000), Unternehmensbewertung, S. 43 ff.; zu den Funktionen der *Cash-flow*-Größen im Rahmen der Bilanzanalyse vgl. **Küting/Weber** (1997), Bilanzanalyse, S. 124 f.). Allerdings konnte sich bis heute noch keine einheitliche Definition bzw. ein einheitliches Berechnungsschema zur Ermittlung des *Cash-flow* herausbilden.

677 Vgl. **Copeland/Koller/Murrin** (1993), Unternehmenswert, S. 119 f.

678 So stellt z. B. **Hachmeister** (1996) fest, „... daß es *den* Discounted Cash Flow nicht gibt.“ (**Hachmeister** (1996), Finanzierung, S. 269). Die Deutsche Vereinigung für Finanzanalyse und Asset Management (DVFA) empfiehlt deshalb in ihrem Standard für Researchberichte am Neuen Markt für eine bessere Nachvollziehbarkeit sowohl die Überschüsse als auch die Bestandteile der Kapitalkosten explizit darzustellen. (Vgl. **DVFA** (1999) Researchberichte, S. 6 ff.).

679 Für einen zusammenfassenden Überblick vgl. z. B. **Nowak** (2000), Unternehmensbewertung, S. 38, oder **Ballwieser** (1998), Discounted, S. 81. Bei identischen Prämissen resultiert jedoch aus sämtlichen Varianten der gleiche Unternehmenswert. (Vgl. **Ballwieser** (1998), Discounted, S. 82).

680 Die *Equity*-Methode wird auch als „Nettoverfahren“, als „*Flow-to-Equity*-Verfahren“ oder als „*Equity Approach*“ bezeichnet. Vgl. **Hayn** (2000), Bewertung, S. 191, **Nowak** (2000), Unternehmensbewertung, S. 29, oder **Ballwieser** (1998), Discounted, S. 81.

681 Die *Entity*-Methode wird auch als „Bruttoverfahren“, als „Komponentenmodell“ oder als „*Entity Approach*“ bezeichnet. Vgl. **Hayn** (2000), Bewertung, S. 191, **Ballwieser** (1998), Discounted, S. 81, oder **Copeland/Koller/Murrin** (1993), Unternehmenswert, S. 119.

682 Vgl. hierzu **Hachmeister** (1996), Finanzierung, S. 253.

683 Vgl. **Rappaport** (1998), Shareholder, S. 32.

Abb. 4.9: Varianten des DCF-Verfahrens

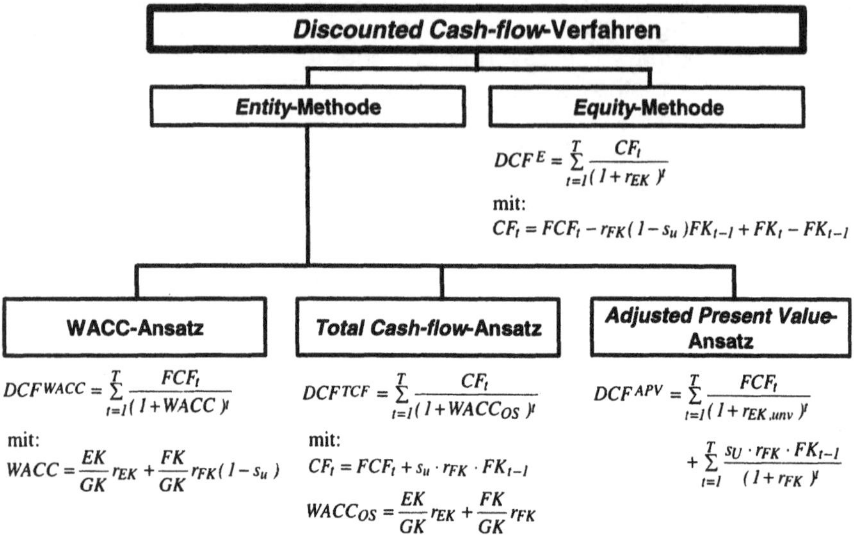

Erläuterungen:
EK: Marktwert des Eigenkapitals; FK: Marktwert des Fremdkapitals; GK: Marktwert des Gesamtkapitals; CF_t: Erwartungswert des *Cash-flow* in Periode t; FCF_t: Erwartungswert des *free Cash-flow* in Periode t; r_{EK}: Renditeforderung der Eigenkapitalgeber; $r_{EK,unv}$: Renditeforderung der Eigenkapitalgeber des unverschuldeten Unternehmens; t: Periodenindex; T: Planungshorizont; r_{FK}: Renditeforderung der Fremdkapitalgeber; s_U: Steuersatz für Ertragsteuern auf Unternehmensebene; $WACC$, $WACC_{OS}$: gewogener durchschnittlicher Kapitalkostensatz (mit bzw. ohne Steuervorteil).

Die Differenzierung der verschiedenen *Entity*-Ansätze basiert auf der unterschiedlichen Berücksichtigung der aus einer Fremdfinanzierung resultierenden Steuerwirkungen. Der Unternehmensgesamtwert wird durch die Diskontierung der mit dem betriebsnotwendigen Vermögen generierten, erwarteten operativen freien *Cash-flows*[684] – ohne Berücksichtigung

[684] **Jensen** (1986) definiert: „Free cash flow is cash flow in excess of that required to fund all projects that have positive net present values when discounted at the relevant cost of capital." (**Jensen** (1986), Agency, S. 325). Nach diesem Verständnis ist der freie *Cash-flow* somit jener Teil des *Cash-flows*, für den keine effiziente Verwendungsmöglichkeit im Unternehmen besteht und der deshalb an die Anteilseigner ausgeschüttet werden sollte. Die Bewertung eines Unternehmens auf Basis dieser Definition und aus Sicht eines externen Bewerters scheitert aber an der Verfügbarkeit der erforderlichen Daten. Im Rahmen der Bewertungspraxis werden unter freien *Cash-flows* deshalb vereinfacht Zahlungsüberschüsse vor Finanzierung, aber nach Investition und nach Steuern verstanden. Zur Berechnung können

der Zahlungen an die Kapitalgeber – und dem Wert des nicht betriebsnotwendigen Vermögens ermittelt.[685] Das nicht betriebsnotwendige Vermögen setzt sich hierbei aus sämtlichen Vermögensteilen zusammen, die liquidierbar und für den eigentlichen Geschäftsbetrieb unwesentlich sind.[686] Um den Wert des Eigenkapitals bzw. des *Shareholder Value* zu bestimmen, muss vom Unternehmensgesamtwert der Wert des Fremdkapitals subtrahiert werden. Der *Total Cash-flow*-Ansatz und der WACC-Ansatz („*weighted average cost of capital*") unterscheiden sich lediglich hinsichtlich der Berücksichtigung des steuermindernden Effekts des Fremdkapitals („*tax shield*"). Der WACC-Ansatz kann als das Standardmodell zur Unternehmensbewertung von Aktien-Neuemissionen betrachtet werden und gehört zu den gängigsten Bewertungsverfahren.[687] Danach berechnet sich der freie *Cash-flow* aus der Summe der mit der betrieblichen Leistungserstellung verbundenen Zahlungsströme zwischen dem Unternehmen und seiner Umwelt inklusive der hierauf entfallenden Steuerzahlungen, aber ohne Berücksichtigung des *tax shield*, weil die Annahme eines unverschuldeten Unternehmens getroffen wird.[688] Da der so ermittelte freie *Cash-flow* die Zahlungen an die Eigenkapital- und auch

---

zwei Vorgehensweisen unterschieden werden: Bei der direkten Ermittlungsmethode erfolgt die Berechnung über die Differenz zwischen Einzahlungen und Auszahlungen. Bei der indirekten Ermittlungsmethode wird der freie *Cash-flow* demgegenüber ausgehend vom Jahresergebnis durch eine retrograde Ableitung der Zahlungsstromgrößen hergeleitet. Für die externe Unternehmensanalyse muss jedoch auf die indirekte Ermittlung zurückgegriffen werden, da eine vollständige Erfassung aller zahlungswirksamen Vorgänge allein auf Basis des Jahresabschlusses im Regelfall nicht möglich ist. Vgl. hierzu **Hayn** (2000), Bewertung, S. 197 ff., **Küting/Weber** (1997), Bilanzanalyse, S. 125 ff., oder **Copeland/Koller/Murrin** (1993), Unternehmenswert, S. 134 ff.

685 Eine Differenzierung zwischen dem Gegenwartswert der operativen freien *Cash-flows* und dem Gegenwartswert des nicht betriebsnotwendigen Vermögens wird in der Literatur zur Unternehmensbewertungstheorie jedoch nicht einheitlich vorgenommen. **Hayn** (2000) schlägt deshalb vor: „Sofern keine Differenzierung erfolgt, ist dann zwecks vollständiger Erfassung der Zahlungsströme zwischen der Umwelt (ohne die Kapitalgeber) und dem Unternehmen der freie Cash-flow als die Summe aus dem operativen *und* dem nicht operativen Cash-flow zu definieren." (**Hayn** (2000), Bewertung, S. 194f.).

686 Ebenda, S. 194. Die Bewertung dieser Vermögensteile erfolgt auf Basis des Gegenwartswertes der zu erzielenden Liquidationsnettoerlöse. Ist eine Liquidation nicht durchführbar oder liegt der Gegenwartswert der bei einer Weiterführung des nicht betriebsnotwendigen Vermögens zu erwartenden *Cash-flows* über dem Gegenwartswert der Liquidationserlöse, so ist der Gegenwartswert dieser *Cash-flows* als der maßgebliche Wert für das nicht betriebsnotwendige Vermögen anzusetzen.

687 Vgl. in diesem Sinne **Kohl/Schulte** (2000), Ertragswertverfahren, S. 1149, **Ballwieser** (1998), Discounted, S. 81, sowie die Umfrageergebnisse unter Finanzanalysten bei **Kames** (2000), Unternehmensbewertung, S. 67 f.

688 Vgl. **Ballwieser** (1998), Discounted, S. 84 f.

an die Fremdkapitalgeber abzüglich des steuermindernden Effekts des Fremdkapitals repräsentiert, muss bei der Bestimmung des Diskontierungszinssatzes die Renditeforderung beider Gruppen einfließen.[689] Nachdem die Fremdkapitalkosten zudem eine abzugsfähige Ausgabe bei der Bestimmung der Bemessungsgrundlage für die Steuern auf Einkommen und Ertrag darstellen, muss bei der Ermittlung des Fremdkapitalkostensatzes der steuermindernde Effekt berücksichtigt werden. Auf Basis der Renditeforderung der Eigenkapitalgeber (Eigenkapitalkostensatz)[690], der Renditeforderung der Fremdkapitalgeber (Fremdkapitalkostensatz) und des Steuersatzes wird so in Abhängigkeit von der auf Marktwerten basierenden Kapitalstruktur der gewogene Kapitalkostensatz (WACC) bestimmt.[691]

Beim *Total Cash-flow*-Ansatz hingegen wird die Fiktion eines unverschuldeten Unternehmens aufgegeben.[692] Dementsprechend wird die Abzugsfähigkeit der Fremdkapitalkosten nicht bei der Bestimmung des Kapitalkostensatzes, sondern bereits bei der Berechnung der Steuerzahlungen des freien *Cash-flow* („*free Cash-flow to Firm*") berücksichtigt.[693] Der so ermittelte freie *Cash-flow* erhöht sich demnach um den steuermindernden

---

689 Vgl. **Copeland/Koller/Murrin** (1993), Unternehmenswert, S. 192 ff.

690 Der Eigenkapitalkostensatz wird üblicherweise ungeachtet der theoretischen Einwände mittels CAPM bestimmt. (Vgl. **Strauch/Lütke-Uhlenbrock** (2002), Unternehmensbewertungsverfahren, S. 367, **Deutsche Börse AG** (2001), Neuer-Markt-Report, S. 45, oder **Copeland/Koller/Murrin** (1993), Unternehmenswert, S. 208 ff.). Hierfür müssen vom bewertenden Finanzanalysten die Parameter risikoloser Zinssatz, erwartete Marktrendite sowie der unternehmensspezifische ß-Faktor der Aktien des zu bewertenden Unternehmens geschätzt werden. Als Ersatzgröße für den risikolosen Zinssatz wird üblicherweise auf die Rendite langlaufender Staatsanleihen zurückgegriffen, die erwartete Gesamtmarktrendite wird meist durch die historische, langfristige Durchschnittsrendite eines repräsentativen Markt-Index approximiert. Der ß-Faktor wird üblicherweise durch die Ermittlung von ß-Faktoren bereits börsennotierter, vergleichbarer Wettbewerber approximiert. (Vgl. **Hayn** (2000), Bewertung, S. 433 ff., oder **Nowak** (2000), Unternehmensbewertung, S. 106 ff.; zur Differenzierung und Herleitung von ß-Faktoren für verschuldete bzw. unverschuldete Unternehmen vgl. **Nowak** (2000), Unternehmensbewertung, S. 35f .; zur Kritik am CAPM-Verfahren im Rahmen der Bewertung junger, innovativer Wachstumsunternehmen vgl. auch **Schäfer/Schässburger** (2001), Bewertungsmängel, S. 87 ff.).

691 Um den Marktwert des Eigenkapitals bestimmen zu können, muss der WACC jedoch bereits bekannt sein. Dieses Zirkularitäts-Problem wird in der Praxis entweder dadurch gelöst, dass eine Zielkapitalstruktur vorgegeben oder der Marktwert des Eigenkapitals im Zuge eines Iterationsverfahrens ermittelt wird. Vgl. hierzu **Hayn** (2000), Bewertung, S. 205, **Nowak** (2000), Unternehmensbewertung, S. 79 ff., oder **Copeland/Koller/Murrin** (1993), Unternehmenswert, S. 194 f.

692 Vgl. **Nowak** (2000), Unternehmensbewertung, S. 32 f.

693 Vgl. **Hachmeister** (1996), Finanzierung, S. 255.

Effekt der Fremdkapitalkosten. Sowohl in der ursprünglichen Form des *Total Cash-flow*-Ansatzes als auch des WACC-Ansatzes wird die Hypothese einer im Zeitablauf konstanten Kapitalstruktur unterstellt. Gerade bei jungen, überproportional wachsenden Unternehmen kann dies jedoch zur Folge haben, „... daß die Schätzung der freien Cash-flows auf einer Entwicklung des Leistungsbereichs basiert, die aufgrund der Auswirkung dieser Prämisse auf die Kreditwürdigkeit indes nicht entsprechend *dieser Kapitalstruktur* finanziert werden kann.“[694] Anstatt eines durchschnittlich gewogenen Kapitalkostensatzes wird von verschiedenen Autoren deshalb unter Berücksichtigung der voraussichtlichen Kapitalstruktur in den einzelnen Perioden ein periodenspezifischer, gewichteter Kapitalkostensatz empfohlen.[695]

Bei der in der Praxis seltener vorzufindenden *Adjusted Present Value*-Methode[696] wird der Wert des Eigenkapitals indirekt mittels einer komponentenweisen Ermittlung des Unternehmensgesamtwertes berechnet. Dieser Vorgehensweise liegt die Idee der Wertadditivität zugrunde, wonach sich der Unternehmenswert aus der Summe aller Wertbeiträge zusammensetzt.[697] Unter Annahme der vollständigen Eigenfinanzierung werden zunächst die frei verfügbaren *Cash-flows* äquivalent zum WACC-Ansatz bestimmt und mit dem Eigenkapitalkostensatz abgezinst.[698] In einem zwei-

---

694 **Hayn** (2000), Bewertung, S. 231.

695 In der Literatur zur Unternehmensbewertung wird entsprechend zwischen wertorientierter und autonomer Finanzierungspolitik unterschieden. Die erste Variante unterstellt eine konstante Ist- oder Zielkapitalstruktur. Neuinvestitionen werden nach diesem Konzept immer im durch das von der vorgegebenen Kapitalstruktur determinierten Verhältnis von Fremd- zu Eigenkapital finanziert. Bei autonomer Finanzierungspolitik ist hingegen eine explizite Annahme über die Höhe der auszuschüttenden Überschüsse – und damit auch über die Höhe der Fremdkapitalbestände – erforderlich, denn die Festlegung des Verschuldungsumfangs erfolgt unabhängig von der Höhe des Unternehmensgesamtwertes. (Vgl. **Kohl/Schulte** (2000), Ertragswertverfahren, S. 1150).

696 Die Zuordnung der *Adjusted Present Value*-Methode zu den *Entity*-Ansätzen ist umstritten. Vgl. hierzu mit entsprechenden Quellenangaben **Nowak** (2000), Unternehmensbewertung, S. 34. Im Rahmen einer Umfrage von **Kames** (2000) unter 50 Finanzanalysten aus verschiedenen Ländern geben 62 % an, diesen Ansatz nie zu verwenden, 30 % ziehen in selten heran, 2 % häufig und 6 % regelmäßig. (Vgl. **Kames** (2000), Unternehmensbewertung, S. 64).

697 Vgl. **Hayn** (2000), Bewertung, S. 207 ff., **Brealey/Myers** (2000), Principles, S. 555 ff., **Nowak** (2000), Unternehmensbewertung, S. 33 ff., oder **Ballwieser** (1998), Discounted, S. 91 f.

698 Der Eigenkapitalkostensatz für ein unverschuldetes Unternehmen kann hierbei nicht direkt ermittelt werden, sondern muss aus dem durchschnittlich gewichteten Kapitalkostensatz oder den Eigenkapitalkosten des verschuldeten Unternehmens abgeleitet werden.

ten Schritt werden dann die Wertbeiträge der Finanzierungsseite berechnet, die maßgeblich aus dem *tax shield* des Fremdkapitals resultieren. Die Summe beider Berechnungen ergibt den Unternehmensgesamtwert.

Bei der *Equity*-Methode wird der Marktwert des Eigenkapitals direkt durch die Diskontierung der den Eigentümern zufließenden Zahlungsströme wie Dividenden, Entnahmen, Kapitalrückzahlungen und Körperschaftsteuergutschriften ermittelt.[699] Hierzu werden die den Eigenkapitalgebern zustehenden, prospektiven freien *Cash-flows* („*free Cash-flow to Equity*"), also nach Bedienung der Fremdkapitalgeber, unter Berücksichtigung der tatsächlichen Kapitalstruktur mit dem Eigenkapitalkostensatz diskontiert.[700] Im Vergleich zum WACC-Ansatz berücksichtigen die *Cash-flows* der *Equity*-Methode also zusätzlich die Zahlungsströme zwischen Unternehmen und Fremdkapitalgebern sowie den steuermindernden Effekt des Fremdkapitals. Auch bei der *Equity*-Methode wird in der Literatur die Annahme konstanter Eigenkapitalkosten regelmäßig als nicht sachgerecht kritisiert und stattdessen für die Verwendung periodenspezifischer Eigenkapitalkostensätze plädiert.[701]

Im Rahmen der DCF-Methoden – wie auch der übrigen Zukunftserfolgswertverfahren – wird meist eine phasenorientierte Differenzierung des Bewertungszeitraums vorgenommen.[702] Für die erste Phase werden detaillierte Prognosen der einzelnen Komponenten der freien *Cash-flows* aufgestellt, in der zweiten Phase wird hingegen eine konstante Entwicklung auf Basis pauschaler Annahmen bzw. eine Konvergenzentwicklung unterstellt. Regelmäßig kommen auch 3-Phasen-Modelle zum Einsatz, die zusätzliche Annahmen für eine Übergangsphase vom Detailprognosezeitraum zum *steady state* berücksichtigen. Die Dauer des Detailprognosezeitraums sollte sich dabei an der Entwicklungsphase des Unternehmens orientieren.[703] Für Unternehmen, die sich in der Entstehungs- oder

---

[699] Vgl. **Ballwieser** (1998), Discounted, S. 82, oder **Hachmeister** (1996), Finanzierung, S. 253 ff. Da bei der *Equity*-Methode direkt der Wert für die Eigentümer ermittelt wird, entspricht diese Methode grundsätzlich dem Ertragswertverfahren. (Vgl. **Hachmeister** (1996), Finanzierung, S. 256).

[700] Vgl. **Hayn** (2000), Bewertung, S. 209 f., **Nowak** (2000), Unternehmensbewertung, S. 29, oder **Kames** (2000), Unternehmensbewertung, S. 71.

[701] Vgl. **Hayn** (2000), Bewertung, S. 232, oder **Copeland/Koller/Murrin** (1993), Unternehmenswert, S. 175.

[702] Vgl. **Nowak** (2000), Unternehmensbewertung, S. 87, oder **Copeland/Koller/Murrin** (1993), Unternehmenswert, S. 124.

[703] **Copeland/Koller/Murrin** (1993) beispielsweise empfehlen, nur in begründeten Ausnahmefällen weniger als sieben Jahre anzusetzen. Bei ausgeprägter Konjunkturabhängigkeit empfehlen die Autoren zudem, dass die Prognose einen vollstän-

in der Wachstumsphase befinden, sollte grundsätzlich ein langer Zeitraum für die Detailprognose angesetzt werden, „... da sich der freie Cash-flow vielfach erst nach einem längeren Zeitraum stabilisieren wird."[704] Im Idealfall wird der Detailplanungshorizont deshalb so weit in die Zukunft verschoben, bis das Unternehmen einen stabilen Zustand erreicht hat und die Annahme einer konstanten Entwicklung der freien *Cash-flows* in eine pauschale Ermittlung des Residualwerts[705] mündet. Wird im *steady state* ein konstantes Niveau der freien *Cash-flows* unterstellt, so kann der Residualwert mittels der ewigen Rentenformel berechnet werden.[706] Wird hingegen erwartet, dass auch über den Detailprognosezeitraum hinaus Nettoinvestitionen getätigt werden, die eine konstante Verzinsung über den Kapitalkosten erbringen, so wachsen auch die freien *Cash-flows* im *steady state* mit einer konstanten Rate bzw. um einen periodisch konstanten Betrag.[707] Dies impliziert jedoch die ökonomisch unrealistische Annahme einer mit zunehmender zeitlicher Entfernung gegen unendlich konvergierenden Unternehmenskapazität.[708] Ein sinnvollerer Ansatz besteht deshalb in der Annahme einer endlichen Obergrenze des Wachstums der Unternehmenskapazität, „... so daß ab diesem Zeitpunkt für den restlichen Bewertungszeitraum vereinfachend konstante freie Cash-flows angesetzt werden sollten, die durch eine konstante Rendite auf das bis dahin investierte Kapital sowie durch keine weiteren Reinvestitionen zum Zweck des Ausbaus der Unternehmenskapazitäten gekennzeichnet sind."[709] Die Bedeutung des Residualwerts für den Unternehmenswert ist unmittelbar an die Länge des Detailplanungshorizonts gekoppelt[710] und spricht gegen die vereinfachende und pauschale Annahme einer konstanten Entwicklung der freien *Cash-flows.* Dies gilt in besonderem Maße für junge Wachstumsunternehmen, bei denen aufgrund der Anlauf- und Aufbaukosten der frühen Jahre ein erheblicher Teil des Unternehmens-

---

digen Konjunkturzyklus abdecken sollte. (Vgl. **Copeland/Koller/Murrin** (1993), Unternehmenswert, S. 158).

704 **Hayn** (2000), Bewertung, S. 275.

705 Als Synonyme werden in der Literatur zur Unternehmensbewertung auch die Begriffe *„terminal value"*, *„continuing value"*, „Endwert", „Restwert" oder „Fortführungswert" verwendet. (Vgl. **Hayn** (2000), Bewertung, S. 275). Ganz allgemein lässt sich der Residualwert als der Wert des Unternehmens „jenseits der Detailprognoseperiode" definieren. (**Copeland/Koller/Murrin** (1993), Unternehmenswert, S. 223).

706 Vgl. **Nowak** (2000), Unternehmensbewertung, S. 31.

707 Vgl. hierzu **Copeland/Koller/Murrin** (1993), Unternehmenswert, S. 225 ff.

708 Vgl. **Hayn** (2000), Bewertung, S. 278.

709 Ebenda, S. 278.

710 Vgl. **Nowak** (2000), Unternehmensbewertung, S. 87 ff. Gleichzeitig variiert das Gewicht des Residualwerts in Abhängigkeit von der Branchenzugehörigkeit. (Vgl. **Copeland/Koller/Murrin** (1993), Unternehmenswert, S. 224).

werts erst in späteren Perioden erwirtschaftet wird, wenn eine entsprechende Marktposition erreicht worden ist. Der hohe Einfluss des Restwerts auf den Gesamtunternehmenswert gilt jedoch nicht nur bei den DCF-Verfahren, sondern bei sämtlichen Barwertmodellen als ein zentraler Kritikpunkt.[711] Der konzeptionelle Ausweg, das Gewicht des Residualwerts durch die Ausdehnung des Detailprognosezeitraums zu reduzieren, wird v. a. dadurch blockiert, dass überproportional wachsende, junge Unternehmen durch Diskontinuitäten ihrer Entwicklung sowie eine relativ hohe, kaum vorhersehbare Instabilität der Rahmenbedingungen charakterisiert sind.[712]

Neben dem Ertragswertverfahren, ein weiteres traditionelles Modell der Unternehmensbewertung, existieren mit dem „*Economic Value Added*-Ansatz" (EVA™)[713] oder der Realoptionsbewertung zusätzliche „moderne" Bewertungsverfahren, die im Rahmen der Bewertung von Aktien-Neuemissionen bislang aber nur eine untergeordnete Bedeutung erlangten.[714] Nach dem Ertragswertverfahren berechnet sich ein Unternehmenswert aus der Summe der diskontierten zukünftigen, den Unternehmenseignern zufließenden Erfolge des betriebsnotwendigen Vermögens (dem Ertragswert) und dem Barwert der Nettoveräußerungserlöse des nicht betriebsnotwendigen Vermögens.[715] Die ursprüngliche Ausrichtung der modernen Ansätze war zunächst v. a. auf die Messung der *Performance* eines Geschäftsjahres fokussiert und weniger auf die Unternehmensbewertung.[716] Durch eine Modifizierung, d. h. die Ableitung der dis-

---

711 Vgl. in diesem Sinne **Küting** (2001), Bilanzierung, S. 125. Zu den konzeptionellen Anwendungsgrenzen des DCF-Verfahrens zur Bewertung junger Wachstumsunternehmen vgl. **Nowak** (2000), Unternehmensbewertung, S. 124 ff. Der Autor kommt insgesamt zu einem ernüchternden Ergebnis: „Die dargestellten Charakteristika von Wachstumsunternehmen lassen die Anwendung der Discounted Cash Flow-Verfahren fraglich erscheinen; die Schätzung der zur Wertermittlung notwendigen Determinanten ist nahezu unmöglich." (**Nowak** (2000), Unternehmensbewertung, S. 126).

712 Vgl. in diesem Sinne **Hayn** (2000), Bewertung, S. 280 f.

713 Der EVA-Ansatz ist ein eingetragenes Warenzeichen der US-amerikanischen Unternehmensberatungsgesellschaft Stern Stewart & Co. **Stewart** (1991), Value, gilt als das Basiswerk des EVA-Konzeptes. Der „*Cash-flow Return on Investment*-Ansatz" (CFRoI) ist ein weiteres modernes, zum EVA-Ansatz verwandtes Konzept der Übergewinnverrentung. Vgl. hierzu z. B. **Kames** (2000), Unternehmensbewertung, S. 132 ff., oder **Lorson** (1999), Shareholder, S. 1335 f.

714 Für nähere Erläuterungen zu diesen Verfahren vgl. z. B. **Küting** (2001), Bilanzierung, S. 95 ff.

715 Diese Definition entspricht dem HFA-Verfahren. Vgl. **HFA** (1999), Entwurf, S. 201 f.

716 Vgl. in diesem Sinne **Küting** (2001), Bilanzierung, S. 95.

kontierten Wertzuwächse, können diese Verfahren jedoch in eine Unternehmensbewertung überführt werden.

Die Grundidee des EVA-Ansatzes beispielsweise war ursprünglich, der Unternehmensführung Informationen darüber zu liefern, welche Strategien wertsteigernd bzw. wertvernichtend sind. Wertsteigernd im EVA-Sinne sind diejenigen Projekte, deren Renditen die Kosten des eingesetzten Kapitals übersteigen. Die Konzeption des *Economic Value Added* als betriebliches Übergewinnverfahren lässt sich anhand der sog. „*Capital Charge*-Formel" erklären, wonach sich der EVA aus der Differenz zwischen dem betrieblichen Übergewinn (NOPAT, „*Net Operating Profit After Tax*") und den Kapitalkosten auf das hierfür eingesetzte Kapital errechnet.[717] Das EVA-Konzept knüpft an bilanziellen Größen an, eine zentrale Schwierigkeit resultiert deshalb aus der erforderlichen Konversion dieser Rechnungslegungsgrößen in ökonomisch relevante Kennzahlen: „Zielsetzung der Konversionen ist es also, die bilanzielle Gewinngröße NOPAT in eine zahlungsstromorientierte Cash-Größe zu verwandeln und das investierte Kapital mit Marktwerten anzusetzen oder allgemeiner, die Zahlen aus dem ‚accounting model' in das ‚economic model' zu transformieren."[718] Um mit Hilfe des EVA den Unternehmenswert zu bestimmen, müssen die zukünftigen, periodenspezifischen betrieblichen Übergewinnprognosen mit den Kapitalkosten diskontiert werden. Der daraus resultierende sog. „*Market Value Added*" lässt sich alternativ auch definieren als „... the difference between a company's fair market value, as reflected primarily in its stock price, and the economic book value of capital employed."[719] Von der Summe aus *Market Value Added,* eingesetztem Kapital und nicht betriebsnotwendigem Vermögen muss schließlich der Marktwert des Fremdkapitals abgezogen werden, um zum Marktwert des Eigenkapitals des zu bewertenden Unternehmens zu gelangen.

Beim Realoptionsbewertungsverfahren werden strategische Handlungsoptionen des zu bewertenden Unternehmens mittels (finanz-) optionstheoretischer Ansätze bewertet und zu dem auf Basis eines DCF-Ver-

---

717 Die sog. „*Value Spread*-Formel" ist eine alternative Darstellungsform. Danach berechnet sich der EVA durch Multiplikation des eingesetzten Kapitals mit der betrieblichen Überrendite. Letztgenannte Größe errechnet sich aus der Differenz zwischen Investitionsrendite und Kapitalkosten.

718 **Nowak** (2000), Unternehmensbewertung, S. 149.

719 **Stewart** (1991), Value, S. 180.

fahrens ermittelten Basiswert addiert.[720] Diesem Konzept liegt die Überlegung zugrunde, dass sich der Wert eines Unternehmens aus einem „passiven Unternehmenswert" (Wert der bereits vorhandenen Vermögensgegenstände, der sog. „*assets in place*") und einem „aktiven Unternehmenswert" (Wert der aus Wahlhandlungsmöglichkeiten resultierenden Realoptionen) zusammensetzt.[721] Die Identifikation der zur Verfügung stehenden Realoptionen sowie deren Bewertung gestaltet sich jedoch äußerst schwierig, der eigentliche Nutzen der Realoptionstheorie liegt deshalb v. a. „... in der Verdeutlichung der Bedeutung der strategischen Wertkomponenten bei Unternehmensbewertungen."[722]

Üblicherweise ermitteln die bewertenden Finanzanalysten bei paralleler Anwendung verschiedener Bewertungsverfahren nicht eindeutige Werte, sondern Wertbandbreiten durch die Variation zentraler Parameter. Hayn (2000) weist auf den regelmäßig zu beobachtenden hohen Deckungsgrad der Ergebnisse der verschiedenen Bewertungsverfahren hin. Nach seiner Meinung darf hieraus „... jedoch *keinesfalls* die Schlußfolgerung gezogen werden, daß die Zukunftserfolgswertverfahren und die Vergleichsverfahren regelmäßig zu ähnlichen Unternehmenswerten führen. Vielmehr wird dieses Resultat regelmäßig *bewußt* vom Bewertenden bzw. vom Entscheidungsträger herbeigeführt."[723] Aus dem Gesamtergebnis der ermittelten Bandbreiten wird dann auf Basis subjektiver Kriterien die als maßgeblich erachtete Bewertungsspanne hergeleitet.[724] Zudem ist häufige Praxis, Bewertungsabschläge vorzunehmen oder zumindest zu empfehlen, um zusätzliche Kaufanreize zu schaffen.

---

720 Neben dieser Teilbewertung existieren auch Gesamtbewertungsverfahren, bei denen das zu bewertende Unternehmen insgesamt als Realoption betrachtet wird. Vgl. hierzu **Rams** (1999), Unternehmensbewertung, S. 355 ff. Zur optionsbasierten Unternehmensbewertung vgl. **Ballwieser** (2002), Optionstheorie, oder ausführlich **Koch** (1999), Unternehmensbewertung.

721 Vgl. **Schäfer/Schässburger** (2001), Bewertungsmängel, S. 93.

722 **Nowak** (2000), Unternehmensbewertung, S. 140. Auch **Ballwieser** (2002) beschäftigt sich mit dem Beitrag, den die Optionstheorie zur Unternehmensbewertung leisten kann und „... gelangt zu einer zurückhaltenden Einschätzung aufgrund von massiven Datengewinnungsproblemen." (**Ballwieser** (2002), Optionstheorie, S. 184). Anderer Meinung sind z. B. **Schäfer/Schässburger** (2001), die den Realoptionsansatz zur Bewertung von wachstumsstarken Unternehmen im Vergleich zur DCF-Methodik als überlegen einstufen. (Vgl. **Schäfer/Schässburger** (2001), Bewertungsmängel).

723 **Hayn** (2000), Bewertung, S. 108.

724 Diese Ableitung liegt im subjektiven Ermessen des Bewertenden und obliegt somit einer gewissen Willkür. (Vgl. **Killat** (1998), Bewertung, S. 242 f.).

4.2.4 Neuemissionsresearch im Preisfindungsprozess

4.2.4.1 Problemlösungspotenzial

Im Kontext der skizzierten Rahmenbedingungen bei Aktien-Neuemissionen am Neuen Markt „... übernimmt der emissionsbegleitende Finanzintermediär die Funktion eines **Marktorganisators**. Dieser kann nicht nur Angebot und Nachfrage direkt beeinflussen, sondern auch nach weitgehend autonomen Kriterien zum Ausgleich bringen."[725] Im Rahmen der *Pre-Market*-Phase findet ein interaktiver Informationsaustausch zwischen Emittent, Emissionshaus und Investoren statt, in dessen Mittelpunkt die Erarbeitung und der Abgleich von Preisvorstellungen steht. Die Emissionsbanken schaffen hierfür die erforderliche Informationsbasis, insbesondere durch die Erstellung des Emissionsprospektes sowie die von den Analysten angefertigten Neuemissionsstudien bzw. die darin enthaltenen Prognoseszenarien und Unternehmenswertempfehlungen.[726] „Zielsetzung der Emissionspreisfindung ist es, mit den Methoden der Unternehmensbewertung einen potentiellen Wert des Gesamtunternehmens zu bestimmen, auf dessen Basis dann ein Emissionspreis gefunden werden kann, der zu einem für alle Beteiligten akzeptablen und fairen Preis der Aktie führt."[727]

Damit werden von den Emissionsbanken zentrale Parameter des Preisfindungsprozesses aktiv gestaltet. Die im Rahmen der Researchaktivitäten entwickelte Preisempfehlung sowie das zugrunde gelegte Bewertungsszenario stellen die zentralen Inputvariablen in dem anschließenden Verhandlungsprozess zwischen Käufer (Investoren) und Verkäufer (Emittent) im Rahmen der *Pre-Marketing*-Phase dar.[728] Ein entscheidender

---

725 **Rapp** (1996), Markt, S. 177.

726 So stellt z. B. **Letschert** (1999) fest: „Investoren am Neuen Markt brauchen eine solide Basis für ihre Investitionsentscheidung. Diese erhalten sie in aller Regel durch die emissionsbegleitende Bank, die mit entsprechender Erfahrung und Expertise die Chancen und Risiken richtig einzuschätzen hilft ... Für eine hinreichende Beurteilung der Ertrags- und Risikosituation dient dem potentiellen Investor die Research-Studie, die durch die Analysten der Emissionsbank erstellt wird. Hierin wird das Unternehmen vorgestellt, die Zukunftsprognosen beurteilt und eine marktgerechte Bewertung des Börsenkandidaten vorgenommen." (**Letschert** (1999), Innovationen). Zu einer ähnlichen Schlussfolgerung kommt auch **Brühl** (2001): „Für die Gewinnung institutioneller Investoren sind gutes Research sowie eine optimale Vorbereitung und Durchführung der Roadshow entscheidend." (**Brühl** (2001), Erfolgsfaktoren, S. 196).

727 **Rödl/Zinser** (2000), Going Public, S. 268.

728 Vgl. in diesem Sinne **Nelles/Rojahn/Berner** (2001), Unternehmensbewertungsverfahren, S. 322.

Vorteil des am Neuen Markt überwiegend praktizierten *Bookbuilding*-Verfahrens wird darin gesehen, dass die marktorientierte Preisgestaltung durch aktive Einbeziehung der Investoren in den Preisfindungsprozess zu einer Maximierung des Emissionserlöses bei gleichzeitiger Senkung des Platzierungsrisikos für Emittent und Konsortium führt.[729] Dem damit verbundenen höheren Aufwand für die Emissionsbanken steht somit die Chance gegenüber, durch ein Bündel verschiedenster Maßnahmen auch in dieser Phase der Informationsverarbeitung aktiv in den Meinungsbildungs- und Preisfindungsprozess eingreifen zu können. Die Bewertungsfunktion des Marktes und der über den Preismechanismus erfolgende Ausgleich von Angebot und Nachfrage werden am Markt für Aktien-Neuemissionen somit durch alternative Mechanismen ersetzt, die in erheblichem Maße durch die Intermediationsleistungen des „Marktorganisators Emissionsbank" gestaltet werden. Der Prozess der Preisfindung kann demnach, wie in Abbildung 4.10 dargestellt, als zweistufiger Prozess interpretiert werden.[730]

Abb. 4.10: Informationsprozesse im Rahmen der Preisfindung und Preisbildung

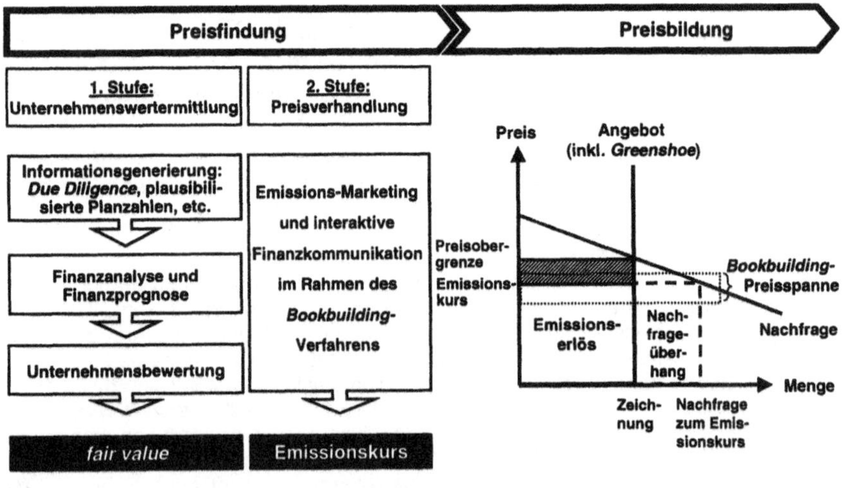

---

729 Vgl. **Schanz** (2000), Börseneinführung, S. 314.

730 Vgl. in diesem Sinne auch **Kusterer** (2003), Unternehmensbewertungsverfahren, S. 147.

Auf der ersten Stufe wird von den Finanzanalysten der Emissionsbanken durch die Herleitung von Finanzprognosen und die Anwendung von Unternehmensbewertungsverfahren ein von ihnen als fair erachteter Wert analytisch bestimmt. Die Investoren führen eine Plausibilitätsprüfung durch bei der sie die den Bewertungsverfahren zugrunde liegenden Eingangsgrößen und die Zusammensetzung der *peer group* beurteilen.[731] Auf der zweiten Stufe folgt dann ein Preisverhandlungsprozess – meist im Rahmen des *Bookbuilding*-Verfahrens – an dessen Ende ein Kompromisspreis als Emissionspreis resultiert, der die divergierenden Interessen der beteiligten Parteien ausgleichen und eine ausreichende Nachfrage sicherstellen muss.

4.2.4.2 Problembereiche

Eine Delegation der Informationsproduktion auf Finanzanalysten als spezialisierte Informationsintermediäre erscheint sinnvoll: „Im Rahmen der delegierten Informationsproduktion überträgt die besser informierte Marktpartei einem Intermediär die Aufgabe, marktrelevante Information zu produzieren und – wenn möglich – an die schlechter informierte Marktgegenseite zu übermitteln. Für die Akzeptanz dieser delegierten Informationsproduktion am Markt sind nicht nur hohe Qualität, Bestimmtheit und Differenziertheit der Informationen entscheidend, sondern insbesondere deren **Glaubwürdigkeit** ...“[732] Als zentrales Problem bleibt somit v. a. die Qualitätsunsicherheit bestehen, die in hohem Maße von zwei Faktoren determiniert wird: Erstens durch das Ausmaß der Mängel in der Informationsverteilung (Informationsasymmetrie), welche die Möglichkeit opportunistischen Informationsverhaltens eröffnen, und zweitens durch das Ausmaß fehlerhafter Informationsproduktion.

4.2.4.2.1 Qualitätsunsicherheit aufgrund von Informationsasymmetrien

Wie im Abschnitt 4.2.2.2 bereits ausgeführt, sind Informationen an Märkten für Aktien-Neuemissionen nicht nur zwischen Emittenten und Investoren sowie zwischen Emittenten und Emissionsbegleitern asymmetrisch verteilt, sondern letztlich auch zwischen Emissionsbegleitern und Investoren. Emissionsbegleiter verfügen im Rahmen eines typischen *Going Public* nämlich zum einen regelmäßig über bessere Informationen bezüglich des bewertungsrelevanten, ökonomischen Hintergrunds eines Börsen-

---

[731] Vgl. hierzu auch ebenda, S. 145.
[732] **Rapp** (1996), Markt, S. 116.

kandidaten und über fundierteres Know-how zur Interpretation und Auswertung dieser Daten. Zum anderen haben typische Emissionsbegleiter auch einen besseren Überblick über den Gesamtmarkt und können die Rahmenbedingungen sowie die daraus abzuleitende Nachfrage nach neuemittierten Aktien präziser einschätzen. Ein auf Gewinnmaximierung ausgerichteter Emissionsbegleiter wird diesen Informationsvorsprung zu seinem Vorteil einsetzen. So könnten z. B. unvorteilhafte Informationen über die ökonomische Verfassung des Emittenten bewusst zurückgehalten werden oder eine „überoptimistische" Darstellung der Ertragsperspektiven erfolgen, um eine erfolgreiche Platzierung sicherzustellen.[733] Angesichts der Beobachtung, dass sich Finanzanalysten „... in geradezu fahrlässiger Weise meist mit einfachen Gewinndiskontierungsmodellen auf der Grundlage pauschaler Wachstumsannahmen zufrieden gegeben haben ..."[734] stellen beispielsweise Kaserer/Adamek (2003) die provokante Frage, „... ob Fehlbewertungen durch einen naiven Einsatz allzu sehr simplifizierender Aktienbewertungsmodelle verursacht wurden, oder ob Finanzanalysten die Bewertungsspielräume dieser Modelle bewusst genutzt haben, um aus opportunistischen Motiven mehr oder weniger offensichtliche Überbewertungen zu rechtfertigen."[735] Die Tatsache, dass die im Rahmen der Neuemissionsstudien publizierten Informationen nicht der Prospekthaftung unterliegen, schafft jedenfalls eine günstige Voraussetzung für opportunistische Informationsgestaltung.[736]

Diesem *moral hazard*-Problem[737] sind – wie bereits erläutert – jedoch Grenzen gesetzt, da zu erwartende Reputationsverluste die Platzierungskraft des Finanzintermediärs und damit zukünftige Geschäftsmöglichkeiten nachhaltig beschädigen können. Marktphasen, während denen das Risiko oder das Ausmaß von Reputationsschäden sehr gering ist bzw. durch erhöhte Ertragsmöglichkeiten kompensiert werden, könnten Emittenten jedoch zum Anlass nehmen, ihre Emissionsaktivitäten zu intensivieren und gleichzeitig eine reduzierte durchschnittliche Emittentenqualität zu akzeptieren. Marktphasen mit generell euphorischem, herdenähnlichem Börsenklima, steigendem Wettbewerbsdruck unter Emissionsbanken und einer abnehmenden Wahrscheinlichkeit, dass Qualitätsmängel von Emittenten (früh) erkannt bzw. transparent werden, schaffen beispielsweise derartige Voraussetzungen. Somit sind zyklische Verlaufsmuster mit Marktphasen vorstellbar, in denen – als Konsequenz

---

733 Vgl. in diesem Sinne **Schweinitz** (1997), Renditeentwicklungen, S. 112.
734 **Kaserer/Adamek** (2003), Defizite, S. 498.
735 Ebenda, S. 499.
736 Vgl. in diesem Sinne **Rapp** (1996), Markt, S. 89.
737 Vgl. Fn. 312.

„überoptimistischer" Prognosen der Emittenten und Emissionsbanken – unrealistische Anlegererwartungen entstehen. Eine unvollständige Aggregation bewertungsrelevanter Informationen sowie eine ineffiziente Preisfindung und Preisbildung wären die Folge, die im weiteren Sekundärmarktverlauf korrigiert werden müssten. In diesen Marktphasen ist letztlich auch mit einer adversen Selektion der Emittenten, kollektiven Marktrückzugsreaktionen und in Extremfällen sogar dem Zusammenbruch des Marktes für Aktien-Neuemissionen zu rechnen.

Die beschriebene Problematik wird zusätzlich dadurch verschärft, dass zum einen aufgrund heterogener Erwartungen ohnehin nur die optimistischsten Anleger die Aktien zeichnen werden[738] und zum anderen neben den informationsbedingten auch soziopsychologische Einflussfaktoren in Form von Wahrnehmungs- und Entscheidungsanomalien das Verhalten der Investoren am Markt für Aktien-Neuemissionen beeinflussen.[739] So stellt Rapp (1996) fest: „Aktien-Neuemissionen als ‚neue' Anlageobjekte mit stark zukunftsgerichteter Ertragsphantasie sind für die Entstehung psycho-dynamischer Phänomene ... prädestiniert."[740] Beispielsweise unterliegen Individuen der Tendenz einer selektiven, d. h. systematisch verzerrten Informationswahrnehmung die u. a. darin sichtbar wird, dass die eigenen Erwartungen manipuliert werden „... by selecting sources of information likely to confirm ‚desired' beliefs."[741] Auch die Neigung, unsicheren Ereignissen eine ungerechtfertigt positive Ausprägung zuzuordnen (Über-Optimismus bzw. „*overoptimism*") oder unangemessen heftig auf neue Informationen zu reagieren (Überreaktion bzw. „*overreaction*"), gehören zu dokumentierten Erscheinungen. Diese Effekte können durch überoptimistische Prognosen von Analysten zusätzlich verstärkt werden. Das Phänomen der Kontrollillusion („*illusion of control*"), d. h. die subjektive Begründung positiver Entwicklungen mit den eigenen Fähigkeiten und Handlungen, in Kombination mit der Tendenz zu einer naiven Trend-

---

738 Da sich letztlich nur die Gruppe der optimistisch gestimmten Investoren für eine Zeichnung der neuen Aktien entscheiden wird, kann vermutet werden: „As long as the entire supply of the security can be absorbed by a minority of the potential purchasers ... the market price will be above the mean evaluation of the potential investors." (**Miller** (1977), Risk, S. 1153). Zu den möglichen Konsequenzen dieses von **Miller** (1977) als „*divergence of opinion*" bezeichneten Ansatzes vgl. auch die Ausführungen im Abschnitt 5.2.2.2.3 der vorliegenden Arbeit.

739 Vgl. hierzu z. B. **Oehler** (1991), Anomalien, **Shiller** (1990), Speculative, **Maas/ Weibler** (1988), Psychologie, **Shiller** (1988), Fashions, oder **De Bondt/Thaler** (1985), Overreact.

740 **Rapp** (1996), Markt, S. 360.

741 **Akerlof/Dickens** (1982), Economic, S. 307.

extrapolation, d. h. der Fortschreibung vergangener Beobachtungen, können insbesondere nach Phasen mit positiven (Börsen-) Entwicklungen zu einer eingeschränkten Risikowahrnehmung führen. „Dieses Grundmuster einer im Zeitablauf abnehmenden Risikosensitivität könnte Diskontinuitäten realer Märkte – wie etwa das ‚unerwartete' Auftreten von Rezessionen nach längerem Aufschwung oder ‚überraschende' Aktienmarkt-Crashes nach jahrelanger Hausse – widerspruchsfrei erklären."[742]

Auch das von Shiller (1988, 1989, 1990) untersuchte Erscheinungsbild temporärer Modeerscheinungen an Kapitalmärkten („*fads*" und „*fashions*"), d. h. die in unbestimmten Zeitabständen auftretenden Phasen spekulativer Anleger-Euphorien und „Marktmoden", sind in diesem Kontext erklärbar, werden durch den Herdentrieb („*herding*") bzw. die Imitation des Verhaltens anderer Marktteilnehmer – insbesondere von Experten und Meinungsführern – gefördert und gehen mit einer stetig abnehmenden Risikowahrnehmung einher. Als Konsequenz entfernen sich Marktpreise typischerweise signifikant von ihren fundamental gerechtfertigten Werten, spekulative Blasen („*bubbles*") entstehen.[743] „Thus, waves of enthusiasm for IPO's appear to be related to interpretations of what other investors are thinking and to evidence on this from observed price movements."[744] Die Beobachtung anfänglich positiver Zeichnungsrenditen wird zunehmend mehr Investoren dazu veranlassen, sich am Markt für Aktien-Neuemissionen zu beteiligen. Extrapolative Erwartungsbildung, Kontrollillusion und abnehmende Risikosensitivität können schließlich in einen Kreislauf positiver, sich selbst bestätigender Erwartungen münden.[745] Derartige Übertreibungen werden aber korrigiert, sobald neue Informationen die Verzerrungen transparent werden lassen. Die besser informierten (institutionellen) Anleger werden zudem tendenziell früher dazu in der Lage sein, die Irrationalitäten zu identifizieren und daraus resultierende Fehlbewertungen profitabel auszunutzen.

---

742 **Rapp** (1996), Markt, S. 331.

743 *Bubbles* beziehen sich im Vergleich zu *fads* konkreter auf die Beobachtung von Preisen am Kapitalmarkt: „A fad is a bubble if the contagion of the fad occurs through price; people are attracted by observed price increases." (**Shiller** (1989), Market, S. 56 f.).

744 **Shiller** (1990), Speculative, S. 62.

745 Vgl. in diesem Sinne **Rapp** (1996), Markt, S. 374.

4.2.4.2.2 Qualitätsunsicherheit aufgrund fehlerhafter Informationsproduktion

Als mögliche Ursachen einer fehlerhaften Informationsproduktion durch Emissionsbegleiter und Finanzanalysten lassen sich zahlreiche Argumente anführen, die grob in vier Kategorien unterteilt werden können:

(1) Mangelhafte Qualität und Quantität der Basisinformationen:

Aufgrund des Unternehmensalters, der Unternehmensgröße und/oder des geringen Bekanntheitsgrades des Emittenten ist das verfügbare Zahlenmaterial häufig limitiert und nur begrenzt für eine in die Zukunft gerichtete Prognose geeignet.[746] Auch ein für den Börsengang notwendiger Rechtsformwechsel, eine organisatorische Restrukturierung oder ein Wechsel der Rechnungslegungssystematik können die Aussagekraft historischer Rechnungslegungsinformationen zusätzlich einschränken und die Vergleichbarkeit mit den zukunftsorientierten Plandaten oder mit Konkurrenten beeinträchtigen. Schließlich wird trotz des engen Kontakts zum Emittenten das für Finanzanalysten verfügbare Informationsangebot regelmäßig unvollständig bleiben, weil der Börsenkandidat z. B. aus Gründen des Wettbewerbsschutzes Teile der relevanten Informationsbasis zurückhält. Die Möglichkeit opportunistischen Informationsverhaltens seitens des Emittenten verschärft dieses Problem: „*Issuers have an incentive to misrepresent themselves to potential investors as higher quality than they really are.*“[747] Freiwillige Selbstauskünfte und Plandaten des Emittenten, deren Validität von den Emissionsbegleitern nur begrenzt überprüft werden kann, bilden somit regelmäßig die zentrale Informationsgrundlage.

(2) Psychodynamisch verzerrte Informationswahrnehmung und -verarbeitung:

Informationen sind grundsätzlich einem Ambiguitätsproblem unterworfen. Selbst eine an sich eindeutige Information zieht häufig hete-

---

[746] Vgl. **Schwetzler** (2001), Bewertung, S. 63, oder **Hayn** (2000), Bewertung, S. 22 ff.

[747] **Benveniste/Spindt** (1989), Offer Price, S. 344. **Rapp** (1996) spricht von einem Problem der „mangelnden Authentizität von Informationen“. (Vgl. **Rapp** (1996), Markt, S. 105 f.). Demgegenüber vertritt z. B. **Schwetzler** (2001) die Ansicht, dass eine „... offene Informationspolitik gegenüber externen Analysten ... im ureigensten Interesse des Unternehmens [sei].“ (**Schwetzler** (2001), Bewertung, S. 94). Die hiermit einhergehenden niedrigeren Informationskosten würden die Beobachtung durch Analysten sicherstellen, die Informationsasymmetrien zwischen informierten und uninformierten Marktteilnehmern damit reduzieren und so zu geringeren Kapitalkosten beim Unternehmen führen.

rogene Interpretationsmöglichkeiten nach sich.[748] Aufgrund des Fehlens öffentlicher Preisbildungsmechanismen im Vorfeld eines *Going Public*, bleibt das Ambiguitätsproblem zumindest bis zum Beginn des Sekundärmarkthandels bestehen. Erst ab diesem Zeitpunkt liefert der Marktpreis eine Orientierungshilfe und ermöglicht damit die Aggregation und Konvergenz der heterogenen Informationen. Schließlich lässt das Problem kognitiver Unzulänglichkeiten sowie der Einfluss verschiedener psychodynamischer und behavioristischer Faktoren regelmäßig eine verzerrte, unscharfe bzw. unvollständige Auswertung und Verarbeitung verfügbarer Informationen durch die Finanzanalysten erwarten.

(3) Methodische Mängel:

„Handwerkliche" Mängel können zu falschen Interpretationen an sich korrekter Informationen führen. Der umfangreiche Katalog an Analyse- und Unternehmensbewertungsverfahren sowie die anhaltende wissenschaftliche Debatte und die Suche nach „dem korrekten Modell" deuten beispielhaft die Komplexität der Informationsaufbereitung und -verarbeitung im Rahmen von Aktien-Neuemissionen an. Den aufwendigen Modellen wird zudem häufig eine „Scheingenauigkeit" oder „Scheinwissenschaftlichkeit" vorgeworfen, „... da die zugrundegelegte detaillierte Unternehmensplanung in einem drastischen Missverhältnis zur Unsicherheit der künftigen Entwicklung stehe."[749]

(4) Generelles Prognoserisiko:

Der größte Teil bewertungsrelevanter Informationen im Rahmen von Aktien-Neuemissionen ist zukunftsorientiert. Daraus resultiert ein generelles Prognoserisiko mit einer entsprechend hohen Irrtumswahrscheinlichkeit. Die Prognoseunsicherheit junger, innovativer Wachstumsunternehmen stellt darüber hinaus das größte Problem in der Bewertungspraxis dar. Je höher der Grad der Spezialisierung eines Emittenten auf bestimmte Produkte oder Marktnischen desto schwieriger wird es zudem, zukünftige Entwicklungen zu prognostizieren bzw. die vom Emittenten erwarteten Szenarien zu plausibilisieren.

Angesichts dieser Fehlerquellen und der Tatsache, dass junge Wachstumsunternehmen mit einer besonders hohen Prognoseunsicherheit

---

748 Vgl. **Rapp** (1996), Markt, S. 103.
749 **Schwetzler** (2001), Bewertung, S. 63.

behaftet sind, ist es deshalb wenig zielführend, von einer Abweichung der tatsächlichen von der prognostizierten Unternehmensentwicklung direkt auf die Qualität des bewertenden Finanzanalysten oder auf opportunistisches Informationsverhalten zu schließen. Hierfür müsste zuvor gezeigt werden, dass die tatsächliche Entwicklung bei entsprechender Sorgfalt bereits zum Bewertungszeitpunkt erkennbar gewesen wäre.[750] „Gerade in einer sich ändernden Umgebung, aber auch in der Gegenwart von Kosten der Informationsbeschaffung ist davon jedoch selbst dann nicht notwendigerweise auszugehen, wenn die Analysten ihre verfügbaren Informationen in einer rationalen Weise verwenden."[751]

4.3 Zwischenfazit

Die Ergebnisse der vorangegangenen Überlegungen lassen sich in folgenden Kernaussagen zusammenfassen:

[1] Der exakte Gleichgewichtspreis, der sich auf einem effizienten Kapitalmarkt einstellen würde, weil der Grenzpreis der Käufer gleich dem Grenzpreis der Verkäufer ist, kann auf realen Märkten für Aktien-Neuemissionen aufgrund von Marktunvollkommenheiten nicht eindeutig bestimmt werden. Stattdessen werden komplexe Preisfindungsmechanismen eingesetzt, um einen Wert zu ermitteln, bei dem die subjektiven Grenzpreisvorstellungen einer ausreichenden Anzahl an Käufern mit denen der Verkäufer zur Deckung gebracht werden.

Die am Markt für Aktien-Neuemissionen zur Anwendung kommenden Analyse- und Bewertungsverfahren verfolgen letztlich das Ziel, die Preisbildung, die an einem effizienten, gleichgewichtigen Kapitalmarkt stattfinden würde, nachzubilden. Der Markt für Informationen bzw. die auf ihm stattfindende Informationsproduktion determiniert dabei die Informationsgrundlage auf der die Prozesse der Preisfindung und der anschließenden Preisbildung im Rahmen von Börsengängen stattfinden.

[2] Im Prozess der Informationsbeschaffung, -verarbeitung, -auswertung und -verbreitung verfolgen die beteiligten Marktparteien – Emittenten, Investoren, Emissionsbanken und Aufsichtsorgane – unterschiedliche Interessen und teilweise gegenläufige Ziele.

---

[750] Vgl. in diesem Sinne ebenda, S. 63.
[751] **Löffler** (1998), Finanzanalysten, S. 33.

Aufsichtsorgane sind ganz allgemein bestrebt, die dauerhafte Funktionsfähigkeit des Marktes für Aktien-Neuemissionen (Funktionenschutz) sowie den Schutz der Interessen der Anleger (Anlegerschutz) sicherzustellen. Das grundsätzliche, finanzielle Hauptinteresse der Emittenten an einer Maximierung des Emissionspreises stößt dort an seine Grenze, wo die abnehmende Zahlungsbereitschaft der Investoren eine vollständige Platzierung der Titel gefährdet. Dieses vereinfachte Optimierungsproblem der Emittenten gewinnt jedoch erheblich an Komplexität, wenn weitere finanzielle und nicht-finanzielle Teilziele Berücksichtigung finden sollen. Investoren streben mit der Zeichnung von Aktien-Neuemissionen als finanzielles Hauptziel die Realisation einer möglichst hohen Rendite an, daneben verfolgen sie aber auch weitere finanzielle und nicht-finanzielle, von den individuellen Rahmenbedingungen abhängige Teilziele. Das Zielsystem emissionsbegleitender Finanzinstitute ist durch zwei gegenläufige Hauptzielsetzungen charakterisiert: Zum einen ist die Höhe der Entlohnung der beratenden und betreuenden Emissionsbanken üblicherweise an das effektive Platzierungsvolumen und damit an die Höhe des Emissionspreises gekoppelt. Zum anderen werden die Emissionsbegleiter aber auch bestrebt sein, die mit ihrer Tätigkeit übernommenen Risiken – insbesondere Platzierungs- und Prospekthaftungsrisiken – zu minimieren. Dies kann durch die Wahl eines bewusst niedrigen Emissionspreises und/oder durch die aktive Gestaltung der Parameter des Marktes für Informationen – Informationsverteilung, Informationsqualität, Informationsquantität und Informationskosten – erfolgen. Emissionsbanken werden aber regelmäßig weitere finanzielle und nicht-finanzielle Teilziele verfolgen, hierzu zählt v. a. der Aufbau von Reputation. In Abhängigkeit von der individuellen Ausgangssituation der beteiligten Marktparteien und den spezifischen Rahmenbedingungen einer Aktien-Neuemission entstehen individuelle, projektbezogene Zielsysteme, deren Ausprägungen und damit die daraus resultierenden potenziellen Zielkonflikte nicht a priori festzulegen sind.

[3] Der Markt für Aktien-Neuemissionen ist ein Markt mit unvollständiger Nachfrageinformation. Um potenzielle Anleger zu gewinnen und die Funktionsfähigkeit des Segments zu erhalten, müssen die bestehenden Informationslücken wirkungsvoll reduziert werden.

Anleger sind mit der Aufgabe konfrontiert, die Bewertungsfunktion organisierter Kapitalmärkte, die Wertpapiere in Form intersubjektiver Aggregatsgrößen objektiv bepreist, durch individuelle, subjektive Evaluierungsmechanismen zu ersetzen, die üblicherweise an den fundamentalen Rahmendaten des Börsenaspiranten ansetzen. Für die Nutzenbewertung der

Emissionspreise sind primär künftige Zahlungsgrößen, die zwischen dem Unternehmen und dem Investor fließen, entscheidungsrelevant. Die Attraktivität einer Investitionsalternative hängt somit ganz allgemein vom Erwartungswert der Rendite und dem Risiko der Anlage ab. Infolge mangelnder Spezialisierung und begrenzter Informationsausstattung werden potenzielle – insbesondere private – Investoren aber regelmäßig nicht in der Lage sein, die erforderlichen Prognosen hinsichtlich der Zukunftserfolge des zu bewertenden Unternehmens herzuleiten und in einer konkreten Preisvorstellung zu verdichten. Anleger, die ihre Informations- und Know-how-Lücken nicht durch eigene Anstrengungen schließen können, werden dem Markt für Aktien-Neuemissionen fernbleiben, greifen auf individuelle Verfahren zur Komplexitätsreduktion zurück oder sind darauf angewiesen, adäquate Hilfestellung bzw. glaubhafte und entscheidungsrelevante Informationen von anderen Marktteilnehmern zu erhalten.

[4] Ausgangssituationen an typischen Märkten für Aktien-Neuemissionen sind durch vielschichtige informationsbedingte Marktunvollkommenheiten gekennzeichnet. Das Grundproblem asymmetrisch verteilter Informationen kann im Extremfall einen Prozess der adversen Selektion auslösen und zum Zusammenbruch des Marktes für Aktien-Neuemissionen führen.

Interessierte Investoren sind zum einen mit dem Grundproblem der Informationsverteilung bzw. einem *hidden information*-Problem konfrontiert das daraus resultiert, dass der Emittent zum Zeitpunkt der Emission über „quasi-monopolisiertes Wissen" verfügt und ihm in dieser Situation asymmetrisch verteilter Information opportunistisches Informationsverhalten unterstellt werden kann. Zum anderen besteht aber auch ein Informationskostenproblem, das mit dem Versuch, die Informationslücke durch eigene Anstrengungen zu schließen, verbunden ist. Dominiert die Qualitätsunsicherheit als Folge dieser Unvollkommenheit der Informationsstruktur, kann ein Prozess einer adversen Selektion auf dem Markt für Aktien-Neuemissionen einsetzen.

[5] Substitution und/oder Produktion von Informationen stellen potenzielle Lösungsansätze zur Überwindung der Informationsdefizite am Markt für Aktien-Neuemissionen dar.

Der Einsatz von Informationssurrogaten und/oder die Errichtung von Selbstbindungsmechanismen stellen zwar potenzielle Alternativen zur Verbesserung ineffizienter Informationsstrukturen dar, sind jedoch an bestimmte Voraussetzungen geknüpft, die am (deutschen) Markt für Aktien-Neuemissionen nur beschränkt erfüllt werden. Der Produktion von

Information, d. h. der Bereitstellung umfangreicher, aussagekräftiger und qualitativ zuverlässiger Informationen zum Börsenaspiranten als zweite Alternative kommt somit zentrale Bedeutung zu, um sämtlichen oder zumindest einer ausreichend großen Anzahl potenzieller Investoren die Möglichkeit zu eröffnen, eine realistische Preisvorstellung zu den angebotenen Titeln zu entwickeln.

[6] Gesetzgeber und Aufsichtsorgane sehen im Emissionsprospekt das zentrale Kommunikationsmedium, um einen adäquaten Informationstransfer vom Emittenten zu potenziellen Investoren zu gewährleisten. Die umfangreichen Auskunftspflichten sind jedoch vornehmlich auf die Vergangenheit und den Status quo bezogen, so dass der Beitrag des Emissionsprospektes zur Schließung der Informationslücke auf Investorenseite sehr begrenzt ist.

Die Aufgabe der gebündelten Informationsbereitstellung haben Gesetzgeber und Börsenträger primär auf den Emissionsprospekt übertragen, der damit als zentrales Dokument des Börsengangs fungieren soll. Aufgrund seiner Ausführlichkeit und Verbindlichkeit stellt der Emissionsprospekt somit einerseits zwar eine solide Ausgangsbasis für den Informationsprozess auf dem Weg zur Preisfindung dar. Insbesondere aufgrund der aus seiner Datenfülle resultierenden Komplexität sowie dem Mangel an zukunftsorientierten Informationen kann dem Emissionsprospekt aber andererseits insgesamt nur begrenztes Potenzial bescheinigt werden, die Informationslücke auf Seiten der Anleger zu schließen. Die Aufgabe der Verdichtung der Informationsfülle zu einer konkreten Preisvorstellung wird vom Emissionsprospekt ebenfalls nicht übernommen.

[7] Die Rahmenbedingungen für die Erstellung von Neuemissionsstudien und anderen Researchleistungen am deutschen Markt für Aktien-Neuemissionen – insbesondere das Fehlen einer *quiet period* und das geringe Haftungsrisiko – eröffnen den Emissionsbanken die Möglichkeit einer alternativen, ergänzenden Informationsversorgung, in deren Mittelpunkt die Herleitung prospektiver Informationen und die anschließende Verdichtung zu konkreten Unternehmenswertempfehlungen stehen. Neuemissionsresearch verfügt hierdurch über erhebliches Problemlösungspotenzial zur Beseitigung bestehender Informationslücken.

Grundlage der Unternehmensbewertung durch Finanzanalysten sind die auf spezifischen Annahmen fußenden Erwartungen hinsichtlich der zukünftigen Ertragsentwicklung einer Gesellschaft. Auf Basis der Unternehmens-Plandaten und Unternehmensauskünfte, der Erkenntnisse aus der *Due Diligence*, historischen Jahresabschlüssen, Branchen- und Marktanalysen, externen Gutachten sowie Informationen über vergleichbare, bereits börsennotierte Wettbewerber (*peer group*), leiten Finanzanalysten mittels diverser analytischer Verfahren ein quantitatives Zukunftsszenario ab und stellen dieses in einem integrierten Geschäftsplanungsmodell, das regelmäßig prospektive Gewinn- und Verlustrechnungen, Bilanzen, Kapitalflussrechnungen sowie eine Investitionsplanung umfasst, dar. Die an den Prognosedaten anknüpfenden Praxisverfahren zur Unternehmensbewertung werden von Vergleichsverfahren (CCA) und Zukunftserfolgswertverfahren – insbesondere in Form des WACC-Ansatzes (DCF-Verfahren) – dominiert. Die vielfach zu beobachtende Betonung bewertungstechnischer Fragen sollte aber nicht dazu führen, „... das eigentliche Kernproblem der Unternehmensbewertung, die Prognose der operativen Überschüsse, zu vernachlässigen. Diese Prognose erfordert eine umfangreiche Informationsbeschaffung und darauf aufbauende vergangenheits-, stichtags- und zukunftsorientierte Unternehmensanalysen, die durch Plausibilitätsüberlegungen im Hinblick auf ihre Konsistenz zu überprüfen sind."[752]

[8] Zentrale Parameter des Preisfindungsprozesses im Rahmen von Börsengängen an den deutschen Markt für Aktien-Neuemissionen werden von den Emissionsbanken aktiv gestaltet.

Im Rahmen der *Pre-Market*-Phase findet ein interaktiver Informationsaustausch zwischen Emittent, Emissionshaus und Investoren statt, in dessen Mittelpunkt die Erarbeitung und der Abgleich von Preisvorstellungen stehen. Die Emissionsbanken schaffen hierfür die erforderliche Informationsbasis, u. a. durch die Erstellung des Emissionsprospektes sowie die von den Analysten angefertigten Neuemissionsstudien bzw. die darin enthaltenen Prognoseszenarien und Unternehmenswertempfehlungen. Die Emissionsbanken verfügen somit über die Chance, durch ein Bündel verschiedenster Maßnahmen aktiv in den Meinungsbildungs- und Preisfindungsprozess eingreifen zu können. Die Bewertungsfunktion des Marktes und der über den Preismechanismus erfolgende Ausgleich von Angebot und Nachfrage werden am Markt für Aktien-Neuemissionen durch alternative Mechanismen ersetzt, die in erheblichem Maße durch die Intermediationsleistungen des Marktorganisators „Emissionsbank" determiniert sind.

---

[752] **Kohl/Schulte** (2000), Ertragswertverfahren, S. 1164.

[9] Trotz des Problemlösungspotenzials bleibt die Qualitätsunsicherheit hinsichtlich der von Emissionsbanken produzierten Informationen bestehen, die durch das Ausmaß der Mängel in der Informationsverteilung (Informationsasymmetrie) und durch das Ausmaß fehlerhafter Informationsproduktion determiniert wird.

Die Tatsache, dass die im Rahmen der Neuemissionsstudien publizierten Informationen nicht der Prospekthaftung unterliegen, schafft grundsätzlich eine günstige Voraussetzung für eine aufgrund von Informationsasymmetrien mögliche opportunistische Informationsgestaltung seitens der Emissionsbanken, vorausgesetzt die zu erwartenden Reputationsverluste stellen keine nachhaltige Gefährdung künftiger Geschäftsmöglichkeiten dar. Marktphasen, während denen das Risiko oder das Ausmaß von Reputationsschäden sehr gering ist bzw. durch erhöhte Ertragsmöglichkeiten kompensiert werden, könnten Emittenten jedoch zum Anlass nehmen, ihre Emissionsaktivitäten zu intensivieren und gleichzeitig eine reduzierte durchschnittliche Emittentenqualität zu akzeptieren. Marktphasen mit generell euphorischem, herdenähnlichem Börsenklima, steigendem Wettbewerbsdruck unter Emissionsbanken und einer abnehmenden Wahrscheinlichkeit, dass Qualitätsmängel von Emittenten (früh) erkannt bzw. transparent werden, schaffen beispielsweise derartige Voraussetzungen. Diese bewussten Informationsverzerrungen können darüber hinaus durch eine unbeabsichtigte, fehlerhafte Informationsproduktion überlagert werden, die z. B. aus der mit der generellen Prognoseunsicherheit bei jungen, innovativen Wachstumsunternehmen einhergehenden Irrtumswahrscheinlichkeit resultiert.

Mangels authentischer Informationen findet nicht nur die Preisfindung am Primärmarkt, sondern auch die Preisbildung und zumindest die frühe Preisentwicklung am Sekundärmarkt auf der Grundlage einer unvollkommenen Informationsstruktur statt. Diese werden somit entscheidend durch die zum Zeitpunkt der Emission vorhandene Informationsstruktur determiniert.[753] In der weiteren Sekundärmarktentwicklung wird dann jedoch ein sukzessiver Anpassungsprozess an neue, authentische Informationen erfolgen. Der Umfang dieser Korrekturen wird davon abhängen, wie stark und wie schnell sich die zum Börsengang kommunizierten Prognosen und Erwartungen als unzutreffend erweisen. Zentrale Informationsmedien wie Emissionsprospekte und Neuemissionsstudien werden deshalb über den reinen Preisfindungsprozess hinaus Wirkung entfalten. Eine weiterführende Analyse unter Einbeziehung der Preisbildung und

---

[753] Vgl. in diesem Sinne **Rapp** (1996), Markt, S. 317.

Preisentwicklung am Sekundärmarkt erscheint vor diesem Hintergrund sinnvoll. Dies ist Thema des folgenden Kapitels.

5 Preisbildung und Preisentwicklung

Die Preisfindung am Markt für Aktien-Neuemissionen wird durch den Prozess der Preisbildung im Zuge des Übergangs vom Primär- zum Sekundärmarkt bzw. vom Emissionskurs zur ersten Kursnotiz abgelöst. Der folgende Abschnitt setzt beim *Underpricing*-Phänomen mit der Feststellung an, dass die Theorie effizienter Kapitalmärkte Situationen nicht zulässt, in denen Unternehmen systematisch Geld verschenken („*leave money on the table*"). Im Rahmen der theoretischen und empirischen Kapitalmarktforschung sind deshalb eine Vielzahl potenzieller Erklärungsansätze zum *Underpricing*-Phänomen entwickelt worden, „... whose main line of attack is the assumption of market perfection and efficiency."[754] Die frühen Versuche, das Phänomen positiver Zeichnungsrenditen[755] in ein Gleichgewichtsmodell auf Basis eines effizienten Primärmarktes zu integrieren, unterstellen implizit, dass Anleger im Falle einer Zuteilung ihre Anteilsscheine im Sekundärmarkthandel zügig wieder veräußern und die Zeichnungsrendite vereinnahmen. Es ist jedoch voreilig, allein aufgrund systematischer Zeichnungsrenditen auf die Existenz des *Underpricing*-Phänomens zu schließen, denn *Underpricing* kann nicht nur entstehen, weil der Emissionskurs zu niedrig gewählt worden ist. Ebenso ist es möglich, „... that the aftermarket is not immediately efficient in valuing newly issued securities ..."[756]

Die Ausdehnung der *Underpricing*-Forschung auf den Sekundärmarkt wurde aber dennoch lange Zeit vernachlässigt.[757] Bei den ersten Untersuchungen der längerfristigen Kursentwicklung von Aktien-Neuemissionen wurden dann aber Hinweise auf eine weitere, im dritten Teil des folgenden Abschnitts diskutierte Anomalie gefunden: das *Underperformance*-Phänomen. Wenn an Märkten für Aktien-Neuemissionen tatsächlich eine systematische *Underperformance* von neuemittierten Aktien zu beobachten ist, so drängt sich eine einfache Handelsstrategie auf: Anleger, die das Glück hatten, eine Zuteilung zu erhalten und damit in den Genuss der Zeichnungsrendite zu kommen, sollten ihre Anteilsscheine

---

754 **Jenkinson/Ljungqvist** (2001), Going Public, S. 41.

755 Zur Berechnungsweise vgl. die Ausführungen im Abschnitt 2.3.2.2.1 der vorliegenden Arbeit.

756 **Aggarwal/Rivoli** (1990), Fads, S. 47.

757 Gemäß **Jenkinson/Ljungqvist** (2001) wurden die ersten Arbeiten zu diesem Thema erst 1991 publiziert. (Vgl. **Jenkinson/Ljungqvist** (2001), Going Public, S. 193). Vgl. hierzu auch **Dark/Carter** (1993), Effects, S. 375.

am Sekundärmarkt möglichst zügig wieder verkaufen.[758] Die Existenz einer derart profitablen Handelsstrategie erschwert Erklärungsversuche auf Basis der Theorie effizienter Märkte: „The very existence of profitable trading rules, which is implied by the systematic long-run underperformance of new equity issues, suggests a potential violation of the informational efficiency of stock markets and thus continues to defy theoretical modelling efforts on the paradigm of rational behavior."[759] Trotz der ungelösten Fragen werden aus den in den folgenden Abschnitten diskutierten Erklärungsansätzen und empirischen Befunden zu den Primärmarkt- und Sekundärmarktentwicklungen von Aktien-Neuemissionen interessante und vielversprechende Anknüpfungspunkte herausgearbeitet, die Ziele, Wirkungsweisen und Effekte des von Finanzanalysten erstellten Neuemissionsresearch in den Kontext der Preisfindung, Preisbildung und Preisentwicklung einbetten. Die aus den zahlreichen Erklärungsansätzen sowie Untersuchungen an verschiedenen Kapitalmärkten und in unterschiedlichen Zeitabschnitten gewonnenen Erkenntnisse können allerdings nur in den Fällen auf den deutschen Markt für Aktien-Neuemissionen – und hier insbesondere auf den ehemaligen Neuen Markt – übertragen werden, in denen keine zeitlichen oder landestypischen/kapitalmarktspezifischen Wirkungsunterschiede der skizzierten Modellzusammenhänge zu vermuten sind.

5.1 Preisbildung und das *Underpricing*-Phänomen

Untersuchungen zum Phänomen einer systematisch positiven Differenz zwischen dem ersten (oder einem späteren) Sekundärmarktkurs und dem Emissionspreis sind zahlreich und längst nicht mehr nur auf den US-amerikanischen Markt für Aktien-Neuemissionen begrenzt.

5.1.1 Empirische Evidenz

5.1.1.1 Ausländische Kapitalmärkte

Das *Going Public* und das Preisverhalten von neuemittierten Aktien ist Gegenstand zahlreicher empirischer Untersuchungen auf beinahe sämtlichen Kapitalmärkten der Welt. Die Übersicht in Tabelle 5.1 fasst die Er-

---

758 In der Literatur haben sich hierfür die Begriffe „*stagging*" und „*flipping*" etabliert: Eine Aktie wird zum Emissionspreis erworben (gezeichnet) und mit Beginn des Sekundärmarkthandels sofort wieder verkauft. Anleger zeichnen „blind" jede Neuemission und „springen" auf diese Weise von IPO zu IPO. Vgl. hierzu **Jenkinson/Ljungqvist** (2001), Going Public, S. 48, oder **Mella** (1985), Hirsche, S. 64.

759 **Jenkinson/Ljungqvist** (2001), Going Public, S. 56.

gebnisse einiger dieser Arbeiten in sechzehn verschiedenen Ländern (ohne Deutschland) exemplarisch zusammen. Dabei wird transparent, dass das *Underpricing* an Märkten für Aktien-Neuemissionen weder ein temporär noch geographisch begrenztes Phänomen ist, vielmehr gilt: „The phenomenon of short-run underpricing of IPOs exists in every country with a stock market, although the amount of underpricing varies from country to country.“[760]

Tab. 5.1: *Underpricing* im internationalen Kontext

Untersuchung		Stichprobengröße	Zeitraum	*Underpricing* (in %)
Australien	Lee/Taylor/Walter (1996)	266	1976 - 1989	16,41
Brasilien	Aggarwal/Leal/Hernandez (1993)	62	1980 - 1990	78,5
Chile	Aggarwal/Leal/Hernandez (1993)	36	1987 - 1990	16,3
Finnland	Keloharju (1993)	80	1984 - 1989	8,7
Großbritannien	Levis (1993)	712	1980 - 1988	14,3
Frankreich	Derrien/Womack (2002)	264	1992 - 1998	13,2
Hongkong	McGuiness (1992)	80	1980 - 1990	17,6
	Dawson (1987)	21	1978 - 1983	13,8
Israel	Kandel/Sarig/Wohl (1999)	28	1993 - 1994	4,5
Japan	Cai/Wie (1997)	180	1971 - 1992	49
	Jenkinson (1990)	48	1986 - 1988	54,7
Kanada	Jog/Riding (1987)	258	1971 - 1992	5,4
Malaysia	Dawson (1987)	21	1978 - 1983	166,6
Mexiko	Aggarwal/Leal/Hernandez (1993)	37	1987 - 1990	33
Schweiz	Kunz (1991)	42	1983 - 1989	35,8
	Bill (1991)	53	1983 - 1988	56,8
Singapur	Koh/Walter (1989)	66	1973 - 1987	27
	Dawson (1987)	39	1978 - 1983	39,4
USA	Bradley/Jordan/Ritter (2003)	1.611	1996 - 2000	37,3
	Aggarwal/Krigman/Womack (2002)	618	1994 - 1999	50,4
	Ritter/Welch (2002)	6.249	1980 - 2001	18,8
	Ibbotson/Ritter/Sindelar (1994)	10.626	1960 - 1992	15,3
	Aggarwal/Rivoli (1990)	1.598	1977 - 1987	10,7
	Ritter (1991)	1.526	1975 - 1984	14,32
	Beatty/Ritter (1986)	1.028	1977 - 1982	21,22
	Chalk/Peavy (1982)	649	1975 - 1982	21,65
	Ibbotson (1975)	120	1960 - 1969	11,4

760 **Loughran/Ritter/Rydqvist** (1994), Initial, S. 166.

Die empirischen Ergebnisse zeigen aber auch regelmäßig Fälle mit exorbitant hohen Zeichnungsrenditen auf. Jenkinson/Ljungqvist (2001) weisen als mögliche Ursache auf systembedingte Faktoren hin, die insbesondere in weniger entwickelten Kapitalmärkten zu Verzerrungen führen könnten: „There are several reasons why emerging market IPOs are so much more underpriced than US or European ones. Political and bureaucratic meddling is one of them ... For instance, prior to the 1988 partial deregulation, Korean firms had to price their shares at book value, while until 1993 Taiwanese offering prices were calculated using a formula based on the price-earnings ratio and other characteristics of three supposedly ‚comparable' firms. Favouritism is another form of political interference that has been rife in many countries, both emerging and developed."[761] Phasen mit exzessivem *Underpricing* bleiben aber nicht auf *Emerging Markets* beschränkt, wie u. a. im Abschnitt 2.3.2.2 der vorliegenden Arbeit am Beispiel des Neuen Marktes gezeigt werden konnte, und so kommen die Autoren zu dem Ergebnis: „While the evidence from some emerging markets and from pre-Recruit Japan could easily be dismissed as the none-too-surprising outcome of corruption or bureaucratic pricing mechanisms almost deliberately designed to obstruct market forces, the same cannot presumably be said of the US or European experience."[762]

5.1.1.2 Deutscher Kapitalmarkt

Am deutschen Markt für Aktien-Neuemissionen ist das *Underpricing*-Phänomen erst seit Ende der achtziger Jahre Gegenstand empirischer Erhebungen. Tabelle 5.2 gibt einen Überblick über relevante Studien zum *Underpricing* auf dem deutschen Kapitalmarkt. Zur korrekten Interpretation der aufgeführten Ergebnisse müssen die in der Übersicht nicht transparent gemachten methodischen Unterschiede – insbesondere die Problematik marktadjustierter versus nicht-adjustierter Renditen – berücksichtigt werden. Unabhängig von diesen individuellen Unterschieden lassen sich aus dem Gesamtbild der bisherigen Arbeiten jedoch Trendaussagen ableiten: (1) Die Ergebnisse zum *Underpricing*-Phänomen am deutschen Markt für Aktien-Neuemissionen fügen sich nahtlos in die Befunde zu anderen internationalen Kapitalmärkten ein, (2) *Underpricing* konnte unabhängig von den betrachteten Zeiträumen festgestellt werden, und (3) die Zeichnungsrenditen von Unternehmen des Neuen Marktes stießen in neue Größenordnungen vor, die selbst im internationalen Ver-

---

[761] **Jenkinson/Ljungqvist** (2001), Going Public, S. 39.
[762] Ebenda, S. 41.

gleich nur selten erreicht worden sind: „In an efficient and perfect market, theory suggests, companies should not ‚leave money on the table', certainly not in such large quantities."[763]

Tab. 5.2: *Underpricing* in Deutschland

Untersuchung	Stichprobengröße	Zeitraum	*Underpricing* (in %)
Mager (2001)	115	1987 - 1998	8,72
Börgmann (2001)	49	1988 - 1990	13,79
Klein/Meyer (2001)	397	1997 - 2000	44,1
Hunger (2001)	262	1997 - 1999	43,7
Sapusek (2000)	142	1983 - 1993	11,49
Schlag/Wodrich (2000)	182	1884 - 1914	4,8
Stehle/Erhardt (1999)	222	1960 - 1995	15,79
Trommer (1998)	170	1983 - 1992	12,3
Ljungqvist (1997)	180	1970 - 1993	9,2
Steib/Mohan (1997)	103	1988 - 1994	6,81
Ehrhardt (1997)	207	1960 - 1993	17,94
Schlick (1997)	186	1977 - 1992	16,52
Rapp (1996)	181	1977 - 1993	11,4
Weinberger (1995)	226	1980 - 1995	11,13
Kaserer/Kempf (1995)	171	1983 - 1992	13,99
Wasserfallen/Wittleder (1994)	92	1961 - 1987	17,58
Hansson/Ljungqvist (1993)	163	1978 - 1991	11,79
Göppl/Sauer (1990)	80	1977 - 1988	15,2
Döhrmann (1990)	83	1983 - 1987	21,21
Uhlir (1989)	97	1977 - 1987	21,46
Wittleder (1989)	92	1961 - 1987	17,58
Dawson/Reiner (1988)	51	1977 - 1985	28,5
Schmidt u.a. (1988)	32	1984 - 1985	20,62
Schwarz (1988)	42	1981 - 1985	32,1
Mella (1988)	31	1986 - 1987	10,6
Mella (1986)	36	1984 - 1986	19,7
Untersuchungen zum Neuen Markt			
Gerke/Fleischer (2001)	319	1997 - 2000	49,98
Klein/Meyer (2001)	304	1997 - 2000	52,2
Brühl/Oei (2001)	263	1999 - 2000	60,18
Löffler (2000a)	118	1997 - 1999	66,8
Wallmeier/Rösl (1999)	51	1997 -1998	72,7

[763] Ebenda, S. 41.

5.1.2 Erklärungsansätze

Angesichts der empirischen Evidenz und der beeindruckenden Größenordnungen positiver Zeichnungsrenditen gehen zahlreiche Forschungsarbeiten der Frage nach: „Why don't issuers get upset about leaving money on the table?"[764] Die überwiegende Anzahl der Modellansätze zum *Underpricing*-Phänomen erklären die Ursache systematisch positiver Emissionsrenditen im Kontext rational handelnder Marktteilnehmer, d. h. in Übereinstimmung mit den theoretischen Grundkonzepten der neoklassischen Kapitalmarkttheorie. Nur wenige Erklärungsansätze interpretieren die positiven Emissionsrenditen hingegen als Folge von Marktineffizienzen. Diese beziehen in ihre Argumentation die Sekundärmarktentwicklung mit ein. Ein weiteres Unterscheidungskriterium der *Underpricing*-Erklärungsansätze besteht darin, ob der jeweilige Erklärungsversuch ein bewusstes (Ex-ante-) *Underpricing*, d. h. einen absichtlichen Preisabschlag vom fairen Wert bei der Emissionspreisfestlegung, oder ein unbewusstes *Underpricing* unterstellt, das lediglich ex post empirisch ermittelt werden kann.[765] Insgesamt lassen sich die zahlreichen Erklärungsansätze nach dem in Abbildung 5.1 dargestellten Schema systematisieren.

5.1.2.1 *Underpricing* aufgrund asymmetrischer Informationsverteilung

Einige der prominentesten Erklärungsansätze zum *Underpricing* versuchen dieses Renditephänomen in ein Finanzmarkt-Gleichgewichtskonzept zu integrieren, indem sie mit der Annahme einer asymmetrischen Informationsverteilung argumentieren: Eine der am IPO beteiligten Parteien verfügt über einen Informationsvorsprung; ein (bewusstes) *Underpricing* seitens der Emittenten ist deshalb notwendig, um die weniger informierte Partei für ihren Informationsnachteil zu kompensieren und das Marktgleichgewicht zu erreichen. Die verschiedenen Modelle entlang dieser Argumentationskette unterscheiden sich im Kern v. a. durch die Gruppe der Akteure, für die jeweils ein Informationsvorsprung unterstellt wird.

---

[764] **Loughran/Ritter** (2002), Issuers, S. 414.

[765] Zur begrifflichen Differenzierung vgl. die Ausführungen im Abschnitt 2.3.2.2.1 der vorliegenden Arbeit.

Abb. 5.1: Systematik der Erklärungsansätze zum *Underpricing*-Phänomen

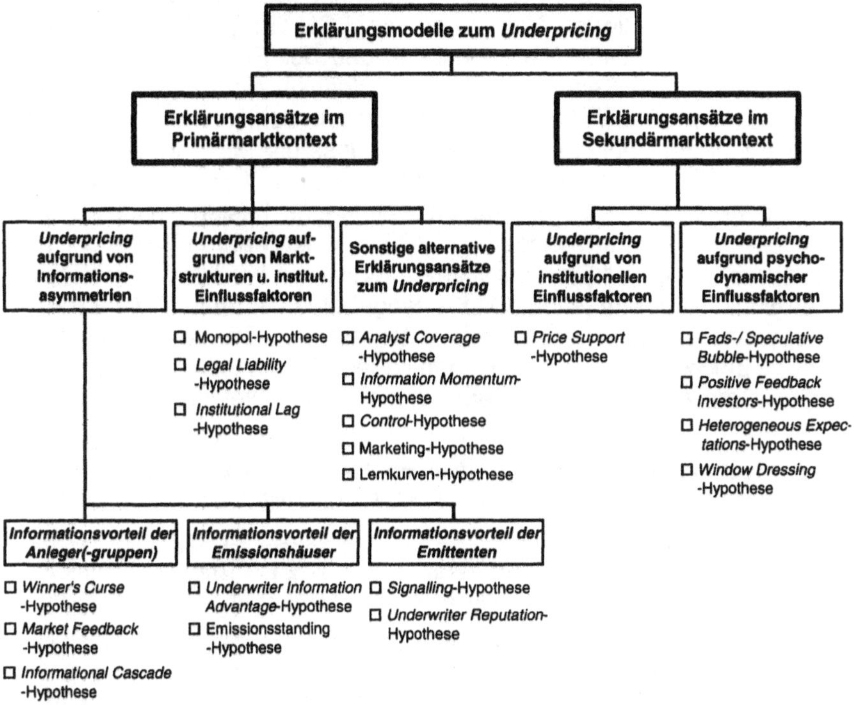

5.1.2.1.1 Informationsvorteile der Anleger (-gruppen)

In dieser Modellkategorie werden Informationsvorteile auf Seiten der Anleger oder ausgewählter Anlegergruppen unterstellt. Der zweite Fall impliziert die Existenz von Informationsasymmetrien innerhalb der Gruppe der Investoren.

5.1.2.1.1.1 *Winner's Curse*-Hypothese

Der wohl bekannteste Erklärungsversuch stammt von Rock (1986)[766], der das *Underpricing* als gleichgewichtiges Ergebnis des sog. „*Winner's Curse Problem*"[767] erklärt. Danach ist eine Gruppe von Anlegern in der

[766] Vgl. **Rock** (1986), New Issues.
[767] Dieser Begriff geht vermutlich auf **Beatty/Ritter** (1986), Investment Banking, zurück und hat sich seitdem in der IPO-Literatur etabliert. Vgl. hierzu z. B. **Levis** (1990), Winner's Curse, S. 76 ff.

Lage, den Wert einer Emission besser zu beurteilen, weil sie z. B. in die Informationsgewinnung investiert[768], um mehr über den Gleichgewichtskurs einer neuemittierten Aktie zu erfahren. Die übrigen Marktteilnehmer, insbesondere auch die Emissionsbank und der Emittent, bleiben ohne diese zusätzlichen Kenntnisse und sind deshalb nicht in der Lage, den „wahren" Wert des Unternehmens beurteilen zu können.[769] Dieser Annahme liegt die Überzeugung zugrunde, dass der Markt insgesamt über bessere Informationen verfügt als jeder einzelne Teilnehmer, inklusive der Emittenten.[770] Die Informationsasymmetrie basiert somit auf dem Problem der Ex-ante-Unsicherheit bezüglich des wahren Werts der neuemittierten Aktien.[771] Die informierten Investoren würden in einer derartigen Situation nur für jene IPOs Kaufangebote unterbreiten, die auf Basis der generierten Informationen als unterbewertet einzustufen wären und positive Zeichnungsrenditen erwarten ließen. Für die uninformierten Investoren würde sich so ein Problem der adversen Selektion einstellen: Bei

---

[768] **Beatty/Ritter** (1986), Investment Banking, haben den Ansatz von **Rock** (1986) modifiziert, indem sie die Möglichkeit einer kostenverursachenden Informationsbeschaffung integrieren.

[769] Emittent und Emissionsbank verfügen über den gleichen Informationsstand. Damit werden *Agency*-Probleme ausgeklammert, d. h. die Bank handelt im Interesse des Emittenten. Vgl. in diesem Sinne **Jenkinson/Ljungqvist** (2001), Going Public, S. 63.

[770] **Rock** (1986) unterstellt zwar, dass der Emittent und die Emissionsbank über bessere bewertungsrelevante Informationen verfügen als jeder individuelle Anleger. Aus einer Gesamtmarktperspektive gilt jedoch, dass diese „... information and expertise are inferior to the pooled talents and knowledge of all the agents. Some individuals may have inside information about a competitor that could have a significant impact upon the firm's product. Others may know better than the firm or the investment banker the appropriate rate to discount the firm's cash flows in the capital market. Indeed, it is almost tautological that the firm and its banker are at a considerable informational disadvantage relative to the market as a whole." (**Rock** (1986), New Issues, S. 190).

[771] **Ibbotson** (1975), Price, hatte bereits in der Ex-ante-Unsicherheit die zentrale Einflussgröße des *Underpricing* vermutet. Im Rahmen seines Modells der Risiko-Hypothese ist die Mehrheit der Investoren uninformiert. Ein bewusstes *Underpricing* ist deshalb notwendig, um diesen Investoren einen Kaufanreiz zu bieten und die Platzierung der Aktien-Neuemission sicherzustellen. Der im *Winner's Curse*-Modell von **Rock** (1986) implizit unterstellte Zusammenhang, dass das *Underpricing* zusammen mit dem Ex-ante-Risiko einer Aktien-Neuemission ansteigen sollte, wurde aber erst von **Beatty/Ritter** (1986) formalisiert und in die wissenschaftliche Diskussion zum *Underpricing*-Phänomen eingeführt. Die Autoren definieren: „... even though on average initial public offerings are underpriced, an investor submitting a purchase order cannot be certain about an offering's value once it starts publicly trading. We call this uncertainty about the value per share ‚ex ante uncertainty'." (**Beatty/Ritter** (1986), Investment Banking, S. 214). Als *Proxy*-Variable zur Messung der Ex-ante-Unsicherheit verwenden die Autoren die Standardabweichung der täglichen Aktienrenditen.

Erstemissionen mit Zeichnungsgewinnen würden sowohl informierte als auch uninformierte Investoren Aktien nachfragen; je niedriger die Ex-ante-Ungewissheit, desto höher wäre dabei die Nachfrage der informierten Anleger nach den Aktien des Börsenneulings. Die Emission wäre überzeichnet, so dass eine Rationierung erfolgen müsste und jede Gruppe nur noch mit einer Quote bedient werden könnte. Im Falle von überbewerteten Aktien hingegen würden nur die uninformierten Investoren Kaufangebote einreichen. Diese Gruppe würde deshalb die gesamte Emission zugeteilt bekommen und somit auch den gesamten Verlust zu tragen haben. Entspräche nun der Emissionskurs im Durchschnitt dem Gleichgewichtskurs, dann erzielten IPOs durchschnittlich gerade die Gleichgewichtsrendite. Die uninformierten Anleger müssten sich jedoch mit einer deutlich geringeren Rendite zufrieden geben, da sie einen überproportional großen Anteil überbewerteter Neuemissionen in ihren Portfolios halten würden.

Unter derartigen Bedingungen würden es die uninformierten Anleger ablehnen, weiterhin Erstemissionen zu zeichnen. Da im Modell von Rock (1986) die Gruppe der informierten Anleger nicht groß genug ist, um die gesamte Emission zu zeichnen, und die Emittenten sowie die Emissionshäuser ebenfalls uninformiert sind, würde der Markt für Aktien-Neuemissionen ohne die Beteiligung der uninformierten Anleger zusammenbrechen. Die Emittenten hätten somit keine Möglichkeit mehr, ihr gesamtes Emissionsvolumen zu platzieren und sind deshalb (im Durchschnitt) dazu bereit, ihren Emissionskurs unter den Gleichgewichtspreis zu setzen. Im Gleichgewicht ist dieses gewollte *Underpricing* dann gerade so groß, dass die durchschnittliche Rendite der uninformierten Investoren der Gleichgewichtsrendite entspricht. Je größer die Ex-ante-Unsicherheit, desto höher muss das *Underpricing* ausfallen.[772] Die informierten Anle-

[772] **Loughran/Ritter** (2002) sehen hierin auch einen möglichen Erklärungsansatz für das Phänomen des „*extreme Underpricing*" während der neunziger Jahre; die Autoren schlagen die „*changing composition*-Hypothese" vor: Wenn der Basiszusammenhang gilt, dass Unternehmen mit höherer Ex-ante-Unsicherheit auch ein höheres *Underpricing* aufweisen, dann könnte die Verschiebung des *Underpricing*-Niveaus durch strukturelle Veränderungen in der Zusammensetzung der Börsenneulinge bedingt sein. **Loughran/Ritter** (2002) untersuchen hierzu die Charakteristika von 6.169 US-amerikanischen IPOs der Jahre 1980 bis 2000 und finden Hinweise auf strukturelle Veränderungen: Der Anteil an Technologieunternehmen beispielsweise stieg im Zeitablauf deutlich an, das Durchschnittsalter der Börsenaspiranten und die Höhe der vor dem Börsengang erzielten Umsätze gingen deutlich zurück, der Anteil der Unternehmen mit Verlusten stieg spürbar an. Insgesamt kommen die Autoren aber zu dem Ergebnis: „Thus, although there have been some changes in the characteristics of firms going public, especially the increase in valuations during the 1990s, the changing composition hypothesis

ger hingegen erzielen Überrenditen, die nach Abzug der Kosten für die Informationsgewinnung aber ebenfalls gerade der Gleichgewichtsrendite entsprechen.

Ein erster Ansatz zur konzeptionellen Kritik am Modell des *Winner's Curse* kommt von Rock (1986) selbst: „It is not immediately clear what advantage accrues to the issuer from uninformed participation. Nor is it clear if any discount is sufficient to attract them to the offering. It is conceivable that reducing the offer price could elicit greater informed demand, exacerbate the bias, and further disadvantage the uninformed."[773] Hinzu kommt die Frage, wie die Emittenten und die Emissionsbank den Emissionspreis festlegen sollen, wenn sie weder den wahren Wert der neuen Titel noch deren Ex-ante-Unsicherheit kennen.[774] Ruud (1993) kritisiert, dass es angesichts der häufigen Überzeichnung von IPOs nicht einleuchtend sei, warum Emittenten *Underpricing* betreiben müssten, um uninformierte Anleger zu gewinnen, und: „Still, even if issuers' desire to attract uninformed participation is taken as given, there is likely to be a free-rider problem among issuers; even if issuers know that IPOs need to be underpriced in the aggregate to attract uninformed investors, no individual issuer would be willing to underprice."[775]

In Rock's Welt gilt: „... underpricing is merely compensation to investors for the costs of becoming informed – doing security analysis and so on. And as might be expected, the greater is the fundamental uncertainty about an issue, the greater is the required compensation to investors for becoming informed."[776] Es stellt sich in diesem Zusammenhang die Frage nach der adäquaten Höhe des *Underpricing* die gerade ausreicht, um informierte Anleger im Markt für Aktien-Neuemissionen zu halten und gleichzeitig die Gleichgewichtssituation sicherzustellen. Da die Anstrengungen zur Erreichung einer superioren Informationsausstattung meist mit höheren Transaktionskosten einhergehen, muss das *Underpricing* diese Kosten kompensieren[777] und wenigstens das Renditeniveau einer alternativen Anlage erreichen. Gleichzeitig gilt die Bedingung, dass das *Underpricing* umso größer ausfallen muss, je höher die Ex-ante-Unsicherheit hinsichtlich des späteren Sekundärmarktpreises des Unterneh-

---

can explain only a small part of the increase in underpricing." (**Loughran/Ritter** (2002), Underpricing, S. 2).

[773] **Rock** (1986), New Issues, S. 188 f.

[774] Vgl. in diesem Sinne **Hunger** (2001), IPO-Underpricing, S. 100.

[775] **Ruud** (1993), Underwriter, S. 137.

[776] **Ritter** (1984), Hot Issue, S. 220.

[777] Vgl. in diesem Sinne **Uhlir** (1989), Gang, S. 6.

mens bzw. je heterogener die Informationsverteilung unter den Anlegern ist. Jenkinson/Ljungqvist (2001) stellen die provokante Frage: „How realistic is the assumption that issuers must pay for the uninformed investors' participation in an offering? If, as Rock asserts, the resources of the informed are limited, the uninformed could simply invest through the informed investors, in exchange for a fee, to avoid the mistake of subscribing to overpriced issues ... This is one of the reasons why investment funds exist in the first place: there are economies of scale in becoming informed."[778] Im Kontext der Ergebnisse zum Neuen Markt muss auch angezweifelt werden, ob die höheren Informationskosten der informierten Investoren am Neuen Markt und die Ex-ante-Unsicherheit der IPO-Kandidaten das im Rahmen dieser Arbeit ermittelte durchschnittliche *Underpricing* von 48,8 % rechtfertigen können. Warum das *Underpricing* am Neuen Markt trotz der höheren Transparenz-/Informationsanforderungen zudem deutlich höher ist als an anderen Börsensegmenten, ist zunächst ebenfalls nicht einleuchtend.[779]

Neben diesen konzeptionellen Bedenken leidet das Modell von Rock (1986) auch unter Problemen der empirischen Überprüfbarkeit. Die empirische Bestätigung verlangt, dass die Rendite der uninformierten Investoren, multipliziert mit der Wahrscheinlichkeit für eine Zuteilung, der risikolosen Rendite entsprechen muss.[780] Daten über Rationierung und Zuteilung von Aktien-Neuemissionen sowie die Informationsverteilung unter den Investoren bzw. deren Informationskosten sind aber meist nicht erhältlich. Eine direkte empirische Überprüfung der Rock'schen These ist deshalb kaum durchführbar. Eine der wenigen Versuche stellen die Untersuchungen von Michaely/Shaw (1994), Keloharju (1993), Levis (1990) sowie Koh/Walter (1989) dar, die für die USA, Finnland, Großbritannien und Singapur Hinweise auf die Existenz des *Winner's Curse Problem* finden.[781] Koh/Walter (1989) beispielsweise untersuchen 66 IPOs der Jahre 1973 bis 1987 in Singapur und ermitteln eine durchschnittliche Zeich-

---

[778] **Jenkinson/Ljungqvist** (2001), Going Public, S. 73.

[779] Vgl. in diesem Sinne **Hunger** (2001), IPO-Underpricing, S. 157 ff. Der Autor ermittelt für 262 Börsengänge zwischen 1997 bis 1999 folgende durchschnittliche Emissionsrenditen: 12,05 % für 49 IPOs im Amtlichen Handel, 26,60 % für 25 IPOs im Geregelten Markt, 42,80 % für 21 IPOs im Freiverkehr und 55,66 % für 167 IPOs im Neuen Markt. **Schlick** (1997) führt in diesem Zusammenhang auch die Beobachtung an, dass das *Underpricing* in Abhängigkeit der Titelkategorie – Stamm- oder Vorzugsaktien – unterschiedlich hoch ausfallen würde. (Vgl. **Schlick** (1997), Going Public, S. 161).

[780] Vgl. **Rock** (1986), New Issues, S. 205.

[781] Vgl. **Michaely/Shaw** (1994), Pricing, **Keloharju** (1993), Winner's Curse, **Levis** (1990), Winner's Curse, und **Koh/Walter** (1989), Direct Test.

nungsrendite von 27 %. Uninformierte Anleger[782] konnten diese Rendite aufgrund einer überproportional hohen Zuteilung von Aktien-Neuemissionen mit negativen Zeichnungsgewinnen nicht realisieren, denn „... the chance of an allocation in overpriced issues is more than three times the chance of an allocation in underpriced issues."[783] Unter Berücksichtigung der Zuteilungswahrscheinlichkeiten verbleiben den uninformierten Anlegern nur noch Renditen, die sich im Durchschnitt nicht signifikant vom risikolosen Zins unterscheiden. Keloharju (1993) ermittelt für 80 finnische IPOs der Jahre 1984 bis 1989 ein durchschnittliches *Underpricing* von 8,7 %. Die Beobachtung, dass die mit der Zuteilungsquote gewichteten Zeichnungsrenditen in Abhängigkeit von der Größe der Zeichnungsorder zwischen -5,3 % und 5,1 % schwanken, bestätigt nach Meinung des Autors „... the presence of the winner's curse: average returns adjusted for the bias in allocation are lower than average unadjusted returns."[784]

Der Zusammenhang zwischen *Underpricing* und Ex-ante-Unsicherheit bezüglich des wahren Unternehmenswerts kann nur auf Basis von Ersatzgrößen bzw. *Proxy*-Variablen geschätzt werden.[785] Zahlreiche Studien widmen sich diesem Thema und finden Hinweise, welche die von Beatty/Ritter (1986) vertretene These stützen.[786] In seiner Untersuchung zum deutschen Markt für Aktien-Neuemissionen verwendet Uhlir (1989) die Standardabweichung der täglichen, indexbereinigten Aktienrenditen auf dem Sekundärmarkt als Indikator der Ex-ante-Ungewissheit und findet einen signifikanten Zusammenhang zwischen *Underpricing* und Kurs-

---

782 Die Autoren charakterisieren das Anlageverhalten uninformierter Investoren durch die Unterstellung einer rein mechanischen Strategie, nach der bei jedem IPO eine feste Anzahl an Aktien gezeichnet wird.

783 **Koh/Walter** (1989), Direct Test, S. 256.

784 **Keloharju** (1993), Winner's Curse, S. 251.

785 Als Indikatoren werden hierfür regelmäßig Unternehmenscharakteristika bzw. Jahresabschlussinformationen wie z. B. die Höhe des Umsatzes, das Unternehmensalter oder die Höhe des Grundkapitals herangezogen. Daneben werden aber auch Marktdaten wie z. B. die Aktienkursvolatilität am Sekundärmarkt zugrundegelegt. Für eine Übersicht vgl. **Jenkinson/Ljungqvist** (2001), Going Public, S. 70 f. Problematisch ist hierbei jedoch, dass nicht alle Indikatoren als Maß für das Ex-ante-Risiko geeignet erscheinen: „Using company characteristics such as age or turnover to measure ex ante uncertainty therefore ignores the information production that takes place in the IPO market. Conversely, using after-market variables such as trading volume or volatility would rely on information that was not in fact available at the time of the IPO." (**Jenkinson/Ljungqvist** (2001), Going Public, S. 69). In verschiedenen Untersuchungen wird auch der von den Alteigentümern nach dem Börsengang gehaltene Anteil am Unternehmen als Risikoindikator herangezogen. Vgl. hierzu z. B. **Gale/Stiglitz** (1989), Information, oder **Grinblatt/Hwang** (1989), Signalling.

786 Für eine Übersicht vgl. **Jenkinson/Ljungqvist** (2001), Going Public, S. 70 f.

volatilität.[787] Auch Wasserfallen/Wittleder (1994) bestätigen dieses Ergebnis,[788] Schlick (1997) hingegen konnte in seiner Untersuchung keinen Zusammenhang entdecken.[789]

5.1.2.1.1.2 *Market Feedback*-Hypothese

Auch Benveniste/Spindt (1989) unterscheiden in ihrem Erklärungsansatz zwischen informierten und uninformierten Anlegern.[790] Dabei wird jedoch ein zentraler Informationsvorsprung auf Seiten der Anleger aus dem Umstand hergeleitet, dass nur diese ihre eigene Nachfrage nach den neuen Aktien kennen. Um den angemessenen Wert der neuen Titel bestimmen zu können, müssen Emissionshaus und Emittent das Anlegerinteresse korrekt antizipieren. Das Problem hierbei ist „... that investors have no incentive to reveal positive information before the stock is sold. By keeping such information to themselves until after the offering, investors can expect to benefit; they would pay a low initial price for the stock and then could sell it at the full information price in the postoffering market."[791] Anleger haben aber u. U. nicht nur Anreize, ihre private Information zurückzuhalten, sondern statt dessen verzerrte Information weiterzugeben, um Emittenten und Emissionshäuser zu einem möglichst hohen Preisabschlag zu veranlassen.[792] Die Herausforderung für Emissionshäuser be-

---

787 Vgl. **Uhlir** (1989), Gang.

788 **Wasserfallen/Wittleder** (1997) untersuchen auch Jahresabschlussdaten und Unternehmenskennzahlen (Unternehmensalter, Umsatz, Buchwert, Emissionsvolumen, *Cash-flow*-Umsatz-Verhältnis, *Cash-flow*-Fremdkapital-Verhältnis, Gesamtkapitalrendite) als *Proxy* für das Ex-ante-Risiko. Bezüglich des Erklärungsgehalts für das beobachtete *Underpricing* kommen die Autoren dabei aber zu dem Ergebnis: „The other proxies generally have the expected negative influence but statistical significance is lacking." (**Wasserfallen/Wittleder** (1997), Pricing, S. 1512). **Löffler** (2000b), Investorenunsicherhiet, schlägt als weitere Ersatzgrößen in einer Untersuchung zum deutschen Kapitalmarkt die *Proxy*-Variablen „Höhe der *Bookbuilding*-Spanne" und „Marktsegment" vor. Die empirische Analyse von 91 deutschen Neuemissionen aus den Jahren 1995 bis 1998 bescheinigt diesen Größen jedoch ebenfalls nur eingeschränkte Aussagekraft bezüglich des Ex-ante-Risikos einer Aktien-Neuemission.

789 Der Autor schränkt aber ein: „Jedoch kann das Modell von Rock noch nicht mit letzter Sicherheit zurückgewiesen werden, denn die fehlende Erklärungskraft könnte auch eine Folge davon sein, dass die gewählten Indikatoren keine hinreichende Approximation der nicht direkt beobachtbaren Größe ex-ante-Unsicherheit darstellen." (**Schlick** (1997), Going Public, S. 160).

790 Vgl. **Benveniste/Spindt** (1989), Offer Price.

791 Ebenda, S. 344. Diese Idee setzt allerdings einen informationseffizienten Markt voraus, d. h. in den Sekundärmarktkursen spiegeln sich sämtliche verfügbaren Informationen wider.

792 Vgl. in diesem Sinne **Jenkinson/Ljungqvist** (2001), Going Public, S. 90.

steht deshalb darin, einen Mechanismus zu installieren der Anleger dazu veranlasst, ihre private Information wahrheitsgemäß offen zu legen.

Benveniste/Spindt (1989) zeigen, dass das *Bookbuilding*-Verfahren unter bestimmten Bedingungen eine geeignete Lösung zur Erschließung privater Informationen darstellen kann. Dabei werden zunächst die Indikationen potenzieller Investoren bezüglich ihres Zeichnungsinteresses zusammengetragen. Um eine wahrheitsgemäße Auskunft sicherzustellen, bieten die Emissionsbanken „... a stick and a carrot. The stick is that any investor who claims that her jigsaw looks unfavourable is allocated no or only very few shares. This mitigates the incentive to misrepresent positive information. The carrot is that any investor who claims her jigsaw piece looks favourable (for instance via an aggressive indication of interest, such as bidding for a large quantity at a high price) is rewarded with a disproportionately high allocation of shares. Taken together, the stick and the carrot can ensure that an investor is never better off claiming bad news when the news is in fact good."[793] Um die Funktionsweise dieses Mechanismus sicherzustellen, nimmt das Emissionshaus einen Bewertungsabschlag vom fairen Wert der neuen Aktien vor. Die Anzahl der erhaltenen Aktien multipliziert mit dem Bewertungsabschlag je Aktie entspricht somit der monetären Entschädigung, die ein Anleger für die Offenlegung seiner privaten Information erhält. „If the underwriter is doing his job well, each investor's reward will just reflect the marginal value of her private information. It follows that underpricing increases in the marginal value of private information."[794]

Die Konsortialbanken erhalten während der Marketingphase zum Börsengang ein *feedback*, d. h. sie gewinnen zusätzliche Informationen über das Nachfrageverhalten der Anleger und reagieren darauf mit partiellen Anpassungen von Emissionspreis und/oder Emissionsvolumen. Eine positive private Meinung über die Zukunft des Emittenten zeigt sich in einem erhöhten Interesse der Anleger an den neuen Titeln und umge-

---

[793] Ebenda, S. 91. Die Autoren machen in diesem Zusammenhang auf den Vorteil von Emissionsbanken mit entsprechendem Emissionsstanding aufmerksam: Durch die regelmäßige und kontinuierliche Begleitung von Börsengängen verfügen diese Finanzinstitute über ein enges Netzwerk zu (institutionellen) Investoren. Die daraus resultierende Platzierungskraft erleichtert den Zugang zu Investoren und eröffnet damit auch die Möglichkeit, einfacher und günstiger an deren private Informationen zu gelangen, was ein geringeres *Underpricing* impliziert. **Hanley/ Wilhelm** (1995) finden z. B. Hinweise darauf, dass Investmentbanken bei der Verteilung von neuen Aktien ihre regelmäßigen (institutionellen) Kunden bevorzugen. (Vgl. **Hanley/Wilhelm** (1995), Evidence).

[794] Ebenda, S. 91.

kehrt. Erst das bewusste *Underpricing* schafft dabei den notwendigen Anreiz, um die informierten Anleger zur Bekanntgabe ihrer privaten Information über das emittierende Unternehmen zu veranlassen. Die Informationseffizienz im Markt für Aktien-Neuemissionen wird durch diesen Prozess gleichzeitig verbessert. Hierdurch kann nicht nur das Platzierungsrisiko[795] gesenkt, sondern insgesamt auch das durchschnittliche *Underpricing* reduziert und damit der Gesamterlös erhöht werden, obwohl Emittenten freiwillig und bewusst „Geld verschenken“: „In other words, successful book-building is unlikely to eliminate underpricing altogether, but it can reduce it relative to what it would have been in the absence of information acquisition.“[796] Ein Effizienzverlust resultiert allerdings aus dem Umstand, dass in den meisten Märkten für Aktien-Neuemissionen Regelungen gelten, die Preis- und/oder Zuteilungsdiskriminierungen verhindern bzw. zumindest einschränken. Dadurch werden Prozesse weitestgehend verhindert, in denen jene Anleger, die den größten Beitrag zur Informationsgewinnung leisten, auch den größten Vorteil aus der Transaktion ziehen können.[797]

Zur empirischen Überprüfung der *Market Feedback*-Hypothese auf Basis des Modellansatzes von Benveniste/Spindt (1989) wurden in den vergangenen Jahren zahlreiche Untersuchungen – meist im Zusammenhang mit der Forschung zum *Bookbuilding*-Verfahren – vorgenommen. Problematisch für einen direkten Test des Benveniste-Spindt-Modells ist insbesondere, dass hierfür Daten zu Preis und Volumen, die jeder einzelne Investor während der *Pre-Market*-Phase geboten hat, benötigt werden. Diese Informationen werden aber üblicherweise von den Emissionsbanken vertraulich behandelt. Die Gültigkeit des Modells ist deshalb v. a. indirekt auf Basis implizit unterstellter Zusammenhänge getestet worden. So sollten z. B. Neuemissionen, für die im *Pre-Market* durch entsprechende Nachfrage seitens der Anleger positive Informationen transparent geworden sind, am oberen Ende der ursprünglichen *Bookbuilding*-Preisspanne oder sogar darüber emittiert werden, und vice versa. Die Preisanpassung an den *„full information“*-Preis erfolgt jedoch nicht vollständig, um die informierten Anleger für die wahrheitsgemäße Offenlegung ihrer Informationen per *Underpricing* adäquat zu kompensieren. Dabei besteht

---

[795] Üblicherweise gibt das Emissionskonsortium dem Emittenten eine Übernahmegarantie. Damit liegt das Absatzrisiko für die zu platzierenden Aktien vollständig bei den Instituten des Übernahmekonsortiums. Im Rahmen eines Begebungskonsortiums hingegen treten die Finanzinstitute nur als Kommissionäre auf. Vgl. hierzu auch die Ausführungen im Abschnitt 4.1 der vorliegenden Arbeit.

[796] **Jenkinson/Ljungqvist** (2001), Going Public, S. 92.

[797] Vgl. hierzu die Arbeit von **Benveniste/Wilhelm** (1990), Comparative.

ein positiver Zusammenhang zwischen dem registrierten Interesse und dem *Underpricing*: Je höher das Interesse – der neue Titel wird entsprechend am oberen Ende der ursprünglichen Preisbandbreite emittiert – desto höher ist auch die Emissionsrendite.

Hanley (1993)[798] untersucht 1.430 IPOs am US-Kapitalmarkt der Jahre 1983 bis 1987 und findet empirische Belege für die Gültigkeit dieses als *„partial adjustment phenomenon"*[799] bekannten Zusammenhangs, und auch Ritter/Welch (2002) kommen zu dem Ergebnis: „When the offer price exceeds the maximum of the original file price range, the average underpricing of 53 percent is significantly above the 12 percent for IPOs priced within their filing range, or the 3 percent for IPOs adjusting their offer price downward."[800] Ibbotson/Sindelar/Ritter (1988) sprechen deshalb folgende Handlungsempfehlung an Anleger aus: „... when investment bankers find unanticipatedly strong or weak demand, they adjust the offering price, but only partially. If they adjust the offering price up, it is because they have found exceptionally strong demand. But since they only adjust partially, there seems to be an extremely high probability of a positive initial return when the offering price is increased from the range indicated in the preliminary prospectus. Similarly, if the offering price is lowered, it is very likely that there will be a low or even negative initial return. Thus, we recommend that investors pay attention to the direction of the price change in deciding whether or not to submit a purchase order."[801]

Jegadeesh/Weinstein/Welch (1993) gehen ebenfalls davon aus, dass der Markt in seiner Gesamtheit besser informiert ist als die Emittenten, folgen aber einer anderen Interpretationsweise der *Market Feedback*-Hypothese, die auch die frühe Sekundärmarktentwicklung miteinbezieht: „... a high return on the IPO date implies that the issuer has underestimated the marginal return to the project. The issuer uses this information and increases the scale of the project by raising additional capital through seasoned offerings."[802] Die Börsenneulinge erhalten nach diesem Verständnis durch die ersten Sekundärmarktkurse wichtige Informationen hinsichtlich der korrekten Bewertung ihrer Unternehmensanteile und richten danach ihre weitere Strategie aus. Zur Überprüfung dieser Hypothese untersuchen die Autoren 1.985 US-amerikanische IPOs der Jahre 1980

[798] Vgl. **Hanley** (1993), Underpricing.
[799] Der Begriff geht vermutlich auf **Ibbotson/Sindelar/Ritter** (1988), Initial, zurück.
[800] **Ritter/Welch** (2002), Review, S. 1805.
[801] **Ibbotson/Sindelar/Ritter** (1988), Initial, S. 45.
[802] **Jegadeesh/Weinstein/Welch** (1993), Empirical, S. 154.

bis 1986. Sie finden hierbei einen signifikant positiven Zusammenhang zwischen der Kursentwicklung während der ersten 20 Tage nach dem Börsengang und der Wahrscheinlichkeit einer weiteren Kapitalmaßnahme („*seasoned equity offering*") innerhalb der folgenden drei Jahre sowie dem Volumen dieser Transaktion.

Trotz der Problematik einer nur indirekt empirischen Überprüfbarkeit gehen aus den verschiedenen Untersuchungen und Erweiterungen zum Ursprungsmodell von Benveniste/Spindt (1989) zahlreiche Hinweise auf die Gültigkeit der unterstellten Zusammenhänge hervor. Deshalb kommen z. B. Jenkinson/Ljungqvist (2001) zu dem Ergebnis: „The wealth of recent evidence in support of the Benveniste-Spindt model suggests that price finding and information production are among the most important functions that IPO underwriters perform."[803]

5.1.2.1.1.3 *Informational Cascade*-Hypothese

Wenn die neuen Anteilsscheine in einem sequentiellen Prozess verkauft werden, dann können nach Welch (1992) im Prozess der Platzierung von Aktien-Neuemissionen sog. „Kaskadeneffekte" entstehen, da Anleger über die Möglichkeit verfügen, das Verhalten anderer (früherer) Anleger in ihren Entscheidungsprozess mit einzubeziehen: „Hence, investors approached after some time can infer information from investors who were approached earlier. An individual investor can interpret a successful initial sales effort to imply that earlier investors had favorable information about the offering, in turn giving him additional incentive to invest. Analogously, slow initial sales discourage subsequent investing. This conditioning of information on the decisions of earlier investors is a positive information externality."[804] Hat ein Anleger demnach den Eindruck, dass sein Interesse an einer neuen Aktie von den „früheren" Investoren nicht geteilt wird, dann wird auch er tendenziell von einer Zeichnung absehen und zwar unabhängig davon, ob seine privaten Informationen einen Kauf nahe legen würden. Lässt sich aus dem Verhalten der Vorgänger hingegen eine besonders hohe Nachfrage ablesen, dann werden sich weitere Anleger zu einer Zeichnung verleiten lassen.[805] „As a result, offering pro-

---

[803] **Jenkinson/Ljungqvist** (2001), Going Public, S. 107.

[804] **Welch** (1992), Sequential, S. 696.

[805] Dies gilt nach **Bikhchandani/Hirshleifer/Welch** (1992) insbesondere dann, wenn unter den Vorgängern auch sog. „*fashion leader*" enthalten waren, d. h. Marktteilnehmer, denen Expertenstatus und damit ein höherer Grad der Informiertheit zugesprochen wird: „If an experienced individual acts first, others frequently imitate. The prediction that a low-precision individual imitates a higher-precision prede-

ceeds depend on the ordering of information among investors. Holding aggregate information constant, if early investors are favourably inclined, an issuer will in general receive more proceeds."[806] Selbst wenn die Gesamtheit der Investoren über perfekte Information verfügt, kann der von einem individuellen Investor als fair erachtete Wert im Kaskadenmodell von Welch (1992) markant vom ersten Preis am Sekundärmarkt abweichen. „Given that one individual finds it in his best interest to ignore private information ... and instead relies completely on the information inferred from previous sales in his purchasing decision, all subsequent investors will face the same decision and act alike. As a consequence, if a few early investors believe that the offering is overpriced, they can swamp the information held by all other investors and doom the offering to fail. Or, if a few early investors believe that the offering is a bargain, they can create almost unlimited demand for this issue. I shall refer to this phenomenon as the ‚cascade' effect."[807]

Voraussetzung derartiger Kaskadeneffekte ist die Annahme, dass die Kommunikation bzw. die Weitergabe von Information zwischen den individuellen Anlegern beschränkt ist, d. h. bestenfalls innerhalb von Segmenten stattfindet. „Spätere" Investoren können sich deshalb nicht die gesamte Information ihrer Vorgänger aneignen, sondern lediglich deren Kaufverhalten beobachten.[808] Wenn der Erfolg oder Misserfolg einer

cessor is consistent with the evidence of numerous psychological experiments demonstrating that a subject's previous failure in a task raises the probability that in further trials he will imitate a model performing the task ..." (**Bikhchandani/Hirshleifer/Welch** (1992), Theory, S. 1002).

806 **Welch** (1992), Sequential, S. 696.

807 Ebenda, S. 696. **Bikhchandani/Hirshleifer/Welch** (1992), definieren: „An informational cascade occurs when it is optimal for an individual, having observed the actions of those ahead of him, to follow the behavior of the preceding individual without regard to his own information." (**Bikhchandani/Hirshleifer/Welch** (1992), Theory, S. 992). Derartige Kaskadeneffekte entsprechen deshalb Prozessen sozialen Lernens. Die Autoren formulieren allgemein: „We will call influence resulting from rational processing of information gained by observing others *observational learning* or *social learning*." (**Bikhchandani/Hirshleifer/Welch** (1998), Learning, S. 153). Wenn die Erlangung privater Informationen mit (erheblichen) Kosten verbunden ist, kann nach Meinung der Autoren u. U. sogar die ausschließliche Orientierung am Verhalten der anderen Marktteilnehmer rational sein.

808 **Bikhchandani/Hirshleifer/Welch** (1998) unterscheiden zwischen „*observable actions*" und „*observable signals*": „We consider two scenarios. In both, each individual starts with some private information, obtains some information from predecessors, and then decides on a particular action. In the *observable actions* scenario, individuals can observe the actions but not the signals of their predeccessors." (**Bikhchandani/Hirshleifer/Welch** (1998), Learning, S. 153). In einem *observable-signals*-Szenario sind die Informationssignale der individuellen Marktteil-

Aktien-Neuemission vom Anlageverhalten der ersten Investoren abhängt, dann muss sich die *Pricing*-Entscheidung des Emittenten und seiner Emissionsbegleiter v. a. darauf konzentrieren, diese „frühen" Anleger zu überzeugen, um einen positiven Kaskadeneffekt/-prozess auszulösen. Ein bewusster Preisabschlag vom fairen Wert stellt im Modell von Welch (1992) deshalb eine sinnvolle strategische Alternative dar, um eine „Zeichnungskaskade" auszulösen. Das erforderliche *Underpricing* steigt zwar mit der Ex-ante-Unsicherheit der Aktien-Neuemission an, fällt aber in dem Kaskaden-Szenario mit dem Ausmaß, in dem der Informationsaustausch zwischen den Anlegern begrenzt ist: „*Therefore, the issuer has an incentive to prevent communication.*"[809] Welch (1992) erklärt mit seinem Kaskadenmodell sowohl die Existenz des *Underpricing* als auch des „*Overpricing*"[810]: „... it cannot be concluded that in the limit (for arbitrarily many, competitive investors with heterogeneous information), a well-informed market aggregates information well. An efficient market does not prevent offering failure given underpricing, or guarantee offering failure given overpricing ... A second important observation is that if the aftermarket price perfectly aggregates information, successful offerings cannot only be underpriced, but can also be overpriced relative to the aftermarket price."[811]

Das von Welch (1992) vorgeschlagene Kaskadenmodell auf Basis eines sequentiellen Verkaufsprozesses von Aktien-Neuemissionen ist stark vereinfacht und idealisiert. Das Auftreten von Kaskadeneffekten hängt insbesondere von zwei Annahmen über das Verhalten von Anlegern ab: Zum einen findet nur ein begrenzter Informationsaustausch zwischen den Anlegern statt, zum anderen messen die Anleger dem Kaufverhalten der „früheren" Investoren höheres Gewicht bei als ihren eigenen privaten Informationen und imitieren letztlich das Verhalten ihrer Vorgänger. Ob diese Annahmen einem Realitätstest standhalten bleibt fraglich. Die der Erstnotierung vorangehenden typischen Marketingmaßnahmen der Emit-

---

nehmer öffentlich und werden im Zeitablauf akkumuliert, so dass darauf basierende ökonomische Entscheidungen optimiert werden. **Bikhchandani/Hirshleifer/Welch** (1998) zeigen, dass Entscheidungen, die in *observable-actions*-Szenarien getroffen werden, hingegen zu suboptimalen Ergebnissen führen können: „Furthermore, behavior is idiosyncratic, in the sense that the error-prone choices of a few early individuals determine the choices of all successors." (**Bikhchandani/Hirshleifer/Welch** (1998), Learning, S. 154).

809 **Welch** (1992), Sequential, S. 711.

810 *Overpricing* bezeichnet die zum *Underpricing* spiegelbildliche Beobachtung unter dem Emissionspreis liegender erster Sekundärmarktpreise von Aktien-Neuemissionen bzw. negativer Emissionsrenditen.

811 **Welch** (1992), Sequential, S. 707.

tenten, ihrer Emissionsbegleiter und die hierdurch ausgelösten Informations(austausch)prozesse werden im Modell von Welch (1992) beispielsweise nicht berücksichtigt. Börsengänge werden zudem üblicherweise von erheblichen Medienaktivitäten und einer entsprechenden Aufmerksamkeit der Öffentlichkeit begleitet. Im Vorfeld und während der ersten Wochen nach dem Börsengang findet auf diese Weise meist ein intensiver Austausch von Meinungen und Informationen statt.

Bikhchandani/Hirshleifer/Welch (1998) weisen zudem daraufhin, dass ein Kaskadenprozess äußerst fragil ist und durch diverse Schocks „... for example, the arrival of better informed individuals, the release of new public information, and shifts in the underlying value of adoption versus rejection ..."[812] unterbrochen werden kann. „*Fashion leader*" wie Branchenexperten oder institutionelle Anleger mit effizienterem Zugang zu qualitativ hochwertigen Informationen werden sich regelmäßig v. a. auf ihre eigene, private Information verlassen und so Kaskadenprozesse nicht nur unterbrechen, sondern u. U. sogar umkehren. Somit resultiert „... a broad parallel between cascades models and models of nonlinear dynamics (chaos theory) in that small differences in initial conditions/ realizations can make a large difference for later outcomes."[813] Zusätzliche Unsicherheit resultiert aus der *Pricing*-Ungewissheit, d. h. des Ex-ante-Risikos bezüglich des fairen Werts der neuen Anteilsscheine. Welches Ausmaß an *Underpricing* angesichts der kaum kalkulierbaren Erfolgsaussichten dieser Maßnahme deshalb strategisch sinnvoll ist, bleibt somit offen.

Herdenverhalten von Anlegern ist aber ein anerkanntes massenpsychologisches Phänomen in der sozialwissenschaftlichen Literatur.[814] Börsenneulinge zeichnen sich zudem üblicherweise durch ein nur begrenztes Angebot an öffentlich verfügbaren Informationen bzw. Erfahrungswerten aus. Die Orientierung insbesondere privater Anleger am Verhalten der übrigen potenziellen Investoren mangels verlässlicher privater Information erscheint deshalb intuitiv einleuchtend. Dass der Meinung von *fashion leader* hierbei besonderes Gewicht zukommt, ist ebenfalls nachvollziehbar. Vor diesem Hintergrund lässt sich die Strategie der Emittenten und ihrer Emissionsbanken begründen, durch ein Bündel geeigneter

---

[812] **Bikhchandani/Hirshleifer/Welch** (1998), Learning, S. 157.

[813] Ebenda, S. 168.

[814] Für Anwendungsbeispiele und Interpretationen im ökonomischen Kontext siehe z. B. **Bikhchandani/Hirshleifer/Welch** (1998), Learning, oder **Bikhchandani/Hirshleifer/Welch** (1992), Theory.

Maßnahmen insbesondere die Meinungsführer unter den Investoren zu überzeugen, um Impulse für eine Zeichnungskaskade zu setzen.

5.1.2.1.2 Informationsvorteil der Emissionshäuser

Die aus der regelmäßigen Durchführung von Börsengängen und anderen Kapitalmarkttransaktionen resultierenden Erfahrungen können – neben weiteren Gründen – einen Informationsvorsprung seitens der Emissionsbanken begründen. Daraus resultieren *Principal-Agent*-Konflikte im Verhältnis zu den Emittenten[815], die zusätzliche Variablen im *Underpricing*-Kontext darstellen.

5.1.2.1.2.1 *Underwriter Information Advantage*-Hypothese

Unter der Annahme eines Informationsvorsprungs haben Emissionshäuser einen Anreiz, den Emissionspreis unter dem geschätzten Gleichgewichtspreis anzusetzen „... to ensure that the entire issue sells at the predetermined price."[816] Ibbotson/Sindelar/Ritter (1988) knüpfen die Bereitschaft der Emittenten, die Reduzierung des ihnen zufließenden Emissionserlöses zu akzeptieren, ganz allgemein an deren Informationsnachteil im Verhältnis zur Emissionsbank: „Because of its information advantage, the underwriter may be able to convince the issuer that a relatively low price is appropriate if the issuer is unable to ascertain its own underlying value."[817] Zwar unterliegt das *Underpricing* Schranken, wenn das Emissionshaus seine Reputation nicht gefährden und seine Provision maximieren will.[818] Doch Baron (1982) zeigt, dass die *Principal-Agent*-Beziehung zwischen Emittent und Emissionsbank bei Informationsasymmetrie – und fehlenden Überwachungsmöglichkeiten – zu einem Emissionserlös führen kann, der unter dem bei symmetrisch verteilten Informationen liegt.[819] Allgemein kann der Zusammenhang unterstellt werden: „The more uncertain the value of the firm, the greater the asymmetry of information between issuer and underwriter, and thus the more valuable the latter's services become, resulting in greater underpricing."[820]

---

815 Vgl. hierzu auch die Ausführungen in den Abschnitten 3.2.4.4 und 4.2.2.2 der vorliegenden Arbeit.
816 **Ibbotson/Sindelar/Ritter** (1988), Initial, S. 42 f.
817 Ebenda, S. 43.
818 Vgl. hierzu auch die Ausführungen im Abschnitt 4.2.1.2 der vorliegenden Arbeit.
819 Vgl. **Baron** (1982), Model.
820 **Jenkinson/Ljungqvist** (2001), Going Public, S. 87.

Zur Überprüfung des Baron-Modells untersuchen Muscarella/Vetsuypens (1989) 38 US-amerikanische Investmentbanken, die ihre eigenen Aktien im Zeitraum 1970 bis 1987 an die Börse brachten („*self-marketed IPOs*").[821] Obwohl jedes dieser Finanzhäuser gleichzeitig Emittent und Emissionshaus war und deshalb keine Informationsasymmetrie vorlag, finden die Autoren ein signifikantes *Underpricing* in Höhe von 7,12 %.[822] „Furthermore, the underpricing is most noticeable for offerings where the issuer-underwriter is likely to have been in a position to exert dominant influence on the offer price ... This evidence suggests that the lead-managers underpriced their offerings deliberately."[823] Auch Aggarwal/Leal/Hernandez (1993) finden am chilenischen Kapitalmarkt positive Emissionsrenditen bei Aktien, die über ein Auktionssystem, also ohne Beteiligung eines Emissionsbankenkonsortiums platziert wurden.[824] Ergänzend zu den empirischen Befunden kann auf konzeptioneller Ebene unterstellt werden, dass auch das Management und/oder die Alteigentümer eigene Vorstellungen über den Wert ihres Unternehmens entwickeln und die Frage der Preisfestlegung nicht vollständig an die Emissionsbanken abtreten.[825] Je stärker der Wettbewerb unter den Emissionsbanken, desto größer dürfte zudem tendenziell die Verhandlungsposition der Emittenten im Rahmen des Preisfindungsprozesses mit den Konsortialführern sein.

5.1.2.1.2.2 Emissionsstanding-Hypothese

Beatty/Ritter (1986) gehen wie Rock (1986) von einer Situation mit asymmetrischer Informationsverteilung mit einer Gruppe uninformierter Investoren aus.[826] Sie vertreten ebenfalls ein Gleichgewichtsmodell, in dem das erforderliche Gleichgewichts-*Underpricing* mit der Ex-ante-Unsicherheit über den inneren Wert der Aktien-Neuemission ansteigt. Gleichzeitig berücksichtigen die Autoren in ihrem Modell aber zusätzlich Effekte aus der Wettbewerbssituation der Emissionsbanken: „We argue that any investment banker who ‚cheats' on the underpricing equilibrium by persistently underpricing either by too little or by too much, will be penalized by the market place."[827] Zunächst sind die emissionsbegleitenden Institute

---

821 Vgl. **Muscarella/Vetsuypens** (1989), Test.
822 Vgl. ebenda, S. 130.
823 Ebenda, S. 135.
824 Vgl. **Aggarwal/Leal/Hernandez** (1993), Aftermarket Performance.
825 Vgl. in diesem Sinne auch **Schweinitz** (1997), Renditeentwicklungen, S. 90, oder **Weinberger** (1995), Going Publics, S. 143.
826 Vgl. **Beatty/Ritter** (1986), Investment Banking.
827 Ebenda, S. 214. Vgl. hierzu auch die Ausführungen im Abschnitt 4.2.1.2 der vorliegenden Arbeit.

bestrebt, ihr auf Investorenseite erworbenes Emissionsstanding bzw. Reputationskapital nicht zu gefährden. Denn zum einen erleichtern regelmäßige positive Zeichnungsrenditen den Zugang zu potenziellen Investoren und reduzieren somit notwendige Marketingaufwendungen. Zum anderen werden die Investoren bestrebt sein, ihre Zuteilungschancen zu erhöhen, indem sie auch ihre sonstigen Broker-Geschäfte regelmäßig über die Bank abwickeln.[828] Auf der anderen Seite aber riskieren Institute, die im Vergleich zu ihren Konkurrenten zu niedrige Emissionspreise festsetzen, aus dem Emissionsmarkt verdrängt zu werden, weil potenzielle Börsenkandidaten diese Emissionsbanken meiden werden.[829] Insgesamt gilt somit: „Without accurate pricing, the market would wither as one side or the other is unsatisfied."[830] Die im Markt für Aktien-Neuemissionen tätigen Finanzinstitute werden deshalb ein Gleichgewichts-*Underpricing* anstreben das einerseits gerade hoch genug ist, um auch die uninformierten Anleger für Zeichnungen gewinnen zu können, und das ande-

---

828 Vgl. in diesem Sinne z. B. **Loughran/Ritter** (2002), Underpricing. Die Autoren interpretieren *Underpricing* als eine Form der indirekten Entlohnung der Emissionsbanken, die deren Opportunitätskosten aufgrund eines zu niedrigen Emissionspreises mehr als kompensiert. Die Möglichkeit zur gezielten Zuteilung kann dabei noch weitreichendere Konsequenzen haben: „Underwriter discretion can completely eliminate the winner's curse problem if underwriters allocate shares in hot issues only to those investors who are willing to buy other IPOs." (**Loughran/ Ritter** (2002), Underpricing, S. 6). Diesem positiven Effekt stehen allerdings die aus der bevorzugten Behandlung spezifischer Parteien resultierenden Interessenkonflikte gegenüber.

829 **Loughran/Ritter** (2002) stellen allerdings die Hypothese auf, dass die Maximierung des Emissionserlöses aufgrund einer Veränderung in der Zielfunktion der Emittenten nicht mehr oberste Priorität genießt: „... issuers have put less weight on IPO proceeds and more weight on the proceeds from future sales and side payments." (Ebenda, S. 3). Dies umfasst insbesondere die Möglichkeit, durch die gezielte Zuteilung der Emission mitzubestimmen, welche Marktteilnehmer in den Genuss einer positiven Zeichnungsrendite kommen. „This corruption theory of IPO underpricing provides an explanation for why underwriters and issuing firm managers prefer to forego net proceeds by leaving money on the table, rather than by paying a higher gross spread. Money on the table is the currency with which underwriters can bribe other venture capitalists and issuing firm executives, whereas gross spread revenue cannot be redistributed except in a more transparent manner." (Ebenda, S. 10). In diesen Zusammenhang sind z. B. auch die sog. *„Friends-and-family"*-Programme einzuordnen, die bei Börsengängen an den Neuen Markt an Popularität gewannen. Für den US-amerikanischen Kapitalmarkt vgl. hierzu **Ljungqvist/Wilhelm** (2003), IPO-Pricing. Die Autoren untersuchen 2.178 IPOs der Jahre 1996 bis 2000 und finden Hinweise, „... that the aberrant pricing behavior witnessed during the dot-com bubble can be at least partially accounted for by marked changes in pre-IPO ownership structure and insider selling behavior over the same period." (**Ljungqvist/Wilhelm** (2003), IPO-Pricing, S. 30).

830 **Ibbotson/Sindelar/Ritter** (1988), Initial, S. 37.

rerseits niedrig genug ist, um sich künftige Geschäftsmöglichkeiten mit potenziellen Börsenkandidaten zu erhalten.[831] Selbst in einem durch völligen Wettbewerb zwischen den Emissionsbanken charakterisierten Markt wäre das *Underpricing*-Phänomen somit erklärbar. Gleichzeitig gilt der Rock'sche Grundzusammenhang zwischen Ex-ante-Unsicherheit und *Underpricing*.

In ihrer Untersuchung von 1.028 US-amerikanischen IPOs der Jahre 1977 bis 1982 bzw. der Marktanteilsentwicklung von 49 Investmentbanken finden Beatty/Ritter (1986) Hinweise darauf, dass jene Emissionsbanken, die in der Vergangenheit durch ein höheres *Mispricing* auffielen, mit überdurchschnittlichen Marktanteilsverlusten „bestraft" wurden.[832] Die

[831] Das adäquate *Pricing* von Aktien-Neuemissionen wird somit zur zentralen Variablen für den Erfolg einer Aktien-Neuemission. Ein Mangel an Erfahrung – insbesondere auf Seiten der Emissionsbanken – birgt aber die Gefahr eines fehlerhaften *Pricing* von Aktien-Neuemissionen mit entsprechend negativen Konsequenzen für Folgeprojekte. Fehlende Vergleichsmöglichkeiten und Erfahrungswerte in jungen, boomenden IPO-Märkten sowie der Markteintritt neuer, unerfahrener Emissionsbanken werden im Erklärungsansatz der sog. „Lernkurven-Hypothese" deshalb dafür verantwortlich gemacht, dass Emissionspreise zur Minimierung des Platzierungsrisikos im Durchschnitt zunächst deutlich niedriger angesetzt werden als eigentlich notwendig. Bis zu den Boomjahren in der zweiten Hälfte der neunziger Jahre war beispielsweise am deutschen Kapitalmarkt der Gang an die Börse ein eher seltenes Ereignis. Die meisten der Emissionsbanken, die in den Folgejahren in den lukrativen IPO-Markt eintraten, verfügten nur über begrenzte Erfahrungswerte, und auch auf Anlegerseite kann ein Mangel an umfassendem Know-how unterstellt werden. Das beobachtete *Mispricing* könnte mit diesen Defiziten in Zusammenhang stehen. Wenn die Lernkurven-Hypothese zutrifft, dann sollte das *Underpricing* späterer Jahre bzw. in Abhängigkeit vom Entwicklungsstadium eines Marktes für Aktien-Neuemissionen jedoch sukzessive wieder abnehmen. **Schlick** (1997) findet für seine Stichprobe am deutschen Aktienmarkt aber nur einen schwachen Zusammenhang, der vermutete Lerneffekt wird deshalb lediglich in seiner Tendenz bestätigt. (Vgl. **Schlick** (1997), Going Public, S. 165). Als weiterer Einwand gegen diesen Erklärungsansatz muss schließlich das Wettbewerbsargument angeführt werden, da Börsenaspiranten wenig Bereitschaft zeigen dürften, den Preis für die mangelnde Erfahrung ihres Emissionsbegleiters zu bezahlen.

[832] Zur quantitativen Bestimmung des *Mispricing* beziehen sich **Beatty/Ritter** (1986) auf die Differenz zwischen der tatsächlichen Emissionsrendite und der Rendite, die auf Basis einer Regression zwischen tatsächlicher Emissionsrendite und der Ex-ante-Unsicherheit der jeweiligen Aktie zu erwarten gewesen wäre. Als *Proxy*-Variablen zur Schätzung der Ex-ante-Unsicherheit ziehen die Autoren die Parameter Emissionsvolumen sowie die Anzahl der im Verkaufsprospekt aufgeführten Verwendungsalternativen für das frische Kapital heran und kommen zu dem Ergebnis: „For the 24 underwriters off the line, their market share fell from 46,6 percent in the first subperiod to 24,5 percent in the second subperiod, a 47 percent decrease. The 25 firms pricing on the line saw their market share fall by

von den Autoren zur Messung der Ex-ante-Unsicherheit herangezogenen Indikatoren vermochten jedoch nur einen sehr geringen Anteil der Veränderungen im *Underpricing* zu erklären. Nanda/Yun (1997) stellen fest, dass *Overpricing* im Durchschnitt einen Rückgang des Marktwertes des (börsennotierten) Konsortialführers zur Folge hat, während ein moderates *Underpricing* zum genau entgegengesetzten Effekt führt.[833] Tiniç (1988) sowie Johnson/Miller (1988) kommen zu dem Ergebnis, dass IPOs die von renommierteren Emissionshäusern begleitet wurden, durchschnittlich tatsächlich weniger *Underpricing* aufweisen als jene, die von Häusern mit einem geringeren Emissionsstanding an den Markt gebracht wurden.[834] „However, holding risk constant, they find no significant difference in average underwriter costs between the two groups, suggesting that any differential in issuer underwriter costs merely compensates the investment banker for assuming greater risk."[835]

5.1.2.1.3 Informationsvorteil der Emittenten

Die bislang vorgestellten Erklärungsansätze sind im Kern dadurch charakterisiert, dass das *Underpricing* zwar bewusst, aber aus Sicht der Emittenten unfreiwillig vorgenommen wird. Im Folgenden werden nun alternative Ansätze vorgestellt, in denen sich die Emittenten bewusst *und* freiwillig für eine Unterbewertung ihrer Aktien entscheiden, weil damit positive (vermögensmaximierende) Effekte erzielt werden sollen.

5.1.2.1.3.1 *Signalling*-Hypothese

Signalling-Erklärungsmodelle[836] zeichnen sich insbesondere durch zwei Charakteristika aus: „First, these models endow the issuer, not outside investors or underwriters, with superior information. Second, the issuers explicitly consider the possibility of future equity issues in deciding on IPO prices. Typically, in these models, the firm raises capital through IPOs and expects to raise additional funds in the future through seasoned

---

only 23 percent." (**Beatty/Ritter** (1986), Investment Banking, S. 225). Zur korrekten Interpretation ist zudem zu berücksichtigen, dass aufgrund des zunehmenden Wettbewerbs am Primärmarkt, die individuellen Marktanteile der betrachteten Emissionsbanken insgesamt durch einen rückläufigen Trend gekennzeichnet waren.

833 Vgl. **Nanda/Yun** (1997), Reputation.

834 Vgl. **Tiniç** (1988), Anatomy, und **Johnson/Miller** (1988), Prestige.

835 **Wolfe/Cooperman/Ferris** (1994), Analysis, S. 78.

836 Vgl. **Chemmanur** (1993), Pricing, **Allen/Faulhaber** (1989), Signaling, **Welch** (1989), Seasoned Offerings, und **Grinblatt/Hwang** (1989), Signalling.

equity offerings (SEOs)."[837] Die Basisannahme lautet, dass Informationen über die wahre Qualität des an die Börse strebenden Unternehmens asymmetrisch zwischen dem Management und den übrigen Marktteilnehmern verteilt sind. Manager und Alteigentümer des Börsenkandidaten haben konkrete Kenntnisse über den Gegenwartswert der aus den laufenden und geplanten Investitionsprojekten resultierenden Zahlungsströme: „We assume that the best information about the new firm's prospects is held by the firm itself."[838] Investoren am Markt für Aktien-Neuemissionen können sich hingegen zunächst nur an einem Durchschnittswert sämtlicher (vergleichbarer) Unternehmen orientieren und werden deshalb nur für jene Aktien-Neuemissionen zu gewinnen sein, deren Emissionskurse nicht über dem aus der Durchschnittsannahme resultierenden fairen Wert liegen. In Antizipation opportunistischen Verhaltens von Börsenkandidaten, deren Emissionskurse aufgrund geringerer Qualität der Investitionsprojekte eigentlich unter dem Durchschnittswert liegen müssten, werden Anleger tendenziell zusätzliche Abschläge vornehmen. Im Extremfall könnte dies in einen Prozess der adversen Selektion münden, weil ein Börsengang für Unternehmen guter Qualität keine akzeptable Alternative mehr darstellt.

Der aus dieser Entwicklung zu erwartende Zusammenbruch des Marktes für Aktien-Neuemissionen kann jedoch vermieden werden, wenn es den guten Unternehmen zum einen gelingt, glaubhafte Signale bezüglich ihrer Qualität an die Marktteilnehmer auszusenden und zum anderen die Kosten dieses Signals zu kompensieren. Die Aktien von „guten" Unternehmen werden im Sekundärmarkt rasch Kursgewinne erzielen. Opportunitätsverluste des Emittenten und der Altgesellschafter können dadurch zu einem späteren Zeitpunkt z. B. durch Ausgabe weiterer Aktien oder durch Offenmarktverkäufe von Altgesellschafter-Anteilen zurückgewonnen werden. „Underpricing the firm's initial offering (which is an immediate loss to the initial owner) is a credible signal that the firm is good to investors, because only good firms can be expected to recoup this loss after their performance is realized ... The owners of bad firms know their expected performance and subsequent market valuation. They know they cannot recoup the initial loss from underpricing, and so cannot afford to signal."[839] Nach diesem Verständnis wird *Underpricing* von „guten" Emit-

---

[837] **Jegadeesh/Weinstein/Welch** (1993), Empirical Investigation, S. 153 f.

[838] **Allen/Faulhaber** (1989), Signaling, S. 304.

[839] Ebenda, S. 304. Der Ansatz von **Chemmanur** (1993) folgt jedoch einer abweichenden Argumentationskette. *Underpricing* wird danach noch nicht als Qualitätssignal an sich interpretiert, sondern als Indikator für Anleger, dass es lohnt, mehr Information zu produzieren und über die wahre Qualität des Börsenneulings zu

tenten deshalb bewusst als Qualitätssignal eingesetzt. Für „schlechte" Emittenten lohnt sich hingegen das *Underpricing* nicht: „They can invest in imitation activity but face the possible loss of some of this investment if they are discovered, or they can reveal their quality and forego the higher price they could have received at the IPO and the SO [seasoned offering] had their imitation not been discovered."[840] *Underpricing* kann somit als fälschungssicheres Signal interpretiert werden, das zu einem *Separating*-Gleichgewicht führt.[841] Dabei gilt: „It is a feature of separating equilibria that the type that is forced to signal is strictly worse off than in a first-best full-information world (or if her type could credibly and verifiably be announced). This is because – while she *will* receive the fair terms, as she would in the absence of the informational asymmetry – she has to engage in costly signalling. Low types, on the other hand, receive the same benefit as they would in a first-best world, while not incurring the signalling cost."[842]

Garfinkel (1993) und Jegadeesh/Weinstein/Welch (1993) untersuchen den Zusammenhang zwischen *Underpricing* und späteren Kapitalerhöhungen sowie Offenmarktverkäufen von Altgesellschafter-Anteilen für

---

lernen: „Insiders of high-value firms are motivated to maximize outsider information production so that this information will be reflected in the secondary market price of their firm's equity, increasing its expected value. However, since information production is costly, only a lower IPO share price will induce more outsiders to produce information." (**Chemmanur** (1993), Pricing, S. 286). Im Fokus dieses Modells steht deshalb die These, dass *Underpricing* bewusst eingesetzt wird, um unter den Investoren einen Prozess der Informationsgewinnung in Gang zu setzen, obwohl dieser mit Kosten verbunden ist. Je schwieriger ein Unternehmen zu bewerten ist, desto höher muss das die Informationskosten kompensierende *Underpricing* sein.

840 **Welch** (1989), Seasoned Offerings, S. 422.

841 In der wissenschaftlichen Literatur zur *Signalling*-Theorie werden zwei mögliche Gleichgewichtssituationen unterschieden: „In a pooling equilibrium all types send the same signal, so the receiver cannot infer the unobserved characteristic and thus cannot distinguish between the various types ... In a separating equilibrium, on the other hand, different types send different signals, on the basis of which the receiver can tell apart ... For a separating equilibrium to exist, (i) there must be signalling costs, which (ii) differ across types." (**Jenkinson/Ljungqvist** (2001), Going Public, S. 77). **Welch** (1989) definiert zwei Arten von *Separating*-Gleichgewichten: (1) „... a first-best separating equilibrium in which all high-quality firms operate but do not underprice, and low-quality firms voluntary reveal their identity ..." und (2) „... a signalling equilibrium in which all high-quality firms underprice at their IPO and operate, while low-quality firms again disclose their identity by not operating." (**Welch** (1989), Seasoned Offerings, S. 426 f.).

842 **Jenkinson/Ljungqvist** (2001), Going Public, S. 77.

494 bzw. 1.985 US-amerikanische IPOs.[843] Ihre Ergebnisse können die *Signalling*-Hypothese jedoch nicht bestätigen, sondern deuten vielmehr an, „... that, contrary to the basic implication of the signalling hypothesis, issuers do not rely on the costly underpricing mechanism to signal to the market information relevant for future equity issues."[844] Auch Spiess/ Pettway (1997) stimmen der Annahme, dass Unternehmen bzw. deren Alteigentümer die Opportunitätskosten des *Underpricing* mittels späterer Transaktionen am Sekundärmarkt wieder kompensieren können, aufgrund ihrer Untersuchungsergebnisse nicht zu.[845] Weinberger (1995) hingegen stellt für seine 206 Werte umfassende Stichprobe deutscher IPOs fest, dass die Teilstichprobe der Unternehmen mit mindestens einer Kapitalmaßnahme nach der Börseneinführung, mit 19,0 % ein wesentlich höheres *Underpricing* aufweist als die Teilstichprobe der Unternehmen ohne spätere Kapitalmaßnahme (8,13 %).[846]

Unabhängig von diesen empirischen Ergebnissen erscheint es jedoch generell fragwürdig, „... whether companies do indeed follow two-stage selling strategies, as they must in signalling models in order to recoup the cost of the signal."[847] Zweifelhaft erscheint auch die Annahme, dass Investoren bereit sind, für einen Renditevorteil aus der Vergangenheit nachträglich zu bezahlen. Wenn schließlich *Underpricing* ein absichtliches und verlässliches Signal für die Qualität eines Unternehmens ist, dann sollte sich ein positiver Zusammenhang zwischen der Höhe der Zeichnungsrendite und der operativen Unternehmensentwicklung nach dem Börsengang vermuten lassen. Die Untersuchung von Jain/Kini (1994) beispielsweise widerspricht dieser These jedoch, die Erfahrungen mit den Unternehmen des Neuen Marktes deuten ebenfalls in eine andere Richtung.[848]

---

[843] Vgl. **Garfinkel** (1993), IPO Underpricing, und **Jegadeesh/Weinstein/Welch** (1993), Empirical.

[844] **Jegadeesh/Weinstein/Welch** (1993), Empirical, S. 174.

[845] Vgl. **Spiess/Pettway** (1997), IPO.

[846] Vgl. **Weinberger** (1995), Going Publics, S. 109.

[847] **Jenkinson/Ljungqvist** (2001), Going Public, S. 79.

[848] **Jain/Kini** (1994) untersuchen die operative Entwicklung von 682 US-amerikanischen Börsenneulingen der Jahre 1976 bis 1988 nach dem IPO. Die Autoren stellen zwar eine signifikante Verschlechterung der operativen *Performance* nach dem Börsengang fest, finden aber keinen Zusammenhang mit dem *Underpricing*. **Jain/Kini** (1994) schränken jedoch ein: „Since we are testing the joint hypothesis that underpricing is a signal of quality and that the performance measures used in this study are good proxies for firm quality, rejection of the hypothesis does not necessarily provide evidence against the signaling model." (**Jain/Kini** (1994), Post-Issue, S. 1717).

5.1.2.1.3.2 *Underwriter Reputation*-Hypothese

Eine zweite Interpretationsrichtung der *Signalling*-Hypothese sieht nicht im *Underpricing* selbst ein Signal, sondern unterstellt vielmehr einen alternativen Wirkungszusammenhang: Wenn die Investoren von der Qualität eines Börsenkandidaten überzeugt werden können, dann ist auch ein über dem Durchschnittswert liegender Emissionskurs, d. h. ein geringeres *Underpricing* durchsetzbar. Eine Möglichkeit, diese Botschaft überzeugend zu kommunizieren, wird v. a. in der Auswahl des den Börsengang begleitenden Emissionsinstituts gesehen.[849] Booth/Smith (1986) führen das Argument ein, dass eine Emissionsbank mit ihrem Reputationskapital dafür haftet[850], dass die Angaben des Emittenten korrekt sind und der geforderte Emissionspreis einen angemessenen Gegenwert hat.[851]

849 Neben der Reputation der beauftragten Emissionsbanken wurden weitere potenzielle Agenten und Maßnahmen in die Diskussion eingeführt, durch deren Auswahl Signale an die Marktteilnehmer übermittelt werden können. Hierzu zählen z. B. die im Rahmen eines Börsengangs engagierten Wirtschaftsprüfer. (Vgl. z. B. **Beatty** (1989), Auditor, oder **Titman/Trueman** (1986), Information). Auch die Umplatzierungsquoten, d. h. der Anteil an Aktien, den die Alteigentümer im Zuge eines Börsengangs bereit sind abzugeben, wird regelmäßig als (indirekter) Qualitätsindikator herangezogen. Unter der Annahme, dass die Alteigentümer einen ähnlichen (Insider-) Informationsvorteil besitzen wie das Management, werden diese weitgehend an ihren Beteiligungen festhalten, wenn sie von der Qualität der Investitionsprojekte überzeugt sind, so die Grundidee. Trifft die *Signalling*-Hypothese zu, dann sollte sich bei konstanter Varianz ein negativer Zusammenhang zwischen dem *Underpricing* und dem im Zuge der Emission verkauften Kapitalanteil ergeben. **Grinblatt/Hwang** (1989) vertreten noch eine weitere Variante, in der sie sowohl *Underpricing* als auch Umplatzierungsquoten als (gemeinsames) Signal verstehen. In deren Modell sind Investoren nicht nur bezüglich des Gegenwartswertes der künftigen Zahlungsströme des Unternehmens unsicher, sondern auch bezüglich der Varianz der *Cash-flows*. Risikoaverse Manager/Alteigentümer des Börsenkandidaten werden deshalb zwei Signale einsetzen, um die Qualität dieser Größen transparent zu machen: *Underpricing* und Umplatzierungsquote. **Kaserer/Kempf** (1995) untersuchen für 171 Aktien-Neuemissionen am deutschen Kapitalmarkt zwischen 1983 bis 1992 diese Hypothese und finden zumindest Hinweise, dass es einen negativen Zusammenhang zwischen der Höhe des *Underpricing* und dem emittierten Kapitalanteil gibt. (Vgl. **Kaserer/Kempf** (1995), Underpricing-Phänomen). **Hunger** (2001) untersucht die Börsengänge der Jahre 1983 bis 1992 des Neuen Marktes und findet keinen statistisch signifikanten Zusammenhang zwischen dem Streubesitzanteil (*free float*) einer Erstemission und der Höhe des *Underpricing*. (Vgl. **Hunger** (2001), IPO-Underpricing).

850 In der wissenschaftlichen Literatur hat sich deshalb auch der Begriff der „*Certification*"-Hypothese etabliert. Eine Emissionsbank ist gemäß **Baron** (1982) „... able to ‚certify' the issue to the market by putting, for example, his reputation behind the issue." (**Baron** (1982), Model, S. 956).

851 Vgl. **Booth/Smith** (1986), Capital.

Für Emittenten ist ein Börsengang üblicherweise ein einmaliges Ereignis im Rahmen ihrer Unternehmensentwicklung. Selbst wenn ein auf den gesamten Markt für Aktien-Neuemissionen bezogenes, durchschnittliches *Underpricing* aufgrund gleichgewichtstheoretischer Überlegungen einleuchtend wäre, könnte Opportunismus bzw. ein *free rider*-Problem unterstellt werden, da die Emittenten v. a. ein Interesse an der Maximierung ihres Emissionserlöses haben. Emissionsbanken auf der anderen Seite sind bestrebt, sich dauerhaft in diesem lukrativen Marktsegment zu etablieren. Daraus resultieren Anreize, sowohl die Interessen der Emittenten (u. a. Maximierung des Emissionserlöses) als auch die der Investoren (u. a. positive Zeichnungsgewinne) adäquat zu berücksichtigen, um Reputation aufzubauen bzw. zu erhalten.[852] Dieses Reputationskapital gilt es durch eine entsprechende Wahl der Börsenkandidaten bzw. der Emissionspreise zu erhalten. Der Erklärungsansatz zur *Underwriter Reputation*-Hypothese basiert nun auf der Grundannahme, dass erfahrene Emissionsbanken z. B. durch umfangreiche Research-Aktivitäten einen Informationsvorsprung erlangen können der sie in die Lage versetzt, nur Börsenkandidaten mit geringerem Risiko bzw. höherer Qualität – d. h. der geforderte Emissionspreis steht in angemessenem Verhältnis zu den erwarteten Unternehmenserträgen – auszuwählen. Die Reputation der Konsortialbanken kann hierdurch zum Signal für die Qualität der zu emittierenden Wertpapiere werden.[853] Carter/Manaster (1990) unterstellen entsprechend, dass „... low risk firms attempt to reveal their low risk characteristic to the market. One way they can do this is by selecting underwriters with high prestige."[854] Die Autoren gehen auf Grundlage des Modells asymmetrischer Information von Rock (1986) und Beatty/Ritter (1986) davon aus, dass den Anlegern das Ex-ante-Risiko einer Aktien-Neuemission unbekannt ist. Der Emittent hingegen kennt die Eigenschaften seines Unternehmens und hat deshalb – vorausgesetzt seine Emission weist ein unterdurchschnittliches Risiko auf – ein Interesse, diese Information glaubhaft an die Marktteilnehmer zu übermitteln. Neus (1993) bestätigt diesen Zusammenhang modellanalytisch und zeigt, dass das erforderliche *Underpricing* mit zunehmender Reputation der Emissionsbank sinkt.[855]

---

852 Vgl. hierzu **Beatty/Ritter** (1986), Investment Banking, sowie die Ausführungen im Abschnitt 4.2.1.2 der vorliegenden Arbeit.

853 Damit ist die *Underwriter Reputation*-Hypothese gleichzeitig eng mit der Emissionsstanding- und der *Underwriter Information Advantage*-Hypothese verbunden.

854 Vgl. **Carter/Manaster** (1990), Initial Public Offerings, S. 1046. Vgl. in diesem Sinne auch **Carter/Dark/Singh** (1998), Reputation, und **Johnson/Miller** (1988), Prestige.

855 Vgl. **Neus** (1993), Emissionskredit, S. 910.

Carter/Manaster (1990) untersuchen 501 Börsengänge der Jahre 1979 bis 1983 am US-amerikanischen Kapitalmarkt auf den Zusammenhang zwischen Emissionsrendite und Reputation des Emissionshauses. Als Reputationsmaß wird ein Punktesystem herangezogen, das die Reihenfolge der Nennungen von Finanzinstituten im Rahmen von Verkaufsprospekten auswertet.[856] Hierbei stellen Carter/Manaster (1990) eine negative Korrelation zwischen der Höhe des *Underpricing* und der Reputation der Emissionsinstitute ihrer Stichprobe fest. Auch die Ergebnisse von Michaely/Shaw (1994) bestätigen für den amerikanischen Kapitalmarkt den Einfluss der Reputation der Konsortialbank auf die Höhe der Emissionsrendite:[857] Das durchschnittliche *Underpricing* fällt geringer und die langfristige Performance besser aus, wenn die Emission von einer Konsortialbank mit höherer Reputation – hierfür wird das Grundkapital des Instituts als *Proxy*-Variable herangezogen – platziert wird. Weinberger (1995) findet Hinweise auf die Gültigkeit der *Underwriter Reputation*-Hypothese am deutschen Markt für Aktien-Neuemissionen.[858] Er verwendet hierfür den Marktanteil als Ersatzvariable für die Reputation einer Emissionsbank.[859] Schiereck/Wagner (2002) bestätigen dies bei ihrer Untersuchung von 141 IPOs des Jahres 1999 am Neuen Markt.[860]

Kaserer/Kempf (1995) hingegen kommen am deutschen Kapitalmarkt zu dem Ergebnis, „... dass es keinen stabilen Zusammenhang zwischen Underpricing und Emissionshaus gibt."[861] Auch Hunger (2001) bestätigt diese Erkenntnis: „Es liegt kein Indiz dafür vor, daß die Reputation eines Emissionshauses, wie auch immer diese bestimmt werden mag, mit der

856 Diesem Verfahren liegt die Logik einer strengen Hierarchie zugrunde, die sich auch in der Reihenfolge der im Verkaufsprospekt aufgeführten Adressen widerspiegelt. An erster Stelle stehen hier üblicherweise die Konsortialführer (*lead manager*), denen damit auch die höchste Anzahl an Reputationspunkten zugesprochen wird. **Carter/Manaster** (1990) basieren diese Vorgehensweise auf eine Untersuchung der Wettbewerbsstrukturen US-amerikanischer Investmentbanken von **Hayes** (1971), Investment.

857 Vgl. **Michaely/Shaw** (1994), Pricing.

858 Vgl. **Weinberger** (1995), Going Publics.

859 Der Autor schränkt jedoch ein: „Das Ergebnis ist aber vorsichtig zu interpretieren, da die Ersatzgröße für die Reputation falsch ausgewählt sein kann." (**Weinberger** (1995), Going Publics, S. 133).

860 Als Reputationsmaß greifen **Schiereck/Wagner** (2002) auf die Anzahl der im Neuen Markt begleiteten Neuemissionen, den Marktanteil am Gesamtemissionsvolumen des Neuen Marktes, das durchschnittliche Emissionsvolumen der Börsengänger sowie die Bilanzsumme zurück. Vgl. **Schiereck/Wagner** (2002), Kursentwicklung, S. 830.

861 **Kaserer/Kempf** (1995), Underpricing-Phänomen, S. 57.

Höhe des Underpricing eindeutig korreliert ist. Ein Zusammenhang zwischen der Reputation eines Emissionshauses und der Höhe des Underpricing scheint es zumindest im deutschen Kapitalmarkt daher nicht zu geben."[862] Loughran/Ritter (2002) finden in ihrer Untersuchung von 6.169 US-amerikanischen Börsengängen der Jahre 1980 bis 2000 Hinweise darauf, dass sich der negative Zusammenhang zwischen Reputation der Emissionsbank und *Underpricing* seit den neunziger Jahren umgekehrt hat: „The higher underpricing associated with prestigious underwriters in the 1990s and the internet bubble period is inconsistent with the certification argument, however."[863] Als eine Ursache führen die Autoren an, dass „... especially in the internet bubble period, prestigious underwriters relaxed their underwriting standards and took public an increasing number of very young, unprofitable companies."[864]

Die Ergebnisse empirischer Untersuchungen zur *Underwriter Reputation*-Hypothese leiden nicht nur unter der offenen Frage, wie die Reputation einer Emissionsbank quantifiziert werden kann.[865] Unabhängig von den widersprüchlichen empirischen Erkenntnissen und dem Problem der Operationalisierbarkeit des Reputationskriteriums erscheinen weitere konzeptionelle Zweifel an der Stichhaltigkeit dieses Erklärungsansatzes angebracht. Sollte das erforderliche *Underpricing* tatsächlich mit der Reputation der Konsortialbank sinken, so wird sich der Emissionsbegleiter diesen Vorteil regelmäßig mittels höherer Provisionsforderungen auch bezahlen lassen. Jenkinson/Ljungqvist (2001) stellen zudem fest, dass der Grenznutzen der Wahl einer Emissionsbank mit hoher Reputation gerade für jene Unternehmen mit dem höchsten Risiko, d. h. der größten Ex-ante-Unsicherheit bezüglich des fairen Unternehmenswerts am größten ist.[866] Für risikoarme Börsenaspiranten stellt sich deshalb die Frage: „... why pay Goldman Sachs's high fees if you are a 50-year-old window manufacturer with stable profits and few growth opportunities?"[867] Somit könnten zumindest in bestimmten Börsenphasen insbesondere für risikoreiche Unternehmen Anreize bestehen, Emissionsbanken mit hoher Reputation zu verpflichten; die Ergebnisse von Loughran/Ritter (2002) bekräftigen diese Vermutung.

---

862 **Hunger** (2001), IPO-Underpricing, S. 170.
863 **Loughran/Ritter** (2002), Underpricing, S. 21.
864 Ebenda, S. 21.
865 Vgl. in diesem Sinne **Hunger** (2001), IPO-Underpricing, S. 109 f. Für eine Kritik an den verschiedenen Ansätzen in empirischen Untersuchungen, das Reputationskriterium zu operationalisieren, siehe auch **Neus** (1993), Emissionskredit.
866 **Jenkinson/Ljungqvist** (2001), Going Public, S. 72.
867 Ebenda, S. 72.

5.1.2.2 *Underpricing* aufgrund von Marktstrukturen und institutionellen Einflussfaktoren

In verschiedenen Modellansätzen werden die Ursachen für ein bewusstes und systematisches *Underpricing* in den einen Markt für Aktien-Neuemissionen charakterisierenden (rechtlichen) Rahmenbedingungen und Wettbewerbsstrukturen gesucht. Jenkinson/Ljungqvist (2001) verweisen beispielsweise auf systembedingte Faktoren als mögliche Ursachen für exzessives *Underpricing* in einigen *Emerging Markets.*[868] Loughran/Ritter/Rydqvist (1994) untersuchen die Unterschiede in den rechtlichen Rahmenbedingungen für Börsengänge in 25 verschiedenen Ländern und kommen zu dem Ergebnis: „Both the contractual mechanism and the composition of firms going public are significantly related to the degree of short-run underpricing."[869] In der *Underpricing*-Forschung haben sich v. a. die Monopol-Hypothese und die *Legal Liability*-Hypothese etabliert.

5.1.2.2.1 Monopol-Hypothese

Bereits Logue (1971) macht den mangelnden Wettbewerb zwischen Emissionshäusern als mögliche Ursache des *Underpricing* am Markt für Aktien-Neuemissionen verantwortlich.[870] Die Monopol-Hypothese unterstellt, dass die Verhandlungsposition der Emissionsbanken gegenüber den Emittenten aufgrund ihrer Marktmacht so groß ist, dass diese eine Minimierung des Platzierungsrisikos durch *Underpricing* und zu Lasten der Börsenkandidaten durchsetzen können. Aktien-Neuemissionen werden entsprechend mit einem Diskont gegenüber ihrem wahren Marktwert offeriert. Aufgrund der bewusst vorgenommenen Unterbewertung ist mit einem Kursanstieg am Sekundärmarkt zu rechnen. Den mit einer Zuteilung bedachten Kundengruppen werden entsprechend Renditevorteile verschafft, die zu einer Stärkung der Kundenbeziehung und damit zu einer Verbesserung der Rahmenbedingungen für Anschlussgeschäfte führen. Die Marktmacht der Emissionsbanken kann dabei auf verschiedenen Faktoren basieren. Wichtigstes Argument ist die aus einer ungenügend großen Anzahl an Mitbewerbern resultierende oligopolistische Marktstruktur.[871] Die Abhängigkeit des Börsenkandidaten, der v. a. auf

---

[868] Vgl. ebenda, S. 39.
[869] **Loughran/Ritter/Rydqvist** (1994), Initial, S. 166.
[870] Vgl. **Logue** (1971), Empirical.
[871] Diese These vertreten z. B. **Kaserer/Kempf** (1995), Underpricing-Phänomen, oder **Kunz** (1990), Underpricing. Nach **Jenkinson/Ljungqvist** (2001) können monopolistische oder oligopolistische Marktstrukturen an Märkten für Aktien-Neuemissionen z. B. auf rechtlichen Markteintrittsbarrieren basieren: „Entry into the

das Know-how und Emissionsstanding des Instituts angewiesen ist, oder das strikte Disziplinierungsverhalten innerhalb der Emissionskonsortien sind weitere die Verhandlungsmacht der emissionsbegleitenden Finanzinstitute stärkende Faktoren.[872] Mit steigendem Wettbewerb unter den Emissionsbanken müsste sich das durchschnittliche Niveau des *Underpricing* unter diesen Annahmen jedoch wieder reduzieren.

Saunders/Lim (1990) sowie Kunz/Aggarwal (1994) finden in ihren empirischen Untersuchungen Hinweise, dass Wettbewerbsaspekte an den Aktien-Neuemissionsmärkten in Singapur und in der Schweiz die Höhe des *Underpricing* beeinflussen.[873] Uhlir (1989) kommt in seiner Untersuchung zum deutschen Markt für Aktien-Neuemissionen zu dem Ergebnis, dass Emissionshäuser mit einem zu hohen *Underpricing* Marktanteile verlieren und interpretiert dies als Hinweis auf einen sich verschärfenden Wettbewerb.[874] Kaserer/Kempf (1995) bestätigen in ihrer Arbeit, „... dass der Grad der Konkurrenz unter den Emissionshäusern als wichtiger Bestimmungsfaktor für die Höhe des Underpricing in Betracht gezogen werden muß ...“[875], und auch Weinberger (1995) unterstützt die Wettbewerbs-These für den deutschen Markt für Aktien-Neuemissionen im Zeitraum 1980 bis Ende 1995.[876] Letztgenannter findet sogar Indizien dafür, dass das *Underpricing* mit zunehmendem Wettbewerb komplett verschwindet.[877] Schlick (1997) untersucht für die Jahre 1983 bis 1992 das Verhältnis von Marktkonzentration – auf Basis des Konzentrationsmaßes nach Herfindahl – und *Underpricing* am deutschen Markt.[878] Danach korrespondiert die sich in diesem Zeitraum verschärfende Wettbewerbs-

---

industry would increase competitiveness but in some countries is restricted by law. In Japan, for instance, until 1997 banks effectively had to have a retail brokerage network in order to be active in IPO underwriting. This made it hard for foreign banks to enter the market." (**Jenkinson/Ljungqvist** (2001), Going Public, S. 46). **Logue** (1971) weist auf das strikte Disziplinierungsverhalten innerhalb von Emissionskonsortien als mögliche Ursache mangelhaften Wettbewerbs hin: Emissionshäuser, die mit aggressiver Preispolitik auftreten, müssen damit rechnen, von künftigen Konsortialaktivitäten ausgeschlossen zu werden. (Vgl. **Logue** (1971), Empirical).

872 Für den deutschen Kapitalmarkt ist zudem die Besonderheit von Bedeutung, dass die Zulassung von Wertpapieren vom Emittenten zusammen mit einem Kreditinstitut zu beantragen ist. Siehe hierzu die Ausführungen in den Abschnitten 2.2 und 4.1 der vorliegenden Arbeit.

873 Vgl. **Kunz/Aggarwal** (1994), Initial, und **Saunders/Lim** (1990), New Issue.

874 **Uhlir** (1989), Gang, S. 12.

875 **Kaserer/Kempf** (1995), Underpricing-Phänomen, S. 59.

876 Vgl. **Weinberger** (1995), Going Publics, S. 122.

877 Ebenda, S. 60.

878 Vgl. **Schlick** (1997), Going Public.

situation im Emissionsgeschäft mit einer Abnahme des durchschnittlichen *Underpricing*: „Immerhin 21 Prozent der Veränderung des Underpricings kann durch die Veränderung des Konzentrationsmaßes nach Herfindahl und damit durch die Veränderung der Konzentrationssituation im Emissionsgeschäft erklärt werden."[879]

Hunger (2001) kritisiert die übliche Vorgehensweise, nur die tatsächlich an Emissionen beteiligten, nicht aber auch die potenziellen Finanzinstitute bei der Analyse der Wettbewerbssituation mit einzubeziehen.[880] Er zählt im Zeitraum 1997 bis 1999 insgesamt 101 Emissionsinstitute, von denen 44 als Konsortialführer tätig waren, sowie 421 an der Frankfurter Wertpapierbörse zugelassene Institute.[881] „Diese Zahlen lassen es fragwürdig erscheinen, ob auf dem Emissionsmarkt überhaupt von einer Monopolstellung der Banken gesprochen werden kann, da die Anzahl potentieller emissionsbegleitender Institute größer ist als die Anzahl der tatsächlichen Emittenten."[882] Insgesamt kann an den meisten entwickelten Kapitalmärkten der Trend einer Verschärfung des Wettbewerbs am Primärmarkt konstatiert werden. Die Verhandlungsmacht der Emissionsinstitute und damit deren *Pricing*-Freiräume haben entsprechend abgenommen. Dennoch konnte diese Entwicklung das exzessive *Underpricing* der *New Economy*-Boomjahre nicht verhindern. Hunger (2001) weist für den deutschen Kapitalmarkt beispielsweise darauf hin, dass im Vergleich zu früheren Stichproben im Rahmen seines Untersuchungszeitraums nicht nur die Anzahl der Konsortialführer auf 44, sondern gleichzeitig auch die Höhe des *Underpricing* deutlich auf durchschnittlich 43,70 % angestiegen sei.[883]

5.1.2.2.2 *Legal Liability*-Hypothese

„Paucity of verifiable information for many start-up firms that go public exposes the firms and their investment bankers to considerable risk of legal liabilities."[884] Die Grundidee der *Legal Liability*-Hypothese, die vermutlich auf Logue (1973) zurückgeht[885], ist deshalb, dass Emittenten ihre Aktien freiwillig und bewusst unter dem fairen Wert abgeben, um sich gegen eventuelle Klagen von Investoren abzusichern, die von der Kurs-

---

[879] Ebenda, S. 172.
[880] Vgl. **Hunger** (2001), IPO-Underpricing.
[881] Ebenda, S. 170 f.
[882] Ebenda, S. 171.
[883] Ebenda, S. 175.
[884] **Tiniç** (1988), Anatomy, S. 799.
[885] Vgl. **Logue** (1973), Premia.

entwicklung am Sekundärmarkt enttäuscht sind. Tiniç (1988) führt positive Emissionsrenditen deshalb auf das Risiko der Prospekthaftung zurück:[886] Im Falle eines *Overpricing*, d. h. die ersten Sekundärmarktkurse liegen unter dem Preis, den die Erstzeichner für eine neue Aktie bezahlt haben, steigt das Risiko, dass enttäuschte Anleger versuchen werden, Emittent und Emissionsbank aufgrund falscher Angaben im Verkaufsprospekt in Regress zu nehmen. Diese Gefahr steigt mit zunehmender Wahrscheinlichkeit bzw. der Höhe eines *Overpricing*. Emissionsbank und Emittent einigen sich deshalb bewusst darauf, die neuen Aktien mit einem Diskont anzubieten, der als eine Art Versicherungsprämie zum Schutz gegen Prospekthaftungsklagen interpretiert werden kann: „Large initial returns may reduce both the probability of a lawsuit and the conditional probability of an adverse judgment (or an out-of-court settlement) if a civil action is brought."[887]

Zur Überprüfung dieser Hypothese untersucht Tiniç (1988) zwei Stichproben am US-amerikanischen Markt für Aktien-Neuemissionen: 70 IPOs der Jahre 1923 bis 1930 – vor Einführung der Prospekthaftung im Rahmen des *Securities Act* von 1933 – und 134 IPOs der Jahre 1966 bis 1971. Mit einem durchschnittlichen *Underpricing* von 11,1 % weist die zweite Stichprobe einen höheren Wert auf als die erste (5,2 %), die noch nicht mit der potenziellen Gefahr einer Prospekthaftung konfrontiert war. Dieses Untersuchungsergebnis scheint Anhaltspunkte für die Gültigkeit der Versicherungs-Hypothese zu liefern. Die Auswahl der Stichproben lässt jedoch Zweifel an der Aussagekraft dieser Ergebnisse berechtigt erscheinen.[888] Warum für die zweite Gruppe der Zeitraum 1966 bis 1971 gewählt wurde, und damit fast fünfzig Jahre zwischen der ersten und der letzten Aktien-Neuemission bzw. eine Lücke von 36 Jahren zwischen den betrachteten Zeiträumen liegen, wird nicht erklärt. Alternative Einflussfaktoren, wie z. B. eine sukzessive Verschiebung der Bewertungsvorstellungen der Marktteilnehmer, könnten während dieses Zeitraums ebenso für eine Verschiebung des *Underpricing*-Niveaus verantwortlich sein.

Drake/Vetsuypens (1993) untersuchen 93 US-amerikanische IPOs, die auf Grundlage des *Securities Act* von 1933 verklagt und haftbar gemacht wurden und kommen dabei zu dem Ergebnis, dass *Underpricing* eine teure und zudem ineffiziente Maßnahme zur Vermeidung von Schaden-

---

886 Vgl. hierzu auch die Ausführungen im Abschnitt 4.2.3.2.1 der vorliegenden Arbeit.
887 **Tiniç** (1988), Anatomy, S. 800.
888 Vgl. in diesem Sinne auch **Schlick** (1997), Going Public, S. 166.

ersatzansprüchen aus der Prospekthaftung ist.[889] Lee/Taylor/Walter (1996) oder Kunz/Aggarwal (1994) bezweifeln die Gültigkeit der Versicherungshypothese für Aktien-Neuemissionen in Australien bzw. der Schweiz[890], und Keloharju (1993) kommt für den finnischen Kapitalmarkt zu dem Ergebnis: „Given the paucity of legal liabilities associated with the process of going public in Finland, it is unlikely that potential legal liability has much to do with the observed initial returns."[891] Nach Ansicht von Hunger (2001) müsste angesichts der Tatsache, dass am deutschen Kapitalmarkt die Prospekthaftung auf Basis der §§ 45 - 49 BörsG für alle Börsensegmente identisch geregelt ist, bei Gültigkeit der Versicherungs-Hypothese auch ein identisches *Underpricing*-Niveau festzustellen sein.[892] Die Ergebnisse seiner empirischen Erhebung stehen hierzu aber in Widerspruch. Auch vor dem Hintergrund, dass am deutschen Kapitalmarkt bislang erst eine Prospekthaftungsklage vor Gericht erfolgreich war[893], erscheint die *Legal Liability*-Hypothese als Erklärungsansatz für das *Underpricing* wenig überzeugend.

5.1.2.2.3 *Institutional Lag*-Hypothese

Nach Kunz (1990) könnte das *Underpricing*-Phänomen auf technische Verzögerungen zurückzuführen sein, weil zwischen dem Zeitpunkt der Emissionspreisfixierung durch Emittent und Emissionskonsortium und dem Beginn des Börsenhandels bis zu mehreren Wochen liegen.[894] Während dieser Zeit können sich neue Informationen nicht mehr in der Preis-

---

889 Vgl. **Drake/Vetsuypens** (1993), IPO Underpricing. Vgl. in diesem Sinne auch **Ritter/Welch** (2002), Review, S. 1807, oder **Loughran/Ritter/Rydqvist** (1994), Initial, S. 174. **Jenkinson/Ljungqvist** (2001) machen allerdings auf einen logischen Fehler aufmerksam, der bei den empirischen Tests zur Überprüfung der *Legal Liability*-Hypothese regelmäßig begangen wird: „Theory suggests that it is litigation risk, not the actual occurrence of litigation, that is associated with higher underpricing. This is what we called ... the ‚identification problem of not being able to rule out the existence of firms that did manage to escape lawsuits by virtue of underpricing'."(**Jenkinson/Ljungqvist** (2001), Going Public, S. 113).

890 Vgl. **Lee/Taylor/Walter** (1996), Australian IPO Pricing, und **Kunz/Aggarwal** (1994), Initial.

891 **Keloharju** (1993), Winner's Curse, S. 266.

892 **Hunger** (2001), IPO-Underpricing, S. 177 f.

893 Das Landgericht Frankfurt verurteilte am 25.07.2003 die Comroad AG, deren Aktien im November 1999 erstmals am Neuen Markt notiert wurden, im Rahmen von fünf Prospekthaftungsklagen zu einer Zahlung von rund 116.000 € an die Geschädigten, da in dem Unternehmensbericht wesentliche Angaben über Umsatz, Gewinn und Gewinnerwartung unrichtig gewesen sind. (Landgericht Frankfurt, Az. 3-7 O 53/02 bis 57/02).

894 Vgl. **Kunz** (1990), Underpricing.

findung der neuen Aktien niederschlagen, erst zum Zeitpunkt der ersten Notiz erfolgt dann die verspätete Anpassung an die aktuelle Informationslage.[895] Ein *Underpricing* könnte deshalb z. B. schon allein daraus resultieren, dass sich die Stimmung am Gesamtmarkt deutlich verbessert, die Risikobereitschaft der Anleger zunimmt und sich diese Entwicklung in steigenden Kursen, mit steigenden Bewertungen niederschlägt. Kunz (1990) untersucht deshalb den Effekt von Gesamtmarktentwicklungen auf die *Performance* von Aktien-Neuemissionen und unterstellt hierfür einen hypothetischen Zeitraum von einer Woche bzw. einem Monat zwischen der Festlegung des Emissionspreises und der Aufnahme des Sekundärmarkthandels von IPOs am Schweizer Kapitalmarkt. Der Autor kommt zu dem Ergebnis, dass lediglich bis zu 2 % der Kursveränderungen der Aktien-Neuemissionen durch Veränderungen der Marktindizes erklärt werden können. Das Erklärungspotenzial der *Institutional Lag*-Hypothese erscheint nicht nur angesichts der skizzierten Größenordnungen des *Underpricing*-Phänomens wenig überzeugend. Der Zeitraum zwischen Preisfixierung und Erstnotiz im Rahmen des beispielsweise am Neuen Markt vornehmlich praktizierten *Bookbuilding*-Verfahrens umfasste üblicherweise nur eine sehr kurze Zeitspanne, so dass Veränderungen in den Kapitalmarktrahmenbedingungen bestenfalls marginale Effekte erzielt haben können.

5.1.2.3 Sonstige alternative Erklärungsansätze für bewusstes *Underpricing*

5.1.2.3.1 *Information Momentum*-Hypothese

Aggarwal/Krigman/Womack (2002) schlagen ein Modell vor, in dem – ähnlich wie in dem im Abschnitt 5.1.2.1.3.1 skizzierten Ansatz von Chemmanur (1993) – *Underpricing* bewusst eingesetzt wird, um einen Prozess der Informationsgenerierung unter den Marktteilnehmern in Gang zu setzen.[896] Im Gegensatz zu Chemmanur (1993) unterstellen Aggarwal/Krigman/Womack (2002) jedoch nicht, dass eine der Marktparteien über einen Informationsvorteil verfügt. Manager bzw. Alteigentümer der Börsenneulinge setzen *Underpricing* vielmehr bewusst ein, um zunächst eine positive Kursentwicklung am Sekundärmarkt sicherzustellen und gleichzeitig eine erhöhte Aufmerksamkeit für ihre Aktien zu erzeugen, die u. a. auch in einer entsprechenden Beobachtung durch Analysten zum Ausdruck kommt. „Our idea of information momentum is that

---

[895] Ebenda, S. 207.
[896] Vgl. **Aggarwal/Krigman/Womack** (2002), Strategic.

by underpricing the issue, the large run-up in the stock price on the first day attracts interest from research analysts and the media ... This enhanced coverage brings the stock to the attention of more investors, shifting out the demand curve for the stock."[897] Die daraus resultierende erhöhte Nachfrage nach den neuen Aktien ermöglicht es den Alteigentümern ihre Anteile nach Ablauf der *Lock-up*-Frist zu deutlich besseren Konditionen zu verkaufen als dies ohne *Underpricing* möglich gewesen wäre. „Managers interested in maximizing their personal wealth will focus on the lockup expiration share price rather than the IPO offer price."[898]

Loughran/Ritter (2002) führen die „*Analyst Coverage*"-Hypothese ein die unterstellt, dass die Beobachtung durch Analysten für börsennotierte Unternehmen erheblich an Bedeutung gewonnen hat.[899] Die Autoren vermuten jedoch einen anderen Zusammenhang mit dem *Underpricing* als Aggarwal/Krigman/Womack (2002): Die Erstellung und die Versorgung der Marktteilnehmer mit Research ist mit erheblichen Kosten für die Finanzinstitute verbunden. „Part of the way that they cover these costs is by charging issuers of securities explicit (gross spread) and implicit (underpricing) fees. The more that issuing firms view analyst coverage as

---

[897] Ebenda, S. 2. Die Autoren unterstellen, dass Anleger die Veränderung vom Emissionspreis zum ersten Sekundärmarktkurs beobachten und daran das eigene Nachfrageverhalten ausrichten: „In particular, we assume that investors are attracted to stocks that perform well at the open. We call this information momentum ..." (Ebenda, S. 5).

[898] Ebenda, S. 1.

[899] Vgl. **Loughran/Ritter** (2002), Underpricing. Zur Untermauerung dieser These verweisen die Autoren auf empirische Ergebnisse verschiedener Untersuchungen. **Bradley/Jordan/Ritter** (2003) stellen bei ihrer Untersuchung von 1.611 US-amerikanischen IPOs der Jahre 1996 bis 2000 eine signifikante, markt-adjustierte Rendite von 4,1 % im Zeitraum von zwei Tagen vor bis zwei Tage nach dem Ablauf der *quiet period* fest. Diese Überrendite fällt zudem umso höher aus, je mehr Analysten sich zu dem Börsenneuling äußern. Bei 76 % der untersuchten Börsengänge wurde die *coverage* sofort nach Ablauf der *quiet period* aufgenommen und zwar „... almost always favorable, with a ‚buy' or ‚strong buy' rating ocurring 96 percent of the time." (**Bradley/Jordan/Ritter** (2003), Quiet Period, S. 18). Für den deutschen Kapitalmarkt stellen **Achleitner/Bassen/Pietzsch/Wichels** (2002) fest: „Aus Unternehmenssicht ist es insofern rational, die kosten- und zeitintensive Ansprache von Finanzanalysten zu betreiben, als sie sich (messbare) ökonomische Vorteile einer umfangreichen Coverage versprechen, welche in der wissenschaftlichen Literatur ausführlich dokumentiert sind. Die Aufnahme der Coverage verändert das Informationsumfeld des Unternehmens signifikant. Die positiven Externalitäten sind vielfältig: neben einer verbesserten Visibilität, Liquidität, höherem Handelsvolumen und niedrigeren Kapitalkosten lässt sich empirisch nachweisen, dass die Tätigkeit der Finanzanalysten einen positiven Einfluss auf den Marktwert des beobachteten Unternehmens bzw. Tobins q hat." (**Achleitner/Bassen/Pietzsch/Wichels** (2002), Kapitalmarktkommunikation, S. 32).

important, the more they are willing to pay these costs."[900] *Underpricing* dient nach diesem Verständnis somit auch als indirekte Kompensation für die Research-Dienstleistungen der Emissionsbanken. Nicht im Emissionskonsortium vertretene Banken profitieren zwar nicht von dieser Art der indirekten Kompensation, ein überdurchschnittliches *Underpricing* sorgt jedoch ganz allgemein für erhöhte Aufmerksamkeit und erhöht die Chance einer Beobachtung durch Analysten.[901]

Zur Überprüfung ihrer These untersuchen Aggarwal/Krigman/Womack (2002) 618 US-amerikanische IPOs der Jahre 1994 bis 1999 und stellen einen positiven Zusammenhang zwischen *Underpricing* und der Höhe der von den Alteigentümern behaltenen Unternehmensanteile fest. Im Rahmen ihrer empirischen Untersuchung messen die Autoren das *information momentum* anhand der Researchaktivitäten zu einer bestimmten Aktie. Dabei stellen sie fest, dass die Analystenempfehlungen in den Monaten bis zum Ablauf der *Lock-up*-Frist umso zahlreicher sind, je höher die Zeichnungsrenditen der jeweiligen Aktien waren: „... the number of brokers following the stock, the number of recommendations made by the lead underwriter's analyst, and the number of recommendations made by non-lead analysts are all increasing in the level of underpricing."[902] Auch Rajan/Servaes (1997) finden einen positiven Zusammenhang zwischen dem *Underpricing* und der Anzahl der Analysten, die einen Titel beobachten.[903] Aggarwal/Krigman/Womack (2002) stellen zudem fest, dass die Sekundärmarktentwicklung von Börsenneulingen bis zum Ablauf der *Lock-up*-Frist positiver ausfällt, je höher die begleitenden Research-Aktivitäten bzw. die Anzahl der beobachtenden Analysten ist. Verschiedene empirische Untersuchungen wie z. B. die von Field/ Hanka (2001) zeigen schließlich die Tendenz einer negativen Kursentwicklung zum Ablauf der *Lock-up*-Frist, was mit einer Erhöhung des Angebots erklärbar wäre.[904]

Das strategische Ziel eines Börsenneulings, durch eine positive Kursentwicklung im frühen Sekundärmarkthandel den Erfolg des Börsengangs sicherzustellen und so für ein positives Sentiment zu sorgen, ist intuitiv

---

900 **Loughran/Ritter** (2002), Underpricing, S. 7.

901 **Bradley/Jordan/Ritter** (2003) finden beispielsweise einen positiven Zusammenhang zwischen der Höhe des *Underpricing* und der Anzahl der Analysten, die Empfehlungen zu einem Börsenneuling nach Ablauf der *quiet period* veröffentlichen. (Vgl. **Bradley/Jordan/Ritter** (2003), Quiet Period, S. 17).

902 **Aggarwal/Krigman/Womack** (2002), Strategic, S. 20 f.

903 Vgl. **Rajan/Servaes** (1997), Analyst Following.

904 Vgl. **Field/Hanka** (2001), Share Lockups.

einleuchtend. Die angeführten empirischen Befunde liefern scheinbar Indikationen für die Gültigkeit der *Information Momentum*-Hypothese. Im Kern sieht dieser Erklärungsansatz das *Underpricing* v. a. als geeignete Maßnahme an, um Aufmerksamkeit unter den Anlegern zu erzeugen, die sich in einer erhöhten Nachfrage nach den neuen Anteilsscheinen niederschlägt. Nicht nur im Hinblick auf die exorbitanten Zeichnungsrenditen der *New-Economy*-Boomjahre drängt sich jedoch die Frage auf, ob dieses Ziel nicht auch durch kostengünstigere Alternativen wie z. B. geeignete Marketing- und *Investor-Relations*-Maßnahmen erreicht werden kann. Die unterstellte Absicht der Alteigentümer, ihre durch den bewussten Preisabschlag entstandenen Vermögensverluste bis zum Ablauf der *Lock-up*-Frist mindestens zu kompensieren, ist zudem mit erheblichen Unsicherheiten behaftet. Diese resultieren insbesondere daraus, dass der Werbeeffekt des *Underpricing* bestenfalls kurzfristiger, temporärer Natur sein kann. Zum einen wird die mittel- und langfristige Kursentwicklung am Sekundärmarkt v. a. von der weiteren Unternehmensentwicklung und hier insbesondere der operativen *Performance* abhängen. Zum anderen könnte die These aufgestellt werden, dass nachfolgende IPOs mit Hilfe entsprechender Zeichnungsrenditen ihrerseits das Interesse der Marktteilnehmer beanspruchen. Angesichts begrenzter Ressourcen könnten auch Analysten dann veranlasst sein, „ältere" Börsenneulinge zugunsten der „neuen" aus ihrer Beobachtungsliste zu streichen. Schließlich kann die generell unterstellte Fokussierung der Alteigentümer auf die Kursentwicklung bis zum Ablauf der *Lock-up*-Frist bezweifelt und stattdessen auch längerfristige Investmentziele vermutet werden. Je länger der Zeithorizont, desto geringer dürfte jedoch der Grenznutzen der erhofften Werbeeffekte durch das *Underpricing* ausfallen.

5.1.2.3.2 Marketing-Hypothese

Die Marketing-Hypothese weist Parallelen zur *Information Momentum*-Hypothese auf und folgt einer ähnlichen Logik. Ihre Vertreter, z. B. Habib/ Ljungqvist (2001), interpretieren *Underpricing* als Marketingmaßnahme bzw. als Substitut für sonstige Marketingaufwendungen mit mindestens zwei Effekten:[905] Zum einen wird erwartet, dass die mit dem *Underpricing* verbundene positive Erfahrung der Investoren[906] spätere Kapitalmarkttransaktionen erleichtert. Das aufgrund des gezielt einkalkulierten *Underpricing* erworbene Finanzmarktstanding ermöglicht im Rahmen späte-

---

905 Vgl. **Habib/Ljungqvist** (2001), Underpricing.

906 **Ibbotson** (1975) spricht von einem *„good taste in investors' mouth"*. (**Ibbotson** (1975), Price, S. 264).

rer Kapitalmarkttransaktionen die Durchsetzung günstigerer Konditionen, welche die erhöhten Opportunitätskosten im Rahmen des *Going Public* auf diese Weise wieder kompensieren. Zum anderen argumentieren Anhänger der Marketing-Hypothese, dass das bewusste *Underpricing* nicht nur unter den Investoren für gute Stimmung sorgt, sondern z. B. über eine positive Berichterstattung in der Presse und anderen Medien auch eine Steigerung des Bekanntheitsgrades nach sich zieht. Positive Werbeeffekte und die damit einhergehende Verbesserung der Geschäftsperspektiven würden die Opportunitätskosten des *Underpricing* auf diese Weise wieder ausgleichen.

Wie im Abschnitt 5.1.2.1.3.1 zur *Signalling*-Hypothese bereits diskutiert, können die Ergebnisse empirischer Untersuchungen einen Zusammenhang zwischen dem *Underpricing* und zusätzlichen, zu einem späteren Zeitpunkt durchgeführten Kapitalmarkttransaktionen mehrheitlich nicht bestätigen. Unabhängig von diesen empirischen Erkenntnissen erscheint es ohnehin schwer zu begründen, „... warum Investoren, die mit einer Zuteilung bedacht wurden, ein Geschenk der Vergangenheit honorieren sollten, indem sie bei zukünftigen Finanzmarkttransaktionen der Publikumsgesellschaft Emissionspreise akzeptieren werden, die im Vergleich zu den übrigen an den Kapitalmärkten notierten Werten recht hoch oder sogar überbewertet sind.“[907] Ebenso wenig einsichtig wie empirisch überprüfbar erscheint auch die Annahme der aus einem erfolgreichen Börsengang mit *Underpricing* resultierenden Werbeeffekte, die zu einer derart massiven Verbesserung der Geschäftsperspektiven führen, dass selbst die z. B. am Neuen Markt zu beobachtenden enormen Opportunitätskosten wieder rational zu begründen sind.

5.1.2.3.3 *Control*-Hypothese

Ein Börsengang zieht üblicherweise massive Veränderungen in der Eigentümerstruktur eines Unternehmens nach sich. Ein zentrales, organisatorisches Motiv für ein *Going Public* wird in der aktienrechtlichen Konsequenz einer Gewaltenteilung im Sinne einer klaren Kompetenz- und Interessenabgrenzung zwischen Management, Aufsichtsorgan und Eigentümern gesehen.[908] In den Fällen, in denen diese Trennung nicht vollständig vollzogen wird, entstehen besondere *Agency*-Probleme: Für Manager, die zugleich Unternehmensanteile besitzen, können Anreize existieren, nicht primär dem *Shareholder Value* zu dienen, sondern statt

---

[907] **Schlick** (1997), Going Public, S. 167.

[908] Vgl. hierzu die Ausführungen im Abschnitt 2.1.2 der vorliegenden Arbeit.

dessen ihren privaten Nutzen aus ihren Kontrollrechten zum Nachteil der übrigen Anteilseigner zu maximieren. Brennan/Franks (1997) sehen im *Underpricing* entsprechend eine Möglichkeit für geschäftsführende Alteigentümer, ihren privaten Kontrollnutzen durch eine strategische Verteilung der Aktien im Zuge des Börsengangs zu erhalten.[909] Die aus einem Bewertungsabschlag resultierende zusätzliche Nachfrage hat nämlich eine deutliche Überzeichnung der Emission zur Konsequenz. Den Alteigentümern eröffnet sich hierdurch die Möglichkeit, die neuen Aktien in kleineren Einheiten auf möglichst viele Anleger zu verteilen. Je kleiner der Anteil eines neuen Aktionärs, desto geringer sind sowohl dessen Möglichkeiten als auch dessen Interesse, Kontrolle auszuüben bzw. Einfluss auf Managemententscheidungen zu nehmen. *Underpricing* kann nach diesem Verständnis als eine Maßnahme zur Verhinderung eines Kontrolltransfers und einer damit einhergehenden Verschiebung der Machtverhältnisse interpretiert werden.

Booth/Chua (1996) vertreten ebenfalls die These, dass Emittenten bewusst und freiwillig *Underpricing* einsetzen, um die Emission auf möglichst viele Anleger verteilen zu können.[910] Das eigentliche Motiv hierfür ist aber nach Ansicht der Autoren nicht der Schutz des privaten Kontrollnutzens, sondern die Sicherstellung eines liquiden Sekundärmarktes. Jenkinson/Ljungqvist (2001) erheben weitere Einwände gegen das Brennan-Franks-Modell: „... if owner-managers are so worried about greater scrutiny, why don't they put in place takeover defences or simply issue non-voting stock?"[911] Zudem könnten geeignete Emissionsverfahren – wie das *Bookbuilding*-Verfahren – eingesetzt werden, die den Emittenten einen erheblichen Spielraum zur Diskriminierung ausgewählter Investoren eröffnen. „This is a much more refined way of fine-tuning the post-flotation ownership structure than the crude rationing strategy based on application size."[912] Stoughton/Zechner (1998) schließlich präsentieren eine weitere Modellvariante zur *Control*-Hypothese, die im Vergleich zum Brennan-Franks-Ansatz aber konträre Schlussfolgerungen impliziert.[913] Die Autoren unterstellen folgenden *trade-off*: Ein geschäftsführender Anteilseigner zieht sowohl aus seiner Kontrollmacht im Rahmen seiner Managementtätigkeit privaten Nutzen wie auch aus einer Verbesserung des *Shareholder Value*, der aufgrund einer Verschärfung der Kontrollmechanismen und der damit einhergehenden Disziplinierung

---

909 Vgl. **Brennan/Franks** (1997), Underpricing.
910 Vgl. **Booth/Chua** (1996), Ownership.
911 **Jenkinson/Ljungqvist** (2001), Going Public, S. 134.
912 Ebenda, S. 135.
913 Vgl. **Stoughton/Zechner** (1998), IPO Mechanisms.

des Managements entsteht. Wenn der Anteil eines geschäftsführenden Anteilseigners am Unternehmen groß genug ist, dann kann der Disziplinierungseffekt den Nachteil aus dem Kontrollverlust bzw. der Verschiebung der Machtverhältnisse sogar überkompensieren. Im Gegensatz zu Brennan/Franks (1997) kann es nach dem Stoughton-Zechner-Modell deshalb sehr wohl im Interesse der geschäftsführenden Alteigentümer sein, die Managementkontrolle durch die Aufnahme neuer Aktionäre zu reduzieren. Je höher der Anteil eines neuen Investors, desto größer ist tendenziell dessen Interesse, eine effiziente Kontrolle auszuüben. Um entsprechend potente Investoren für das Unternehmen zu gewinnen, werden von den Alteigentümern zusätzliche Kaufanreize in Form eines *Underpricing* geschaffen, so die These.

5.1.3 Neuemissionsresearch im Rahmen der *Underpricing*-Erklärungsansätze

Die empirische Evidenz der *Underpricing*-Renditeanomalie hat eine intensive Forschung zu diesem Themenkomplex ausgelöst, aus der eine Vielzahl modelltheoretischer Erklärungsansätze hervorgegangen ist. Auf Basis unterschiedlichster Annahmen wurden dabei zahlreiche, mehr oder weniger realitätsnahe Argumentationsketten entwickelt und auf ihren Erklärungsgehalt hin untersucht. Die bisherigen empirischen Tests lassen durchaus eine Differenzierung zu und ermöglichen die Identifizierung vielversprechender Ansätze, aber: „In our view, there is no single dominant theoretical cause for underpricing."[914] Loughran/Ritter (2002) ergänzen: "The reason that IPOs are underpriced varies depending upon the environment."[915] Insgesamt muss deshalb national wie international konstatiert werden, dass (bislang) kein Modell für sich allein die Renditeanomalie zufriedenstellend erklären kann: „... it is fair to say that the underpricing puzzle is still not satisfactorily resolved."[916]

Die skizzierten Erklärungsansätze sind abstrakte Modelle realer Kapitalmarktprozesse und bilden deshalb nur stark vereinfachte, idealisierte Zusammenhänge ab. Als pragmatischer und realitätsnaher Querschnitt lässt sich aus informationstheoretischer Sicht – wie im Abschnitt 4.2 der vorliegenden Arbeit bereits erörtert – festhalten: Ein Börsengang ist v. a. dadurch charakterisiert, dass drei unterschiedlich informierte Parteien daran beteiligt sind, die jeweils eigene Interessen verfolgen. Es ist intuitiv

---

914 **Ritter/Welch** (2002), Review, S. 1816.
915 **Loughran/Ritter** (2002), Underpricing, S. 29.
916 **Levis** (1990), Winner's Curse, S. 76.

einleuchtend, dass Emittenten regelmäßig einen Informationsvorsprung insofern besitzen, als sie die Stärken und Schwächen ihres Unternehmens sowie die geschäftsstrategischen bzw. operativen Perspektiven am besten einzuschätzen wissen. Gleichzeitig verfolgen sie im Rahmen ihres Börsengangs vermutlich v. a. das Ziel, den Unternehmenswert, den Emissionserlös und damit auch den Wert ihres privaten Vermögens zu maximieren. Die Emittenten werden aber dennoch nicht nur dazu bereit sein, einen gewissen Preisabschlag als Kaufanreiz und zur Risikokompensation zu akzeptieren. Vielmehr werden sie diese strategische Maßnahme regelmäßig befürworten, um (1) den kurzfristigen (Platzierungs-) Erfolg eines Börsengangs sicher zu stellen und ein möglichst breites Anlegerpublikum zu mobilisieren, um (2) zumindest kurzfristig eine zufriedenstellende Sekundärmarktentwicklung und damit eine positive Stimmung und erhöhte Aufmerksamkeit unter den Marktteilnehmern zu garantieren und um (3) schließlich auch die Option auf weitere Sekundärmarkttransaktionen zu möglichst günstigen Konditionen zu erhalten.

Ein Informationsvorsprung kann jedoch auch in die andere Richtung unterstellt werden: Investoren, insbesondere institutionelle Anleger, agieren regelmäßig und auf kontinuierlicher Basis am Markt für Aktien-Neuemissionen. Daraus resultieren zum einen besondere Kenntnisse und Erfahrungen zum IPO-Markt. Zum anderen begründet sich darauf aber auch die individuelle Nachfrage nach einer zur Disposition stehenden neuen Emission, d. h. die konkrete Bereitschaft, einen bestimmten Preis für eine bestimmte Anzahl eines neuen Titels zu bezahlen. Gleichzeitig erheben Anleger den Anspruch auf eine faire, d. h. risikoadäquate Bepreisung neuer Aktien, die mindestens eine marktkonforme Rendite erwarten lässt. Die Handlungsalternativen von Emissionsbanken als dritter Partei werden durch gegenläufige Interessen begrenzt: Börsenaspiranten meiden jene Finanzinstitute, die mit hohem *Underpricing* assoziiert werden; Anleger meiden hingegen jene Adressen, die durch (hohes) *Overpricing* aufgefallen sind. Da die Provisionen der Emissionsbanken üblicherweise eine variable, an das Emissionsvolumen gebundene Komponente beinhalten, haben auch diese zunächst einen Anreiz, eine Unterbewertung der neuen Aktien weitestgehend zu vermeiden bzw. eine Maximierung des Emissionserlöses anzustreben. Dem steht allerdings das strategische Interesse einer dauerhaften Sicherung des Kundennetzwerks, des erworbenen Reputationskapitals sowie einer Minimierung des Platzierungsrisikos entgegen.

Die Annahmen jener Erklärungsansätze, die Informationsverteilungs- und Informationsproduktionsaspekte sowie *Principal-Agent*-Probleme zwischen Emittent und Emissionshaus in den Fokus rücken, entsprechen somit wohl am ehesten den realen Bedingungen und Prozessen an Märkten für Aktien-Neuemissionen.[917] Den Emissionsbanken als Finanzintermediären kommt hierbei die zentrale Aufgabe zu, einen Emissionspreis für die neuen Anteilsscheine zu finden, bei dem sich die Interessen der beteiligten Parteien möglichst optimal ausgleichen. Ein bewusster Preisabschlag, d. h. ein gewolltes Ex-ante-*Underpricing* dürfte hierbei eine allgemein anerkannte und akzeptierte Notwendigkeit darstellen. Das zentrale Problem besteht nun jedoch darin, dass die Basis des Preisabschlags, der „faire" Wert einer Aktien-Neuemission, nicht bekannt ist. Gerade bei jungen, wenig bekannten Wachstumsunternehmen, deren spärliche Vergangenheitsdaten kaum bewertungsrelevante Rückschlüsse auf die Zukunft zulassen, werden selbst institutionelle Anleger aus Kosten- und anderen Gründen regelmäßig keine konkreten Preisindikationen entwickeln können. Es besteht deshalb sogar die Gefahr, dass Anleger aufgrund ihres Informationsdefizits und der Bewertungsunsicherheiten vollständig von einer Zeichnung absehen. Um dem entgegenzuwirken, müssen Informationen – insbesondere Finanzprognosen – generiert sowie distribuiert werden. Dadurch wird zunächst eine Basis geschaffen, auf der die größtenteils nur abstrakten und unsicheren Preisvorstellungen konkretisiert und plausibilisiert werden können.

Es ist Aufgabe der Emissionsbanken, die Marktteilnehmer mit als qualitativ möglichst hochwertig empfundenen Informationen zu versorgen, um diesen Meinungsbildungsprozess in Gang zu setzen. Emissionsprospekte und die im Rahmen von *roadshows* zum IPO kommunizierten Informationen stellen hierfür international gebräuchliche Maßnahmen dar. Aufgrund der juristischen Verbindlichkeit und Bedeutung, die den dort verbreiteten Informationen beigemessen werden, sind bewertungsrelevante Prognosen bzw. künftige Entwicklungen betreffende Aussagen gar nicht oder bestenfalls nur sehr spärlich und meist wenig „anwenderfreundlich" enthalten, wie die Ausführungen im Abschnitt 4.2.3.2.1 ergeben haben. Neuemissionsstudien sind von diesen Beschränkungen jedoch weitgehend befreit und können die Informationslücken in typischen Ausgangssituationen am Markt für Aktien-Neuemissionen überbrücken. Gelingt es den Emissionsbanken, die Qualität und Glaubwürdigkeit der in diesen Analysen enthaltenen Finanzdaten an den Markt zu vermitteln, entsteht eine gemeinsame Ausgangsbasis zur weiteren Konkretisierung des adäquaten *Pricing* im Rahmen eines dynamischen Dialogs. Wird unterstellt, dass Emissionsbank und Emittent den in den Emissionsstudien ermittel-

[917] Vgl. in diesem Sinne z. B. **Jenkinson/Ljungqvist** (2001), Going Public, S. 107.

ten Unternehmenswert als den theoretisch „korrekten" Wert betrachten, so kann dessen Differenz zum Emissionspreis als ein Maß für das gewollte Ex-ante-*Underpricing* interpretiert werden, während die aus dem ersten Sekundärmarktkurs ermittelte Zeichnungsrendite nur die ex-post beobachtbare Renditegröße angibt.[918]

Den im vorangegangenen Abschnitt skizzierten *Underpricing*-Modellen ist gemeinsam, dass sie positive Zeichnungsrenditen im Primärmarktkontext zu erklären versuchen, d. h. implizit einen effizienten Sekundärmarkt unterstellen. Die *Going Public*-Forschung hat auf ihrer weiteren Suche nach Erklärungsansätzen zum *Underpricing*-Phänomen diese Betrachtungsweise aber zunehmend in Frage gestellt und den zeitlichen Fokus erweitert, d. h. auch Sekundärmarktentwicklungen miteinbezogen, denn: „The alternative scenario is that IPOs had been priced correctly, but that investors systematically overestimated their value in the after-market."[919] Hierbei wurden neue Erkenntnisse gewonnen, die die Schlussfolgerung nahe legen, dass Preisbildung – und damit auch das *Underpricing*-Phänomen – und Preisentwicklung in einem gemeinsamen Kontext betrachtet werden müssen. Die folgenden Ausführungen zur Sekundärmarktentwicklung von neuemittierten Aktien beinhalten deshalb auch weitere Ansätze zur Erklärung des *Underpricing*-Phänomens.

5.2 Preisentwicklung und das *Underperformance*-Phänomen

Wird ein effizienter Sekundärmarkt unterstellt, dann sollte der Kurs einer neuemittierten Aktie – wie der Kurs jeder anderen börsennotierten Aktie – den korrekten inneren Wert des Titels widerspiegeln: „... if the market is efficient at the semistrong level, which means, it takes into account publicly available information about the past and the future, we can expect the market will quickly establish a price for the IPOs which will not provide secondary market investors with excess returns after adjustment for market trends and risk."[920] Die Studie von Ritter (1991), in der die Sekundärmarktentwicklung von 1.526 US-amerikanischen Börsenneulingen untersucht wird,[921] war jedoch der Auftakt zu einer Reihe von empirischen Untersuchungen deren Befunde eine weitere Anomalie in die *Going Public*-Forschung einführten: das *Underperformance*-Phänomen. Damit ist die generelle Beobachtung gemeint, dass Börsenneulinge die hohen

918 Vgl. hierzu die Ausführungen im Abschnitt 2.3.2.2.1 der vorliegenden Arbeit.
919 **Hansson/Ljungqvist** (1993), Mispricing, S. 8.
920 **Dawson** (1987), Secondary, S. 70.
921 Vgl. **Ritter** (1991), Long-Run.

Erwartungen der Anleger nicht erfüllen können, als Konsequenz erfolgt nach dem Kurssprung zum Börsenauftakt eine durchschnittlich enttäuschende *Performance* der neuen Anteilsscheine. Die in der Folge weltweit durchgeführten Untersuchungen zeigten zunächst ein nahezu eindeutiges Bild: „... the underperformance is a robust ‚across the board' phenomenon in the IPO market ..."[922] Im Hinblick auf das *Underpricing*-Phänomen stellt Ritter (1991) deshalb die Vermutung auf, dass „... the offering price is not too low, but that the first aftermarket price is too high."[923] Bei der noch jungen Suche nach möglichen Erklärungen waren die Ökonomen v. a. mit zwei Problemen konfrontiert: (1) Ein *Underperformance*-Phänomen lässt sich nur schwer in ein Gleichgewichtskonzept im Rahmen rational handelnder Marktakteure bzw. effizienter Kapitalmärkte integrieren, und (2) es können methodische Problembereiche angeführt werden, welche die Existenz des *Underperformance*-Phänomens grundsätzlich in Frage stellen. Ob *Underperformance* vorliegt oder nicht und ob die Marktteilnehmer rational handeln oder nicht, hängt vom unterstellten Untersuchungsverfahren bzw. dem zugrunde liegenden Erklärungsmodell ab. In der aktuellen wissenschaftlichen Diskussion gilt die *Underperfomance*-Anomalie deshalb allgemein als „... the least well understood regularity ..."[924]

5.2.1 Empirische Evidenz

Wie im Abschnitt 2.3.2.2.2 bereits vorgestellt wurde, ist die Überrendite (*abnormal return*) einer Aktie, d. h. die Differenz zwischen der tatsächlich (ex post) beobachteten und der (ex ante) erwarteten Rendite eines Wertpapiers, der Untersuchungsgegenstand der *Underperformance*-Forschung. Aus dem Spektrum möglicher Messverfahren hat sich zunächst v. a. die Berechnung markt-adjustierter Renditen auf Basis einer *buy-and-hold*-Strategie als gängiger empirischer Ansatz etabliert und größtenteils eindeutige Hinweise auf die nationale und internationale Existenz des *Underperformance*-Phänomens geliefert. Bei diesem Ansatz muss zunächst ein geeignetes Verfahren zur Schätzung der risikoadäquaten Gleichgewichtsrendite einer Aktien-Neuemission festgelegt werden, um einen Vergleichsmaßstab für die Überprüfung der tatsächlich beobachteten Renditen zu erhalten. Hierfür werden unterschiedlichste aus der Kapitalmarkttheorie bekannte Modelle eingesetzt.[925] Die beobach-

---

[922] **Aggarwal/Rivoli** (1990), Fads, S. 52.
[923] **Ritter** (1991), Long-Run, S. 24.
[924] **Jenkinson/Ljungqvist** (2001), Going Public, S. 139.
[925] Vgl. hierzu z. B. die Ausführungen in **Weinberger** (1995), Going Publics, S. 26 ff.

teten Renditen werden um die so ermittelte Gleichgewichtsrendite bereinigt, um systematische Abweichungen aufdecken zu können. Hierbei stand anfänglich meist nur die Bereinigung um Gesamtmarkteffekte (*market-adjusted returns*) im Vordergrund, erst in späteren Untersuchungen wurde die Markt- *und* Risikobereinigung (*style-adjusted returns*) der Rohdaten eingeführt.

5.2.1.1 Ausländische Kapitalmärkte

Trotz oder gerade wegen der Eindeutigkeit der frühen empirischen Befunde, die nahezu ausnahmslos die Existenz eines *Underperformance*-Phänomens belegen, machen in der jüngeren *Going Public*-Forschung einige Autoren auf die bereits im Abschnitt 2.3.2.2.2 der vorliegenden Arbeit andiskutierten methodischen Probleme aufmerksam: „Any test of long-run performance is a joint test of the validity of the chosen benchmark and of sample performance relative to that benchmark. Since there is no benchmark model that correctly prices all securities all of the time ..., the ‚bad-model problem' is unavoidable."[926] Die Suche nach dem korrekten Verfahren hat in den vergangenen Jahren deshalb zahlreiche Verfahrens-Alternativen hervorgebracht und dazu geführt, dass „... there is far from a consensus with respect to the proper measurement technique".[927] Diese Uneinigkeit über das korrekte Verfahren zur Messung der Sekundärmarktentwicklung von Aktien-Neuemissionen relativiert die zunächst eindeutigen empirischen Erkenntnisse: „In short, the relative performance of IPO sample depends on the method of examining performance. One methodology suggests that this sample underperforms; others suggest superior performance."[928] Während Loughran/Ritter (1995) beispielsweise für ihre Stichprobe US-amerikanischer IPOs der Jahre 1970 bis 1990 eine *Underperformance* attestieren, kommen Brav/ Gompers (1997) für IPOs der Jahre 1975 bis 1992 zu dem Ergebnis, dass sich diese Anomalie auflöst, wenn bei der Selektion der Kontroll-Unternehmen neben der Unternehmensgröße auch das Buchwert-Marktwert-Verhältnis als Auswahlkriterium herangezogen und damit eine

---

926 **Jenkinson/Ljungqvist** (2001), Going Public, S. 161. Mit der Bezeichung „*bad-model problem*" beziehen sich die Autoren auf die Arbeit von **Fama** (1998) in der die *Benchmark*-Problematik angesprochen wird. (Vgl. **Fama** (1998), Market). Vergleiche hierzu auch die Ausführungen im Abschnitt 2.3.2.2.2 der vorliegenden Arbeit. **Jenkinson/Ljungqvist** (2001) geben zudem einen Überblick über Arbeiten, die statistische Verzerrungen aufgrund der Messmethoden aufzeigen und zur Analyse der langfristigen *Performance* angewendet werden. (Vgl. **Jenkinson/ Ljungqvist** (2001), Going Public, S. 164 ff.).

927 **Ritter/Welch** (2002), Review, S. 1817.

928 **Gompers/Lerner** (2001), Long-Run, S. 24.

umfassendere Berücksichtigung des Risikoprofils vorgenommen wird.[929] Nicht eine *Underperformance*-Anomalie, sondern eine generell zu beobachtende negative Entwicklung v. a. kleiner Wachstumsunternehmen wäre demnach für die negative Sekundärmarktentwicklung verantwortlich. Schuster (2003) untersucht und vergleicht die Sekundärmarktentwicklung von IPOs an sieben europäischen Kapitalmärkten im Zeitraum 1988 bis 1998 und stellt dabei fest: „In the countries under study, returns on IPOs were more favorable when adjusted for movements in small- or mid-cap indices, when available. We also found that the use of cumulative average returns (CARs) results in a more negative long-run performance picture when compared to buy-and-hold returns (BHRs)."[930] Insgesamt muss deshalb festgestellt werden, dass die Mehrheit der empirischen Untersuchungen zwar auf die Existenz einer weltweiten *Underperformance*-Anomalie hindeutet, diese „... results concerning IPO performance, however, are not uncontroversial."[931]

Tabelle 5.3 enthält eine Übersicht exemplarischer Ergebnisse von Untersuchungen zur Sekundärmarktentwicklung von Aktien-Neuemissionen an siebzehn ausländischen Kapitalmärkten. Auf eine zur korrekten Interpretation der in der Übersicht abgebildeten Ergebnisse erforderliche detaillierte Darstellung der in den jeweiligen Untersuchungen angewandten Messverfahren wird verzichtet. Hierfür sei auf die relevante Originalquelle verwiesen. Aus den aufgeführten empirischen Ergebnissen lassen sich aber zwei grobe Tendenzaussagen ableiten: (1) Die Mehrzahl deutet auf eine *Underperformance* der betrachteten Stichproben hin, und (2) die Ergebnisse werden in erheblichem Maße vom angewandten Messverfahren, aber auch von der Zeitperiode und der unterstellten Anlagedauer bestimmt.

---

[929] Vgl. **Brav/Gompers** (1997), Myth, und **Loughran/Ritter** (1995), Puzzle.
[930] **Schuster** (2003), IPOs, S. 34.
[931] **Gompers/Lerner** (2001), Long-Run, S. 1.

Tab. 5.3: *Underperformance* im internationalen Kontext

Untersuchung	Stichprobe	Emissionszeitraum	Anlagedauer	Performance (in %)	Verfahren	Benchmark
Australien: Lee/Taylor/Walter (1996)	266	1976-1989	3 Jahre	-51,3	BaHCAR	All Industrials Accumulation Index
Brasilien: Aggarwal/Leal/Hernandez (1993)	62	1980-1990	3 Jahre	-47	BaHCAR	BOVESPA Index
Chile: Aggarwal/Leal/Hernandez (1993)	36	1982-1990	3 Jahre	-23,7	BaHCAR	IGPA Index
Finnland: Keloharju (1993)	79	1984-1989	3 Jahre	-26,4	CAR	HSE Index
				-20,8	BaHCAR	HSE Index
Frankreich: Derrien/Womack (2002)	264	1992-1998	2 Jahre	-6,3	CAR	gSaP
Großbritannien: Levis (1993)	712	1980-1988	3 Jahre	-8,3	CAR	Hoare Govett Smaller Companies Index
Hongkong: Dawson (1987)	21	1978-1983	1 Jahr	-9,3	BaHCAR	Hong Kong Far East Stock Exchange 62 Stock Index
Italien: Schuster (2003)	59	1988-1998	3 Jahre	-41,85	CAR	MIB Historical Index
				-55,84	BaHCAR	MIB Historical Index
Japan: Cai/Wei (1997)	180	1971-1990	3 Jahre	-18,4	BaHCAR	kMP (TSE Index)
				-50	BaHCAR	gMP (TSE Index)
Malaysia: Dawson (1987)	21	1978-1983	1 Jahr	18,2	BaHCAR	Kuala Lumpur Stock Exchange Industrial Index
Mexiko: Aggarwal/Leal/Hernandez (1993)	44	1987-1990	1 Jahr	-19,6	BaHCAR	IPC Index
Niederlande: Schuster (2003)	53	1988-1998	3 Jahre	-15,58	CAR	CBS Index
				6,49	BaHCAR	CBS Index
Schweden: Loughran/Ritter/Rydqvist (1994)	162	1980-1990	3 Jahre	-1,2	BaHCAR	n/a
Schweiz:Schuster (2003)	31	1988-1998	3 Jahre	-18,17	CAR	Swiss Total Market Index
				-9,43	BaHCAR	Swiss Total Market Index
Schweiz: Kunz (1991)	38	1983-1989	2 Jahre	-5,6	BaHCAR	Aktienindex des Schweizerischen Bankvereins
Singapur: Dawson (1987)	39	1978-1983	1 Jahr	-2,7	BaHCAR	Singapore Stock Exchange All Share Index
Spanien: Schuster (2003)	68	1988-1998	3 Jahre	-30,89	CAR	Madrid General Market Index
USA: Aggarwal/Rivoli (1990)	1.435	1977-1987	1 Jahr	-13,7	BaHCAR	NASDAQ Index
USA: Ritter (1991)	1.512	1975-1984	3 Jahre	-29,13	CAR	gSaP
				-27,39	BaHCAR	gSaP
USA: Loughran/Ritter (1995)	4.753	1970-1990	3 Jahre	-26,9	BaHCAR	gSAP
USA: Ritter/Welch (2002)	6.249	1980-2001	3 Jahre	-23,4	BaHCAR	kMP
				-5,1	BaHCAR	gSaP

Erläuterungen:
CAR: *cumulative average return*-Verfahren; BaHCAR: *buy-and-hold*-Verfahren; kMP: kapitalisierungsgewichtetes Marktindexportfolio; gMP: gleichgewichtetes Marktindexportfolio; gSaP: gleichgewichtetes *style-adjusted* Portfolio; kSaP: kapitalisierungsgewichtetes *style-adjusted* Portfolio.

5.2.1.2 Deutscher Kapitalmarkt

Die in Tabelle 5.4 zusammengefassten Untersuchungen zum deutschen Markt für Aktien-Neuemissionen bestätigen das internationale Gesamtbild.

Tab. 5.4: *Underperformance* in Deutschland

Untersuchung	Stichprobe	Emissionszeitraum	Anlagedauer	Performance (in %)	Verfahren	Benchmark
Schuster (2003)	155	1988-1998	3 Jahre	-11,66	CAR	FAZ Index
				98,5	BaHCAR	FAZ Index
Mager (2001)	115	1987-1998	3 Jahre	-13,51	CAR	DAFOX
				-23,71	CAR	DAX100
Klein/Meyer (2001)	241	1997-2000	1 Jahr	71,2	BaHCAR	CDAX
Stehle/Ehrhardt/Przyborowsky (2000)	187	1960-1992	3 Jahre	-6,64	BaHCAR	kSaP
				-9,87	BaHCAR	gSaP
				-11,59 bis -3,36	BaHCAR	gSaP
Sapusek (2000)	142	1983-1993	3 Jahre	1,66	BaHCAR	mlia (DAX30)
				-20,03	BaHCAR	mlsa
			5 Jahre	1,78	BaHCAR	mlia (DAX30)
				-34,73	BaHCAR	mlsa
Stehle/Erhardt (1999)	187	1960-1992	3 Jahre	-5,04	BaHCAR	gMP
				1,54	BaHCAR	kMP
Ljungqvist (1997)	145	1970-1993	3 Jahre	-12,11	BaHCAR	DAFOX (kMP)
Schweinitz (1997)	145	1983-1991	2 Jahre	-4,36	BaHCAR	FAZ Index
Steib/Mohan (1997)	90	1988-1994	2 Jahre	-9,46	BaHCAR	Index des Statistischen Bundesamtes
Ehrhardt (1997)	159	1960-1990	3 Jahre	-5,2	BaHCAR	gMP
				5,45	BaHCAR	kMP
Weinberger (1995)	151	1980-1995	3 Jahre	4,95	BaHCAR	FAZ Index
Kaserer/Kempf (1995)	171	1983-1992	1 Jahr	14,05	BaHCAR	DAX30
Hansson/Ljungqvist (1993)	163	1978-1991	21 Monate	-0,5	BaHCAR	Index des Statistischen Bundesamtes
Döhrmann (1990)	83	1983-1987	3 Jahre	-8,48	CAR	CAPM
Uhlir (1989)	70	1977-1987	15 Monate	-11,88	BaHCAR	Index des Statistischen Bundesamtes
Wittleder (1989)	67	1961-1987	1 Jahr	-3,95	CAR	FAZ Index
Schmidt u.a. (1988)	32	1984-1985	1 Jahr	-7,21	n/a	FAZ Index
Untersuchungen zum Neuen Markt						
Schiereck/Wagner (2002)	141	1999	1 Jahr	-29,7	n/a	NEMAX All Share
Gerke/Fleischer (2001)	263	1997-2000	1 Jahr	96,6	BaHCAR	NEMAX All Share
Klein/Meyer (2001)	304	1997-2000	1 Jahr	100,6	BaHCAR	CDAX
				49,8	BaHCAR	NEMAX All Share
Löffler (2000a)	118	1997-1999	1 Jahr	53,5	BaHCAR	NEMAX All Share

Erläuterungen:
CAR: *cumulative-average-return*-Verfahren; BaHCAR: *buy-and-hold*-Verfahren; kMP: kapitalisierungsgewichtetes Marktportfolio; gMP: gleichgewichtetes Marktportfolio; gSaP: gleichgewichtetes *style-adjusted* Portfolio; kSaP: kapitalisierungsgewichtetes *style-adjusted* Portfolio; mlsa: *market-line-style-adjusted;* mlia: *market-line-index-adjusted*; CAPM: *Capital Asset Pricing Model.*

Uhlir (1989) wertet 97 IPOs der Jahre 1977 bis 1987 aus, ermittelt dabei ein durchschnittliches *Underpricing* von 21,46 % und vermutet einen ineffizienten Primärmarkt.[932] Am Sekundärmarkt findet er während des ersten Monats keine signifikanten Überrenditen, woraus er auf einen effizienten frühen Sekundärmarkt schließt. Anschließend folgt jedoch eine Periode negativer marktadjustierter Renditen. Die kumulierte Rendite des Portfolios seiner IPO-Stichprobe fällt nach einem Jahr auf -7,4 %. Der Autor lehnt deshalb die Effizienz-Hypothese für den Sekundärmarkthandel von Aktien-Neuemissionen während des ersten Jahres ab. Auch Döhrmann (1990) beobachtet in seiner Stichprobe von 83 IPOs zwischen 1983 und 1987 eine ähnliche Entwicklung.[933] Die durchschnittliche, marktbereinigte Zeichnungsrendite beträgt 21,21 %, und die marktadjustierten Überrenditen für die ersten 60 Handelstage am Sekundärmarkt schwanken um Null. Bis zur 102. Woche überwiegen dann negative Renditen, so dass die Zeichnungsrendite bis zum Ende des Untersuchungszeitraums auf 12,73 % zusammenschrumpft. Döhrmann (1990) kommt deshalb zu dem Ergebnis, „... daß sowohl der Primär- als auch der Sekundärmarkt ineffizient sind ... [Man kann] sich vorstellen, daß sich die Überrendite vom Zeitpunkt der Emission bis zum ersten Sekundärmarktkurs teilweise auf ein Underpricing des Emissionskurses zurückführen lässt, daß gleichzeitig aber auch der erste Sekundärmarktkurs zu hoch ist."[934]

Hansson/Ljungqvist (1993) hingegen können die Existenz des *Underperformance*-Phänomens am deutschen Markt für Aktien-Neuemissionen nicht bestätigen.[935] Die Autoren ermitteln in ihrer Stichprobe von 163 IPOs des Zeitraums 1978 bis 1991 zwar eine signifikant positive, marktbereinigte Zeichnungsrendite von 12 %. Ihre Analyse der marktbereinigten Renditen im Sekundärmarkt während der ersten 400 Handelstage zeigt aber eine neutrale Entwicklung der neuemittierten Aktien im Vergleich zum Gesamtmarkt. Lediglich bei sehr kleinen Emissionen finden die Autoren „... tentative support for the occurence of fads ..."[936] Hansson/Ljungqvist (1993) schließen daraus, dass zwar der Primär-, aber nicht der Sekundärmarkt ineffizient sei. Auch Kaserer/Kempf (1995) ermitteln für 171 Erstemissionen zwischen 1983 und 1992 eine durchschnittliche Zeichnungsrendite von fast 14 %, aber keine Überrenditen während der ersten 250 Handelstage im Sekundärmarkt, die sich signifikant von null

932 Vgl. **Uhlir** (1989), Gang.
933 Vgl. **Döhrmann** (1990), Underpricing.
934 Ebenda, S. 301.
935 Vgl. **Hansson/Ljungqvist** (1993), Mispricing.
936 Ebenda, S. 8.

unterscheiden.[937] Die Autoren gehen deshalb ebenfalls von einem informationseffizienten Sekundärmarkt aus. Ehrhardt (1997) stellt fest, dass sich deutsche IPOs der Jahre 1960 bis 1990 im Vergleich zum Marktindex und zu einem *style-adjusted*-Portfolio am Sekundärmarkt neutral entwickeln.[938] Stehle/Ehrhardt (1999) ermitteln für 187 IPOs der Jahre 1960 bis 1992 im Vergleich zu kapitalisierungsgewichteten und gleichgewichteten Benchmarkportfolios ebenfalls keine signifikante *Performance*-Abweichung.[939]

Die Untersuchungen von Stehle/Ehrhardt/Przyborowsky (2000) und Sapusek (2000) schließlich liefern Erklärungen für die divergierenden Aussagen der frühen Beiträge.[940] Die Autoren untersuchen 187 deutsche IPOs und Kapitalerhöhungen (*seasoned equity offerings*, SEOs) der Jahre 1960 bis 1992. Sie verwenden drei verschiedene Benchmark-Portfolios und kommen jeweils zu abweichenden Ergebnissen: „The IPO result that the long-run abnormal performance estimates based on the equally weighted and the market-value weighted market portfolios differ considerably, also shows up in our SEO analysis. Here the estimates are -9.01 % and -3.17 % for the 36-month observation period. On the other hand, when we use size portfolios to analyse SEOs the estimates based on the three sets of portfolios vary only between -4.57 % and -6.22 % for the 3-year post-offering period. For IPOs, the corresponding figures vary between -6.61 % and -9.87 %. The reduction in the spread of our estimates is even larger when each of the two data sets is divided into two subperiods with roughly an identical number of observations. Our estimate for the IPO long-run abnormal performance for the 1960-87 subperiod based on the equally weighted market portfolio, for example, is -1.18 %, based on the market-value weighted portfolio it is +16.13 %. Our corresponding estimates based on alternative size portfolios differ only between -5.44 % and -7.96 %."[941]

---

937 Vgl. **Kaserer/Kempf** (1995), Underpricing-Phänomen.

938 Vgl. **Ehrhardt** (1997), Börseneinführungen.

939 Vgl. **Stehle/Ehrhardt** (1999), Renditen.

940 Vgl. **Stehle/Ehrhardt/Przyborowsky** (2000), Long-Run, und **Sapusek** (2000), Benchmark-Sensitivity.

941 **Stehle/Ehrhardt/Przyborowsky** (2000), Long-Run, S. 175. **Dimson/Marsh** (1986) untersuchen die *Performance* eines Aktienportfolios und kommen dabei zu dem Ergebnis: „Overall performance can appear significantly positive or negative, depending on the choice of index and methodology." (**Dimson/Marsh** (1986), Event Study, S. 135). Unter Verwendung eines marktwertgewichteten Indexes als *Benchmark* errechnen die Autoren signifikant positive Überrenditen für ihr Portfolio und unter Verwendung eines gleichgewichteten Indexes signifikant negative Überrenditen.

Sapusek (2000) dokumentiert für IPOs der Jahre 1983 bis 1993 die Abhängigkeit der Untersuchungsergebnisse vom Untersuchungszeitraum einerseits und von der gewählten *Benchmark* andererseits. Während die IPOs der achtziger Jahre Tendenzen eine *Overperformance* bzw. zumindest eine neutrale Sekundärmarktentwicklung aufweisen, stellt die Autorin für die Stichprobenwerte aus den frühen neunziger Jahren eine signifikante *Underperformance* fest. Eine Variation der Benchmarkportfolios führt zu äußerst unterschiedlichen Ergebnissen[942] und so schlussfolgert Sapusek (2000) entsprechend, dass „... the post-issue performance of IPOs in Germany depends on both the benchmark used for market adjustment and the period investigated."[943] Dies zeigt sich in extremer Weise insbesondere bei den Ergebnissen zu Börsengängen an den Neuen Markt. Klein/Meyer (2001) beispielsweise untersuchen die Sekundärmarktperformance über einen Einjahreszeitraum von 304 IPOs der Jahre 1997 bis 2000 und attestieren eine beeindruckende *Outperformance* von bis zu 100 %.[944] Gerke/Fleischer (2001) ermitteln für die gleiche Zeitperiode eine ähnliche Größenordnung.[945] Die in Tabelle 2.4 der vorliegenden Arbeit zusammengefasste *Performance*-Übersicht nach Jahrgängen zeigte hingegen, dass die Börsengänge der Jahre 2000 und später bereits innerhalb der ersten 12 Monate eine deutlich negative Überrendite von -36,4 % bzw. -25,8 % aufweisen. Gleichzeitig machten die Ergebnisse für die gesamte Stichprobe von 326 IPOs deutlich, dass die Börsenneulinge zwar während der ersten 15 Monate im Durchschnitt eine positive Überrendite erzielen. Wenn der Betrachtungszeitraum jedoch ausgeweitet wird, ändert sich das Vorzeichen und es sind erhebliche Verluste zu beobachten.

Die Mehrheit der bisherigen in Tabelle 5.4 zusammengefassten nationalen sowie die vorgestellten internationalen Untersuchungen und auch die im Abschnitt 2.3.2.2.2. für die IPOs des Neuen Marktes ermittelten Ergebnisse deuten somit zwar auf eine zum Teil drastische *Underperformance* hin. Diese Ergebnisse können angesichts der methodischen Differenzen jedoch nur Indikationen darstellen und müssen mit vorsichtiger Skepsis interpretiert werden.

---

942 Vgl. **Sapusek** (2000), Benchmark-Sensitivity, S. 377.
943 Ebenda, S. 376.
944 Vgl. **Klein/Meyer** (2001), Performance.
945 Vgl. **Gerke/Fleischer** (2001), Performance.

5.2.2 Erklärungsansätze

Da es der empirischen Kapitalmarktforschung bislang nicht gelungen ist, das korrekte Verfahren zur Messung der Sekundärmarktperformance von Aktien-Neuemissionen zu bestimmen, konnte auch die Frage nach der Existenz eines *Underperformance*-Phänomens nicht zweifelsfrei geklärt werden. Unabhängig von der empirischen Beweisführung sind jedoch modelltheoretische Ansätze entwickelt worden, um eine derartige Renditeanomalie herleiten und begründen zu können. Zunächst wird aber der Frage nachgegangen, welchen Beitrag die skizzierten *Underpricing*-Modelle zur Erklärung potenziell negativer Überrenditen am Sekundärmarkt leisten können.

5.2.2.1 *Underperformance* im Kontext der *Underpricing*-Erklärungsansätze

Versuche, das *Underpricing*- und das *Underperformance*-Phänomen in einem gemeinsamen Kontext zu erklären sind rar. Ein Grund ist vermutlich darin zu sehen, dass die gleichzeitige Existenz beider, auf Basis der meisten Untersuchungsansätze als Anomalien identifizierten Phänomene, mit rational handelnden Marktakteuren im Rahmen der gängigen Modelle kaum vereinbart werden kann: „If issuers and their investment bankers set the offering price in a manner that reflects the firm's underlying fundamental value, however, it is even more of a mystery why some offerings have extremely high initial returns."[946] Keloharju (1993) stellt fest: „The simultaneous existence of the winner's curse and IPO underperformance is puzzling. If one examines only the short-run returns and the winner's curse, the IPO market would seem to function quite rationally: seemingly positive initial excess returns turn into insignificantly positive or negative returns. This interpretation is challenged by the evidence of negative long-run aftermarket performance."[947]

Erklärungsansätze wie Rock's (1986) *Winner's Curse*-Hypothese, die das *Underpricing* als gleichgewichtiges Ergebnis im Kontext effizienter Kapitalmärkte erklären, gehen davon aus, dass neuemittierte Aktien am Sekundärmarkt nicht signifikant von ihrem Gleichgewichtspreis abweichen. Auch die *Market Feedback*-Hypothese nach dem Modell von Benveniste/Spindt (1989) sieht im *Underpricing* v. a. einen Anreiz, um von den Anlegern wahrheitsgemäße Informationen über den am Sekundärmarkt zu erwartenden Gleichgewichtspreis zu erhalten. Somit könnten

---

[946] **Ritter** (1991), Long-Run, S. 24.
[947] **Keloharju** (1993), Winner's Curse, S. 273.

lediglich Ineffizienzen im Zuge dieser Informationsgenerierung entsprechende Korrekturprozesse am Sekundärmarkt notwendig werden lassen. Grundsätzlich sollten Anpassungen in den *Pricing*-Bandbreiten aufgrund des Investoren-*Feedbacks* in der *Pre-Market*-Phase aber keine Rückschlüsse auf die Sekundärmarktperformance zulassen. Die Ergebnisse der Untersuchung der Zweijahres-Sekundärmarktentwicklung von 1.051 US-amerikanischen Aktien-Neuemissionen von Hanley (1993) bestätigen diese Vermutung: „... unlike short-run underpricing, the long-run performance of IPOs is not related to revisions in offer prices."[948]

Auch mit der Emissionsstanding-Hypothese lässt sich zwar das Interesse der Emissionsbanken an einer adäquaten, vom Ex-ante-Risiko abhängigen positiven Zeichnungsrendite begründen, nicht aber an einem *Overpricing* und den daraus resultierenden negativen Überrenditen am Sekundärmarkt. Aus Imagegründen bzw. zum Erhalt ihres Reputationskapitals (*Underwriter Reputation*-Hypothese) könnte aber unterstellt werden, dass die Finanzinstitute regelmäßig eine negative Kursentwicklung zumindest in der kurzfristigen Sekundärmarktentwicklung durch geeignete Maßnahmen wie Kurspflegeaktivitäten verhindern wollen.[949] Hieran knüpft die im Folgenden noch zu erläuternde *Price Support*-Hypothese an. Sobald diese Aktivitäten eingestellt werden, kehrt der Aktienkurs dann aber auf sein „wahres" Niveau zurück, die Konsequenz ist eine temporäre *Underperformance*.

Das von Welch (1992) vorgeschlagene Kaskadenmodell auf Basis eines sequentiellen Verkaufsprozesses von Aktien-Neuemissionen liefert einen Erklärungsansatz sowohl für das *Underpricing* als auch für das *Overpricing* neuemittierter Anteilsscheine. Wenn es den Börsenneulingen im Durchschnitt gelingt, positive Zeichnungskaskaden mit entsprechenden Nachfrageschüben auszulösen, dann wäre auch zu erwarten, dass die ersten Kurse am Sekundärmarkt u. U. sogar deutlich über ihrem „korrekten" Gleichgewichtspreis lägen. Im weiteren Verlauf könnte diese Übertreibung aber zunehmend transparent werden und einen Korrekturprozess auslösen, der den Wert der Aktie wieder auf sein Gleichgewichtsniveau drückt. Mit einer ähnlichen Argumentation kann als gemeinsame Intention der *Information Momentum*-, der *Analyst Coverage*- und der Marketing-Hypothese definiert werden, mittels *Underpricing* Aufmerksamkeit und ein positives Sentiment zu erzeugen, um den Erfolg eines Börsengangs sicherzustellen. In dem Ausmaß, in dem diese Bemühungen

---

948 **Hanley** (1993), Underpricing, S. 249 f.

949 Vgl. in diesem Sinne z. B. **Schiereck/Wagner** (2002), Kursentwicklung, S. 826.

Informationsineffizienzen im frühen Sekundärmarkthandel, d. h. Kursübertreibungen auslösen, ließe sich hieran auch die Notwendigkeit von Kurskorrekturen anknüpfen, sobald die Abweichungen vom gerechtfertigten Wert sukzessive transparent würden.

Einen möglichen Erklärungsbeitrag können auch die Modelle zur *Control*-Hypothese leisten. Es kann argumentiert werden, dass geschäftsführende Anteilseigner im Zuge der Emission nicht nur einen Teil ihrer Kontrolle über das Unternehmen, sondern gleichzeitig auch den Anreiz verlieren, den Wert des Unternehmens anstatt ihres privaten Nutzens zu maximieren.[950] Als Konsequenz daraus könnte die operative und schließlich auch die Kursentwicklung des Börsenneulings nach dem IPO leiden. Jain/Kini (1994) finden auch tatsächlich einen positiven Zusammenhang zwischen operativer Unternehmensentwicklung nach dem Börsengang und der Höhe der von den Alteigentümern gehaltenen Anteile.[951] Mikkelson/Partch/Shah (1997) hingegen kommen zum gegenteiligen Ergebnis.[952] Intuitiv erscheint es durchaus einleuchtend, dass sich mit dem Börsengang auch Verschiebungen im Ziel- und Interessensystem der (geschäftsführenden) Alteigentümer mit entsprechenden *Agency*-Effekten ergeben können. Ob sich damit allerdings eine *Underperformance*-Anomalie begründen lässt, erscheint nicht nur vor dem Hintergrund der bisherigen empirischen Befunde zweifelhaft.

Aus den *Signalling*-Modellen zum *Underpricing* lassen sich konkrete Erwartungen hinsichtlich der weiteren Entwicklung eines Börsenneulings ableiten: „In particular, if firms underprice to signal their quality, and if a separating equilibrium obtains in this game, high-quality firms should – perhaps by virtue of this signal – perform better than low-quality ones."[953] Je höher das *Underpricing*, desto besser sollte denn auch die anschließende Post-IPO-*Performance* sein. Ritter (1991) oder Jain/Kini (1994) können diesen Zusammenhang jedoch weder bei Betrachtung der Aktien- noch der operativen *Performance* bestätigen. Insgesamt zeichnen die empirischen Ergebnisse ein sehr ernüchterndes Bild und so kommen Jenkinson/Ljungqvist (2001) zu dem provokanten Ergebnis: „In our view, the poor empirical performance of these predictions provides the final nail in the coffin of the signalling models."[954]

---

950 Vgl. in diesem Sinne z. B. **Jenkinson/Ljungqvist** (2001), Going Public, S. 146 ff.
951 Vgl. **Jain/Kini** (1994), Post-Issue, S. 1709 ff.
952 Vgl. **Mikkelson/Partch/Shah** (1997), Ownership.
953 **Jenkinson/Ljungqvist** (2001), Going Public, S. 141.
954 Ebenda, S. 141.

Während die Lernkurven-Hypothese mangelnde Erfahrung für das *Underpricing* verantwortlich macht und mit der gleichen Erklärung auch ein *Overpricing* begründen könnte, bieten die *Institutional Lag*-Hypothese und die *Legal Liability*-Hypothese kaum Anknüpfungspunkte zur Plausibilisierung einer *Underperformance* am Sekundärmarkt. So stellen Jenkinson/Ljungqvist (2001) fest: „... the fact that litigation risk is not economically significant in many countries, such as most European and Asian markets, which nevertheless experience underperformance, leads us to conclude that legal reasons can probably not explain the poor aftermarket returns earned by IPO firms."[955] Auch aus der Überlegung, dass Emissionsbanken ihren Informationsvorsprung (*Underwriter Information Advantage*-Hypothese) oder ihre Marktmacht (Monopol-Hypothese) dazu nützen könnten, IPOs mit Abschlägen zu platzieren, um ihr eigenes Risiko zu minimieren, lässt sich zunächst keine Begründung für eine *Underperformance* am Sekundärmarkt ableiten. Der zunehmende Wettbewerb unter den Emissionsbanken um das lukrative Geschäft mit Aktien-Neuemissionen könnte jedoch zu einer Umkehrung der Monopol-Hypothese führen. So vermuten z. B. Serfling/Pape/Kressin (1999): „Die in der Vergangenheit zu beobachtende langfristige Underperformance von Neuemissionen könnte auch darauf zurückzuführen sein, daß Emittenten in den Verhandlungen mit den Emissionsbanken einen erheblich über dem wirtschaftlichen Wert liegenden Emissionspreis durchsetzen konnten. In den letzten Jahren wurde dieses Overpricing von Neuemissionen auch dadurch erleichtert, daß einzelne Emissionshäuser bei der Akquisition eines IPO-Mandats höhere Emissionspreise als Wettbewerbsinstrument gegenüber Konkurrenten einsetzten."[956]

5.2.2.2 *Price Support*-Hypothese

Nach Ruud (1993) sind positive Emissionsrenditen nicht auf *Underpricing*, sondern auf Kurspflegeaktivitäten der Konsortialbanken[957] während der ersten Handelstage im Sekundärmarkt zurückzuführen. Ruud

---

[955] **Jenkinson/Ljungqvist** (2001), Going Public, S. 145.

[956] **Serfling/Pape/Kressin** (1999), Emissionspreisfindung, S. 296.

[957] **Ruud** (1993)definiert: „Underwriter price support (or stabilization) involves transactions that prevent or retard a decline in the market price of a security and is intended to facilitate a distribution." (**Ruud** (1993), Underwriter, S. 138). Neben einem direkten Eingriff in das Marktgeschehen z. B. durch Stützungskäufe kommen hierfür auch indirekte Maßnahmen in Betracht. Die intensive Betreuung eines Börsenneulings durch Analysten bzw. die regelmäßige Veröffentlichung positiver Einschätzungen nach dem Börsengang könnten z. B. zusätzliche Nachfrage unter den Anlegern erzeugen. Vgl. in diesem Sinne z. B. **Schiereck/Wagner** (2002), Kursentwicklung, S. 828 f., oder **Michaely/Womack** (1999), Conflict, S. 654 f.

(1993) untersucht die Zeichnungsrenditen von 463 US-amerikanischen IPOs und schließt aus der linkssteilen Verteilung auf die Existenz von kursstützenden Aktivitäten. Schätzungsweise 10 bis 20 % aller IPOs seien künstlich gestützt: „This suppressing or censoring of the negative tail of the distribution of initial returns could produce a positive mean initial return even if offering prices were set at the true expected market value."[958] *Underpricing* wäre demnach nur als „Nebenprodukt" von Kurspflege-Maßnahmen am Sekundärmarkt zu interpretieren, das weder bewusst noch freiwillig erfolgt. Wenn die Preise neuer Aktien durch Kursstützungsmaßnahmen während der ersten Handelstage künstlich auf hohem Niveau gehalten werden, dann ist klar, dass die Kurse in Richtung des „wahren" Gleichgewichtspreises nachgeben, sobald diese Maßnahmen eingestellt werden. Finden derartige Prozesse bei einer genügend hohen Anzahl an Aktien-Neuemissionen statt, dann lässt sich damit auch eine *Underperformance* beim Durchschnitt der neuen Titel erklären. Einer empirischen Überprüfung dieses Zusammenhangs steht zwar das Problem der Identifikation von Kursstützungsaktivitäten entgegen. Derartige Maßnahmen gelten jedoch als gängige Praxis, so dass die These nicht von vorneherein ausgeschlossen werden kann.

Schultz/Zaman (1994) kommen bei ihrer Untersuchung von 72 Börsengängen zu dem erstaunlichen Ergebnis, dass US-Emissionsbanken während der ersten drei Handelstage am Sekundärmarkt etwa 21 % der ursprünglich emittierten Aktien wieder zurückkaufen.[959] Auch Ellis/Michaely/O'Hara (2000) und Aggarwal (2000) weisen ebenfalls erhebliche Aktivitäten US-amerikanischer Konsortialführer am Sekundärmarkt nach: „... underwriters manage the stabilization process and limit their losses by using a combination of short covering in the aftermarket, penalty bids, and exercise of the overallotment option."[960] Hanley/Kumar/Seguin (1993) finden in ihrer Untersuchung von 1.523 US-amerikanischen Aktien-Neuemissionen nicht nur Hinweise auf Kurspflegemaßnahmen, sondern auch darauf, dass die Bewertung der neuen Titel während der ersten Handelstage am Sekundärmarkt beeinflusst wird.[961] In der betrachteten Stichprobe sind die *bid-ask spreads* der neuemittierten Aktien aufgrund einer niedrigeren Volatilität umso geringer, je näher der Börsenkurs in den ersten zehn bis fünfzehn Handelstagen beim Emissionspreis liegt.

---

958 **Ruud** (1993), Underwriter, S. 138.

959 Vgl. **Schultz/Zaman** (1994), After-market.

960 **Aggarwal** (2000), Stabilization, S. 1100. Vgl. auch **Ellis/Michaely/O'Hara** (2000), Underwriter.

961 Vgl. **Hanley/Kumar/Seguin** (1993), Stabilization.

Hedge/Miller (1989) hingegen lehnen den direkten Effekt von Preisstützungsaktivitäten auf Geld-Briefspannen aufgrund ihrer Ergebnisse aus einer Untersuchung von 540 IPOs in den USA ab.[962] Am deutschen Kapitalmarkt leiten Kaserer/Kempf (1995) aus der linkssteilen Verteilung der marktbereinigten Zeichnungsrenditen und deren Entwicklung im Zeitablauf hin zu einer zunehmend symmetrischeren Verteilung zwar Hinweise für Kurspflegeaktivitäten der Emissionsbanken ab. Die Autoren schränken jedoch ein: „Andererseits gibt es aber ... keine Belege dafür, daß das Underpricing lediglich auf solche Preisstützungen zurückzuführen ist."[963] Jenkinson/Ljungqvist (2001) fassen zusammen: „... underwriters certainly have the opportunity, and may have a motive, to intervene in secondary market trading. There is abundant evidence that such intervention is widespread and that it has real effects on the trading behaviour of IPOs. What seems less credible is that price support alone can account for the empirical underpricing regularity, as Ruud initially postulated. More likely, stabilization is either a complement to underpricing or helps to mitigate it. The emerging consensus is that price support is best understood as one of the services underwriters sell, in a continuum of involvement spanning both the pre- and the after-market."[964]

5.2.2.3 Psychodynamische Erklärungsansätze

Zunehmende Zweifel an der generellen Informationseffizienz von Kapitalmärkten haben die Forderung, psychologische Konzepte in die wirtschaftswissenschaftliche Modellwelt zu integrieren, „... which allow to break up the strict postulate of rationality ..."[965], zunehmend lauter werden lassen. Längst behaupteten moderne psychologische Ansätze, dass sich in Aktienkursschwankungen die Hoffnungen und Befürchtungen der Marktteilnehmer und nicht tatsächliche, rational-ökonomische Verhältnisse widerspiegeln.[966] Untersuchungen des Anlegerverhaltens offenbarten verschiedenste Anomalien und Irrationalitäten[967], die als Hinweise der von Shiller (1990) propagierten Existenz spekulativer Kursbildung mit

---

[962] Vgl. **Hedge/Miller** (1989), Market-Making.

[963] **Kaserer/Kempf** (1995), Underpricing-Phänomen, S. 60. Vor dem Hintergrund ihrer Ergebnisse können sich die Autoren aber vorstellen, „... daß das Underpricing-Phänomen mit einem Modell-Ansatz, der ausschließlich von Wettbewerbs- und Kurspflegeeffekten ausgeht, vollständig erklärt werden kann." (Ebenda, S. 60).

[964] **Jenkinson/Ljungqvist** (2001), Going Public, S. 126.

[965] **Hanusch/Kugler** (1993), S. 1.

[966] Vgl. hierzu z. B. **Maas/Weibler** (1988), Psychologie, oder **Shiller** (1988), Fashions.

[967] Für einen Überblick vgl. z. B. **Oehler** (1991), Anomalien.

marktpsychologischen Ursachen interpretiert werden können.[968] Wohl auch aufgrund der Schwierigkeit, die gleichzeitige Existenz der überwiegend als Anomalien klassifizierten *Going Public*-Renditephänomene *Underpricing* und *Underperformance* modelltheoretisch in einem Kontext effizienter Kapitalmärkte mit rational handelnden Akteuren begründen zu können, stellen psychodynamische Erklärungsansätze bislang den Schwerpunkt der Erklärungsversuche dar.

5.2.2.3.1 *Fads-, Speculative Bubble-* und *Timing*-Hypothese

Ritter (1991) untersucht 1.529 US-amerikanische IPOs und ermittelt dabei nicht nur eine über 36 Monate kumulierte, marktbereinigte Rendite von -29,13 %, sondern er stellt gleichzeitig auch eine starke zyklische Variation sowohl in der Höhe des *Underpricing* als auch in der Anzahl der Börsengänge fest.[969] Das Auftreten regelmäßiger Phasen mit überdurchschnittlich hohem *Underpricing* wird auch in anderen Untersuchungen dokumentiert und hat sich in der wissenschaftlichen Literatur als das „*hot issue market*"-Phänomen etabliert.[970] Ritter (1991) stellt fest, dass die negativen Sekundärmarktrenditen der IPOs in seiner Stichprobe am größten sind, die in den Phasen mit zahlreichen Börsengängen ein *Going Public* wagten. Er zieht daraus den Schluss, dass Emittenten „*windows of opportunity*"[971], d.h. Phasen, in denen Investoren irrational überoptimistisch sind, für ihren Börsengang nutzen. Ritter (1991) spricht von „*fads and overoptimism*"[972] und Aggarwal/Rivoli (1990) definieren: „A fad is defined to be a temporary overvaluation caused by over-optimism on the part of investors..."[973] Das Problem bei der empirischen Überprüfung der *Fads*-Hypothese besteht darin, dass „... it is not possible to test for fads in IPOs in particular. It is only possible to test whether or not IPO price behavior is consistent with the fad explanation."[974]

Loughran/Ritter/Rydqvist (1994) beobachten auf fünfzehn Kapitalmärkten eine Häufung von Börsengängen während Perioden mit positiven Akti-

---

[968] Vgl. **Shiller** (1990), Speculative Prices.
[969] Vgl. **Ritter** (1991), Long-Run.
[970] Vgl. z. B. **Ibbotson/Sindelar/Ritter** (1988), Initial, oder **Ibbotson/Jaffe** (1975), Hot Issue, sowie für den deutschen Kapitalmarkt **Steib/Mohan** (1997), Initial.
[971] **Ritter** (1991), Long-Run, S. 4.
[972] Ebenda, S. 4.
[973] **Aggarwal/Rivoli** (1990), Fads, S. 47. **Bikhchandani/Hirshleifer/Welch** (1992) definieren *fads* allgemeiner als „... drastic and seemingly whimsical swings in mass behavior without obvious external stimulus." (**Bikhchandani/Hirshleifer/Welch** (1992), Theory, S. 995).
[974] **Aggarwal/Rivoli** (1990), Fads, S. 49.

enmarktentwicklungen und zeigen im Hinblick auf die erzielten Emissionsrenditen, dass „... the level of the stock market has significant explanatory power."[975] Die Autoren stellen die Vermutung auf, dass Unternehmen Marktphasen mit positiver Stimmung nutzen würden und sogar antizipieren könnten, wann die Wahrscheinlichkeit für Über-Optimismus am größten ist: „... evidence is consistent with our interpretation that the cycles in IPO volume are due partly to firms successfully timing their offerings to take advantage of misvaluations by investors."[976] Loughran/Ritter (1995) stellen ebenfalls fest, dass die Sekundärmarktperformance jener IPOs, die während einer *„hot markets"*-Phase[977] ein *Going Public* wagten, signifikant schlechter ist als die der übrigen: „Our evidence is consistent with a market where firms take advantage of transitory windows of opportunity by issuing equity when, on average, they are substantially overvalued."[978] Nach Rajan/Servaes (1997) könnten Unternehmen als *timing*-Indikator auch die Prognosen von Analysten heranziehen.[979] Die Autoren bestätigen nicht nur den generellen (Über-) Optimismus von Analysten, sondern finden auch Hinweise darauf, dass US-amerikanische Unternehmen insbesondere in solchen Phasen ein *Going Public* anstreben, in denen die Analystenprognosen besonders positiv ausfallen. Lowry/Schwert (2002) finden Hinweise, dass eine Phase mit hohem *Underpricing* mit einer Zeitverzögerung von etwa sechs Monaten auch von einer Erhöhung der Anzahl der Börsengänge begleitet wird.[980] Eine Ursache hierfür könnte sein, dass Emissionsbanken potenzielle IPO-Kandidaten zu einem Börsengang motivieren, wenn die Kaufbereitschaft der Anleger und das allgemeine Bewertungsniveau zunehmen.[981] Loughran/Ritter (2002) schließlich beobachten, dass IPOs, die nach Phasen mit steigenden Aktienkursen stattfinden, höhere Zeichnungsrenditen erzielen als jene, die nach Phasen mit fallenden Kursen durchgeführt werden und stellen fest: „Because there is partial adjust-

---

975 **Loughran/Ritter/Rydqvist** (1994), Initial, S. 183.

976 Ebenda, S. 185.

977 Als *„hot market"* wird ganz allgemein ein Aktienmarkt mit positiver Grundstimmung bezeichnet, der mehrere Monate mit steigenden Kursen aufweist. Demgegenüber bezeichnen *„hot issue markets"* Phasen mit überdurchschnittlich hohen Zeichnungsgewinnen am Markt für Aktien-Neuemissionen. Zur Differenzierung der Begrifflichkeiten vgl. **Schweinitz** (1997), Renditeentwicklungen, S. 72. Das Phänomen der *hot issue markets* wurde erstmals von **Ibbotson/Jaffe** (1975), Hot Issue, dokumentiert. Vgl. auch **Ibbotson/Sindelar/Ritter** (1988), Initial.

978 **Loughran/Ritter** (1995), Puzzle, S. 46.

979 Vgl. **Rajan/Servaes** (1997), Analyst Following.

980 Vgl. **Lowry/Schwert** (2002), IPO. **Ibbotson/Sindelar/Ritter** (1988) schätzen diese Vorlaufzeit auf sechs bis zwölf Monate. (Vgl. **Ibbotson/Sindelar/Ritter** (1988), Initial, S. 42).

981 Vgl. in diesem Sinne z. B. **Ritter/Welch** (2002), Review, S. 1800.

ment to public information, first-day returns are predictable."[982] Dass die Emittenten bereit sind, ein höheres *Underpricing* in Phasen mit hoher Nachfrage aufgrund steigender Aktienkurse zu akzeptieren, führen die Autoren auf Effekte kognitiver Psychologie zurück: „Prospect theory assumes that issuers care about the change in their wealth rather than the level of wealth. Prospect theory predicts that, in most situations occurring in the IPO market, issuers will sum the wealth loss from leaving money on the table with the larger wealth gain on the retained shares from a price jump, producing a net increase in wealth for preissue shareholders."[983] Steib/Mohan (1997) finden ähnliche Zusammenhänge bei Börsengängen am deutschen Markt für Aktien-Neuemissionen: „The high volume of IPOs in the optimistic periods provides support for Ritter's (1991) hypothesis that the average firm tends to wait for periods during which potential investors are (over)optimistic to make use of these ‚windows of opportunity'."[984] Nicht nur die Anzahl der Börsengänge, sondern auch die Höhe des *Underpricing* sei als weitere Konsequenz während optimistischer Perioden höher. Auch Löffler (2000a) ermittelt bei seiner Untersuchung von 118 IPOs an den Neuen Markt einen signifikant positiven Zusammenhang zwischen der Marktentwicklung – gemessen anhand der 60-Tage-NEMAX-*Performance* bis zu einem Tag vor Beginn der Zeichnungsfrist – und der Zeichnungsrendite.[985]

Wenn Börsenkandidaten Marktphasen mit positiver, d. h. (über-) optimistischer Grundstimmung unter den Anlegern für die Platzierung ihrer Anteilsscheine nutzen, dann sind temporäre Übertreibungen zu erwarten, die nach einer gewissen Zeitperiode im Sekundärmarkthandel wieder korrigiert werden. Vor diesem Hintergrund ist die Bezeichnung *Underpricing* für das Phänomen positiver Zeichnungsrenditen irreführend: Der Kurssprung am ersten Handelstag wird nicht dadurch ausgelöst, dass der Emissionspreis zu tief gewählt wurde, sondern weil über-optimistische, irrational handelnde Investoren den Wert des Börsenneulings (drastisch) überschätzen und opportunistisch handelnde Unternehmen derartige Phasen für ihr *Going Public* nutzen. Je mehr Information in der Folgezeit produziert wird, desto transparenter wird das tatsächliche Bewertungspotenzial des Unternehmens. Die sukzessive Revidierung der überzogenen Erwartungen schlägt sich anschließend in sinkenden Kursen und damit in negativen Überrenditen am Sekundärmarkt nieder.

---

982 **Loughran/Ritter** (2002), Issuers, S. 415.
983 Ebenda, S. 414.
984 **Steib/Mohan** (1997), Initial, S. 124.
985 Vgl. **Löffler** (2000a), Zeichnungsrenditen.

5.2.2.3.2 *Positive Feedback Investors*-Hypothese

Das *Positive Feedback Investors*-Modell von De Long/Shleifer/Waldmann (1990), das nicht explizit für den IPO-Kontext konzipiert worden ist, bietet dem Kaskadenmodell von Welch (1992) ähnliche Anknüpfungspunkte zur Erklärung von Renditeanomalien.[986] Darin werden zwei Gruppen von Investoren unterschieden: *Positive Feedback Investors* bezeichnet jene Anleger, „... who buy securities when prices rise and sell when prices fall."[987] Diese Anlegergruppe verhält sich ähnlich wie jene Investoren, die sich im Kaskadenmodell mangels verlässlicher privater Informationen v. a. am Verhalten der übrigen Marktteilnehmer orientieren. Daneben gibt es eine Gruppe informierter Investoren, die das Anlegerverhalten der ersten Gruppe antizipieren können: „When rational speculators receive good news and trade on this news, they recognize that the initial price increase will stimulate buying by positive feedback traders tomorrow. In anticipation of these purchases, informed rational speculators buy more today, and so drive prices up today higher than fundamental news warrants. Tomorrow, positive feedback traders buy in response to today's price increase and so keep prices above fundamentals even as rational speculators are selling out and stabilizing prices."[988]

Diese Gruppe informierter, rational-spekulativer Investoren könnte demnach Stimmungsumschwünge oder ein allgemein positives Börsenklima als *window of opportunity* ausnützen, um außerordentliche Gewinne zu erzielen, indem sie Wertpapiere früh kauft – oder zeichnet – und dadurch die Erwartungen uninformierter Anleger positiv manipuliert. Der hierdurch ausgelöste Nachfrageschub erzeugt regelmäßig eine „Blase", d. h. der Marktpreis einer Aktie entfernt sich weit vom fundamental gerechtfertigten Wert. Im IPO-Kontext könnte diese rational spekulierende Anlegergruppe – hierbei ist insbesondere an institutionelle Anleger zu denken – u. a. durch einen adäquaten Preisabschlag zusätzlich zur Zeichnung animiert werden, um dadurch einen dem Kaskaden-Effekt von Welch (1992) ähnlichen Prozess auszulösen und damit den Erfolg des Börsengangs sicherzustellen. „The key point is that, although part of the price rise is rational, part of it results from rational speculators' anticipatory trades and from positive feedback traders' reaction to such trades. Trading by rational speculators destabilizes prices because it triggers positive

---

986 Vgl. **De Long/Shleifer/Waldmann** (1990), Positive Feedback.
987 Ebenda, S. 379.
988 Ebenda, S. 380.

feedback by other investors."[989] Die Masse der übrigen Anleger wird in ihrer optimistischen Grundhaltung durch das Interesse der informierten, rational-spekulierenden Anleger zunächst bestätigt. Dieser Effekt wird zusätzlich dadurch gefördert, dass sich Erwartungen nicht als mikroökonomisches Phänomen, sondern durch kollektives Lernen über Massenmedien und die Aneignung von Expertenmeinungen herausbilden.[990] Folglich entwickeln große Anlegergruppen identische Erwartungen über die künftige *Performance* einer Aktie und handeln entsprechend wie *Positive Feedback Investors*. „Wie die Lemminge"[991] folgen sie dem Zug der Optimisten und akzeptieren Preise, die über dem inneren Wert der Titel liegen. Dies trifft auf IPOs in hohem Maße zu, da dort die asymmetrische Informationsverteilung besonders ausgeprägt und der wahre Wert der neuen Aktien aufgrund fehlender historischer Daten schwieriger abzuschätzen ist. Auf Dauer lässt sich das resultierende Kursungleichgewicht aber nicht aufrechterhalten. Mit dem Eintreffen neuer Informationen wird das wahre Potenzial des Börsenneulings transparenter, die Optimisten müssen ihre Erwartungen korrigieren und die Kurse der Aktien entwickeln sich auf ihre fundamentalen Werte zu. Mit dem Modell von De Long/ Shleifer/Waldmann (1990) lässt sich so nicht nur erklären, warum Investoren in bestimmten Phasen mit einem positiven Sentiment für IPOs irrational hohe Preise bieten, sondern auch, warum am Sekundärmarkt bei diesen Titeln dann über einen längeren Zeitraum negative Renditen überwiegen.

5.2.2.3.3 *Heterogeneous Expectations*-Hypothese

Die Annahme homogener Erwartungen der Marktteilnehmer stellt eine der Basisprämissen informationseffizienter Kapitalmärkte in der Kapitalmarkttheorie dar.[992] Miller (1977) gibt diese Annahme nun auf, weil „... it is implausible to assume that although the future is very uncertain, and forecasts are very difficult to make, that somehow everyone makes identical estimates of the return and risk from every security."[993] Er unterstellt stattdessen die realistischere Annahme heterogener Erwartungen und geht der Frage nach, welche Effekte dies auf die Bewertung von Aktien

---

989 Ebenda, S. 380.

990 Vgl. hierzu z. B. die Arbeit von **Andreassen** (1987) der aufzeigt, wie Expertenmeinungen in den Massenmedien Einfluss auf Anlegerentscheidungen nehmen. (Vgl. **Andreassen** (1987), Psychology).

991 **Schwartzkopf** (1989), Lemminge, S. 108.

992 Vgl. hierzu auch die Ausführungen in den Abschnitten 3.1 und 3.2.2 der vorliegenden Arbeit.

993 **Miller** (1977), Risk, S. 1151.

hat. Gleichzeitig nimmt Miller (1977) in seinem Modell an, dass bereits eine kleine Anzahl an Investoren ausreicht, um den gesamten *free float* eines Unternehmens zu übernehmen. „Also, as long as a minority of potential investors can absorb the issue, an increase in the divergence of opinion will increase the market clearing price."[994] In einem Umfeld heterogener Erwartungen werden sich Emissionsbanken bei der Emissionspreisbestimmung im Rahmen eines IPO an den Erwartungen der durchschnittlichen Anleger orientieren. Bei den unter diesen Bedingungen regelmäßig zu beobachtenden Überzeichnungen kann die Nachfrage der optimistischen Anleger nicht (vollständig) befriedigt werden. Diese werden deshalb versuchen, am Sekundärmarkt zum Zuge zu kommen und dabei Kurse akzeptieren, die bis zur Höhe ihrer Grenzpreisvorstellungen steigen können. Weniger optimistische Anleger werden gleichzeitig bereit sein, zu diesen höheren Kursen zu verkaufen. Die Konsequenz daraus ist nun die, dass der sich einstellende Kurs der Aktie dieses Unternehmens eben nicht die unverzerrte Bewertung sämtlicher, öffentlich verfügbarer Informationen im Sinne informationseffizienter Märkte widerspiegelt. Vielmehr wird der markträumende Preis durch den Wert determiniert, den der optimistischste „marginale Anleger" gerade noch bereit ist zu bezahlen. „Given the low level of short selling, a badly informed or excessively optimistic small group of investors can bid a stock up to a value that most investors regard as unreasonable."[995]

Dieser Zusammenhang kann im IPO-Kontext letztlich auch Ursache für die beobachteten Zeichnungsgewinne bzw. Kurssprünge am ersten Handelstag im Sekundärmarkt sein: Selbst jene Anleger, die im Rahmen der Zeichnung nicht zum Zuge und damit auch nicht in den Genuss einer positiven Zeichnungsrendite kamen, kaufen die Aktie im frühen Sekundärmarkt – zu noch höheren Kursen – wenn ihre Erwartungen entsprechend optimistisch sind. Je länger ein Börsenneuling an der Börse notiert ist und damit im Rampenlicht der Öffentlichkeit steht, desto mehr werden neue Informationen und damit größere Transparenz entstehen und zu einer Anpassung der Erwartungen auf Seiten der Investoren führen. Im Zuge dieses Prozesses ist davon auszugehen, dass das Ausmaß der vor dem Börsengang bestehenden Heterogenität der Erwartungen tendenziell abnehmen wird. Selbst wenn sich die durchschnittliche Meinung zu den Perspektiven eines Unternehmens sämtlicher Investoren dabei nicht verschlechtert, muss die Verkürzung der Erwartungsbandbreite zwangsläufig zu sinkenden Kursen führen, da auch die Fraktion der Optimisten

---

[994] Ebenda, S. 1153.
[995] Ebenda, S. 1154.

die Erwartungen in Richtung Mittelwert revidieren wird. „With the passage of time and the reduction in uncertainty, the appraisal of the top *x* percent of the investors is likely to decline even if the average assessment is not changed. This would explain the poor performance of a group of new issues when compared to a group of stocks about which the uncertainty does not decrease over time."[996] Somit könnte das Modell von Miller (1977) sowohl das *Underpricing* als auch eine anschließende *Underperformance* erklären.[997]

5.2.2.3.4 *Window Dressing*-Hypothese

Börsenaspiranten haben nicht nur einen Anreiz, eine möglichst optimale Marktphase für ihren Börsengang zu nutzen, sondern gleichzeitig auch Maßnahmen zu ergreifen, die den Optimismus der Anleger im Hinblick auf die Perspektiven des Unternehmens aktiv fördern.[998] Informationsasymmetrien zwischen Management/Alteigentümern und Anlegern eröffnen Spielräume, die „Braut zu schmücken". Zahlreiche Untersuchungen finden Hinweise, dass Börsenaspiranten insbesondere die Ansatz- und Bewertungsspielräume im Rahmen einer aktiven Bilanzpolitik dazu nützen, ein möglichst attraktives Zahlenwerk zum IPO präsentieren zu können:[999] „There are several ways in which managers can engage in ‚window dressing'. First, they can ‚borrow' earnings from other periods. To borrow from the future, simply lower prices temporarily to boost sales now, or defer any spending (R&D, staff training) whose returns will occur only in the longer term. Similarly, past performance can be borrowed by slowing down earnings growth in the year before the flotation year. The effect will be stellar performance just before the IPO, with a later decline in operating performance."[1000] In der wissenschaftlichen Literatur werden diese Aktivitäten unter den Stichworten *„earnings management"* und

---

996 Ebenda, S. 1156.

997 **Jenkinson/Ljungqvist** (2001) weisen zurecht daraufhin, dass Marktteilnehmer, die aus dem Modell von **Miller** (1977) zu erwartenden Handelsverläufe theoretisch für Arbitrageprozesse nutzen könnten und damit den Aussagegehalt des Modells in Frage stellen würden. (Vgl. **Jenkinson/ Ljungqvist** (2001), Going Public, S. 150 f.). Dem stehen in der Praxis jedoch zahlreiche Hindernisse entgegen, die die Umsetzung einer entsprechenden *„IPO shorting strategy"* verhindern.

998 Vgl. in diesem Sinne z. B. **Chaney/Lewis** (1998), Income, oder **Sapusek** (1998), Fundamental, S. 43.

999 **Chaney/Lewis** (1998) heben hier z. B. die Bedeutung der ausgewiesenen Gewinne für die Unternehmensbewertung hervor: „... since underwriters tend to use price-earnings multiples to set the offer price ... investors must consider incentives to over-report earnings when they evaluate earnings levels contained in the offering prospectus." (**Chaney/Lewis** (1998), Income, S. 4).

1000 **Jenkinson/Ljungqvist** (2001), Going Public, S. 158.

„*income smoothing*" untersucht. Wenn Anleger diese in ihren Erwartungen nicht adäquat berücksichtigen und z. B. die in der Vergangenheit erzielten Ertragszuwächse naiv in die Zukunft extrapolieren, dann werden die Unternehmensbewertungen von IPO-Kandidaten inflationiert und Preise akzeptiert, die deutlich über den inneren Werten liegen.

Jain/Kini (1994) untersuchen die Jahresabschlussdaten von 682 US-amerikanischen Börsenneulingen der Jahre 1976 bis 1988 vor und bis zu 5 Jahre nach dem IPO.[1001] Die Autoren werten die Entwicklung verschiedener fundamentaler Kennzahlen aus und stellen dabei einen signifikant negativen Trend in der operativen *Performance* fest, obwohl die Unternehmen ein deutliches Umsatzwachstum verzeichnen und erhebliche Investitionen tätigen.[1002] Als mögliche Ursachen verweisen Jain/Kini (1994) u. a. auf ein bewusstes *Window Dressing* sowie ein gezieltes *timing* der Unternehmen, das *Going Public* in einer Periode mit überdurchschnittlicher Ertragskraft durchzuführen:[1003] „Successful timing or window-dressing actions taken by issuers may result in potential investors having high, and systematically biased, expectations of earnings growth in the post-issue period."[1004] Die Investoren antizipieren den vorhersehbaren Rückgang der operativen Ergebnisse jedoch nicht und werden von der anschließenden schlechten Sekundärmarktentwicklung überrascht. „Our findings of post-issue declines in the M/B ratio [*market-to-book ratio*], P/E ratio [*price-earnings ratio*], and EPS [*earnings per share*] are consistent with this interpretation, suggesting that potential investors initially have high expectations of future earnings growth, which are not subsequently fulfilled."[1005]

Auch Teoh/Welch/Wong (1998) untersuchen die fundamentalen Daten einer Stichprobe von 1.649 US-amerikanischen Unternehmen der Jahrgänge 1980 bis 1992 über einen Zeitraum von einem Jahr vor bis fünf Jahre nach dem *Going Public.*[1006] Die Autoren finden im Vergleich zu einer Kontrollgruppe signifikante Hinweise darauf, dass Unternehmen in den Jahren rund um das IPO eine kurzfristig orientierte Bilanzpolitik betreiben mit dem Ziel, einen möglichst hohen Jahresüberschuss aus-

---

1001 Vgl. **Jain/Kini** (1994), Post-Issue.
1002 **Mikkelson/Partch/Shah** (1997), Ownership, kommen zu ähnlichen Ergebnissen.
1003 Vgl. **Jain/Kini** (1994), Post-Issue, S. 1700. Die Autoren führen auch gestiegene *Agency*-Kosten sowie ein durch den Kapitalzufluss ausgelöstes Überinvestitionsproblem als mögliche Ursachen an.
1004 Ebenda, S. 1720.
1005 Ebenda, S. 1701.
1006 Vgl. **Teoh/Welch/Wong** (1998), Earnings.

weisen zu können. Diese Aktivitäten nehmen im Zeitablauf ab, so dass bereits nach vier Jahren kein signifikanter Unterschied zur Kontrollgruppe mehr festgestellt werden kann. Teoh/Welch/Wong (1998) finden zudem bei den IPOs ihrer Stichprobe – und Rangan (1998) bestätigt dies auch für *seasoned offerings* – einen signifikant negativen Zusammenhang zwischen dem *earnings management* und der *Performance* am Sekundärmarkt.[1007] Chaney/Lewis (1998) kommen zu ähnlichen Erkenntnissen: „... firms with low market values use discretionary accruals to meet investors earnings expectations in the short-run. Since these earnings levels cannot be supported in the long-run, firms that follow aggressive reporting policies have the greatest trouble maintaining these levels in the future and consequently experience the greatest levels of underperformance."[1008]

Sapusek (1998) untersucht die fundamentale Post-IPO-Entwicklung von 89 deutschen Unternehmen, die zwischen 1988 und 1993 einen Börsengang vollzogen, anhand der Veränderungen von Jahresabschlussdaten im Zeitablauf und im Vergleich zu Kontrollunternehmen.[1009] Die Autorin stellt dabei eine signifikante Verschlechterung der operativen *Performance* der Stichprobenunternehmen nach dem Börsengang fest: „Consequently the pre-IPO performance extenuates the real performance of the company, whereas the operating performance in the years following the event of going public is a better indicator of the development of the firm ... The real change in operating performance is overlapped by the window-dressing of accounting numbers."[1010] Gleichzeitig findet Sapusek (1998) auch Hinweise darauf, dass sich der Rückgang der operativen Entwicklung auch mit der Tendenz der Börsenaspiranten erklären lässt, ihren Börsengang während Phasen überdurchschnittlich guter Geschäftsentwicklungen durchzuführen. Dieses Niveau lässt sich jedoch nicht auf Dauer aufrechterhalten. Die Autorin kommt zu dem Ergebnis, dass „... IPOs are comparatively good companies, which are, however, overvalued at the time of the event of going public. This overvaluation can somehow explain the long-run underperformance of IPOs on the stock market."[1011]

[1007] Vgl. **Rangan** (1998), Earnings. Diese Tendenz bestätigen z. B. auch **DuCharme/Malatesta/Sefcik** (2001), die 171 US-amerikanische IPOs der Jahre 1982 bis 1987 untersuchen: „Aggressive earnings management prior to IPOs increases initial firm value, but decreases subsequent return to investors." (**DuCharme/Malatesta/Sefcik** (2001), Earnings, S. 393).

[1008] **Chaney/Lewis** (1998), Income, S. 6.

[1009] Vgl. **Sapusek** (1998), Fundamental.

[1010] Ebenda, S. 43.

[1011] Ebenda, S. 79.

Jüngere Untersuchungen zum deutschen Kapitalmarkt bestätigen die Aussagen von Sapusek (1998). Langemann (2000) betrachtet die Entwicklung der Eigenkapitalrentabilität und der Verhältniskennzahl EBITDA/ Eigenkapital von 177 Unternehmen, die zwischen 1968 und 1990 am deutschen Aktienmarkt ein IPO durchgeführt haben.[1012] Die Analyse basiert auf der fundamentalen *Performance* der Unternehmen im Jahr vor bis zum siebten Jahr nach dem Börsengang. Die Eigenkapitalrentabilität der Stichproben-Unternehmen sinkt in diesem Zeitraum durchschnittlich auf die Hälfte der Ausprägung des IPO-Jahres und das Verhältnis von EBITDA zu Eigenkapital auf etwa zwei Drittel; erst ab dem sechsten Jahr dreht dieser Trend wieder. Langemann (2000) interpretiert dies als „... ein Indiz dafür, daß den Anlegern gerade zum Zeitpunkt des Börsengangs Jahreserfolge präsentiert werden, die nach ihrer Beteiligung an der Gesellschaft nicht mehr zu erreichen sind."[1013] Börgmann (2001) bestätigt in seiner Untersuchung der fundamentalen Entwicklung von 49 deutschen Börsenneulingen der Jahre 1988 bis 1990 den Einbruch der Rentabilität nach dem Börsengang: „Dies lässt auf ein gezieltes Timing der Emission bzw. möglicherweise auf ein Window-dressing des entsprechenden Jahresabschlusses schließen."[1014] Ein ähnliches Ergebnis zeigt die Analyse der Wachstumskennzahlen: Der infolge der Kapitalzufuhr zu erwartende Wachstumsschub stellt sich nicht ein, vielmehr ist nach dem IPO ein Rückgang der hohen und branchenüberdurchschnittlichen Wachstumsraten zu beobachten. Auch Mager (2001) geht der fundamentalen Entwicklung von 152 IPOs in Deutschland der Jahre 1987 bis 1998, davon erfolgten 37 Börsengänge an den Neuen Markt, auf Basis eines umfangreichen Kennzahlenkatalogs im Zeitraum zwei Jahre vor bis fünf Jahre nach dem Börsengang nach. Dabei stellt er fest, dass die betrachteten Unternehmen ihre Rentabilität vor dem Börsengang zwar signifikant steigern, dass diese Kennzahl nach dem Börsengang aber deutlich abnimmt.[1015] Der Anteil an Unternehmen mit Jahresfehlbeträgen steigt gleichzeitig, die betriebliche Effizienz sinkt nach dem Börsengang

---

1012 Vgl. **Langemann** (2000), Vorteile.

1013 Ebenda, S. 230.

1014 **Börgmann** (2001), Unternehmensentwicklung, S. 183. Auch **Sapusek** (2000) kommt zu diesem Ergebnis und spricht von der „*decline-of-profitability-hypothesis*" als möglichen Erklärungsansatz für eine *Underperformance* von Aktien-Neuemissionen am Sekundärmarkt. (Vgl. **Sapusek** (2000), Benchmark-Sensitivity, S. 391 ff.).

1015 Die Gesamtkapitalrentabilität steigt in den beiden Jahren vor dem Börsengang beispielsweise von 11,12 % auf 14,16 %. Drei Jahre nach dem IPO erreicht die Rentabilität, je nach betrachteter Kennzahl, nur noch etwa 35 % bis 65 % des letzten Geschäftsjahres vor dem Börsengang. (Vgl. **Mager** (2001), Performance, S. 113).

dauerhaft ab, und auch die übrigen von Mager (2001) betrachteten Kennzahlengruppen liefern ein ähnlich negatives Bild der fundamentalen *Performance*. Der Autor kommt u. a. zu dem Ergebnis: „Unternehmen gehen nach bzw. während Perioden besonders günstiger Unternehmensentwicklung an die Börse ... Weiterhin können klare Indizien für Window Dressing im Vorfeld der Börseneinführung identifiziert werden."[1016]

Die skizzierte Hypothese liefert einen einleuchtenden konzeptionellen Ansatz und die empirischen Erkenntnisse deuten ihr Erklärungspotenzial zur Begründung negativer Überrenditen am Sekundärmarkt an. Hinsichtlich der Emittenten fällen Loughran/Ritter (1997) angesichts der gewichtigen empirischen Befunde zu den *window dressing*-Aktivitäten von Börsenneulingen ein ernüchterndes Urteil: „Our interpretation of the findings of this and other articles is that some, but by no means all, issuing firms are intentionally and successfully misleading investors."[1017] Eine Frage bleibt dennoch offen: „... why don't investors learn?"[1018] Bilanzkosmetik, *earnings management* sowie die Verschlechterung der operativen Unternehmensentwicklung nach dem Börsengang dürften keinen Anleger überraschen und sollten deshalb längst in den Aktienkursen berücksichtigt sein.

5.2.3 Neuemissionsresearch im Rahmen der *Underperformance*-Erklärungsversuche und die *Efficiently Learning Market*-Hypothese

Jenkinson/Ljungqvist (2001) stellen fest: „The evidence, if correct, is disturbing. With initial underpricing, at least there is an element of arbitrariness in setting the offer price, and thus we can think of reasons why one might want to set the price below its expected after-market value. But for a certain type of firm (those recently listed) to perform worse than expected consistently and persistently, something must be amiss either with the way we measure risk and performance, or with the asset-pricing theories we use to form expected returns, or with the rationality of market participants."[1019] Die skizzierten psychodynamischen Erklärungsansätze verbindet die Basisthese, dass Prozesse an Kapitalmärkten mit zum Teil gravierenden Informationsineffizienzen konfrontiert werden. Die Beurteilung ihrer Tauglichkeit und ihres Potenzials zur Erklärung von Rendite-

---

[1016] Ebenda, S. 201.
[1017] **Loughran/Ritter** (1997), Operating, S. 1847.
[1018] **Jenkinson/Ljungqvist** (2001), Going Public, S. 160.
[1019] Ebenda, S. 58.

anomalien am Markt für Aktien-Neuemissionen wird durch zwei Problembereiche erschwert. Zum einen durch die Uneindeutigkeit der empirischen Ergebnisse zur Existenz eines *Underperformance*-Phänomens: „Because the asset-pricing literature has failed to provide an accepted model of risk-adjusted performance against which one can measure post-IPO performance, it still remains unclear how abnormally poor post-IPO performance is."[1020] Zum anderen aber auch durch die Berücksichtigung psychologischer Faktoren, die für spekulative Kursbildung und Über-Optimismus der Anleger verantwortlich sind. Die besondere Problematik resultiert hierbei aus der Verneinung des Rationalitätspostulats, das praktisch allen Modellen der Wirtschaftswissenschaften zugrunde liegt. Auf Basis der jüngeren Untersuchungen zum *Underperformance*-Phänomen bleibt zwar im Vergleich zum *Underpricing*-Forschungsstand festzuhalten, „... that the empirical support for long-run underperformance is not nearly as clear-cut."[1021] Sollte die Sekundärmarktentwicklung von Aktien-Neuemissionen aber tatsächlich durch eine systematische *Underperformance* aufgrund irrationalen Verhaltens der Marktteilnehmer charakterisiert sein, so bleibt wenigstens eine Frage unbeantwortet: „... why do investors not learn from past experience?"[1022]

Eine andere Ansicht vertreten z. B. Bossaerts/Hillion (2001).[1023] Die Autoren stellen in Frage, ob die *Underperformance* von Aktien-Neuemissionen das Rationalitätspostulat und die Informationseffizienz tatsächlich verletzen. Nach deren Meinung ist es unrealistisch zu unterstellen, dass ein Markt im Rahmen jedes IPOs korrekte Erwartungen hinsichtlich sämtlicher renditerelevanter Zukunftsereignisse haben muss. Effiziente Preise und rationales Anlegerverhalten würden zudem nicht notwendigerweise unverzerrte Erwartungen der Marktteilnehmer zum Zeitpunkt eines Börsengangs erfordern, die bisherigen Untersuchen haben diese Verzerrungen zudem nur aus einer Ex-post-Perspektive nachgewiesen, d. h. „... with the benefit of hindsight."[1024] Nach Bossaerts/Hillion (2001) stellen Phänomene wie Über-Optimismus von Investoren zum Börsengang eines Unternehmens keinen Bruch mit der Forderung rationaler Preise dar. „Instead, it seems much more fruitful to ask whether subsequent changes in the market's beliefs were rational."[1025] Das entscheidende Kriterium ist demnach nicht, ob im Zeitpunkt des Börsengangs überzogene Erwartun-

---

[1020] **Ritter/Welch** (2002), Review, S. 1820.
[1021] **Jenkinson/Ljungqvist** (2001), Going Public, S. 193.
[1022] Ebenda, S. 57.
[1023] Vgl. **Bossaerts/Hillion** (2001), IPO.
[1024] Ebenda, S. 333.
[1025] Ebenda, S. 333.

gen vorherrschen, sondern ob der Markt in der Folge in der Lage ist, neue Informationen rational zu verarbeiten. „The term *fads* reflects something irrational: the market overprices the issues and stubbornly holds on to its beliefs, until finally correcting in the face of evidence of failures. But optimism is not necessarily irrational. It may merely be a characterization of someone's beliefs at a point in time. Optimism becomes irrational only if it is not corrected (updated) properly as contrary evidence emerges. So, optimism is not the problem; instead, the obstinacy is."[1026] Bossaerts/Hillion (2001) schlagen deshalb die *„efficiently learning market*-Hypothese" (ELM) vor: „ELM differs from EMH [*efficient market hypothesis*] only in that prior beliefs may be biased."[1027]

Auf Basis dieser Argumentation untersuchen Bossaerts/Hillion (2001) mit einer Stichprobe von 4.848 US-amerikanischen Börsengängen der Jahre 1975 bis 1995 die Frage, ob *Underperformance* auf Über-Optimismus der Anleger zum IPO oder die irrationale Unfähigkeit zu „Lernen", d. h. die nicht-adäquate Berücksichtigung neuer Informationen nach dem Börsengang zurückzuführen ist. Die Autoren teilen ihre Stichprobe hierzu in zwei Gruppen: eine *„winner*"-Kategorie mit erfolgreichen Börsenneulingen und eine *„loser*"-Kategorie mit jenen Unternehmen, die durch Insolvenz wieder aus dem Markt verschwanden.[1028] Bossaerts/Hillion (2001) testen dann, ob die Markterwartungen bezüglich des Scheiterns eines Unternehmens (Ausscheiden aus dem Markt durch Insolvenz) im Sekundärmarktverlauf korrekt aktualisiert werden: „We do require, ... that the market learn rationally about the potential bankruptcy of individual issues, using its information ... In other words, the market uses the rules of conditional probability (Bayes' law) to update its beliefs, based on the correct likelihood of signals given the final outcome (default or not)."[1029] Die Autoren finden dabei keine Hinweise darauf, dass die Veränderungen der Markterwartungen am Sekundärmarkt irrational wären. Einzige Ausnahme ist die Gruppe mit IPOs, die ihre Anteilsscheine mit Preisen kleiner 6 USD zur Zeichnung angeboten haben.[1030] Hier deuten die empiri-

---

1026 Ebenda, S. 337.

1027 Ebenda, S. 333.

1028 Die Autoren ermitteln für ihre Stichprobe eine Ausfall-Wahrscheinlichkeit von 35,0 %. „So, roughly three out of ten IPOs will not be a success. This rather high failure rate makes all the more dramatic Ritter's [**Ritter** (1991)] observation that the post-issue performance of IPOs has been dismal." (**Bossaerts/Hillion** (2001), IPO, S. 335).

1029 Ebenda, S. 338.

1030 **Jenkinson/Ljungqvist** (2001) machen als mögliche Erklärung hierfür auf folgenden Aspekt aufmerksam: „Since low-priced offerings also tend to be smaller, and smaller offers are more likely to be aimed at retail investors, it is possible that

schen Ergebnisse an, dass die Anleger zum Zeitpunkt des Börsengangs die Wahrscheinlichkeit eines Scheiterns des Unternehmens im Durchschnitt deutlich unterschätzten, d. h. viel zu optimistisch waren. „If, with hindsight, early aftermarket price levels seemed on average to be too high, this must be the consequence of initial optimism. There is certainly no evidence that the market overreacted or underreacted as news about the fate of each individual issue emerged."[1031]

Bleibt die Frage nach den Ursachen und Quellen dieses Über-Optimismus unter den Anlegern. Emissionsbanken beeinflussen in erheblichem Maße den Meinungsbildungsprozess und damit auch die Entstehung von Optimismus im Vorfeld eines IPO insbesondere durch die frühzeitige Bereitstellung von bewertungsrelevanten Informationen. Am deutschen Markt für Aktien-Neuemissionen besteht aufgrund der Freiräume bei der Erstellung von Neuemissionsstudien zudem ein geeignetes Medium für den Transfer dieser Daten, wie die Ausführungen im Abschnitt 4.2.3.2.2 ergeben haben. Die Emittenten werden gleichzeitig bilanztechnische Spielräume ausnutzen, um ihr Unternehmen in besonders gutem Licht zu präsentieren. Gemeinsam wird versucht, *fashion leader*, d. h. die Meinungsführer insbesondere aus dem Lager institutioneller Anleger möglichst frühzeitig für eine Aktien-Neuemission zu begeistern, um entsprechende Kaskadeneffekte auszulösen. Unter Umständen werden diese ohnehin von selbst ein Engagement in Betracht ziehen, weil sie auf eine erfolgreiche Platzierung und einen davon ausgelösten Nachfrageeffekt durch weniger gut informierte Anleger spekulieren. Durch ein gutes *timing*, d. h. die Berücksichtigung exogener Faktoren wie die allgemeine Stimmung an den Börsen, konjunkturelle Rahmenbedingungen oder Charakteristika vorangegangener Börsengänge, kann die optimistische Grundstimmung unter den Anlegern zusätzliche positive Sentiment-Effekte auslösen. Schließlich werden Emissionsbanken, wenn notwendig, auch Preisstützungsaktivitäten ergreifen, um den (kurzfristigen) Erfolg eines Börsengangs sicherzustellen. Der Teil der ohnehin optimistischen Anleger wird sich durch die frühen Kursgewinne in seinem Optimismus bestätigt fühlen und die Aktien am Sekundärmarkt selbst bei steigenden Preisen weiter kaufen. Die Summe der Effekte aus den aufgezeigten Prozessketten kann regelmäßig (exzessive) Kursblasen erzeugen, deren treibende Kraft im Über-Optimismus der Marktteilnehmer zu suchen ist. Im weiteren Sekundärmarktverlauf wird dieses *Mispricing* dann aber zu-

---

retail investors' learning behaviour is systematically different from that of institutional investors." (**Jenkinson/Ljungqvist** (2001), Going Public, S. 157).

1031 **Bossaerts/Hillion** (2001), IPO, S. 346.

nehmend transparenter. Ist es den Emissionsbanken gelungen, das im Rahmen der Preisfindung kommunizierte Szenario als wahrscheinliche und überzeugende Vorhersage der künftigen Entwicklung eines Börsenneulings zu platzieren, so werden sich die Markterwartungen tendenziell an diesen Prognosen orientieren. Weichen die tatsächlich erzielten Ergebnisse von den Vorhersagen – und/oder von den zwischenzeitlich vom Unternehmensmanagement bekannt gegebenen Zielgrößen – ab, wird eine Revision der überoptimistischen Erwartungen erzwungen und eine entsprechende Kurskorrektur ausgelöst.

5.3 Zwischenfazit: Synthese aus *Underpricing*- und *Underperformance*-Erklärungsansätzen

Die Ergebnisse des Forschungsstands zum *Underpricing*- und zum *Underperformance*-Phänomen lassen sich in folgenden Kernaussagen zusammenfassen:

[1] **Das *Going Public* und das Preisverhalten von neuemittierten Aktien ist Gegenstand zahlreicher empirischer Untersuchungen auf beinahe sämtlichen Kapitalmärkten der Welt. Die empirische Evidenz belegt, dass das *Underpricing* von Aktien-Neuemissionen weder ein temporär noch geographisch begrenztes Phänomen ist, allerdings erheblichen Schwankungen im Zeitablauf unterliegt.**

Auch die Untersuchungsergebnisse zum *Underpricing*-Phänomen am deutschen Markt für Aktien-Neuemissionen fügen sich nahtlos in die Befunde der Untersuchungen an anderen Kapitalmärkten ein. Gegen Ende der neunziger Jahre, der Hochphase des *New Economy*-Booms, stießen die Zeichnungsrenditen von Unternehmen des Neuen Marktes allerdings in neue Größenordnungen, die historisch betrachtet und im internationalen Vergleich als außergewöhnlich zu bezeichnen sind.

[2] **Die zahlreichen Ansätze zur Erklärung des Phänomens positiver Zeichnungsrenditen konzentrierten sich zunächst ausschließlich auf den Primärmarkt und versuchten, *Underpricing* in Gleichgewichtsmodelle im Kontext effizienter Märkte zu integrieren. Einen Schwerpunkt stellten dabei jene Ansätze dar, die ein gewolltes, d. h. bewusstes *Underpricing* aufgrund bestehender Informationsasymmetrien zwischen den verschiedenen beteiligten Parteien herleiten.**

Erklärungsansätze auf Basis von Informationsasymmetrien unterstellen, dass eine der am IPO beteiligten Parteien über einen Informationsvorsprung verfügt. Um die weniger informierte Partei für ihren Informationsnachteil zu kompensieren und das Marktgleichgewicht zu erreichen, ist deshalb ein (bewusstes) *Underpricing* seitens der Emittenten notwendig. Daneben werden weitere Modelle vorgeschlagen, welche die Ursachen für bewusste und systematische Preisabschläge am Markt für Aktien-Neuemissionen auf Basis unterschiedlichster Annahmen zu erklären versuchen. Empirische Untersuchungen zeigen zwar Hinweise darauf, dass zumindest einige der in den verschiedenen Erklärungsversuchen unterstellten Zusammenhänge an Märkten für Aktien-Neuemissionen tatsächlich vorzufinden sind. Insgesamt kann aber keines der Modelle für sich allein das *Underpricing*-Phänomen zufriedenstellend erklären.

[3] ***Underpricing* kann nicht nur entstehen, weil der Emissionskurs zu niedrig gewählt worden ist, sondern auch, weil ein *Mispricing* am Sekundärmarkt stattfindet. *Underpricing* kann somit nur im Gesamtkontext von Preisbildung und Preisentwicklung adäquat untersucht werden. In der jüngeren *Underpricing*-Forschung gewinnt deshalb die Preisentwicklung nach dem Börsengang an Bedeutung und damit die Beobachtung, dass sich Aktien-Neuemissionen scheinbar systematisch schlechter entwickeln als adäquate Vergleichsmaßstäbe.**

Zwar deutet die überwiegende Mehrheit der Untersuchungen zur Sekundärmarktentwicklung von IPOs eine *Underperformance* an, diese Ergebnisse werden aber in erheblichem Maße vom angewandten Messverfahren und dem Vergleichsmaßstab, aber auch von der Zeitperiode und der unterstellten Anlagedauer determiniert. Ob das *Underperformance*-Phänomen tatsächlich existiert, konnte aufgrund der methodischen Differenzen bislang nicht zweifelsfrei geklärt werden.

[4] **Die Mehrzahl der Erklärungsansätze zum *Underperformance*-Phänomen implizieren eine Abkehr vom Postulat rational handelnder Marktteilnehmer bzw. informationseffizienter Kapitalmärkte und machen insbesondere den Über-Optimismus der Anleger für das *Mispricing* und die *Underperformance* von Aktien-Neuemissionen am Sekundärmarkt verantwortlich. Alternative Ansätze hingegen vertreten die Meinung, dass verzerrte, durch überzogenen Optimismus geprägte Erwartungen der Marktteilnehmer zum Zeitpunkt des IPO nicht zwangsläufig das Postulat der Rationalität in Frage stellen.**

„What is astonishing is that underpricing, and perhaps long-run underperformance, are such consistent phenomena across countries with very different company populations, corporate control mechanisms (‚bank-based' v. ‚market-based'), and institutional, legal, taxation, regulatory, historical, and cultural frameworks."[1032] Ungeachtet der empirischen Zweifel zur Existenz des *Underperformance*-Phänomens sind deshalb Versuche unternommen worden, eine derartige Anomalie zu begründen. Die frühen *Underpricing*-Modelle können hierzu bestenfalls marginale Beiträge leisten. Die besondere Schwierigkeit besteht darin, dass sich eine systematisch negative Überrendite am Sekundärmarkt nur schwer in das Konzept effizienter Kapitalmärkte mit ökonomisch rational handelnden Marktteilnehmern integrieren lässt. Welches Verhalten ökonomisch rational ist, muss dabei immer im Kontext der vereinfachten Modellannahmen interpretiert werden. Mit Ausnahme der *Price Support*-Hypothese spiegelt sich in den vorgeschlagenen, v. a. psychodynamische Wirkungszusammenhänge unterstellenden Erklärungsmodellen deshalb die Forderung einer Anpassung des Ideals rationaler Preisfindung und die Hinwendung zum realitätsnäheren Modell naiv und phasenweise euphorisch handelnder Investoren wider.

Bossaerts/Hillion (2001) zeigen eine Alternative auf, indem sie die in den meisten ökonomischen Modellansätzen unterstellten strengen Annahmen der Markteffizienz lockern und die unrealistische Forderung einer perfekten Vorausschau sämtlicher renditerelevanter Zukunftsereignisse zum Zeitpunkt eines IPO aufgeben. Stattdessen besteht ihr kritisches Effizienzkriterium in der Frage, ob am Sekundärmarkt neue Informationen zu einem Anteilsschein rational und effizient verarbeitet werden. Über-Optimismus bzw. verzerrte Erwartungen der Anleger zum Zeitpunkt eines IPO stellen in diesem Sinne keine Irrationalität dar, sondern können vielmehr als Ergebnis eines mit zahlreichen Unsicherheiten und Unbekannten behafteten Meinungsbildungsprozesses im Vorfeld einer Aktien-Neuemission betrachtet werden. Ein effizienter Markt zeichnet sich nach Bossaerts/Hillion (2001) dadurch aus, dass das aus den Erwartungsverzerrungen resultierende *Mispricing* im Verlauf des Sekundärmarkthandels korrigiert wird, sobald neue Informationen bekannt werden und die Verzerrung transparent machen.

[1032] **Jenkinson/Ljungqvist** (2001), Going Public, S. 59.

[5] **Keines der auf den Primärmarkt und/oder auf den Sekundärmarkt fokussierten Erklärungsmodelle kann die *Going Public*-Renditephänomene für sich allein überzeugend, d. h. vollständig und widerspruchsfrei erklären. Die Modelle liefern jedoch – zum Teil auch empirisch belegte – Partialbeiträge und bieten vielversprechende Anknüpfungspunkte zur Begründung und Beurteilung der im Rahmen des *Going Public*-Prozesses beobachtbaren Strategien und Verhaltensweisen der Marktakteure. Die realen Bedingungen an Märkten für Aktien-Neuemissionen – Primär- und Sekundärmarkt –, die Zielsysteme der dort agierenden Marktparteien sowie die Erkenntnisse der bisherigen *Underpricing*-Forschung legen deshalb eine Kombination bzw. Kumulation aus den in den *Underpricing*- und den *Underperformance*-Erklärungsansätzen unterstellten Wirkungszusammenhängen in einem gemeinsamen Kontext nahe.**

Ritter/Welch (2002) kommen zu dem Ergebnis: „Thus, it is not so much a matter of which model is right, but more a matter of the relative importance of different models. Furthermore, one reason can be of more importance for some firms and/or at some times."[1033] Angesichts der intuitiven Plausibilität und der teilweise auch empirisch belegten Tauglichkeit einzelner Modelle bzw. Modellelemente liegt die Schlussfolgerung nahe, dass ein den jeweiligen Rahmenbedingungen angepasstes „Menü" aus den etablierten Erklärungsversuchen am besten geeignet wäre, das *Underpricing* und eventuell auch eine *Underperformance* zu begründen. Im Rahmen der Zielsetzung der vorliegenden Arbeit ist weniger von Bedeutung, welcher Modellansatz das größte Potenzial zur Erklärung von Renditeanomalien an Märkten für Aktien-Neuemissionen besitzt. Bei der Auswertung dieser Erklärungsversuche steht vielmehr die Frage im Vordergrund, welche Prozesse die Preisbildung und Preisentwicklung einer Aktien-Neuemission charakterisieren, um Ansatzpunkte zur Beurteilung der Beiträge von Finanzanalysten und deren Neuemissionsresearch identifizieren zu können. Der Prozess einer Aktien-Neuemission ist aus informationstheoretischer Sicht zunächst primär durch Informationsasymmetrien, d. h. dadurch charakterisiert, dass drei unterschiedlich informierte Parteien daran beteiligt sind, die jeweils eigene Interessen verfolgen.

Die Emittenten beispielsweise besitzen Insider-Informationen und können die operativen Perspektiven des Unternehmens am besten einschätzen

[1033] **Ritter/Welch** (2002), Review, S. 1816.

(*Signalling*-Hypothese). Gleichzeitig verfolgen sie im Rahmen ihres Börsengangs vermutlich v. a. das Ziel, den Unternehmenswert, den Emissionserlös und damit auch den Wert ihres privaten Vermögens zu maximieren. Emissionsbanken auf der anderen Seite besitzen einen informativen Vorsprung bezüglich des adäquaten, von der jeweiligen Börsenphase abhängigen *Pricing*, da diese zum einen über das notwendige Investmentbanking-Know-how – insbesondere zur Finanzanalyse und Unternehmensbewertung – verfügen und zum anderen entsprechenden Marktzugang haben, um die Nachfrage und Zahlungsbereitschaft potenzieller Investoren einschätzen zu können (*Underwriter Information Advantage*-Hypothese). Hierfür sind die Emissionsbanken allerdings auf einen effizienten Informationsaustausch mit ihren Investoren angewiesen (*Market Feedback*-Hypothese). Insbesondere institutionelle Anleger agieren regelmäßig am Markt für Aktien-Neuemissionen und verfügen deshalb über besondere Kenntnisse und Erfahrungen zum IPO-Markt (*Winner's Curse*-Hypothese). Aufgrund dieses Expertenstatus und der v. a. bei kleinen Emissionen erheblichen Marktmacht auf der Nachfrageseite, ist das Anlageverhalten institutioneller Investoren Orientierungshilfe und hat Vorbildcharakter für die übrigen (privaten) Anleger (*Informational Cascade*-Hypothese). Insgesamt erheben aber sämtliche Anleger(-gruppen) vorrangig den Anspruch auf eine attraktive und risikoadäquate Bepreisung neuer Aktien, die mindestens eine marktkonforme Rendite erwarten lässt.

Auf Basis dieser divergierenden Zielsysteme werden die Marktparteien in Abhängigkeit von den Rahmenbedingungen der jeweiligen Börsensituation individuelle Strategien verfolgen und damit Prozesse auslösen, deren kumulierte Effekte potenziell sowohl in *Underpricing* als auch *Overpricing* münden können. Vorstellbar wäre insbesondere ein Szenario mit einer Kombination aus bewusstem Ex-ante-*Underpricing* durch die Emittenten und deren Emissionsbanken, sowie einem Ex-post-*Overpricing* aufgrund überoptimistischer Erwartungen der Anleger zum Zeitpunkt des Börsengangs. Wie lässt sich ein derartiges, in Abbildung 5.2 graphisch dargestelltes Szenario begründen?

Abb. 5.2: *Underpricing* und potenzielle Quellen

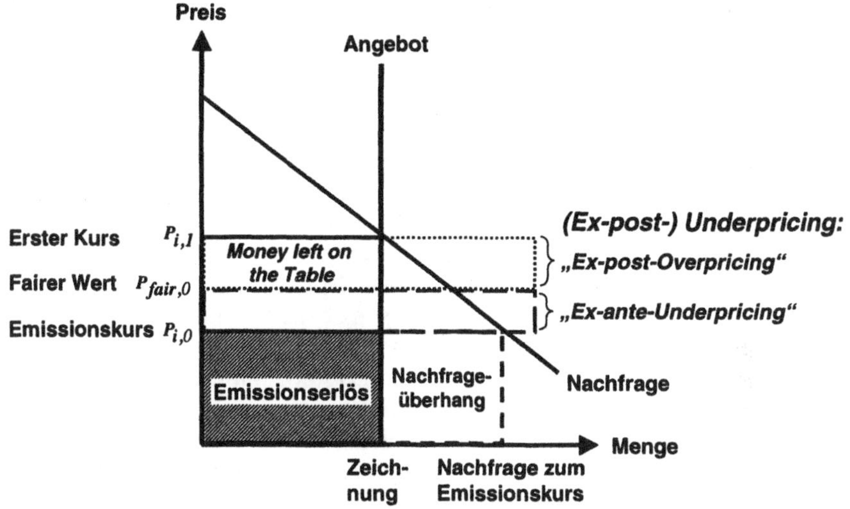

- Faktoren eines Ex-ante-*Undepricing*:

Je höher die Ex-ante-Unsicherheit bezüglich des ersten Sekundärmarktpreises der Aktien-Neuemission ist, desto höher dürfte zunächst der von den Anlegern bei der Zeichnung geforderte „imaginäre" Risikoabschlag ausfallen. Allerdings ist die Bezugsgröße dieses Abschlags – der „faire" Wert – zunächst nur eine abstrakte Unbekannte. Es ist zentrale Aufgabe der Emissionsbanken, zusammen mit den Emittenten den Informationsbedarf der Anleger zu befriedigen und hierdurch eine Basis zur Konkretisierung dieses Wertes zu schaffen. Je besser es den Emissionsbanken dabei gelingt, die Marktteilnehmer mit qualitativ hochwertigen Informationen zu versorgen und z. B. – wie in Neuemissionsstudien am deutschen Markt für Aktien-Neuemissionen bzw. am Neuen Markt üblich – einen konkreten Unternehmenswert auf Basis einer ausführlichen Finanzanalyse überzeugend zu plausibilisieren, desto niedriger wird die von den individuellen Anlegern empfundene Ex-ante-Unsicherheit und damit der geforderte Preisabschlag ausfallen.

Je unsicherer ein Emittent über den Gleichgewichtspreis seiner Aktien ist, desto mehr ist er auf das Know-how des emissionsbegleitenden Finanzinstituts angewiesen. Diese wiederum haben Anreize, den Emissionspreis unter den markträumenden Preis anzusetzen.[1034] *Underpricing* reduziert nämlich das Platzierungsrisiko und damit den notwendigen Aufwand zur Sicherung des Platzierungserfolgs. Gleichzeitig verbessert dies den Zugang zu den Investoren: Positive Zeichnungsrenditen erhöhen die Bereitschaft, private Informationen transparent zu machen, erhöhen die Zeichnungsbereitschaft für künftige Emissionen und binden den Kunden zudem dauerhaft an das Finanzinstitut. Dies wird regelmäßig positive Effekte auch für andere Geschäftsbereiche nach sich ziehen. Dem *Pricing*-Spielraum eines Emissionsbegleiters werden jedoch durch mindestens drei Faktoren Grenzen gesetzt: Zum einen bemisst sich eine variable Komponente der Banken-Provisionen üblicherweise am Emissionserlös, die Opportunitätskosten eines zu niedrigen Emissionspreises schlagen sich somit auch direkt in einer Ertragsminderung bei den Banken nieder. Zum anderen läuft ein Institut Gefahr, Marktanteile auf Seiten potenzieller Börsenaspiranten zu verlieren, wenn es durch überdurchschnittliches *Underpricing* auffällt. Schließlich begrenzt auch der Wettbewerb unter den Emissionsbanken den Spielraum der Preisfestsetzung (Monopol-Hypothese). Eine Emissionsbank, die den Emissionspreis nicht adäquat setzt, verliert somit entweder potenzielle Investoren (unzureichendes *Underpricing*) oder Emittenten (überzogenes *Underpricing*) und damit insgesamt an Reputation bzw. Platzierungskraft (Emissonsstanding-/*Underwriter Reputation*-Hypothese).

Die Emittenten sind nicht nur dazu bereit, *Underpricing* als notwendige „Markteintrittsgebühr" in einem gewissen Rahmen zu akzeptieren, sondern werden dieses u. U. als strategische Maßnahme befürworten: Zum einen gilt es, den kurzfristigen (Platzierungs-) Erfolg eines Börsengangs sicher zu stellen und ein möglichst breites Anlegerpublikum zu mobilisieren, aus dem dann nach Möglichkeit nur jene Zielgruppen mit einer Zuteilung bedacht werden, die den Zielsetzungen des Unternehmens dienlich sind (*Control*-Hypothese). Zum anderen erzeugt das *Underpricing* und die daraus zu erwartende, zumindest kurzfristig zufriedenstellende Sekundärmarktentwicklung eine positive Stimmung und erhöht die Aufmerksamkeit unter den Marktteilnehmern (*Information Momentum*-, *Analyst Coverage*-, *Marketing*-Hypothese). Hierdurch

---

[1034] Hierbei ist zu berücksichtigen, dass auch die Emissionshäuser den exakten markträumenden Preis nicht kennen, sondern nur eine ungefähre Vorstellung der Nachfrage haben. Könnten die Emissionsbanken den Preis jeder Aktien-Neuemission perfekt, d. h. korrekt festlegen, dann wären die Investoren auch nicht mit einem *Winner's Curse*-Problem konfrontiert. Vgl. in diesem Sinne z. B. **Beatty/Ritter** (1986), Investment Banking, S. 217.

verbessert sich auch die Chance auf spätere Sekundärmarkttransaktionen zu günstigeren Konditionen (*Signalling*-Hypothese).

- Faktoren eines Ex-post-*Overpricing*:

Emissionsbanken können durch die Bereitstellung von Informationen und adäquaten Kommunikations-/Marketingmaßnahmen den Meinungsbildungsprozess im Vorfeld eines IPOs systematisch beeinflussen. Je überzeugender insbesondere die Finanzdaten und Prognosen zum Börsenkandidaten sind, die z. B. im Rahmen des Neuemissionsresearch an potenzielle Investoren weitergeleitet werden, und/oder je höher die Reputation des Emissionsbegleiters, desto eher werden die Anleger die Einschätzungen der Emissionsbanken übernehmen (Emissionsstanding-/*Underwriter Reputation*-Hypothese). Auch ein gutes *timing* erleichtert die Zielerreichung, Emissionsbanken und Emittenten werden deshalb exogene Faktoren wie die allgemeine Stimmung an den Börsen, konjunkturelle Rahmenbedingungen, Charakteristika vorangegangener Börsengänge, etc. mit ins Kalkül ziehen, um einen Börsengang in einer Phase durchzuführen, in der die Aufnahmebereitschaft aufgrund einer optimistischen Grundstimmung unter den Anlegern besonders ausgeprägt ist (*Timing*-Hypothese). Hierfür kann auch auf Emittentenseite die Absicht unterstellt werden, die „Braut zu schmücken" und v. a. die Stärken und Chancen des Börsenaspiranten in der Vordergrund zu rücken, um das erhoffte Zukunftspotenzial des Unternehmens transparent zu machen (*Window Dressing*-Hypothese). Je wirkungsvoller das skizzierte Maßnahmenmenü, desto zahlreicher werden die Anleger sein, die sich dem verbreiteten Optimismus anschließen (*Fads*-, *Heterogeneous Expectations*-Hypothese).

Schließlich gehört zu einem erfolgreichen IPO neben der vollständigen Platzierung auch, dass die Sekundärmarktentwicklung während der ersten Wochen nach dem Börsengang, wenn der Aufmerksamkeitsgrad üblicherweise noch besonders hoch ist, eine vorteilhafte Tendenz aufweist (*Emissionsstanding*-Hypothese). Hierfür greifen Emissionsbanken, wenn notwendig, auch gezielt auf Preisstützungsaktivitäten zurück (*Underwriter Price Support*-Hypothese). Die optimistischen Anleger, insbesondere jene, die bei der Zeichnung nicht zum Zug kamen, werden sich durch eine freundliche Kursentwicklung in ihrem Optimismus bestätigt fühlen und die Aktien am Sekundärmarkt selbst noch zu Preisen kaufen, die von vielen anderen Anlegern als fundamental nicht mehr gerechtfertigt eingestuft werden (*Heteregeneous Expectations*-Hypothese). Dieser Prozess kann zusätzlich noch dadurch verstärkt werden, dass *fashion leaders* – insbesondere institutionelle Anleger – für eine Emission gewonnen werden konnten (*Informational Cascade*-Hypothese). Unter Umständen wird sich deren Interesse bzw. Zeichnungsbereitschaft ohnehin von selbst einstellen, nämlich dann, wenn diese auf den mit einer erfolgreichen Platzierung einhergehenden Nachahmungseffekt durch weniger gut informierte Anleger spekulieren (*Positive Feedback Investors*-, *Speculative Bubble*-Hypothese). Im Ergebnis kann der kumulierte Effekt der aufgezeigten Prozesse im Extremfall eine Kursblase exorbitanten Ausmaßes zur Folge haben. Im weiteren Sekundärmarktverlauf wird dieses *Mispricing* dann aber im Zuge neuer Informationen, z. B. aufgrund der tatsächlichen operativen *Performance* des Unternehmens, zunehmend transparenter und erzwingt eine Revision der überoptimistischen Erwartungen und damit auch der Bewertung.

[6] **Analysten und deren Neuemissionsresearch sind zentrale Bausteine bei der Erfüllung der primären Funktionen „Preisfindung" und „Informationserstellung" von Emissionsbanken in ihrer Rolle als Finanzintermediäre am Markt für Aktien-Neuemissionen. Je nach Modellansatz bzw. den zugrunde gelegten Annahmen und Zielssystemen der beteiligten Parteien, können diese verschiedene Wirkungen anstreben und unterschiedliche Bedeutung erlangen. Insgesamt ist aber zu erwarten, dass die durch das Neuemissionsresearch erstellten und verbreiteten Informationen sowohl auf die Preisbildung als auch auf die Preisentwicklung neuemittierter Anteilsscheine Einfluss nehmen.**

Ausgangsbasis der nach dem Börsengang folgenden Sekundärmarktentwicklung einer Aktien-Neuemission und der Ex-post-Bestimmung eines *Underpricing* oder *Overpricing* ist der Emissionspreis. Bewertung und Preis der neuen Aktien sind abhängig von den Interessen der am Preisfindungsprozess beteiligten Marktparteien Emittent, Anleger und Emissionsbank. Die emissionsbegleitenden Finanzinstitute haben als Finanzintermediäre in diesem Kontext v. a. zwei zentrale Funktionen zu erfüllen bzw. zu fördern: (1) Informationsproduktion und (2) Preisfindung. Wird *Underpricing* primär als Prämie für das Bewertungsrisiko einer Aktien-Neuemission durch den Sekundärmarkt[1035] interpretiert, so lassen sich daraus Anreize für Emissionsbank und Emittent ableiten, die Ex-ante-Unsicherheit durch eine Erhöhung des Informationsgrades der Markt-

---

[1035] Vgl. in diesem Sinne **Oettingen, von** (1990), Planung, S. 218.

teilnehmer bzw. den Abbau von Informationsasymmetrien zu reduzieren. Als eine wesentliche, zielgruppenadäquate Informationsbasis können die von den Emissionsbanken hierfür erstellten Finanzanalysen und -prognosen die Grundlage für einen Meinungsbildungsprozess schaffen bzw. diesen anstoßen und mitgestalten. Dieser Informationsverarbeitungsprozess wird nicht nur die Preisbildung am Primärmarkt beeinflussen, sondern auch die (frühe) Kursentwicklung am Sekundärmarkt entscheidend prägen.

„An immediate question raised by the difference between the offer price and the first-day market price is whether issuers or the stock market is pricing offerings in line with a firm's fundamentals."[1036] Wenn das von Analysten im Rahmen von deutschen Aktien-Neuemissionen am Neuen Markt erstellte Research einen Beitrag zu dem skizzierten Meinungsbildungsprozess leistet, dann sollten entsprechende Zusammenhänge aus den darin enthaltenen fundamentalen Vorhersagen und der Aktienkursentwicklung der Börsenneulinge am Sekundärmarkt feststellbar sein. Diese Fragestellung ist Gegenstand der empirischen Untersuchung, die im folgenden Kapitel der vorliegenden Arbeit vorgestellt wird.

[1036] **Ritter/Welch** (2002), Review, S. 1816.

6 Empirische Untersuchung

6.1 Zielsetzung und Untersuchungsdesign

Die Auswertung von Neuemissionsstudien durch Anleger im Hinblick auf Erwartungsüberprüfungen zur zukünftigen Unternehmensentwicklung und damit einhergehend der Ableitung einer Grenzpreisvorstellung ist letztlich nur zieladäquat, wenn ein Zusammenhang zwischen den in den Analysen enthaltenen Informationen und der Börsenkursentwicklung des relevanten Börsenneulings existiert. In Anlehnung an die allgemeinen Ausführungen zum Nutzen einer Information im Abschnitt 3.2.1 der vorliegenden Arbeit ist deshalb Ziel der empirischen Untersuchung, die statistische Relevanz der in Neuemissionsstudien enthaltenen (Prognose-) Informationen für die Preisbildung und Preisentwicklung von Aktien-Neuemissionen zu überprüfen (*value relevance*). Aus einem rein statistischen Zusammenhang kann zwar noch nicht geschlossen werden, dass diese Informationen auch tatsächlich für Anlageentscheidungen relevant sind. Insofern wird im Rahmen der folgenden empirischen Untersuchung lediglich ein statistischer und kein kausaler Zusammenhang untersucht. Dennoch können aus der statistischen Zusammenhangsanalyse zumindest erste Hinweise auf den potenziellen Informationsnutzen der Neuemissionsstudien gewonnen werden.

Aus einer umfangreichen Stichprobe an Neuemissionsstudien, die im Rahmen von Börsengängen an den Neuen Markt publiziert wurden, werden die darin enthaltenen detaillierten, fundamentalen Prognosedaten ausgewertet und auf statistische Zusammenhänge mit der Kursentwicklung der neuemittierten Aktien am Sekundärmarkt überprüft. Dieser Vorgehensweise liegt die Annahme zugrunde, dass sich sämtliche von den Analysten als bewertungsrelevant erachteten qualitativen und quantitativen Aspekte letztlich in dem von ihnen entwickelten fundamentalen Prognosedatenkranz[1042] zum jeweiligen Unternehmen niederschlagen. Dieser ist Ausgangspunkt für die Bestimmung eines Unternehmenswerts durch die Finanzanalysten der beteiligten Konsortialbanken und sollte – soweit Relevanz vorliegt – auch in einem Zusammenhang mit der Grenzpreisvorstellung der Anleger sowie der daraus resultierenden Preisbildung und Preisentwicklung am Sekundärmarkt stehen. Sonstige in Neuemissionsstudien enthaltenen (qualitativen) Informationen sind hingegen nicht Gegenstand dieser Untersuchung. Nach einer kurzen Be-

---

[1042] Hierunter fallen insbesondere Prognosen zu Gewinn- und Verlustrechnung, Bilanz und Kapitalflussrechnung.

schreibung der Stichprobenzusammensetzung und des erhobenen Prognosedatenbestands wird im Abschnitt 6.4 zunächst der Frage nachgegangen, ob die publizierten Informationen Einfluss auf die Preisfindung bzw. Preisbildung nehmen. In einem weiteren Untersuchungsschritt wird im Abschnitt 6.5 nach statistischen Zusammenhängen zwischen fundamentalen Prognosedaten in Neuemissionsstudien und der Preisentwicklung von Aktien-Neuemissionen am Sekundärmarkt gesucht.

6.2 Datenbasis

6.2.1 Auswahl der Stichprobe

Aus jedem Börsenjahr mit einem Börsengang an den Neuen Markt wurden per Zufallsprinzip 75 % der Börsenneulinge ausgewählt. Anschließend wurden diese Unternehmen und/oder am jeweiligen Börsengang beteiligte Emissionsbanken kontaktiert und um Zusendung von zum IPO publizierten Analysen gebeten. Hierdurch konnten zu 137 Börsengängen insgesamt 198 Neuemissionsstudien gewonnen werden, die von 39 verschiedenen Konsortialbanken erstellt und veröffentlicht wurden.[1043] Somit sind rund 42 % der Börsengänge an den Neuen Markt in die Stichprobe mit einbezogen worden. Abbildung 6.1 zeigt die zeitliche Verteilung der berücksichtigten Neuemissionen und Unternehmen sowie den prozentualen Anteil an sämtlichen Börsengängen des jeweiligen Jahrgangs. In 48 Fällen lagen zum gleichen Unternehmen mehrere Studien von unterschiedlichen Emissionsbegleitern vor.

Die in den Neuemissionsstudien der Stichprobe enthaltenen quantitativen Prognosen zur Gewinn- und Verlustrechnung (GuV), Bilanz und Kapitalflussrechnung wurden – soweit enthalten – in eine Datenbank übertragen, aufbereitet sowie um ergänzende Kennzahlen erweitert und zur statistischen Auswertung in die Programmpakete Excel sowie SPSS exportiert. Als relevante Geschäftsjahre wurden dabei die Daten des letzten Geschäftsjahres vor dem Börsengang ($t=0$) sowie der darauffolgenden drei Prognosejahre ($t=1$ bis 3) definiert. Das erste Prognosejahr entspricht somit gleichzeitig dem Jahr des Börsengangs. Aufgrund der uneinheitlichen Darstellungsform in den individuellen Neuemissionsstudien konnten nicht sämtliche Detailinformationen, sondern nur ausgewählte Zwischenaggregate übernommen werden. Verzerrungen können dabei aus dem Umstand resultieren, dass die Zusammensetzung und Berech-

---

[1043] In Tabelle 8.1 im Anhang sind die Unternehmen der Stichprobe in der Reihenfolge der ersten Börsennotierung mit ausgewählten Emissionsdaten aufgeführt.

Abb. 6.1: Stichprobenverteilung nach Jahrgang und Anteil an der Grundgesamtheit

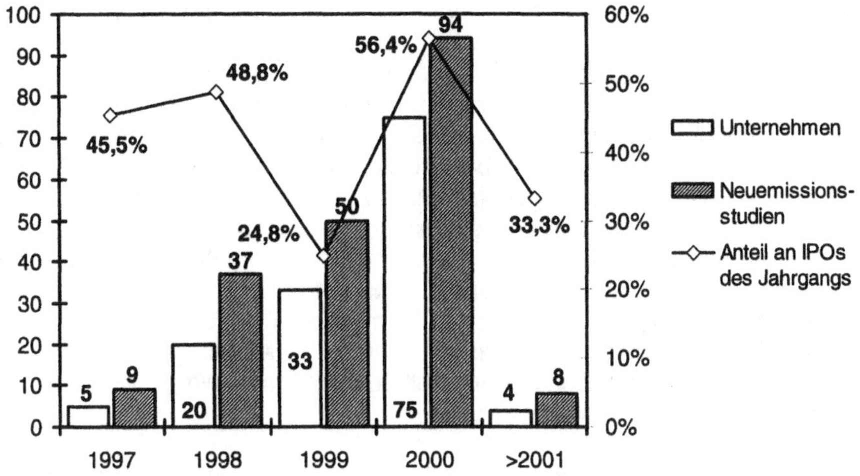

nungsweise der einzelnen Positionen nicht lückenlos nachvollzogen und aus Gründen der Vergleichbarkeit eventuell notwendige Korrekturen nicht vorgenommen werden können.[1044] Da es sich bei den verwendeten Informationen aber hauptsächlich um prognostizierte und nicht tatsächlich publizierte Rechnungslegungsinformationen handelt, die von den Finanzanalysten – wenn auch nicht notwendigerweise einheitlich – bereits aufbereitet worden sind, dürften sich die Ungenauigkeiten in Grenzen halten.[1045]

Als relevante GuV-Positionen wurden Umsatz, EBITDA, EBIT, Finanzergebnis, Vorsteuerergebnis und Jahresüberschuss erhoben. Aus den

[1044] Zu den notwendigen Aufbereitungsmaßnahmen im Rahmen einer Bilanzanalyse vgl. z. B. **Coenenberg** (2003), Jahresabschluss, S. 923 ff., oder **Küting/Weber** (1997), Bilanzanalyse, S. 55 ff.

[1045] Zusätzliche Verzerrungen können daraus resultieren, dass es für die Herleitung von Prognosen hinsichtlich der Berücksichtigung der Effekte aus dem Mittelzufluss im Rahmen des Börsengangs keine einheitliche Regelung gibt. In der untersuchten Stichprobe wurde nur in einem Fall die Finanzprognose auf „*pre-money*"-Basis aufgestellt, d. h. in den Prognosen sind die aus dem Mittelzufluss resultierenden Effekte nicht berücksichtigt bzw. es wird ein Szenario ohne Börsengang zugrundegelegt; alle übrigen Analysen gehen von einem „*post-money*"-Szenario aus.

Bilanzprognosen sind die Positionen Anlagevermögen, Umlaufvermögen, Summe der Aktiva, Eigenkapital, Rückstellungen, Verbindlichkeiten sowie Summe der Passiva übernommen worden. Aus den Prognosen der Kapitalflussrechnungen wurden der operative *Cash-flow*, der *Cash-flow* aus Finanzierungstätigkeit, der *Cash-flow* aus Investitionstätigkeit sowie die Veränderung der liquiden Mittel erfasst. Soweit es der resultierende Prognosedatenbestand erlaubte, wurden für jedes Unternehmen Kennzahlen zu Rentabilität, Wachstum, Liquiditäts-, Vermögens- und Kapitalstruktur berechnet. Vereinzelt traten dabei extreme Kennzahlenwerte auf, die zu bereinigen waren, um Ergebnisverzerrungen zu vermeiden. Aus der Stichprobengesamtheit wurden deshalb jene Kennzahlen als statistische Ausreißer eliminiert, d. h. nicht weiter in die Untersuchung miteinbezogen, die um mehr als zwei Standardabweichungen vom Mittelwert der gesamten Stichprobe abwichen („2-Sigma-Regel“). Schließlich wurden die von den Finanzanalysten angewendeten Bewertungsverfahren, die Bewertungsparameter und der ermittelte Unternehmenswert sowie darauf basierende Emissionskennziffern erhoben.

Für die Analyse der Entwicklung am Sekundärmarkt wurden – analog zu den Ausführungen im Abschnitt 2.3.2.2.2 – Kursinformationen (Schlusskurse) zu den Aktien-Neuemissionen der Stichprobe aus der Datenbank des Finanzinformationsanbieters Thomson Financial Datastream herangezogen.

6.2.2 Aufbereitung und Messung der prospektiven Daten in Neuemissionsstudien

Ausgangspunkt der Suche nach Zusammenhängen zwischen dem *Pricing* von Aktien-Neuemissionen bzw. den daraus resultierenden Emissionsrenditen und den in den Neuemissionsstudien enthaltenen Prognoseinformationen ist die Darstellung der Einflussfaktoren anhand von Kennzahlen aus den Finanzdaten und Finanzprognosen für den das letzte Jahr vor und die drei Geschäftsjahre nach dem Börsengang umfassenden Zeitraum $t=0$ bis 3.[1046] In der vorliegenden Untersuchung kommt

[1046] Kennzahlen und Kennzahlensysteme bilden allgemein komplexe Strukturen und Prozesse in konzentrierter Form ab, um über eine verdichtete Informationsvermittlung einen verbesserten Einblick in die wirtschaftliche Lage eines Unternehmens zu ermöglichen. (Vgl. **Küting/Weber** (1997), Bilanzanalyse, S. 27 ff.). Diese komprimierten Maßgrößen sind zudem beliebter Ausgangspunkt von Verfahren der statistischen Jahresabschlussanalyse. Vgl. hierzu bzw. zum Bereich der empirischen Bilanzforschung mit weiteren Quellenangaben z. B. **Coenenberg** (2003),

ein Katalog von 35 Kennzahlen zur Anwendung. Dabei werden nur prospektive Kennzahlen in Betracht gezogen, die aus Aktionärssicht als bewertungs-, kurs- und damit entscheidungsrelevant einzustufen sind. Dies sind zum einen Bewertungsrelationen, zum anderen aber auch Renditemaßstäbe zur Beurteilung der Unternehmensqualität. Wachstumskennzahlen geben Hinweise auf das erwartete Leistungspotenzial des jeweiligen Unternehmens und sind insbesondere bei den jungen Unternehmen des ehemaligen Neuen Marktes von besonderer Bedeutung. Schließlich sind Engagements in junge Wachstumsunternehmen generell mit höheren Risiken verbunden, weshalb auch Sicherheitsgesichtspunkte in die Betrachtung eines potenziellen Anlegers mit einzubeziehen sind. Entsprechend werden die im Rahmen der vorliegenden Untersuchung herangezogenen Kennzahlen anhand der Analysedimensionen

- Bewertung
- Rendite
- Wachstum und
- Sicherheit

kategorisiert. Diese stellen das Grundgerüst der untersuchten Informationen von Neuemissionsstudien dar.[1047] In statistischen Verfahren der Jahresabschlussanalyse und den jahresabschlussbasierten empirischen Untersuchungen kommen fast ausnahmslos ex-post ermittelte Kennzahlen zur Anwendung, aber die „... Daten des Jahresabschlusses sind vergangenheitsorientiert und durch bilanzpolitische Maßnahmen beeinfluss-

---

Jahresabschluss, S. 936 ff., **Küting/Weber** (1997), Bilanzanalyse, S. 351 ff., oder **Coenenberg** (1993), Unternehmenspublizität.

1047 Kennzahlen aus den Analysedimensionen Rendite, Wachstum und Sicherheit sind charakteristische Variablen zur systematischen Beurteilung von Unternehmen in Verfahren der statistischen Jahresabschlussanalyse oder empirischen Untersuchungen z. B. in den Bereichen Insolvenzforschung oder Prognose von Aktienrenditen. Im „RSW-Verfahren" des Instituts für Betriebswirtschaftslehre der Universität Kiel, einem Scoringmodell zur Beurteilung börsennotierter Unternehmen, werden beispielsweise jeweils zwei Kennzahlen aus diesen Kategorien mit Hilfe statistischer Verfahren zu einem Gesamtwert verdichtet, um schließlich eine „Qualitäts-Rangliste" der Unternehmen abzuleiten. Aufbauend auf dem Ergebnis-Score des RSW-Verfahrens wurde ab 1988 ein Aktien-*Rating* zu mehr als 500 Börsengesellschaften erstellt. Auf Basis einer Korrelationsanalyse konnte dabei u. a. festgestellt werden, dass zwischen den Kategorien Rendite, Sicherheit und Wachstum einerseits sowie dem Ergebnis-Score und dem Aktienkurs andererseits ein Zusammenhang besteht. Vgl. hierzu **Küting/Weber** (1997), Bilanzanalyse, S. 373 ff., **Baden** (1992), Unternehmensbeurteilungen, S. 92 ff. und S. 260 ff., und **Schmidt** (1990), Rating.

bar."[1048] Dieser Schwachpunkt wird in der vorliegenden Untersuchung durch die Verwendung der von den Finanzanalysten erstellten Prognosedaten eliminiert. Sämtlichen kennzahlenbasierten Zusammenhangsanalysen werden darüber hinaus aber insbesondere zwei Kritikpunkte zum Vorwurf gemacht: Zum einen die Problematik der eindeutigen Definition der verwendeten Kennzahlen und zum anderen die Subjektivität bei deren Auswahl und Zusammensetzung.[1049] Im Rahmen der vorliegenden Untersuchung wird folgender Kennzahlenkatalog herangezogen:

(1) Kennzahlenkategorie „Bewertung"

Die emissionspreisbasierten Bewertungsrelationen liefern vereinfachte Indikationen dafür, wie teuer bzw. wie billig eine Aktie zum Zeitpunkt ihrer Erstemission auf Basis der erwarteten Zukunftserfolge ist:

Kurs-Gewinn-Verhältnis: $EKGV_t = \frac{Emissionspreis}{Gewinn\,je\,Aktie_t}$ [1050]

Marktkapitalisierung-Umsatz-Verhältnis: $EMKUMS_t = \frac{Marktkapitalisierung}{Umsatz_t}$ [1051]

Marktkapitalisierung-EBIT-Verhältnis: $EMKEBIT_t = \frac{Marktkapitalisierung}{EBIT_t}$

Marktkapitalisierung-EBITDA-Verhältnis: $EMKETDA_t = \frac{Marktkapitalisierung}{EBITDA_t}$

Kurs-Buchwert-Verhältnis: $EKBW_t = \frac{Emissionspreis}{Buchwert_t}$

[1048] **Coenenberg** (2003), Jahresabschluss, S. 944.

[1049] Vgl. **Küting/Weber** (1997), Bilanzanalyse, S. 351 ff. Neben der Subjektivität bei der Kennzahlenauswahl sind viele Untersuchungen – wie auch die vorliegende Arbeit – mit Datenrestriktionen konfrontiert, die nur eine begrenzte Auswahl an Kennzahlen zulassen. Eine detailliertere Feinanalyse scheitert an der Datenlage.

[1050] Der Periodenindex t bezeichnet wiederum das zugrunde gelegte Geschäfts- bzw. Prognosejahr $t = 0$ bis 3.

[1051] Die Marktkapitalisierung wird durch Multiplikation des Emissionspreises mit der Anzahl der nach dem Börsengang ausstehenden Aktien berechnet.

(2) Kennzahlenkategorie „Rendite“

Die erwartete Änderung der Erfolgs- bzw. Ertragssituation eines Unternehmens wird anhand von Rentabilitätskennzahlen analysiert, denen entscheidende Bedeutung bei der Beurteilung der Ertragskraft und somit des Erfolgspotenzials eines Börsenneulings zukommt:

Eigenkapitalrendite: $ROE_t = \frac{Jahresüberschuss_t}{durchschnittl.\ Eigenkapital_t}$ [1052]

Veränderungsrate der Eigenkapitalrendite: $ROEVR_{1-3} = \sqrt{\frac{ROE_3}{ROE_1}} - 1$ [1053]

Gesamtkapitalrendite: $ROI_t = \frac{Jahresüberschuss_t}{durchschnittl.\ Gesamtkapital_t}$ [1054]

EBIT-Marge: $EBITM_t = \frac{EBIT_t}{Umsatz_t}$

Veränderungsrate der EBIT-Marge: $EBITMVR_1 = \frac{EBITM_1}{EBITM_0} - 1$

$$EBITMVR_{1-3} = \sqrt{\frac{EBITM_3}{EBITM_1}} - 1$$

EBITDA-Marge: $EBITDAM_t = \frac{EBITDA_t}{Umsatz_t}$

Veränderungsrate der EBITDA-Marge: $ETDAMVR_1 = \frac{EBITDAM_1}{EBITDAM_0} - 1$

$$ETDAMVR_{1-3} = \sqrt{\frac{EBITDAM_3}{EBITDAM_1}} - 1$$

1052 Das durchschnittliche Eigenkapital errechnet sich dabei als arithmetisches Mittel aus dem Jahreanfangs- und dem Jahresendbestand. Dies gilt auch für alle im folgenden genannten Durchschnittsgrößen der Bilanz.

1053 Als Veränderungsrate wird im Rahmen der empirischen Untersuchung der geometrische Mittelwert der jährlichen Wachstumsraten bezeichnet.

1054 Bei der Berechnung der Gesamtkapitalrentabilität, im angelsächsischen Sprachgebrauch als „*return on investment*“ (ROI) bezeichnet, wird nicht nur der dem Eigenkapital zufließende Gewinn, sondern auch der dem Fremdkapital zufließende Zinsaufwand berücksichtigt. Es wird also das Gesamtergebnis unter der Annahme eines unverschuldeten Unternehmens betrachtet. Steht die Gesamtkapitalrentabilität vor Abzug von Ertragsteuern im Mittelpunkt, sind zudem auch die Ertragsteuern zu berücksichtigen. Aus Datenerhebungsgründen wird im Rahmen der vorliegenden Arbeit jedoch eine Variante nach Abzug von Ertragsteuern und ohne Berücksichtigung des Zinsaufwands verwendet.

Umsatzrendite: $UMSR_t = \frac{Jahresüberschuss_t}{Umsatz_t}$

Veränderungsrate der Umsatzrendite: $UMSRVR_1 = \frac{UMSR_1}{UMSR_0} - 1$

$$UMSRVR_{1-3} = \sqrt{\frac{UMSR_3}{UMSR_1}} - 1$$

Eigenkapitalbezogene *free-Cash-flow*-Rate: $FCFR_t = \frac{free\ Cash\ flow_t}{Eigenkapital_t}$ [1055]

Operative *Cash-flow*-Marge: $CFM_t = \frac{Operativer\ Cash\ flow_t}{Umsatz_t}$

Eigenkapitalbezogene *Cash-flow*-Rate: $CFR_t = \frac{Operativer\ Cash\ flow_t}{Eigenkapital_t}$

Als weitere Information wird zudem erhoben, ob ein Börsenneuling der Stichprobe im jeweiligen Prognosejahr bereits oberhalb der Gewinnschwelle oder noch im Verlustbereich operiert. Die „*Dummy*"-Variable $VERLUST_t$ erhält die Ausprägung 1, wenn für ein Unternehmen bereits Gewinne erwartet werden bzw. die Ausprägung 0 im Verlustfall.[1056]

(3) Kennzahlenkategorie „Wachstum"

Zur Beurteilung des prognostizierten Unternehmenserfolgs soll darüber hinaus das erwartete Unternehmenswachstum analysiert werden. Folgende Wachstumskennzahlen werden in die Analyse einbezogen:

Umsatzwachstum: $UMSW_1 = \frac{Umsatz_1}{Umsatz_0} - 1$

$$UMSW_{1-3} = \sqrt{\frac{Umsatz_3}{Umsatz_1}} - 1$$

EBITDA-Wachstum: $EBITDAW_1 = \frac{EBITDA_1}{EBITDA_0} - 1$

[1055] Der *free Cash-flow* wird hierbei aus der Kapitalflussrechnung als Differenz zwischen operativem *Cash-flow* und *Cash-flow* aus Investitionstätigkeit ermittelt. Zur Definition und Ermittlungsproblematik des *free Cash-flow* vgl. auch Fn. 684 der vorliegenden Arbeit.

[1056] Durch die Anwendung der sog. „*Dummy*-Variablen-Technik" lassen sich auch nominal skalierte Variablen in eine Regressionsanalyse einbeziehen. *Dummy*-Variablen sind binäre Variablen, die nur die Werte 0 oder 1 annehmen.

$$EBITDAW_{1-3} = \sqrt{\frac{EBITDA_3}{EBITDA_1}} - 1$$

EBIT-Wachstum:

$$EBITW_1 = \frac{EBIT_1}{EBIT_0} - 1$$

$$EBITW_{1-3} = \sqrt{\frac{EBIT_3}{EBIT_1}} - 1$$

Wachstum des Vorsteuerergebnisses:

$$EBTW_1 = \frac{EBT_1}{EBT_0} - 1$$

$$EBTW_{1-3} = \sqrt{\frac{EBT_3}{EBT_1}} - 1$$

Wachstum des Jahresüberschusses:

$$JÜW_1 = \frac{Jahresüberschuss_1}{Jahresüberschuss_0} - 1$$

$$JÜW_{1-3} = \sqrt{\frac{Jahresüberschuss_3}{Jahresüberschuss_1}} - 1$$

Wachstum der Bilanzsumme:

$$BLZW_1 = \frac{Bilanzsumme_1}{Bilanzsumme_0} - 1$$

$$BLZW_{1-3} = \sqrt{\frac{Bilanzsumme_3}{Bilanzsumme_1}} - 1$$

Wachstum des Buchwerts:

$$BUCW_1 = \frac{Buchwert_1}{Buchwert_0} - 1$$ [1057]

$$BUCW_{1-3} = \sqrt{\frac{Buchwert_3}{Buchwert_1}} - 1$$

Wachstum des operativen *Cash-flow*:

$$CFW_1 = \frac{Operativer\ Cash\ flow_1}{Operativer\ Cash\ flow_0} - 1$$

$$CFW_{1-3} = \sqrt{\frac{Operativer\ Cash\ flow_3}{Operativer\ Cash\ flow_1}} - 1$$

Wachstum des *free Cash-flow*:

$$FCFW_1 = \frac{free\ Cash\ flow_1}{free\ Cash\ flow_0} - 1$$

$$FCFW_{1-3} = \sqrt{\frac{free\ Cash\ flow_3}{free\ Cash\ flow_1}} - 1$$

[1057] Der Buchwert wurde als Summe aus Eigenkapital, Sonderposten mit Rücklagenanteil und sonstige Fördermittel berechnet. In der überwiegenden Mehrheit der Fälle wurden jedoch nur Angaben zum Eigenkapital gemacht, so dass die erwartete Entwicklung des Buchwerts des Unternehmens mit der Eigenkapitalentwicklung identisch ist.

(4) Kennzahlenkategorie „Sicherheit“

Ausgewählte Bilanzkennzahlen sollen Aufschluss über die erwartete Liquiditätsentwicklung, die Vermögensstruktur und vor allem die Finanzlage geben:

Anlage-Umlaufintensität: $$AUI_t = \frac{Anlagevermögen_t}{Umlaufvermögen_t}$$

Umschlaghäufigkeit: $$USH_t = \frac{Umsatz_t}{durchschnittl. Umlaufvermögen_t}$$

Kapitalumschlag: $$KAPU_t = \frac{Umsatz_t}{durchschnittl.\ Gesamtkapital_t}$$

Eigenkapitalquote: $$EKQ_t = \frac{Eigenkapital_t}{Gesamtkapital_t}$$

Deckungsgrad A: $$DGA_t = \frac{Eigenkapital_t}{Anlagevermögen_t}$$

Zahlungsorientierte Investitionsdeckung:

$$ZID_t = \frac{Operativer\ Cash\ flow_t}{Cash\ flow\ aus\ Investitionstätigkeit_t}$$

Dynamischer Verschuldungsgrad: $$DVG_t = \frac{Verbindlichkeiten_t}{Operativer\ Cash\ flow_t}$$

Investitionsdeckung: $$INVD_t = \frac{Operativer\ Cash\ flow_t}{Nettoinvestitionen\ in\ Anlagevermögen_t}$$

6.2.3 Messung der Sekundärmarktentwicklung

6.2.3.1 Komponenten der Preisbildung

Die prozentuale Differenz zwischen Emissionskurs $P_{i,0}$ und erstem Sekundärmarktkurs $P_{i,1}$ bezeichnet allgemein die ex-post messbare Emissionsrendite ER_i (bzw. das *Underpricing*).[1058] Die Analyse der Preisbildung von Aktien-Neuemissionen auf Basis des Emissionskurses und des ersten Sekundärmarktpreises erhält mit dem von Finanzanalysten als „fair“ erachteten und im Rahmen der Neuemissionsstudie emp-

[1058] Vgl. hierzu die Ausführungen im Abschnitt 2.3.2.2.1 der vorliegenden Arbeit.

fohlenen Wert $P_{fair,0}$ eine dritte Wertdeterminante.[1059] In Anlehnung an die Ausführungen in Abschnitt 2.3.2.2.1 der vorliegenden Arbeit soll die prozentuale Abweichung des Emissionskurses von diesem Wert als Ex-ante-*Underpricing* bezeichnet werden:

$$ER_{exante,i} = \frac{P_{i,0} - P_{fair,0}}{P_{fair,0}}$$

mit: $ER_{exante,i}$ = Ex-ante-*Underpricing* der Aktie i
$P_{fair,0}$ = von Finanzanalysten als „fair" erachteter Wert der Aktie i
$P_{i,0}$ = Emissionskurs der Aktie i

Das Ex-ante-*Underpricing* lässt sich interpretieren als die von den preisbestimmenden Parteien bewusst festgelegte Abweichung des Emissionskurses vom aus fundamentalanalytischer Sicht als fair erachteten Wert. Wenn in Anlehnung an die Ausführungen in Abschnitt 5.3 der vorliegenden Arbeit unterstellt wird, dass die von den Finanzanalysten im Rahmen der Neuemissionsstudien ermittelte Preisvorstellung tatsächlich einen unverzerrten Unternehmenswert widerspiegelt und eine brauchbare Schätzung des inneren Wertes einer Aktien-Neuemission darstellt, dann kann die Differenz zum ersten Sekundärmarktkurs als „Ex-post-*Overpricing*" interpretiert werden:

$$ER_{ex\,post,i} = \frac{P_{i,1} - P_{fair,0}}{P_{fair,0}}$$

mit: $ER_{ex\,post,i}$ = Ex-post-*Overpricing* der Aktie i
$P_{fair,0}$ = von Finanzanalysten als „fair" erachteter Wert der Aktie i
$P_{i,1}$ = erster Sekundärmarktkurs der Aktie i

Analog zur Bereinigung von Ausreißern bei der Kennzahlengenerierung, wird auch bei der Berechnung dieser Renditegrößen die 2-Sigma-Regel angewendet, um Verzerrungen zu vermeiden.

[1059] Zur Problematik der Bestimmung eines *fair value* vgl. Fn. 227 und 279 sowie die Ausführungen im Abschnitt 4.2.3.2.2.3 der vorliegenden Arbeit.

6.2.3.2 Verfahren zur Messung der Preisentwicklung

Zur Untersuchung der Preisentwicklung der Stichproben-IPOs am Sekundärmarkt werden zwei verschiedene Messverfahren angewendet:[1060]

(1) *Buy-and-hold* kumulierte, Marktindex-adjustierte Rendite

Auf Basis einer *buy-and-hold*-Strategie werden für jede Aktie der Stichprobe monatliche, marktbereinigte Renditen berechnet. Als Benchmarkindex I_t wird dabei der CDAX-Index der Deutschen Börse herangezogen:

$$AR_{i,t} = R_{i,t} - IR_t \quad \text{mit: } R_{i,t} = \frac{P_{i,t} - P_{i,t-1}}{P_{i,t-1}}; \; IR_t = \frac{I_t - I_{t-1}}{I_{t-1}}$$

mit: $AR_{i,t}$ = Überrendite der Aktie i der Stichprobe zum Zeitpunkt (Monat) t

$R_{i,t}$ = Rendite der Aktie i zum Zeitpunkt (Monat) t

$P_{i,t}$ = Kurs der Aktie i zum Zeitpunkt (Monat) t

$P_{i,t-1}$ = Schlusskurs der Aktie i zum Zeitpunkt $t-1$ (Vormonat)

IR_t = Indexrendite zum Zeitpunkt (Monat) t

I_t = Indexstand zum Zeitpunkt (Monat) t

I_{t-1} = Indexstand zum Zeitpunkt $t-1$ (Vormonat)

Aus den Monatsrenditen der Aktien-Neuemissionen der Stichprobe werden anschließend Überrenditen für unterschiedliche Haltedauern nach folgendem Berechnungsschema ermittelt:

$$CIAR_{i,T} = R_{i,T} - IR_T$$

$$\text{mit: } R_{i,T} = \left[\prod_{t=1}^{T}(R_{i,t} + 1)\right] - 1; \; IR_T = \left[\prod_{t=1}^{T}(IR_t + 1)\right] - 1$$

(2) *Buy-and-hold* kumulierte, *matching-firm*-adjustierte Rendite

Analog zu den Ausführungen im Abschnitt 2.3.2.2.2 wird angesichts der methodischen Unklarheiten im Rahmen der „korrekten" Performancemessung ein weiteres Bereinigungsverfahren angewendet, bei dem auf Basis spezifischer (Risiko-) Charakteristika Vergleichsunternehmen zu einem gleichgewichteten Benchmarkportfolio zusammen-

---

[1060] Vgl. hierzu auch die Ausführungen im Abschnitt 2.3.2.2.2 der vorliegenden Arbeit.

gefasst werden. Um das Größenkriterium auf Basis der Marktkapitalisierung zu berücksichtigen, wurde als Ausgangsbasis für potenzielle Vergleichsunternehmen der *„Germany-DS Small Companies-Index“* des Informationsanbieters Thomson Financial Datastream gewählt. Die knapp 760 Einzelwerte dieses Indexes (Stand 01.04.2004) wurden in 11 Branchen unterteilt. Für jedes Unternehmen der Stichprobe wurde aus der jeweils zugehörigen Branchenliste ein Unternehmen ausgewählt, das zum Zeitpunkt des Börsengangs des Stichprobenunternehmens bereits mindestens drei Jahre börsennotiert war und dessen Marktkapitalisierung eine dem Stichprobenunternehmen möglichst ähnliche Größenordnung erreichte. Auf diese Weise wurde in Anlehnung an das von Ritter (1991) eingesetzte *„nearest-neighbour-principle“* für jede Aktien-Neuemission der Stichprobe ein Vergleichsunternehmen auf Basis der Kriterien „Größe“ (Marktkapitalisierung) und „Branche“ bestimmt.[1061] Analog zur Berechnung der *buy-and-hold* kumulierten Überrendite wird dann folgende Berechnungsweise gewählt:

$$MAR_{i,t} = R_{i,t} - BR_t \quad \text{mit:} \quad R_{i,t} = \frac{P_{i,t} - P_{i,t-1}}{P_{i,t-1}};$$

$$BR_t = \frac{1}{N}\sum_{j=1}^{N} BR_{j,t} = \frac{1}{N}\sum_{j=1}^{N} \frac{BP_{j,t} - BP_{j,t-1}}{BP_{j,t-1}}$$

mit: $MAR_{i,t}$ = Überrendite der Aktie i der Stichprobe zum Zeitpunkt (Monat) t

$R_{i,t}$ = Rendite der Aktie i zum Zeitpunkt (Monat) t

$P_{i,t}$ = Kurs der Aktie i zum Zeitpunkt (Monat) t

$P_{i,t-1}$ = Schlusskurs der Aktie i zum Zeitpunkt $t-1$ (Vormonat)

BR_t = Benchmarkportfoliorendite zum Zeitpunkt (Monat) t

$BR_{j,t}$ = Rendite der Benchmarkaktie j zum Zeitpunkt (Monat) t

$BP_{j,t}$ = Kurs der Benchmarkaktie j zum Zeitpunkt (Monat) t

$BP_{j,t-1}$ = Schlusskurs der Benchmarkaktie j zum Zeitpunkt $t-1$ (Vormonat)

Aus den Monatsrenditen der Aktien-Neuemissionen der Stichprobe sowie der Aktien des Benchmarkportfolios werden anschließend Überrenditen für unterschiedliche Haltedauern nach folgendem Berechnungsschema ermittelt:

[1061] Vgl. **Ritter** (1991), Long-Run.

$$CMAR_{i,T} = R_{i,T} - BR_T \quad \text{mit: } R_{i,T} = \left[\prod_{t=1}^{T} (R_{i,t} + 1) \right] - 1;$$

$$BR_T = \frac{1}{N} \sum_{j=1}^{N} \left[\prod_{t=1}^{T} (BR_{j,t} + 1) \right] - 1$$

Als problematisch bei der Zusammensetzung des Benchmarkportfolios erwies sich der Umstand, dass die Auswahl kleinerer (Wachstums-) Unternehmen, die während der Startjahre des Neuen Marktes bereits mindestens drei Jahre börsennotiert waren, sehr begrenzt ist. Dieser Umstand wurde zudem dadurch verschärft, dass im Zuge der Entstehung des Neuen Marktes auch erstmals Unternehmen aus am deutschen Kapitalmarkt bislang kaum vertretenen Sektoren der *New Economy* den Gang an die Börse vollzogen. Konsequenz dieser Schwierigkeiten ist zum einen, dass einige der identifizierten Vergleichsunternehmen mehrfach im Benchmarkportfolio vertreten sind und zum anderen, dass in einigen Fällen eine eindeutige Branchenzuordnung nicht möglich war und stattdessen auf Vergleichsunternehmen eines „verwandten" Sektors zurückgegriffen werden musste. Insgesamt wurden 36 verschiedene Vergleichsunternehmen identifiziert und zum Benchmarkportfolio zusammengefasst. Die Ergebnisse dieser Performancemessmethode können entsprechende Verzerrungen aufgrund der Benchmarkzusammensetzung aufweisen.

6.3 Deskriptive Analyse der Datenbasis

6.3.1 Prospektive Informationen in Neuemissionsstudien

In 98,5 % der untersuchten Neuemissionsstudien sind Prognosen zu den Gewinn- und Verlustrechnungen auf den Börsengang folgender Geschäftsjahre enthalten. Bilanzprognosen sind in 66,7 % und Vorhersagen zu Kapitalflussrechnungen in 41,9 % der Fälle enthalten. Tabelle 6.1 zeigt eine Übersicht mit statistischen Angaben zu den fundamentalen Prognosedaten der Stichprobenunternehmen für das erste Geschäftsjahr im Anschluss an den Börsengang. Für rund 36 % der Börsenneulinge werden demnach Verluste vorhergesagt, im Durchschnitt beträgt der erwartete Jahresverlust 1,3 Mio. € bei einer mittleren Umsatzprognose von rund 47 Mio. €. Die Rentabilitätskennziffern bewegen sich auf entsprechend niedrigem Niveau: die Eigenkapitalrendite (*ROE*) beträgt nur 2,6 %, Umsatz- und EBIT-Marge sind im Durchschnitt sogar negativ.

Tab. 6.1: Ausgewählte Prognosedaten zum ersten Geschäftsjahr der Stichprobenunternehmen nach dem Börsengang ($t = 1$, in Mio. €)

	Mittelwert	Median	N	Standardabweichung
Gewinn- und Verlustrechnung				
Umsatz	46,8	23,0	195	62,8
EBITDA	3,6	2,4	146	18,7
EBIT	0,3	1,5	185	16,4
EBT	-0,4	0,9	185	15,6
Jahresüberschuss	-1,3	0,5	194	14,3
Kennzahlen zu Bilanz und GuV				
Bilanzsumme	67,0	46,3	132	79,9
Eigenkapitalquote	78,6%	82,1%	121	15,2
Fremdkapitalquote	16,8%	14,2%	119	12,9
ROE	2,6%	4,9%	127	14,5
Umsatz-Marge	-8,0%	1,5%	190	30,9
EBITDA-Marge	1,3%	9,3%	143	35,7
EBIT-Marge	-3,9%	5,9%	180	34,8

Abb. 6.2: Prognostizierte Entwicklung ausgewählter GuV-Größen der Stichprobenunternehmen im Zeitraum $t = 1$ bis 3 (arithmetische Mittelwerte)

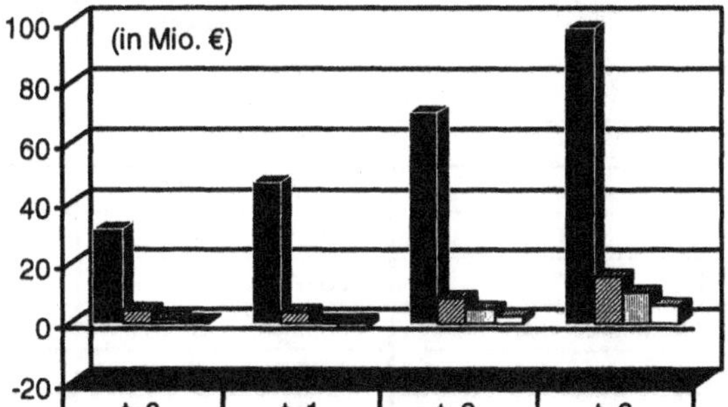

	t=0	t=1	t=2	t=3
■ Umsatz	31,4	46,8	69,8	97,9
EBITDA	3,8	3,6	8,4	15,5
EBIT	1,2	0,3	4,4	10,1
□ Jahresüberschuss	-0,1	-1,3	2,2	5,9

Die hohe durchschnittliche Eigenkapitalquote von fast 79 % spiegelt die Effekte der Eigenkapitalstärkung im Zuge des Börsengangs wider. Zum Vergleich: im letzten Geschäftsjahr vor dem Börsengang errechnet sich eine durchschnittliche Eigenkapitalquote von 32,7 %. Die Mediane zeichnen ein tendenziell freundlicheres Bild, bei niedrigerem Umsatz wird mehrheitlich ein leichter Gewinn und eine höhere Rentabilität erzielt. Den Prognosen zufolge erreichen die Unternehmen der Stichprobe im zweiten Geschäftsjahr nach dem Börsengang durchschnittlich die Gewinnzone: bei einem Umsatz von 69,8 Mio. € im Mittel wird ein Jahresüberschuss von 2,2 Mio. € erzielt. Abbildung 6.2 zeigt die erwartete Entwicklung ausgewählter GuV-Größen während der ersten drei Prognosejahre im Vergleich zum letzten Geschäftsjahr vor dem Börsengang. Kennzeichnend für die Finanzprognosen in den Neuemissionsstudien der Stichprobe sind die sehr optimistischen Wachstumserwartungen. Wie die Übersicht in Tabelle 6.2 zeigt, wird auf Umsatzebene eine kumulierte, durchschnittliche Expansionsrate (*cumulated average rate of growth*, CAGR) von jährlich knapp 55 % während der ersten drei Prognosejahre unterstellt. Beim Jahresüberschuss wird eine Wachstumsrate von jährlichen 149,3 % vorhergesagt. Die Mediane deuten ein etwas geringeres, aber immer noch sehr markantes Wachstumstempo an.

Tab. 6.2: Ausgewählte Wachstumsprognosen (CAGR) der Stichprobenunternehmen nach dem Börsengang im Zeitraum $t = 1$ bis 3

	Mittelwert	**Median**	**N**	**Standardabweichung**
Umsatz	55,4%	44,1%	180	34,3
EBITDA	75,5%	62,9%	97	51,2
EBIT	108,2%	69,8%	119	153,7
EBT	100,4%	85,9%	101	69,3
Jahresüberschuss	149,3%	91,3%	114	229,1
Operativer *Cash-flow*	94,5%	55,0%	49	117,5
Bilanzsumme	15,4%	12,7%	125	14,6

Bei 94,4 % der in die Stichprobe einbezogenen Neuemissionsstudien werden von den Analysten Unternehmensbewertungen durchgeführt und auch konkrete, als fair erachtete Werte bzw. Wertbandbreiten angegeben. Hinsichtlich der verwendeten Unternehmensbewertungsverfahren dominieren eindeutig die *Comparable Company Analysis* (CCA), die in rund 95 % der untersuchten Fälle zum Einsatz kommt, sowie das *Dis-*

counted Cash-flow-Verfahren (62,8 %) in unterschiedlichen Ausprägungen. Von untergeordneter Bedeutung sind hingegen der *Economic Value Added*-Ansatz (7,1 %) sowie die sonstigen Verfahren (15,7 %). Im Rahmen der CCA-Verfahren wird in 70,2 % der untersuchten Fälle das Kurs-Gewinn-Verhältnis (KGV) einer Vergleichsgruppe als Multiplikator herangezogen. Mit einem Anteil von knapp 36 % kommt die Verhältniszahl Marktkapitalisierung/Umsatz am zweithäufigsten zum Einsatz. Tabelle 6.3 zeigt die Rangfolge bzw. die Häufigkeit der im Rahmen der CCA-Verfahren in den untersuchten Neuemissionsstudien verwendeten Multiplikatoren. Üblicherweise wird dabei auf mehrere Kennzahlen sowie auf mehrere Prognosejahre – meist das erste und zweite Geschäftsjahr nach dem Börsengang – abgestellt. Tabelle 6.3 enthält deshalb die aus der Stichprobe ermittelten Mittelwerte der am häufigsten verwendeten Kennzahlen der Geschäfts- bzw. Prognosejahre $t = 1;2$.

Tab. 6.3: Bewertungsparameter der CCA-Verfahren

Multiplikator-Klasse	Häufigkeit	Multiplikator	Mittel-wert	Median	N	Standardabweichung
KGV	70,2%	KGV_1	43,1	36,5	67	24,3
		KGV_2	28,9	28,3	121	10,3
MK/Umsatz	35,6%	MK/$Umsatz_1$	8,2	5,6	42	8,3
		MK/$Umsatz_2$	5,2	3,9	52	4,3
EV/Umsatz	22,0%	EV/$Umsatz_1$	4,4	3,6	27	3,0
		EV/$Umsatz_2$	3,3	2,9	34	2,3
EV/EBIT	15,2%	EV/$EBIT_1$	19,0	16,7	13	8,3
		EV/$EBIT_2$	15,6	15,2	27	5,7
PEG-Ratio	15,7%	PEG-$Ratio_1$	1,3	0,8	13	1,4
		PEG-$Ratio_2$	1,0	0,9	25	0,6
EV/EBITDA	14,7%	EV/$EBITDA_1$	15,9	11,9	17	11,7
		EV/$EBITDA_2$	12,6	10,3	26	8,1
KCV	7,9%	KCV_1	25,8	30,6	13	16,8
		KCV_2	11,9	9,9	8	4,9
MK/EBIT	3,1%	MK/$EBIT_1$	24,9	25,9	5	9,0
		MK/$EBIT_2$	16,5	17,1	5	4,2
Kurs/Buchwert	1,6%	Kurs/$Buchwert_1$	6,7	6,7	2	2,1
		Kurs/$Buchwert_2$	5,1	4,7	3	2,6

Erläuterungen:
KGV: Kurs-Gewinn-Verhältnis; MK: Marktkapitalisierung, EBIT: *earnings before interest and tax*; EV: *enterprise value*; EBITDA: *earnings before interest*, PEG-Ratio: *price-earnings-growth-ratio*; *tax and depreciation*; KCV: Kurs-*Cash-flow*-Verhältnis.

Üblicherweise kommen mehrere Bewertungsverfahren – meist eine Kombination aus relativem und absolutem Bewertungsverfahren – parallel zum Einsatz, bei den untersuchten Neuemissionsstudien liegt der Anteil hierfür bei 78,6 %. Die daraus resultierenden Unternehmenswertbandbreiten werden dann meist mittels eines Gewichtungsverfahrens zu einem konkreten, aus Sicht der Finanzanalysten als fair erachteten Unternehmenswert verdichtet.[1062]

6.3.2 Preisbildung und Preisentwicklung der Stichprobenunternehmen

Der Mittelwert der Emissionsrenditen der in die Stichprobe einbezogenen Aktien-Neuemissionen liegt mit 47,5 % sehr nahe an dem für sämtliche Börsengänge an den ehemaligen Neuen Markt berechneten Durchschnittswert von rund 49 % und weicht statistisch signifikant von Null ab. Abbildung 6.3 zeigt die Verteilung der Stichprobendaten.

Abb. 6.3: Histogramm der Emissionsrenditen der Stichprobenunternehmen

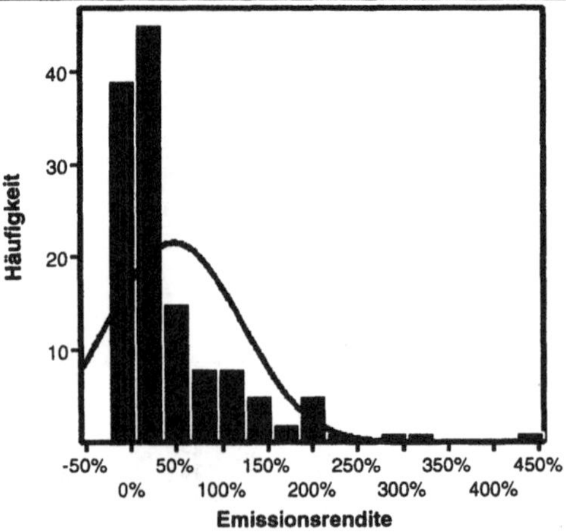

Anzahl	Minimum	Maximum	Mittelwert	Standardabweichung
131	-20,0%	433,3%	47,5%	72,7

[1062] Wenn nur Bandbreiten für den als fair erachteten Unternehmenswert angegeben sind, wird für die statistische Auswertung im Rahmen der vorliegenden Arbeit der Mittelwert aus Ober- und Untergrenze herangezogen. Eventuell in den jeweiligen Analysen empfohlene Kaufanreizabschläge auf den fairen Wert werden dabei nicht berücksichtigt.

Mit einem Mittelwert von 49,1 % erreicht die prozentuale Differenz zwischen den ersten Sekundärmarktkursen und den aus Sicht der Finanzanalysten fairen Werten eine ähnlich signifikante Größenordnung wie die Emissionsrendite. Dieses Ergebnis kann als Hinweis auf die Existenz eines ausgeprägten Ex-post-*Overpricing* interpretiert werden. Tabelle 6.4 fasst die ermittelten Ergebnisse zusammen und zeigt zudem eine Übersicht der durchschnittlichen Bewertungsrelationen auf Emissionspreisbasis.

Tab. 6.4: *Pricing* und emissionspreisbasierte Bewertungsrelationen

	Mittelwert	Median	Werte	Standardabweichung	t-Wert
Pricing					
Emissionsrendite	47,5%	19,4%	131	72,7	7,5 •
Ex-ante-*Underpricing*	-3,8%	0,3%	176	18,1	2,8 •
Ex-post-*Overpricing*	49,1%	22,4%	176	89,8	7,2 •
Bewertungsparameter (emissionspreisbasiert)					
KGV_1	142,7	66,2	103	213,9	
KGV_2	43,4	30,1	146	40,4	
$MK/Umsatz_1$	7,2	3,9	179	7,9	
$MK/Umsatz_2$	3,3	2,6	175	2,5	
$MK/EBIT_1$	54,7	32,0	109	65,6	
$MK/EBIT_2$	28,0	17,0	135	29,0	
$MK/EBITDA_1$	28,1	20,0	87	21,2	
$MK/EBITDA_2$	19,9	13,4	109	18,3	
$Kurs/Buchwert_1$	3,6	3,3	117	1,8	
$Kurs/Buchwert_2$	3,4	3,2	118	1,4	

Erläuterungen:
KGV: Kurs-Gewinn-Verhältnis; MK: Marktkapitalisierung, EBIT: *earnings before interest and tax*; EBITDA: *earnings before interest, tax and depreciation.*

Auf Basis der Ergebnisse der untersuchten Stichprobe kann somit festgehalten werden, dass die Anleger bereit waren, am Sekundärmarkt einen durchschnittlich 47,5 % über dem Emissionskurs und 49,1 % über dem von den Finanzanalysten als „fair" empfohlenen Unternehmenswert zu bezahlen, um Aktien-Neuemissionen zu erwerben.

In Tabelle 6.5 sind die Ergebnisse der Messung der absoluten, d. h. nicht adjustierten durchschnittlichen Renditeentwicklung der Stichprobenunternehmen während der ersten 36 auf die Erstnotiz folgenden Monate am Sekundärmarkt abgebildet. Die zum Stichtag 01.06.2004 noch börsennotierten 130 Kandidaten weisen im Vergleich zu ihrer Erstnotiz eine durchschnittliche negative Rendite von -64,4 % auf. Mehr als 90 % der betrachteten Aktien-Neuemissionen haben seit ihrer Erstnotiz deutlich an Wert verloren, nur knapp 9 % notierten zum Stichtag noch im positiven Bereich. Die Betrachtung der monatlichen Renditen zeigt zunächst eine im Durchschnitt positive Sekundärmarktentwicklung während der ersten 6 bis 9 Monate am Sekundärmarkt. Anschließend beginnt eine mehr als zweijährige Phase mit deutlichen Wertverlusten.

Tab. 6.5: Sekundärmarktentwicklung der Aktien-Neuemissionen der Stichprobe (absolute Renditen)

Absolute (unbereinigte) Rendite seit 1. HT [1)]		**Monat**	***N***	***CAR*$_T$**	**Median**	**STABW**
Stichprobenumfang	130 [2)]	**1**	132	**-1,5%**	-6,3%	0,21
Arithmetisches Mittel	**-64,3%**	**2**	130	**-5,8%**	-13,6%	0,30
Median	-82,1%	**3**	128	**-2,3%**	-17,8%	0,48
Max	335,4%	**4**	131	**5,3%**	-18,7%	0,69
Min	-100,0%	**5**	132	**13,9%**	-20,4%	0,89
Stichprobenstandardabweichung	0,60	**6**	133	**18,5%**	-22,0%	1,06
Anteil Gewinner	9,2%	**9**	137	**19,9%**	-31,6%	1,24
Anteil Verlierer	90,8%	**12**	135	**1,5%**	-42,8%	1,08
		15	136	**-3,6%**	-54,5%	1,47
		18	136	**-5,7%**	-66,3%	1,97
		21	137	**-3,6%**	-71,6%	2,31
		24	136	**-24,1%**	-79,7%	1,54
		27	137	**-24,4%**	-81,1%	1,99
		30	137	**-27,7%**	-84,6%	2,38
		33	137	**-37,2%**	-87,7%	2,34
		36	137	**-35,5%**	-89,1%	3,00

Erläuterungen:
[1)] Stichtag 01.06.2004; [2)] Bei 6 Unternehmen der Stichprobe ist die Börsennotierung wieder eingestellt worden; CR_T: kumulierte, durchschnittliche Rendite; STABW: Stichprobenstandardabweichung.

Tabelle 6.6 fasst die Performanceergebnisse der Stichprobe auf Basis der im Abschnitt 6.2.3.2 beschriebenen Methoden zur Überrenditemessung zusammen. Beide Messverfahren – *buy-and-hold* kumulierte, Marktindex-adjustierte Rendite $CIAR_{i,T}$ und *buy-and-hold* kumulierte, *matching-firm*-adjustierte Rendite $CMAR_{i,T}$ – zeigen ähnliche Performancemuster.

Der Verlauf der Durchschnittsrenditen über die verschiedenen Halteperioden ist sehr volatil und zeichnet kein einheitliches Bild. Tendenziell deutet sich während der ersten etwa 3 Monate am Sekundärmarkt eine *Underperformance* an, in den folgenden 9 bis 17 Monaten werden dann eher positive Überrenditen erzielt, die bis zum Ablauf der 36-Monatshaltefrist dann aber wieder abgebaut werden. Insgesamt sind die Abweichungen vom Benchmarkindex CDAX bzw. dem Benchmarkportfolio der *matching firms* – mit Ausnahme der $CMAR_{i,T}$ für die 9-Monatshaltefrist – auf einem Signifikanzniveau von 1 % statistisch nicht signifikant verschieden von Null.

Tab. 6.6: Sekundärmarktentwicklung der Aktien-Neuemissionen der Stichprobe (Überrenditen)

buy-and-hold kumulierte, Marktindex-adjustierte Rendite						*buy-and-hold* kumulierte, *matching-firm*-adjustierte Rendite					
Monat	*N*	$CIAR_T$	Median	STABW	t-Wert	Monat	*N*	$CMAR_T$	Median	STABW	t-Wert
1	134	-0,4%	-3,2%	0,22	-0,20	1	132	-0,3%	-5,1%	0,21	-0,19
2	130	-5,0%	-8,9%	0,29	-1,96	2	130	-4,9%	-12,7%	0,30	-1,87
3	130	1,4%	-10,4%	0,48	0,34	3	128	-2,0%	-17,6%	0,48	-0,47
4	131	6,4%	-13,2%	0,63	1,17	4	131	5,1%	-18,9%	0,69	0,85
5	131	13,3%	-12,6%	0,78	1,96	5	132	15,8%	-18,5%	0,89	2,04
6	134	22,9%	-14,4%	1,03	2,59	6	133	15,7%	-24,8%	1,06	1,71
9	137	21,7%	-25,8%	1,12	2,27	9	137	29,9%	-21,6%	1,24	2,82
12	135	6,8%	-31,3%	0,97	0,81	12	135	19,5%	-24,7%	1,08	2,10
15	136	4,9%	-39,8%	1,35	0,42	15	136	23,7%	-27,1%	1,47	1,89
18	136	5,0%	-49,2%	1,83	0,32	18	136	23,9%	-36,7%	1,97	1,42
21	137	8,2%	-50,3%	2,19	0,44	21	137	25,6%	-42,4%	2,31	1,30
24	136	-7,1%	-48,2%	1,40	-0,59	24	136	-24,1%	-79,7%	1,54	-1,83
27	137	-1,7%	-42,6%	1,83	-0,11	27	137	22,2%	-34,5%	1,99	1,31
30	136	1,0%	-38,0%	2,23	0,05	30	136	18,9%	-38,4%	2,38	0,92
33	133	-4,2%	-36,8%	2,23	-0,22	33	133	11,1%	-39,7%	2,37	0,54
36	129	3,1%	-38,6%	2,94	0,12	36	129	14,3%	-42,4%	3,09	0,53

Erläuterungen:
STABW: Stichprobenstandardabweichung; $CIAR_T$: *buy-and-hold* kumulierte, Marktindex-adjustierte Rendite; $CMAR_T$: *buy-and-hold* kumulierte, *matching-firm*-adjustierte Rendite.

Ein eindeutigeres und aussagekräftigeres Bild zeichnet die Entwicklung der Mediane. Die erhebliche Diskrepanz zwischen Mittelwert und Median bei beiden Messmethoden deutet – trotz Anwendung der 2-Sigma-Regel – auf Verzerrungen durch Ausreißer hin. Die Mediane weisen eine kontinuierliche, dem Untersuchungsergebnis zum gesamten Neuen Markt im

Abschnitt 2.3.2.2.2 ähnliche Entwicklung auf. Ab dem ersten Monat am Sekundärmarkt sind die Mediane der kumulierten Überrenditen $CIAR_{i,T}$ und $CMAR_{i,T}$ für die untersuchten Aktien-Neuemissionen negativ und signalisieren eine erhebliche *Underperformance.* Bereits nach 12 Monaten erreicht der Median der $CIAR_{i,T}$-Methode eine Wert von -31,3 % und der Median der $CMAR_{i,T}$-Methode von -24,7 %. Bis zum Ende der 36-Monatshaltefrist werden diese Größen auf -38,6 % und -42,4 % weiter ausgebaut.

6.4 Analyse der Zusammenhänge zwischen Preisbildung bei Aktien-Neuemissionen und fundamentalen Prognoseinformationen in Neuemissionsstudien

6.4.1 Untersuchungsziel und Untersuchungsdesign

Finanzanalysten und die von ihnen erarbeiteten prospektiven Informationen verfügen über ein hohes Problemlösungspotenzial zur Überbrückung bestehender Informationslücken im Rahmen von Aktien-Neuemissionen.[1063] Wenn Neuemissionsstudien tatsächlich als geeignete Informationsquellen zur Beseitigung oder zumindest zur Reduzierung von Informationsdefiziten auf Seiten der Marktteilnehmer fungieren, dann sollten von den publizierten Analyseergebnissen entsprechende Einflüsse auf die Preisfindung und darüber hinaus auch auf die Preisbildung am Sekundärmarkt ausgehen. Im folgenden Abschnitt soll deshalb der Frage nachgegangen werden, ob zwischen den durch das Neuemissionsresearch verbreiteten prospektiven Informationen und der Preisbildung bei Aktien-Neuemissionen ein statistischer Zusammenhang besteht.

Die Beziehung zwischen den in Kennzahlen verdichteten Einflussfaktoren prospektiver Informationen und den Emissionsrenditen der jeweiligen Aktien-Neuemission wird zunächst mittels univariater Regressionsanalysen untersucht.[1064] Diese betrachten allgemein lineare Zusammenhänge zwischen metrisch skalierten Variablen. Dabei stellt die Emissionsrendite ER_i bzw. das *Underpricing* die jeweils abhängige Variable, der zu testende Einflussfaktor die unabhängige Variable dar. Ein Einflussfaktor wird dann als signifikant angesehen, wenn der t-Test den Regressionskoeffizienten mit einer Fehlerwahrscheinlichkeit von höchstens 1 % bzw. 5 %

[1063] Vgl. hierzu die Ausführungen in den Abschnitten 4.2.3 und 4.2.4 der vorliegenden Arbeit.

[1064] Zur Methodik und den Prämissen der Regressionsanalyse vgl. z. B. **Backhaus/ Erichson/Plinke/Weiber** (2003), Analysemethoden, S. 45 ff., **Bamberg/Baur** (2002), Statistik, S. 42 ff., oder **Poddig** (1999), Kursprognose, S. 154 ff.

als von Null verschieden ausweist.[1065] Die Güte der linearen Regressionsbeziehung wird durch den Korrelationskoeffizienten von Pearson bzw. das Bestimmtheitsmaß R^2, das den durch die Regressionsfunktion erklärten Anteil der Streuung an der Gesamtstreuung angibt, ausgedrückt. Um Interdependenzen zwischen den Einflussgrößen zu berücksichtigen und die Kombination der einflussreichsten exogenen Variablen zu ermitteln, wird im Anschluss an die univariate Analyse eine multivariate Regressionsanalyse durchgeführt. Dabei wird der F-Wert als Gütekriterium der jeweiligen Modellspezifikation in die Ergebnisdarstellung einbezogen.[1066] Neben dem Bestimmtheitsmaß R^2 des jeweiligen Regressionsmodells wird auch dessen korrigiertes R^2 ermittelt.[1067] Die Regressionskoeffizienten werden zudem als standardisierte Größen angegeben, um sie über verschiedene Variablen hinweg vergleichbar und damit deren relative Bedeutung transparent zu machen.[1068]

1065 Für die Durchführung statistischer Tests (t-Test, F-Test) ist die Normalverteilung der Störgrößen von Bedeutung. Hierbei wird unterstellt, dass die zu testenden Schätzwerte der Regressionsparameter normalverteilt sind. Verschiedene Untersuchungen kommen aber zu dem Ergebnis, dass die Normalverteilungsannahme bei sehr vielen Kennzahlen zurückgewiesen werden muss. Vgl. m. w. N. **Küting/ Weber** (1997), Bilanzanalyse, S. 365.

1066 Der F-Test ist ein globales Gütemaß zur Prüfung einer Regressionsfunktion. Vgl. hierzu z. B. **Backhaus/Erichson/Plinke/Weiber** (2003), Analysemethoden, S. 68 ff.

1067 Das korrigierte Bestimmtheitsmaß R^2 vermindert das einfache R^2 um eine Korrekturgröße, die um so höher ist, je größer die Zahl der Regressoren und je kleiner die Zahl der Freiheitsgrade im jeweiligen Modell sind. Hierdurch wird der Umstand berücksichtigt, dass bei gegebener Stichprobe mit jedem weiteren Regressor ein mehr oder weniger großer Erklärungsanteil hinzukommt, der möglicherweise nur rein zufällig bedingt ist. Der Wert von R^2 kann deshalb durch die Aufnahme irrelevanter Regressoren nur zunehmen, aber nicht abnehmen. Insbesondere bei einer kleinen Zahl an Freiheitsgraden verschlechtern sich mit der Anzahl der Regressoren aber auch die Schätzeigenschaften des Modells. Vgl. hierzu die Ausführungen bei **Backhaus/Erichson/Plinke/Weiber** (2003), Analysemethoden, S. 67 f.

1068 Durch die Standardisierung werden eventuelle unterschiedliche Messdimensionen der Variablen eliminiert. Damit werden vergleichende Aussagen darüber ermöglicht, welche der einbezogenen unabhängigen Variablen am stärksten auf die zu erklärende wirken. Die nicht standardisierten Regressionskoeffizienten werden aber dennoch benötigt, um den marginalen Effekt einer Änderung einer unabhängigen Variablen auf die abhängige abschätzen zu können.

6.4.2 Untersuchungsergebnisse

6.4.2.1 Analyse mit Einperioden-Variablen

Als Ausgangsbasis der zu berücksichtigenden Regressoren werden in einem ersten Untersuchungsschritt sämtliche Kennzahlen bzw. Variablen herangezogen, die für die einzelnen Prognosejahre *t=1* bis *3* zu den Aktien-Neuemissionen der Stichprobe erhoben wurden.

6.4.2.1.1 Univariater Befund

Überlegungen zum Verhältnis von Emissionsrendite und Bewertung einer Aktien-Neuemission legen intuitiv den Zusammenhang nahe, dass je attraktiver (billiger) ein Titel bewertet ist, desto höher die Nachfrage seitens der Investoren am Sekundärmarkt und damit einhergehend die Emissionsrendite sein sollte. Die statistische Auswertung der Stichprobendaten deutet jedoch auf einen anderen Zusammenhang hin, wie die Ergebnisse in Tabelle 6.7 zeigen.

Tab. 6.7: Univariater Zusammenhang zwischen Emissionsrendite und Bewertungsvariablen

unabhängige Variable	Korrelation nach Pearson	R^2	Koeffizient	t-Wert	N
$EKGV_3$	0,376	0,141	0,0158	5,127 **	161
$EMKEBIT_3$	0,284	0,081	0,0076	3,671 **	156
$EKGV_2$	0,243	0,059	0,0042	3,001 **	146
$EKBW_2$	0,117	0,014	0,0539	1,266	118
$EKGV_1$	0,110	0,012	0,0005	1,102	101
$EKBW_3$	0,108	0,012	0,0572	1,140	113
$EMKUMS_2$	0,095	0,009	0,0267	1,251	175
$EKBW_1$	0,090	0,008	0,0329	0,968	117
$EMKETDA_1$	0,065	0,004	-0,0019	-0,597	87
$EMKUMS_1$	0,043	0,002	0,0038	0,578	179
$EMKUMS_3$	0,043	0,002	0,0209	0,562	171
$EMKEBIT_2$	0,035	0,001	0,0008	0,403	135
$EMKETDA_2$	0,018	0,000	0,0006	0,187	109
$EMKEBIT_1$	0,010	0,000	-0,0001	-0,100	109
$EMKETDA_3$	0,009	0,000	-0,0007	-0,099	122

Die Betrachtung der Korrelationen zwischen den einzelnen Bewertungsvariablen und den Emissionsrenditen der Aktien-Neuemissionen der Stichprobe offenbart zunächst nur relativ schwach ausgeprägte Zusammenhänge. Lediglich die Variablen $EKGV_3$, $EMKEBIT_3$ und $EKGV_2$ verfügen über statistisch signifikantes Erklärungspotenzial. Abbildung 6.4 verdeutlicht dies graphisch für die beiden erstgenannten Variablen. Die mehrheitlich positiven Vorzeichen der Koeffizienten deuten daraufhin, dass die Emissionsrendite einer Aktien-Neuemission tendenziell umso höher ausfällt, je höher der Titel auf Basis der betrachteten Kennzahlen bewertet ist. Mit anderen Worten: Je teurer eine Aktien-Neuemission in der Relativbetrachtung, desto höher ist die Nachfrage bzw. Zahlungsbereitschaft der Anleger am Sekundärmarkt und – als Konsequenz daraus – auch die Emissionsrendite. Dieser auf den ersten Blick überraschende Befund kann vermutlich damit begründet werden, dass Qualität am Markt für Aktien-Neuemissionen ihren Preis hat: Je attraktiver ein Börsenneuling, desto höher die Nachfrage und damit der am Markt durchsetzbare Preis. Bleibt die Frage zu klären, welche Attribute eines Börsenneulings eine Aktien-Neuemission attraktiv machen und Investoren zu derartigen Bewertungs- bzw. Preiszugeständnissen veranlassen.

Abb. 6.4: Univariater Zusammenhang zwischen Emissionsrendite und den Bewertungsvariablen $EKGV_3$ sowie $EMKEBIT_3$

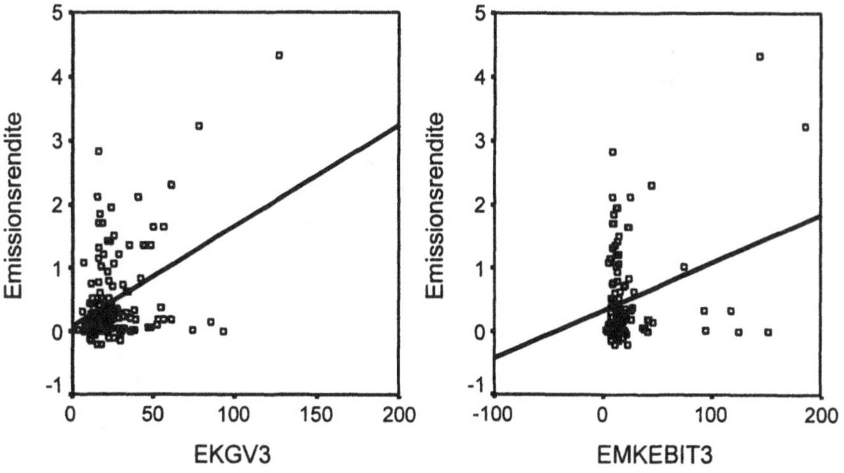

Als Segment für Wachstumsunternehmen war der Neue Markt auf junge Firmen mit hohem Wachstumspotenzial ausgerichtet. Die Attraktivität einer Aktien-Neuemission könnte deshalb insbesondere durch die Wachstumsperspektiven des Unternehmens determiniert sein. Je höher also die Wachstumserwartungen der Marktteilnehmer – beispielsweise hinsichtlich Umsatz und Ertrag – desto höher müsste demnach deren Zahlungsbereitschaft und als Konsequenz daraus auch die Emissionsrendite sein. Tabelle 6.8 enthält die Untersuchungsergebnisse der univariaten Zusammenhänge zwischen den Emissionsrenditen und den Wachstumskennzahlen der Aktien-Neuemissionen der Stichprobe.

Tab. 6.8: Univariater Zusammenhang zwischen Emissionsrendite und Wachstumsvariablen

unabhängige Variable	Korrelation nach Pearson	R^2	Koeffizient	t-Wert	N
$BLZW_1$	0,416	0,173	-0,0070	-3,487 **	60
$FCFW_{1\text{-}3}$	0,411	0,169	0,0020	1,275	10
$FCFW_1$	0,388	0,151	-0,0012	-1,113	9
$CFW_{1\text{-}3}$	0,279	0,078	-0,0005	-1,619	33
CFW_1	0,190	0,036	0,0009	1,272	45
$BLZW_{1\text{-}3}$	0,188	0,035	0,0095	2,057 *	118
$JÜW_{1\text{-}3}$	0,143	0,020	0,0008	1,474	106
$BUCW_1$	0,138	0,019	-0,0005	-1,092	63
$EBITDAW_{1\text{-}3}$	0,136	0,018	-0,0016	-1,307	93
$UMSW_1$	0,112	0,013	0,0009	1,482	175
$EBTW_1$	0,088	0,008	0,0003	0,816	87
$EBITW_{1\text{-}3}$	0,083	0,007	0,0005	0,878	113
$JÜW_1$	0,073	0,005	0,0003	0,683	89
$BUCW_{1\text{-}3}$	0,062	0,004	0,0022	0,668	117
$EBTW_{1\text{-}3}$	0,052	0,003	0,0005	0,502	96
$EBITW_1$	0,039	0,002	0,0003	0,370	90
$EBITDAW_1$	0,013	0,000	-0,0001	-0,117	87
$UMSW_{1\text{-}3}$	0,009	0,000	-0,0002	-0,118	170

Den höchsten Erklärungsgehalt besitzt demnach die Variable $BLZW_1$, sie erklärt immerhin rund 17 % der Variation der Emissionsrenditen. Das Wachstum der Bilanzsumme im ersten Geschäftsjahr nach dem Börsengang erklärt sich größtenteils durch den Mittelzufluss aus dem Börsengang. Somit lässt sich als Trend vermuten: Je niedriger der Mittelzufluss und damit das Bilanzsummenwachstum $BLZW_1$, desto höher ist die Emissionsrendite. Kleinere Emissionen erfreuten sich im Untersuchungszeitraum offenbar einer größeren Beliebtheit unter den Anlegern. Für die Folgejahre 1 bis 3 gilt jedoch das umgekehrte Verhältnis: Je höher das erwartete Bilanzsummenwachstum, desto höher die Emissionsrendite. Ursache hierfür könnte sein, dass die Quelle der prognostizierten Bilanzsummenexpansion in den auf das Jahr des Börsengangs folgenden Geschäftsperioden im operativen Geschäft und nicht in weiteren Kapitalmaßnahmen zu suchen ist. Die erwartete Expansion der Bilanzsumme ist somit Ausdruck der Wachstumsstärke des jeweiligen Unternehmens. Abbildung 6.5 stellt diesen Zusammenhang graphisch dar.

Abb. 6.5: Univariater Zusammenhang zwischen Emissionsrendite und den Bewertungsvariablen $BLZW_1$ sowie $BLZW_{1\text{-}3}$

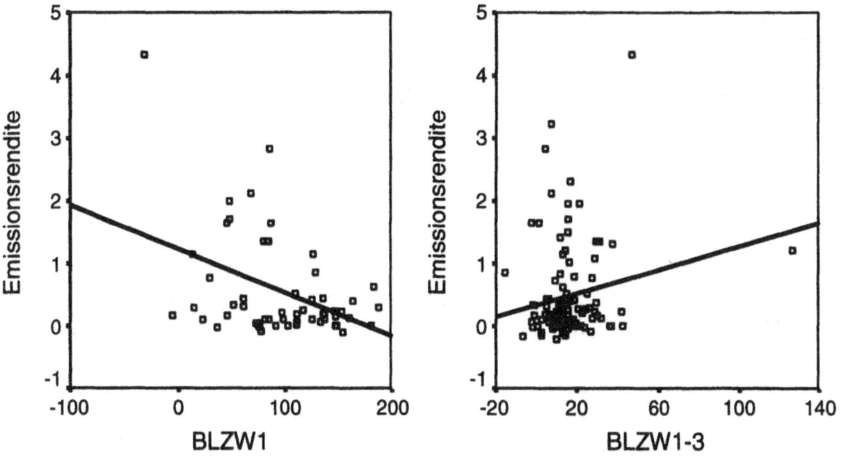

Die auf Basis des Bestimmtheitskoeffizienten (R^2) vergleichsweise hohe Aussagekraft der *Cash-flow*-basierten Wachstumsgrößen leidet einerseits unter der geringen Datenmenge und andererseits unter den wenig konsistenten Ausprägungen der zugehörigen Koeffizienten. Die Wachstumskennziffern zu Umsatz, operativem Ergebnis und Jahresüberschuss sowie zum Buchwert bestätigen zwar weitgehend den einleuchtenden Zusammenhang, dass die Emissionsrendite umso höher ausfällt, je freundlicher die Wachstumserwartungen eines Unternehmens. Der Erklärungsgehalt der einzelnen Variablen ist jedoch sehr gering.

Auch Renditemaßstäbe können von Investoren zur Beurteilung der Qualität und Attraktivität eines Börsenneulings herangezogen werden und damit deren Zahlungsbereitschaft beeinflussen. Je höher die jeweilige (erwartete) Renditekennzahl, desto ausgeprägter sollte die Nachfrage der Anleger und damit die Emissionsrendite sein. Die in Tabelle 6.9 zusammengefassten Ergebnisse liefern jedoch ein wenig konsistentes Bild zur Unterstützung dieser These.

Tab. 6.9: Univariater Zusammenhang zwischen Emissionsrendite und Renditevariablen

unabhängige Variable	Korrelation nach Pearson	R^2	Koeffizient	t-Wert	N
$FCFR_1$	0,320	0,102	-1,0670	-1,969	36
$FCFR_2$	0,270	0,073	-0,9920	-1,727	40
CFR_1	0,244	0,060	-0,8170	-1,593	42
$ROEVR_{1\text{-}3}$	0,216	0,047	-0,3800	-1,414	43
ROE_2	0,209	0,044	2,2460	1,954	86
$FCFR_3$	0,200	0,040	-0,8060	-1,243	39
CFM_1	0,157	0,025	-0,5860	-1,004	42
ROE_3	0,155	0,024	1,5750	1,417	84
$CFSAL_2$	0,155	0,024	-0,6580	-1,087	50
$EBITMVR_{1\text{-}3}$	0,148	0,022	-0,2390	-1,297	77
$UMSR_1$	0,144	0,021	0,3300	1,608	124
$CFSAL_1$	0,136	0,018	-0,3050	-0,964	51
$ETDAMVR_{1\text{-}3}$	0,136	0,018	-0,2900	-1,079	64
$VERLUST_0$	0,121	0,015	18,1310	1,380	131
$UMSRVR_{1\text{-}3}$	0,119	0,014	-0,1690	-0,961	66
ROI_2	0,116	0,013	1,7260	1,070	86
ROI_3	0,108	0,012	1,7400	0,975	83
$VERLUST_1$	0,101	0,010	14,7510	1,155	131
CFR_3	0,100	0,010	-0,3320	-0,642	43
$EBITM_1$	0,092	0,008	0,1920	1,010	121
CFR_2	0,077	0,006	-0,3100	-0,499	44
ROE_1	0,074	0,005	0,4170	0,696	89
CFM_2	0,069	0,005	-0,5080	-0,444	43
$VERLUST_3$	0,065	0,004	17,7350	0,740	131
$EBITDAM_2$	0,062	0,004	-0,2270	-0,569	94
CFM_3	0,052	0,003	-0,3150	-0,329	42
$VERLUST_2$	0,050	0,003	9,4240	0,572	131
$UMSR_3$	0,048	0,002	-0,5370	-0,530	122
$EBITDAM_3$	0,044	0,002	-0,3040	-0,410	89
ROI_1	0,040	0,002	0,4000	0,362	85
$EBITDAM_1$	0,038	0,001	0,0077	0,360	94

Fortsetzung Tab. 6.9

unabhängige Variable	Korrelation nach Pearson	R^2	Koeffizient	t-Wert	N
$EBITM_3$	0,036	0,001	-0,2730	-0,384	119
$UMSR_2$	0,028	0,001	0,1530	0,317	126
$CFSAL_3$	0,027	0,001	0,1450	0,181	47
$ETDAMVR_1$	0,027	0,001	-0,0041	-0,208	60
$EBITMVR_1$	0,020	0,000	-0,0152	-0,159	65
$UMSRVR_1$	0,010	0,000	-0,0008	-0,078	58
$EBITM_2$	0,002	0,000	-0,0009	-0,021	121

Plausible, wenn auch nicht statistisch signifikante Aussagen liefern die Variablen zu den prognostizierten Eigenkapital- und Gesamtkapitalrenditen. Auch die erwarteten Umsatzrenditen deuten mit Ausnahme von $UMSR_3$ auf einen positiven Zusammenhang mit der Emissionsrendite hin. Die Stichprobendaten lassen zudem den Trend vermuten, dass die Emissionsrenditen höher ausfallen, je früher ein Börsenneuling die Gewinnschwelle erreicht. Die Prognosen zur Entwicklung der operativen Margen wie auch zu den Veränderungsraten der verschiedenen Renditekennziffern liefern kaum ökonomisch sinnvolle Ergebnisse. Die Bedeutung der *Cash-flow*-basierten Renditegrößen leidet erneut sowohl unter der geringen Datenmenge als auch unter den wenig plausiblen und konsistenten Ausprägungen der zugehörigen Koeffizienten.

Die Untersuchung univariater Zusammenhänge zwischen den Kennzahlen der Sicherheitskategorie und den Emissionsrenditen zeigt, dass die unabhängige Variable USH_2 über den höchsten, statistisch signifikanten Erklärungsgehalt verfügt. Mit Ausnahme von USH_0 gilt für die jährlichen Prognosen der plausible Zusammenhang einer mit der Umschlaghäufigkeit zunehmenden Attraktivität – und damit einhergehend der Emissionsrendite – einer Aktien-Neuemission. Auch die Untersuchungsergebnisse zum Kapitalumschlag deuten einen derartigen Zusammenhang an, der Erklärungsbeitrag von $KAPU_1$ wird als statistisch signifikant von Null verschieden identifiziert. Die Ergebnisse zum dynamischen Verschuldungsgrad deuten insbesondere für die auf das Jahr des Börsengangs folgenden Perioden den Zusammenhang an, dass die Emissionsrendite mit der Erwartung eines sinkenden Verhältnisses von Verbindlichkeiten zu operativem *Cash-flow* tendenziell ansteigt. Der Erklärungsgehalt dieser Variablen ist aber insgesamt eher moderat und nicht zuletzt auch aufgrund der geringen Datenmenge statistisch nicht signifikant. Die

Daten zur Investitionsdeckung erreichen zwar verhältnismäßig hohe Bestimmtheitskoeffizienten, zeichnen aber kein konsistentes Bild und leiden unter dem Mangel an verfügbaren Daten. Auch die übrigen in der Tabelle 6.10 aufgeführten Sicherheitsvariablen erbringen nur wenig aussagekräftige Erkenntnisse.

Tab. 6.10: Univariater Zusammenhang zwischen Emissionsrendite und Sicherheitsvariablen

unabhängige Variable	Korrelation nach Pearson	R^2	Koeffizient	t-Wert	N
USH_2	0,290	0,084	0,0020	3,266 **	118
$INVD_0$	0,262	0,069	-0,0022	-1,274	24
$KAPU_1$	0,207	0,043	0,0025	2,257 *	116
$INVD_1$	0,174	0,030	0,0005	0,949	31
DVG_1	0,169	0,029	-0,0003	-0,937	32
DVG_2	0,161	0,026	-0,0004	-1,092	47
$INVD_2$	0,157	0,025	0,0002	0,969	39
USH_0	0,145	0,021	-0,0005	-1,330	84
ZID_3	0,131	0,017	0,0003	1,016	61
DGA_1	0,110	0,012	-0,0003	-0,941	75
ZID_1	0,110	0,012	-0,0002	-0,880	65
AUI_0	0,098	0,010	-0,0017	-1,047	114
USH_3	0,097	0,009	0,0007	1,045	117
USH_1	0,085	0,007	0,0006	0,895	113
DGA_0	0,084	0,007	0,0005	0,901	115
$INVD_3$	0,084	0,007	-0,0001	-0,528	41
DVG_3	0,080	0,006	-0,0003	-0,593	56
DGA_2	0,073	0,005	-0,0002	-0,663	85
EKQ_2	0,069	0,005	-0,0036	-0,726	113
AUI_3	0,068	0,005	-0,0009	-0,715	112
EKQ_0	0,066	0,004	-0,0020	-0,707	118
AUI_1	0,058	0,003	0,0012	0,620	118
ZID_2	0,054	0,003	0,0001	0,427	65
ZID_0	0,053	0,003	0,0001	0,413	63
DVG_0	0,047	0,002	0,0001	0,274	36
$KAPU_2$	0,044	0,002	0,0006	0,467	112
EKQ_1	0,036	0,001	-0,0021	-0,373	107
EKQ_3	0,033	0,001	-0,0016	-0,353	114
AUI_2	0,028	0,001	-0,0006	-0,305	117
$KAPU_3$	0,014	0,000	0,0002	0,145	111
DGA_3	0,003	0,000	0,0000	-0,028	82

6.4.2.1.2 Multivariater Befund

Um Interdependenzen zwischen den Einflussgrößen zu berücksichtigen, werden im folgenden Abschnitt multiple Regressionsanalysen durchgeführt. Als abhängige, zu erklärende Variable wird wiederum die Emissionsrendite der Aktien-Neuemissionen der Stichprobe verwendet. Es werden sämtliche Variablen berücksichtigt, die auch im Rahmen der univariaten Analyse untersucht wurden und für die eine ausreichende Anzahl an Datensätzen (N>75) erhoben werden konnte.[1069] Anschließend werden zum einen multivariate Modellspezifikationen mit Kombinationen unabhängiger Variablen innerhalb der einzelnen Kennzahlenkategorien betrachtet. Zum anderen werden auch Modelle mit Variablenkombinationen aus sämtlichen Kategorien untersucht. Die Auswahl der Variablen erfolgt dabei jeweils mittels der im SPSS-Programm enthaltenen Prozedur „*Stepwise*".[1070] Diesem Verfahren liegt ein Algorithmus zugrunde, nach dem die unabhängigen Variablen auf ihre Aufnahme bzw. ihren Ausschluss aus der Regressionsgleichung geprüft werden.[1071] Bei diesem schrittweisen Prozess werden die unabhängigen Variablen einzeln nacheinander in die Regressionsgleichung einbezogen, wobei jeweils diejenige Variable ausgewählt wird, die ein bestimmtes Gütekriterium (F-Wert des partiellen Korrelationskoeffizienten) maximiert. Gerade innerhalb der einzelnen Kategorien sind naturgemäß starke Zusammenhänge

---

1069 Da nicht in allen Neuemissionsstudien der Stichprobe sämtliche Daten zur Herleitung der betrachteten Kennzahlen enthalten sind, besteht ein „*missing value*-Problem". **Poddig** (1999) weist daraufhin, dass die „... Behandlung von Missing Values [problematisch] ist, da die Datenreihe durch jede Art von Eingriff verfälscht wird. Hier gilt es genau abzuwägen, welcher Eingriff noch am ehesten akzeptabel erscheint." (**Poddig** (1999), Kursprognose, S. 417). Um die fehlenden Werte im Rahmen der Regressionsprozedur handhaben zu können, wird in SPSS die Option „paarweiser Fallausschluss" angewendet. Danach wird bei Fehlen eines Wertes nicht der gesamte Datensatz, sondern lediglich die betroffene Variable eliminiert. Dadurch wird die Anzahl der berücksichtigten Fälle aufgrund fehlender Werte nicht reduziert. Als Konsequenz fließen jedoch in Abhängigkeit von der jeweiligen Variablen unterschiedlich hohe Fallzahlen in die Berechnung des der Regression zugrunde liegenden Regressionskoeffizienten ein. Dadurch kann es zu einer Ungleichgewichtung der Variablen mit entsprechenden Verzerrungen kommen.

1070 Für eine ausführliche Beschreibung vgl. **Backhaus/Erichson/Plinke/Weiber** (2003), Analysemethoden, S. 104 ff.

1071 Die Methode der schrittweisen Regression führt aber nicht notwendigerweise zum optimalen Ergebnis bzw. zu der Kombination erklärender Variablen mit dem höchsten Erklärungsgehalt. Der Vorteil dieses Verfahrens besteht neben der systematischen Vorgehensweise insbesondere darin, dass eine bedeutend geringere Anzahl an Analysen als die Anzahl der kombinatorisch möglichen Regressionsgleichungen durchgeführt werden muss.

zwischen ausgewählten Kennzahlen zu vermuten. Um die daraus resultierende Multikollinearität aufzudecken, wird die Korrelationsmatrix auf erkennbare Abhängigkeiten unter den Regressoren überprüft.[1072] Werden paarweise Variablenkombinationen mit statistisch signifikanten Korrelationen (auf dem Signifikanzniveau von 1 %) größer 0,70 (bzw. kleiner -0,70) identifiziert, so wird die Variable, die im Rahmen der *Stepwise*-Prozedur später in die Regressionsgleichung aufgenommen wurde und deshalb von geringerer Bedeutung ist, aus der Grundgesamtheit der berücksichtigten Regressoren ausgeschlossen, um den Grad der Multikollinearität möglichst gering zu halten.[1073]

Tabelle 6.11 enthält eine Übersicht der auf Basis der beschriebenen Vorgehensweise ermittelten Modellspezifikationen mit Kombinationen aus Variablen der jeweils gleichen Kategorie. Den höchsten Erklärungsgehalt auf Basis des korrigierten R^2 weisen das Sicherheits-Modell mit vier und das Bewertungs-Modell mit zwei Variablen auf. Die F-Werte sämtlicher in diesen Kategorien ermittelten Modellspezifikationen sind statistisch signifikant für eine Irrtumswahrscheinlichkeit von 1 % bzw. 5 % und deuten systematische Zusammenhänge an. Weniger aussagekräftig sind hingegen die Modellvarianten aus Variablenkombinationen innerhalb der Wachstums- und Renditekategorien.

Tab. 6.11: Multivariater Zusammenhang zwischen Emissionsrendite und Variablenkombinationen innerhalb der Kennzahlenkategorien

Kategorie	Modell	unabhängige Variablen	Koeffizient	standard. Koeffizient	t-Wert	R^2	korr. R^2	F-Wert	N
Bewertung	1	$EKGV_3$	0,016	0,376	2,951 **	0,141	0,125	8,709 **	55
		Konstante	0,100		0,715				
	2	$EKGV_3$	0,023	0,557	3,925 **	0,232	0,202	7,844 **	55
		$EMKETDA_1$	-0,011	-0,351	-2,477 *				
		Konstante	0,237		1,635				

[1072] Hohe bivariate Korrelationskoeffizienten zwischen exogenen Variablen können als Anhaltspunkte für bestehende Multikollinearitäten interpretiert werden. Vgl. hierzu **Backhaus/Erichson/Plinke/Weiber** (2003), Analysemethoden, S. 89.

[1073] Nach **Mason/Lind** (1996) ist „... a common rule of thumb ... that correlations among independent variables from -.70 to .70 do not cause problems." (**Mason/ Lind** (1996), Techniques, S. 541).

Fortsetzung Tab. 6.11

Kategorie	Modell	unabhängige Variablen	Koeffizient	standard. Koeffizient	t-Wert	R^2	korr. R^2	F-Wert	N
Sicherheit	1	USH_2	0,002	0,290	2,289 *	0,084	0,068	5,242 *	59
		Konstante	0,209		1,536				
	2	USH_2	0,004	0,620	3,430 **	0,174	0,144	5,889 **	59
		$KAPU_3$	-0,005	-0,445	-2,464 *				
		Konstante	0,523		2,868 **				
	3	USH_2	0,005	0,764	3,944 **	0,221	0,179	5,212 **	59
		$KAPU_3$	-0,006	-0,523	-2,873 **				
		AUI_2	-0,004	-0,240	-1,833				
		Konstante	0,629		3,351 **				
	4	USH_2	0,005	0,821	4,298 **	0,274	0,220	5,094 **	59
		$KAPU_3$	-0,006	-0,501	-2,818 **				
		AUI_2	-0,005	-0,273	-2,119 *				
		USH_0	-0,001	-0,240	-1,978				
		Konstante	0,875		3,956 **				
Rendite	1	ROE_2	1,932	0,209	1,919	0,044	0,032	3,682	83
		Konstante	28,914		2,643 **				
	2	ROE_2	2,614	0,282	2,383 *	0,070	0,047	3,005	83
		$EBITDAM_2$	-0,682	-0,178	-1,507				
		Konstante	31,827		2,887 **				
	3	ROE_2	2,010	0,217	1,748	0,099	0,065	2,897 *	83
		$EBITDAM_2$	-1,184	-0,310	-2,165 *				
		$UMSR_1$	0,566	0,240	1,601				
		Konstante	49,151		3,197 **				
Wachstum	1	$BLZW_{1-3}$	0,009	0,188	1,442	0,035	0,018	2,080	59
		Konstante	0,351		3,231 **				
	2	$BLZW_{1-3}$	0,011	0,222	1,690	0,066	0,033	1,980	59
		$EBITDAW_{1-3}$	-0,002	-0,179	-1,360				
		Konstante	0,509		3,212 **				
	3	$BLZW_{1-3}$	0,013	0,269	2,094 *	0,150	0,104	3,233 *	59
		$EBITDAW_{1-3}$	-0,005	-0,370	-2,450 *				
		$JÜW_{1-3}$	0,002	0,345	2,329 *				
		Konstante	0,416		2,637 *				

Abschließend sollen multiple Regressionsmodelle untersucht werden, die mehrere Entscheidungsaspekte durch die Aufnahme und Kombination von Kennzahlen bzw. Variablen aus verschiedenen Kategorien berücksichtigen. Die simple Kombination der vier Variablen, die in ihren jeweiligen Kennzahlenkategorien das höchste univariate Erklärungspotenzial zeigten, führt zu dem in Tabelle 6.12 abgebildeten Modell.

Tab. 6.12: Multivariater Zusammenhang zwischen Emissionsrendite und der Kombination aus den Variablen mit dem jeweils höchsten univariaten Erklärungsgehalt innerhalb der zugehörigen Kennzahlenkategorie

Modell	Kategorie	unabhängige Variablen	Koeffizient	standard. Koeffizient	t-Wert	R^2	korr. R^2	F-Wert	N
1	Bewertung	$EKGV_3$	0,0138	0,334	2,405 *	0,286	0,228	4,907 **	53
	Wachstum	$BLZW_1$	-0,0034	-0,231	-1,605				
	Rendite	ROE_2	0,0076	0,086	0,582				
	Sicherheit	USH_2	0,0012	0,183	1,352				
	Konstante		0,2040		0,532				

Die Modellspezifikation aus den vier Variablen mit den besten univariaten Ergebnissen kann fast 29 % der Variation der Emissionsrenditen erklären, der zugehörige F-Wert in Höhe von 4,9 ist statistisch signifikant. Die Renditevariable ROE_2 und die Sicherheitsvariable USH_2 leisten jedoch nur einen sehr geringen Beitrag, wie sich aus den zugehörigen t-Werten und den standardisierten Koeffizienten ablesen lässt. Mit Hilfe der *Stepwise*-Prozedur werden aus der Grundgesamtheit sämtlicher Variablen – unter Beachtung des Multikollinearitätskriteriums und des Mindestdatenumfangs – die in Tabelle 6.13 zusammengefassten Modellspezifikationen erzeugt. Diese werden von Bewertungs- und Rendite-Variablen dominiert, Wachstumsvariablen sind hingegen in keinem der vorgeschlagenen multiplen Regressionsmodelle aufgenommen worden. Die F-Werte sämtlicher Varianten deuten auf systematische Zusammenhänge hin.

Tab. 6.13: Multivariater Zusammenhang zwischen Emissionsrendite und Variablenkombinationen aus verschiedenen Kategorien

Kategorie	Modell	unabhängige Variablen	Koeffizient	standard. Koeffizient	t-Wert	R^2	korr. R^2	F-Wert	N
Bewertung	1	$EKGV_3$	0,016	0,376	2,658 *	0,141	0,121	7,066 *	45
		Konstante	0,100		0,655				
Bewertung	2	$EKGV_3$	0,016	0,378	2,787 **	0,227	0,190	6,173 **	45
Sicherheit		USH_2	0,002	0,293	2,162 *				
		Konstante	-0,185		-0,935				

Fortsetzung Tab. 6.13

Kategorie	Modell	unabhängige Variablen	Koeffizient	standard. Koeffizient	t-Wert	R^2	korr. R^2	F-Wert	N
Bewertung	3	$EKGV_3$	0,018	0,446	3,214 **	0,277	0,224	5,238 **	45
Sicherheit		USH_2	0,002	0,382	2,673 *				
Rendite		$EBITM_3$	0,018	0,250	1,682				
		Konstante	-0,608		-1,916				
Bewertung	4	$EKGV_3$	0,019	0,460	3,354 **	0,315	0,247	4,609 **	45
Sicherheit		USH_2	0,003	0,447	3,036 **				
Rendite		$EBITM_3$	0,032	0,448	2,272 *				
Rendite		$EBITDAM_2$	-0,010	-0,268	-1,498				
		Konstante	-0,763		-2,316 *				
Bewertung	5	$EKGV_3$	0,027	0,655	3,923 **	0,375	0,295	4,680 **	45
Sicherheit		USH_2	0,003	0,417	2,909 **				
Rendite		$EBITM_3$	0,039	0,542	2,749 **				
Rendite		$EBITDAM_2$	-0,014	-0,381	-2,086 *				
Bewertung		$EMKEBIT_2$	-0,008	-0,325	-1,927				
		Konstante	-0,760		-2,387 *				

6.4.2.2 Analyse mit Mehrperioden-Variablen

Der bisherigen Vorgehensweise liegt die Intention zugrunde, jene multiple Modellspezifikationen bzw. jene Variablenkombinationen zu identifizieren, die den höchsten (statistischen) Beitrag zur Erklärung der Emissionsrenditen leisten. Ein zentraler Schwachpunkt liegt dabei in der pragmatischen Auswahl der eine Kennzahlenkategorie repräsentierenden Variablen ausschließlich anhand ihres univariaten Erklärungsgehalts. Während nämlich für das eine Prognosejahr ein signifikanter Erklärungsgehalt identifiziert werden kann, ist die gleiche Variable für andere Prognosejahre regelmäßig ohne Bedeutung. Die Herleitung eines Modells mit einem möglichst hohen Erklärungsgehalt gleicht so einem *„trial-and-error"*-Verfahren, das nur wenige Parallelitäten mit realen Entscheidungsprozessen von Anlegern am Markt für Aktien-Neuemissionen aufweist. Es erscheint intuitiv wenig plausibel, dass ein Anleger – trotz der unbestreitbaren Notwendigkeit zur Komplexitätsreduktion – eine einzelne Kennzahl für ein bestimmtes Prognosejahr oder eine enge Kennzahlenkombination heranzieht, um ein Urteil über die Attraktivität eines Börsenneulings abzuleiten. Vielmehr dürfte ein individuell entstehendes Gesamtbild aus prospektiven, quantitativen und qualitativen Informationen als Entscheidungsgrundlage von Relevanz sein. Soweit hierbei auch die in Neuemissionsstudien enthaltenen Finanzprognosen Berücksichtigung finden, sollten statistische Zusammenhänge zwischen Kombinationen möglichst repräsentativer Finanzprognosedaten, die ein breiteres Bild des Unternehmens zeichnen, und den Emissionsrenditen feststellbar sein. Auf Basis der bisherigen Erkenntnisse wird im Folgenden deshalb ein alternativer Ansatz zur Herleitung multipler Regressionsmodelle verfolgt.

6.4.2.2.1 Univariater Befund

Auf Basis jener Variablen, für die im Rahmen der univariaten Untersuchung ökonomisch plausible sowie konsistente Ergebnisse ermittelt und systematische Zusammenhänge mit den Emissionsrenditen festgestellt werden konnten, werden für jede Kategorie „verdichtete" Variablen bestimmt, die den gesamten Prognosezeitraum $t = 1$ bis 3 abbilden. Für die Kategorie Wachstum sind dies die Wachstumsgrößen $BLZW_{1\text{-}3}$ und $JÜW_{1\text{-}3}$. In den übrigen Kategorien wird durch einfache arithmetische Durchschnittsbildung versucht, die Prognosen zu verschiedenen Geschäftsjahren in einer repräsentativen Kennzahl zusammenzufassen. Tabelle 6.14 zeigt eine Aufstellung der aus dieser Vorgehensweise resultierenden Variablen sowie die zugehörigen univariaten Untersuchungsergebnisse.

Tab. 6.14: Auswahl der verdichteten Variablen und univariate Untersuchungsergebnisse der Analyse des Zusammenhangs mit der Emissionsrendite

Kategorie	unabhängige Variable	Korrelation nach Pearson	R^2	Koeffizient	t-Wert	N
Bewertung	$MW\ KGV_{1\text{-}3}$	0,238	0,057	0,0031	3,121 **	163
	$MW\ EMKUMS_{1\text{-}3}$	0,070	0,005	0,0091	0,930	179
	$MW\ EKBW_{1\text{-}3}$	0,118	0,014	0,0570	1,643	118
Wachstum	$JÜW_{1\text{-}3}$	0,143	0,020	0,0008	1,474	106
	$BLZW_{1\text{-}3}$	0,188	0,035	0,0089	2,057 *	118
Rendite	$MW\ ROE_{1\text{-}3}$	0,110	0,012	0,0074	1,208	121
	$MW\ UMSR_{1\text{-}3}$	0,058	0,003	0,0024	0,772	180
Sicherheit	$MW\ USH_{1\text{-}3}$	0,227	0,052	0,0014	2,533 *	119
	$MW\ KAPU_{1\text{-}3}$	0,155	0,024	0,0018	1,702	119

Die univariaten Zusammenhänge zwischen den verdichteten, den kompletten Prognosezeitraum umfassenden Variablen und den Emissionsrenditen der untersuchten Stichprobe sind sehr gering. Lediglich die t-Werte der Bewertungsvariable $MW\ KGV_{1\text{-}3}$, des Bilanzsummenwachstums $BLZW_{1\text{-}3}$ und der Sicherheitsvariable $USH_{1\text{-}3}$ erzielen signifikant von Null verschiedene Ergebnisse, das R^2 ist in allen drei Fällen aber sehr gering. Die univariate Analyse der Renditevariablen erbringt keine Hinweise auf systematische Zusammenhänge mit den Emissionsrenditen der Aktien-Neuemissionen der untersuchten Stichprobe. Entscheidender, da realitätsnäher, ist jedoch die Frage nach möglichen Zusammenhängen, wenn die verschiedenen, als entscheidungsrelevant erachteten fundamentalen Aspekte zu einem repräsentativeren „Gesamtbild" kombiniert werden.

6.4.2.2.2 Multivariater Befund

In einem ersten Schritt werden sämtliche Kombinationen untersucht, die durch die Zusammenfassung von jeweils drei der in Tabelle 6.14 aufgeführten Variablen aus drei verschiedenen Kennzahlenkategorien in einem Modell gebildet werden können. Unter Berücksichtigung des Multikollinearitätskriteriums können insgesamt 44 multiple Modellspezifikationen hergeleitet werden. Bei 18 Modellen weisen die Untersuchungsergebnisse hierbei auf signifikante Zusammenhänge zwischen den jeweiligen Regressoren und den Emissionsrenditen hin. In Tabelle 6.15 sind die zehn Varianten mit den höchsten Erklärungspotenzialen auf Basis des korrigierten R^2 abgebildet. Insgesamt fällt der Erklärungsgehalt gemessen am Bestimmtheitsmaß zwar sehr moderat aus, in 41 % der untersuchten Fälle ist er aber trotzdem statistisch signifikant. Das beste Ergebnis wird mit einer Kombination aus Variablen der Kennzahlenkategorien Bewertung, Wachstum und Sicherheit erzielt. Aufgrund der realitätsnäheren Konzeption ist diesen Ergebnissen eine höhere Bedeutung beizumessen.

Tab. 6.15: Multivariater Zusammenhang zwischen Emissionsrendite und der Kombination verdichteter Variablen aus drei Kennzahlenkategorien

Modell	Kategorie	unabhängige Variablen	Koeffizient	standard. Koeffizient	t-Wert	R^2	korr. R^2	F-Wert	N
1	Bewertung	$MW\ EKGV_{I-3}$	0,0039	0,299	3,232 **	0,159	0,135	6,443 **	105
	Wachstum	$BLZW_{I-3}$	0,0080	0,167	1,807				
	Sicherheit	$MW\ USH_{I-3}$	0,0016	0,250	2,662 **				
		Konstante	-0,1030		-0,709				
2	Bewertung	$MW\ EKGV_{I-3}$	0,0040	0,302	3,235 **	0,138	0,114	5,622 **	108
	Rendite	$MW\ ROE_{I-3}$	0,0057	0,084	0,856				
	Sicherheit	$MW\ USH_{I-3}$	0,0016	0,252	2,584 *				
		Konstante	-0,0323		-0,239				

Fortsetzung Tab. 6.15

Modell	Kategorie	unabhängige Variablen	Koeffizient	standard. Koeffizient	t-Wert	R^2	korr. R^2	F-Wert	N
3	Bewertung	*MW EKGV* $_{t-3}$	0,0038	0,289	3,120 **	0,132	0,108	5,341 **	108
	Rendite	*MW UMSR* $_{t-3}$	0,0000	-0,001	-0,007				
	Sicherheit	*MW USH* $_{t-3}$	0,0018	0,280	2,980 **				
		Konstante	-0,0048		-0,036				
4	Bewertung	*MW EKGV* $_{t-3}$	0,0038	0,292	3,083 **	0,128	0,103	5,009 **	105
	Wachstum	*BLZW* $_{t-3}$	0,0080	0,168	1,757				
	Sicherheit	*MW KAPU* $_{t-3}$	0,0021	0,176	1,795				
		Konstante	-0,0644		-0,392				
5	Bewertung	*MW EKGV* $_{t-3}$	0,0035	0,266	2,037 *	0,134	0,099	3,808 *	77
	Wachstum	*JÜW* $_{t-3}$	0,0003	0,044	0,338				
	Sicherheit	*MW USH* $_{t-3}$	0,0018	0,283	2,562 *				
		Konstante	-0,0237		-0,141				
6	Bewertung	*MW EKGV* $_{t-3}$	0,0037	0,279	2,923 **	0,113	0,087	4,321 **	105
	Wachstum	*BLZW* $_{t-3}$	0,0085	0,179	1,830				
	Rendite	*MW ROE* $_{t-3}$	0,0079	0,116	1,168				
		Konstante	0,0951		0,775				
7	Bewertung	*MW EKGV* $_{t-3}$	0,0039	0,300	3,129 **	0,110	0,085	4,302 **	107
	Rendite	*MW ROE* $_{t-3}$	0,0068	0,101	0,989				
	Sicherheit	*MW KAPU* $_{t-3}$	0,0022	0,181	1,769				
		Konstante	-0,0104		-0,065				
8	Bewertung	*MW EKGV* $_{t-3}$	0,0038	0,286	2,991 **	0,102	0,076	3,940 *	107
	Rendite	*MW UMSR* $_{t-3}$	0,0002	0,006	0,064				
	Sicherheit	*MW KAPU* $_{t-3}$	0,0026	0,217	2,232 *				
		Konstante	0,0102		0,063				
9	Bewertung	*MW EKGV* $_{t-3}$	0,0034	0,258	2,733 **	0,101	0,075	3,822 *	105
	Wachstum	*BLZW* $_{t-3}$	0,0102	0,215	2,183 *				
	Rendite	*MW UMSR* $_{t-3}$	-0,0005	-0,130	-0,132				
		Konstante	0,1510		1,333				
10	Bewertung	*MW EMKUMS* $_{t-3}$	0,0215	0,168	1,756	0,098	0,074	4,032 **	114
	Wachstum	*BLZW* $_{t-3}$	0,0073	0,154	1,676				
	Sicherheit	*MW USH* $_{t-3}$	0,0016	0,254	2,618 *				
		Konstante	0,0099		0,067				

Eine Untersuchung der Modellvarianten, die durch die Aufnahme von vier unabhängigen Variablen aus sämtlichen Kennzahlenkategorien gebildet werden können, bestätigt obige Ergebnisse: Neun von insgesamt 24 Modellspezifikationen weisen signifikante Beiträge zur Erklärung der Emissionsrenditen auf. Die Erklärungsgüte kann durch die Aufnahme einer vierten Variablen im Vergleich zu den Modellvarianten mit nur drei Regressoren jedoch nur minimal gesteigert werden, wie die Ergebnisübersicht in Tabelle 6.16 zeigt. Auf eine weitere Ausdehnung der Untersuchung auf Regressionsmodelle mit fünf erklärenden Variablen wird deshalb verzichtet.

Tab. 6.16: Multivariater Zusammenhang zwischen Emissionsrendite und der Kombination verdichteter Variablen aus vier Kennzahlenkategorien

Modell	Kategorie	unabhängige Variablen	Koeffizient	standard. Koeffizient	t-Wert	R^2	korr. R^2	F-Wert	N
1	Bewertung	***MW EKGV*** $_{t-3}$	0,0040	0,303	3,252 **	0,161	0,128	4,859 **	105
	Wachstum	***BLZW*** $_{t-3}$	0,0086	0,180	1,868				
	Rendite	***MW UMSR*** $_{t-3}$	-0,0020	-0,048	-0,048				
	Sicherheit	***MW USH*** $_{t-3}$	0,0016	0,256	2,695 **				
		Konstante	-0,1190		-0,800				
2	Bewertung	***MW EKGV*** $_{t-3}$	0,0040	0,305	3,246 **	0,161	0,128	4,839 **	105
	Wachstum	***BLZW*** $_{t-3}$	0,0075	0,157	1,643				
	Rendite	***MW ROE*** $_{t-3}$	0,0029	0,044	0,427				
	Sicherheit	***MW USH*** $_{t-3}$	0,0015	0,237	2,405 *				
		Konstante	-0,1120		-0,760				
3	Bewertung	***MW EKGV*** $_{t-3}$	0,0039	0,301	3,130 **	0,132	0,097	3,834 **	105
	Wachstum	***BLZW*** $_{t-3}$	0,0074	0,155	1,578				
	Rendite	***MW ROE*** $_{t-3}$	0,0045	0,066	0,629				
	Sicherheit	***MW KAPU*** $_{t-3}$	0,0018	0,154	1,489				
		Konstante	-0,0711		-0,430				
4	Bewertung	***MW EKGV*** $_{t-3}$	0,0035	0,266	2,039 *	0,142	0,095	3,012 *	77
	Wachstum	***JUW*** $_{t-3}$	0,0004	0,071	0,526				
	Rendite	***MW ROE*** $_{t-3}$	0,0067	0,100	0,821				
	Sicherheit	***MW USH*** $_{t-3}$	0,0016	0,252	2,156 *				
		Konstante	-0,0690		-0,391				
5	Bewertung	***MW EKGV*** $_{t-3}$	0,0039	0,296	3,092 **	0,130	0,095	3,763 **	105
	Wachstum	***BLZW*** $_{t-3}$	0,0085	0,178	1,791				
	Rendite	***MW UMSR*** $_{t-3}$	-0,0015	-0,038	-0,384				
	Sicherheit	***MW KAPU*** $_{t-3}$	0,0022	0,181	1,823				
		Konstante	-0,0782		-0,465				
6	Bewertung	***MW EKGV*** $_{t-3}$	0,0035	0,265	1,993 *	0,134	0,086	2,818 *	77
	Wachstum	***JÜW*** $_{t-3}$	0,0003	0,045	0,339				
	Rendite	***MW UMSR*** $_{t-3}$	0,0002	0,006	0,050				
	Sicherheit	***MW USH*** $_{t-3}$	0,0018	0,282	2,500 *				
		Konstante	-0,0232		-0,138				
7	Bewertung	***MW EMKUMS*** $_{t-3}$	0,0245	0,188	1,533	0,121	0,073	2,515 *	77
	Wachstum	***JÜW*** $_{t-3}$	0,0012	0,209	1,795				
	Rendite	***MW ROE*** $_{t-3}$	0,0105	0,155	1,210				
	Sicherheit	***MW USH*** $_{t-3}$	0,0011	0,269	2,231 *				
		Konstante	-0,1480		-0,708				
8	Bewertung	***MW EMKUMS*** $_{t-3}$	0,0241	0,184	1,821	0,100	0,068	3,069 *	114
	Wachstum	***BLZW*** $_{t-3}$	0,0067	0,142	1,487				
	Rendite	***MW ROE*** $_{t-3}$	0,0036	0,054	0,509				
	Sicherheit	***MW USH*** $_{t-3}$	0,0015	0,243	2,430 *				
		Konstante	-0,0098		-0,063				
9	Bewertung	***MW EMKUMS*** $_{t-3}$	0,0224	0,171	1,743	0,098	0,066	3,004 *	114
	Wachstum	***BLZW*** $_{t-3}$	0,0071	0,150	1,571				
	Rendite	***MW UMSR*** $_{t-3}$	0,0006	0,015	0,157				
	Sicherheit	***MW USH*** $_{t-3}$	0,0016	0,253	2,595 *				
		Konstante	0,0107		0,071				

6.4.3 Zwischenfazit

Die Untersuchung der Frage, ob zwischen den in Neuemissionsstudien enthaltenen prospektiven Finanzinformationen und der Preisbildung bei Aktien-Neuemissionen ein statistischer Zusammenhang besteht, erbrachte zahlreiche positive Hinweise. Der Erklärungsgehalt der untersuchten univariaten und multivariaten Modellspezifikationen ist zwar in zahlreichen Fällen statistisch signifikant, aber meist nur sehr moderat ausgeprägt. Insgesamt kann die Hypothese, dass in Neuemissionsstudien Informationen enthalten sind, die Rückschlüsse auf die am Sekundärmarkt zu erwartenden Emissionsrenditen zulassen, zumindest auf Basis der betrachteten Stichprobe nicht grundsätzlich verworfen werden auch wenn die Frage, ob Investoren die in Neuemissionsstudien verbreiteten prospektiven Informationen tatsächlich in ihren Entscheidungsprozess einbeziehen, damit nicht beantwortet ist.

Wenig Bedeutung scheinen die Anleger jedoch den Unternehmenswertempfehlungen der Finanzanalysten beizumessen. Die Daten der Stichprobe zeigen, dass sich Emittenten und Emissionsbanken bei der Festlegung der Emissionskurse im Preisfindungsprozess sehr eng an den im Rahmen der Neuemissionsstudien dargelegten und publizierten Preisvorstellungen orientiert und nur ein moderates Ex-ante-*Underpricing* vorgenommen haben. Die Anleger waren aber dennoch bereit, am Sekundärmarkt einen durchschnittlich 49,1 % über dem von den Finanzanalysten als „fair“ empfohlenen Unternehmenswert zu bezahlen, um Aktien-Neuemissionen zu erwerben. Zudem hat die Analyse emissionspreisbasierter Bewertungskennzahlen auch die Tendenz aufgezeigt, dass Emissionsrenditen mit dem Bewertungsniveau ansteigen: Je teurer eine Aktien-Neuemission auf Basis relativer Bewertungskennzahlen im Untersuchungszeitraum zur Zeichnung angeboten wurde, desto höher war die Zahlungsbereitschaft der Anleger am Sekundärmarkt.

Für attraktive, qualitativ hochwertige Unternehmen lassen sich zweifelsohne höhere Bewertungsniveaus und eine steigende Nachfrage seitens der Anleger rechtfertigen, die letztlich auch in höhere Emissionsrenditen münden. Die im Rahmen der empirischen Untersuchung gefundenen Zusammenhänge zwischen den von Finanzanalysten erstellten prospektiven Finanzdaten und den Emissionsrenditen liefern zudem Indikationen, welche (quantitativen) Attribute einen Börsenneuling am ehemaligen Neuen Markt aus Anlegersicht attraktiv erscheinen ließen. Ob sich allein damit aber das Ausmaß der im Untersuchungszeitraum festgestellten Emissionsrenditen begründen lässt, erscheint fragwürdig.

Anleger müssen im Prozess der individuellen Grenzpreisbestimmung explizit oder implizit im Durchschnitt wesentlich optimistischere Annahmen hinsichtlich der Zukunftserfolge der Börsenneulinge getroffen haben als die Finanzanalysten. Die anschließende Entwicklung am Sekundärmarkt machte aber schnell transparent, dass diese Erwartungen nicht erfüllt werden können (Über-Optimismus) und der erste Sekundärmarktkurs viel zu hoch ausgefallen war (Ex-post-*Overpricing*). Die Ausführungen im fünften Kapitel der vorliegenden Arbeit haben zahlreiche Erklärungsansätze für die Entstehung einer derartigen Kombination aus (moderatem) Ex-ante-*Underpricing* und (exzessivem) Ex-post-*Overpricing* aufgezeigt.

6.5 Analyse der Zusammenhänge zwischen Preisentwicklung bei Aktien-Neuemissionen und fundamentalen Prognoseinformationen in Neuemissionsstudien

6.5.1 Untersuchungsziel und Untersuchungsdesign

Im folgenden Abschnitt wird untersucht, ob zwischen den in Neuemissionsstudien enthaltenen prospektiven Finanzinformationen zu Aktien-Neuemissionen und deren Preisentwicklung am Sekundärmarkt statistische Zusammenhänge festgestellt werden können. Hierdurch soll nach Hinweisen zur Beantwortung der Frage gesucht werden, ob die in Neuemissionsstudien enthaltenen Informationen insofern von Nutzen sind, als sie Rückschlüsse auf die Renditeentwicklung einer neuemittierten Aktie am Sekundärmarkt erlauben. Analog zur vorangegangenen Untersuchung zur Preisbildung im Abschnitt 6.4 werden univariate und multivariate Regressionsverfahren als Instrumente zur Zusammenhangsanalyse eingesetzt, um Interdependenzen zwischen fundamentalen Prognoseinformationen als erklärende Variablen und den 6-, 12-, 18- und 24-Monatsrenditen von Aktien-Neuemissionen als jeweils abhängige Variablen zu überprüfen. Grundlage der Messung der Preisentwicklung sind dabei die im Abschnitt 6.2.3.2 vorgestellten Verfahren, mit deren Hilfe die *buy-and-hold* kumulierte, Marktindex-adjustierte Rendite $CIAR_{i,T}$ sowie die *buy-and-hold* kumulierte, *matching-firm*-adjustierte Rendite $CMAR_{i,T}$ für jede Aktien-Neuemission der Stichprobe für die jeweilige Haltedauer ermittelt werden.

6.5.2 Untersuchungsergebnisse

6.5.2.1 Analyse mit Einperioden-Variablen

Auch bei der Zusammenhangsanalyse zwischen Preisentwicklung und fundamentalen Prognoseinformationen werden in einem ersten Untersuchungsschritt sämtliche Kennzahlen bzw. Variablen als Regressoren herangezogen, die für die einzelnen Prognosejahre $t=1$ bis 3 zu den Aktien-Neuemissionen der Stichprobe erhoben wurden.

6.5.2.1.1 Univariater Befund

Tabelle 6.17 fasst die Ergebnisse der Untersuchung von möglichen Zusammenhängen zwischen den betrachteten Bewertungsvariablen und der Preisentwicklung der Aktien-Neuemissionen der Stichprobe auf Basis der $CIAR_{i,T}$-Methode zusammen. Insgesamt lassen sich über sämtliche Haltefristen nur moderate Abhängigkeiten feststellen. Die Kennzahlen Kurs-Gewinn-Verhältnis und Marktkapitalisierung-Umsatz-Verhältnis weisen über sämtliche Zeiträume die höchsten, vielfach statistisch signifikanten Erklärungspotenziale auf. Die stärkste Ausprägung ist für die 12-Monatshaltefrist festzustellen: Für 67 % der in die Analyse einbezogenen Bewertungsvariablen lassen sich auf Basis der $CIAR_{i,T}$-Renditeberechnung für diesen Zeitraum statistisch signifikante t-Werte ermitteln. Die unabhängigen Variablen $EKGV_1$ und $EMKETDA_1$ erzielen auf Basis des R^2 die besten Ergebnisse und können knapp 10 % der Variation von $CIAR_{i,12}$ erklären. Im Gegensatz zum univariaten Befund im Rahmen der Untersuchung zu den Emissionsrenditen weisen die Koeffizienten dieser Bewertungsvariablen im Preisentwicklungskontext überwiegend negative Vorzeichen auf.

Die Analyse auf Basis der $CMAR_{i,T}$-Performancemessung führt zu den in Tabelle 6.17 abgebildeten, in Teilbereichen nahezu identischen Erkenntnissen. Diese Beobachtung gilt auch für die im Folgenden noch darzustellenden Ergebnisse der Zusammenhangsanalysen mit den Variablen der übrigen Kategorien. Die Auswertungen auf $CMAR_{i,T}$-Basis erbringen insgesamt somit keine zusätzlichen Erkenntnisse, sind andererseits aber mit dem im Abschnitt 6.2.3.2 bereits angesprochenen Problem der Zusammensetzung des Benchmarkportfolios behaftet. Auf eine detaillierte Darstellung der Untersuchungsergebnisse soll an dieser Stelle deshalb verzichtet und lediglich auf die Übersichten im Anhang der vorliegenden Arbeit verwiesen werden.

Tab. 6.17: Univariater Zusammenhang zwischen Sekundärmarktrenditen ($CIAR_{i,T}$) und Bewertungsvariablen

$CIAR_{i,T}$	6 Monate				12 Monate			
unab. Var.	R^2	Koeffizient	t-Wert	N	R^2	Koeffizient	t-Wert	N
$EKGV_1$	0,035	-0,13	-1,86	97	0,097	-0,19	-3,15 **	94
$EKGV_2$	0,014	-0,33	-1,42	140	0,045	-0,54	-2,55 *	139
$EKGV_3$	0,010	-0,67	-1,28	156	0,039	-1,20	-2,50 *	155
$EMKUMS_1$	0,039	-2,78	-2,61 **	171	0,077	-3,60	-3,77 **	172
$EMKUMS_2$	0,011	-4,71	-1,37	167	0,044	-8,61	-2,76 **	168
$EMKUMS_3$	0,005	-6,28	-0,95	163	0,022	-11,57	-1,91	164
$EMKEBIT_1$	0,023	-0,25	-1,55	105	0,053	-0,36	-2,38 *	102
$EMKEBIT_2$	0,023	-0,58	-1,73	129	0,059	-0,85	-2,82 **	128
$EMKEBIT_3$	0,008	-0,38	-1,13	150	0,009	-0,36	-1,15	149
$EMKETDA_1$	0,042	-1,06	-1,89	83	0,101	-1,53	-2,98 **	80
$EMKETDA_2$	0,023	-0,93	-1,56	103	0,059	-1,36	-2,52 *	102
$EMKETDA_3$	0,018	-1,82	-1,45	116	0,049	-2,79	-2,43 *	115
$EKBW_1$	0,005	4,21	0,74	112	0,000	0,25	0,05	111
$EKBW_2$	0,001	2,15	0,30	113	0,002	-3,20	-0,48	112
$EKBW_3$	0,000	0,40	0,05	108	0,003	-4,28	-0,53	107

$CIAR_{i,T}$	18 Monate				24 Monate			
unab. Var.	R^2	Koeffizient	t-Wert	N	R^2	Koeffizient	t-Wert	N
$EKGV_1$	0,041	-0,29	-2,03 *	96	0,042	-0,21	-2,05 *	96
$EKGV_2$	0,008	0,50	1,04	141	0,002	0,17	0,48	141
$EKGV_3$	0,000	-0,17	-0,16	157	0,001	-0,38	-0,47	157
$EMKUMS_1$	0,034	-5,44	-2,48 *	174	0,043	-4,53	-2,80 **	174
$EMKUMS_2$	0,031	-16,31	-2,31 *	170	0,043	-14,33	-2,77 **	170
$EMKUMS_3$	0,022	-26,34	-1,94	166	0,035	-24,33	-2,44 *	166
$EMKEBIT_1$	0,036	-0,67	-1,97	104	0,037	-0,50	-1,99 *	104
$EMKEBIT_2$	0,000	-0,09	-0,14	130	0,003	-0,34	-0,66	130
$EMKEBIT_3$	0,007	-0,75	-1,06	151	0,012	-0,69	-1,32	151
$EMKETDA_1$	0,044	-2,29	-1,94	82	0,041	-1,63	-1,86	82
$EMKETDA_2$	0,000	-0,14	-0,11	104	0,002	-0,38	-0,41	104
$EMKETDA_3$	0,008	-2,57	-0,98	117	0,008	-1,85	-0,95	117
$EKBW_1$	0,011	12,97	1,10	114	0,029	15,83	1,83	114
$EKBW_2$	0,004	10,34	0,69	115	0,014	13,84	1,26	115
$EKBW_3$	0,003	10,25	0,57	110	0,007	11,28	0,86	110

Abbildung 6.6 veranschaulicht für die 12-Monatshaltefrist am Beispiel der Variablen $EKGV_1$ und $EMKETDA_1$ graphisch den Trend einer mit steigenden Bewertungsrelationen (auf Emissionspreisbasis) abnehmenden Überrendite $CIAR_{i,12}$ am Sekundärmarkt. Je teurer eine Aktie der Stichprobe demnach auf Basis der betrachteten Kennzahlen und der darin

enthaltenen Finanzprognosen zum Zeitpunkt ihrer Platzierung am Neuen Markt bewertet war, desto höher fiel zwar tendenziell die Emissionsrendite aus, desto enttäuschender verlief danach aber auch ihre weitere relative Preisentwicklung am Sekundärmarkt. Dieses Schema könnte die Konsequenz überoptimistischer Erwartungen sein, die zunächst für eine erhöhte Nachfrage nach den neuen Aktien eines Börsenneulings sorgen. Im Verlauf der weiteren Entwicklung wird dann aber der Anpassungsbedarf an realistischere Erwartungen sukzessive transparent und die Marktpreise nähern sich entsprechend der revidierten Informationslage an.

Abb. 6.6: Univariater Zusammenhang zwischen $CIAR_{i,12}$ und den Variablen $EKGV_1$ sowie $EMKETDA_1$

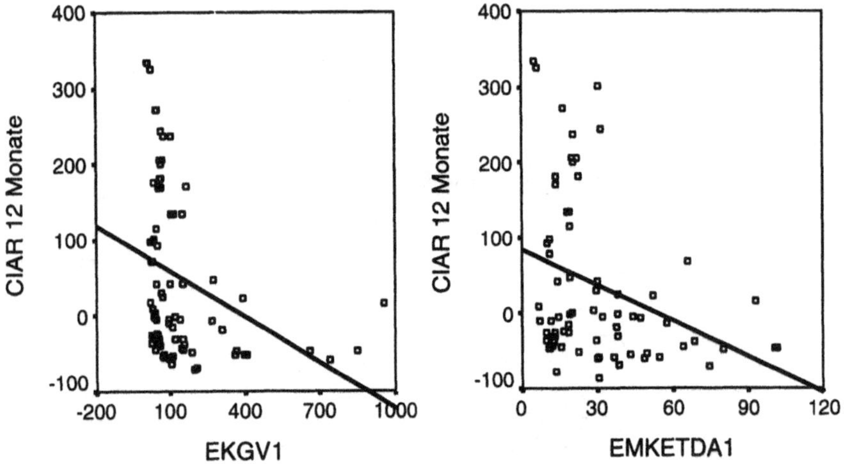

Auch bei den Wachstumsvariablen sind insgesamt nur moderate Zusammenhänge mit den jeweiligen Sekundärmarktrenditen feststellbar, wie die Ergebnisse in Tabelle 6.18 zeigen. Über das höchste Erklärungspotenzial verfügen eindeutig jene Wachstumskennzahlen, die den gesamten Prognosezeitraum $t=1$ bis 3 abdecken; dies gilt insbesondere für Prognosen zur Entwicklung des Jahresüberschusses ($JÜW_{1\text{-}3}$) und des Umsatzes ($UMSW_{1\text{-}3}$).

Tab. 6.18: Univariater Zusammenhang zwischen Sekundärmarktrenditen ($CIAR_{i,T}$) und Wachstumsvariablen

$CIAR_{i,T}$	6 Monate				12 Monate			
unab. Var.	R^2	Koeffizient	t-Wert	N	R^2	Koeffizient	t-Wert	N
$UMSW_1$	0,035	-0,24	-2,52 *	177	0,070	-0,32	-3,64 **	178
$UMSW_{1-3}$	0,069	-0,85	-3,56 **	172	0,068	-0,78	-3,55 **	173
$EBITDAW_1$	0,002	-0,07	-0,39	84	0,004	-0,10	-0,59	83
$EBITDAW_{1-3}$	0,044	-0,45	-2,04 *	92	0,065	-0,51	-2,48 *	90
$EBITW_1$	0,029	-0,25	-1,64	93	0,035	-0,26	-1,82	91
$EBITW_{1-3}$	0,025	-0,19	-1,70	114	0,036	-0,21	-2,02 *	111
$EBTW_1$	0,001	-0,02	-0,32	91	0,003	0,04	0,51	88
$EBTW_{1-3}$	0,048	-0,35	-2,21 *	97	0,042	-0,30	-2,03 *	94
$JÜW_1$	0,034	0,13	1,79	93	0,034	0,12	1,78	90
$JÜW_{1-3}$	0,037	-0,18	-2,03 *	108	0,087	-0,26	-3,15 **	105
$BLZW_1$	0,000	0,00	0,02	62	0,000	-0,03	-0,10	60
$BLZW_{1-3}$	0,002	0,30	0,44	120	0,002	0,29	0,45	119
$BUCW_1$	0,001	-0,02	-0,31	66	0,070	-0,11	-2,19 *	64
$BUCW_{1-3}$	0,020	0,76	1,55	119	0,015	0,60	1,32	118
CFW_1	0,169	0,18	2,59 *	34	0,017	0,05	0,72	32
CFW_{1-3}	0,003	-0,05	-0,38	47	0,057	-0,21	-1,61	44
$FCFW_1$	0,363	0,67	2,00	8	0,430	0,67	2,30	8
$FCFW_{1-3}$	0,035	-0,33	-0,54	9	0,369	-0,97	-2,16	9

$CIAR_{i,T}$	18 Monate				24 Monate			
unab. Var.	R^2	Koeffizient	t-Wert	N	R^2	Koeffizient	t-Wert	N
$UMSW_1$	0,021	-0,40	-1,97 *	180	0,015	-0,25	-1,66	180
$UMSW_{1-3}$	0,026	-1,08	-2,14 *	175	0,038	-0,97	-2,62 **	175
$EBITDAW_1$	0,001	0,08	0,23	85	0,004	0,17	0,61	85
$EBITDAW_{1-3}$	0,042	-0,92	-1,99	92	0,039	-0,66	-1,91	92
$EBITW_1$	0,014	-0,37	-1,14	93	0,010	-0,23	-0,95	93
$EBITW_{1-3}$	0,034	-0,47	-1,98	113	0,039	-0,37	-2,12 *	113
$EBTW_1$	0,061	0,38	2,41 *	90	0,070	0,30	2,58 *	90
$EBTW_{1-3}$	0,020	-0,47	-1,38	96	0,011	-0,26	-1,02	96
$JÜW_1$	0,001	0,06	0,37	92	0,011	0,12	1,00	92
$JÜW_{1-3}$	0,060	-0,48	-2,60 *	107	0,045	-0,31	-2,22 *	107
$BLZW_1$	0,021	0,70	1,15	63	0,017	0,47	1,05	63
$BLZW_{1-3}$	0,003	0,84	0,59	122	0,012	1,29	1,22	122
$BUCW_1$	0,013	0,10	0,92	67	0,010	0,07	0,83	67
$BUCW_{1-3}$	0,001	0,43	0,42	121	0,005	0,59	0,79	121
CFW_1	0,009	-0,09	-0,56	34	0,011	-0,07	-0,61	34
CFW_{1-3}	0,045	-0,42	-1,48	47	0,031	-0,26	-1,21	47
$FCFW_1$	0,643	1,85	3,55 **	8	0,055	0,40	0,64	8
$FCFW_{1-3}$	0,531	-2,64	-3,01 *	9	0,366	-1,62	-2,15	9

Die *Cash-flow*-basierten Variablen weisen in Tabelle 6.18 zwar teilweise sehr hohe Bestimmtheitsmaße auf, deren Aussagekraft ist aber durch die unbefriedigende Datenmenge stark eingeschränkt. Die signifikantesten Ergebnisse sind erneut für die 12-Monatshaltefrist zu beobachten. Die Variablen $JÜW_{1\text{-}3}$ und $UMSW_{1\text{-}3}$ erklären für diesen Zeitraum rund 9 % respektive 7 % der Varianz der Durchschnittsrendite $CIAR_{i,12}$. Die übrigen Variablen liefern unabhängig vom betrachteten Zeitraum kaum Hinweise auf systematische Zusammenhänge mit den Sekundärmarktrenditen, dies gilt auch für die Prognosen zum Bilanzsummenwachstum, die im Rahmen der univariaten Analyse einen verhältnismäßig hohen Beitrag zur Erklärung der Emissionsrenditen zeigten. Interessante Fragen wirft die Beobachtung auf, dass die Koeffizienten der Wachstumsvariablen in der überwiegenden Mehrheit negative Vorzeichen aufweisen. Dieser überraschende Befund lässt sich in der einfachen Formel zusammenfassen: Je höher die Wachstumsprognosen zum Zeitpunkt des Börsengangs, desto enttäuschender die anschließende (relative) Kursentwicklung am Sekundärmarkt. Abbildung 6.7 stellt diesen Zusammenhang zwischen den Variablen $JÜW_{1\text{-}3}$ sowie $UMSW_{1\text{-}3}$ und dem Sekundärmarktperformancemaß $CIAR_{i,12}$ graphisch dar. Dieser könnte ebenfalls als Konsequenz überoptimistischer Wachstumserwartungen interpretiert werden, die im Rahmen der weiteren Sekundärmarktentwicklung revidiert werden müssen. Gleichzeitig erfolgt eine Anpassung der Marktpreise mit entsprechender *Underperformance* der neuemittierten Aktie.

Abb. 6.7: Univariater Zusammenhang zwischen $CIAR_{i,12}$ und den Variablen $JÜW_{1\text{-}3}$ sowie $UMSW_{1\text{-}3}$

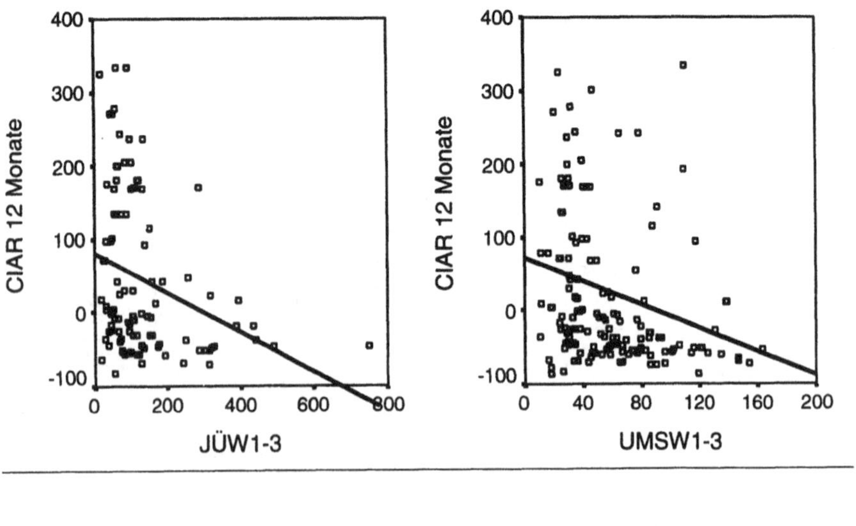

Die von den Finanzanalysten im Rahmen der Neuemissionsstudien publizierten Wachstumsprognosen zu den Aktien-Neuemissionen der Stichprobe haben somit den Charakter von „Kontraindikatoren", da hohe Wachstumshoffnungen ex post betrachtet nicht als Kaufargument, sondern als Risikoindikator bzw. Negativmerkmal einer Aktien-Neuemission eingestuft werden müssen. Da das (vermutete) Wachstumspotenzial eines Börsenkandidaten üblicherweise positiv mit seiner Bewertung korreliert, sind die Erkenntnisse aus der Betrachtung der Koeffizienten der Wachstumsvariablen in engem Zusammenhang mit jenen zu interpretieren, die aus der Analyse der Bewertungsvariablen gewonnen werden konnten: Hohe Wachstumshoffnungen schlagen sich in höheren Bewertungsrelationen zum Börsengang nieder und führen zu Kursabschlägen in der weiteren Sekundärmarktentwicklung, wenn sich diese Erwartungen als falsch erweisen.

Während Renditevariablen kaum messbare Beiträge zur Erklärung der beobachteten Emissionsrenditen im Rahmen der univariaten Analyse leisteten, lassen sich insbesondere für die beiden Prognosekennzahlen Eigenkapitalrendite und Gesamtkapitalrendite signifikante Zusammenhänge mit $CIAR_{i,T}$ feststellen, wie die Ergebnisübersicht in Tabelle 6.19 zeigt. Die Variable zur Eigenkapitalrentabilität ROE_1 erklärt allein rund 17 % der Varianz der 12-Monatsrenditen $CIAR_{i,12}$ der in die Stichprobe einbezogenen Aktien-Neuemissionen, auch die Variable ROI_1 weist ein R^2 von 0,134 auf. Für die übrigen Haltefristen sind diese Zusammenhänge zwar schwächer ausgeprägt, aber dennoch in den meisten Fällen statistisch signifikant. Darüber hinaus verfügen auch die *Dummy*-Variablen $VERLUST_t$ über erwähnenswertes Erklärungspotenzial. Den früheren Prognosejahren ($t = 1;2$) ist zudem tendenziell höhere Bedeutung beizumessen als späteren. Die Betrachtung der Koeffizienten signalisiert den ökonomisch plausiblen Zusammenhang, dass jene Aktien-Neuemissionen mit den höchsten Renditeerwartungen auch die tendenziell bessere (relative) Preisentwicklung am Sekundärmarkt aufweisen. Einen Performancevorsprung zeigen zudem die Aktien jener Unternehmen, die nicht mehr im Verlustbereich operieren bzw. für die von den Finanzanalysten bereits Gewinne prognostiziert werden.

Tab. 6.19: Univariater Zusammenhang zwischen Sekundärmarktrenditen ($CIAR_{i,T}$) und Renditevariablen

$CIAR_{i,T}$	6 Monate				12 Monate			
unab. Var.	R^2	Koeffi-zient	t-Wert	N	R^2	Koeffi-zient	t-Wert	N
ROE_1	0,139	2,86	4,43 **	123	0,171	2,93	4,98 **	121
ROE_2	0,057	3,36	2,65 **	118	0,070	3,44	2,94 **	116
ROE_3	0,035	2,64	2,00 *	113	0,014	1,57	1,27	111
$EBITM_1$	0,038	0,62	2,61 **	172	0,015	0,36	1,64	173
$EBITM_2$	0,019	0,95	1,81	172	0,002	0,25	0,52	173
$EBITM_3$	0,003	0,61	0,69	168	0,001	0,38	0,46	167
$EBITDAM_1$	0,025	0,50	1,87	135	0,004	0,18	0,71	136
$EBITDAM_2$	0,008	0,52	1,03	134	0,001	0,13	0,27	135
$EBITDAM_3$	0,003	0,54	0,58	128	0,008	0,87	1,01	127
$UMSR_1$	0,014	0,42	1,59	182	0,006	0,26	1,06	183
$UMSR_2$	0,016	1,06	1,73	184	0,000	0,16	0,29	185
$UMSR_3$	0,004	1,01	0,79	178	0,001	0,55	0,46	177
ROI_1	0,114	4,65	3,89 **	119	0,134	4,65	4,25 **	117
ROI_2	0,055	4,52	2,61 *	118	0,066	4,56	2,85 **	116
ROI_3	0,017	2,69	1,39	112	0,016	2,42	1,34	110
$FCFR_1$	0,000	-0,14	-0,15	53	0,007	-0,53	-0,61	53
$FCFR_2$	0,020	1,20	1,06	57	0,049	1,74	1,69	57
$FCFR_3$	0,063	2,92	1,91	55	0,064	2,72	1,91	54
$CFSAL_1$	0,020	0,49	1,26	78	0,005	0,22	0,60	77
$CFSAL_2$	0,000	-0,07	-0,07	75	0,003	0,39	0,44	74
$CFSAL_3$	0,004	0,84	0,53	70	0,002	0,51	0,35	70
CFM_1	0,015	0,81	0,98	64	0,029	1,05	1,36	63
CFM_2	0,023	2,05	1,23	64	0,058	2,98	1,97	64
CFM_3	0,008	1,12	0,71	63	0,011	1,23	0,85	63
CFR_1	0,005	0,48	0,56	62	0,000	-0,08	-0,11	61
CFR_2	0,009	0,85	0,73	63	0,007	0,71	0,66	62
CFR_3	0,066	1,97	2,09 *	63	0,054	1,64	1,86	62
$ROEVR_1$	0,039	-0,54	-1,61	65	0,043	-0,53	-1,66	62
$EBITMVR_0$	0,002	0,05	0,39	98	0,008	0,11	0,85	96
$EBITMVR_1$	0,009	-0,28	-1,00	111	0,033	-0,50	-1,91	108
$ETDAMVR_0$	0,000	0,03	0,10	87	0,000	-0,04	-0,18	86
$ETDAMVR_1$	0,013	-0,45	-1,10	94	0,022	-0,55	-1,46	93
$UMSRVR_0$	0,052	0,24	2,26 *	94	0,076	0,26	2,72 **	91
$UMSRVR_1$	0,002	-0,11	-0,49	106	0,026	-0,33	-1,64	103
$VERLUST_0$	0,044	48,08	2,94 **	190	0,087	62,63	4,27 **	191
$VERLUST_1$	0,049	50,25	3,12 **	189	0,069	54,75	3,74 **	190
$VERLUST_2$	0,042	62,36	2,88 **	189	0,032	50,04	2,50 *	190
$VERLUST_3$	0,005	31,65	0,98	189	0,000	-5,65	-0,19	190

Fortsetzung Tab. 6.19

$CIAR_{i,T}$	18 Monate				24 Monate			
unab. Var.	R^2	Koeffizient	t-Wert	N	R^2	Koeffizient	t-Wert	N
ROE_1	0,060	3,92	2,80 **	124	0,077	3,28	3,21 **	124
ROE_2	0,007	2,40	0,89	119	0,011	2,30	1,15	119
ROE_3	0,000	-0,53	-0,19	114	0,000	0,01	0,00	114
$EBITM_1$	0,005	0,46	0,93	175	0,008	0,43	1,17	175
$EBITM_2$	0,000	0,17	0,16	175	0,000	0,18	0,22	175
$EBITM_3$	0,006	-1,83	-0,99	169	0,008	-1,57	-1,16	169
$EBITDAM_1$	0,003	0,38	0,69	138	0,004	0,28	0,69	138
$EBITDAM_2$	0,000	-0,09	-0,09	137	0,001	-0,25	-0,32	137
$EBITDAM_3$	0,004	-1,33	-0,69	129	0,007	-1,31	-0,92	129
$UMSR_1$	0,003	0,41	0,75	185	0,006	0,44	1,08	185
$UMSR_2$	0,000	0,27	0,21	187	0,001	0,34	0,36	187
$UMSR_3$	0,003	-2,01	-0,76	179	0,004	-1,64	-0,84	179
ROI_1	0,050	6,41	2,50 *	120	0,057	5,06	2,68 **	120
ROI_2	0,010	4,00	1,09	119	0,013	3,33	1,23	119
ROI_3	0,004	-2,56	-0,63	113	0,004	-2,09	-0,70	113
$FCFR_1$	0,001	-0,44	-0,23	55	0,038	-2,06	-1,47	55
$FCFR_2$	0,001	-0,59	-0,25	59	0,001	-0,33	-0,19	59
$FCFR_3$	0,005	1,68	0,52	56	0,016	2,29	0,96	56
$CFSAL_1$	0,000	0,11	0,14	80	0,000	0,06	0,10	80
$CFSAL_2$	0,003	-0,88	-0,44	77	0,012	-1,43	-0,98	77
$CFSAL_3$	0,001	-0,86	-0,26	72	0,001	-0,76	-0,31	72
CFM_1	0,013	1,58	0,92	66	0,002	0,51	0,40	66
CFM_2	0,035	5,27	1,54	66	0,015	2,58	1,01	66
CFM_3	0,031	4,58	1,42	65	0,023	2,96	1,24	65
CFR_1	0,026	2,26	1,29	64	0,020	1,46	1,12	64
CFR_2	0,052	4,32	1,87	65	0,023	2,13	1,23	65
CFR_3	0,046	3,42	1,75	65	0,033	2,13	1,47	65
$ROEVR_1$	0,072	-1,54	-2,22 *	65	0,074	-1,15	-2,26 *	65
$EBITMVR_0$	0,092	0,83	3,13 **	98	0,120	0,70	3,63 **	98
$EBITMVR_1$	0,022	-0,93	-1,58	110	0,025	-0,73	-1,69	110
$ETDAMVR_0$	0,008	0,44	0,83	88	0,013	0,42	1,07	88
$ETDAMVR_1$	0,024	-1,26	-1,51	95	0,032	-1,09	-1,77	95
$UMSRVR_0$	0,002	0,11	0,48	93	0,012	0,17	1,05	93
$UMSRVR_1$	0,040	-0,94	-2,09 *	105	0,029	-0,59	-1,76	105
$VERLUST_0$	0,016	60,05	1,75	193	0,030	61,39	2,44 *	193
$VERLUST_1$	0,010	47,71	1,40	192	0,020	49,63	1,99 *	192
$VERLUST_2$	0,022	94,59	2,09 *	192	0,028	78,47	2,35 *	192
$VERLUST_3$	0,006	72,15	1,08	192	0,011	70,33	1,42	192

Im Rahmen der Analyse der Zusammenhänge zwischen Sicherheitskennzahlen und Preisentwicklung weisen insbesondere die Kennzahlen Kapitalumschlag, Eigenkapitalquote und Umschlaghäufigkeit signifikante Erklärungsbeiträge über verschiedene Haltefristen auf, wie aus der Übersicht in Tabelle 6.20 deutlich wird. Während die Sekundärmarktrenditen tendenziell mit dem Kapitalumschlag und der Umschlaghäufigkeit ansteigen, gilt bei den Eigenkapitalquoten der umgekehrte Zusammenhang: Je höher die prognostizierte Eigenkapitalquote, desto schwächer die (relative) Preisentwicklung. Bei größerem Eigenkapitalanteil ist zwar die finanzielle Stabilität eines Unternehmens höher, weshalb bei größerem Ertragsrisiko ganz allgemein auch der Eigenkapitalanteil entsprechend höher sein sollte.[1074] Auf der anderen Seite legen Renditegesichtspunkte aber aufgrund des *Leverage*-Effekts das Streben nach einem optimalen Verschuldungsgrad nahe.[1075] Eventuell ist dieser Effekt für den in Tabelle 6.20 zu beobachtenden Zusammenhang zwischen Eigenkapitalquote und Sekundärmarktrenditen verantwortlich. Darüber hinaus werden in der Ergebnisübersicht kaum Zusammenhänge sichtbar.

Tab. 6.20: Univariater Zusammenhang zwischen Sekundärmarktrenditen ($CIAR_{i,T}$) und Sicherheitsvariablen

$CIAR_{i,T}$	6 Monate				12 Monate			
unab. Var.	R^2	Koeffizient	t-Wert	N	R^2	Koeffizient	t-Wert	N
AUI_0	0,008	-0,22	-0,97	118	0,011	-0,24	-1,12	116
AUI_1	0,014	0,34	1,30	121	0,044	0,56	2,34 *	120
AUI_2	0,000	-0,03	-0,11	120	0,002	0,10	0,45	119
AUI_3	0,003	-0,11	-0,59	114	0,001	-0,05	-0,29	113
USH_0	0,000	0,00	-0,01	86	0,032	-0,10	-1,67	84
USH_1	0,027	0,18	1,80	120	0,026	0,17	1,79	119
USH_2	0,003	0,06	0,62	121	0,007	0,08	0,92	120
USH_3	0,000	0,00	-0,01	116	0,000	0,02	0,23	115
$KAPU_1$	0,058	0,45	2,68 **	117	0,059	0,42	2,68 **	116
$KAPU_2$	0,057	0,59	2,61 *	113	0,038	0,44	2,08 *	112
$KAPU_3$	0,005	0,13	0,72	113	0,006	0,14	0,84	112
EKQ_0	0,049	-1,06	-2,50 *	121	0,050	-0,98	-2,50 *	120
EKQ_1	0,064	-1,85	-2,80 **	116	0,064	-1,71	-2,80 **	115
EKQ_2	0,084	-2,29	-3,26 **	116	0,100	-2,30	-3,57 **	115
EKQ_3	0,071	-2,29	-2,87 **	109	0,092	-2,41	-3,29 **	108
DGA_0	0,000	0,02	0,23	118	0,002	-0,04	-0,54	117
DGA_1	0,090	-0,12	-2,75 **	78	0,080	-0,11	-2,56 *	76
DGA_2	0,024	-0,07	-1,46	87	0,000	0,01	0,16	86
DGA_3	0,012	-0,05	-1,00	84	0,008	-0,04	-0,79	83

1074 Vgl. **Coenenberg** (2003), Jahresabschluss, S. 958.

1075 Vgl. hierzu z. B. die Ausführungen bei **Perridon/Steiner** (2002), Finanzwirtschaft, S. 487 ff.

Fortsetzung Tab. 6.20

$CIAR_{i,T}$	6 Monate				12 Monate			
unab. Var.	R^2	Koeffizient	t-Wert	N	R^2	Koeffizient	t-Wert	N
ZID_0	0,000	0,00	-0,09	65	0,000	0,00	0,04	65
ZID_1	0,015	0,05	1,00	65	0,009	0,04	0,78	65
ZID_2	0,103	0,17	2,67 **	63	0,041	0,10	1,63	63
ZID_3	0,029	0,09	1,35	61	0,002	0,02	0,36	61
DVG_0	0,001	-0,01	-0,14	36	0,008	-0,04	-0,53	35
DVG_1	0,069	-0,11	-1,54	33	0,063	-0,10	-1,39	30
DVG_2	0,001	-0,02	-0,25	49	0,004	-0,03	-0,41	47
DVG_3	0,019	0,10	1,04	57	0,036	0,13	1,42	55
$INVD_0$	0,032	-0,37	-0,90	25	0,017	-0,25	-0,60	22
$INVD_1$	0,002	0,02	0,25	33	0,008	0,04	0,47	30
$INVD_2$	0,025	-0,04	-1,00	40	0,005	0,02	0,41	37
$INVD_3$	0,112	0,08	2,24 *	41	0,025	0,04	1,00	39

$CIAR_{i,T}$	18 Monate				24 Monate			
unab. Var.	R^2	Koeffizient	t-Wert	N	R^2	Koeffizient	t-Wert	N
AUI_0	0,001	-0,12	-0,26	119	0,003	-0,22	-0,63	119
AUI_1	0,037	1,15	2,16 *	123	0,042	0,90	2,30 *	123
AUI_2	0,030	0,97	1,93	122	0,012	0,45	1,21	122
AUI_3	0,011	0,43	1,14	116	0,000	0,05	0,19	116
USH_0	0,071	0,33	2,57 *	87	0,031	0,16	1,67	87
USH_1	0,086	0,69	3,37 **	122	0,078	0,49	3,21 **	122
USH_2	0,046	0,45	2,42 *	123	0,046	0,33	2,42 *	123
USH_3	0,064	0,52	2,82 **	118	0,021	0,22	1,57	118
$KAPU_1$	0,106	1,26	3,74 **	119	0,112	0,96	3,85 **	119
$KAPU_2$	0,163	2,08	4,72 **	115	0,121	1,32	3,96 **	115
$KAPU_3$	0,063	1,00	2,77 **	115	0,029	0,50	1,85	115
EKQ_0	0,038	-1,92	-2,18 *	123	0,054	-1,70	-2,64 **	123
EKQ_1	0,053	-3,49	-2,55 *	118	0,063	-2,83	-2,81 **	118
EKQ_2	0,054	-3,82	-2,59 *	118	0,073	-3,28	-3,04 **	118
EKQ_3	0,054	-4,16	-2,50 *	111	0,068	-3,47	-2,84 **	111
DGA_0	0,028	-0,30	-1,84	120	0,042	-0,27	-2,29 *	120
DGA_1	0,030	-0,15	-1,55	79	0,022	-0,09	-1,31	79
DGA_2	0,020	-0,13	-1,32	89	0,016	-0,09	-1,20	89
DGA_3	0,008	-0,09	-0,85	86	0,004	-0,05	-0,60	86
ZID_0	0,005	-0,06	-0,57	67	0,001	-0,02	-0,26	67
ZID_1	0,000	-0,02	-0,14	67	0,000	-0,01	-0,09	67
ZID_2	0,001	-0,04	-0,29	65	0,000	0,00	-0,02	65
ZID_3	0,000	-0,02	-0,14	63	0,002	0,04	0,38	63

Fortsetzung Tab. 6.20

$CIAR_{i,T}$	18 Monate				24 Monate			
unab. Var.	R^2	Koeffizient	t-Wert	N	R^2	Koeffizient	t-Wert	N
DVG_0	0,000	0,00	0,03	37	0,000	-0,01	-0,10	37
DVG_1	0,026	-0,14	-0,92	33	0,018	-0,09	-0,77	33
DVG_2	0,007	-0,09	-0,61	50	0,003	-0,04	-0,39	50
DVG_3	0,002	0,07	0,33	58	0,003	0,06	0,41	58
$INVD_0$	0,033	-0,79	-0,91	25	0,021	-0,46	-0,71	25
$INVD_1$	0,011	0,11	0,61	33	0,004	0,05	0,35	33
$INVD_2$	0,000	0,00	-0,04	40	0,001	-0,01	-0,22	40
$INVD_3$	0,001	-0,02	-0,19	42	0,004	-0,02	-0,41	42

6.5.2.1.2 Multivariater Befund

In Anlehnung an die Vorgehensweise im Abschnitt 6.4.2.1.2 werden im Folgenden multivariate Modellspezifikationen untersucht, um Interdependenzen zwischen den Einflussgrößen berücksichtigen zu können. Als abhängige, zu erklärende Variablen werden die Sekundärmarktrenditen der diversen Haltefristen auf Basis der $CIAR_{i,T}$-Renditeberechnung verwendet. Mit Hilfe des *Stepwise*-Verfahrens lassen sich aus der Grundgesamtheit der betrachteten Kennzahlen zu den Prognosejahren $t=1$ bis 3 – unter Beachtung des Multikollinearitätskriteriums und des Mindestdatenumfangs – die in Tabelle 6.21 zusammengefassten multiplen Regressionsmodelle herleiten.

Der höchste Erklärungsgehalt wird erneut mit den Modellspezifikationen zur 12-Monatshaltefrist erzielt. Nur bei den Varianten zur Erklärung von $CIAR_{i,12}$ kommen zudem Kennzahlenkombinationen zur Anwendung, die sämtliche Kategorien berücksichtigen. Für die Gesamtheit der hergeleiteten Regressionsmodelle gilt: Rendite- und Sicherheitskennzahlen dominieren, Bewertungsvariablen werden regelmäßig in die Regressionsmodelle aufgenommen, Wachstumsvariablen finden hingegen kaum Berücksichtigung. Die Ergebnisse deuten auf systematische, statistisch signifikante Zusammenhänge zwischen den Prognoseinformationen und den Sekundärmarktrenditen hin. Insgesamt ist das Erklärungspotenzial der vorgeschlagenen Modelle aber als moderat einzustufen.

Tab. 6.21: Multivariater Zusammenhang zwischen Sekundärmarktrenditen ($CIAR_{i,T}$) und Variablenkombinationen

abhängige Variable	Kategorie	Modell	unabhängige Variablen	Koeffizient	stand. Koeffizient	t-Wert	R^2	korr. R^2	F-Wert	N
$CIAR_{i,6}$	Rendite	1	ROE_1	2,856	0,372	2,722 **	0,139	0,120	7,410 **	48
			Konstante	29,565		3,741 **				
	Rendite	2	ROE_1	2,557	0,333	2,466 *	0,198	0,162	5,555 **	48
	Sicherheit		DGA_1	-0,101	-0,247	-1,824				
			Konstante	69,283		2,999 **				
	Rendite	3	ROE_1	2,362	0,308	2,300 *	0,241	0,190	4,665 **	48
	Sicherheit		DGA_1	-0,145	-0,353	-2,370 *				
	Sicherheit		AUI_0	-0,587	-0,233	-1,585				
			Konstante	116,510		3,109 **				
	Rendite	4	ROE_1	3,046	0,397	2,753 **	0,280	0,213	4,188 **	48
	Sicherheit		DGA_1	-0,205	-0,502	-2,849 **				
	Sicherheit		AUI_0	-0,644	-0,256	-1,755				
	Bewertung		$EMKETDA_2$	1,617	0,266	1,527				
			Konstante	108,848		2,921 **				
	Rendite	5	ROE_1	2,919	0,381	2,656 *	0,312	0,230	3,804 **	48
	Sicherheit		DGA_1	-0,218	-0,534	-3,036 **				
	Sicherheit		AUI_0	-0,618	-0,246	-1,700				
	Bewertung		$EMKETDA_2$	2,278	0,375	1,978				
	Sicherheit		EKQ_0	-0,974	-0,205	-1,383				
			Konstante	131,627		3,259 **				
$CIAR_{i,12}$	Rendite	1	ROE_1	2,926	0,414	2,983 **	0,171	0,152	8,900 **	45
			Konstante	13,370		1,862				
	Rendite	2	ROE_1	3,393	0,480	3,500 **	0,251	0,215	7,037 **	45
	Sicherheit		USH_0	-0,157	-0,290	-2,111 *				
			Konstante	67,624		2,541 *				
	Rendite	3	ROE_1	3,041	0,430	3,234 **	0,331	0,282	6,767 **	45
	Sicherheit		USH_0	-0,214	-0,395	-2,830 **				
	Wachstum		$UMSW_0$	-0,372	-0,310	-2,217 *				
			Konstante	118,230		3,458 **				
	Rendite	4	ROE_1	4,091	0,579	3,856 **	0,388	0,327	6,343 **	45
	Sicherheit		USH_0	-0,220	-0,406	-3,005 **				
	Wachstum		$UMSW_0$	-0,422	-0,351	-2,562 *				
	Rendite		$EBITDAM_1$	-0,823	-0,288	-1,930				
			Konstante	122,672		3,697 **				
	Rendite	5	ROE_1	4,129	0,584	3,990 **	0,433	0,360	5,946 **	45
	Sicherheit		USH_0	-0,200	-0,369	-2,760 **				
	Wachstum		$UMSW_0$	-0,370	-0,308	-2,268 *				
	Rendite		$EBITDAM_1$	-1,035	-0,361	-2,388 *				
	Sicherheit		DGA_1	-0,086	-0,229	-1,747				
			Konstante	144,847		4,167 **				

Fortsetzung Tab. 6.21

abhängige Variable	Kategorie	Modell	unabhängige Variablen	Koeffizient	stand. Koeffizient	t-Wert	R^2	korr. R^2	F-Wert	N
	Rendite	6	ROE_1	3,741	0,529	3,569 **	0,466	0,381	5,520 **	45
	Sicherheit		USH_0	-0,219	-0,404	-3,030 **				
	Wachstum		$UMSW_0$	-0,305	-0,254	-1,840				
	Rendite		$EBITDAM_1$	-1,210	-0,423	-2,744 **				
	Sicherheit		DGA_1	-0,091	-0,242	-1,878				
	Bewertung		$EMKUMS_1$	-2,991	-0,230	-1,535				
			Konstante	171,087		4,477 **				
$CIAR_{i,18}$	Sicherheit	1	$KAPU_2$	2,081	0,404	2,897 **	0,163	0,144	8,395 **	45
			Konstante	-152,976		-2,295 *				
	Sicherheit	2	$KAPU_2$	2,309	0,448	3,157 **	0,198	0,160	5,182 **	45
	Bewertung		$EKGV_2$	1,095	0,191	1,345				
			Konstante	-221,061		-2,657 *				
	Sicherheit	3	$KAPU_2$	1,961	0,381	2,591 *	0,240	0,184	4,318 **	45
	Bewertung		$EKGV_2$	1,690	0,295	1,891				
	Rendite		ROE_1	3,941	0,247	1,508				
			Konstante	-225,756		-2,752 **				
$CIAR_{i,24}$	Sicherheit	1	$KAPU_2$	1,323	0,348	2,432 *	0,121	0,100	5,913 *	45
			Konstante	-104,509		-2,070 *				
	Sicherheit	2	$KAPU_2$	1,079	0,284	1,846	0,147	0,106	3,605 *	45
	Rendite		ROE_1	2,037	0,172	1,123				
			Konstante	-87,804		-1,673				
	Rendite	3	ROE_1	1,135	0,298	1,971	0,194	0,135	3,283 *	45
	Sicherheit		USH_0	3,398	0,288	1,708				
	Bewertung		$EKGV_2$	1,053	0,249	1,549				
			Konstante	-142,150		-2,277 *				
	Rendite	4	ROE_1	0,970	0,255	1,671	0,233	0,156	3,038 *	45
	Sicherheit		USH_0	3,787	0,321	1,910				
	Bewertung		$EKGV_2$	1,295	0,306	1,871				
	Sicherheit		DGA_0	-0,279	-0,209	-1,432				
			Konstante	-103,741		-1,543				
	Rendite	5	ROE_1	0,833	0,219	1,410	0,257	0,162	2,699 *	45
	Sicherheit		USH_0	3,305	0,280	1,635				
	Bewertung		$EKGV_2$	1,688	0,399	2,182 *				
	Sicherheit		DGA_0	-0,294	-0,221	-1,510				
	Bewertung		$EKGV_1$	-0,211	-0,203	-1,123				
			Konstante	-79,224		-1,124				

6.5.2.2 Analyse mit Mehrperioden-Variablen

Abschließend sollen wie im Abschnitt 6.4.2.2 wiederum univariate und multivariate Modellvarianten repräsentativer Kennzahlen untersucht werden, die ein umfassenderes Bild der ökonomischen Erwartungen an ein Unternehmen zeichnen. Hintergrund ist die Überlegung, dass potenzielle Anleger ihre Entscheidung, eine Aktien-Neuemission zu zeichnen oder nicht, vermutlich nicht auf einzelne, isoliert betrachtete Finanzkennzahlen stützen, sondern aus den zahlreichen, prospektiven Einzelfacetten tendenziell ein breiteres Meinungsbild ableiten. Wenn die in Neuemissionsstudien publizierten Finanzprognosen hierfür relevante Beiträge liefern, dann sollten statistische Zusammenhänge zwischen diesen Informationen und den Sekundärmarktrenditen feststellbar sein.

6.5.2.2.1 Univariater Befund

Ausgangsbasis des folgenden Untersuchungsschritts sind die in Tabelle 6.22 aufgeführten, im Rahmen der vorangegangenen Analyse zur Sekundärmarktentwicklung als relevant identifizierten Kennzahlen, aus denen Variablen hergeleitet werden, die den gesamten Prognosezeitraum abbilden. Mit Ausnahme der Wachstumskennzahlen erfolgt dies wiederum durch einfache arithmetische Durchschnittsbildung der Werte für die jeweiligen Prognosejahre. Tabelle 6.22 enthält neben der Aufstellung der verdichteten Kennzahlen auch deren univariate Zusammenhänge mit den Sekundärmarktrenditen $CIAR_{i,T}$.

Tab. 6.22: Auswahl der verdichteten Variablen und univariate Untersuchungsergebnisse der Analyse des Zusammenhangs mit $CIAR_{i,T}$

abhängige Variable	Kategorie	unabhängige Variable	R^2	Koeffizient	t-Wert	N
$CIAR_{i,6}$	Bewertung	$MW\ KGV_{1\text{-}3}$	0,007	-0,1700	-1,019	158
		$MW\ EMKUMS_{1\text{-}3}$	0,024	-3,2060	-2,039 *	172
	Wachstum	$UMSW_{1\text{-}3}$	0,069	-0,8470	-3,555 **	172
		$JÜW_{1\text{-}3}$	0,037	-0,1820	-2,033 *	108
	Rendite	$MW\ ROE_{1\text{-}3}$	0,104	3,4700	3,800 **	126
		$MW\ ROI_{1\text{-}3}$	0,082	5,2760	3,291 **	123
	Sicherheit	$MW\ KAPU_{1\text{-}3}$	0,016	0,2370	1,388	122
		$MW\ EKQ_{1\text{-}3}$	0,075	-2,1710	-3,074 **	118
$CIAR_{i,12}$	Bewertung	$MW\ KGV_{1\text{-}3}$	0,032	-0,3440	-2,266 *	157
		$MW\ EMKUMS_{1\text{-}3}$	0,056	-4,5300	-3,188 **	173
	Wachstum	$UMSW_{1\text{-}3}$	0,068	-0,7780	-3,553 **	173
		$JÜW_{1\text{-}3}$	0,087	-0,2570	-3,151 **	105
	Rendite	$MW\ ROE_{1\text{-}3}$	0,117	3,4040	4,043 **	124
		$MW\ ROI_{1\text{-}3}$	0,094	5,2110	3,521 **	121
	Sicherheit	$MW\ KAPU_{1\text{-}3}$	0,023	0,2680	1,699	121
		$MW\ EKQ_{1\text{-}3}$	0,088	-2,1720	-3,347 **	117

Fortsetzung Tab. 6.22

abhängige Variable	Kategorie	unabhängige Variable	R^2	Koeffizient	t-Wert	N
$CIAR_{i,18}$	Bewertung	$MW\ KGV_{1\text{-}3}$	0,003	-0,2450	-0,707	159
		$MW\ EMKUMS_{1\text{-}3}$	0,028	-7,2000	-2,220 *	175
	Wachstum	$UMSW_{1\text{-}3}$	0,026	-1,0790	-2,142 *	175
		$JÜW_{1\text{-}3}$	0,060	-0,4820	-2,595 *	107
	Rendite	$MW\ ROE_{1\text{-}3}$	0,024	3,4670	1,752	127
		$MW\ ROI_{1\text{-}3}$	0,018	5,1560	1,498	124
	Sicherheit	$MW\ KAPU_{1\text{-}3}$	0,061	0,9750	2,825 **	124
		$MW\ EKQ_{1\text{-}3}$	0,052	-3,7860	-2,562 *	120
$CIAR_{i,24}$	Bewertung	$MW\ KGV_{1\text{-}3}$	0,004	-0,2150	-0,841	159
		$MW\ EMKUMS_{1\text{-}3}$	0,035	-6,0110	-2,518 *	175
	Wachstum	$UMSW_{1\text{-}3}$	0,038	-0,9700	-2,623 **	175
		$JÜW_{1\text{-}3}$	0,045	-0,3080	-2,224 *	107
	Rendite	$MW\ ROE_{1\text{-}3}$	0,033	3,0010	2,062 *	127
		$MW\ ROI_{1\text{-}3}$	0,023	4,3250	1,705	124
	Sicherheit	$MW\ KAPU_{1\text{-}3}$	0,051	0,6580	2,567 *	124
		$MW\ EKQ_{1\text{-}3}$	0,069	-3,2130	-2,970 **	120

6.5.2.2.2 Multivariater Befund

Unter Berücksichtigung des Multikollinearitätskriteriums können aus den in Tabelle 6.22 enthaltenen Variablen 32 Modellspezifikationen mit jeweils drei unabhängigen Variablen aus verschiedenen Kategorien für jede Haltefrist hergeleitet werden. Tabelle 6.23 enthält eine Übersicht der Varianten mit dem höchsten Erklärungspotenzial auf Basis des korrigierten Bestimmtheitsmaßes. 27 Modelle der 6-Monatsfrist und 31 Modelle der 12-Monatsfrist weisen statistisch signifikante Zusammenhänge zwischen den verdichteten Variablen und den Sekundärmarktrenditen auf. Bei den Modellen der längeren Haltefristen fällt diese Zahl deutlich geringer aus: Lediglich 4 Varianten der 18-Monatsfrist und 10 der 24-Monatsfrist erreichen auf den 1 %- bzw. 5 %-Signifikanzniveaus signifikante F-Werte. Insgesamt liefern die auf Basis der verdichteten Variablen hergeleiteten Modellspezifikationen somit zwar nur begrenzte Beiträge zur Erklärung der Sekundärmarktrenditen $CIAR_{i,T}$. Insbesondere für die kurzen Haltefristen lassen die in den untersuchten Neuemissionsstudien enthaltenen Informationen aber dennoch (begrenzte) Rückschlüsse auf die Sekundärmarktentwicklung der Aktien-Neuemissionen zu.

Tab. 6.23: Multivariater Zusammenhang zwischen Sekundärmarktrenditen ($CIAR_{i,T}$) und der Kombination verdichteter Variablen aus drei Kennzahlenkategorien

abhängige Variable	Modell	Kategorie	unabhängige Variablen	Koeffizient	standard. Koeffizient	t-Wert	R^2	korr. R^2	F-Wert	N
$CIAR_{i,6}$	1	Wachstum	$UMSW_{t-3}$	-0,295	-0,091	-0,866	0,145	0,121	6,139 **	112
		Rendite	ROE_{t-3}	2,565	0,238	2,438 *				
		Sicherheit	EKQ_{t-3}	-1,279	-0,161	-1,593				
			Konstante	129,535		2,162 *				
	2	Wachstum	$UMSW_{t-3}$	-0,420	-0,130	-1,280	0,145	0,121	6,144 **	112
		Rendite	ROI_{t-3}	4,125	0,223	2,440 *				
		Sicherheit	EKQ_{t-3}	-1,358	-0,171	-1,699				
			Konstante	139,845		2,394 *				
$CIAR_{i,12}$	1	Wachstum	*JÜWI-3*	-0,143	-0,164	-1,386	0,182	0,147	5,129 **	72
		Rendite	*ROEI-3*	2,358	0,237	2,013 *				
		Sicherheit	*EKQI-3*	-1,298	-0,177	-1,515				
			Konstante	118,160		1,745				
	2	Wachstum	JUW_{t-3}	-0,153	-0,176	-1,502	0,180	0,144	5,049 **	72
		Rendite	ROI_{t-3}	3,795	0,223	1,961				
		Sicherheit	EKQ_{t-3}	-1,475	-0,202	-1,749				
			Konstante	130,600		1,987				
$CIAR_{i,18}$	1	Bewertung	$EKGV_{t-3}$	0,642	0,147	1,100	0,115	0,078	3,122 *	75
		Wachstum	JUW_{t-3}	-0,552	-0,280	-2,100 *				
		Sicherheit	$KAPU_{t-3}$	0,879	0,222	1,947				
			Konstante	-24,985		-0,379				
	2	Bewertung	$EMKUMS_{t-3}$	-1,881	-0,043	-0,337	0,102	0,064	2,716	75
		Wachstum	JUW_{t-3}	-0,394	-0,200	-1,749				
		Sicherheit	$KAPU_{t-3}$	0,730	0,185	1,423				
			Konstante	14,434		0,179				
$CIAR_{i,24}$	1	Wachstum	$UMSW_{t-3}$	-0,370	-0,074	-0,708	0,084	0,059	3,341 *	112
		Rendite	ROI_{t-3}	2,715	0,095	1,008				
		Sicherheit	EKQ_{t-3}	-2,570	-0,210	-2,018 *				
			Konstante	216,143		2,321 *				
	2	Wachstum	$UMSW_{t-3}$	-0,297	-0,060	-0,547	0,083	0,058	3,302 *	112
		Rendite	ROE_{t-3}	1,597	0,096	0,952				
		Sicherheit	EKQ_{t-3}	-2,527	-0,207	-1,975				
			Konstante	211,328		2,212 *				

Ein kritischer Punkt der in Tabelle 6.23 abgebildeten Modellspezifikation besteht zweifellos wiederum in der Interpretation des Beitrags der Wachstumsvariablen. Die fast durchgängig negativen Vorzeichen der Koeffizienten deuten an, dass hohe Wachstumserwartungen zum Zeitpunkt des Börsengangs ex-post als negatives Qualitätsmerkmal eines Börsenkandidaten zu werten sind. Ex-ante erscheint dies jedoch wenig plausibel, war es doch gerade die Wachstumsphantasie eines Börsenneulings, die am Neuen Markt für Interesse unter Anlegern sorgte. Die Ergebnisse der empirischen Untersuchung legen die Vermutung nahe, dass die in Neuemissionsstudien publizierten Wachstumsprognosen und die Erwartungen der Anleger tendenziell viel zu optimistisch ausfielen. Sobald diese Fehleinschätzung im weiteren Sekundärmarktverlauf durch das Eintreffen neuer Informationen transparent wurde, folgte eine sukzessive, teils drastische Anpassung der Marktpreise. Auf Basis der Stichprobendaten lässt sich dabei der Trend feststellen: Je höher die Wachstumserwartung zum Zeitpunkt des Börsengangs, desto höher der Korrekturbedarf am Sekundärmarkt.

6.6 Wertung der Untersuchungsergebnisse

Die Ergebnisse der Untersuchung der Zusammenhänge zwischen den in einer Stichprobe von 198 Neuemissionsstudien enthaltenen Finanzprognosen und der Preisbildung sowie der Preisentwicklung der Aktien-Neuemissionen lassen sich in folgenden Kernaussagen zusammenfassen:

[1] **Die Neuemissionsstudien beinhalten einen umfangreichen Datenbestand mit detaillierten Finanzprognosen und Bewertungsanalysen zu den Börsenkandidaten.**

In 98,5 % der untersuchten Neuemissionsstudien sind umfangreiche Prognosen zu den Gewinn- und Verlustrechnungen enthalten, 66,7 % bieten Bilanzprognosen und 41,9 % zeigen zudem Vorhersagen zu Kapitalflussrechnungen. Darüber hinaus werden in Neuemissionsstudien zudem vielfältige qualitative Unternehmens- und Brancheninformationen zur Verfügung gestellt. Die Finanzprognosen sind insbesondere durch sehr hohe Wachstumserwartungen charakterisiert. Für die Unternehmen der untersuchten Stichprobe wird im Prognosezeitraum $t = 1$ bis 3 ein kumuliertes, durchschnittliches Umsatzwachstum von jährlich knapp 55 % sowie ein Wachstum des Jahresüberschusses von 149,3 % vorhergesagt. Die Finanzanalysten erwarten, dass die Unternehmen durchschnittlich im zweiten Geschäftsjahr nach dem Börsengang die Gewinnzone erreichen. In 94,4 % der untersuchten Neuemissionsstudien werden konkrete Unternehmenswertempfehlungen hergeleitet. Hierfür wird von den Finanzanalysten üblicherweise auf eine Kombination aus mehreren Bewertungsverfahren zurückgegriffen, dominierend sind die *Comparable Company Analysis* (CCA) und das *Discounted Cash-flow*-Verfahren (DCF). Die in Neuemissionsstudien enthaltenen prospektiven Informationen schließen damit grundsätzlich an den im Abschnitt 4.2.2.1 der vorliegenden Arbeit skizzierten Informationsbedürfnissen bzw. Informationslücken der Investoren an.

[2] Die Stichprobendaten deuten auf die gleichzeitige Existenz eines moderaten Ex-ante-*Underpricing* und eines exzessiven Ex-post-*Overpricing* hin.

Emittenten und Emissionsbanken orientieren sich bei der Festlegung des Emissionskurses sehr eng an den von den Finanzanalysten im Rahmen der Neuemissionsstudien empfohlenen, als fair erachteten Preisvorstellungen. Für die Stichprobe wurde ein statistisch gerade noch signifikanter Abschlag von diesem „fairen" Wert in der Höhe von durchschnittlich 3,8 % ermittelt. Der erste Sekundärmarktkurs liegt im Durchschnitt aber 49,1 % über der Analystenempfehlung, die Emissionsrendite beträgt durchschnittlich 47,5 %. Anleger waren demnach bereit, deutlich höhere Preise für Aktien-Neuemissionen zu bezahlen als jene, die von den Finanzanalysten als fundamental gerechtfertigt angesehen wurden.

[3] Univariate und multivariate Regressionsanalysen liefern zahlreiche Anhaltspunkte, die auf systematische, jedoch nur schwach ausgeprägte Zusammenhänge zwischen den in den untersuchten Neuemissionsstudien enthaltenen prospektiven Finanzdaten und der Preisbildung von Aktien-Neuemissionen schließen lassen.

Auf Basis der im Rahmen der Zusammenhangsanalysen berücksichtigten Kennzahlenkategorien lassen sich die Ergebnisse grob in folgender Tendenzaussage zusammenfassen: Je höher die Prognosen hinsichtlich Wachstum, Rendite sowie Sicherheit eines Börsenneulings, desto höher fällt die Emissionsrendite aus. Für attraktive Aktien-Neuemissionen mit diesen Attributen sind gleichzeitig höhere Emissionspreise durchsetzbar. Dies könnte den beobachteten Zusammenhang parallel zur Bewertung (Kennzahlen auf Emissionspreisbasis) ansteigender Emissionsrenditen erklären. Insgesamt liefern die untersuchten, in Neuemissionsstudien enthaltenen Finanzprognosen aber nur moderate, wenn auch vielfach statistisch signifikante Beiträge zur Erklärung der Emissionsrenditen. Neben fundamentalanalytischen Überlegungen ist auf Basis der Untersuchungsergebnisse auch zu vermuten, dass Über-Optimismus auf Seiten der Anleger maßgeblichen Anteil daran hatte, dass im ersten Sekundärmarkthandel Preise bezahlt wurden, die durchschnittlich fast 50 % über den Wertempfehlungen der Finanzanalysten sowie den von Emittenten und Emissionsbegleitern festgelegten Zeichnungspreisen lagen.

Während Investoren den Unternehmenswertempfehlungen in den untersuchten Neuemissionsstudien also offenbar wenig Entscheidungsrelevanz beigemessen haben, lassen sich von den dort enthaltenen Finanzprognosen zumindest in einem gewissen Rahmen Rückschlüsse auf die beobachteten Emissionsrenditen der Aktien-Neuemissionen ziehen. Wenn die in Neuemissionsstudien hergeleiteten, von den Finanzanalysten als fair erachteten Unternehmenswerte weitgehend unverzerrte Referenzwerte darstellen und die hohen Emissionsrenditen v. a. aufgrund von Übertreibungen durch psycho-dynamische Phänomene seitens der Anleger zustande kommen, so muss im Rahmen der weiteren Sekundärmarktentwicklung zwangsläufig eine (verzögerte) Anpassung der Marktpreise an eine revidierte Informationsstruktur erfolgen.

[4] Die Untersuchung der Sekundärmarktentwicklung der Aktien-Neuemissionen der Stichprobe liefert Hinweise auf die Existenz einer signifikanten *Underperformance*.

Während die Aktien-Neuemissionen der Stichprobe in den ersten 12 Monaten am Sekundärmarkt im Durchschnitt noch leichte Kursgewinne aufweisen, ist in den Folgemonaten ein teils drastischer Kursverfall zu beobachten. 36 Monate nach dem Börsengang errechnet sich eine kumulierte, durchschnittliche Rendite von knapp -36 %, der Median fällt mit rund -90 % noch dramatischer aus. Auf eine signifikante *Underperformance* im Zeitraum 12 bis 36 Monate nach dem Börsengang deuten die Ergebnisse einer Performanceanalyse auf Basis der Mediane *buy-and-hold* kumulierter, *matching-firm*-adjustierter sowie *buy-and-hold* kumulierter, Marktindex-adjustierter Renditen hin. Auf Basis der Durchschnittsrenditen lassen sich jedoch keine statistisch signifikanten Abweichungen vom Benchmarkindex CDAX bzw. von einem Benchmarkportfolio mit Vergleichsunternehmen feststellen.

[5] Univariate und multivariate Regressionsanalysen liefern zahlreiche Anhaltspunkte, die auf systematische, jedoch nur schwach ausgeprägte Zusammenhänge zwischen den in den untersuchten Neuemissionsstudien enthaltenen prospektiven Finanzdaten und der Preisentwicklung von Aktien-Neuemissionen schließen lassen.

Insbesondere für den 12-Monatszeitraum können vielfältige zwar moderate, aber dennoch statistisch signifikante Zusammenhänge zwischen den in Neuemissionsstudien enthaltenen prospektiven Finanzdaten und den *buy-and-hold* kumulierten, Marktindex-adjustierten Durchschnittsrenditen der Aktien-Neuemissionen festgestellt werden. Interessante Anhaltspunkte liefern v. a. Renditevariablen: Je höher beispielsweise die prognostizierten Eigenkapital- bzw. Gesamtkapitalrenditen eines Börsenneulings sind, desto besser fällt typischerweise dessen relative *Performance* am Sekundärmarkt aus. Auch bei ausgewählten Sicherheitskennzahlen sind signifikante Erklärungsbeiträge zu beobachten, insbesondere Vorhersagen zu Eigenkapitalquoten und Kapitalumschlag erweisen sich in der untersuchten Stichprobe als relevant. In einem gemeinsamen Kontext sind vermutlich die Ergebnisse hinsichtlich Bewertung und Wachstum zu interpretieren: Sowohl eine hohe Bewertung als auch hohe Wachstumserwartungen zum Börsengang erweisen sich in der Ex-post-Betrachtung als Anhaltspunkte für eine schwächere relative Sekundärmarktentwicklung. Eine mögliche Erklärung für diese Beobachtung dürfte in der Korrektur überoptimistischer Wachstumserwartungen zu suchen sein. Überzogene Wachstumsphantasien und die üblicherweise damit einhergehende hohe Bewertung eines Börsenneulings führen zu überproportionalen Kursabschlägen im weiteren Sekundärmarktverlauf, sobald sich die Hoffnungen als falsch erweisen.

[6] Die Frage, ob Neuemissionsstudien nützliche Informationen bereitstellen, die geeignet sind, Informationslücken der Anleger zu überbrücken und die auf die Preisbildung sowie die Preisentwicklung von Aktien-Neuemissionen schließen lassen, kann nicht generell verneint werden.

Aus den festgestellten, rein statistischen Zusammenhängen zwischen prospektiven Finanzdaten in Neuemissionsstudien und der Preisbildung sowie Preisentwicklung von Aktien-Neuemissionen folgt zwar nicht zwangsläufig, dass diese Informationen auch tatsächlich von Anlegern in deren Entscheidungsprozess einbezogen werden. Die Frage, ob Investoren die in Neuemissionsstudien enthaltenen Informationen berücksichtigen oder nicht, kann mit der vorliegenden Untersuchung m. a. W. nicht beantwortet werden. Angesichts der beobachteten statistischen Zusammenhänge kann der potenzielle Informationsnutzen dieser Analysen bzw. deren Problemlösungspotenzial zur Überbrückung von Informationslücken auf Seiten der Anleger jedoch nicht grundsätzlich verneint werden. Gegen die Entscheidungsrelevanz von Neuemissionsstudien spricht die Beobachtung, dass zwar einerseits Hinweise auf systematische Zusammenhänge zwischen den in Neuemissionsstudien enthaltenen Finanzprognosen und der Preisbildung sowie der Preisentwicklung einer Aktien-Neuemission gefunden wurden. Auf der anderen Seite weichen die von Investoren im ersten Sekundärmarkthandel bezahlten Preise aber drastisch von den Unternehmenswertempfehlungen der Finanzanalysten ab. Die These, Finanzanalysten wären aufgrund der Verbreitung verzerrter Informationen maßgeblich für die Fehlentwicklungen am Markt für Aktien-Neuemissionen verantwortlich zu machen, lässt sich vor diesem Hintergrund nicht ohne weiteres aufrecht erhalten. Zwar ist zu beobachten, dass die Prognosen der Finanzanalysten über die künftige Entwicklung eines Unternehmens zum Zeitpunkt des Börsengangs im Durchschnitt zu optimistisch ausfielen. Warum Investoren aber ungeachtet dieses „altbekannten" Phänomens bereit waren, Preise zu bezahlen, die rund 50 % über den von den Finanzanalysten empfohlenen Unternehmenswerten lagen, lässt sich allein hiermit aber wohl nicht beantworten.

7 Zusammenfassung

„Information is the lifeblood of efficient, effective, and fair capital markets.“[1076] Diese Feststellung des Analystenverbandes Association for Investment Management and Research (AIMR) gilt in besonderem Maße auch für den Markt für Aktien-Neuemissionen, der durch unvollständige Nachfrageinformation, d. h. durch Informationslücken auf Seiten der Anleger charakterisiert ist. Diese resultieren zum einen daraus, dass es sich bei den typischen Börsenneulingen um junge, wenig bekannte Unternehmen handelt, bei denen bis zum Börsengang keine systematische Informationsproduktion erfolgte und für die keine wertmäßige Orientierungsgröße in Form eines Börsenkurses existiert. Zum anderen sind die vorhandenen Informationen zudem asymmetrisch zwischen den beteiligten Marktparteien verteilt. Diese Mängel in der Informationsstruktur erschweren es den Anlegern, eine subjektive Wertvorstellung bzw. eine Grenzpreisvorstellung zu entwickeln, die letztlich deren Zahlungs- bzw. Zeichnungsbereitschaft determiniert. Mit dem Ziel, den Informationsbedürfnissen potenzieller Anleger gerecht(er) zu werden und damit eine zentrale Voraussetzung für einen leistungsfähigen Markt für Aktien-Neuemissionen zu schaffen, wurden bei der Gründung des Neuen Marktes am 10.03.1997 deshalb strenge Transparenz- und Publizitätskriterien als Anforderungen an die Emittenten definiert. Die im internationalen Vergleich unübliche Freiheit, Informationen zu verbreiten, die sich von den im Emissionsprospekt enthaltenen unterscheiden, eröffneten Emittenten und Emissionsbegleitern zudem die Möglichkeit, Anleger mit zusätzlichen entscheidungsrelevanten Informationen zu versorgen.

Trotz dieser Verpflichtungen und zusätzlicher Bemühungen der am Börsengang beteiligten Parteien, den Investoren weitaus mehr Informationen zur Verfügung zu stellen als in anderen Marktsegmenten oder Märkten, offenbarte der Neue Markt aber die weitaus größten informationsbedingten Mängel, wie im zweiten Kapitel der vorliegenden Arbeit gezeigt werden konnte. Dieses Informationsparadoxon fand seinen Niederschlag u. a. in einer außergewöhnlich hohen Diskrepanz zwischen Emissionskurs und erster Kursnotierung – dem *Underpricing.* Aber auch die häufig katastrophale Kursentwicklung im weiteren Sekundärmarktverlauf – parallel zu enttäuschenden Geschäftsverläufen, die nicht selten in der Insolvenz endeten – deutet auf die gravierenden Mängel in der Bewertungs- und Preisfindungsfunktion des deutschen Marktes für Aktien-Neuemissionen hin, obwohl die Eindeutigkeit dieser in der wissenschaftlichen

[1076] AIMR, Best Practice, S. 8.

Literatur als *Underperformance*-Phänomen bekannten Beobachtung unter der im dritten und fünften Kapitel beschriebenen Messproblematik leidet. Die Hoffnung, mit dem Neuen Markt eine den Herausforderungen des ökonomischen Strukturwandels angemessene Plattform zur Eigenkapitalbeschaffung für junge, innovative Wachstumsunternehmen zu installieren, wurde nicht erfüllt, das Handelssegment wurde vielmehr zum 31.12.2003 wieder eingestellt.

Die Konfrontation der Theorie informationseffizienter Kapitalmärkte mit den Unvollkommenheiten realer Kapitalmärkte im dritten Kapitel hat gezeigt, dass sich die Funktionsmechanismen des Marktes für Informationen als Ansatzpunkt für die Suche nach den Ursachen von Fehlentwicklungen anbieten, da Marktpreise letztlich als Realisationen der zugrundeliegenden Informationsstruktur zu interpretieren sind. Finanzanalysten agieren auf dem Markt für Informationen allgemein als Informationsintermediäre zwischen Unternehmen und Investoren, und hierbei insbesondere als Informationsagenten der Anleger bei der Beschaffung von entscheidungsrelevanten Informationen. Die Zweckmäßigkeit der Einschaltung von Finanzanalysten lässt sich mit Kostenvorteilen bei der Informationsproduktion erklären, die als Konsequenz aus ihrer Spezialisierung resultieren. Auch deren Interesse am direkten oder indirekten Verkauf von Informationen lässt sich theoretisch begründen. Die Existenz von Finanzanalysten als aktive Gestalter der vorherrschenden Informationsstrukturen kann somit auf theoretischer Ebene nachvollzogen werden, der durch sie geleistete Informationsbeitrag sollte grundsätzlich zu einer Verbesserung der Informationsstruktur und damit zu höherer Markteffizienz beitragen. Die Frage nach der tatsächlichen Qualität des von Finanzanalysten geleisteten Informationsbeitrags ist hingegen in Wissenschaft und Praxis heftig umstritten und hat nach den jüngsten Skandalen um Interessenkonflikte US-amerikanischer Investmentbanken an Brisanz gewonnen. Ziel der vorliegenden Arbeit war es deshalb, den Informationsbeitrag von Finanzanalysten im Rahmen von Börsengängen aus einer theoretischen und empirischen Perspektive zu beleuchten, um Hinweise zur Beantwortung der Frage zu erhalten, ob die aus potenziellen Interessenkonflikten und anderen Problembereichen resultierenden Nachteile einer Zwischenschaltung von Finanzanalysten als Informationsintermediäre die möglichen Vorteile einer markteffizienzsteigernden Informationsproduktion kompensieren oder nicht.

Bei der Analyse der Informationsprozesse und -strukturen an typischen Märkten für Aktien-Neuemissionen konnte im vierten Kapitel zunächst die Feststellung getroffen werden, dass Ausgangssituationen an typischen

Märkten für Aktien-Neuemissionen durch vielschichtige, informationsbedingte Marktunvollkommenheiten gekennzeichnet sind. Hierfür ist zum einen der Mangel an authentischen, zukunftsorientierten Informationen verantwortlich, die Anleger benötigen, um eine subjektive (Grenz-) Preisvorstellung für die erstmals angebotenen Titel zu entwickeln. Zum anderen existiert das Grundproblem asymmetrisch verteilter Informationen, das u. U. sogar einen Prozess der adversen Selektion auslösen kann. Ein Börsengang ist mit anderen Worten v. a. dadurch charakterisiert, dass drei unterschiedlich informierte Parteien – Emittenten, Emissionsbegleiter und Investoren – daran beteiligt sind, die jeweils eigene Interessen verfolgen. Die Effizienz des Marktes für Informationen entscheidet letztlich darüber, auf welcher Informationsgrundlage die Platzierung und der erste Börsenhandel neuemittierter Titel stattfinden. Funktionale oder strukturelle Störungen am Markt für Informationen müssen vor diesem Hintergrund zwangsläufig zu fehlerhaften Preissignalen, zu Effizienzverlusten und in Extremfällen zum Zusammenbruch des Marktes für Aktien-Neuemissionen führen.

Den Emissionsbanken als Finanzintermediären kommt im Rahmen der Vorbereitung eines Börsengangs die zentrale Aufgabe zu, einen Emissionspreis für die neuen Anteilsscheine zu finden, bei dem sich die Interessen der beteiligten Parteien möglichst optimal ausgleichen. Ein zentrales Problem besteht nun aber in dem Mangel konkreter Anhaltspunkte über den „inneren" Wert der neuen Anteilsscheine. Gerade bei jungen, wenig beobachteten Wachstumsunternehmen, deren spärliche Vergangenheitsdaten kaum bewertungsrelevante Rückschlüsse auf die Zukunft zulassen, werden selbst institutionelle Anleger z. B. aus Kostengründen regelmäßig keine konkreten Preisvorstellungen entwickeln können. Daraus resultiert die akute Gefahr, dass Anleger aufgrund ihres Informationsdefizits und der Bewertungsunsicherheiten vollständig von einer Zeichnung absehen. In der Überwindung bzw. Reduzierung der Informationslücken auf Investorenseite muss somit die zentrale Voraussetzung für den Erhalt der Funktionsfähigkeit eines Marktes für Aktien-Neuemissionen gesehen werden. Der Einsatz von Informationssurrogaten und/oder die Errichtung von Selbstbindungsmechanismen stellen zwar potenzielle Lösungsansätze dar, scheitern aber größtenteils daran, dass die hierfür notwendigen Voraussetzungen regelmäßig nicht erfüllt werden. Somit verbleibt als primärer Ausweg die Informationsproduktion, d. h. die Bereitstellung umfangreicher, entscheidungsrelevanter und zuverlässiger Informationen zum Börsenaspiranten, um potenziellen Investoren die Möglichkeit zur Herleitung einer realistischen Preisvorstellung zu den angebotenen Titeln zu eröffnen.

Gesetzgeber und Aufsichtsorgane rücken nicht nur in Deutschland den Emissionsprospekt als zentrale Quelle in den Mittelpunkt des erforderlichen Informationstransfers. Die Analyse der Informationsbedürfnisse potenzieller Anleger im vierten Kapitel hat aber ergeben, dass dem Emissionsprospekt v. a. aufgrund eines Mangels an prospektiven Informationen wegen der damit verbundenen Haftungsrisiken nur ein begrenztes Potenzial zur Überbrückung der Informationslücken bescheinigt werden kann. Die Rahmenbedingungen am deutschen Markt für Aktien-Neuemissionen – insbesondere das Fehlen einer *quiet period* – eröffneten den Emissionsbanken bislang jedoch die Möglichkeit einer ergänzenden Informationsversorgung. Auf Basis einer ausführlichen Finanzanalyse wurden beispielsweise bei Börsengängen an den Neuen Markt von Finanzanalysten üblicherweise Prognoseszenarien entwickelt, daraus konkrete Unternehmenswertempfehlungen zu Börsenneulingen abgeleitet und diese Informationen im Rahmen von Neuemissionsstudien an potenzielle Investoren weitergeleitet. Hierdurch wurde eine gemeinsame Ausgangsbasis geschaffen, um den Abgleich von größtenteils nur abstrakten Preisvorstellungen im Zuge eines aktiven Informationsaustausches zwischen den beteiligten Parteien zu erleichtern.

Gleichzeitig erschlossen sich die emissionsbegleitenden Institute über das Neuemissionsresearch jedoch auch die Möglichkeit, Informationsstrukturen aktiv zu gestalten und in den Meinungsbildungs- und damit den Preisfindungsprozess einzugreifen. Als Konsequenz drängt sich die vielfach unterstellte Vermutung auf, dass der von Finanzanalysten im Rahmen des Neuemissionsresearch geleistete Informationsbeitrag wesentliche Ursache für die am Neuen Markt zu beobachtenden Fehlentwicklungen und insbesondere für das im internationalen und historischen Vergleich ungewöhnlich hohe *Underpricing* war. Dieser Verdacht resultiert zum einen aus den vermuteten Freiräumen der Emissionsbanken und ihrer Finanzanalysten zu opportunistischer Informationsgestaltung aufgrund von Informationsasymmetrien. Zum anderen zeigen die Ergebnisse einer ganzen Reihe empirischer Untersuchungen auf internationalen Kapitalmärkten die Tendenz positiv verzerrter Analystenprognosen, und auch die jüngsten Skandale um Interessenkonflikte bei US-amerikanischen Investmentbanken scheinen das interessengesteuerte Ausnützen dieser Freiräume zu bestätigen.

Im Rahmen dieser Arbeit konnten aus informationstheoretischer Sicht Argumente entwickelt werden die andeuten, dass dem Spielraum für opportunistisches Informationsverhalten sowohl auf der Ebene der Finanzanalysten als auch auf der Ebene der Emissionsinstitute zunächst

Grenzen gesetzt sind. Der aus bewusst herbeigeführten Informationsverzerrungen resultierende Vertrauens- und Reputationsschaden könnte die Existenzberechtigung des individuellen Analysten gefährden und künftige Geschäftsmöglichkeiten seines Arbeitgebers eliminieren. Für Emissionsbanken lassen sich zudem Anreize sowohl für eine Über- als auch für eine Unterbewertung von Aktien-Neuemissionen bestimmen: Einerseits ist mit der Maximierung des Emissionserlöses in der Regel auch die Maximierung des Provisionserlöses sowie eine Erhöhung der Attraktivität der Emissionsbank für weitere potenzielle Emittenten verbunden. Andererseits trägt eine bewusste Unterbewertung zur dauerhaften Sicherung des Kundennetzwerks, des erworbenen Reputationskapitals und zur Minimierung des Platzierungsrisikos bei. Die im Zuge der jüngsten Reformbestrebungen zu beobachtende Tendenz, in der Informationsproduktion der Finanzanalysten eine der Hauptursachen für die Fehlentwicklungen an den Märkten für Aktien-Neuemissionen zu suchen, erscheint allein vor diesem Hintergrund nicht haltbar. Zudem wurden im Rahmen der vorliegenden Arbeit noch eine ganze Reihe weiterer potenzieller Problembereiche identifiziert, welche die Effizienz des Marktes für Informationen unabhängig vom Verhalten der Emissionsbanken und ihrer Finanzanalysten negativ beeinträchtigen können.

Gleichwohl hat die informationstheoretische Betrachtung aber auch aufgezeigt, dass die Bandbreite, innerhalb derer sich die Informationsgestaltung der Emissionsbanken und ihrer Finanzanalysten bewegen kann, in Abhängigkeit von den aktuellen Rahmenbedingungen erheblich variiert. In Marktphasen, in denen Qualitätsmängel der Emittenten bzw. opportunistisches Informationsverhalten der Emissionsbanken aufgrund eines überoptimistischen, vielfach irrationalen Börsenklimas nicht sofort transparent werden, d. h. das Risiko gering ist, dass reputationsschädigende Qualitätsmängel der Emittenten von den Investoren frühzeitig erkannt und den Finanzinstituten angelastet werden, erhöht sich beispielsweise der Spielraum der Finanzintermediäre. Gerade die euphorische und überoptimistische Börsenstimmung während des *New Economy*-Booms, der steigende Wettbewerbsdruck unter den Emissionsbanken einerseits und die Aussicht auf enorme Ertragsmöglichkeiten andererseits dürften vielfach Anreiz gewesen sein, die Emissionsaktivitäten zu intensivieren und gleichzeitig eine reduzierte durchschnittliche Emittentenqualität zu akzeptieren. Durch die interessengesteuerte Gestaltung der Informationsprozesse der Preisfindung und Preisbildung über die Ausnutzung von Informationsvorteilen konnte das Platzierungsrisiko selbst bei erheblichen Qualitätsmängeln gering gehalten und der Ertrag gleichzeitig maximiert werden.

Es bleibt also zunächst festzuhalten, dass in typischen Ausgangssituationen von Aktien-Neuemissionen erhebliche, die Funktionsfähigkeit des Marktes gefährdende Informationsdefizite auf Seiten der Anleger bestehen, die durch eine adäquate Informationsproduktion und -verteilung überbrückt werden müssen. Somit kann hinter den von Finanzanalysten produzierten, im Rahmen von Börsengängen an den ehemaligen Neuen Markt in Form von Neuemissionsstudien publizierten Analysen aus informationstheoretischer Sicht erhebliches Problemlösungspotenzial vermutet werden. Der Gefahr opportunistischer Informationsverzerrungen durch die Emissionsbegleiter sind gleichzeitig zwar Grenzen gesetzt, es sind jedoch auch Rahmenbedingungen vorstellbar, unter denen die Nützlichkeit der publizierten Analysen in Frage zu stellen ist. Unabhängig von der Problematik opportunistischer Informationsstrategien der Emissionsbanken gilt dabei, dass die von Finanzanalysten im Vorfeld eines *Going Public* produzierten Informationen für Anleger als Basis zur Herleitung einer Grenzpreisvorstellung nur dann von Nutzen sind, wenn zwischen diesen Informationen und der Börsenentwicklung der Aktien-Neuemissionen ein Zusammenhang besteht. Im Fokus der im sechsten Kapitel zusammengefassten empirischen Untersuchung stand deshalb nicht die Frage, ob die von Finanzanalysten im Rahmen von Börsengängen an den Neuen Markt erstellten Informationen unverzerrt waren oder ob Anleger diese Informationen auch tatsächlich in ihre Entscheidungsprozesse mit einbezogen, um bestehende Informationslücken zu schließen. Vielmehr wurde nach rein statistischen Zusammenhängen zwischen den in Neuemissionsstudien enthaltenen prospektiven Finanzdaten zu einem Börsenneuling und der Preisbildung bzw. Preisentwicklung am Sekundärmarkt gesucht, um hierdurch Hinweise auf den potenziellen Informationsnutzen dieser Analysen zu erhalten.

Die untersuchte Stichprobe mit 198 Neuemissionsstudien zu Börsengängen an den Neuen Markt zeichnet sich inhaltlich durch einen umfangreichen Datenbestand an detaillierten Finanzprognosen sowie Bewertungsanalysen aus und knüpft damit an den skizzierten Informationslücken auf Seiten der Anleger an. Die Auswertung der darin enthaltenen Unternehmenswertempfehlungen erbrachte Hinweise sowohl auf die Existenz eines Ex-ante-*Underpricing* als auch auf ein Ex-post-*Overpricing*. Da sich Emittenten und Emissionsbanken bei der Festlegung des Emissionskurses im Durchschnitt sehr eng an den von den Finanzanalysten als „fair" erachteten Preisvorstellungen orientierten, fiel das Ex-ante-*Underpricing* mit -3,8 % moderat aus. Die Anleger waren aber dazu bereit, am Sekundärmarkt einen im Durchschnitt um 49,1 % über der Analystenempfehlung liegenden Preis zu bezahlen, also ein exorbitant hohes Ex-post-

Overpricing zu akzeptieren. Dies deutet auf eine spekulative, von Über-Optimismus geprägte Marktstimmung hin, in der sich die Kaufbereitschaft der Anleger auf exzessiven Höchstständen bewegte. Als Konsequenz wurden Preise für neuemittierte Aktien bezahlt, die unter fundamentalanalytischen Gesichtspunkten nicht mehr zu rechtfertigen waren. Univariate und multivariate Regressionsanalysen lieferten zahlreiche Anhaltspunkte, die auf systematische Zusammenhänge zwischen den in den untersuchten Neuemissionsstudien enthaltenen prospektiven Finanzdaten und der Preisbildung sowie der Preisentwicklung von Aktien-Neuemissionen schließen lassen. Die gemessenen Zusammenhänge sind meist nur moderat ausgeprägt, aber in zahlreichen Fällen statistisch signifikant. Auch wenn der von den Finanzanalysten empfohlene Unternehmenswert als Orientierungsgröße am Sekundärmarkt von den Investoren offensichtlich weitgehend ausgeblendet worden ist, kann der potenzielle Informationsnutzen von Neuemissionsstudien angesichts der empirischen Ergebnisse deshalb nicht grundsätzlich verneint werden.

Zwar verfügen Emissionsbanken und deren Finanzanalysten aufgrund asymmetrischer Informationsverteilung über die grundsätzliche Möglichkeit und vielfältige Anreize zu opportunistischem Informationsverhalten. Dieses Potenzial stößt aber insbesondere dort an seine Grenzen, wo die zu erwartenden Reputationsverluste künftige Geschäftsmöglichkeiten gefährden. Trotz des verbleibenden „Manipulationsspielraums" kann der delegierten Informationsproduktion und -verteilung z. B. in Form von Neuemissionsstudien aus informationstheoretischer Sicht erhebliches Potenzial zur erforderlichen Reduzierung des Problems unvollkommener Informationsstrukturen am Markt für Aktien-Neuemissionen zugesprochen werden. Angesichts der skizzierten Problembereiche ist zwar nicht von einer vollständigen Lösung auszugehen. Als Konsequenz der u. a. durch die *Going Public*-Grundsätze der Deutsche Börse AG angestrebten Fokussierung auf den Emissionsprospekt zulasten von Neuemissionsstudien sind aber nachteilige Folgen auf den Preisfindungs- und Preisbildungsprozess nicht auszuschließen, da die Informationssperre durch die *Blackout*-Periode zu einem eingeschränkten Informationsfluss zwischen Emittent, Konsortialbank und Investor führt. In dem Ausmaß, in dem die beteiligten Marktparteien – vorrangig die Investoren – in der Lage sind, die ökonomischen Rahmenbedingungen eines Börsengangs korrekt zu interpretieren und dabei interessengeleitete Aussagen zu einzelnen Aktien als solche zu erkennen, wird der Spielraum opportunistischer Informationsstrategien weiter eingeengt. Der ökonomischen Weiterbildung sämtlicher Marktparteien muss deshalb eine Schlüsselrolle zugeschrieben werden bei dem Bestreben, die Funktionsfähigkeit des Marktes für Aktien-Neuemissionen wiederher- und dauerhaft sicherzustellen.

Anhang

Tab. 8.1: Emissionsdaten der Unternehmen der untersuchten Stichprobe

UNTERNEHMEN	ERSTER HANDELSTAG	BOOKBUILDING-SPANNE (in €) von	BOOKBUILDING-SPANNE (in €) bis	EMISSIONS-PREIS (in €)	ERSTER KURS (in €)	EMISSIONS-VOLUMEN (in Mio. €) [1]
MOBILCOM	10.03.1997	26,84	31,96	31,96	48,57	25,57
BETA SYSTEMS	30.06.1997	43,46	51,13	51,13	109,93	65,14
EM TV & MERCHANDISING	30.10.1997	14,32	17,38	17,38	18,15	12,17
AIXTRON	06.11.1997	42,95	51,13	51,13	72,60	56,24
SINGULUS TECHNOLOGIES	25.11.1997	34,77	42,44	41,93	42,18	222,43
TECHNOTRANS	10.03.1998	30,68	34,26	34,26	107,37	41,11
UNITED INTERNET (vorm. 1&1)	23.03.1998	35,79	40,90	40,90	122,71	69,21
DRILLISCH	22.04.1998	38,35	43,97	43,97	168,73	28,14
AUGUSTA	05.05.1998	28,12	33,23	33,23	71,58	66,46
KINOWELT	12.05.1998	24,03	28,12	28,12	66,47	30,93
CE CONSUMER ELECTRONIC	23.06.1998	48,57	53,69	53,69	153,39	21,48
TELES	30.06.1998	39,88	46,02	46,02	69,54	85,14
HÖFT&WESSEL	20.07.1998	63,91	71,58	71,58	98,42	33,82
SOFTM	21.07.1998	28,12	31,70	31,70	37,84	18,12
PSI	31.08.1998	19,17	23,78	23,78	28,12	51,59
LINTEC COMPUTER	07.09.1998	30,68	35,79	35,79	37,84	17,18
DEAG ENTERTAINMENT	14.09.1998	29,14	35,28	35,28	36,81	29,38
HEYDE	14.09.1998	33,23	38,86	38,86	46,02	20,57
BROKAT	17.09.1998	27,10	32,72	32,72	43,46	76,62
MICROLOGICA	21.09.1998	20,96	25,05	25,05	34,77	18,04
DATADESIGN	09.11.1998	27,61	31,70	31,70	76,44	15,70
AC SERVICE	30.11.1998	13,80	15,34	15,34	17,90	58,61
LPKF LASER	30.11.1998	27,10	31,70	31,70	51,13	18,51
CENTROTEC	08.12.1998	35,28	38,86	38,86	69,02	15,54
PLAMBECK	15.12.1998	21,47	24,57	24,54	33,75	16,69
ARXES (vorm. HANCKE & PETER)	25.01.1999	12,70	14,70	14,70	45,00	27,56
PRIMACOM	22.02.1999	24,00	29,00	29,00	38,50	176,50
NEMETSCHEK	10.03.1999	45,00	52,00	52,00	75,00	130,13
JUMPTEC	26.03.1999	0,00	0,00	26,00	53,50	26,00
ODEON FILM	12.04.1999	28,00	32,00	32,00	42,00	30,72
D.LOGISTICS	28.04.1999	26,00	30,00	30,00	33,00	38,70
HIGHLIGHT COMMUNICATIONS	11.05.1999	22,50	25,50	25,50	28,00	44,88
ECKERT&ZIEGLER	25.05.1999	20,00	23,00	23,00	24,00	15,30
SOFTMATIC	01.06.1999	20,00	23,00	20,00	19,50	55,65
B.I.S. BÖRSEN-INFORMATIONS-SYSTEME	14.06.1999	22,00	24,50	24,50	30,00	17,15
EUROMED	16.06.1999	10,50	13,50	9,00	8,50	16,88
COMPUTERLINKS	07.07.1999	18,00	22,00	22,00	28,00	36,30
P&I PERSONAL UND INFORMATIK	07.07.1999	11,00	12,50	12,50	12,50	37,50
TEAMWORK	14.07.1999	16,50	19,00	19,00	20,00	25,65
SILICON SENSOR	15.07.1999	12,50	15,50	15,50	17,00	10,15
AT&S AUSTRIA TECHNOLOGIES	16.07.1999	0,00	0,00	25,00	36,00	134,00
JETTER	19.08.1999	23,00	27,00	25,00	25,00	29,80
PC-SPEZIALIST	25.08.1999	18,00	21,00	19,00	19,50	9,50
JACK WHITE PRODUCTIONS	13.09.1999	9,50	12,00	12,00	19,50	19,19
WAVELIGHT LASER TECHNOLOGIE	15.09.1999	15,00	17,00	15,00	15,00	15,78
SPLENDID MEDIEN	24.09.1999	25,00	30,00	30,00	25,65	71,67
SYSTEMATICS	27.09.1999	16,00	18,00	16,00	15,50	49,15
FLUXX.COM	28.09.1999	19,00	21,00	19,00	19,00	28,12
NORCOM INFORMATION TECHNOLOGY	01.10.1999	19,00	23,00	19,00	18,50	57,57
GAUSS INTERPRISE	28.10.1999	39,00	44,00	44,00	45,00	91,52
PANDATEL	02.11.1999	18,00	23,00	22,00	26,00	45,65
SINNERSCHRADER	02.11.1999	9,00	12,00	12,00	22,00	32,40
BUCH.DE	08.11.1999	8,00	10,00	10,00	11,00	22,00
EVOTEC OAI	10.11.1999	11,00	13,00	13,00	24,00	72,44
NOVASOFT	15.11.1999	18,00	21,00	21,00	26,00	42,84
PHENOMEDIA	22.11.1999	18,50	22,50	22,50	28,50	31,50
BALDA	23.11.1999	20,00	24,00	24,00	31,50	63,36
BRAINPOOL TV	23.11.1999	43,00	47,00	47,00	84,00	39,95
CTS EVENTIM	01.02.2000	18,00	21,50	21,50	26,00	70,95
SWINGI ENTERTAINMENT MEDIA	02.02.2000	14,00	17,00	17,00	22,00	21,51
VARETIS	07.02.2000	28,00	32,00	32,00	100,00	68,80
SOFTLINE	14.02.2000	14,50	17,50	17,50	74,00	55,46
FJA	21.02.2000	41,00	48,00	48,00	60,00	97,58
H5B5 MEDIA	21.02.2000	21,00	25,00	25,00	55,00	47,50

Fortsetzung Tab. 8.1

UNTERNEHMEN	ERSTER HANDELSTAG	BOOKBUILDING-SPANNE (in €) von	bis	EMISSIONS-PREIS (in €)	ERSTER KURS (in €)	EMISSIONS-VOLUMEN (in Mio. €) [1]
BIODATA INFORMATION TECHNOLOGY	22.02.2000	40,00	45,00	45,00	240,00	70,20
PIRONET	22.02.2000	11,00	14,00	14,00	46,50	53,20
RÖSCH MEDIZINTECHNIK	24.02.2000	22,00	26,00	26,00	60,00	50,29
ONVISTA	28.02.2000	19,00	22,00	22,00	65,00	51,02
IPC ARCHTEC	07.03.2000	49,00	54,00	54,00	75,00	105,30
BKN INTERNATIONAL	09.03.2000	26,00	30,00	30,00	58,00	69,22
DCI DATABASE	13.03.2000	28,00	32,00	32,00	65,00	90,88
NET AG INFRASTRUCURE	17.03.2000	12,00	14,00	14,00	37,00	62,94
THIEL LOGISTIK	20.03.2000	30,00	36,00	36,00	42,30	230,40
PRO DV SOFTWARE	22.03.2000	19,00	23,00	23,00	22,00	40,02
CONCEPT!	27.03.2000	43,00	49,00	49,00	56,00	145,21
INTERNOLIX	27.03.2000	30,00	35,00	35,00	40,50	83,30
KRETZTECHNIK	27.03.2000	17,00	21,00	21,00	21,80	96,16
BECHTLE	30.03.2000	23,00	27,00	27,00	30,00	162,00
GRENKE LEASING	04.04.2000	18,00	22,00	19,00	19,00	92,92
NOVEMBER	10.04.2000	14,00	17,00	17,00	38,30	52,19
ANTWERPES	17.04.2000	18,00	21,00	21,00	25,10	36,79
CDV SOFTWARE ENTERTAINMENT	17.04.2000	40,00	45,00	45,00	99,00	12,45
CYCOS	18.04.2000	16,00	19,00	19,00	23,00	48,07
QSC	19.04.2000	12,00	15,00	13,00	17,00	341,38
ARBO MEDIA.NET	09.05.2000	34,00	43,00	43,00	53,00	34,40
ADORI	10.05.2000	11,00	13,50	13,50	13,50	33,75
UNITED LABELS	10.05.2000	30,00	34,00	34,00	85,00	44,20
INTRAWARE	12.05.2000	24,00	28,00	28,00	29,00	43,12
RÜCKER	15.05.2000	18,00	21,00	20,00	22,00	43,55
GIRINDUS	16.05.2000	18,00	20,00	20,00	35,00	65,60
IM INTERNATIONAL MEDIA	18.05.2000	26,00	32,00	32,00	35,00	324,48
BROADNET MEDIASCAPE COMMUNICATIONS	22.05.2000	45,00	50,00	47,00	45,00	72,38
D+S ONLINE	23.05.2000	22,00	25,00	25,00	25,00	52,25
ENERGIEKONTOR	25.05.2000	28,00	32,00	32,00	36,00	34,40
PIXELNET	21.06.2000	11,00	14,00	14,00	14,00	56,00
MATCHNET PLC GDR	27.06.2000	7,50	9,00	7,50	6,50	22,50
MEDIA!	29.06.2000	20,00	22,00	22,00	25,00	40,62
ANALYTIK JENA	03.07.2000	20,00	24,00	24,00	31,00	45,91
USU	04.07.2000	16,00	18,00	17,00	21,00	32,12
UMWELTKONTOR	05.07.2000	10,00	11,50	11,50	24,00	25,30
WAPME SYSTEMS	05.07.2000	19,00	22,00	20,00	16,00	28,80
IVU TRAFFIC TECHNOLOGIES	07.07.2000	9,00	10,50	10,50	18,00	62,93
ARTSTOR	11.07.2000	14,00	16,50	12,00	12,00	28,80
TOMORROW FOCUS (vorm. FOCUS DIGITAL)	13.07.2000	14,50	17,50	14,50	12,00	74,53
TEXAS INSTRUMENTS BERLIN (vorm. CONDAT)	17.07.2000	19,00	22,00	22,00	30,00	66,25
UMS UNITED MEDICAL SYSTEMS	17.07.2000	21,00	24,00	24,00	25,00	69,60
E.MULTI DIGITALE DIENSTE	19.07.2000	11,00	13,50	10,50	11,00	11,55
CURASAN	20.07.2000	15,50	18,50	18,50	30,00	29,31
CAA	21.07.2000	26,00	31,00	27,00	28,00	76,95
GENESCAN EUROPE	21.07.2000	35,50	39,50	39,50	80,00	117,20
LETSBUYIT COM	21.07.2000	3,00	4,00	3,50	5,00	73,53
NEXUS	24.07.2000	11,00	14,00	10,00	9,00	38,00
CATALIS (vorm. AECO)	25.07.2000	12,00	14,00	14,00	16,00	47,48
ADPHOS	31.07.2000	16,00	20,00	20,00	21,00	50,72
EJAY	08.08.2000	4,00	5,00	4,50	5,20	15,50
MACROPORE	10.08.2000	12,00	15,00	15,00	21,20	74,56
4MBO INT ELECT	28.08.2000	32,00	37,00	37,00	39,50	91,95
BLUE C CONSULTING	24.08.2000	9,00	10,00	9,50	12,00	44,22
ELECTRONICS LINE	24.08.2000	16,50	19,50	16,50	15,10	37,95
LINOS	04.09.2000	24,00	27,00	27,00	73,00	45,36
PGAM ADVANCED TECHNOLOGIES	14.09.2000	9,00	11,00	11,00	12,20	34,10
GAP	20.09.2000	13,00	15,00	15,00	26,00	27,08
ORBIS	25.09.2000	14,00	17,00	14,00	12,50	29,40
WINTER	25.09.2000	11,00	12,50	12,50	13,70	33,13
SYZYGY INTERNET	06.10.2000	17,00	20,00	20,00	21,20	64,54
AD PEPPER MEDIA	09.10.2000	14,00	17,00	17,00	17,50	72,06
CAMELOT	30.10.2000	8,00	9,50	8,50	8,50	32,13
SYSKOPLAN	02.11.2000	20,00	24,00	24,00	26,00	27,16
FUNKWERK	15.11.2000	19,00	22,50	20,00	23,50	55,00
MME FILM	20.11.2000	7,00	10,00	7,00	7,10	15,75
EMS NEW MEDIA	21.11.2000	6,50	8,50	6,50	5,50	42,25
PARAGON	29.11.2000	9,00	11,00	7,60	8,00	10,22
BIOTISSUE TECHNOLOGIES	01.12.2000	27,00	34,00	27,00	27,15	33,42

Fortsetzung Tab. 8.1

UNTERNEHMEN	ERSTER HANDELSTAG	BOOKBUILDING-SPANNE (in €) von	bis	EMISSIONS-PREIS (in €)	ERSTER KURS (in €)	EMISSIONS-VOLUMEN (in Mio. €) [1]
OHB TELEDATA	13.03.2001	8,00	10,50	10,50	10,20	30,45
MÜLLER-LILA LOGISTIK	30.05.2001	6,50	7,50	7,00	7,00	11,90
PULSION	08.06.2001	7,00	10,00	7,00	7,05	21,28
INIT INNOVATION IN TRAFFIC	24.07.2001	5,10	6,40	5,10	5,10	11,73

[1] inklusive Greenshoe

Tab. 8.2: Univariater Zusammenhang zwischen Sekundärmarktrenditen ($CMAR_{i,T}$) und Bewertungsvariablen

$CMAR_{i,T}$	6 Monate				12 Monate			
unab. Var.	R^2	Koeffizient	t-Wert	N	R^2	Koeffizient	t-Wert	N
$EKGV_1$	0,036	-0,13	-1,87	95	0,111	-0,23	-3,41 **	94
$EKGV_2$	0,013	-0,32	-1,36	138	0,052	-0,65	-2,76 **	139
$EKGV_3$	0,006	-0,54	-0,99	154	0,041	-1,38	-2,58 *	155
$EMKUMS_1$	0,026	-2,31	-2,10 *	169	0,076	-3,99	-3,74 **	172
$EMKUMS_2$	0,002	-2,19	-0,61	165	0,037	-8,85	-2,54 *	168
$EMKUMS_3$	0,000	-0,84	-0,12	161	0,016	-10,95	-1,62	164
$EMKEBIT_1$	0,012	-0,19	-1,13	103	0,054	-0,40	-2,40 *	102
$EMKEBIT_2$	0,020	-0,55	-1,59	127	0,065	-1,00	-2,96 **	128
$EMKEBIT_3$	0,006	-0,33	-0,93	148	0,009	-0,40	-1,15	149
$EMKETDA_1$	0,024	-0,83	-1,41	81	0,103	-1,72	-3,02 **	80
$EMKETDA_2$	0,018	-0,83	-1,35	101	0,067	-1,61	-2,68 **	102
$EMKETDA_3$	0,010	-1,41	-1,08	114	0,054	-3,25	-2,55 *	115
$EKBW_1$	0,018	8,31	1,41	110	0,000	1,03	0,17	111
$EKBW_2$	0,007	6,55	0,88	111	0,001	-2,76	-0,37	112
$EKBW_3$	0,002	3,92	0,44	106	0,002	-4,56	-0,51	107

$CMAR_{i,T}$	18 Monate				24 Monate			
unab. Var.	R^2	Koeffizient	t-Wert	N	R^2	Koeffizient	t-Wert	N
$EKGV_1$	0,042	-0,31	-2,05 *	96	0,050	-0,25	-2,23 *	96
$EKGV_2$	0,005	0,44	0,89	141	0,001	0,11	0,27	141
$EKGV_3$	0,000	-0,27	-0,23	157	0,002	-0,48	-0,54	157
$EMKUMS_1$	0,039	-6,23	-2,67 **	174	0,053	-5,47	-3,11 **	174
$EMKUMS_2$	0,031	-17,59	-2,34 *	170	0,049	-16,72	-2,96 **	170
$EMKUMS_3$	0,021	-27,51	-1,90	166	0,036	-27,28	-2,50 *	166
$EMKEBIT_1$	0,036	-0,72	-1,97	104	0,042	-0,58	-2,12 *	104
$EMKEBIT_2$	0,000	-0,15	-0,20	130	0,005	-0,46	-0,82	130
$EMKEBIT_3$	0,008	-0,83	-1,10	151	0,013	-0,79	-1,39	151
$EMKETDA_1$	0,043	-2,41	-1,91	82	0,047	-1,90	-2,00 *	82
$EMKETDA_2$	0,000	-0,18	-0,14	104	0,002	-0,44	-0,43	104
$EMKETDA_3$	0,008	-2,74	-0,98	117	0,009	-2,21	-1,04	117
$EKBW_1$	0,013	15,19	1,21	114	0,040	20,28	2,16 *	114
$EKBW_2$	0,005	11,86	0,74	115	0,019	17,62	1,47	115
$EKBW_3$	0,003	11,20	0,59	110	0,009	14,24	0,99	110

Tab. 8.3: Univariater Zusammenhang zwischen Sekundärmarktrenditen ($CMAR_{i,T}$) und Wachstumsvariablen

$CMAR_{i,T}$	6 Monate				12 Monate			
unab. Var.	R^2	Koeffizient	t-Wert	N	R^2	Koeffizient	t-Wert	N
$UMSW_t$	0,026	-0,21	-2,16 *	175	0,070	-0,35	-3,64 **	178
$UMSW_{t-3}$	0,054	-0,79	-3,10 **	170	0,079	-0,96	-3,85 **	173
$EBITDAW_t$	0,001	-0,05	-0,22	82	0,004	-0,11	-0,56	83
$EBITDAW_{t-3}$	0,036	-0,46	-1,81	90	0,073	-0,61	-2,64 **	90
$EBITW_t$	0,030	-0,28	-1,66	91	0,033	-0,28	-1,75	91
$EBITW_{t-3}$	0,016	-0,16	-1,34	112	0,035	-0,24	-2,01 *	111
$EBTW_t$	0,003	-0,05	-0,53	89	0,000	0,01	0,14	88
$EBTW_{t-3}$	0,050	-0,38	-2,23 *	95	0,049	-0,37	-2,19 *	94
$JÜW_t$	0,005	-0,06	-0,69	91	0,035	0,14	1,80	90
$JÜW_{t-3}$	0,047	-0,21	-2,28 *	106	0,101	-0,32	-3,42 **	105
$BLZW_t$	0,015	0,24	0,96	60	0,001	-0,06	-0,19	60
$BLZW_{t-3}$	0,010	0,75	1,06	118	0,000	0,13	0,20	119
$BUCW_t$	0,036	-0,07	-1,53	64	0,068	-0,12	-2,14 *	64
$BUCW_{t-3}$	0,030	0,92	1,88	117	0,010	0,50	1,10	118
CFW_t	0,175	0,21	2,64 *	34	0,016	0,06	0,71	32
CFW_{t-3}	0,032	-0,20	-1,22	46	0,049	-0,23	-1,50	44
$FCFW_t$	0,422	0,43	2,26	8	0,406	0,74	2,19	8
$FCFW_{t-3}$	0,057	-0,28	-0,70	9	0,342	-1,14	-2,04	9

$CMAR_{i,T}$	18 Monate				24 Monate			
unab. Var.	R^2	Koeffizient	t-Wert	N	R^2	Koeffizient	t-Wert	N
$UMSW_t$	0,024	-0,46	-2,09 *	180	0,019	-0,31	-1,85	180
$UMSW_{t-3}$	0,034	-1,37	-2,46 *	175	0,056	-1,34	-3,23 **	175
$EBITDAW_t$	0,001	0,11	0,25	85	0,003	0,18	0,53	85
$EBITDAW_{t-3}$	0,041	-1,06	-1,98	92	0,040	-0,78	-1,94	92
$EBITW_t$	0,014	-0,34	-1,13	93	0,008	-0,18	-0,84	93
$EBITW_{t-3}$	0,037	-0,52	-2,09 *	113	0,047	-0,45	-2,36 *	113
$EBTW_t$	0,053	0,44	2,23 *	90	0,061	0,37	2,40 *	90
$EBTW_{t-3}$	0,021	-0,59	-1,44	96	0,017	-0,41	-1,28	96
$JÜW_t$	0,002	0,07	0,46	92	0,014	0,12	1,12	92
$JÜW_{t-3}$	0,065	-0,54	-2,72 **	107	0,058	-0,40	-2,56 *	107
$BLZW_t$	0,019	0,81	1,11	63	0,012	0,45	0,88	63
$BLZW_{t-3}$	0,002	0,72	0,51	122	0,012	1,21	1,22	122
$BUCW_t$	0,011	0,11	0,85	67	0,007	0,06	0,66	67
$BUCW_{t-3}$	0,001	0,38	0,38	121	0,005	0,54	0,75	121
CFW_t	0,011	-0,14	-0,59	34	0,012	-0,11	-0,64	34
CFW_{t-3}	0,049	-0,65	-1,53	47	0,037	-0,38	-1,33	47
$FCFW_t$	0,503	0,70	2,66 *	8	0,064	0,25	0,69	8
$FCFW_{t-3}$	0,482	-1,14	-2,73 *	9	0,320	-0,88	-1,94	9

Tab. 8.4: Univariater Zusammenhang zwischen Sekundärmarktrenditen ($CMAR_{i,T}$) und Renditevariablen

$CMAR_{i,T}$	6 Monate				12 Monate			
unab. Var.	R^2	Koeffizient	t-Wert	N	R^2	Koeffizient	t-Wert	N
ROE_1	0,143	2,80	4,48 **	121	0,172	2,84	5,00 **	121
ROE_2	0,060	3,35	2,70 **	116	0,071	3,24	2,98 **	116
ROE_3	0,025	2,23	1,68	111	0,012	1,34	1,14	111
$EBITM_1$	0,045	0,75	2,83 **	170	0,020	0,46	1,88	173
$EBITM_2$	0,036	1,51	2,51 *	170	0,004	0,45	0,85	173
$EBITM_3$	0,012	1,32	1,42	166	0,003	0,65	0,73	167
$EBITDAM_1$	0,032	0,65	2,08 *	133	0,008	0,27	1,01	136
$EBITDAM_2$	0,020	0,94	1,63	132	0,004	0,36	0,70	135
$EBITDAM_3$	0,011	1,21	1,19	126	0,012	1,16	1,23	127
$UMSR_1$	0,014	0,48	1,60	180	0,008	0,32	1,19	183
$UMSR_2$	0,027	1,56	2,23 *	182	0,001	0,28	0,45	185
$UMSR_3$	0,009	1,66	1,23	176	0,001	0,51	0,39	177
ROI_1	0,124	4,71	4,05 **	117	0,141	4,64	4,36 **	117
ROI_2	0,081	5,36	3,18 **	116	0,080	4,86	3,16 **	116
ROI_3	0,023	3,13	1,62	110	0,023	2,89	1,61	110
$FCFR_1$	0,004	0,45	0,44	52	0,005	-0,52	-0,53	53
$FCFR_2$	0,019	1,33	1,04	56	0,066	2,39	1,99	57
$FCFR_3$	0,053	2,93	1,72	54	0,070	3,26	2,00	54
$CFSAL_1$	0,030	0,70	1,53	76	0,003	0,21	0,49	77
$CFSAL_2$	0,002	0,43	0,41	73	0,008	0,80	0,75	74
$CFSAL_3$	0,009	1,36	0,78	68	0,005	0,97	0,56	70
CFM_1	0,044	1,53	1,69	62	0,029	1,24	1,36	63
CFM_2	0,028	2,35	1,33	62	0,061	3,47	2,02 *	64
CFM_3	0,001	-0,38	-0,21	61	0,015	1,62	0,97	63
CFR_1	0,031	1,33	1,38	60	0,000	0,00	-0,01	61
CFR_2	0,005	0,68	0,54	61	0,016	1,35	1,00	62
CFR_3	0,016	1,12	0,98	61	0,057	2,12	1,93	62
$ROEVR_1$	0,087	-0,92	-2,43 *	63	0,052	-0,63	-1,84	62
$EBITMVR_0$	0,001	0,03	0,26	96	0,005	0,10	0,70	96
$EBITMVR_1$	0,015	-0,39	-1,28	109	0,040	-0,63	-2,11 *	108
$ETDAMVR_0$	0,000	-0,02	-0,05	85	0,000	-0,06	-0,20	86
$ETDAMVR_1$	0,016	-0,57	-1,21	92	0,027	-0,68	-1,60	93
$UMSRVR_0$	0,002	-0,06	-0,46	92	0,086	0,31	2,90 **	91
$UMSRVR_1$	0,010	-0,23	-1,01	104	0,032	-0,43	-1,85	103
$VERLUST_0$	0,037	45,22	2,66 **	188	0,086	69,50	4,23 **	191
$VERLUST_1$	0,041	46,95	2,81 **	187	0,069	60,76	3,73 **	190
$VERLUST_2$	0,042	63,96	2,84 **	187	0,035	57,74	2,62 **	190
$VERLUST_3$	0,004	30,95	0,88	187	0,000	-7,41	-0,23	190

$CMAR_{i,T}$	18 Monate				24 Monate			
unab. Var.	R^2	Koeffizient	t-Wert	N	R^2	Koeffizient	t-Wert	N
ROE_1	0,071	3,85	3,06 **	124	0,104	3,32	3,78 **	124
ROE_2	0,009	2,81	1,04	119	0,018	2,78	1,48	119
ROE_3	0,000	-0,55	-0,19	114	0,000	0,18	0,09	114
$EBITM_1$	0,008	0,57	1,20	175	0,014	0,57	1,58	175
$EBITM_2$	0,001	0,35	0,34	175	0,001	0,36	0,46	175
$EBITM_3$	0,005	-1,60	-0,90	169	0,007	-1,47	-1,09	169

Fortsetzung Tab. 8.4

$CMAR_{i,T}$	18 Monate				24 Monate			
unab. Var.	R^2	Koeffi-zient	t-Wert	N	R^2	Koeffi-zient	t-Wert	N
$EBITDAM_1$	0,006	0,51	0,90	138	0,007	0,41	0,97	138
$EBITDAM_2$	0,000	0,10	0,09	137	0,000	-0,11	-0,14	137
$EBITDAM_3$	0,003	-1,30	-0,62	129	0,007	-1,50	-0,97	129
$UMSR_1$	0,005	0,55	0,93	185	0,010	0,62	1,39	185
$UMSR_2$	0,001	0,47	0,35	187	0,001	0,50	0,49	187
$UMSR_3$	0,004	-2,31	-0,79	179	0,006	-2,19	-1,00	179
ROI_1	0,061	6,52	2,78 **	120	0,080	5,28	3,21 **	120
ROI_2	0,016	4,76	1,40	119	0,022	3,93	1,62	119
ROI_3	0,001	-1,46	-0,38	113	0,001	-1,06	-0,39	113
$FCFR_1$	0,001	-0,37	-0,19	55	0,042	-1,65	-1,54	55
$FCFR_2$	0,000	-0,10	-0,04	59	0,000	0,11	0,06	59
$FCFR_3$	0,005	2,09	0,54	56	0,020	2,67	1,05	56
$CFSAL_1$	0,000	0,13	0,12	80	0,000	0,11	0,15	80
$CFSAL_2$	0,001	-0,84	-0,31	77	0,007	-1,39	-0,75	77
$CFSAL_3$	0,001	-0,89	-0,19	72	0,001	-0,72	-0,23	72
CFM_1	0,014	2,08	0,96	66	0,004	0,69	0,51	66
CFM_2	0,038	6,88	1,60	66	0,019	3,08	1,13	66
CFM_3	0,030	5,74	1,40	65	0,025	3,25	1,29	65
CFR_1	0,028	3,07	1,35	64	0,023	1,75	1,23	64
CFR_2	0,059	5,92	2,01 *	65	0,032	2,70	1,45	65
CFR_3	0,047	4,40	1,77	65	0,037	2,42	1,58	65
$ROEVR_1$	0,085	-1,97	-2,43 *	65	0,101	-1,51	-2,68 **	65
$EBITMVR_0$	0,090	0,92	3,10 **	98	0,109	0,78	3,44 **	98
$EBITMVR_1$	0,026	-1,06	-1,69	110	0,031	-0,90	-1,86	110
$ETDAMVR_0$	0,006	0,52	0,74	88	0,009	0,47	0,89	88
$ETDAMVR_1$	0,023	-1,41	-1,49	95	0,031	-1,24	-1,74	95
$UMSRVR_0$	0,005	0,14	0,66	93	0,016	0,19	1,23	93
$UMSRVR_1$	0,041	-1,04	-2,12 *	105	0,034	-0,73	-1,92	105
$VERLUST_0$	0,020	71,80	1,96	193	0,040	77,42	2,81 **	193
$VERLUST_1$	0,014	58,55	1,62	192	0,030	65,58	2,41 *	192
$VERLUST_2$	0,028	112,04	2,34 *	192	0,036	96,59	2,67 **	192
$VERLUST_3$	0,007	80,39	1,14	192	0,011	78,22	1,46	192

Tab. 8.5: Univariater Zusammenhang zwischen Sekundärmarktrenditen ($CMAR_{i,T}$) und Sicherheitsvariablen

$CMAR_{i,T}$	6 Monate				12 Monate			
unab. Var.	R^2	Koeffizient	t-Wert	N	R^2	Koeffizient	t-Wert	N
AUI_0	0,020	-0,36	-1,54	116	0,012	-0,25	-1,16	116
AUI_1	0,008	0,25	0,97	119	0,039	0,53	2,20 *	120
AUI_2	0,001	-0,09	-0,37	118	0,001	0,09	0,36	119
AUI_3	0,004	-0,12	-0,66	112	0,001	-0,07	-0,37	113
USH_0	0,001	-0,02	-0,24	84	0,034	-0,11	-1,70	84
USH_1	0,009	0,11	1,04	118	0,034	0,20	2,03 *	119
USH_2	0,000	-0,01	-0,13	119	0,011	0,10	1,13	120
USH_3	0,006	-0,08	-0,85	114	0,001	0,03	0,32	115
$KAPU_1$	0,031	0,33	1,91	115	0,062	0,45	2,75 **	116
$KAPU_2$	0,015	0,32	1,29	111	0,045	0,52	2,28 *	112
$KAPU_3$	0,003	-0,11	-0,58	111	0,008	0,16	0,93	112
EKQ_0	0,029	-0,81	-1,88	119	0,056	-1,06	-2,65 **	120
EKQ_1	0,023	-1,14	-1,64	114	0,068	-1,67	-2,88 **	115
EKQ_2	0,045	-1,72	-2,30 *	114	0,098	-2,27	-3,52 **	115
EKQ_3	0,027	-1,52	-1,72	107	0,084	-2,39	-3,14 **	108
DGA_0	0,005	0,06	0,76	116	0,005	-0,06	-0,79	117
DGA_1	0,083	-0,09	-2,61 *	76	0,097	-0,11	-2,84 **	76
DGA_2	0,009	-0,03	-0,87	85	0,000	0,00	0,06	86
DGA_3	0,007	-0,03	-0,73	82	0,011	-0,05	-0,98	83
ZID_0	0,000	0,01	0,12	64	0,000	0,01	0,13	65
ZID_1	0,065	0,12	2,08 *	64	0,010	0,05	0,82	65
ZID_2	0,101	0,18	2,62 *	62	0,050	0,12	1,81	63
ZID_3	0,014	0,07	0,91	60	0,001	0,02	0,28	61
DVG_0	0,000	0,00	-0,03	35	0,011	-0,05	-0,62	35
DVG_1	0,087	-0,15	-1,75	33	0,079	-0,13	-1,58	30
DVG_2	0,013	-0,06	-0,77	47	0,001	-0,02	-0,26	47
DVG_3	0,025	0,13	1,18	55	0,032	0,15	1,33	55
$INVD_0$	0,051	-0,50	-1,12	24	0,033	-0,46	-0,85	22
$INVD_1$	0,002	0,02	0,26	32	0,010	0,05	0,53	30
$INVD_2$	0,019	0,03	0,85	38	0,000	0,01	0,11	37
$INVD_3$	0,106	0,09	2,17 *	41	0,020	0,04	0,88	39

$CMAR_{i,T}$	18 Monate				24 Monate			
unab. Var.	R^2	Koeffizient	t-Wert	N	R^2	Koeffizient	t-Wert	N
AUI_0	0,001	-0,16	-0,34	119	0,006	-0,29	-0,86	119
AUI_1	0,035	1,11	2,11 *	123	0,041	0,85	2,28 *	123
AUI_2	0,027	0,92	1,84	122	0,011	0,42	1,18	122
AUI_3	0,009	0,39	1,00	116	0,000	0,03	0,12	116
USH_0	0,065	0,29	2,45 *	87	0,025	0,11	1,47	87
USH_1	0,093	0,71	3,52 **	122	0,095	0,50	3,56 **	122
USH_2	0,050	0,47	2,53 *	123	0,061	0,37	2,82 **	123
USH_3	0,059	0,51	2,72 **	118	0,020	0,21	1,55	118
$KAPU_1$	0,112	1,30	3,86 **	119	0,133	0,99	4,25 **	119
$KAPU_2$	0,171	2,02	4,85 **	115	0,137	1,28	4,25 **	115
$KAPU_3$	0,063	0,95	2,76 **	115	0,030	0,47	1,89	115

Fortsetzung Tab. 8.5

$CMAR_{i,T}$	18 Monate				24 Monate			
unab. Var.	R^2	Koeffizient	t-Wert	N	R^2	Koeffizient	t-Wert	N
EKQ_0	0,045	-1,94	-2,39 *	123	0,077	-1,84	-3,20 **	123
EKQ_1	0,059	-3,50	-2,70 **	118	0,088	-3,02	-3,36 **	118
EKQ_2	0,060	-3,82	-2,74 **	118	0,095	-3,38	-3,51 **	118
EKQ_3	0,054	-4,12	-2,52 *	111	0,079	-3,45	-3,08 **	111
DGA_0	0,035	-0,34	-2,09 *	120	0,060	-0,32	-2,76 **	120
DGA_1	0,036	-0,18	-1,71	79	0,031	-0,12	-1,58	79
DGA_2	0,021	-0,14	-1,36	89	0,020	-0,10	-1,34	89
DGA_3	0,010	-0,11	-0,91	86	0,006	-0,06	-0,71	86
ZID_0	0,003	-0,06	-0,46	67	0,000	-0,01	-0,09	67
ZID_1	0,000	-0,01	-0,09	67	0,000	0,00	-0,03	67
ZID_2	0,001	-0,03	-0,19	65	0,000	0,00	0,03	65
ZID_3	0,000	-0,03	-0,15	63	0,002	0,04	0,31	63
DVG_0	0,000	-0,02	-0,10	37	0,002	-0,03	-0,25	37
DVG_1	0,031	-0,24	-1,01	33	0,021	-0,12	-0,83	33
DVG_2	0,008	-0,12	-0,61	50	0,002	-0,04	-0,33	50
DVG_3	0,002	-0,09	0,32	58	0,004	0,09	0,49	58
$INVD_0$	0,040	-1,35	-1,00	25	0,039	-0,61	-0,98	25
$INVD_1$	0,014	0,19	0,66	33	0,008	0,09	0,51	33
$INVD_2$	0,001	-0,02	-0,15	40	0,003	-0,03	-0,35	40
$INVD_3$	0,001	-0,02	-0,18	42	0,003	-0,03	-0,36	42

Literaturverzeichnis

I. Monographien, Artikel in Periodika, Beiträge in Handbüchern und anderen Sammelwerken sowie Stellungnahmen und Pressemitteilungen

Achleitner, A.-K./ Bassen, A./ Pietzsch, L./ Wichels, D. [2002; Kapitalmarktkommunikation]: *Effiziente Kapitalmarktkommunikation mit Finanzanalysten – Gestaltungsempfehlungen für Wachstumsunternehmen*, in: Finanz Betrieb 2002, S. 29 - 44.

Ackermann, P. [1989; Aktienanlage]: *Die Förderung der privaten Aktienanlage in Deutschland: ein Beitrag zur Lösung des Problems der unzureichenden Eigenkapitalquote der deutschen Wirtschaft*, St. Gallen 1989.

Adams, J./ Wilson-Smith, P. [2002; Separation]: *Goldman Sachs Leads Talks on Separation of Research*, in: Financial News, Nr. 329, 2002, S. 1.

Admati, A. R./ Pfleiderer, P. [1986; Market]: *A Monopolistic Market for Information*, in: Journal of Economic Theory 1986, S. 400 - 438.

Admati, A. R./ Pfleiderer, P. [1988; Information]: *Selling and Trading on Information in Financial Markets*, in: American Economic Review 1988, S. 96 - 103.

Admati, A. R./ Pfleiderer, P. [1990; Sale]: *Direct and Indirect Sale of Information*, in: Econometrica 1990, S. 901 - 928.

Aggarwal, R./ Rivoli, P. [1990; Fads]: *Fads in the Initial Public Offering Market?*, in: Financial Management 1990, S. 45 - 57.

Aggarwal, R./ Leal, R./ Hernandez, L. [1993; Aftermarket Performance]: *The Aftermarket Performance of Initial Public Offerings in Latin America*, in: Financial Management 1993, S. 42 - 53.

Aggarwal, R. [2000; Stabilization]: *Stabilization Activities by Underwriters After Initial Public Offerings*, in: Journal of Finance 2000, S. 1075 - 1103.

Aggarwal, R./ Krigman, L./ Womack, K. [2002; Strategic]: *Strategic IPO Underpricing, Information Momentum, and Lockup Expiration Selling*, Working Paper, Dartmouth College 2002, verfügbar: http://mba.tuck.dartmouth.edu/pages/faculty/kent.womack/publications (Zugriff am 29.07.2003).

Ahrens, G. [2000; Preisbildung]: *Preisbildung beim Gang an die Börse – Der Einfluß von Plazierungsverfahren auf die Unterbewertung bei Aktienerstemissionen*, Frankfurt a. M. 2000.

AIMR [2002; Code]: *AIMR Code of Ethics and Standards of Practice*, Charlottesville 2002, verfügbar: http://www.aimr.org/standards/ethics/code/ (Zugriff am 27.05.2004).

AIMR [2002; Standards]: *AIMR Research Objectivity Standards*, Charlottesville 2002, verfügbar: http://www.aimr.org/standards/issues/integ_research (Zugriff am 27.05.2004).

Akerlof, G. A. [1970; Lemons]: *The Market for „Lemons“: Qualitative Uncertainty and the Market Mechanism*, in: Quarterly Journal of Economics 1970, S. 488 - 500.

Akerlof, G. A./ Dickens, W. T. [1982; Economic]: *The Economic Consequences of Cognitive Dissonance*, in: American Economic Review 1982, S. 307 - 319.

Albach, H. [1975; Kapitalstruktur]: *Zur Entwicklung der Kapitalstruktur deutscher Unternehmen*, in: Zeitschrift für Betriebswirtschaft 1975, S. 1 - 12.

Albach, H./ Mori, A. [1987; Finanzierungsverhalten]: *Das Finanzierungsverhalten japanischer und deutscher Unternehmen*, in: Zeitschrift für Betriebswirtschaft 1987, S. 251 -296.

Alchian, A. A./ Demsetz, H. [1972; Production]: *Production, Information Costs, and Economic Organization*, in: American Economic Review 1972, S. 777 - 795.

Alchian, A. A./ Woodward, S. [1987; Reflections]: *Reflections on the Theory of the Firm*, in: Journal of Institutional and Theoretical Economics – Zeitschrift für die gesamte Staatswissenschaft 1987, S. 110 - 136.

Ali, A./ Klein, A./ Rosenfeld, J. [1992; Information]: *Analysts' Use of Information about Permanent and Transitory Earnings Components in Forecasting Annual EPS*, in: Accounting Review, January 1992, S. 183 - 198.

Allen, F./ Faulhaber, G. R. [1989; Signaling]: *Signaling by Underpricing in the IPO Market*, in: Journal of Financial Economics 1989, S. 303 - 323.

Allen, F. [1990; Market]: *The Market for Information and the Origin of Financial Intermediation*, in: Journal of Financial Intermediation 1990, S. 3 - 30.

Alvano, W. [1988; Unternehmensbewertung]: *Unternehmensbewertung auf der Grundlage der Unternehmensplanung*, Köln 1988.

Andreassen, P. B. [1987; Psychology]: *On the Social Psychology of the Stock Market: Aggregate Attributional Effects and the Regressiveness of Prediction*, in: Journal of Personality and Social Psychology 1987, S. 490 - 496.

Arrow, K. J. [1984; Economics]: *The Economics of Information – Collected Papers of Kenneth J. Arrow*, Oxford 1984.

Arrow, K. J. [1985; Agency]: *The Economics of Agency*, in: Pratt, J./ Zeckhauser, R. (Hrsg.), *Principals and Agents: The Structure of Business*, Cambridge (Mass.) 1985.

Ascarelli, S. [2002; Profis]: *Profis bevorzugen Analysen der Deutschen Bank*, in: Handelsblatt, Nr. 173 vom 09.09.2002, S. 37.

Backhaus, K./ Erichson, B./ Plinke, W./ Weiber, R. [2003; Analysemethoden]: *Multivariate Analysemethoden*, 10. Aufl., Berlin (u. a.) 2003.

Baden, K. [1995; Fehlspekulation]: *Fehlspekulation*, in: Manager Magazin, April 1995, S. 263 - 273.

Ballwieser, W. [1995; Unternehmensbewertung]: *Unternehmensbewertung*, in: Gerke, W./ Steiner, M. (Hrsg.), Handwörterbuch des Bank- und Finanzwesens, 2. Aufl., Stuttgart 1995, Sp. 1867 - 1882.

Ballwieser, W. [Discounted; 1998]: *Unternehmensbewertung und Discounted Cash Flow-Verfahren*, in: Die Wirtschaftsprüfung 1998, S. 81 - 92.

Ballwieser, W. [2002; Optionspreistheorie]: *Unternehmensbewertung und Optionspreistheorie*, in: Die Betriebswirtschaft 2002, S. 184 - 201.

Bamberg, G./ Baur, F. [2002; Statistik]: *Statistik*, 12. Aufl., München (u. a.) 1996.

Bamberg, G./ Coenenberg, A. [2002; Entscheidungslehre]: *Betriebswirtschaftliche Entscheidungslehre*, 11. Aufl., München 2000.

Bamberger, B. [1999; Unternehmensbewertung]: *Unternehmensbewertung in Deutschland: Die zehn häufigsten Bewertungsfehler*, in: Betriebswirtschaftliche Forschung und Praxis 1999, S. 653 - 670.

Balvers, R. J./ McDonald, B./ Miller, R. E. [1988; Underpricing]: *Underpricing of New Issues and the Choice of Auditor as a Signal of Investment Banker Reputation*, in: Accounting Review 1988, S. 605 - 622.

Barber, B./ Lehavy, R./ McNichols, M./ Trueman, B. [2001; Prophets]: *Can Investors Profit From the Prophets? Consensus Analyst Recommendations and Stock Returns*, in: Journal of Finance 2001, S. 531 - 563.

Barber, B./ Lehavy, R./ McNichols, M./ Trueman, B. [2003; Recommendations]: *Reassessing the Returns to Analysts' Stock Recommendations*, in: Financial Analysts Journal, March/April 2003, S. 88 - 96.

Baron. D. P. [1982; Model]: *A Model of the Demand for Investment Banking Advising and Distribution Services for New Issues*, in: Journal of Finance 1982, S. 955 - 976.

Bartlewski, J. C. [1986; Eigenkapitalausstattung]: *Die Eigenkapitalausstattung deutscher Aktiengesellschaften*, in: Betriebswirtschaftliche Studientexte, Band 6, München 1986.

Bauer, I. [2002; Handelsbücher]: *Banken müssen Handelsbücher offen legen*, in: Financial Times Deutschland, Nr. 209 vom 29.10.2002, S. 21.

Baumann, M. [2001; Nichts gelernt]: *Nichts gelernt*, in: Wirtschaftswoche, Nr. 16 vom 12.04.2001, S.156.

Beatty, R. P./ Ritter, J. R. [1986; Investment Banking]: *Investment Banking, Reputation and the Underpricing of Initial Public Offerings*, in: Journal of Financial Economics 1986, S. 213 - 232.

Beatty, R. P. [1989, Auditor]: *Auditor Reputation and the Pricing of Initial Public Offerings*, in: Accounting Review 1989, S. 693 - 709.

Becker, W. [2002; Neustart]: Neuer Markt muss nach fünf Jahren Neustart wagen, in: Börsen-Zeitung, Nr. 43 vom 01.03.2002, S. 3.

Behr, G./ Gusinde, P. [1999; Anforderungen]: *Besondere Anforderungen an die Rechnungslegung von Wachstumsunternehmen*; in: Der Schweizer Treuhänder 1999, S. 153 - 159.

Behr, G. [2000; Rechnungslegung]: *Rechnungslegung und Bewertung in der New Economy*, in: Der Schweizer Treuhänder 2000, S. 1115 - 1124.

Benabou, R./ Laroque, G. [1992; Privileged Information]: *Using Privileged Information to Manipulate Markets: Insiders, Gurus, and Credibility*, in: Quarterly Journal of Economics 1992, S. 920 - 958.

Benston, G. J./ Smith, C. W. [1976; Transaction Cost]: *A Transaction Cost Approach to the Theory of Financial Intermediation*, in: Journal of Finance 1976, S. 215 - 231.

Benveniste, L. M./ Spindt, P. A. [1989; Offer Price]: *How Investment Bankers Determine the Offer Price and Allocation of New Issues*, in: Journal of Financial Economics 1989, S. 343 - 361.

Benveniste, L. M./ Wilhelm, W. J. [1990; Comparative]: *A Comparative Analysis of IPO Proceeds Under Alternative Regulatory Environments*, in: Journal of Financial Economics 1990, S. 173 - 207.

Berkman, H./ Bradbury, M. E./ Ferguson, J. [2000; Accuracy]: *The Accuracy of Price-Earnings and Discounted Cash Flow Methods of IPO Equity Valuation*, in: Journal of International Financial Management and Accounting 2000, S. 71 - 83.

Bikhchandani, S./ Hirshleifer, D./ Welch, I. [1992; Theory]: *A Theory of Fads, Fashion, Custom, and Cultural Change as Informational Cascades*, in: Journal of Political Economy 1992, S. 992 - 1026.

Bikhchandani, S./ Hirshleifer, D./ Welch, I. [1998; Learning]: *Learning From the Behavior of Others: Conformity, Fads, and Informational Cascades*, in: Journal of Economic Perspectives 1998, S. 151 - 170.

Bill, M. [1991; Emissionspreisfestsetzung]: *Die Emissionspreisfestsetzung bei Going Publics in der Schweiz: rechtliche und wirtschaftliche Grundlagen, Theorien und empirische Evidenz*, Bern (u. a.) 1991.

Blättchen, W./ Gutschlag, T. [1999; Kritik]: *Kritik an traditionellen Plazierungsverfahren*, in: Börsen-Zeitung, Nr. 47 vom 10.03.1999, Sonderbeilage „Der Neue Markt", S. B7.

Blättchen, W./ Jacquillat, B. [1999; Börseneinführung]: *Börseneinführung – Theorie und Praxis*, Frankfurt a. M. 1999.

Blättchen, W./ Nespethal, U. [2002; Jahresrückblick]: *Jahresrückblick Neuemissionen 2001*, in: Finanz Betrieb 2002, S. 119 - 124.

Bode, J. [1997; Informationsbegriff]: *Der Informationsbegriff in der Betriebswirtschaftslehre*, in: Zeitschrift für betriebswirtschaftliche Forschung 1997, S. 449 - 468.

Boni, L./ Womack, K. L. [2003; Wall Street]: *Wall Street Research: Will New Rules Change Its Usefulness?*, in: Financial Analysts Journal, May/June 2003, S. 25 - 29.

Booth, J. R./ Smith, R. L. [1986; Capital]: *Capital Raising, Underwriting and the Certification Hypothesis*, in: Journal of Financial Economics 1986, S. 261 - 281.

Booth, J. R./ Chua, L. [1996; Ownership]: *Ownership Dispersion, Costly Information and IPO Underpricing*, in: Journal of Financial Economics 1996, S. 291 - 310.

Börgmann, R. [2001; Unternehmensentwicklung]: *Unternehmensentwicklung und der Gang an die Börse - Eine empirische Untersuchung deutscher Börsenneulinge*, Frankfurt a. M. (u. a.) 2001.

Bossaerts, P./ Hillion, P. [2001; IPO]: *IPO Post-Issue Markets: Questionable Predilections But Diligent Learners?*, in: Review of Economics and Statistics 2001, S. 333 - 347.

Bösl, K. [1996; Börsenreife]: *Hohe Börsenreife, aber die Bereitschaft zum Going Public ist gering: Ergebnisse einer empirischen Untersuchung*, in: Betriebswirtschaftliche Forschung und Praxis 1996, S. 183 - 207.

Bradley, D. J./ Jordan, B. D./ Ritter, J. R. [2003; Quiet Period]: *The Quiet Period Goes Out with a Bang*, Working Paper 2003, verfügbar: http://bear.cba.ufl.edu/pbritter (Zugriff am 20.07.2003).

Brav, A./ Gompers, P. [1997; Myth]: *Myth or Reality? The Long-Run Underperformance of Initial Public Offerings: Evidence From Venture and Non-Venture Capital-Backed Companies*, in: Journal of Finance 1997, S. 1791 - 1821.

Brealey, R. A./ Myers, S. C. [2000; Principles]: *Principles of Corporate Finance*, 6. Aufl., New York (u. a.) 2000.

Brennan, M. J. [1990; Latent]: *Latent Assets*, in: Journal of Finance 1990, S. 709 - 731.

Brennan, M. J./ Franks, J. [1997; Underpricing]: *Underpricing, Ownership and Control in Initial Public Offerings of Equity Securities in the UK*, in: Journal of Financial Economics 1997, S. 391 - 413.

Breuer, W. [1993; Finanzintermediation]: *Finanzintermediation im Kapitalmarktgleichgewicht*, Wiesbaden 1993.

Brigham, E. F. [1985; Financial Management]: *Financial Management*, Hinsdale 1985.

Brown, L. D. [1993; Earnings Forecasting]: *Earnings Forecasting Research: Its Implications for Capital Markets Research*, in: International Journal of Forecasting 1993, S. 295- 330.

Brown, L. D. [1996; Forecasting Errors]: *Analyst Forecasting Errors and Their Implications for Security Analysis: An Alternative Perspective*, in: Financial Analysts Journal, January/February 1996, S. 40 - 46.

Browing, E. K./ Browning, J. M. [1992; Microeconomic Theory]: *Microeconomic Theory and Applications*, 4. Aufl., New York 1992.

Brühl, V./ Oei, M. J. *[2001; Underpricing]: Underpricing am Neuen Markt – Erfolgsfaktor für einen gelungenen Börsengang?*, in: Finanz Betrieb 2001, S. 679 - 686.

Brühl, V. [2001; Erfolgsfaktoren]: *Kritische Erfolgsfaktoren beim Börsengang*, in: Finanz Betrieb 2001, S. 192 - 196.

Bruns, C./ Meyer-Bullerdiek, F. [1996; Portfoliomanagement]: *Professionelles Portfoliomanagement*, Stuttgart 1996.

Bundesfinanzministerium (Hrsg.) [2003; Stärkung]: *Stärkung des Finanzplatzes Deutschland durch den Finanzmarktförderplan 2006*, Pressemitteilung des Bundesministeriums der Finanzen Nr. 35/2003 vom 06.03.2003.

Butler, K. C./ Saraoglu, H. [1999; Improving]: *Improving Analysts' Negative Earnings Forecasts*, in: Financial Analysts Journal, May/June 1999, S. 48 - 56.

Cai, J./ Wei, K. C. [1997; Investment]: *The Investment and Operating Performance of Japanese IPO firms*, in: Pacific-Basin Finance Journal 1997, S. 389 - 417.

Carls, A. [1996; Going-public-Geschäft]: *Das Going-public-Geschäft deutscher Banken: Markt- und risikopolitische Implikationen*, Wiesbaden 1996.

Carter, R. B./ Manaster, S. [1990; Initial Public Offerings]: *Initial Public Offerings and Underwriter Reputation,* in: Journal of Finance 1990, S. 1045 - 1067.

Carter, R. B./ Dark, F. H./ Singh, A. K. [1998; Reputation]: *Underwriter Reputation, Initial Returns, and the Long-Run Performance of IPO Stocks*, in: Journal of Finance 1998, S. 285 - 312.

Chalk, A. J./ Peavy, J. W. [1982; Initial Public Offerings]: *Initial Public Offerings, Daily Returns, Offering Types and the Price Effect*, in: Financial Analysts Journal, September/October 1982, S. 65 - 69.

Chaney, P. K./ Lewis, C. M. [1998; Income]: *Income Smoothing and Underperformance in Initial Public Offerings*, in: Journal of Corporate Finance 1998, S. 1 - 29.

Chemmanur, T. J. [1993; Pricing]: *The Pricing of Initial Public Offerings – A Dynamic Model with Information Production*, in: Journal of Finance 1993, S. 285 - 304.

Chen, G./ Firth, M. [1999; Accuracy]: *The Accuracy of Profit Forecasts and their Roles and Associations with IPO Firm Valuations*, in: Journal of International Financial Management and Accounting 1999, S. 202 - 226.

Claussen, C. P. [1995; Änderungsgesetze]: *Die vier aktienrechtlichen Änderungsgesetze des 12. Deutschen Bundestages – Reform oder Aktionismus?*, in: Die Aktiengesellschaft 1995, S. 163 - 173.

Coenenberg, A. G. [2003; Jahresabschluss]: *Jahresabschluss und Jahresabschlussanalyse*, 19. Aufl., Landsberg/Lech 2003.

Copeland, T. E./ Weston, J. F. [1992; Financial Theory]: *Financial Theory and Corporate Policy*, 3. Aufl., Massachusetts (u. a.) 1992.

Copeland, T./ Koller, T./ Murrin, J. [1993; Unternehmenswert]: *Unternehmenswert – Methoden und Strategien für eine wertorientierte Unternehmensführung*, Frankfurt a. M./ New York 1993.

Cornell, B./ Roll, R. [1981; Strategies]: *Strategies for Pairwise Competitions in Markets and Organizations*, in: Bell Journal of Economics 1981, S. 201 - 213.

Dark, F. H./ Carter, R. B. [1993; Effects]: *Effects of Differential Information on the After-Market Valuation of Initial Public Offerings*, in: Journal of Economics & Business 1993, S. 375 - 392.

Dawson, S. M. [1987; Secondary]: *Secondary Stock Market Performance of Initial Public Offerings, Hong Kong, Singapore and Malaysia: 1978 – 1984*, in: Journal of Business Finance & Accounting 1987, S. 65 - 76.

Dawson, S. M./ Reiner, N. [1988; Raising Capital]: *Raising Capital with Initial Public Share Issues in Germany 1977-1985*, in: Management International Review 1988, S. 64 - 72.

De Bondt, W. F. M./ Thaler, R. H. [1985; Overreact]: *Does the Stock Market Overreact?*, in: Journal of Finance 1985, S. 793 - 805.

De Bondt, W. F. M./ Thaler, R. H. [1990; Security Analysts]: *Do Security Analysts Overreact?*, in: American Economic Review 1990, S. 52 - 57.

De Long, J. B./ Shleifer, A./ Waldmann, R. [1990; Positive Feedback]: *Positive Feedback Investment Strategies and Destabilizing Rational Speculation*, in: Journal of Finance 1990, S. 379 - 395.

Delorme, H./ Hoessrich, H.-J. [1971; Emissionsgeschäft]: *Konsortial- und Emissionsgeschäft*, 2. Aufl., Frankfurt a. M. 1971.

Derrien, F./ Womack, K. L. [2002; Auctions]: *Auctions vs. Bookbuilding and the Control of Underpricing in Hot IPO Markets*, Working Paper Dartmouth College 2002, verfügbar: http://mba.tuck .dartmouth.edu/pages/faculty/kent.womack/publications.htm (Zugriff am 23.08.2003).

Deutsche Bank (Hrsg.) [1999; Iphoria]: *Iphoria – The Millenium Fitness Programme*, Frankfurt a. M. 1999.

Deutsche Börse AG (Hrsg.) [1995; Jahresbericht]: *Jahresbericht der Deutschen Börsen 1994*, Frankfurt a. M. 1995.

Deutsche Börse AG (Hrsg.) [2001; Indizes]: *DAX, MDAX, SMAX: Indizes und Segmente für Value-Aktien*, Frankfurt a. M. 2001.

Deutsche Börse AG (Hrsg.) [2001; Neuer-Markt-Report]: *Neuer-Markt-Report – Zugang zum Europäischen Kapitalmarkt – Schlüssel für Wachstum*, Frankfurt a. M. 2001.

Deutsche Börse AG (Hrsg.) [2001; Leitfaden]: *Ihr Börsengang: Leitfaden für Emittenten zu Going Public und Being Public*, Frankfurt a. M. 2001.

Deutsche Börse AG (Hrsg.) [2002; Factbook 2001]: *Factbook 2001*, Frankfurt a. M. 2002.

Deutsche Börse AG (Hrsg.) [2002; Going Public-Grundsätze]: *Going Public-Grundsätze*, Frankfurt a. M., in der Fassung vom 15.07.2002.

Deutsche Börse AG (Hrsg.) [2002; Stocks]: *Stocks & Standards – What's Changing in Deutsche Börse's Market Segments*, Frankfurt a. M., Nr. 8, 2002.

Deutsche Börse AG [2002; Aktienmarktsegmentierung]: *Deutsche Börse stellt neue Aktienmarktsegmentierung vor*, verfügbar: http://www.deutsche-boerse.com (Zugriff am 27.09.2002).

Deutsche Börse AG [2003; Primärmarktstatistik]: *Primärmarktstatistik*, verfügbar: http://www.deutsche-boerse.com (Zugriff am 12.05.2003).

Deutsche Börse AG (Hrsg.) [2003; Factbook 2002]: *Factbook 2002*, Frankfurt a. M. 2003.

Deutsche Börse AG (Hrsg.) [2003; Aktienindizes]: *Leitfaden zu den Aktienindizes der Deutschen Börse – Version 5.1*, Frankfurt a. M. 2003.

Deutsche Bundesbank [1988; Ertragsverhältnisse]: *Die Bedeutung der Ertragsverhältnisse der Unternehmen für Investitionen und Beschäftigung in den Jahren 1983 bis 1986*, in: Monatsberichte der Deutschen Bundesbank, April 1988, S. 29 - 35.

Deutsche Bundesbank [1991; Bedeutung]: *Die Bedeutung der Aktie als Finanzierungsinstrument*, in: Monatsberichte der Deutschen Bundesbank, Oktober 1991, S. 22 - 29.

Deutsche Bundesbank [1992; Finanzierungsstrukturen]: *Längerfristige Entwicklung der Finanzierungsstrukturen westdeutscher Unternehmen*, in: Monatsberichte der Deutschen Bundesbank, Oktober 1988, S. 25 - 39.

Deutsche Bundesbank [1994; Eigenmittelausstattung]: *Eigenmittelausstattung der Unternehmen ausgewählter EG-Länder im Vergleich*, in: Monatsberichte der Deutschen Bundesbank, Oktober 1994, S. 73 - 88.

Deutsche Morgan Grenfell [1998; Iphoria]: *Iphoria – Rocketing into a New Age*, Studie der Mid Cap Group, Dezember 1998.

Deutsches Aktieninstitut [1997; Aktienbesitz]: *Privater Aktienbesitz in Deutschland: Entwicklungen und Perspektiven*, DAI-Kurzstudie 2/97, Frankfurt a. M. 1997.

Deutsches Aktieninstitut [1999; Erfahrungen]: *Erfahrungen von Neuemittenten am deutschen Aktienmarkt 1998 - Ergebnis einer Umfrage*, Studien des Deutschen Aktieninstitutes, Heft 8, Frankfurt a. M. 1999.

Deutsches Aktieninstitut [2001; Stellungnahme]: *Stellungnahme zum Entwurf eines Gesetzes zur weiteren Fortentwicklung des Finanzplatzes Deutschland (Viertes Finanzmarktförderungsgesetz)*, Frankfurt a. M., September 2001.

Deutsches Aktieninstitut (Hrsg.) [2002; Factbook]: *DAI-Factbook 2002*, Stand: 30.11.2002, Frankfurt a. M. 2002.

Deutsches Aktieninstitut [2002; Stellungnahme]: *Stellungnahme zum Entwurf eines Gesetzes zur weiteren Fortentwicklung des Finanzplatzes Deutschland (Viertes Finanzmarktförderungsgesetz)*, Frankfurt a. M., Februar 2002.

Devenow, A./ Welch, I. [1996; Rational Herding]: *Rational Herding in Financial Economics*, in: European Economic Review 1996, S. 603 - 616.

Diamond, D. W. [1984; Intermediation]: *Financial Intermediation and Delegated Monitoring*, in: Review of Economic Studies 1984, S. 393 - 414.

Diehl, U. [1993; Investor Relations]: *Investor Relations*, in: Betriebswirtschaftliche Forschung und Praxis 1993, S. 173 - 183.

Diehl, U. [2001; Investmentanalysten]: *Investmentanalysten*, in: Achleitner, A./ Bassen, A. (Hrsg.), *Investor Relations am Neuen Markt*, Stuttgart 2001.

Diermeier, J. J. [1990; Capital]: *Capital Market Expectations: The Macro Factors*, in: Maginn, J. L./ Tuttle, D. L. (Hrsg.), *Managing Investment Portfolios - A Dynamic Process*, 2. Aufl., Boston/New York 1990, S. 5-1 bis 5-77.

Dimson, E./ Marsh, P. [1986; Event Study]: *Event Study Methodologies and Size Effect: The Case of UK Press Recommendations*, in: Journal of Financial Economics 1986, S. 113 - 142.

Döhrmann, A. [1990; Underpricing]: *Underpricing oder fair value – das Kursverhalten deutscher Erstemissionen*, Wiesbaden 1990.

Drake, P. D./ Vetsuypens, M. R. [1993; IPO Underpricing]: *IPO Underpricing and Insurance Against Legal Liability*, in: Financial Management 1993, S. 64 - 73.

Dreman, D. N./ Berry, M. A. [1995; Forecasting Errors]: *Analyst Forecasting Errors and Their Implications for Security Analysis*, in: Financial Analysts Journal, May/June 1995, S. 30 - 41.

Drescher, R. [2003; Analysten]: Analysten hecheln der Börse hinterher, in: Handelsblatt, Nr. 140 vom 24.07.2003, S. 25.

Drukarczyk, J. [1998; Unternehmensbewertung]: *Unternehmensbewertung*, 2. Aufl., München 1998.

DuCharme, L. L./ Malatesta, P. H./ Sefcik, S. E. [2001; Earnings]: *Earnings Management: IPO Valuation and Subsequent* Performance, in: Journal of Accounting, Auditing & Finance 2001, S. 369 - 396.

Dugar, A./ Nathan, S. [1995; Investment Banking]: *The Effect of Investment Banking Relationships on Financial Analysts' Earnings Forecasts and Investment Recommendations*, in: Contemporary Accounting Research 1995, S. 131 - 160.

Dullien, S./ Schieritz, M. [2002; Herde]: *Wenn die Herde die Richtung bestimmt*, in: Financial Times Deutschland, Nr. 197 vom 10.10.2002, S. 29.

DVFA [1999; Researchberichte]: *DVFA-Standards für Researchberichte am Neuen Markt*, erarbeitet von der DVFA-Kommission „Neue Märkte/Innovative Unternehmen", Dreieich 1999.

DVFA [2002; Standesrichtlinien]: *Standesrichtlinien*, verfügbar: http://www.dvfa.de/standesrichtlinien.htm (Zugriff am 20.10.2002).

DVFA [2002; Kodex]: *DVFA stellt neuen Kodex für Finanzanalyse vor*, Pressemitteilung vom 30.10.2002, verfügbar: http://www.dvfa.de/ (Zugriff am 02.11.2002).

Easterwood, J. C./ Nutt, S. R. [1999; Inefficiency]: *Inefficiency in Analysts' Earnings Forecasts: Systematic Misreaction or Systematic Optimism?*, in: Journal of Finance 1999, S. 1777 - 1797.

Ehlers, H./ Jurcher, M. [1999; Börsengang]: *Der Börsengang von Mittelstandsunternehmen*, München 1999.

Ehrhardt, O. [1997; Börseneinführungen]: *Börseneinführungen von Aktien am deutschen Kapitalmarkt*, Wiesbaden 1997.

Ellis, K./ Michaely, R./ O'Hara, M. [2000; Underwriter]: *When the Underwriter is the Market Maker: An Examination of Trading in the IPO After-market*, in: Journal of Finance 2000, S. 1039 - 1074.

Elton, E. J./ Gruber, M. J. [1995; Portfolio Theory]: *Modern Portfolio Theory and Investment Analysis*, 5. Aufl., New York 1995.

European Central Bank (Hrsg.) [2001; Equity]: *The Euro Equity Markets*, Frankfurt a. M., August 2001.

Falke, D. [1999; Nischenmarkt]: *Vom Nischenmarkt zum etablierten Segment*, in: Börsen-Zeitung, Nr. 47 vom 10.03.1999, Sonderbeilage „Der Neue Markt", S. B1.

Fama, E. F./ Fisher, L./ Jensen, M. C./ Roll, R. [1969; Adjustment]: *The Adjustment of Stock Prices to New Information*, in: International Economic Review 1969, S. 1 - 21.

Fama, E. F. [1970; Efficient]: *Efficient Capital Markets: A Review of Theory and Empirical Work*, in: Journal of Finance 1970, S. 383 - 418.

Fama, E. F. [1976; Foundations]: *Foundations of Finance*, New York 1976.

Fama, E. F. [1976; Reply]: *Reply*, in: Journal of Finance 1976, S. 143 - 145.

Fama, E. F. [1998; Market]: *Market Efficiency, Long-term Returns, and Behavioral Finance*, in: Journal of Financial Economics 1998, S. 283 - 307.

Field, L. C./ Hanka, G. [2001; Share Lockups]: *The Expiration of IPO Share Lockups*, in: Journal of Finance 2001, S. 471 - 500.

Förschle, G./ Helmschrott, H. [1997; Zwischenberichterstattung]: *Die Zwischenberichterstattung nach US-GAAP, IAS und HGB*, in: Die Wirtschaftsprüfung 1997, S. 553 - 560.

Förschle, G./ Helmschrott, H. [1999; Update 1999]: *Neuer Markt an der Frankfurter Wertpapierbörse: Update 1999 – Bedeutung, wesentliche Änderungen, Ausblick*, in: Wirtschaftprüferkammer-Mitteilungen 1999, S. 210 - 220.

Förschle, G./ Helmschrott, H. [2001; Veränderungen]: *Neuer Markt: Veränderungen und Ausblick*, in: Finanz Betrieb 2001, S. 111 - 117.

Francfort, A. J./ Rudolph, B. [1992; Kapitalstrukturen]: *Zur Entwicklung der Kapitalstrukturen in Deutschland und in den Vereinigten Staaten von Amerika*, in: Zeitschrift für betriebswirtschaftliche Forschung 1992, S. 1059 - 1079.

Francioni, R. [2000; Finanzierungsquellen]: *Finanzierungsquellen für Wachstumsunternehmen*, in: Korn, H. G., *Hightech goes Public: Zukunftstechnologien im Fokus von Wirtschaft und Börse*, Wiesbaden 2000, S. 47 - 50.

Frank, R. [2004; Unternehmen]: *Warum Unternehmen gute Analysten und Coverage brauchen*, in: Börsenzeitung, Nr. 105 vom 03.06.2004, Sonderbeilage, S. B4.

Franke, G./ Hax, H. [1999; Finanzwirtschaft]: *Finanzwirtschaft des Unternehmens und Kapitalmarkt*, 4. Aufl., Berlin (u. a.) 1999.

Fritsch, U. [1987; Börseneinführung]: *Das Buch der Börseneinführung – Bedeutung und Möglichkeiten der Publikums-Aktiengesellschaft*, 2. Aufl., Köln 1987.

Frühauf, M. [2002; Causa]: *Die Causa Merrill Lynch zwingt zur Prüfung der eigenen Praxis*, in: Börsenzeitung, Nr. 103 vom 01.06.2002, S. 19.

Fülbier, R. U./ Honold, D./ Klar, A. [2000; Bilanzierung]: *Bilanzierung immaterieller Vermögenswerte - Möglichkeiten und Grenzen der Bilanzierung nach US-GAAP und IAS bei Biotechnologieunternehmen*, in: Recht der Internationalen Wirtschaft 2000, S. 833 - 844.

Gale, I./ Stiglitz, J. E. [1989; Information]: *The Information Content of Initial Public Offerings*, in: Journal of Finance 1989, S. 469 - 478.

Garfinkel, J. A. [1993; IPO Underpricing]: *IPO Underpricing, Insider Selling and Subsequent Equity Offering: Is Underpricing a Signal of Quality?*, in: Financial Management 1993, S. 74 - 83.

Gennotte, G./ Leland, H. [1990; Market]: *Market Liquidity, Hedging, and Crashes*, in: American Economic Review 1990, S. 999 - 1021.

Gerke, W. [1985; Wettbewerbsfähigkeit]: *Die Verbesserung der Wettbewerbsfähigkeit durch Bereitstellung von Risikokapital*, in: Wirtschaftswissenschaftliches Studium 1985, S. 359 - 362.

Gerke, W./ Rapp, H.-W. [1993; Eigenkapitalbeschaffung]: *Eigenkapitalbeschaffung durch Erstemission von Aktien*, in: Gebhardt, G./ Gerke, W./ Steiner, M. (Hrsg.), *Handbuch des Finanzmanagements*, München 1993, S. 288 - 312.

Gerke, W./ Fleischer, J. [2001; Performance]: *Die Performance der Börsengänge am Neuen Markt*, in: Zeitschrift für betriebswirtschaftliche Forschung 2001, S. 827 - 839.

Gimbel, F./ Earle, J. [2002; Aktienanalysen]: *Fonds vertrauen weiterhin auf Aktienanalysen ihrer Broker*, in: Financial Times Deutschland, Nr. 204 vom 22.10.2002, S. 27.

Gleisberg, R. [2000; Börsengang]: *Börsengang und Beschäftigungsentwicklung: Analyse deutscher Börsengänge der Jahre 1987 bis 1997*, Studien des Deutschen Aktieninstituts, Heft 10, Frankfurt a. M. 2000.

Gompers, P. A./ Lerner, J. [2001; Long-Run]: *The Really Long-Run Performance of Initial Public Offerings: The Pre-Nasdaq Evidence*, in: National Bureau of Economic Research Working Paper 8505, 2001.

Grinblatt, M./ Hwang, C. Y. [1989; Signalling]: *Signalling and the Pricing of New Issues*, in: Journal of Finance 1989, S. 393 - 420.

Gröschel, U. [1986; Venture Capital]: *Venture Capital – ein Instrument zur Förderung der Realkapitalbildung und der Beschäftigung?*, in: Sparkasse 1986, S. 196 - 200, 202.

Grossman, S. J. [1976; Efficiency]: *On the Efficiency of Competitive Stock Markets Where Traders Have Diverse Information*, in: Journal of Finance 1976, S. 573 - 585.

Grossman, S. J./ Stiglitz, J. [1980; Informationally Efficient]: *The Impossibility of Informationally Efficient Markets*, in: American Economic Review 1980, S. 393 - 408.

Gwartney, J. D./ Stroup, R. L. [1997; Economics]: *Economics – Private and Public Choice*, 8. Aufl., Fort Worth (u. a.) 1997.

Habib, M./ Ljungqvist, A. [2001; Underpricing]: *Underpricing and Entrepreneurial Wealth Losses in IPOs: Theory and Evidence*, in: Review of Financial Studies 2001, S. 433 - 458.

Hachmeister, D. [1996; Finanzierung]: *Die Abbildung der Finanzierung im Rahmen verschiedener Discounted Cash Flow-Verfahren*, in: Zeitschrift für betriebswirtschaftliche Forschung 1996, S. 251 - 277.

Hahn, O. [1990; Eigenkapitalmangel]: *Eigenkapitalmangel der deutschen Wirtschaft: Problem oder Scheinproblem?*, in: Bank-Archiv 1990, S. 250 - 258.

Hakelmacher, S. [2001; Nee, Max!]: *Nee, Max!*, in: Frankfurter Allgemeine Zeitung, Nr. 48 vom 26.02.2001, S. 15.

Handelsblatt (Hrsg.) [2003; Partner]: *Partner für den Mittelstand*, Sonderbeilage in: Handelsblatt, Nr. 50 vom 12.03.2003.

Hanley, K. W./ Kumar, A. A./ Seguin, P. J. [1993; Stabilization]: *Price Stabilization in the Market for New Issues*, in: Journal of Financial Economics 1993, S. 177 - 197.

Hanley, K. W. [1993; Underpricing]: *The Underpricing of Initial Public Offerings and the Partial Adjustment Phenomenon*, in: Journal of Financial Economics 1993, S. 231 - 250.

Hanley, K. W./ Wilhelm, W. J. [1995; Evidence]: *Evidence on the Strategic Allocation of Initial Public Offerings*, in: Journal of Financial Economics 1995, S. 239 - 257.

Hansen, H. [1994; Eigenkapitalbasis]: *Die Eigenkapitalbasis im internationalen Vergleich*, in: Die Aktiengesellschaft 1994, S. R435 - R440.

Hansson, B. A./ Ljungqvist, A. P. [1993; Mispricing]: *Mispricing of Initial Public Offerings – Evidence from Germany*, Working Paper Series/ Department of Economics, School of Economics and Management: University of Lund (Schweden) 1993.

Hanusch, H./ Kugler, F. [1993; Stock Market]: *Stock Market Dynamics: a Psycho-Economic Approach to Speculative Bubbles*, Arbeitspapier der Universität Augsburg (Volkswirtschaftliche Diskussionsreihe) 1993.

Harris, T. S./ Lang, M./ Möller, H. P. [1995; Relevanz]: *Zur Relevanz der Jahresabschlußgrößen Erfolg und Eigenkapital für die Aktienbewertung in Deutschland und den USA*, in: Zeitschrift für betriebswirtschaftliche Forschung 1995, S. 996 - 1028.

Hax, G. [1998; Informationsintermediation]: *Informationsintermediation durch Finanzanalysten: eine ökonomische Analyse*, Frankfurt a. M. (u. a.) 1998.

Hayes, S. L. [1971; Investment]: *Investment Banking: Power Structure in Flux*, in: Harvard Business Review, March/April 1971, S. 136 - 152.

Hayn, M. [2000; Bewertung]: *Bewertung junger Unternehmen*, 2. Aufl., Herne/Berlin 2000.

Hedge, S. P./ Miller, R. E. [1989; Market-Making]: *Market-Making in Initial Public Offerings: An Empirical Analysis*, in: Journal of Financial and Quantitative Analysis 1989, S. 75 - 90.

Hellwig, M. [1982; Informationseffizienz]: *Zur Informationseffizienz des Kapitalmarktes*, in: Zeitschrift für Wirtschafts- und Sozialwissenschaften 1982, S. 1 - 27.

Henderson, J. M./ Quandt, R. E. [1983; Mikroökonomische Theorie]: *Mikroökonomische Theorie*, 5. Aufl., München 1983.

Henschel, H. [2003; Analysten]: *Analysten müssen objektiv sein dürfen*, in: Börsen-Zeitung, Nr. 26 vom 07.02.2003, S. 8.

HFA [1999; Entwurf]: *Entwurf IDW Standard: Grundsätze zur Durchführung von Unternehmensbewertungen (IDW ES 1; Stand 27. Januar 1999)*, in: Die Wirtschaftsprüfung 1999, S. 200 - 216.

Higgins, R. C. [1998; Analysis]: *Analysis for Financial Management*, 5. Aufl., Boston (u. a.), 1998.

Hirshleifer, J. [1973; Information]: *Where are we in the Theory of Information?*, in: American Economic Review 1973, S. 31 - 39.

Hirshleifer, D./ Subrahmanyam, A./ Titman, S. [1994; Trading Patterns]: *Security Analysis and Trading Patterns When Some Investors Receive Information Before Others*, in: Journal of Finance 1994, S. 1665 - 1698.

Hohla, M. [2001; Going Public]: *Going Public von jungen Technologieunternehmen*, Wiesbaden 2001.

Holden, C./ Subrahmanyam, A. [1992; Private Information]: *Long-lived Private Information and Imperfect Competition*, in: Journal of Finance 1992, S. 247 - 270.

Holloway, C. [1981; Testing]: *A Note on Testing an Aggressive Investment Strategy Using Value Line Ranks*, in: Journal of Finance 1981, S. 711 - 719.

Hunger, A. [2001; IPO-Underpricing]: *IPO-Underpricing und die Besonderheiten des Neuen Marktes – Eine ökonomische Analyse börsenrechtlicher Marktsegmentierung*, Frankfurt a. M. 2001.

Hüfner, B./ Möller, H. P. [1997; Erfolge]: *Erfolge börsennotierter Unternehmen aus der Sicht von Finanzanalysten: Zur Verläßlichkeit von DVFA-Ergebnissen und deren Prognosen*, in: Zeitschrift für Bankrecht und Bankwirtschaft 1997, S. 1 - 14.

Hüfner, B./ Möller, H. P. [2002; Superiority]: *On the „Superiority" of German Financial Analyst's Earnings Over Reported Earnings for the Valuation of German Stocks*, in: Schmalenbach Business Review, Special Issue 1, 2002, S. 135 - 170.

Ibbotson, R. G. [1975; Price]: *Price Performance of Common Stock New Issues*, in: Journal of Financial Economics 1975, S. 235 - 272.

Ibbotson, R. G./ Jaffe, J. F. [1975; Hot Issue]: *Hot Issue Markets*, in: Journal of Finance 1975, S. 1027 - 1042.

Ibbotson, R. G./ Sindelar, J. L./ Ritter, J. R. [1988; Initial]: *Initial Public Offerings*, in: Journal of Applied Corporate Finance 1988, S. 37 - 45.

Ibbotson, R. G./ Ritter, J. R./ Sindelar, J. L. [1994; Market's Problems]: *The Market's Problems with the Pricing of Initial Public Offerings*, in: Journal of Applied Corporate Finance 1994, S. 66 - 74.

Jackson, T. [2002; Spezies]: *Eine überflüssige Spezies*, in: Financial Times Deutschland, Nr. 190 vom 01.10.2002, S. 31.

Jain, B. A./ Kini, O. [1994; Post-Issue]: *The Post-Issue Operating Performance of IPO Firms*, in: Journal of Finance 1994, S. 1699 - 1726.

Jakob, E. [1998; Initial]: *Initial Public Offerings: Aktuelle Entwicklungen des Aktienemissionsgeschäfts*, Wiesbaden 1998.

Jegadeesh, N./ Weinstein, M./ Welch, I. [1993; Empirical]: *An Empirical Investigation of IPO Returns and Subsequent Equity Offerings*, in: Journal of Financial Economics 1993, S. 153 - 175.

Jenkinson, T. J. [1990; Initial Public Offerings]: *Initial Public Offerings in the United Kingdom, the United States, and Japan*, in: Journal of the Japanese and International Economies 1990, S. 428 - 449.

Jenkinson, T. J./ Ljungqvist, A. [2001; Going Public]: *Going Public: The Theory and Evidence on How Companies Raise Equity Finance*, 2. Aufl., Oxford/ New York 2001.

Jensen, M. C. [1978; Anomalous]: *Some Anomalous Evidence Regarding Market Efficiency*, in: Journal of Financial Economics 1978, S. 95 - 101.

Jensen, M. C. [1986; Agency]: *Agency Costs of Free Cash Flow, Corporate Finance, and Takeovers*, in: American Economic Review 1986, S. 323-329.

Jog, V. M./ Riding, A. L. [1987; Underpricing]: *Underpricing in Canadian IPOs*, in: Financial Analysts Journal, November/December 1987, S. 48 - 55.

Johnson, J. M./ Miller, R. E. [1988; Prestige]: *Investment Banker Prestige and the Underpricing of Initial Public Offerings*, in: Financial Management 1988, S. 19 - 29.

Kames, C. [2000; Unternehmensbewertung]: *Unternehmensbewertung durch Finanzanalysten als Ausgangspunkt eines Value Based Measurement*, Frankfurt a. M. 2000.

Kandel, S./ Sarig, O./ Wohl, A. [1999; Demand]: *The Demand for Stocks: An Analysis of IPO Auctions*, in: Review of Financial Studies 1999, S. 227 - 247.

Karsch, W. [1992; Börsenneulinge]: *Börsenneulinge: Renaissance der Aktie*, in: Die Bank 1992, S. 20 - 22.

Kaserer, C./ Adamek, C. [2003; Defizite]: *Defizite der Informationsverarbeitung auf Kapitalmärkten – kognitive Beschränkungen oder opportunistische Finanzanalysten?*, in: Die Unternehmung 2003, S. 497 - 513.

Kaserer, C./ Kempf, V. [1995; Underpricing-Phänomen]: *Das Underpricing-Phänomen am deutschen Kapitalmarkt und seine Ursachen*, in: Zeitschrift für Bankrecht und Bankwirtschaft 1995, S. 45 - 68.

Keim, O. [1994; Investitions- und Finanzierungsverhalten]: *Investitions- und Finanzierungsverhalten deutscher Börsenneulinge*, in: Die Bank 1994, S. 676 - 683.

Keloharju, M. [1993; Winner's Curse]: *The Winner's Curse, Legal Liability, and the Long-run Price Performance of Initial Public Offerings in Finland*, in: Journal of Financial Economics 1993, S. 251 - 277.

Kersting, M. O. [1997; Markt]: *Der Neue Markt der Deutschen Börse AG*, in: Die Aktiengesellschaft 1997, S. 222 - 228.

Killat, G. [1998; Bewertung]: *Bewertung und Preisfindung bei Neuemissionen*, in: Volk, G. (Hrsg.), Going Public: Der Gang an die Börse, 2. Aufl., Stuttgart 1998, S. 233 - 246.

Klein, B./ Leffler, K. [1981; Role]: *The Role of Market Forces in Assuring Contractual Performance*, in: Journal of Political Economy 1981, S. 615 - 641.

Klein, H.-D./ Meyer, B. [2001; Performance]: *Performance von Neuemissionen*, in: Achleitner, A.-K./ Bassen, A. (Hrsg.), Investor Relations am Neuen Markt, Stuttgart 2001, S. 265 - 290.

Knips, S. [2000; Risikokapital]: *Risikokapital und Neuer Markt: Die Aktie als Instrument der Risikokapitalbeschaffung für junge Unternehmen*, Frankfurt a. M. (u. a.) 2000.

Koch, C. [1999; Unternehmensbewertung]: *Optionsbasierte Unternehmensbewertung*, Wiesbaden 1999.

Koch, W./ Wegmann, J. [1998; Due Diligence]: *Praktiker-Handbuch Due Diligence – Chancen-/ Risiken-Analyse mittelständischer Unternehmen*, Stuttgart 1998.

Koh, F./ Walter, T. [1989; Direct Test]: *A Direct Test of Rock's Model of the Pricing of Unseasoned Issues*, in: Journal of Financial Economics 1989, S. 251 - 272.

Kohl, T./ Schulte, J. [2000; Ertragswertverfahren]: *Ertragswertverfahren und DCF-Verfahren – Ein Überblick vor dem Hintergrund der Anforderungen des IDW S 1*, in: Die Wirtschaftsprüfung 2000, S. 1147 - 1164.

Kort, K. [2002; Milliardenstrafe]: *US-Banken einigen sich mit Behörden auf Milliardenstrafe*, in: Handelsblatt, Nr. 247 vom 23./ 24.12.2002, S. 25.

Kranebitter, G./ Lang, F./ Frankemölle, L. [2001; Unternehmensbewertung]: *Unternehmensbewertung in der New Economy*, in: RWZ – Rechnungswesen aktuell 2001, S. 132 - 141.

Küffer, K. [1989; Börse]: *Der Gang eines mittelständischen Unternehmens an die Börse. Motive, Durchführung, Folgen*, Göttingen 1989.

Kunz, R. M. [1990; Underpricing]: *Underpricing beim Going Public*, in: Die Unternehmung 1990, S. 202 - 221.

Kunz, R. M. [1991; Going Public]: *Going Public in der Schweiz: Preisbildung und Erfolgsfaktoren*, Bern 1991.

Kunz, R. M./ Aggarwal, R. [1994; Initial]: *Why Initial Public Offerings are Underpriced: Evidence From Switzerland*, in: Journal of Banking & Finance 1994, S. 705 - 723.

Kusterer, G. [2003; Unternehmensbewertungsverfahren]: *Unternehmensbewertungsverfahren zur Emissionspreisbestimmung bei Börsengängen von Wachstumsunternehmen am Neuen Markt*, Frankfurt a. M. 2003.

Küting, K./ Weber, C.-P. [1997; Bilanzanalyse]: *Die Bilanzanalyse*, 3. Aufl., Stuttgart 1997.

Küting, K./ Eidel, U. [1999; Marktwertansatz]: *Marktwertansatz contra Ertragswert- und Discounted Cash Flow-Verfahren*, in: Finanz Betrieb 1999, S. 225 - 231.

Küting, K. [2001; Bilanzierung]: *Bilanzierung und Bilanzanalyse am Neuen Markt: Wege zur umfassenden Unternehmensanalyse*, Stuttgart 2001.

Kyle, A. S. [1985; Continuous]: *Continuous Auctions and Insider Trading*, in: Econometrica 1985, S. 1315 - 1335.

Langemann, A. [2000: Vorteile]: *Ökonomische Vorteile eines Börsengangs: theoretische Begründbarkeit und empirische Evidenz*, Frankfurt a. M. 2000.

Lee, P. J./ Taylor, S. L./ Walter, T. S. [1996; Australian IPO Pricing]: *Australian IPO Pricing in the Short and Long Run*, in: Journal of Banking and Finance 1996, S. 1189 - 1210.

Letschert, J. [1999; Innovationen]: *Innovationen dem Kapital nähergebracht*, in: Börsen-Zeitung, Nr. 47 vom 10.03.1999, Sonderbeilage „Der Neue Markt“, S. B8.

Lev, B. [1989; Earnings]: *On the Usefulness of Earnings and Earnings Research: Lessons and Directions from Two Decades of Empirical Research*, in: Journal of Accounting Research 1989, Supplement S. 153 - 192.

Levis, M. [1990; Winner's Curse]: *The Winner's Curse Problem, Interest Costs and the Underpricing of Initial Public Offerings*, in: The Economic Journal 1990, S. 76 - 89.

Levis, M. [1993; Long-run Performance]: *The Long-Run Performance of Initial Public Offerings: The UK Experience*, in: Financial Management 1993, S. 28 - 41.

Liebert, N. [2002; Citigroup]: *Citigroup trennt Analysten von Investmentbankern*, in: Financial Times Deutschland, Nr. 211 vom 31.10.2002, S. 21.

Lim, T. [2001; Rationality]: *Rationality and Analysts' Forecast Bias*, in: Journal of Finance 2001, S. 369 - 385.

Lintner, J. [1965; Valuation]: *The Valuation of Risk Assets and the Selection of Risky Investment in Stock Portfolios and Capital Budgets*, in: Review of Economics and Statistics 1965, S. 13 - 37.

Lipman, F. D. [1994; Going Public]: *Going Public*, Rocklin/ California 1994.

Ljungqvist, A. P. [1997; Pricing]: *Pricing Initial Public Offerings: Further Evidence From Germany*, in: European Economic Review 1997, S. 1309 - 1320.

Ljungqvist, A./ Wilhelm, W. J. [2003; IPO Pricing]: *IPO Pricing in the Dot-com Bubble*, Working Paper 2003, verfügbar: http:// pages.stern.nyu.edu/~aljungqv/ (Zugriff: am 30.07.2003).

Ljungqvist, A./ Marston, F./ Wilhelm, W. J. [2003; Competing]: *Competing for Securities Underwriting Mandates: Banking Relationships and Analyst Recommendations*, Working Paper 2003, verfügbar: http://pages.stern.nyu.edu/~aljungqv/ (Zugriff am 30.07.2003).

Loderer, C. F./ Sheehan, D. P./ Kadlec, G. B. [1991; Pricing]: *The Pricing of Equity Offerings*, in: Journal of Financial Economics 1991, S. 35 - 57.

Löffler, G. [1998; Finanzanalysten]: *Der Beitrag von Finanzanalysten zur Informationsverarbeitung*, Wiesbaden 1998.

Löffler, G. [2000a; Zeichnungsrenditen]: *Zeichnungsrenditen am Neuen Markt: Gleichgewicht oder Ineffizienz*, Arbeitspapier der Johann Wolfgang Goethe-Universität, Frankfurt a. M. 2000.

Löffler, T. [2000b; Investorenunsicherheit]: *Investorenunsicherheit bei Börsenerstemissionen*, in: Finanzmarkt und Portfolio Management 2000, S. 57 - 75.

Logue, D. E. [1971; Empirical]: *An Empirical Appraisal of the Efficiency of the Market for First Public Offerings of Common Stock*, zugl. Dissertation, Universität Cornell, 1971.

Logue, D. E. [1973; Premia]: *Premia on Unseasoned Equity Issues*, in: Journal of Economics and Business 1973, S. 133 - 141.

Loistl, O. [1990; Finanzierungstheorie]: *Zur neueren Entwicklung der Finanzierungstheorie*, in: Die Betriebswirtschaft 1990, S. 47 - 84.

Lorson, P. [1999; Shareholder]: *Shareholder Value-Ansätze*, in: Der Betrieb 1999, S. 1329 - 1339.

Loughran, T./ Ritter, J. R./ Rydqvist, K. [1994; Initial]: *Initial Public Offerings: International Insights*, in: Pacific-Basin Finance Journal 1994, S. 165 - 199.

Loughran, T./ Ritter, J. R. [1995; Puzzle]: *The New Issues Puzzle*, in: Journal of Finance 1995, S. 23 - 51.

Loughran, T./ Ritter, J. R. [1997; Operating]: *Operating Performance of Firms Conducting Seasoned Equity Offerings*, in: Journal of Finance 1997, S. 1823 - 1850.

Loughran, T./ Ritter, J. R. [2002; IPO Underpricing]: *Why has IPO Underpricing Changed Over Time?*, Working Paper 2002, verfügbar: http://bear.cba.ufl.edu/ritter (Zugriff am 20.07.2003).

Loughran, T./ Ritter, J. R. [2002; Issuers]: *Why Don't Issuers Get Upset About Leaving Money on the Table in IPOs?*, in: Review of Financial Studies, Special 2002, S. 413 - 443.

Lowry, M./ Schwert, G. W. [2002; IPO]: *IPO Market Cycles: Bubbles or Sequential Learning?*, in: Journal of Finance 2002, S. 1171 - 1200.

Lücke, W. [1955; Investitionsrechnung]: *Investitionsrechnung auf der Basis von Ausgaben oder Kosten?*, in: Zeitschrift für handelswissenschaftliche Forschung 1955, S. 310 - 324.

Maas, P./ Weibler, J. [1988; Psychologie]: *Psychologie und Börse – einige heuristische Überlegungen zu ausgewählten Problemen aus wirtschaftspsychologischer Sicht*, in: Köln-Mannheimer Beiträge zur Wirtschafts- und Organisationspsychologie 1988, S. 82 - 105.

Mager, F. B. [2001; Performance]: *Die Performance von Unternehmen vor und nach dem Börsengang*, Wiesbaden 2001.

Maisch, M. [2002; Markt für Börsengänge]: *Markt für Börsengänge trocknet aus*, in: Handelsblatt, Nr. 193 vom 08.10.2002, S. 21.

Markowitz, H. M. [1959; Portfolio Selection]: *Portfolio Selection – Efficient Diversification of Investments*, New York (u. a.) 1959.

Mason, R. D./ Lind, D. A. [1996; Techniques]: *Statistical Techniques in Business & Economics*, 9. Aufl., Boston (u. a.) 1996.

McGuiness, P. [1992; Examination]: *An Examination of the Underpricing of Initial Public Offerings in Hong Kong: 1980-90*, in: Journal of Business Finance and Accounting 1992, S. 165 - 186.

McNichols, M./ O'Brien, P. C. [1997; Self-Selection]: *Self-Selection and Analyst Coverage*, in: Journal of Accounting 1997, S. 167 - 199.

Mella, F. [1985; Hirsche]: *„Hirsche" auf dem Sprung*, in: Herdt, H. K./ Padberg, E./ Walter, D. (Hrsg.): *Der Gang an die Börse – Handbuch für Neuemissionen – Leitfaden für Emittenten und Anleger*, Frankfurt a. M. 1985, S. 64 - 69.

Mella, F. [1988; Sicht]: *Aus Sicht der Anleger, Chancen und Risiken von Neuemissionen*, in: Herdt, H. K./ Padberg, E./ Walter, D. (Hrsg.): *Der Gang an die Börse – Handbuch für Neuemissionen – Leitfaden für Emittenten und Anleger*, 3. Aufl., Frankfurt a. M. 1985, S. 52 - 58.

Merton, R. C. [1987; Simple]: *A Simple Model of Capital Market Equilibrium With Incomplete Information*, in: Journal of Finance 1987, S. 483 - 510.

Mettler, A. [1990; Going Public]: *Going Public: eine betriebswirtschaftliche Untersuchung schweizerischer Börseneinführungen*, Bern 1990.

Michaely, R./ Shaw, W. H. [1994; Pricing]: *The Pricing of Initial Public Offerings: Tests of Adverse-Selection and Signalling Theories*, in: Review of Financial Studies 1994, S. 279 - 319.

Michaely, R./ Womack, K. L. [1999; Conflict]: *Conflict of Interest and the Credibility of Underwriter Analyst Recommendations*, in: Review of Financial Studies 1999, S. 653 - 686.

Mikkelson, W. H./ Partch, M. M./ Shah, K. [1997; Ownership]: *Ownership and Operating Performance of Firms that Go Public*, in: Journal of Financial Economics 1997, S. 281 - 307.

Miller, E. M. [1977; Risk]: *Risk, Uncertainty, and Divergence of Opinion*, in: Journal of Finance 1977, S. 1151 - 1168.

Moerschen, T. [2002; Analystenverband]: *Führender Analystenverband plant Ethik-Kodex*, in: Handelsblatt, Nr. 173 vom 09.09.2002, S. 173.

Möller, H.-P. [1985; Informationseffizienz]: *Die Informationseffizienz des deutschen Kapitalmarktes*, in: Zeitschrift für betriebswirtschaftliche Forschung 1985, S. 500 - 518.

Mossin, J. [1966; Equilibrium]: *Equilibrium in a Capital Asset Market*, in: Econometrica 1966, S. 768 - 783.

Moxter, A. [1983; Grundsätze]: *Grundsätze ordnungsmäßiger Unternehmensbewertung*, 2. Aufl., Wiesbaden 1983.

Münstermann, H. [1970; Wert]: *Wert und Bewertung der Unternehmung*, 3. Aufl., Wiesbaden 1970.

Muscarella, C. J./ Vetsuypens, M. R. [1989; Test]: *A Simple Test of Baron's Model of IPO Underpricing*, in: Journal of Financial Economics 1989, S. 125 - 135.

Muth, J. F. [1961; Rational]: *Rational Expectations and the Theory of Price Movements*, in: Econometrica 1961, S. 315 - 335.

Nanda, V./ Yun, Y. [1997; Reputation]: *Reputation and Financial Intermediation: An Empirical Investigation of the Impact of IPO Mispricing on Underwriter Market Value*, in: Journal of Financial Intermediation 1997, S. 39 - 63.

NASD [2002; News]: *NASD News Release – NASD Announces New Rules Governing Recommendations Made by Research Analysts*, vom 07.02.2002, verfügbar: http://www.nasdr.com/news/pr2002/release_02_009.html (Zugriff am 11.10.2002).

Nelles, M./ Rojahn, J./ Berner, C. [2001; Unternehmensbewertungsverfahren]: *Unternehmensbewertungsverfahren im Rahmen von Börsengängen am Neuen Markt*, in: Finanz Betrieb 2001, S. 322 - 327.

Neus, W. [1993; Emissionskredit]: *Emissionskredit und Reputationseffekte – Zur Rolle der Banken bei Aktienerstemissionen*, in: Zeitschrift für Betriebswirtschaft 1993, S. 897 - 915.

Neus, W. [1994; Unterbewertung]: *Unterbewertung beim Gang an die Börse – Ein Modell mit Informationsvorsprung eines Teils der Anleger*, in: Zeitschrift für betriebswirtschaftliche Forschung 1994, S. 145 - 170.

Neumann, M./ Klein, M. [1982; Theorie]: *Probleme der Theorie effizienter Märkte und ihrer empirischen Überprüfung*, in: Kredit und Kapital 1982, S. 165 - 187.

Nowak, E./ Gropp, A. [2002; Lock-up-Frist]: *Ist der Ablauf der Lock-up-Frist bei Neuemissionen ein kursrelevantes Ereignis? Eine empirische Analyse von Unternehmen des Neuen Marktes*, in: Zeitschrift für betriebswirtschaftliche Forschung 2002, S. 19 - 45.

Nowak, K. [2000; Unternehmensbewertung]: *Marktorientierte Unternehmensbewertung*, Wiesbaden 2000.

o.V. [2001; Sackgasse]: *„Auf einem Risikomarkt kann man in der Sackgasse landen"*, in: Frankfurter Allgemeine Zeitung, Nr. 160 vom 13.07.2001, S. 27.

o.V. [2001; Analysten]: *Analysten setzen sich gegen Vorwürfe der Anleger zur Wehr*, in: Frankfurter Allgemeine Zeitung, Nr. 177 vom 02.08.2001, S. 27.

o.V. [2002; IPO-Kodex]: *Kritik am IPO-Kodex der Deutschen Börse – Anleger fürchten Blindflug bei Börsengängen*, in: Handelsblatt, Nr. 90 vom 13.05.2002, S. 28.

o.V. [2002; Citigroup]: *Citigroup beruft Chef der Investmentbank ab*, in: Börsen-Zeitung, Nr. 174 vom 10.09.2002, S. 7.

o.V. [2002; Sündenböcke]: *„Analysten müssen als Sündenböcke herhalten“*, in: Börsen-Zeitung, Nr. 180 vom 18.09.2002, S. 3.

o.V. [2002; Flaute]: *Flaute im Emissionsgeschäft hält an*, in: Financial Times Deutschland, Nr. 190 vom 01.10.2002, S. 21.

Oehler, A. [1991; Anomalien]: *„Anomalien“ im Anlegerverhalten*, in: Die Bank 1991, S. 600 - 607.

Oettingen, M. von [1990; Planung]: *Die Planung des Gangs an die Börse*, Köln 1990.

O`Hara, M. [1995; Market]: *Market Microstructure Theory*, Cambridge (Mass.)/ Oxford 1995.

Padberg, E./ Schirmacher, A. F. [1987; Eigenkapital]: *Mehr Eigenkapital für ihr Unternehmen*, Frankfurt a. M. 1987.

Pagano, M. [1993; Flotation]: *The Flotation of Companies on the Stock Exchange – a Coordination Failure Model*, in: European Economic Review 1993, S. 1101 - 1125.

Peemöller, V. H./ Beckmann, C. [2001; Bewertung]: *Bewertung von Unternehmen der New Economy*, in: Datenverarbeitung, Steuer, Wirtschaft, Recht 2001, S. 5 - 7.

Perridon, L./ Steiner, M. [2002; Finanzwirtschaft]: *Finanzwirtschaft der Unternehmung*, 11. Aufl., München 1995.

Poddig, T. [1999; Kursprognose]: *Handbuch Kursprognose: quantitative Methoden im Asset Management*, Bad Soden 1999.

Pring, M. J. [1985; Technical Analysis]: *Technical Analysis Explained*, 2. Aufl., New York 1985.

Pruitt, S. W./ White, R. E. [1988; Technical Analysis]: *Who Says Technical Analysis Can't Beat the Market?*, in: Journal of Portfolio Management 1988, S. 55 - 58.

Quick, R./ Kayadelen, E. [2002; Aussagefähigkeit]: *Zur Aussagefähigkeit von Prognosen in Emissionsprospekten am Neuen Markt*, in: Die Wirtschaftsprüfung 2002, S. 949 - 965.

Rajan, R./ Servaes, H. [1997; Analyst Following]: *Analyst Following of Initial Public Offerings*, in: Journal of Finance 1997, S. 507 - 529.

Ramakrishnan, R. T. S./ Thakor, A. V. [1984; Financial Intermediation]: *Information Reliability and a Theory of Financial Intermediation*, in: Review of Economic Studies 1984, S. 415 - 432.

Rams, A. [1999; Unternehmensbewertung]: *Realoptionsbasierte Unternehmensbewertung*, in: Finanz Betrieb 1999, S. 349 - 364.

Rangan, S. [1998; Earnings]: *Earnings Management and the Performance of Seasoned Equity Offerings*, in: Journal of Financial Economics 1998, S. 101 - 122.

Rappaport, A. [1998; Shareholder]: *Creating Shareholder Value: A Guide for Managers and Investors*, 2. Aufl., New York (u. a.) 1998.

Rapp, H.-W. [1996; Markt]: *Der Markt für Aktien-Neuemissionen*, Mannheim 1996.

Rau-Bredow, H. [1992; Institutionenökonomie]: *Zur theoretischen Fundierung der Institutionenökonomie*, München 1992.

Reilly, F. K./ Brown, K. C. [1997; Investment Analysis]: *Investment Analysis and Portfolio Management*, 5. Aufl., Fort Worth 1997.

Riecke, T. [2002; Unabhängigkeit]: *Analysten winkt eine riskante Unabhängigkeit*, in: Handelsblatt, Nr. 197 vom 14.10.02, S. 24.

Ritter, J. R. [1984; Hot Issue]: *The ‚Hot Issue' Market of 1980*, in: Journal of Business 1987, S. 215 - 239.

Ritter, J. R. [1987; Costs]: *The Costs of Going Public*, in: Journal of Financial Economics 1987, S. 269 - 281.

Ritter, J. R. [1991; Long-Run]: *The Long-Run Performance of Initial Public Offerings*, in: Journal of Finance 1991, S. 3 - 28.

Ritter, J. R./ Welch, I. [2002; Review]: *A Review of IPO Activity, Pricing, and Allocations*, in: Journal of Finance 2002, S. 1795 - 1828.

Ritter, J. R. [2003; Differences]: *Differences Between European and American IPO Markets*, Working Paper 2003, verfügbar: http://bear.cba.ufl.edu/ritter/ritterwp.htm (Zugriff am 25.08.2003).

Rock, K. [1986; New Issues]: *Why New Issues are Underpriced*, in: Journal of Financial Economics 1986, S. 187 - 212.

Rödl, B./ Zinser, T. [2000; Going Public]: *Going Public – Der Gang mittelständischer Unternehmen an die Börse*, 2. Aufl., Frankfurt a. M. 2000.

Röell, A. [1996; Decision]: *The Decision to Go Public: An Overview*, in: European Economic Review 1996, S. 1071 - 1081.

Rosen, R. von [1995; Going Public]: *Going Public: Defizite und Perspektiven*, in: Zeitschrift für das gesamte Kreditwesen 1995, S. 374 - 385.

Rosen, R. von [2000; Aktienkultur]: *Neue Aktienkultur in Deutschland?*, in: Korn, H. G., *Hightech goes Public: Zukunftstechnologien im Fokus von Wirtschaft und Börse*, Wiesbaden 2000, S. 51 - 54.

Rosen, R. von/ Gerke, W. [2001; Kodex]: *Kodex für anlegergerechte Kapitalmarktkommunikation*, Frankfurt a. M./ Nürnberg 2001.

Rosen, R. von [2004; Vertrauen]: *Vertrauen in Integrität und Qualität der Aktienanalyse verbessern*, in: Börsenzeitung, Nr. 105 vom 03.06.2004, Sonderbeilage, S. B5.

Ross, S. A./ Westerfield, R. W./ Jaffe, J. F. [1990; Corporate Finance]: *Corporate Finance*, 2. Aufl., Homewood 1990.

Roth, G. H. [1990; Handels- und Gesellschaftsrecht]: *Handels- und Gesellschaftsrecht – Das Recht des kaufmännischen Unternehmens*, 3. Aufl., München 1990.

Rudolph, B. [1984; Familienunternehmen]: *Zum „going public" von Familienunternehmen: Institutionelle Voraussetzungen und Vorteilhaftigkeitskriterien*, in: Albach, H./ Held, T. (Hrsg.), *Betriebswirtschaftslehre mittelständischer Unternehmen*, Stuttgart 1984, S. 275 - 282.

Ruhkamp, C. [2002; Interessenkonflikte]: *Interessenkonflikte nicht völlig vermeidbar*, in: Börsenzeitung, Nr. 145 vom 31.07.2002, S. 3.

Ruud, J. S. [1993; Underwriter]: *Underwriter Price Support and the IPO Underpricing Puzzle*, in: Journal of Financial Economics 1993, S. 135 - 151.

Sachverständigenrat zur Begutachtung der Gesamtwirtschaftlichen Entwicklung [1982; Jahresgutachten]: *Gegen Pessimismus – Jahresgutachten 1982/83*, Stuttgart und Mainz 1982.

Sapusek, A. [1998; Fundamental]: *Fundamental Performance of Initial Public Offerings: Empirical Evidence From Germany*, Betriebswirtschaftliche Diskussionsbeiträge der Martin-Luther-Universität Halle-Wittenberg, Beitrag Nr. 98,25, Halle (Saale), 1998.

Sapusek, A. [2000; Benchmark-Sensitivity]: *Benchmark-Sensitivity of IPO Long-Run Performance: An Empirical Study for Germany*, in: Schmalenbach Business Review 2000, S. 374 - 405.

Sauer, R. [1993; Eigenkapitalbeschaffung]: *Möglichkeiten und Grenzen externer Eigenkapitalbeschaffung mittelständischer Unternehmen*, Aachen 1993.

Saunders, A./ Lim, J. [1990; New Issue]: *Underpricing and the New Issue Process in Singapore*, in: Journal of Banking and Finance 1990, S. 291 - 309.

Schanz, K.-M. [2000; Börseneinführung]: *Börseneinführung: Recht und Praxis des Börsengangs*, München 2000.

Schäfer, H./ Schässburger, B. [2001; Bewertungsmängel]: *Bewertungsmängel von CAPM und DCF bei innovativen wachstumsstarken Unternehmen und optionspreistheoretischen Alternativen*, in: Zeitschrift für Betriebswirtschaft 2001, S. 85 - 107.

Scherer, M./ Bassen, P. [2001; Bedeutung]: *Bedeutung von Investor Relations beim Börsengang*, in: Achleitner, A./ Bassen, A. (Hrsg.), Investor Relations am Neuen Markt, Stuttgart 2001, S. 719 - 731.

Schiereck, D./ Weber, M. [1995; Handelsstrategien]: *Zyklische und antizyklische Handelsstrategien am deutschen Aktienmarkt*, in: Zeitschrift für betriebswirtschaftliche Forschung 1995, S. 3 - 24.

Schiereck, D./ Wagner, C. [2002; Kursentwicklung]: *Kursentwicklung von Börsenneulingen am Neuen Markt und die Reputation des Konsortialführers*, in: Zeitschrift für Betriebswirtschaft 2002, S. 823 - 845.

Schipper, K. [1991; Analysts' Forecasts]: *Analysts' Forecasts – Commentary –*, in: Accounting Horizons 1991, S. 106 - 121.

Schlick, R. [1997; Going Public]: *Going Public*, Tübingen 1997.

Schmidt, H. [1988; Wertpapierbörsen]: *Wertpapierbörsen*, München 1988.

Schmidt, R. H./ Dietz, F./ Fellermann, S./ Hellman, N./ Schommer, K./ Tyrell, M./ Wilwerding, G. [1988; Underpricing]: *Underpricing bei deutschen Erstemissionen 1984/85*, in: Zeitschrift für Betriebswirtschaft 1988, S. 1193 - 1203.

Schmidt, R. [1990; Rating]: *Rating börsennotierter Unternehmen*, in: Gerke, W. (Hrsg.), Anleger an die Börse, Berlin (u. a.) 1990, S. 55 - 88.

Schnell, C. [2002; Befürchtungen]: *Am Neuen Markt werden die schlimmsten Befürchtungen wahr*, in: Handelsblatt, Nr. 75 vom 18.04.2002, S. 9.

Scholtens, L. J. R. [1993; Financial Intermediation]: *On the Foundations of Financial Intermediation: A Review of the Literature*, in: Kredit und Kapital 1993, S. 112 - 141.

Schultz, P. H./ Zaman, M. A. [1994; After-market]: *After-market Support and Underpricing of Initial Public Offerings*, in: Journal of Financial Economics 1994, S. 199 - 219.

Schultze, W. [2001; Unternehmensbewertung]: *Methoden der Unternehmensbewertung – Gemeinsamkeiten, Unterschiede, Perspektiven*, Düsseldorf 2001.

Schuster, J. A. [2003; IPOs]: *IPOs: Insights From Seven European Countries*, Working Paper 2003, verfügbar: http://fmg.lse.ac.uk/publications/searchpaperresult.php (Zugriff am 25.08.2003).

Schumann, J. [1987; Grundzüge]: *Grundzüge der mikroökonomischen Theorie*, 5. Aufl., Berlin (u. a.) 1987.

Schwartzkopff, E. [1989; Lemminge]: *Wie die Lemminge*, in: Wirtschaftswoche, Nr. 48, 1989, S. 108 - 111.

Schweinitz, J. [1997; Renditeentwicklungen]: *Renditeentwicklungen von Aktienemissionen: Overpricing beim Going Public in Deutschland*, Wiesbaden 1997.

Schwetzler, B. [2001; Bewertung]: *Bewertung von Wachstumsunternehmen*, in: Achleitner, A.-K./ Bassen, A. (Hrsg.), *Investor Relations am Neuen Markt*, Stuttgart 2001.

SEC [2002; Analyzing]: *Analyzing Analyst Recommendations*, verfügbar: http://www.sec.gov./investor/pubs/analysts.htm (Zugriff am 27.09.2002).

SEC [2002; Regulation]: *A proposed Rule: Regulation Analyst Certification*, verfügbar: http://www.sec.gov./rules/proposed/33-8119.htm (Zugriff am 02.10.2002).

Seppelfricke, P. [1999; Multiplikatorverfahren]: *Moderne Multiplikatorverfahren bei der Aktien- und Unternehmensbewertung*, in: Finanz Betrieb 1999, S. 300 - 307.

Serfling, K./ Pape, U./ Kressin, T. [1999; Emissionspreisfindung]: *Emissionspreisfindung und Underpricing im Rahmen des Börsengangs junger Wachstumsunternehmen*, in: Aktiengesellschaft 1999, S. 289 - 298.

Sharpe, W. F. [1964; Capital]: *Capital Asset Prices – a Theory of Market Equilibrium under Conditions of Risk*, in: Journal of Finance 1964, S. 425 - 442.

Sharpe, W. F./ Alexander, G. J. [1990; Investments]: *Investments*, 4. Aufl., New Jersey 1990.

Shiller, R. J. [1988; Fashions]: *Fashions, Fads, and Bubbles in Financial Markets*, in: Coffee, J. C./ Lowenstein, L./ Rose-Ackerman, S. (Hrsg.), *Knights, Raiders and Targets*, New York (u. a.) 1988, S. 56 - 68.

Shiller, R. J. [1989; Market]: *Market Volatility*, Cambridge/ London 1989.

Shiller, R. J. [1990; Speculative]: *Speculative Prices and Popular Models*, in: Journal of Economic Perspectives 1990, S. 55 - 65.

Siebel, U. R./ Gebauer, S. [2001; Prognosen]: *Prognosen im Aktien- und Kapitalmarktrecht – Lagebericht, Zwischenbericht, Verschmelzungsbericht, Prospekt usw. – Teil II*, in: Zeitschrift für Wirtschafts- und Bankrecht 2001, S. 173 - 193.

Sieger, G. [1984; Finanzierung]: *Die Finanzierung deutscher Industrieaktiengesellschaften bei vollkommenem und unvollkommenem Kapitalmarkt*, Bonn 1984.

Smith, C. W. [1986; Investment Banking]: *Investment Banking and the Capital Acquisition Process*, in: Journal of Financial Economics 1986, S. 3 - 29.

Spence, M. [1973; Signaling]: *Job Market Signaling*, in: Quarterly Journal of Economics 1973, S. 355 - 374.

Spiess, D. K./ Pettway, R. H. [1997; IPO]: *The IPO and First Seasoned Equity Sale: Issue Proceeds, Owner/Managers' Wealth, and the Underpricing Signal*, in: Journal of Banking and Finance 1997, S. 967 - 988.

Spremann, K. [1988; Reputation]: *Reputation, Garantie, Information*, in: Zeitschrift für Betriebswirtschaft 1988, S. 613 - 629.

Spremann, K. [1990; Asymmetrische Information]: *Asymmetrische Information*, in: Zeitschrift für Betriebswirtschaft 1990, S. 561 - 586.

Spremann, K. [1991; Investition]: *Investition und Finanzierung*, 4. Aufl., München 1991.

Stehle, R. [1994; Eigenkapitalquoten]: *Eigenkapitalquoten und Fremdkapitalstruktur börsennotierter deutscher Aktiengesellschaften*, in: Zeitschrift für Betriebswirtschaft 1994, S. 811 - 837.

Stehle, R./ Ehrhardt, O. [1999; Renditen]: *Renditen bei Börseneinführungen am deutschen Kapitalmarkt*, in: Zeitschrift für Betriebswirtschaft 1999, S. 1395 - 1422.

Stehle, R./ Ehrhardt, O./ Przyborowsky, R. [2000; Long-Run]: *Long-Run Stock Performance of German Initial Public Offerings and Seasoned Equity Issues*, in: European Financial Management 2000, S. 173 - 196.

Steib, S./ Mohan, N. [1997; Initial]: *The German Reunification, Changing Capital Market Conditions, and the Performance of German Initial Public Offerings*, in: The Quarterly Review of Economics and Finance, Spring 1997, S. 115 - 137.

Steiner, M./ Bruns, C. [2002; Wertpapiermanagement]: *Wertpapiermanagement*, 8. Aufl., Stuttgart 1995.

Stewart, G. B. III [1991; Value]: *The Quest for Value: A Guide for Senior Managers*, New York 1991.

Stickel, S. [1991; Stock Returns]: *Common Stock Returns Surrounding Earnings Forecast Revisions: More Puzzling Evidence*, in: Accounting Review 1991, S. 402 - 416.

Stigler, G. J. [1961; Economics]: *The Economics of Information*, in: Journal of Political Economy 1961, S. 213 - 225.

Stöttner, R. [1989; Finanzanalyse]: *Finanzanalyse*, München 1989.

Stoughton, N. M./ Zechner, J. [1998; IPO Mechanisms]: *IPO Mechanisms, Monitoring and Ownership Structure*, in: Journal of Financial Economics 1998, S. 45 - 78.

Strauch, J./ Lütke-Uhlenbrock, C. [2002; Unternehmensbewertungsverfahren]: *Unternehmensbewertungsverfahren beim Börsengang an den Neuen Markt*, in: Finanz Betrieb 2002, S. 366 - 376.

Stubenrath, M. [2001; Kommunikation]: *Kommunikation auf internationalen Kapitalmärkten*, Köln 2001.

Teoh, S. H./ Welch, I./ Wong, T. J. [1998; Earnings]: *Earnings Management and the Long-Run Market Performance of Initial Public Offerings*, in: Journal of Finance 1998, S. 1935 - 1974.

Tiniç, S. M. [1988; Anatomy]: *Anatomy of Initial Public Offerings of Common Stock*, in: Journal of Finance 1988, S. 789 - 822.

Tirole, J. [1992; Industrial]: *Industrial Organization*, Cambridge/ London 1992.

Titman, S./ Trueman, B. [1986; Information]: *Information Quality and the Valuation of New Issues*, in: Journal of Accounting and Economics 1986, S. 159 - 172.

Titzrath, A. [1995; Going Public]: *Die Bedeutung des Going Public – Ein Erfahrungsbericht aus der Sicht einer Bank*, in: Zeitschrift für Betriebswirtschaft 1995, S. 133 - 155.

Trommer, H. [1998; Hemmnisse]: *Hemmnisse auf dem Weg zur Börse*, Aachen 1998.

Tversky, A./ Kahneman, D. [1974; Judgment]: *Judgment Under Uncertainty: Heuristics and Biases*, in: Science 1974, S. 1124 - 1131.

Uhlir, H. [1989; Gang]: *Der Gang an die Börse und das Underpricing-Phänomen*, in: Zeitschrift für Bankrecht und Bankwirtschaft 1989, S. 1 - 16.

Verrecchia, R. E. [1982; Information]: *Information Acquisition in a Noisy Rational Expectations Economy*, in: Econometrica 1982, S. 1415 - 1430.

Vincenti, A. J. F. [2002; Wirkungen]: *Wirkungen asymmetrischer Informationsverteilung auf die Unternehmensbewertung*, in: Betriebswirtschaftliche Forschung und Praxis 2002, S. 55 - 68.

Wagenhofer, A./ Ewert, R. [2003; Unternehmensrechnung]: *Externe Unternehmensrechnung*, Berlin (u. a.) 2003.

Wallmeier, M./ Rösl, R. [1999; Underpricing]: *Underpricing bei der Erstemission von Aktien am Neuen Markt (1997-1998)*, in: Finanz Betrieb 1999, S. 134 - 142.

Walter, A. [2002; Optimismus]: *In Puncto Optimismus: Geht es wieder aufwärts mit dem IPO-Geschäft?*, in: Finanz Betrieb 2002, S. 1.

Walter, H. [1984; Börse]: *Der Gang an die Börse*, in: Die Bank 1984, S. 400 - 411.

Wasserfallen, W./ Wittleder, C. [1994; Pricing]: *Pricing Initial Public Offerings: Evidence From Germany*, in: European Economic Review 1994, S. 1505 - 1517.

Wegmann, J./ Koch, W. [1999; Emissionspreisfindung]: *Die Emissionspreisfindung im Zusammenhang mit der Börseneinführung von mittelständischen Unternehmen am Neuen Markt*, in: Deutsches Steuerrecht 1999, S. 514 - 520.

Weinberger, A. [1995; Going Publics]: *Going Publics in Deutschland: Underpricing, Fair Valuing oder Overpricing?*, Aachen 1995.

Welch, I. [1989; Seasoned Offerings]: *Seasoned Offerings, Imitation Costs, and the Underpricing of Initial Public Offerings*, in: Journal of Finance 1989, S. 421 - 449.

Welch, I. [1992; Sequential]: *Sequential Sales, Learning, and Cascades*, in: Journal of Finance 1992, S. 695 - 732.

Welch, I. [2000; Herding]: *Herding Among Security Analysts*, in: Journal of Financial Economics 2000, S. 369 - 396.

Welcker, J. [1991; Technische Aktienanalyse]: *Technische Aktienanalyse*, 6. Aufl., Zürich 1991.

Wilhelm, C. [1997; Emission]: *Die Registrierungs- und Publizitätspflichten bei der Emission und dem Handel von Wertpapieren auf dem US-amerikanischen Kapitalmarkt*, Lohmar/ Köln 1997.

Williamson, O. E. [1985; Economic Institutions]: *The Economic Institutions of Capitalism – Firms, Markets, Relational Contracting*, New York/ London, 1985.

Williamson, O. E. [1987; Institutional]: *Kenneth Arrow and the New Institutional Economics*, in: Feiwel, G. R. (Hrsg.), *Arrow and the Foundations of the Theory of Economic Policy*, London 1987, S. 584 - 599.

Wittleder, C. [1989; Going Public]: *Going Public – die Publikumsöffnung deutscher Aktiengesellschaften*, Köln 1989.

Wittmann, W. [1959; Information]: *Unternehmung und unvollkommene Information – Unternehmerische Voraussicht – Ungewissheit und Planung*, Köln/ Opladen 1959.

Wolfe, G. A./ Cooperman, E. S./ Ferris, S. P. [1994; Analysis]: *An Analysis of the Underwriter Selection Process for Initial Public Offerings*, in: Journal of Financial Research 1994, S. 77 - 90.

Wolff, H./ Wolff, U. [2000; Aktienbewertung]: *Aktienbewertung und Informationsasymmetrie am Neuen Markt – Eine Herausforderung für die Finanzanalyse*, in: Korn, H. G., *Hightech goes Public: Zukunftstechnologien im Fokus von Wirtschaft und Börse*, Wiesbaden 2000, S. 147 - 154.

Wolff, K. [1994; Going Public]: *Going Public in der Schweiz, in Deutschland und in den USA*, Bern (u. a.) 1994.

Womack, K. L. [1996; Brokerage]: *Do Brokerage Analysts' Recommendations Have Investment Value?*, in: Journal of Finance 1996, S. 137 - 167.

Wullenkord, A. [2000; Valuation]: *New Economy Valuation*, in: Finanz Betrieb 2000, S. 522 - 527.

Zacharias, E. [2000; Börseneinführung]: *Börseneinführung mittelständischer Unternehmen*, 2. Aufl., Bielefeld 2000.

Zielke, W./ Kronner, M. [2003; Umstrukturierung]: *Umstrukturierung der Deutschen Börse*, in: Finanz Betrieb 2003, S. 44 - 49.

Zwirner, C./ Ranker, D./ Wohlgemuth, F. [2001; Rechnungslegung]: *Rechnungslegung am Neuen Markt – Grundlagen, Anforderungen und Auswertung*, in: Steuern und Bilanzen 2001, S. 473 - 483.

II. Gesetze, Richtlinien und Verordnungen

Aktiengesetz (AktG) in der Fassung vom 06.09.1965, Bundesgesetzblatt I, S. 1089 mit allen späteren Änderungen.

Börsengesetz (BörsG) in der Fassung der Bekanntmachung vom 09.09.1998 – Bundesgesetzblatt I, S. 2682 mit allen späteren Änderungen.

Börsenordnung für die Frankfurter Wertpapierbörse (BörsO), Stand 01.01.2003 mit allen späteren Änderungen.

Börsenzulassungsgesetz (BörsZulG) in der Fassung vom 16.12.1986, Bundesgesetzblatt I, S. 2478 mit allen späteren Änderungen.

Viertes Finanzmarktförderungsgesetz – Gesetz zur weiteren Fortentwicklung des Finanzplatzes Deutschland vom 21.06.2002, in: Bundesgesetzblatt I Nr. 39.

Gesetz für kleine Aktiengesellschaften und zur Deregulierung des Aktienrechts vom 02.08.1994, Bundesgesetzblatt II, S. 1961.

Gesetz über das Kreditwesen (KWG) in der Fassung der Bekanntmachung vom 09.09.1998, Bundesgesetzblatt I, S. 2776 mit allen späteren Änderungen.

Gesetz über den Wertpapierhandel (WpHG) in der Fassung der Bekanntmachung vom 09.09.1998, Bundesgesetzblatt I, S. 2708 mit allen späteren Änderungen.

Handelsgesetzbuch (HGB) vom 10.05.1897 (Reichsgesetzblatt, 1897, S. 219) mit allen späteren Änderungen.

NASD [2002; Rule]: *NASD Rule 2711 Research Analysts and Research Reports*, verfügbar: http://www.nasdr.com/filings/rf02_87.asp (Zugriff am 11.08.2002).

Regelwerk Neuer Markt (RwNM) der Deutschen Börse AG in der Fassung vom 10.10.2001.

SEC [2002; Release]: *Release No. 34-45908*, verfügbar: http:// www .sec.gov/rules/sro/34-45908.htm (Zugriff am 20.10.2002).

Wertpapier-Verkaufsprospektgesetz (Verkaufsprospektgesetz, VerProspG) in der Fassung vom 09.09.1998, Bundesgesetzblatt I, S. 2701 ff. mit allen späteren Änderungen.

Verordnung über die Zulassung von Wertpapieren zur amtlichen Notierung an einer Wertpapierbörse (Börsenzulassungsverordnung, BörsZulVO) vom 15.04.1987, Bundesgesetzblatt I, S. 1234 ff. mit allen späteren Änderungen.

Verordnung über Wertpapier-Verkaufsprospekte (Verkaufsprospektverordnung, VerProspVO) in der Fassung der Bekanntmachung vom 09.09.1998, Bundesgesetzblatt I, S. 2853 mit allen späteren Änderungen.

Gesetz über den Wertpapierhandel (Wertpapierhandelsgesetz, WpHG) in der Fassung der Bekanntmachung vom 09.09.1998, Bundesgesetzblatt I, S. 2708 mit allen späteren Änderungen.

Uwe A. Giegold

Bewertung unbedingter börsengehandelter Zins-Derivate und Analyse von Arbitrage-Gewinnmöglichkeiten mit Hilfe von Arbitrage-Signalen

Frankfurt am Main, Berlin, Bern, Bruxelles, New York, Oxford, Wien, 2004.
X, 487 S., zahlr. Abb. und Tab.
Schriften des Instituts für Finanzen der Universität Leipzig.
Herausgegeben von Udo Hielscher und Thomas Lenk. Bd. 9
ISBN 3-631-53311-X · br. € 74.50*

Ausgehend von einer wirtschaftshistorischen Betrachtung und Systematisierung des Arbitrage-Begriffs befasst sich die Arbeit mit der aktuellen Bedeutung von Arbitrage-Geschäften. Basierend auf dem Arbitrage-Verständnis einer risikolosen Gewinnerzielung ohne Kapitaleinsatz wurde mit einer umfassenden empirischen Untersuchung der umsatzstärksten Geld- und Kapitalmarkt-Zins-Futures der Frage nachgegangen, ob eindeutige Arbitrage-Signale ermittelbar sind. Aufbauend auf den wertbestimmenden Parametern der Zins-Futures werden faire mit tatsächlichen Preisen verglichen. Zur Bestimmung theoretisch fairer Preise dienen der Cost-of-Carry-Ansatz sowie Zinsprognose-Modelle. Der börsentäglich simulierte Aufbau von Arbitrage-Positionen berücksichtigt dabei neben den wesentlichen Verhaltensmöglichkeiten von Arbitrageur und Vertragspartner insbesondere auch den Unterschied zwischen Soll- und Haben-Zins.

Aus dem Inhalt: Entstehung des Arbitrage-Begriffs sowie Systematisierung der Arbitrage-Arten · Abgrenzung des Untersuchungsgegenstands anhand von Umsatzstatistiken 1991 bis 1998 · Bewertung unbedingter Zins-Derivate · Berechnung fairer Futures-Preise und Beurteilung der Arbitrage-Gewinn-Möglichkeiten

Kolibri 360 GmbH
Ferdinand-Jühlke-Straße 7
99095 Erfurt, Deutschland
produktsicherheit@kolibri360.de

Druck:
CPI Druckdienstleistungen GmbH
im Auftrag der
Kolibri 360 GmbH
Ferdinand-Jühlke-Str. 7
99095 Erfurt